WIESFLECKER · KAISER MAXIMILIAN I.

BAND II

INHALT

VERZEICHNIS UND NACHWEIS DER ABBILDUNGEN

Für den Umschlag diente ein Holzschnitt von Hans Burgkmair als Vorlage (Albertina, Wien).

Vorlagen für die Abbildungen:

Bibliothèque National, Estampes Réservé, Paris: Abb. 9. Bischöfliches Dom- und Diözesanmuseum, Mainz: Abb. 11. Civico Museo d'Arte, Castel Sforzesco, Mailand: Abb. 7. Kunsthistorisches Museum, Wien: Abb. 1, 2, 3, 4. Österreichische Nationalbibliothek, Wien, Bildarchiv: Abb. 8; Handschriftensammlung: Abb. 6. Staatliche Museen Preußischer Kulturbesitz, Berlin, Gemäldegalerie: Abb. 5; Kupferstichkabinett: Abb. 12. Staatsarchiv, Nürnberg: Abb. 10. Universitätsbibliothek, Graz: Abb. 13.

Meiner Frau

VORWORT

Das Vorwort des ersten Bandes spricht sich über das Anliegen des Gesamtwerkes so eingehend aus, daß es nur weniger Ergänzungen bedarf. Gegenstand dieses Bandes sind Maximilians Herrschaft in Österreich, im Reich und seine Beziehungen zur europäischen Staatenwelt während der Jahre 1493—1500. Wegen der großen Fülle der Materialien und Probleme mußte die Gesamtanlage des Werkes auf fünf Bände erweitert werden. Der folgende dritte Band wird die Ereignisse bis zum Ausbruch des Venezianerkrieges (1508/09), der vierte bis zum Tod des Kaisers (1519) heraufführen, während der fünfte Band das innere Staatswesen, Hof- und Reichsverwaltung, Wirtschaft und Gesellschaft, geistige Strömungen, religiöses und kulturelles Leben schildern wird.

Der vorliegende Band behandelt einerseits das Ringen um Reichsitalien, um die Kaiserkrone und den Zusammenbruch der Kaiserpolitik im Kampf gegen Frankreich, anderseits die Reformen des Königs in Österreich und im Reich, den Verfassungskampf, die sogenannte „Reichsreform" und ihr Scheitern. Der Augsburger Tag (1500), die zeitweilige Entmachtung des Königs und die gleichzeitigen außenpolitischen Rückschläge bilden einen natürlichen Abschluß dieser wenig glücklichen Phase seiner Alleinherrschaft. Die schweren Auseinandersetzungen zwischen König und Reichsständen in der inneren, aber auch in der äußeren Reichspolitik — Italienzug, Kaiserpläne und Verfassungskampf — stehen beherrschend im Vordergrund der Darstellung. Sie sind bisher meist für sich getrennt betrachtet worden, wodurch manche Fehleinschätzung entstand. Ich möchte äußere und innere Ereignisse im Gesamtzusammenhang verfolgen.

Wie dies der Biographie entspricht, wurde versucht, den reißenden Ereignisstrom jener Zeit vom Standpunkt des Kaisers aus zu überschauen und zu verstehen. Mitunter gestattet es die Quellenlage, Ideen und Lebensgefühl dieses spätmittelalterlichen Monarchen, seine psychologischen Motivationen zu erkennen. Es soll aber keineswegs nur die Lebensgeschichte eines einzelnen Herrschers sein — als ob er für sich allein „Geschichte gemacht" hätte —, sondern vor allem auch die Geschichte seiner politischen und sozialen Umwelt. Die Wechselwirkungen von Einzelpersönlichkeit, Staat, Wirtschaft, Gesellschaft und Kultur sollen sichtbar werden: die Antriebe und Zwänge, unter denen er handelte, seine Gebundenheit und Abhängigkeit von politischen, wirtschaftlichen, sozialen, rationalen und irrationalen Faktoren, anderseits die schöpferische Tätigkeit eines Herrschers, der nicht nur seine Länder, sondern die gesamte europäische Staatenwelt entscheidend mitgestaltete und politische Formen grundlegte, die durch Jahrhunderte Bestand haben sollten.

Nichts liegt mir ferner, als den habsburgischen Reichsmythos zu pflegen und zu zeigen, „daß die Habsburger eine gute Sache waren", wie dies von einem weniger aufmerksamen Leser behauptet wurde. Anderseits wird kaum jemand leugnen, daß „das Jahrhundert des Hauses Österreich", das Maximilian begründete, eine in vieler Hinsicht bemerkenswerte historische Epoche darstellt, die es verdient, im Gedächtnis nicht nur der österreichischen, deutschen und europäischen, sondern in der Erinnerung der Universalgeschichte festgehalten zu werden.

Anders als im Einleitungsband, der noch stärker von der wissenschaftlichen Literatur getragen war, bilden für die folgenden Bände fast nur die primären Dokumente, größerenteils ungedruckte Materialien aus zahlreichen europäischen Archiven, die Grundlage meiner Arbeit; daß daneben die Literatur, deutsche und auswärtige, soweit als möglich herangezogen wurde, ist selbstverständlich. Ein kritischer Quellen- und Literaturbericht unter den Anmerkungen jedes größeren Kapitels gibt darüber nähere Auskunft. Was in zwanzigjähriger intensiver Quellenarbeit geleistet werden konnte, ist geschehen; nicht im Alleingang, sondern in Zusammenarbeit mit einer sehr kritischen Mannschaft, so daß es an interner Kritik nicht fehlte.

Dem Studium der Reichsreform habe ich viele Jahre gewidmet, um die Rolle des Königs im Verfassungskampf richtig verstehen zu können — denn nur dies war meine Aufgabe. Viele Umstände erschweren das Verständnis dieses verwickelten Vorganges: der Mangel an Protokollen für manche Reichstage infolge der Schweigepflicht der Ständevertreter; vor allem das fragwürdige Vokabular der Widersacher bereitet der inneren Kritik größte Schwierigkeiten. Naturgemäß hätte ich mich glücklich geschätzt, wenn die einschlägigen Bände der Reichstagsakten, von denen viel zu erwarten ist, bereits vorgelegen wären. Ich erwähne diese Selbstverständlichkeit nur deswegen, weil sie von einer Wiener Kritik zu meiner Überraschung bezweifelt[1] wurde.

Da es eine eingehende Geschichte der äußeren und inneren Reichstagshandlungen noch nicht gibt, empfahl sich als einzig mögliche Darstellungsweise die kritische „Nacherzählung" des Handlungsablaufes, denn rein theoretisch-politologische Reflexionen über die „Reichsreform", ohne Kenntnis und Darstellung der Tatsachen, sind zwar nicht selten, vermögen aber wissenschaftlich kaum weiterzuführen. Heutzutage, wo die sogenannte „Geschichtserzählung" dem Geschmack der theoretisierenden Betrachter weniger zu entsprechen scheint, ist es nicht ganz überflüssig zu betonen, daß man ohne den Unterbau der Tatsachen den theoretischen Überbau von Urteilen und Wertungen kaum wird wagen dürfen. Die „hohe Schau" ist zu allen Zeiten ein gefährlicher Feind des historisch Tatsächlichen gewesen und führt gelegentlich zu einer Art „phantastischem Realismus", der in der Wissenschaft gewiß fehl am Platz ist.

An Dokumenten für diese Zeit gab es im allgemeinen keinen Mangel. Mußte sich Ulmann noch mit einem „sehr schönen Material" begnügen, so vermochten die großen technischen Möglichkeiten der modernen Quellenforschung ein ungleich größeres Material zu heben, das fallweise Einsichten von ziemlicher Genauigkeit gestattet, so daß nicht nur die großen Entwicklungslinien, sondern auch die feineren Züge des historischen Ablaufes sichtbar werden.

Vielleicht wäre es einem wissenschaftlich nicht allzu anspruchsvollen Leser lieber gewesen, nur die Haupttatsachen zu erfahren. Ein naiver „mittelalterlicher" Realismus (universalia sunt realia) möchte nur die „große Linie" als geschichtswürdig gelten lassen. Darin liegt die große Chance der Popularisierer. Aber auch die größeren Tatsachen- und Entwicklungsreihen ergeben sich nur als Summe oder Differenz, als Multiplikation oder Potenz, jedenfalls als geheimnisvolle Verkettung vieler Einzelheiten. Wer sie geringschätzt, wird kaum einen Blick in die Weite oder Tiefe des geschichtlichen Ablaufes zu tun vermögen. Dies gilt sinngemäß auch für die Universalgeschichte, deren ewiges Recht niemand bezweifeln wird.

Bei allem Empirismus wird wissenschaftliche Historie des geistigen Überbaues, der Reflexion und des Werturteils nicht entbehren können, wenngleich gerade die Wertung ein gefährlicher Feind der Tatsachenforschung ist, wie schon Jakob Burckhardt warnte. Italienpolitik und Reichsreform, die von Generationen deutscher Historiker zerschrieben wurden, fordern die wertende Stellungnahme einer Maximilian-Biographie gebieterisch heraus. Ich habe mich dieser Forderung nicht entzogen, wenngleich ich mir der Schwierigkeiten zutiefst bewußt bin.

Wo sind die Wertungsmaßstäbe, deren man sich mit einiger Sicherheit bedienen könnte? Ich für meinen Teil betrachte die gesicherten Tatsachen als erste Vorbedingung und nötigen Ausgangspunkt allen Wertens. Manchmal sprechen sich die Tatsachen ihr Urteil selber. Im weiteren wird man vom Wertdenken der behandelten Zeit auszugehen haben. Die Weisheit von hinterher, die rückwärtsgewandte „historische Prophetie", dagegen hat stets das milde Lächeln unserer Kritiker erregt. Aber als ganz belanglos wird es nicht gelten können, ob sich eine historische Entscheidung durch die spätere Entwicklung bestätigt oder als falsch erweist.

In meinem Fall galt es, Maßstäbe zu finden vor allem für Reichsreform und Italienpolitik des Königs, worüber eine ansehnliche Bibliothek ungelöster Widersprüche zu sichten war — und nirgendwo „offene Türen".

Die Literatur ist auch heute noch beherrscht von einer recht einseitigen Verurteilung des Königs, seiner Außenpolitik und Reformhaltung. Ich wage zu bezweifeln, ob die reichsfürstliche „Außenpolitik" des völligen Machtverzichtes, der Hilfs- und Steuerverweigerung, die den Deutschen Orden, Mailand, Reichsitalien und die Kaiserkrone ebenso preisgaben wie die Eidgenossenschaft, tatsächlich jene höhere politische Weisheit darstellten, welche viele neuere Kritiker darin sehen möchten. Mußten die Reichsstände inmitten eines Systems von jungen Machtstaaten ihrer Landesherrlichkeit zuliebe dem Kaiser eine Politik der völligen Machtlosigkeit aufzwingen? Ein Staat mit der Tradition des Reiches hätte zumindest seinen ererbten Stand verteidigen müssen. Auch eine friedliebende Generation wird es schwerlich als höhere politische Tugend ansehen können, daß Fürsten und Stände das Reich zum politischen Vakuum machten und den Nachbarn als Tummelplatz ihrer Machtpolitik überließen. Die zeitgenössischen Publizisten haben diese Haltung der Stände durchaus abgelehnt. Von ähnlichen Überlegungen war auch mein Urteil geleitet[2].

Unser demokratisches Empfinden — das konnte ich immer wieder beobachten — ist von vornherein geneigt, im Verfassungskampf recht eindeutig für die Stände und gegen den König Partei zu ergreifen, indem man unterbewußt den spätmittelalterlichen Reichstag mit der modernen Volksvertretung und dem Parlament, mit Demokratie und Fortschritt gleichsetzt, während man in der Königsgewalt ebenso unterbewußt eine Spielart der modernen Diktatur erblicken möchte, die man als Reaktion a priori ablehnt, obwohl die historischen Wirklichkeiten völlig anders liegen. Auch unserer historischen Soziologie erscheinen die Stände als das einzig Interessante. Eine derartige unbewußte oder unterbewußte Voreingenommenheit könnte zu falschen Urteilen führen. Wenn man als Zielvorstellung der Reichsreform ein gewisses Verfassungsmodell entwirft, so doch nur eines, das den damaligen Entwicklungen und Bedürfnissen des Reichsstaatsrechtes entsprach. Sogar Ulmann zweifelt, ob die völlige Entmachtung des Königs durch die Augsburger Regimentsordnung (1500) das richtige gewesen sei.

Ich weiß nicht, ob mich mein Gefühl völlig täuscht, wenn ich die Entmachtung des Königs, den Versuch, ihn wie einen gewöhnlichen Reichsstand zu behandeln, wie dies Erzkanzler Berthold von Mainz vorschwebte, für die damalige Reichsentwicklung als verhängnisvoll betrachte. Wie schon gesagt, haben auch die meisten Zeitgenossen diese Politik verurteilt. Das Reich wurde dadurch in entscheidender Lage für Jahre handlungsunfähig. Berthold besaß eben nur die Kraft, eine Verstärkung der Königsgewalt, die in Zusammenarbeit mit den Ständen das Reich hätte erneuern können, zu verhindern. Anstatt dessen ein wirksames Ständeregiment zu schaffen, vermochte er nicht. Er steuerte eine Verfassung an, von deren Folgen er keine Ahnung hatte, die das Reich in völlige Ohnmacht führte. Die ganze folgende deutsche Geschichte ist ein Ringen um jenes Minimum staatlicher Einheit, dessen ein Reich bedurfte, um seinen äußeren und inneren Frieden zu schützen.

Auf dieser Linie etwa, die dem Urteil denkender Zeitgenossen ebenso zu entsprechen scheint wie den Erkenntnissen aus der späteren Geschichte, bewegen sich meine Wertungen, wobei ich mich selbstverständlich um Gerechtigkeit für alle Parteien dieses Verfassungskampfes bemüht habe. Der historische Ablauf ist ein geheimnisvoller Prozeß, innerhalb dessen jede Macht ihre Rolle zu spielen hat und damit Verständnis verdient, denn alle Kräfte bilden einen Teil der weltgeschichtlichen Ökonomie, die Beharrung, ja selbst das Böse nicht minder als der sogenannte Fortschritt. Die

Geschichte hat viele Facetten: was in einer Hinsicht als Fortschritt erscheint, kann in anderer Hinsicht Rückschritt bedeuten. Auf unsere Frage bezogen, hieße das: welchen kulturellen Reichtum, welche Mannigfaltigkeit verdanken wir doch dem länderstaatlichen Partikularismus, obgleich er die politische Existenz des Reiches mehr als einmal in Frage stellte.

Wenn die Reformbestrebungen des Königs, auch seine Pläne einer Reichsreform in diesem Band etwas positiver hervortreten als in den meisten älteren Werken, so deckt sich dies anscheinend auch mit Erkenntnissen aus dem Arbeitskreis der Reichstagsakten. Es ist gut, daß diese verwickelte Frage von verschiedenen Seiten erforscht wird, denn ich möchte mir das Gesamturteil in einem so weitläufigen und schwierigen Prozeß keineswegs allein anmaßen, noch weniger es allein verantworten.

Am Schlusse dieses Bandes darf ich auf die schuldigen Danksagungen verweisen, die den ersten Band einleiten; es sind die gleichen Männer und Einrichtungen, denen auch dieser Band verpflichtet ist: insbesondere die Österreichische Akademie der Wissenschaften, der Österreichische Forschungsfonds, die Deutsche Forschungsgemeinschaft und die Regestenkommission, vor allem die Herren Leo Santifaller (†), Hermann Heimpel und Helmut Beumann, welche die vorbereitenden Quellenarbeiten unterstützten, und nicht zuletzt der Verleger. Die vielen wissenschaftlichen Einrichtungen, Archive und Bibliotheken finden sich im Apparat immer wieder dankbar erwähnt. Besonders hervorgehoben sei der großzügige Entlehndienst des Haus-, Hof- und Staatsarchivs in Wien (Hofrat Dr. Blaas), das Tiroler Landesarchiv in Innsbruck (Hofrat Dr. Widmoser) und der Nah- und Fernleihdienst der Grazer Universitätsbibliothek (Hofrat Dr. Kroller), die mir alle die Arbeit wesentlich erleichterten. Dankbar gedenke ich noch einmal des Herrn Probszt-Ohsdorff, der 1973 verstorben ist und meine Quellenarbeiten durch Überlassung seiner großen Maximiliana-Sammlung sehr gefördert hat.

Ich wiederhole den Dank an meine Assistenten, wissenschaftlichen Mitarbeiter und Schüler, deren Arbeiten im Apparat jeweils ausgewiesen sind. Zu den bereits im ersten Band genannten, inzwischen teilweise ausgeschiedenen Mitarbeitern der Maximilian-Regesten kommen nun Herr Dr. Krendl und Frau Dr. Frieß; Frau Dr. Straßer arbeitet freiwillig und unbezahlt an der Erstellung eines Registers, das die Maximilian-Regesten aufschließt.

Bei den Quellenforschungen für den vorliegenden Band, bei der Reinschrift, den Korrekturen und dem Register haben mich Doktor Gröblacher, Dr. Schäffer, Dr. Friedhuber, Dr. Riedl und vor allem Dr. Krendl laufend unterstützt, wofür ich ihnen herzlichen Dank sage.

Dieser Band sei meiner Frau gewidmet: sie hat die vorbereitenden Forschungen, welche die Hingabe von Jahrzehnten erforderten, verständnisvoll begleitet und wesentlich unterstützt, indem sie die dafür nötigen Lebens- und Arbeitsbedingungen schuf.

Stronach, im Oktober 1974 *Hermann Wiesflecker*

I. Kapitel

WIEDERHERSTELLUNG DES REICHES? MAXIMILIANS ITALIENZUG 1496

1. Italien, das Reich und Europa

Der unglückliche Römerzug Heinrichs VII. von Luxemburg (1310—1313) hatte den Streit der Guelfen und Ghibellinen über den politischen Standort Italiens neuerdings entzündet. In leidenschaftlichen Versen hatte Dante[1] den Kaiser herbeigerufen, daß er als Stellvertreter Gottes Frieden stifte im „geknechteten Italien, das zum Schaubild des Jammers, zum steuerlosen Schiff im großen Sturm" geworden sei: „nicht mehr Mittelpunkt der Welt, sondern Bordell"[2]. Er hatte König Albrecht verwünscht[3], weil er Italien, „des Reiches Garten, verwahrlost habe. Der Thron steht leer; der Kaiser soll kommen und das verwitwete Rom besuchen, um sich wenigstens über den Verfall des kaiserlichen Namens zu schämen; er soll kommen und sehen, wie sich in Italien der nächstbeste Bauer zum Tyrannen aufwerfe." In großen Gesichten schaut Dante den „Adlererben"[4], den Kaiser der Zukunft, den gottgesandten Erlöser[5], der alle Feinde überwinden und in die Hölle hinunterstürzen werde. Kein Deutscher hat dem Reichsgedanken und der Kaiseridee so glühende Verse gewidmet wie dieser große Florentiner. Aber Kaiser und Reich haben sich um das Schicksal Italiens fortan kaum gekümmert. Die Kaiserkrönung wurde wegen der Abwesenheit der Päpste zur gehaltlosen, seltenen Zeremonie; ja, sie begann abzukommen. Auch in Italien trat der Reichsgedanke immer mehr zurück; an seiner Statt begann die Idee der italienischen Nation zu erwachen. Nach Petrarca und Cola di Rienzi wäre das Römische Reich den Deutschen zu entziehen und den Römern zurückzustellen gewesen. Je mehr sich Kaiser und Reich, aber auch die Päpste der Folgezeit ihren italienischen Aufgaben entzogen, desto mehr mußte sich Italien selbst helfen. Nach jahrhundertelangen Machtkämpfen der Klein- und Mittelstaaten, wie sie Dante in seinen Schreckensvisionen vorhergesehen hatte, begann sich um die Mitte des 15. Jahrhunderts jenes politische Gleichgewicht einzuspielen, welches der Halbinsel seit dem Frieden von Lodi (1454) vier Jahrzehnte verhältnismäßigen Friedens bescheren sollte, während deren Italien sein Schicksal selbst bestimmte. Gegen Ende des 15. Jahrhunderts aber, als die Großmächte die Zeit gekommen sahen, sich die Kleinstaatenwelt zu unterwerfen, erlebte die Halbinsel die erste Sturmphase ihrer neueren Geschichte.

Italien rückte mit einem Male in den Mittelpunkt der politischen Ansprüche und Planungen der europäischen Mächte. Vor allem Karl VIII. von Frankreich[6] wünschte seit dem Ende des bretonischen Krieges nichts sehnlicher als die Eroberung Neapels. Der Italienzug sollte für den romantischen König der erste Schritt zu einem Kreuzzug sein, der ihn vielleicht nach Konstantinopel führen würde. Es gab Höflinge, aber auch italienische Flüchtlinge genug, welche die ehrgeizigen Pläne des königlichen Jünglings eifrig nährten. Seinen Kronjuristen fiel es nicht schwer, gewisse Anrechte auf das Königreich Neapel, das augenblicklich eine Bastardlinie des Hauses Aragon innehatte, bis auf die Tage Karls von Anjou († 1285) zurückzuverfolgen; auch neuerdings hatte es noch neapolitanische Testamente zugunsten Frankreichs gegeben, wenngleich die Aragonesen sie nicht anerkannten. Karl VIII. vertrat jedenfalls die Ansicht, daß ihm das Königreich rechtmäßig zugehöre und daß es seine Aufgabe sei, dieses Recht mit dem Schwerte zu erkämpfen.

Das Italien des späten 15. Jahrhunderts forderte in seiner Ohnmacht, Zersplitterung und inneren Gegensätzlichkeit die Einmischung stärkerer Nachbarstaaten geradezu heraus. Die Natur der Halbinsel, die Verschiedenart ihrer Bevölkerungen und Kulturen, die ewig wechselnden Invasionen und Fremdherrschaften hatten im Verlauf des Mittelalters eine bunte Welt von Kleinstaaten hervorgebracht, die in ständiger Veränderung immer neue politische Formen, Stadtstaaten und Territorialstaaten, Republiken und Fürstenstaaten, kaleidoskopartig wechselnde Konstellationen ausbildeten, welche bald diese, bald jene auswärtige Macht anzogen[7].

In unseren Zeiten war es im allgemeinen der Fürstenstaat mittlerer Größe, der das politische Feld behauptete. Außer dem Papsttum und der Signorie von Venedig waren es die Medici in Florenz, die Aragonesen in Neapel und die Sforza in Mailand, die in jenen Jahrzehnten vor dem Überfall Karls VIII. das Schicksal Italiens bestimmten. Dem Fürsten und der Erhaltung seines stets von innen und außen bedrohten Systems galt die politische Kunst, die sich in Italien zu höchster Meisterschaft entwickelte.

Im „Principe" des Niccolò Machiavelli[8] gewann die neue Staatskunst ihre literarische Form. Dieses Lehrbuch des sogenannten Machiavellismus versuchte, den neuen Herrn einen Weg des politischen Erfolges jenseits von Gut und Böse zu weisen: den Weg des Guten, solange er möglich sei, den Weg des Verbrechens, wenn es das Staatsinteresse erfordere. Der Fürst müsse, je nach Bedarf, die Rolle eines Menschen oder einer Bestie zu spielen verstehen, denn das Böse gehöre neben dem Guten zu den Grundgesetzen dieser Welt. Die „virtù", die Kraft und Lebenstüchtigkeit, habe die „fortuna", das Schicksal, zu bezwingen. Das Christentum mit seinen passiven Tugenden erscheint Machiavelli für die Herrschaft und den Kampf ums Dasein weniger geeignet. Die Kirche, zu schwach, Italien zu einigen und zu beherrschen, aber stark genug, die Herrschaft eines anderen zu verhindern, hielt Machiavelli für die Hauptursache des gegenwärtigen Unglücks. Die Staatsform, Republik oder Prinzipat, war ihm gleichgültig. Er war bereit, jeder Fahne zu folgen, die ein Tapferer aufwarf, um Italien zu einigen und die Barbaren zu vertreiben. Es ist keineswegs die politische Weisheit Italiens allein, die sich in diesem Werk aussprach, sondern die politisch-moralische Haltung des Zeitalters.

Schon seit dem frühen Mittelalter hatten benachbarte Großmächte in Italien Fuß gefaßt: zunächst das Reich, welches ein nicht näher begrenzbares „Königreich Italien", die Schutzherrschaft über Rom und über den Papst traditionell innehatte; dann Frankreich, das gewisse Erbansprüche erhob, und Aragon-Spanien, das seit längerem Sizilien besaß. Neuerdings mußte man auch mit einer türkischen Landung auf der Halbinsel rechnen. Das Gleichgewicht der letzten vierzig Jahre drohte in gefährliche Bewegung zu geraten. Im Reich hatte ein König den Thron bestiegen, der nach Jahrhunderten der Ohnmacht und Nichteinmischung in Italien die Reichs- und Kaiseridee mit einer Leidenschaft erfaßte, die hinter den Deklamationen Dantes kaum zurückblieb: Maximilian I. Aber zunächst war es nicht Maximilian, sondern Karl VIII. von Frankreich, der den Umsturz der bestehenden Ordnung nach Italien hineintrug.

Sowohl Franzosen wie Deutschen ging es vor allem um den Besitz Mailands, das mit den Alpenübergängen den Schlüssel nach Italien in seinen Mauern verwahrte. Maximilian interessierte sich außerdem für Friaul, Vicenza, Treviso, Verona und Padua, alte Reichslehen, die Venedig in Besitz genommen hatte und wie ein freies Eigentum behandelte. Frankreich faßte neben Mailand das Königreich Neapel und Unteritalien ins Auge, von wo aus man das Mittelmeer beherrschen konnte, wenn man es darauf anlegte. Aragon-Spanien aber saß in Sizilien und harrte mißtrauisch der Dinge, die da kommen würden.

Das Königreich Neapel[9] bot den ersten Anlaß zu jenem allgemeinen Umsturz der italienischen Staatenwelt, zu jener tiefgreifenden Veränderung der europäischen Mächte, die man mit anderen als ein Zeichen für den Anbruch der Neuzeit genommen hat. So beständig sich Unteritalien nach außen hin erwiesen hatte, so unsicher und schwankend waren seine inneren Verhältnisse. Niemals vermochte das Königtum mit den zahlreichen feudalen und städtischen Sonderherrschaften fertig zu werden, die rasch einen Gegenkönig zur Hand hatten, wenn sie mit dem rechtmäßigen nicht zufrieden waren, die sich auch nach außen hin bald mit dieser, bald mit jener Macht verbanden. König Ferrante I. (1458—1494), der natürliche Sohn Alfonsos I., vermochte sich durch auswärtige Beziehungen und kluge Heiratsverbindungen mit Mailand, Ferrara und Mantua zu sichern, durch eine geschickte Finanzpolitik seine Einnahmen bedeutend zu steigern und seine stets widerspenstigen Barone mit Gewalt im Zaum zu halten. Weniger glücklich war sein Sohn Alfonso II., ein Unmensch eigener Art, der Grausamkeit und Wollust als besondere Regierungskunst ansah und Gerechtigkeit für Schwäche hielt. Mit Terror, List und Mord suchte er die Barone niederzuhalten. Viele von ihnen flüchteten und suchten auswärts, in Frankreich oder Spanien, Hilfe. Die Zurückgebliebenen warteten nur auf die Stunde der Erhebung.

Unheilvoll war der Konflikt Neapels mit Mailand und Frankreich, der den Überfall Karls VIII. herausforderte, jenes weltgeschichtliche Unternehmen, in das sich der Reihe nach alle großen Mächte aus Sorge um das europäische Gleichgewicht[10] einmischten. In den langwierigen Kämpfen um Neapel sollten sich die Spanier mit ihrer schlagkräftigen Armee, mit ihrem unvergleichlichen „Gran Capitán" als europäische Großmacht ersten Ranges ausweisen, der die Zukunft der Halbinsel gehören sollte.

Der Kirchenstaat[11] ruhte noch immer fest und sicher in der Mitte der Halbinsel, ja, in der Mitte der christlichen Welt. Er wurde von den Staaten Italiens und Europas mehr als weltliche denn als geistliche Macht behandelt, wenn auch das eine vom andern kaum trennbar erschien. Rom hätte ein Mittelpunkt der Ruhe und des Friedens für Italien sein sollen, war es aber nicht. Die Kurie stellte zwar keine eindrucksvolle Kriegsmacht, wohl aber eine der ersten Finanzmächte der damaligen Welt dar. Man schätzte ihre Jahreseinnahmen auf etwa 300.000 Dukaten[12]. Die spirituelle Macht des Papstes war in der Staatenwelt zwar im Sinken, aber in den breiten Massen des gläubigen Volkes noch kaum angefochten. Durch den nie abreißenden Strom der christlichen Rompilger und neuerdings der Humanisten, die am Sitz des Papsttums eine gute Heimstätte hatten, war das „ewige Rom" in den Herzen des Abendlandes noch tief verwurzelt. Ein dichtes Netz von Nuntien, Legaten und kirchlichen Einrichtungen verband den Apostolischen Stuhl mit allen Teilen der Welt. Zum Kaisertum bestand immer noch jene enge, ursprüngliche Beziehung, deren Rangordnung von Juristen, Kanonisten und Publizisten heftig umstritten wurde. Immer noch durfte der Papst die Prüfung und Bestätigung der deutschen Königswahl, vor allem die Kaiserkrönung, als sein heiliges Recht in Anspruch nehmen, was ihm unmittelbaren Einfluß auf die Leitung der christlichen Welt gewährleistete. Die Päpste der Übergangszeit suchten auch die aufsteigenden jüngeren Königtümer des Westens in eine ähnliche Abhängigkeit zu bringen, indem sie ihnen kaiserähnliche Titel, wie „Allerchristlichster König", „Katholischer König" oder „Defensor fidei", verliehen. Da die Kaiser ihren Einfluß in Italien seit Jahrhunderten vertan hatten, zeigten Päpste wie Alexander VI., Julius II. und Leo X. wenig Lust, den Römischen König zur Kaiserkrönung nach Rom zu laden und die Reichsherrlichkeit alter Zeiten zu erneuern. Auch da galt das Gesetz des Gleichgewichts. Bei Alexander VI. etwa konnte man, besonders seit seiner entschiedenen Hinwendung zu Frankreich, niemals wissen, ob er nicht auch die Kaiserkrone nach den Gesichtspunkten des politischen Gleichgewichts neu vergeben und der Deutschen Nation entziehen werde[13]. So schien der ideelle Vorrang des Kaisertums über die christliche Welt auch von dieser Seite her bedroht, zumal wenn der Römische König nicht imstande war, Romzug und Kaiserkrönung gegen den Willen der Kurie und der Mächte zu erzwingen.

Trotz dieser äußerlich noch immer glänzenden Stellung zeigten sich im Papsttum starke Verfallserscheinungen. Die Hauptsorge der Kurie konzentrierte sich doch auf die Politik, und da wieder auf Italien. Der Kirchenstaat zerfiel in zahlreiche kleine Stadtherrschaften, die dem Papst nur insoweit gehorchten, als er sie zu schützen und zu beherrschen vermochte. Gerade die nördlichen, von Rom weitabliegenden Provinzen des Patrimoniums waren dem wechselnden Zugriff der benachbarten Mächte ausgesetzt. Sogar Venedig ließ sich neuerdings dazu hinreißen, wenn die Gelegenheit gerade günstig war, auf Kirchenboden überzugreifen. Das bitterste aber war, daß die Kinder der Päpste selber, etwa ein Cesare Borgia, versuchten, Teile des Kirchenstaates als weltliche Herrschaften an sich zu reißen. Seit Calixt III. (1455 bis 1458) hatten die Päpste ihre Nepoten ins Kardinalskollegium und auf den Stuhl Petri gebracht. Der rasche Wechsel dieser Sippschaften und ihre Machtkämpfe ließen auch Rom zu einem Herd beständiger Unruhen werden.

Der Kirchenstaat litt seit je am lokalen Parteienunwesen. Stets hatten die stadtrömischen Geschlechter, die Orsini, Colonna, neuerdings auch andere, in der Stadt und in der Campagna ihre Familienfestungen errichtet. Diese Fehden wirkten bis in das Kardinalskollegium und an den Heiligen Stuhl. Auch die auswärtigen Mächte unterhielten an der Kurie willfährige Kardinalsgruppen, die nicht nur in den laufenden Geschäften, sondern auch bei der Papstwahl ihre Interessen zu vertreten hatten. Das Reich allerdings hatte sich kaum durchzusetzen vermocht. Erst neuerdings gelang es dem Römischen König, seinen Einfluß im Heiligen Kollegium wieder etwas zu verstärken, zumal seit die starke Gruppe der Spanier und Mailänder in vielen Angelegenheiten seine Partei nahm. Vor allem Kardinal Todeschini-Piccolomini[14], ein Enkel Papst Pius' II., erwies sich als verläßliche Stütze des Römischen Königs an der Kurie.

Die Macht des Papsttums war im Rückgang, wenn dies auch zunächst nicht ins Auge fallen mochte. Der freie Geist des Humanismus und der Renaissance begann die christlichen Lebensformen von oben her aufzulösen. Die krampfhaften Bemühungen der Päpste, ihre politische Stellung nicht nur in Europa, sondern auch im engeren Bereich der bedrohten Halbinsel zu erhalten, ließen die religiösen Aufgaben zeitweilig sehr stark zurücktreten.

Während unseres Jahrzehnts hatte Papst Alexander VI.

(1492—1503) den Apostolischen Stuhl inne[15], der durch seine skrupellose, auf rein weltliche Dinge gerichtete Politik, durch seinen sittenlosen Wandel die Heiligkeit des Papsttums in Frage stellte. Sein Kirchenstaat war ihm die Hauptsache: aber keinesfalls als das Patrimonium des heiligen Petrus, sondern als persönlicher Besitz zur Ausstattung seiner Kinder. Nicht in der Erhaltung des bestehenden Gleichgewichts sah er seinen Vorteil, sondern in der politischen Bewegung. Im beständigen Wechsel der Dinge hoffte die Borgia-Sippe, ihren Einfluß auszudehnen und Eroberungen zu machen. Wäre Alexander VI. ein weltlicher Fürst gewesen, hätte er nach der Auffassung der Zeit als großartig gelten können. So aber war sein ganzes Wirken ein einziges großes Ärgernis und machte die Forderung nach Konzil und Kirchenreform an Haupt und Gliedern nicht nur zu einer stets wiederholten Drohung der Mächte, sondern zu einem Anliegen aller, denen die Heilsaufgabe der Kirche am Herzen lag.

An den Kirchenstaat grenzte im Norden die Toscana[16]. Sie zerfiel damals in eine Reihe von Stadtstaaten, die im Streit der Mächte zeitweise eine Rolle spielten. Lucca, Siena, Pisa, ja sogar Florenz galten nominell als Lehen des Reiches. Manche dieser italienischen „Reichsstädte“ wären nicht ungern bereit gewesen, die milde Herrschaft des künftigen Kaisers auf sich zu nehmen, wenn er sich nur stark genug erwiesen hätte, ihre städtische Autonomie gegen die mächtig um sich greifenden Nachbarn wirksam zu schützen. So aber blieb ihnen nur ein geschicktes Gleichgewichtsspiel: während der folgenden Jahre des Umsturzes suchten die einen Anlehnung bei Maximilian I., die andern, vor allem die Florentiner, bei Frankreich.

Florenz war zwar keine Kriegsmacht ersten Ranges, vermochte aber unter den Medici, insbesondere in den Zeiten des großen Lorenzo „il Magnifico“ (1469—1492), seinen Einfluß mehr und mehr über ganz Toscana auszubreiten. Die Stadt stellte eine bedeutende Wirtschafts- und Kapitalmacht dar und vermochte sich außerdem als Mittelpunkt gelehrter Studien und Sammlungen, als Hauptstadt des Humanismus und der Renaissance, als „neues Athen“, bedeutendes Ansehen zu sichern.

Das Gleichgewicht Italiens war bis 1492, nicht zuletzt durch das politische Einverständnis zwischen den Medici in Florenz, den Aragonesen in Neapel und den Sforza in Mailand, einigermaßen gesichert[17], um so mehr, als Venedig damals seine politischen

Ziele noch vorzüglich in der Levante verfolgte. Der Tod Lorenzos (1492), der folgende Streit zwischen Mailand und Neapel und das Streben Venedigs nach der „Terra ferma“ haben dieses System stark erschüttert.

Als Karl VIII. in Italien erschien, vertrieben die Florentiner unter Führung des feurigen Savonarola den unfähigen Piero II. Medici und traten nach Einrichtung einer Scheinfreiheit auf die Seite der Franzosen über, was dem Unternehmen Karls gewaltigen Auftrieb gab. Solange Savonarola mit seinen Predigten die Stadt beherrschte, hatten die Mächte der Liga, Papst Alexander VI., Maximilian, Venedig und Mailand, in Florenz so gut wie nichts zu bestellen. Der Prophet verstand es, mit seinen düsteren Ankündigungen, die sich überraschend zu erfüllen schienen, das lebenslustige Volk zu ernster Sammlung zu bewegen. Als Maximilian 1496 mit seiner Kriegsmacht in Pisa eintraf, um die Florentiner der Liga gefügig zu machen, ihnen Livorno zu entziehen, vermochte er die aufgeregte Stadt und ihren geistlichen Tribunen Savonarola nicht zu unterwerfen. In einem Anfall von religiösem Wahn schien die Stadt sogar bereit, die Kultur der Renaissance, nicht nur deren Putz und Tand, auf dem Scheiterhaufen zu verbrennen. Man erblickte in Karl VIII. den neuen, gottgesandten Weltherrscher und Reformer der Kirche und in Savonarola ihren großen Propheten. So schien Florenz, der Hauptstützpunkt der französischen Macht in Italien, zunächst uneinnehmbar. Die Liga vermochte die selbstbewußte Stadt nicht zu bezwingen, wie sehr sie sich auch bemühte.

Die einzige wirkliche Großmacht Italiens, vom Papsttum abgesehen, war die Republik Venedig[18]. Ihre Größe lag seit dem Mittelalter vorzüglich im levantinischen Handel, in ihren reichen Manufakturen, in der Nutzung ihrer östlichen Kolonien und in dem daraus entspringenden Reichtum. Über siebzig steinerne, von Mosaiken und Gold prangende Kirchen gab es in dieser Stadt, die schönste unter ihnen San Marco, wo östliche und westliche Baukunst sich überboten; daneben der herrliche Dogenpalast. An den breiten Kanälen reihten sich Palazzo an Palazzo, mit buntem und weißem Marmor verkleidet; auf der Reede ankerten große und kleine Schiffe, zum Seekrieg nicht minder geeignet als für den Handel.

Mit äußerster Härte behauptete die Signorie ihr Handelsmonopol. Niemand durfte die Märkte von Venedig umgehen.

Neben den Staatsschiffen gab es an die 3000 private Kauffahrer, die den Handel nach allen Richtungen der Windrose besorgten: nach Konstantinopel und dem Schwarzen Meer, nach Kleinasien und Syrien, nach Kairo und Afrika, nach Portugal, England, den Niederlanden und Dänemark. Alle Naturprodukte, Manufakturen und Kostbarkeiten des Ostens und Westens kreuzten sich in den venezianischen Warenhallen, zumal Spezereien, Gewürze, Farbhölzer, Edelsteine und Perlen aus Indien, die der persisch-ägyptische Zwischenhandel an die levantinischen Küsten brachte, von wo sie die Venezianer nach Westen führten, während umgekehrt Tuch und Seide, Metalle und Handwerk aller Art nach Osten verfrachtet wurden. Das venezianische Handelskapital bewegte sich um die dreißig Millionen Dukaten[19], die Jahreseinnahme der Republik um etwa eine Million. Kein Römischer Kaiser hätte mit dieser Kapitalmacht konkurrieren können. Als im Jahre 1502 die Nachricht auf dem Rialto eintraf, daß vier portugiesische Karavellen mit Spezereien unmittelbar von „Kalikut“ in Lissabon eingetroffen seien[20], als portugiesische Kaufleute ihre indischen Waren unmittelbar auf den niederländischen Märkten, vor allem in Antwerpen, feilboten, war dies das Endzeichen für die Größe Venedigs. Seither gingen Handel und Wohlstand der Signorie unaufhaltsam zurück.

Die Größe dieser Kaufmannsrepublik beruhte in ihren guten Zeiten nicht zuletzt auf der straffen Organisation ihrer Regierung und Verwaltung, auf der Klugheit ihrer regierenden Schichten und ihrer hervorragenden Diplomatie[21], welche die ganze Welt mit einem dichten Nachrichtennetz überzog; wohl auch auf der hohen Bürgertugend, die sich in Notzeiten stets bewährte, wenn die Republik ihre Kriege auch hauptsächlich mit fremden Söldnern, vorzüglich albanischen „Stradioten“, auszufechten pflegte.

Noch beherrschten die venezianischen Flotten Adria und Levante; sie besaßen in Zara, Coron, Modon, Kreta und Cypern feste Stützpunkte. Freilich begannen ihnen die Türken das östliche Mittelmeer, ja selbst die Adria streitig zu machen und Venedig auf seine Ausgangspunkte zurückzuwerfen. Für einen Kreuzzug allerdings war die Signorie nur zu haben, wenn sich die Angriffe des Großherrn gegen den engsten venezianischen Lebensraum richteten. Sonst legten sie größten Wert auf ungestörte Handelsbeziehungen zur Hohen Pforte und waren bereit, dafür auch Opfer zu bringen.

In der Adria, ihrem innersten Lebensraum, zeigte sich die Signorie besonders empfindlich und wies Ansprüche konkurrierender Gewalten, auch des Papstes, entschieden zurück. Eine Anekdote weiß zu berichten[22], wie der venezianische Gesandte päpstliche Ansprüche auf die Schiffahrt in der Adria abgelehnt habe: auf die Frage des Papstes, wo sich denn die Rechtsansprüche der Venezianer auf die Seeherrschaft verbrieft fänden, antwortete der Gesandte spöttisch: „Auf der Rückseite der Konstantinischen Schenkung". Eben damals hatte man die Fälschung dieser Urkunde, welche die Herrschaftsansprüche der Päpste auf das christliche Abendland begründen sollte, nachgewiesen. In der Tat waren die Venezianer entschlossen, der imaginären Herrschaft des Papstes über das gesamte Abendland eine ebenso imaginäre Herrschaft der Signorie über alle Meere entgegenzustellen.

Wie sehr sich Venedig auch anstrengte, seine Handelspositionen im Mittelmeer zu erhalten, so vermochte man doch die Sorge nicht loszuwerden, daß man eines Tages die levantinischen Stützpunkte an die Türken verlieren könnte. Um so mehr war die Republik fortan bestrebt, sich in der Heimat fester zu verankern, ihre „Terra ferma", ihre italienischen Festlandbesitzungen, allenthalben weiter auszudehnen[23], unter Umständen den Anschluß an den Alpenbogen und das Ligurische Meer zu suchen. Deswegen gab es fortan starke Gegensätze zu allen Nachbarn: zum Reich und zu Österreich um den Besitz von Friaul, Treviso, Vicenza, Verona und Padua; Gegensätze zu Mailand wegen des Besitzes von Brescia, Bergamo und Cremona, die erst zurücktraten, als der König von Frankreich das Herzogtum besetzte. Es gab Schwierigkeiten mit Florenz um den Besitz von Pisa und Livorno; Gegensätze sogar zum Königreich Neapel, wegen der Küstenplätze von Benevent, Bari und Otranto, welche die Signorie während des französischen Überfalls von 1494/95 besetzte[24].

Zum Verhängnis aber sollte es der Signorie geraten, daß sie sich neuerdings nicht scheute, auch dem Kirchenstaat bei der ersten sich bietenden Gelegenheit Rimini, Faenza, Imola, Cesena und Forli abzunehmen[25]. Diese neue Festlandpolitik machte auch Venedig zu einem Element der Unruhe inmitten der empfindlichen italienischen Staatenwelt. Während die Signorie bisher eine gemäßigte Politik des Gleichgewichts betrieben hatte, suchte sie gegen Ende des Jahrhunderts durch geschickten Bündniswechsel die jeweilige Lage zu ihren Gunsten auszubeuten, wodurch sie nachgerade den Haß aller Nachbarn auf sich zog. Diese Händler-Republik zu vernichten, die angeblich „jeden Adel verachtete", sie wie „die Fische ins Meer zurückzuwerfen", war zeitweilig die Parole, auf welche sich die meisten Mächte einigten.

Was Venedig vom Reich und allen anderen Nachbarn wesentlich trennte, war auch seine ganz andere soziale Schichtung: Grundbesitz, Lehenswesen und Feudaladel hatten nie den Charakter dieser Handelsstadt bestimmt; stets hatten Seefahrt, Handel und Manufakturen den Ausschlag gegeben und eine Handelsaristokratie hervorgebracht, die den hochmütigen Feudalstaaten selbstbewußt gegenübertrat. In ihrer glänzenden Isolation, vom Festland aus so gut wie unangreifbar, durfte es die Republik zeitweilig wagen, allen Großmächten Europas und der Halbinsel gleichzeitig zu trotzen.

Was das Reich betraf, so anerkannte die Signorie wohl einen allgemeinen Ehrenvorrang des Kaisers, aber sie hatte nie zum Reich gehört. Als die Kaisermacht schwächer wurde, wagte es Venedig sogar, sich alte Reichsgebiete, wie das Patriarchat von Aquileia, die Küstengebiete Istriens, Verona, Treviso und einige Grenzplätze des Trienter Kirchenlandes, einzuverleiben und neuerdings auch die Grafschaft Görz zu fordern[26]. Solange das Reich diese Enteignungen hinnahm, blieben die Beziehungen leidlich. Seit dem Regierungsantritt Maximilians kam es alsbald zu offener Feindschaft. Der König erhob im Namen des Reiches und seines Hauses Ansprüche auf Friaul, Treviso, Vicenza, Verona und Padua, die freilich längst verjährt und anfechtbar waren. Je hartnäckiger sich die Venezianer den territorialen, finanziellen und politischen Forderungen des Königs verschlossen, je kühler sie seine Werbungen und Angebote zurückwiesen, um so unerträglicher empfand er den „Hochmut dieser Kaufleute", die sich über seine Fehlschläge mitunter öffentlich belustigten[27]. Mit keinem Staat sollte der Kaiser länger im Kriege liegen als mit Venedig. Es ist schwer zu sagen, wen er ingrimmiger haßte, Franzosen oder Venezianer.

Nächst Venedig war Mailand[28] die bedeutendste Macht Oberitaliens. Man nannte seinen Herzog den „Pförtner Italiens", denn in Mailand lagen die Schlüssel zu den Alpenpässen und zum Hafen von Genua. Das dichtbesiedelte, fruchtbare Land brachte reiche Ernten und hohe Steuern ein. Man schätzte den Mailänder auf 750.000 Dukaten jährlicher Einnahmen. So war auch Herzog Ludovico dem Römischen König an Steuereinnahmen weit überlegen[29]. Sein Reichtum machte das Herzogtum begehrter als irgendein anderes Land Italiens.

Der Mailänder Staat war rings von Feinden umgeben: im Westen stand der König von Frankreich, der auf Grund einer älteren französischen Heiratsverbindung mit Giangaleazzo Visconti Erbansprüche erhob[30]. Die Franzosen hatten bereits in Asti, wenige Meilen vom Herzogtum entfernt, das Lilienbanner aufgepflanzt. Mailand war für sie das Sprungbrett nach Neapel.

Im Osten drohte die Signorie von Venedig, die neuerdings im Alpenbogen ihre natürlichen Grenzen suchte. Aus den nördlichen Alpentälern drängten die Schweizer in die lombardische Ebene. Im Bestreben, eine italienische Macht zu werden, sahen auch die Eidgenossen ihr Ziel in Mailand, wo sie ihre lombardischen Eroberungen zu sichern und zu verankern hofften. Gegen diese allseitige Bedrohung mußten alle Künste der Befestigung aufgeboten werden. Ludovico zog die besten Festungsbaumeister seiner Zeit, Leonardo da Vinci und für kurze Zeit auch den jungen Bramante, in seine Dienste. Das Waffenhandwerk, Schwertfegerei und Plattnerei hatten hier einen so hohen Stand, daß selbst Maximilian Mailänder Meister zum Aufbau seiner Rüstungsbetriebe nach Innsbruck berief[31].

Mailand war uraltes Reichslehen. Seit König Wenzel 1395 die erbliche Herzogwürde an Giangaleazzo Visconti verkauft hatte, war die Reichshoheit kaum noch in Erscheinung getreten. Als 1447 die Dynastie der Visconti ausstarb, vermochte der Condottiere Francesco Sforza (1450—1466), Sohn eines Schusters aus Cottignola, wie Commines[32] spottete, das Herzogtum seiner Familie zuzuwenden, ohne sich um kaiserliche Einwendungen oder französische Erbansprüche zu kümmern. Das Herzogtum ging in der Folge über seinen älteren Sohn, Galeazzo Maria (1466—1476), an den jüngeren Ludovico il Moro über, der für seinen Neffen, den jüngeren Giangaleazzo, als den rechtmäßigen Erben, die Vormundschaft führte und heimlich dessen Enterbung vorbereitete. Als das Mündel später unter mysteriösen Umständen starb[33], sprach man ganz allgemein von Gift.

Der jüngere Giangaleazzo war mit einer Aragonesin aus Neapel verheiratet. Man wünschte dort, daß er endlich aus der Vormundschaft entlassen und zum Herzog von Mailand erhoben werde. Dagegen suchte Ludovico in klugem Doppelspiel doppelte Sicherung bei den Franzosen und bei König Maximilian. Mit Karl VIII.

schloß Ludovico 1492 ein Bündnis gegen Neapel: er bot den Franzosen freien Durchzug durch die Lombardei an, wenn sie ihre Erbrechte in Unteritalien mit Waffengewalt verfochten, die Aragonesen aus Neapel vertrieben und Ludovico so von seinen lästigen Mahnern befreiten.

Ludovico il Moro, der 1494 die Alleinherrschaft übernahm, war zweifellos einer der bedeutendsten Mitspieler auf dem italienischen Welttheater seiner Zeit; ein kluger, hochpolitischer Kopf, der die Gefährdungen seines Herzogtums wohl begriff und in dessen Sicherung die Aufgabe seines Lebens erkannte. Durch alle Künste des Kriegs- und Befestigungswesens suchte er seine von Natur ungeschützte Hauptstadt zu sichern. Insbesondere sollte ihm das Mailänder Schloß — Palast, Domäne und Festung zugleich — gegen alle Angriffe sichere Zuflucht bieten. Er wußte wohl, daß seine Herrschaft auf doppeltem Unrecht beruhte, einmal auf der Usurpation seines Vaters Francesco und dann auf seiner eigenen Gewalttat gegen den Neffen Giangaleazzo.

Wenn es Ludovico gelang, den jungen, stets geldbedürftigen Römischen König zu gewinnen, konnte er nicht nur seinen Gewaltstreich legitimieren, sondern überhaupt das Haus Sforza im Besitze Mailands reichsrechtlich bestätigen lassen, was der alte Kaiser, Friedrich III., in seiner unbeugsamen Rechtlichkeit beharrlich verweigert hatte. Damit wäre auch ein gewisser Schutz gegen die starken Kräfte des Widerstandes im Innern Mailands und gegen die stets wachen Gelüste Frankreichs gegeben gewesen.

Noch vor dem Abschluß des Friedens von Senlis war Ludovico mit großzügigen finanziellen und politischen Angeboten an den Römischen König herangetreten[34], um ihn durch eine Heiratsverbindung mit seiner Nichte Bianca Maria an sich und seine italienische Politik zu fesseln. Er bot Maximilian für Heirat und Belehnung insgesamt 400.000 Gulden, Wertgegenstände und Hausrat nicht gerechnet, eine Summe, die das Jahreseinkommen des Römischen Königs aus dem Reich wohl um ein Mehrfaches übertraf. Maximilian nahm an, ohne zunächst Veränderungen in Italien ins Auge zu fassen. Vielmehr sollte ihm Ludovico für die nächsten Jahre die Ruhe der Halbinsel sicherstellen, während er seine Pläne im Osten gegen Ungarn und Türken verfolgen wollte.

Auf Grund solcher Erfolge genoß Ludovico zu Beginn der neunziger Jahre größtes Ansehen in ganz Italien. Man nannte ihn wohl die „Säule des italienischen Friedens" oder „den Schiedsrichter und das Orakel Italiens". Auf dem Höhepunkt seiner Macht beliebte er selbst überheblich zu scherzen, der Papst sei sein Kaplan, der Kaiser sein Läufer und der König von Frankreich sein Condottiere[35]. Er fühlte sich zeitweilig so stark, daß er den König von Neapel, der die Sache Giangaleazzos vertrat, mit Krieg bedrohte. Auch an der Römischen Kurie übte er durch seinen Bruder, Kardinal Ascanio, größten Einfluß. Offen sagte er vom regierenden Papst Alexander VI., er, Ludovico, habe ihn gemacht[36]. Den Florentinern forderte er Pontremoli und Pisa ab; den Venezianern sperrte er die Ausdehnung nach Westen. Der kühlen Zurückhaltung der Franzosen, deren Ansprüche ihm unheimlich waren, suchte er durch eifrige und ausgesuchte Liebedienerei zu begegnen. Den Römischen König und dessen Unterstützung kaufte er sich durch ungeheure Summen Geldes. Etwa eine Million Dukaten soll er sich das deutsche Bündnis im Laufe von acht Jahren haben kosten lassen[37]. Kein Wunder, daß er dadurch die Leistungsfähigkeit seines Staates hart überspannte und allgemeine Unzufriedenheit hervorrief, obwohl er im Grunde ein milder und leutseliger Fürst war, ein Wohltäter der Armen und Freund der Künste und Wissenschaften. Die ausständigen Steuern allerdings ließ er — besonders bei reichen Leuten — durch seine Kriegsknechte unbarmherzig eintreiben.

Sein Sinnen und Trachten war zwar auf den Frieden gerichtet, den er durch ein kluges Gleichgewichtsspiel zu erhalten hoffte. Aber in verhängnisvoller Selbsttäuschung glaubte er, den König von Frankreich und den Römischen König in Italien gegeneinander ausspielen zu können, um bald auf der einen, bald auf der andern Seite seinen Vorteil zu suchen. Dieses gefährliche Schaukelspiel mußte den Ruf des klugen Mannes ganz verwirren und ihm, je nach der Parteirichtung, Bewunderung oder bitteren Haß und üble Nachrede eintragen. Als er schließlich, wie die meisten politischen Seiltänzer dieser Art, zwischen alle Stühle stürzte, sein Herzogtum verlor (1500) und sein Leben als französischer Staatsgefangener beendete[38] (1508), fluchte ihm ganz Italien, „weil er die Barbaren ins Land gerufen habe". Sie wären auch ohne Ludovico gekommen; das wissen wir heute genau.

Mailands Tor ins Mittelmeer war Genua[39]. Die alte Freistadt vermochte gegen Ende des Mittelalters ihre Unabhängigkeit kaum mehr zu verteidigen und war genötigt, sich ihren mächtigeren

Nachbarn zu ergeben, bald den Mailändern, bald den Franzosen oder auch dem Römischen König, wenn er sich gerade der Stadt näherte, denn auch sie galt immer noch als „Kammergut des Reiches"[40]. Gerne erinnerten sich gerade die Genuesen der fernen und milden Reichsherrschaft, wären die Kaiser nur stark genug gewesen, sie gegen ihre Nachbarn zu schützen.

Beiderseits des Alpenhauptkammes hatten sich seit dem hohen Mittelalter eine Reihe von Paßstaaten gebildet: Savoyen, Montferrat und Saluzzo, die dem Namen nach wohl zum Reich gehörten, aber schon durch ihre unmittelbare Nachbarschaft zu Frankreich zu größter Zurückhaltung genötigt waren und sich daher bald dem Reich, bald Frankreich dienstbar erweisen mußten.

Ähnlich verhält es sich mit den inneritalienischen Kleinstaaten, mit der Markgrafschaft Mantua unter den Gonzaga, mit dem Herzogtum Ferrara unter den Este, mit der Republik Urbino unter den Montefeltre, mit Rimini und Fano im Besitz der Malatesta, mit Bologna im Besitz der Bentivoglio, mit Siena unter den Pandolfi; jeder dieser Klein- und Kleinststaaten spielte als Bundesgenosse oder Gegner zumindest innerhalb Italiens eine zeitweilige Rolle.

In dieser bizarren Welt von Kleinstaaten entwickelte sich früh die Praxis des politischen Gleichgewichtes[41] zwischen den fünf größeren Staaten, Rom, Venedig, Mailand, Florenz und Neapel, die sich als politische Idee allmählich auf ganz Europa übertrug und das Schicksal des Kontinents durch Jahrhunderte beherrschte.

Während Italien in der „guten alten Zeit", in den Jahrzehnten vor dem Einbruch der Franzosen, sein Schicksal selbst bestimmte, indem es die lokalen Spannungsverhältnisse seiner Mittel- und Kleinstaaten in harmlosen Reibereien jeweils auszugleichen vermochte, kam es seit 1494/95 zur Einmischung der großen europäischen Mächte, die Italien zum allgemeinen Kriegsschauplatz machten.

Außer Spanien, Frankreich und dem Reich, als dem nominellen Herren des „Königreiches Italien", traten seit dem Fall Konstantinopels (1453) und der Eroberung des Balkans auch die Türken[42] auf den Plan. Sie besetzten 1480 sogar Otranto an der Südspitze Apuliens, so daß man befürchten mußte, sie würden in einer großen Landungsaktion ganz Italien überschwemmen. Maximilian errichtete bereits eine Militärgrenze[43] gegen die Türken, die sich von Krain den deutsch-italienischen Alpen entlang bis gegen den Bodensee hinzog und deren Hauptstützpunkte er mit dem St.-Georgs-Orden besetzte. Vor allem die Päpste, die sich in Rom nicht mehr sicher fühlen konnten, riefen unermüdlich zum gesamtchristlichen Kreuzzug auf, der zunächst Mitteleuropa von der drohenden Türkengefahr befreien, im weiteren vielleicht Südosteuropa zurückerobern sollte. Wie weit entfernt vom wissenschaftlichen Nacherlebnis jener Zeit sind doch gewisse Autoren, welche die Kreuzzugsbewegung jener Jahrzehnte als spätmittelalterliche Romantik und politische Phantasterei abtun möchten.

Wie es angesichts solch erdrückender Übermacht öfter geschieht, begannen gerade die Kleinstaaten, um sich zu retten, mit den Türken zu verhandeln. Sowohl Mailand wie Neapel drohten, wenn sie in der Klemme saßen, ihren Gegnern die Türken an den Hals zu hetzen[44]. Venedig, das zur Türkenabwehr vor allem berufen gewesen wäre, hielt sich stets zurück, um seinen Handel nicht zu gefährden. Spanien interessierte sich mehr für das heidnische Nordafrika und neuerdings für die Eroberung und Bekehrung Westindiens. Frankreich orientierte sich stets gegen Kaiser und Reich. So scheiterten alle Kreuzzugsbemühungen des Papstes an der Feindschaft der christlichen Mächte untereinander. Es war geradezu ein Glück, daß man den Sultan durch türkische Prätendenten längere Zeit im Zaum zu halten vermochte.

Für die Jahre 1489 und 1490 hatte der Papst einen Kreuzzugskongreß aller christlichen Großmächte nach Rom einberufen[45]. Damals dürften die Vertreter Maximilians jenen großzügigen Dreijahresplan für einen Kreuzzug aller christlichen Großmächte vorgelegt haben, der während der folgenden Jahrzehnte die Grundlage aller Verhandlungen bildete. Für Maximilian ergab sich gerade aus der unsicheren Lage Italiens jene enge Verbindung zwischen Italienzug, Kaiserkrönung in Rom und Türkenkreuzzug, an welcher er Zeit seines Lebens festhielt.

Aber es waren zunächst nicht die Türken, welche die Ruhe Italiens störten, sondern der Überfall Karls VIII., der das Eingreifen aller europäischen Großmächte auslöste. Italien wurde mit einem Mal das Zünglein an der Waage, das die Vorherrschaft innerhalb der europäischen Staatenwelt anzeigte.

Der Einbruch der Mächte nach Italien war gewiß nicht das Verschulden eines einzelnen, etwa Ludovico Moros. Es war ein politisches „Naturereignis", das sich von langer Hand vorbereitet hatte. Nachdem die Dämme des italienischen Einverständnisses geborsten waren, ergossen sich die Armeen der europäischen Großmächte, von den verschiedenen Parteien gerufen, wie eine Sturmflut über die Halbinsel. Italien war ein politisches und militärisches Vakuum. „Naturgesetzlich" strömten die lange zurückgestauten Kräfte der jungen Staaten, Spaniens und Frankreichs vor allem, in diesen Leerraum ein. Hätte das Reich zurückbleiben dürfen und auf seine traditionellen Rechte im „Königreich Italien" verzichten sollen?

Ferrante von Neapel und Ludovico Sforza von Mailand haben diese Umwälzung zwar ausgelöst, aber keineswegs verursacht. Beide fühlten sich von Frankreich bedroht. Ludovico meinte, besonders klug zu sein, indem er das französische Unwetter von sich auf Neapel abzulenken suchte. Sein Andenken blieb mit dem Makel behaftet, als erster die Ausländer gerufen zu haben. Aber Karl VIII. von Frankreich hätte keiner besonderen Aufforderung bedurft. Er war längst entschlossen, in Italien einzugreifen. Die Aufforderung Ludovicos war bestenfalls ein günstiger Vorwand.

Karl VIII. hatte offenbar angenommen, daß ihm der Römische König in Italien freie Hand lassen werde. Es hatte darüber gelegentlich der Verhandlungen von Senlis und später unverbindliche Angebote und Gespräche gegeben[46]. Aber der künftige Kaiser fühlte sich gegenüber Italien durch eine 700jährige Tradition gebunden. Die seit den Tagen der Staufer verblaßte Kaiseridee war mit der Renaissance zu neuem Leben erwacht. Sogar im Volke fabulierte man wieder vom Kaiseraar aus den Klüften Deutschlands, der die Geschichte des Königs Alexander erfüllen werde[47]. Die Kaiseridee schien wieder so stark zu werden, daß es einen kräftigen Herrscher locken konnte, sie zu verwirklichen. Hatte sich schon Friedrich III. in seinen schwächsten Zeiten an die Kaiserwürde angeklammert, so empfand Maximilian zur imperialen Idee ein ganz persönlich-romantisches Verhältnis. Er lebte in der Vorstellung der gottgewollten Weltreiche und der Translatio Imperii auf die Deutschen. Der Fortbestand der Weltmonarchie von Cyrus über Alexander, Cäsar, Augustus zu Karl dem Großen, Otto I. und Friedrich II. bis auf die Gegenwart und über sie hinaus erschien Maximilian als persönliche Verpflichtung und als die höchste Ehre des deutschen Volkes. Im Besitze der Kaiserkrone fühlte er sich als „Herr der Welt und Haupt der Christenheit"[48]. Die Kaiseridee sollte die Leitlinie seiner ganzen Regierung bilden. Daß neben diesen politisch-historischen Ideologien auch sehr reale Überlegungen, vor allem die Reichtümer Italiens und die Schutzherrschaft über den Papst, eine hervorragende Rolle spielten, hat der König immer wieder ausgesprochen.

Als Maximilian seinem Vater nachfolgte, boten sich als nächste Aufgaben der Römerzug und die Kaiserkrönung von selber an. Seit Karl VIII. gegen Rom und Neapel marschierte, erhob sich für Maximilian die ernste Sorge, ob es den Deutschen gelingen werde, die Kaiserkrone und ihr „Königreich Italien" zu erhalten. Zwei königliche Romantiker, Maximilian und Karl VIII., trafen aufeinander. Im Kampf um Italien schien sich die Frage der kaiserlichen „Weltherrschaft" zu entscheiden.

„Non volo Italia, quae mea est, deveniat ad manus alienas." Mit diesem groben Reiterlatein markierte Maximilian einem französischen Gesandten gegenüber die Grundlinie seiner gesamten Außenpolitik von 1493 bis 1518. Italien habe seit Jahrhunderten erfahren, was es für das Volk bedeute, wenn dort kein König den Leidenschaften Zügel anlege. Die Freunde des Volkes hätten daher stets die kaiserliche Macht als Glück gepriesen und sich nach dem Kaiser zurückgesehnt[49]; er wolle diese Sehnsucht stillen.

Mit Karls VIII. Zug nach Neapel begann jener jahrhundertelange Kampf um Italien, den die Habsburger zunächst von Österreich und dem Reich und später, als Erben der Katholischen Könige, auch von Spanien aus gegen Frankreich führten. Nach diesen italienischen Kriegen sollte sich das europäische Staatensystem der Neuzeit im Wesen ordnen. Ein weltgeschichtliches Ereignis, das bis ins 19. Jahrhundert nachwirkte, nahm seinen Anfang. Wie bitter für Italien die Unterwerfung unter fremde Hegemonie auch sein mochte, die Halbinsel trat damit in die engste politische und kulturelle Verbindung mit der europäischen Staatenwelt. Gerade auf dem kulturellen Feld ist Italien unbestreitbar überlegen geblieben[50]. Man könnte einen bekannten Vers variieren, der einst für das alte Griechenland gegolten hat: „Italia capta ferrum victorem cepit et artes intulit agresti mundo."

Was auch diese Kämpfe um die Vorherrschaft in Italien 400 Jahre später Deutschen oder Franzosen bedeuten mögen, für die große Politik der Übergangszeit um 1500 waren sie das zentrale Problem geworden.

2. Die spanischen Heirats- und Bündnisverträge

Aus dem Streit der Mächte um Italien entstand nach jahrelangen Verhandlungen, die vor allem König Ferdinand von Aragon eifrig vorangetrieben, Maximilian aber eher vorsichtig und zurückhaltend geführt hatte, jene berühmte spanisch-habsburgische Doppelheirat[1], die folgenreichste dynastische Verbindung, die das „Zeitalter des Hauses Österreich"[2] begründen sollte. Ausgangspunkt dieser denkwürdigen Heiratsverträge war Burgund.

Verbindungen Burgunds mit Spanien (wie mit England) gehörten zum Wesen des niederländischen Bündnissystems[3]. Sie reichen zurück bis in die Zeiten Herzog Philipps des Guten. Die Häuser Aragon und Burgund hatten nur einen gemeinsamen Feind: Frankreich, das seit dem Ende des Hundertjährigen Krieges mit erneuerter Kraft seinen „natürlichen Grenzen", den Pyrenäen, der Maas, Schelde und dem Rhein, zustrebte. Schon Karl der Kühne und Johann II. von Aragon waren Waffenbrüder gewesen, und Ferdinand von Aragon hätte zunächst Maria von Burgund heiraten sollen; aber diese Verhandlungen hatten (zum Glück für die spanische Großmachtbildung) zu keinem Abschluß geführt.

Als die Spanier vom Tode Karls des Kühnen erfuhren, weilte eben eine Gesandtschaft in Flandern, um den Dreibund Spaniens mit Burgund und England zu erneuern, der das Übergreifen der Franzosen auf die Niederlande verhindern und die Herausgabe der Grafschaften Roussillon und Cerdagne erzwingen sollte. Die Spanier fanden inmitten des allgemeinen Aufstandes nicht einmal Gelegenheit, mit Herzogin Maria in Verbindung zu treten. Als Maximilian im Lande erschienen war, nahm er sofort Verhandlungen mit Spanien auf, dem besten Bundesgenossen, den er gegen Frankreich hätte finden[4] können. Man erneuerte die guten Beziehungen, wenn es auch zunächst zu keinem engeren Bündnis kam[5].

Als der König von Frankreich nach dem Tode Marias von Burgund (1482) zu neuen Schlägen gegen die Niederlande ausholte, wurden die Bündnisverhandlungen wieder aufgenommen. Damals (1483) dürfte der junge Witwer den spanischen Königen die ersten Heiratsvorschläge unterbreitet[6] haben. Man tauschte in der Folge wiederholt Gesandtschaften aus. Weil die spanischen Könige durch den Krieg gegen die Mauren gebunden waren, bedurften sie verläßlicher Bundesgenossen, auch gegen Frankreich.

Die burgundischen Länder bildeten für Spanien das natürliche Bindeglied einer großen Koalition, welche Aragon und Kastilien, die Niederlande, die Bretagne und England vereinigen sollte. An diesem Einkreisungsring arbeitete Maximilian unablässig. Am 15. März 1486 zog er seinen alten Freund, Herzog Franz II. von Bretagne, in ein enges Schutz- und Trutzbündnis[7]. Es wurde später sogar vereinbart, Maximilian und Erzherzog Philipp sollten die Herzogstöchter Anna und Elisabeth heiraten, die allerdings noch nicht mannbar waren. Bald darauf schloß sich auch die innerfranzösische Opposition dem burgundisch-bretonischen Bündnis an. Aber spätestens nach der Niederlage bei Béthune (1487) mußte Maximilian erkennen, daß er vor allem der Bundeshilfe Spaniens bedurfte, wenn er sich der Franzosen erwehren wollte. Er dachte nun wieder an eine spanische Heirat[8].

Um das alte Bündnis wiederherzustellen[9] und zu festigen, ließ Maximilian, wohl schon 1487, in aller Form um die spanische Infantin Isabella werben. Er schickte gleichzeitig ein Schiff mit Artillerie und Pulver zur Unterstützung gegen die Mauren, um die spanischen Könige günstig zu stimmen. Sie aber hegten zunächst andere Pläne. Zwar nahmen sie die Werbung freundlich an, wünschten aber eine Heiratsverbindung wegen der Erbrechte nur mit den Kindern Maximilians, denn der König hätte einer spanischen Gemahlin und deren Kindern bestenfalls die Aussicht einer Secundo- oder Tertiogenitur zu bieten gehabt, da ja zwei Kinder aus erster Ehe vorhanden waren. Die Spanier aber wünschten ein politisches Bündnis von größter Tragfähigkeit, das ihnen nur durch eine Doppelheirat der Kinder Maximilians mit dem Prinzen Juan und einer der Infantinnen gesichert schien.

Es hätte zweifellos dem Vorteil der spanischen Könige, aber auch dem Wunsche Maximilians[10] entsprochen, das bestehende Verlöbnis der Erzherzogin Margarethe mit Karl VIII. zu lösen und die burgundische Prinzessin dem spanischen Thronerben zuzuführen, was aber kaum möglich war, da sie bereits als Kind samt ihrer großen Mitgift zur Erziehung an den französischen Hof hatte ausgeliefert werden müssen. Auch waren die Königskinder da wie dort noch in einem Alter, das nur unsichere Heiratspläne für die Zukunft gestattete.

Unterdessen war Maximilian im Februar 1488 von den Aufständischen in Brügge gefangengenommen worden. Frankreich hatte den flandrischen, dann den bretonischen Krieg erneuert.

Dagegen suchte Spanien die alten Bundesgenossen gegen Frankreich zu sammeln; denn es ging nicht nur um die Befreiung Maximilians, sondern auch um die Erhaltung der „freien Bretagne“[11] und vor allem um die Rückgewinnung der Grafschaften Roussillon und Cerdagne. Die Spanier dachten sogar daran, ihren Erbprinzen Juan mit der Herzogin der Bretagne zu verheiraten. England sollte durch eine Eheverbindung der jüngsten Infantin Catalina mit dem Sohn Heinrichs VII., Prinz Arthur, gewonnen werden. Papst Innozenz VIII. wurde bestürmt, für die Befreiung Maximilians[12] einzutreten. Gleichzeitig ließ man die Kriegsflotte nach Flandern auslaufen, um das heranrückende Reichsheer zu unterstützen, und verbot den spanischen Kaufleuten, mit den Rebellenstädten Handel zu treiben.

Zweifellos hat das Eingreifen der Spanier[13] zur Befreiung Maximilians beigetragen. Aber die gemeinsame Sache erlitt durch die Niederlage der Bretonen bei St. Aubin[14] im August 1488 einen so schweren Rückschlag, daß die Bundesgenossen enger zusammenrücken mußten, wenn sie bestehen wollten. Die Spanier ließen Schutztruppen in der Bretagne landen, riefen englische Hilfe an und bemühten sich, Maximilian mit der neuen englischen Dynastie Tudor auszugleichen.

Unter dem Eindruck der schweren Rückschläge in den Niederlanden und des Abfalls fast aller Provinzen fand sich auch Maximilian bereit, auf die spanischen Vorschläge einzugehen. Bereits im Dezember 1488 trafen seine Gesandten in Valladolid[15] ein, wo sie prunkvoll empfangen wurden. Aber auch diesmal schlugen die Spanier die Heiratswerbungen Maximilians um die Hand der ältesten Infantin Isabella ab[16], da sie bereits für Portugal vorgesehen war. Dafür wurde eine Ehe Erzherzog Philipps mit einer der jüngeren Infantinnen in Aussicht genommen.

Noch wichtiger war das System von Bündnisverträgen, das über spanische Vermittlung vorbereitet wurde. Noch in Valladolid[17] verbanden sich die Gesandten Maximilians und die Spanier zu gegenseitiger Unterstützung im Falle eines französischen Angriffs, zum Schutz der Bretagne und zur Rückforderung der Rechte aller Bundesgenossen; jedoch in so vorsichtigen Formen, die eher Abwehr als Angriff erwarten ließen. Dann folgte ein Vertragsabschluß dem andern[18]. Zunächst einigte sich Maximilian, durch spanische Vermittlung, am 14. Februar 1489 zu Dordrecht mit England in einem Freundschafts- und Handelsvertrag. Etwa gleichzeitig, am 10. Februar 1489, hatten die Engländer auch mit der Bretagne ein Schutz- und Trutzbündnis abgeschlossen. Am 27. März 1489 verbündeten sich die Engländer in Medina del Campo auch mit Spanien zum Schutz der Bretagne gegen alle Angriffe Frankreichs.

Ferdinand von Aragon dachte sich diese Verträge als Grundlage eines dauerhaften außenpolitischen Systems, das vor allem die Einkreisung und Fesselung des dynamisch ausgreifenden Frankreich zum Ziele hatte. Den Spaniern ging es dabei um die Rückgewinnung des Pyrenäenvorlandes und um die Erhaltung der selbständigen Bretagne. Dem König von England bot man die alten englischen Besitzungen auf dem französischen Festland an, Aquitanien und die Normandie, welche während des Hundertjährigen Krieges verlorengegangen waren. Maximilian wünschte die Rückgabe jener wertvollen Provinzen, die er im Frieden von Arras (Dezember 1482) an Frankreich hatte abtreten[19] müssen, das Herzogtum und die Freigrafschaft Burgund und das Artois. Die spanischen Königreiche schienen durch das diplomatische Geschick König Ferdinands Anführer der Feinde Frankreichs geworden zu sein.

Aber die bretonische Krise nach 1489 drohte die Bundesgenossen zu spalten[20]. Sowohl Spanier wie Engländer entsandten wieder Truppen in die Bretagne, während Maximilian heimlich eine Heirat mit Herzogin Anna vorbereitete, welche die Spanier mit dem Prinzen Juan vermählen[21] wollten. Zwar verständigten sich die Mächte, daß sich Anna nur mit Zustimmung Spaniens, Englands und Maximilians verheiraten dürfe; aber in der allgemeinen Verwirrung der Dinge suchte jeder seinen eigenen Vorteil. Die Spanier versuchten sogar, sich durch einen Gewaltstreich der Herzogin und ihres Landes zu bemächtigen[22].

Letzten Endes sollte es aber doch dem Römischen König glükken, die Hand der bretonischen Erbtochter zu gewinnen, und bereits im Dezember 1490 wurde durch Wolfgang Polheim die Heirat „per procuram" abgeschlossen[23], worüber sich gerade die Spanier nicht wenig empört zeigten. Augenblicklich zogen sie ihre Truppen aus der Bretagne zurück und suchten ihren Vorteil in einer Verständigung mit Frankreich. Das weitere Schicksal der Bretagne schien ihrem Entschluß recht zu geben. Immerhin mochte die große Koalition Frankreich veranlaßt haben, die niederländischen Rebellen preiszugeben und den Frankfurter Frieden (Juli 1489) zu unterzeichnen.

Die Heiratsverhandlungen mit Spanien wurden zwar fortgeführt[24], gerieten aber infolge dieser Gegensätze alsbald ins Stocken. Maximilian, dem die großen Anfangserfolge des Ungarnfeldzuges bedeutende Aussichten im Osten zu eröffnen schienen[25], faßte für seine Kinder nun neue Heiratsverbindungen ins Auge, während die Spanier mittels einer französischen Heirat ihren Grenzkrieg im Pyrenäenvorland beizulegen hofften.

Während Maximilian im Osten gebunden blieb, im Westen aber sowohl von den Spaniern als auch von den Engländern verlassen wurde, holte Karl VIII. zum entscheidenden Schlag gegen die Bretagne aus, bemächtigte sich des Herzogtums und stellte die hilflose Anna vor die Wahl, entweder seine Frau zu werden oder das Herzogtum zu verlieren. Ihre Entscheidung ist allbekannt[26].

Nach diesem schweren Rückschlag begann sich Maximilian wiederum den Spaniern zu nähern, die seit der Eroberung von Granada (1492) ihre Kräfte frei hatten und ihre Aufmerksamkeit wieder mehr auf Frankreich richten konnten. Maximilian entwickelte großartige Angriffspläne[27] gegen Frankreich, die seine strategische Phantasie fortan beschäftigten. Eine Doppelheirat schien nun weit aussichtsreicher[28], seit Prinzessin Margarethe von Burgund, inzwischen von Karl VIII. verstoßen, für eine spanische Verbindung freigeworden war. Alle Welt sprach wieder von einer habsburgisch-spanischen Heirat. Man wandte sich bereits an die Römische Kurie um eine Dispens, die allerdings erst unter dem 26. Juni 1493 erteilt[29] wurde. Aber da Spanien und England inzwischen das Kriegsbündnis gegen Frankreich vorzeitig verlassen hatten[30], mußte Maximilian froh sein, im Frieden von Senlis (Mai 1493) günstig aus dem Krieg zu kommen. Ungarn schien ihm bessere Möglichkeiten zu bieten, weswegen er seine Aufmerksamkeit nun dem Osten zuwandte.

Diesem Schwerpunktwechsel entsprachen auch ganz andere Heiratspläne: Erzherzogin Margarethe sollte nun König Wladislaw von Ungarn als Gemahlin angeboten[31] werden, falls er sich bereitfände, den Habsburgern die unmittelbare Nachfolge in seinem Königreich einzuräumen. Für Erzherzog Philipp aber war eine bayerische Prinzessin vorgesehen, um die Stellung des Königs innerhalb des Reiches zu stärken, während Maximilian selbst Bianca Maria Sforza heimführen wollte, die ihm das Mailänder Geld und die Unterstützung Ludovico Moros in Italien bringen würde.

Die Verhandlungen mit Spanien wurden jedoch niemals ganz abgebrochen[32], wenn auch Maximilian das Ansinnen einer Doppelheirat mit Spanien bisher sehr zurückhaltend aufgenommen hatte. Wie sehr er auch im Rahmen des burgundischen Bündnissystems dachte, so verlor er doch die österreichischen Erbländer, Böhmen, Ungarn und den Türkenkrieg niemals aus dem Auge. Er scheute daher vor einer allzu einseitigen Bindung seiner Kinder an die Weststaatspolitik offensichtlich zurück, wie wir noch wiederholt beobachten werden.

Der Überfall Karls VIII. auf Italien gab auch den Heiratsverhandlungen eine entscheidende Wendung[33]. Augenblicklich ließ Maximilian alle anderen Heiratsprojekte fallen und nahm ernste Gespräche mit Spanien auf, die rasch zum Abschluß führten[34]. Vor allem der spanische Gesandte Francisco de Rojas[35] trieb nun die Verhandlungen mit allen erlaubten und unerlaubten Mitteln derart voran, daß sich Maximilian noch 1498 seiner Praktiken mit Unwillen erinnerte[36].

Als Karl VIII. im Spätsommer 1494 seinen Fuß nach Italien setzte, waren die Vorverhandlungen bereits beendet[37]. Aber erst unter dem Eindruck der französischen Gewalttat gab Maximilian seine zögernde Haltung allmählich auf und ging sogar auf die spanische Forderung einer Doppelheirat ein. Don Juan und seine Schwester Juana sollten Maximilians Kinder Margarethe und Erzherzog Philipp heiraten. Offenbar schmeichelte es dem Vaterherzen, seine schwer gekränkte Tochter Margarethe mit der spanischen Königskrone für den Verlust der französischen entschädigt zu sehen.

Ende Juli 1494 hatte eine spanische Gesandtschaft den Plan der Doppelheirat dem König von Frankreich vorgetragen[38], der sich aber auch durch Drohungen von einem Überfall auf Italien nicht mehr abbringen ließ. Damit hatte Frankreich selber den letzten Anstoß zum raschen Abschluß der Verträge gegeben.

Im August 1494 hatte Maximilian seinen Sohn Philipp für großjährig erklärt und ihm die Regierung der Niederlande übertragen[39], womit eine wesentliche Voraussetzung für den Abschluß der Heirat geschaffen war. Ende Oktober 1494 bereits frohlockte Petrus Martyr über die bevorstehende Doppelhochzeit[40] und rühmte gleichzeitig die Wunder der neuentdeckten Welt. Ein Zug von Weite und Größe begleitet die Entstehung dieser folgenreichen Verbindung.

Philipp der Schöne

Johanna von Kastilien

König Ferdinand von Aragon, der die Vertreibung der Franzosen aus Italien und die Erhaltung des spanischen Einflusses auf Neapel und Sizilien mit Leidenschaft verfolgte, verstand es, Maximilians politische Phantasien ganz auf die Italienfrage hinzulenken. Mit größter Hartnäckigkeit verfolgte er — auch gegen innerspanische Widerstände[41] — den Abschluß dieses Vertragswerkes und scheute kein Mittel, weder Versprechungen noch Geschenke[42] an Maximilians Diplomaten, um rasch ans Ziel zu kommen. Er wußte, daß auch Frankreich kein Mittel scheuen würde, um diese gefährliche Verbindung zu verhindern.

Ebenso eifrig förderten die Spanier die Heilige Liga: sie sandten ihre Botschafter zum Papst, nach Mailand und Venedig, um die italienischen Mächte gegen Frankreich zu einigen. Es war vor allem ein Verdienst der spanischen Politik[43], daß am 31. März 1495 die Liga von Venedig abgeschlossen werden konnte. In der Tat hatte das Abenteuer Karls VIII. gegen Italien nicht nur die Liga der Mächte, sondern auch die spanischen Bündnis- und Heiratsverträge und damit jene Einkreisung herausgefordert, woran der französische Staat durch Jahrhunderte zu leiden haben sollte.

Bereits am 20. Januar 1495 konnte Maximilian zu Antwerpen mit dem spanischen Sondergesandten Francisco de Rojas den grundlegenden Vorvertrag[44] unterzeichnen: Prinz Juan von Asturien, der einzige Sohn der spanischen Könige, sollte Erzherzogin Margarethe von Österreich heiraten; Erzherzog Philipp die Infantin Juana von Spanien heimführen. Beide Heiraten sollten bis 5. November laufenden Jahres in Mecheln abgeschlossen sein. Die gegenseitigen Mitgiften hoben einander auf, so daß kein Teil etwas zu zahlen hatte. Zugleich schlossen beide Parteien einen ewigen Freundschaftsbund und wollten sich vor allem in Italien mit voller Kriegsmacht unterstützen.

Die Präambel stellte den Vertrag unter eine große Idee[45]: er sollte der Ehre des Erlösers, der Erhaltung und Mehrung der christlichen Religion, dem Frieden der gesamten Christenheit und der Erhaltung der bestehenden Ordnung unter den christlichen Staaten dienen. Die Idee des mittelalterlichen Kaisertums wie des Katholischen Königtums, das sich nach der Reconquista und der Entdeckung der Neuen Welt in eine stets wachsende Vorstellung seiner universalen Sendung hineinlebte, flossen darin in eins zusammen.

Als weitere Ziele wurden die Erhaltung der beiderseitigen

Königreiche, Länder und Häuser und vor allem die einvernehmliche Lösung der Italienfrage genannt[46]. Damit meinten die beiden Vertragspartner wohl den eigensüchtigen Plan, nach der Vertreibung der Franzosen die Apenninenhalbinsel unter sich zu teilen[47]. Die Bildung einer festen politischen Einheit, zunächst zur Überwindung Frankreichs, im weiteren zur Beherrschung der gesamten Christenheit, dies ist neben und mit der Heirat das eigentliche Anliegen des Vertragswerkes. Das Bündnis sollte beide Häuser „per omnia saecula saeculorum" vereinen. Wer hätte ahnen können, daß sich diese Wunschformel auf so besondere Weise erfüllen würde?

Nach jahrelangen Verhandlungen waren mit diesem Vertrag die Grundlagen eines umfassenden außenpolitischen Systems geschaffen, das die europäische Politik seit Maximilian mit geringen Unterbrechungen bis zum Spanischen Erbfolgekrieg (1700—1714) bestimmen sollte. Der eigentliche Urheber und zielbewußte Förderer dieses Heiratsbündnisses war in jenen ersten Jahren zweifellos König Ferdinand von Aragon gewesen.

Maximilian dagegen ging in diesen spanischen Verhandlungen äußerst vorsichtig und keineswegs eigenmächtig zu Werke[48]; er zog sogar Erzkanzler Berthold von Mainz, der ihn in die Niederlande begleitet hatte, zu den entscheidenden Verhandlungen heran und veranlaßte ihn, den Vorvertrag vom 20. Januar 1495 mitzuunterzeichnen, der damit nicht nur familienrechtliche Verbindlichkeit, sondern geradezu den Anschein eines Staatsvertrages mit dem Reich gewinnen sollte.

Dieser Vertrag sollte nach dem Willen Maximilians zunächst keinerlei endgültige Rechtskraft besitzen. Gerade für die erbrechtlichen Bestimmungen waren unter Umständen Zustimmungserklärungen der Reichsfürsten nötig. Auch hatten die Könige und die beteiligten Brautleute den Vertrag erst zu ratifizieren, so daß sich Maximilian immer noch zurückziehen konnte, wenn es ihm ratsam erschien; denn nach wie vor stand er der Doppelhochzeit voller Zweifel gegenüber.

Konnte es Maximilian seinen Ostaufgaben gegenüber verantworten, die beiden Erben einseitig an die Weststaatspolitik[49] zu binden? Wußte man, ob die Zukunft des Hauses nur im Westen lag? Gerade in diesen Wochen der Entscheidung schickte Maximilian eine Gesandtschaft an den alten Herzog von Masovien[50], erinnerte ihn an die gemeinsame Geschichte, das gemeinsame Blut, die gemeinsame Aufgabe des Türkenkrieges und legte ihm nahe, sein Herzogtum den Habsburgern zu vermachen.

Daher begegnete der König dem Drängen der Spanier auch nach Abschluß der Heiligen Liga mit großer Zurückhaltung, gab es doch manche schwerwiegende Gegensätze[51]: so in der Englandfrage, wo Maximilian immer noch den „falschen York" gegen Heinrich VII. unterstützte; aber auch in der Italienfrage, wo er die Lehenshoheit des Reiches über Neapel und Sizilien in Anspruch nahm; ebenso in Portugal, wo er persönliche Erbrechte forderte, während auch die Spanier dort eine hochpolitische Heirat vorbereiteten. Außerdem war jede Bindung an Spanien sinnlos, solange der Wormser Reichstag keine Italienhilfe bewilligt hatte. Die Gesandten Fonseca[52] und Albion[53], die mit der Heirat den Kriegseintritt Maximilians und des Reiches gegen Frankreich erwirken sollten, fanden den König daher „wandelbar in seinen Verhandlungen, leicht bestimmbar und den Seinigen ganz und gar unterworfen"[54]. Die Ohnmacht des Römischen Königs gegenüber seinen Reichsständen war den Spaniern unverständlich und hat sein Ansehen gemindert.

Aber die Spanier ließen sich nicht irremachen und überwanden alle Widerstände mit bemerkenswerter Zähigkeit. Rasch beschaffte der Gesandte Rojas alle gewünschten Vollmachten zur Ratifizierung der Doppelheirat[55]; aber Maximilian schob den Abschluß der Verträge wiederum hinaus; zwar bediente er den spanischen Gesandten mit freundlichen Briefen, seinen Kindern aber befahl er, ohne seine ausdrückliche Erlaubnis nichts zu unternehmen[56]. Gleichwohl vermochte Rojas die Brautleute Philipp und Margarethe zu einer für Spanien recht günstigen Regelung der Erbschaftsfrage zu bewegen. Erzherzogin Margarethe vereinbarte mit ihrem Bruder Philipp am 22. März 1495 zu Mecheln[57], daß ihr für den Fall des Eheschlusses mit dem Prinzen Juan als Ausstattung und Mitgift 200.000 Goldscudi auszuzahlen seien. Dafür sollten die männlichen Nachkommen des Hauses Burgund stets das alleinige Erbfolgerecht in allen burgundischen Herzogtümern, Ländern und Herrschaften haben. Margarethe behielt sich nur das Erbrecht vor für den Fall, daß ihr Bruder und sein Stamm ohne eheliche Leibeserben ausstürben.

Dieser Entwurf, der zwar niemals ratifiziert, sondern am 25. August 1495 in Worms durch einen anderen, für Spanien weniger günstigen Erbvertrag ersetzt wurde, zeigte immerhin, wie sich

Burgunder und Spanier über die niederländischen Reichsrechte hinwegsetzen wollten. Der Entwurf sprach den Spaniern für den Fall, daß Philipps Stamm aussterbe, das ganze burgundische Erbe, auch die deutschen Reichslehen, ohne jede Einschränkung, zu[58].

Wie sehr sich Maximilian auch zurückhielt, die spanischen Gesandten hatten Auftrag, die Heiraten so schnell als möglich durchzuführen, sich in allen Teilfragen großzügig zu zeigen, Margarethe ohne Aufschub nach Spanien zu bringen und selbst die Flotte für die Überfahrt anzubieten, obwohl Maximilian sich dazu verpflichtet hatte. Die Spanier sparten nicht mit Geld, und alle maßgeblichen Leute, Florian Waldauf, aber auch die Mitglieder des niederländischen Rates, erhielten Geschenke und spanische Pensionen in Aussicht gestellt[59]. Um jeden Preis sollten Verzögerungen vermieden und die Störungsversuche der Franzosen vereitelt werden.

Am 29. April 1495 fand sich Maximilian endlich bereit, den Vorvertrag vom 20. Januar 1495 zu ratifizieren[60], wobei Erzkanzler Berthold von Mainz wieder gegenzeichnete. Damit war allerdings noch nicht viel mehr beurkundet als die bloße Absicht zum Abschluß des Vertragswerkes, und Maximilian hielt sich noch immer nicht gebunden.

Je schwieriger sich die Reichstagshandlungen und die Italienfrage gestalteten, desto zurückhaltender wurde der König in der Heiratssache[61]; ja, er stand nicht an, die Schuld an den Verzögerungen der unklaren Haltung der Spanier[62] zuzuschieben. Sein Vertreter Florian Waldauf sollte ihnen vorhalten, daß diese Heiraten im Reich und in Burgund geradezu verhaßt wären; man wisse, daß Spanien noch immer mit Frankreich verbündet sei und dem König von Neapel keine Hilfe leiste. Nur wenn Spanien sich zu entschiedener Kriegführung gegen Frankreich entschließen könne, würde es möglich sein, die Doppelheirat abzuschließen. Denn welchen Nutzen hätte der Römische König von diesen Heiraten, wenn die Spanier nicht ernstlich in den Krieg gegen Frankreich eingreifen wollten? — Man könne den Spaniern wohl die datierten Heiratsurkunden aushändigen, solle es aber an den „sakramentalen Worten“ fehlen[63] lassen; so schüfen sie keine gültige Ehe, empfahl der König seinen Kindern. Aber die gewiegten spanischen Unterhändler würden sich durch einen solchen Kniff kaum haben täuschen lassen.

Mitte Juni[64] 1495 vollzog sich die große Wendung. Als die Reichsstände in der Frage der Italienhilfe einlenkten[65], als sich die Möglichkeiten eines allgemeinen Krieges gegen Frankreich zu eröffnen schienen, gab Maximilian den Niederländern den Befehl, die spanische Heirat alsbald abzuschließen, „weil er sie für seine Verhandlungen mit den spanischen Königen brauche“[66]. Gleichzeitig brachte er den Niederländern die Hochzeitssteuer von 150.000 Gulden in Erinnerung, die bei Ausheirat einer Prinzessin fällig wäre, dies, obwohl nach den Heiratsverträgen eine Ausstattung oder Mitgift nicht zu leisten war, weil sich die Zahlungen infolge der Doppelheirat gegenseitig aufhoben. Diese „Hochzeitssteuer“ war offenbar für die Finanzierung des französischen Krieges gedacht.

Maximilian war stets bemüht, auch das Reich mit dem spanischen Vertragswerk zu befassen[67], um dadurch Fürsten und Stände auf seine „spanische“ Politik in Italien zu verpflichten und den politischen Vereinbarungen größere Verbindlichkeit zu geben. In einem begeisterten Brief vom 23. Juni glaubte er den Spaniern bereits die Reichshilfe gegen die Franzosen ankündigen[68] zu dürfen; ja, er hoffte sogar, die Stände zum Erlaß eines Bundesmanifestes an die spanischen Könige zu bewegen, was einer Anerkennung der Heiligen Liga gleichgekommen wäre. Aber der Entwurf dieses Manifestes, der sich in den Reichsregisterbüchern findet[69], ist offenbar niemals ausgefertigt worden; denn zu einer derartigen Unterstützung der königlichen Kriegspolitik fanden sich die Stände nicht bereit.

König und Reich waren auch nicht willens, den burgundisch-spanischen Erbvertrag vom 22. März 1495 anzuerkennen. Vielmehr mußten sich die Spanier mit einem neuen, für sie ungünstigeren Vertrag abfinden. Hatte der Märzvertrag für den Fall, daß Philipps Stamm aussterbe, ein unbedingtes Erbfolgerecht Margarethes in allen burgundischen Ländern vorgesehen, so war im neuen Vertrag vom 25. August 1495 zunächst nur ein Erbfolgerecht Margarethes in den französischen Lehen und burgundischen Alloden vorgesehen, nicht aber in den burgundischen Reichslehen[70]. Aber selbst in den französischen Lehen und burgundischen Alloden sollte das persönliche Erbrecht Maximilians vorangehen, das sich auf das Recht des Beschützers und Eroberers stützte. Auf die burgundischen Reichslehen aber sollte Erzherzogin Margarethe überhaupt verzichten. Denn hierin sollte für den Fall, daß Philipps Stamm aussterbe, Maximilians Nachkommenschaft aus einer zu erwartenden zweiten Ehe den Vorzug haben. König und Reichsstände wünschten den Anfall der burgundischen Reichslehen an Spanien, wenn irgendwie möglich, zu verhindern; das war offensichtlich. Nur im alleräußersten Fall, wenn alle rechtmäßigen männlichen Erben Philipps und Maximilians ausstürben, sollten Margarethe und ihre Nachkommen auch die deutschen Reichslehen des Hauses Burgund-Österreich erben. Die Reichsrechte waren in diesem Erbvertrag also durchaus gewahrt. Allerdings hat sich Karl V. bei der Teilung von 1521/22 über diese Erbbestimmungen von 1495 glatt hinweggesetzt[71].

Am 10. September 1495 erteilte Maximilian von Worms aus Vollmacht und Befehl[72] zum Abschluß der Heiraten im Sinne der Vorverträge. Am 5. November 1495 wurden zu Mecheln die Heiratsverträge zwischen Erzherzog Philipp und der Infantin Juana und zwischen Prinzen Juan und der Erzherzogin Margarethe „per procuram" abgeschlossen[73]. Die spanischen Königskinder waren durch ihren Bevollmächtigten, den Gesandten Rojas, vertreten. Die Zeremonie wurde durch einen Kirchgang zu St. Peter in Mecheln öffentlich gefeiert[74], für beide Heiraten am gleichen Tag, jedoch zu verschiedener Stunde. Erzherzogin Margarethe zeigte sich in goldener Robe und Krone vor dem Volke; aber es war eine eher bescheidene kirchliche Feier, zu der nicht einmal König Maximilian erschienen war, weil ihn die Vorbereitung des Italienzuges festhielt. Die anwesenden Brautleute und der Gesandte Rojas als Stellvertreter der spanischen Königskinder gaben sich im Angesicht der Kirche mit den vorgeschriebenen sakramentalen Worten das gültige Eheversprechen. Sie tauschten Ringe und Heiratsurkunden aus, ratifizierten sie, unterzeichneten eigenhändig und beschworen alles auf das Kreuz und die Evangelien. Es war ein „matrimonium ratum", eine nach den Gesetzen der Kirche gültige Eheverbindung, die allerdings erst durch persönlichen Vollzug unauflöslich wurde. Die alte Gewohnheit des symbolischen Beilagers in Anwesenheit des Hofes wurde offenbar nicht mehr ganz ernstgenommen, denn man vermochte dabei das Lachen kaum zu verhalten[75].

Zur größeren Sicherheit beurkundeten und ratifizierten die Vertragspartner nochmals die Aufhebung der beiderseitigen Mitgiften[76], worauf Maximilian und die Niederländer offenbar den größten Wert legten. Vielleicht war gerade der gegenseitige

Verzicht auf die Mitgift einer der Hauptgründe dafür gewesen, daß sich der König schließlich auf die ihm wenig zusagende Doppelheirat einließ. Denn kaum würde er damals das Geld für eine standesgemäße Ausstattung seiner Kinder aufgebracht haben. Die katastrophale Finanzlage, in der sich nicht nur Maximilian, sondern auch Philipp in den Jahren 1495/96 befanden[77], ist allbekannt.

Die Heiraten waren nun zwar abgeschlossen und nach kanonischer Auffassung gültig, aber nicht vollzogen. Bei den seltsamen Gewohnheiten des fürstlichen Eherechtes[78] waren die Verbindungen dadurch noch keineswegs gegen alle Fährnisse gesichert, wie der Fall des „bretonischen Brautraubes" gezeigt hatte. Die Spanier arbeiteten daher nach dem Austausch der Heiratsurkunden unermüdlich auf den Vollzug der ehelichen Verbindungen hin. Auf den Tag genau, am 3. Januar 1496, ratifizierten in Ulldecona bei Tortosa Juan und Juana, desgleichen in Nördlingen König Maximilian alle vorbereitenden und vollziehenden Verträge[79].

Die Katholischen Könige hatten diese Doppelheirat vor allem gewünscht und gefördert. Das größte Verdienst um diese Verträge, deren weltgeschichtliche Folgen erst in einigen Jahren offenbar werden sollten, hatte sich zweifellos der Gesandte Rojas erworben. Gleichwohl fiel er wegen gewisser finanzieller Machenschaften bei den Heiratsverhandlungen in Ungnade und wurde dafür noch Jahrzehnte später unter Anklage gestellt[80]. Maximilian hatte sich, soweit er nicht selber die Verhandlungen führte, von seinem Vertrauten Florian Waldauf[81] vertreten lassen, einem emporgekommenen Bauernsohn aus Anras im Pustertal, der zum Unterhändler dieses weltgeschichtlichen Bündnisses auserwählt war.

König Ferdinand fürchtete ernsthaft[82], es könne noch im letzten Augenblick eine gefährliche Änderung in der Heiratssache eintreten, da er die Widerstände deutscher, niederländischer, aber auch spanischer Kreise gegen diese Verbindung kannte. Es schien ihm daher wichtig, die Ferntrauung seiner Kinder Juan und Juana in Anwesenheit des kaiserlichen Gesandten Salazar[83] vor den kastilischen Cortes zu Almazán feierlich wiederholen[84] zu lassen, was im Mai/Juni 1496 geschah. Immerfort bedrängte er seine Gesandten Fonseca, Albion und Rojas, Prinzessin Margarethe mit der gleichen Flotte nach Spanien zu bringen[85], mit der Infantin Juana in die Niederlande fahre. Die Katholischen Könige hofften wohl, durch diese Doppelheirat die Habsburger unter spanischen

Einfluß zu bringen, wozu die Infantin Juana allerdings so klug hätte sein müssen wie ihre Mutter.

Aber König Maximilian lebte in jenen Wochen und Monaten bereits ganz in der Vorbereitung des Italienzuges und eines allgemeinen Krieges gegen Frankreich. Der große Plan eines gleichzeitigen Überfalles aller europäischen Staaten, der die Vernichtung und Aufteilung Frankreichs zum Ziele hatte, beherrschte ihn ganz und gar. Da er den Spaniern in diesem Vernichtungskrieg eine Hauptrolle zugedacht hatte, benützte er die Heiratsverhandlungen, um den Kriegseifer der Katholischen Könige anzufeuern. Im September 1496 legte er ihnen seinen „großen Kriegsplan" vor[86]: die Spanier sollten sich mit dem Römischen König in Südfrankreich vereinigen und gemeinsam gegen Paris marschieren. Der König wollte den Vollzug der Heiraten noch einmal verzögern, denn solange er Margarethe zurückhielt, glaubte er die Spanier in der Hand zu haben. Unter mancherlei Vorwänden wurde die Abreise der Tochter hinausgezögert[87]: man habe gehört, daß die Spanier die Ankunft Margarethes während des Krieges nicht wünschten; man könne jetzt die Flotte nicht entbehren. Außerdem wurde plötzlich eine Standeserhöhung Margarethes gefordert: sie habe bis zu ihrer Verstoßung durch Karl VIII. den Titel einer Königin von Frankreich geführt, einen der schönsten Königstitel der Christenheit. Maximilian wolle seiner lieben Tochter den verlorenen Königstitel wiedergeben und habe für sie gerade deshalb das hochberühmte Haus von Spanien und den größten König der Erde zum Gemahl gewählt. Maximilian erwarte daher von Spanien, daß Margarethe durch die künftigen Heiratskapitulationen den königlichen Stand erhalte, indem man den Prinzen Juan zum König von Granada oder León erhebe, wie es den Königen am besten scheine. — Sollte es darüber neue Verhandlungen geben? — Umgekehrt machte sich Maximilian erbötig, Erzherzog Philipp zum Römischen König zu machen, wenn nur der Papst und die deutschen Kurfürsten dafür gewonnen werden könnten. In der Tat griffen die Spanier diesen Vorschlag auf und bedrängten Alexander VI., sich für Philipps Wahl zum Römischen König bei den deutschen Kurfürsten einzusetzen[88]. Maximilian kannte die Schwierigkeiten einer solchen Erhebung nur zu gut; er wollte offenbar verzögern.

Die Spanier entschlossen sich zu handeln[89]. Schon am 21. August 1496 hatte die Infantin Juana zu Laredo das Schiff bestiegen, nachdem die besorgte Königin-Mutter für die Überfahrt sogar den Rat des Kolumbus eingeholt hatte. Um Mitternacht zum 22. August verließen über zwanzig Segler so geheim wie möglich die spanischen Häfen, willens, Frankreich in weitem Bogen zu umfahren. Da man des Krieges wegen fürchten mußte, auf französische Geschwader zu stoßen, führte man angeblich gegen 3500 Knechte mit[90]. Die Flotte wurde durch schwere Stürme nach England verschlagen und vermochte erst am 19. September in Middelbourg in Seeland einzulaufen[91]. Juana wandte sich nach Antwerpen, wo sie von den niederländischen Generalstaaten, von Rittern des Goldenen Vlieses und von den beiden burgundischen Margarethen feierlich eingeholt, in königlichem Schmuck, inmitten eines prächtigen Gefolges, nach spanischer Art auf einem Esel reitend, ihren Einzug hielt und im Kloster St. Michel Wohnung nahm.

Man war auf Juanas Ankunft nicht vorbereitet gewesen. Erzherzog Philipp weilte noch im Reich, und da die Generalstaaten entgegen dem Wunsch Maximilians darauf bestanden, daß die Heirat in den Niederlanden gefeiert werde, eilte er rasch herbei, um mit ihr am Abend des 19. Oktober in Lierre (Brabant) zusammenzutreffen[92], wo bereits die Festvorbereitungen bestellt worden waren. Zwar war die Heirat seit einem Jahr bereits durch Stellvertretung abgeschlossen; aber nun wurde sie durch Heinrich von Bergen, Bischof von Cambrai, am 20. Oktober 1496 in der Kollegiatkirche St. Gommaire zu Lierre nochmals kirchlich eingesegnet und durch feierliche Urkunde öffentlich kundgemacht[93]. Diese Heirat sollte das Jahrhundert des Hauses Österreich begründen.

Nachdem man das Beilager zunächst in Lierre, dann noch einmal in Brüssel mit großer Pracht gefeiert[94] hatte, reisten die Neuvermählten über Antwerpen nach Bergen-op-Zoom. Hier tagte eben das Generalkapitel des Ordens vom Goldenen Vlies, welches Maximilian auf das Reich und auf seine Italienpolitik zu verpflichten hoffte[95]. Aber Philipp und seine Umgebung dachten nicht daran, die Kriegspolitik Maximilians mitzumachen, sondern waren entschlossen, am Frieden mit Frankreich festzuhalten.

Nachdem die Heirat Juanas mit Erzherzog Philipp vollzogen war, durfte man auch die Abreise Margarethes zu ihrem Gemahl nach Spanien erwarten. Jetzt, nach den Rückschlägen in Italien, mußte der rasche Abschluß der Doppelheirat als großer Erfolg erscheinen. Auch sollten die Katholischen Könige im Bündnis gegen Frankreich erhalten werden. Trotz der bedrängten Finanzlage befahl Maximilian, 58.500 Gulden für die Feierlichkeiten des Empfanges und des Abschiedes flüssigzumachen, damit die Ehre des habsburgischen Hauses gewahrt bliebe[96]. Als Sondergeschenk für seine geliebte Margarethe übersandte der Vater Goldbrokat, zwei goldene Ringe und jene Halskette, die er selber einst bei der Ankunft in den Niederlanden seiner seligen Gemahlin Maria geschenkt hatte; eher dürftige Gaben, da die Verhältnisse nicht mehr erlaubten.

Ende Januar 1497 bestieg Margarethe zu Vlissingen das Schiff[97], um mit jener Flotte, welche Juana in die Niederlande gebracht hatte, nach Spanien zu fahren, wo sie nach stürmischer, lebensgefährlicher Seefahrt glücklich ankam. Bekannt ist die Anekdote, wie sie inmitten der Seenot, in einem Anflug von Humor, der an die Art ihres Vaters erinnert, ihre eigene Grabinschrift[98] entworfen habe.

Am 3. April 1497 wurde die Heirat in Burgos von Kardinal Jiménez noch einmal eingesegnet und mit märchenhaftem Prunk gefeiert[99]. Die venezianischen Gesandten waren davon geradezu geblendet und haben darüber ausführlicher als sonst nach Hause berichtet[100]. Nie hat das überglückliche spanische Königspaar größere Pracht entfaltet als in diesen Tagen.

Die Heiraten waren nun vollzogen, aber die Hoffnungen, die Maximilian damit verbunden hatte, zunächst enttäuscht[101]. Bei aller Freundschaft ließ König Ferdinand doch deutlich erkennen, daß er von einem Vernichtungskrieg gegen Frankreich, wie ihn Maximilian 1496 so großartig geplant hatte, nichts wissen wollte; er hatte längst Waffenstillstandsverhandlungen mit Frankreich eingeleitet, wenn er auch dem Gesandten Lupian versicherte, er werde weiter rüsten, damit die Franzosen nicht „Gott und Welt" eroberten.

Was während der nächsten Jahre geschah, gehört zum Unberechenbaren des geschichtlichen Ablaufes. Binnen dreier Jahre mußten die Katholischen Könige alle Hoffnungen begraben, die sie durch ihre Heiratspolitik begründet zu haben glaubten. Bereits am 4. Oktober 1497 starb der spanische Erbprinz Juan[102]. Das junge Paar war über die Maßen verliebt[103] gewesen, und man sagte, der Prinz sei „an der Liebe gestorben". Das Kind, das Margarethe nach dem Hinscheiden des Gemahls gebar, kam tot zur Welt. Maximilian fürchtete damals auch für seine eigene

Nachfolge; besorgt äußerte er zum spanischen Gesandten Fuensalida[104], das Haus Österreich-Burgund sei in großer Gefahr, weil man wenig Hoffnung hege, daß Juana Söhne gebären werde; er wisse nicht, wohin er nun seine Tochter ausheiraten solle, um die Nachfolge zu sichern.

Das spanische Erbe stand nun bei der ältesten Tochter Isabella, der Gemahlin König Manuels von Portugal. Aber schon im nächsten Jahr, am 23. August 1498, starb sie bei der Geburt eines Söhnchens, Dom Miguel, der Spanien mit Portugal hätte vereinigen[105] sollen. Das Schicksal vernichtete auch diese letzte Hoffnung der Katholischen Könige: 1500 starb auch Miguel. Damit stand das Erbrecht wider Erwarten bei der zweiten Tochter Juana und ihrem Gemahl Erzherzog Philipp von Österreich-Burgund, der übrigens schon nach dem Hinscheiden Juans den Titel eines „Prinzen von Kastilien" angenommen hatte[106].

Stets hat die spanische Verbindung die politische Phantasie König Maximilians auf das lebhafteste beschäftigt; besonders seit dem 24. Februar 1500, als Juana einen Sohn gebar, Karl (V.), der den habsburgisch-burgundischen Erbgang sichern konnte. Ganz unerwartet hatte sich diese Heirat als folgenreichste und „denkwürdigste dynastische Verbindung der Neuzeit"[107] enthüllt, von welcher der habsburgische Universaldominat der nächsten Jahrhunderte seinen Ausgang nehmen sollte, was beim Abschluß der Heiraten 1496/97 niemand hatte ahnen können.

Die Niederländer freilich sehen darin einen verhängnisvollen Bruch ihrer nationalstaatlichen Entwicklung und die Unterwerfung des burgundischen Staatsprinzips unter Habsburg-Spanien[108]. Es wäre allerdings zu überlegen, ob die Niederlande ohne Anlehnung an Spanien und das Reich gegen eine übermächtig ausgreifende Nachbarschaft ihre Freiheit hätten bewahren können.

3. Karls VIII. Italienzug und die Heilige Liga von Venedig

Der Italienzug[1] Karls VIII. führte zum Umsturz der alten Ordnung in Italien und zur Einmischung der europäischen Großmächte, die sich in der Heiligen Liga von Venedig gegen den französischen Überfall zusammenschlossen. Diese Liga bedeutete den Anfang eines Gleichgewichtssystems der europäischen Mächte[2] und das Ende des kaiserlichen Universalismus, wie sehr auch der künftige Kaiser gegen diese Entwicklung zeitlebens ankämpfen mochte. Es sei dem Kaiser nicht erlaubt, derartige Verträge mit Teilfürsten abzuschließen, tadelten die Reichsstände[3], die seit Jahrhunderten nichts mehr zur Erhaltung der traditionellen Stellung des Reiches unter den Mächten beigetragen hatten. Wie hätte Maximilian seine Stellung unter den europäischen Mächten anders zur Geltung bringen sollen, als daß er Verträge mit ihnen abschloß? Nicht anders handelte der Papst, der sogar Sultan Bajezid gegen die Franzosen zu Hilfe rief.

Als der Römische König im Mai 1493 zu Senlis Frieden machte und sich gegen Osten wandte, war er keineswegs willens, Italien preiszugeben. Zwar hatte er Karl VIII. formell freie Hand gegen Neapel zugestanden[4], aber wohl gehofft, daß der König von Frankreich, durch den fünfzehnjährigen burgundischen und bretonischen Krieg ermüdet, sich zeitweilig innerhalb seiner Grenzen zur Ruhe setzen werde. Maximilian erwartete wohl, sein Bündnis mit Herzog Ludovico von Mailand werde ausreichen, die Reichsrechte in Italien während des Türkenkrieges[5] zu sichern.

Als aber Karl VIII. im August 1494 die Alpen überschritt, gab es für den Römischen König keinen Zweifel mehr: gewährte er ihm in Italien freie Hand, so bedeutete dies die Preisgabe der traditionellen Vorrechte des Reiches, wahrscheinlich auch den Verlust des Kaisertums und seines Vorranges unter den christlichen Staaten. Rasch entschloß er sich daher zur Heiligen Liga, zu einem Bündnis mit dem Papst, Venedig, Spanien und Mailand, zur Vertreibung der Franzosen. Er sah ein, daß er die Rechte Reichsitaliens und den Schutz der Kirche gegen eine Großmacht wie Frankreich kraft kaiserlicher[6] Autorität allein nicht mehr würde wahrnehmen können und genötigt sei, seine höchste Ordnungsgewalt über Italien und den Schutz der Kirche mit anderen europäischen Mächten zu teilen. Dies war neu und vom König vielleicht auch nur als zeitweilige Aushilfe gedacht; es bedeutete aber die Anerkennung einer vollzogenen Entwicklung, die Anerkennung des Gleichgewichtsstrebens und der Gleichberechtigung der europäischen Mächte.

Der Römische König sah im Augenblick offenbar kein anderes Mittel: der Vorrang des Reiches über das kriegsgewaltige Frankreich konnte nur mit Hilfe von Bundesgenossen im Rahmen eines neu sich bildenden europäischen Staatensystems behauptet werden. Die „bilancia", die sich unter den italienischen Mächten schon seit einem halben Jahrhundert entwickelt hatte, übertrug sich allmählich auf die europäische Staatenwelt, und auch der Kaiser mußte sich ihr einordnen.

Die Gegensätze zwischen dem Herzogtum Mailand und dem Königreich Neapel sind bekannt. Sie waren für Ludovico Moro Grund genug, König Ferrante die Franzosen an den Hals zu hetzen. Ludovico verbündete sich mit Karl VIII. gegen Neapel und trat gleichzeitig mit Heiratsangeboten an Maximilian heran[7], um ihn durch die Hand seiner Nichte Bianca Maria und großzügige Mitgiftzahlungen fest an sich zu binden und für eine Übertragung des Mailänder Reichslehens zu gewinnen. Maximilian nahm an, offenbar ohne Vorwissen des Vaters und ohne Bedacht auf die niedere Herkunft der Sforza. Die Machtstellung Ludovicos in Italien, die der König viel höher einschätzte, als sie war, und nicht zuletzt das Geld hatten den Ausschlag gegeben.

So konnte Maximilian hoffen, den Franzosen die Pforte Italiens versperrt zu haben. Hatte er im Frieden von Senlis den Ernst der französischen Ansprüche auf Italien offensichtlich unterschätzt[8], so suchte er diesen diplomatischen Fehler durch das neue Mailänder Bündnis wettzumachen. Auch sonst tat der König alles irgend Mögliche, um Reichsitalien gegen einen französischen Einfall zu schützen. Maximilian gab zwar immer vor, an den Artikeln von Senlis festzuhalten; einen Vorstoß gegen Neapel aber bezeichnete er als Angriff auf das Reich[9]. Selbst als ihm Karl VIII. Venedigs Festlandsbesitz als Köder anbot, zeigte er sich ungerührt. Zwar wurde zeitweilig über ein Tauschgeschäft Burgund gegen Neapel geredet[10], aber Maximilian ging keine Verpflichtungen ein. Geflissentlich entzog er sich einer persönlichen Zusammenkunft mit Karl VIII. Ja, er weigerte sich sogar, einen französischen Gesandten und dessen Angebote anzuhören[11]. Deutlicher konnte er nicht sein. Wenn sich die Franzosen schon in italienische Kriege verstrickten, sollten sie sich dort verbrauchen. Das konnte Maximilians burgundischen Plänen nützlich sein; aber keinesfalls durfte Karl VIII. in Italien festen Fuß fassen. Maximilian begab sich daher nach Brabant[12], um dort die weiteren Ereignisse abzuwarten.

König Karl VIII., ein buckeliger, kleiner Mann mit ehrgeizigen Plänen, hatte während des ganzen Jahres 1494 eifrig gerüstet, um, allen Warnungen der Einsichtigen zum Trotz, nach Italien aufzubrechen. Alte Erbansprüche aus den Zeiten der Anjou waren bald ausgegraben[13]. Dazu kamen romantische Phantasien von Karl dem Großen, seinem kaiserlichen Ahnherrn, von einem

Kreuzzug nach Konstantinopel und Jerusalem, der Drang nach eigenen Heldentaten[14], nicht zuletzt die innere Dynamik seines Staates, der in einem hundertjährigen Krieg nicht umgeworfen, sondern immer stärker geworden war, eine kriegserfahrene Armee, ein starkes kleinritterliches Element, das äußerlich und innerlich von Krieg und Abenteuern lebte. Karl VIII. hoffte, die europäischen Mächte, die er durch Verträge gebunden glaubte, würden stillesitzen und ihn gewähren lassen. Des Römischen Königs glaubte er sich so gut wie sicher[15]. Den Papst aber hoffte er mit der Drohung eines Konzils oder der Absetzung gefügig zu machen[16].

Als Karl im August 1494 mit etwa 30.000 Mann und starker Artillerie die Alpen überstieg[17] und in Asti erschien, als eine französische Flotte mit etwa 10.000 Mann gegen Unteritalien in See stach, blickte ganz Europa überrascht nach Süden. Maximilian legte sogleich, noch vor dem Eintreffen der Franzosen in der Lombardei, die schützende Hand des Reiches auf den Mailänder Staat und siegelte am 5. September 1494 zu Antwerpen jene Urkunde[18], die Ludovico als dem „einzig würdigen Herzog von Mailand" für sich und seine Erben die Reichsinvestitur verbriefte. Wenn die Urkunde zunächst auch geheimbleiben sollte, einerseits um die Anhänger des rechtmäßigen Giangaleazzo nicht zu reizen, anderseits um die deutschen Reichsfürsten nicht zu verstimmen, so konnte Ludovico im Besitze dieses kaiserlichen Schutzbriefes den Franzosen doch selbstbewußter begegnen. Ja, er tat so, als ob er es wäre, der den König von Frankreich sicher durch Italien geleiten könne: „Herr, keine Sorge vor diesem Feldzug! In Italien haben wir drei Großmächte: Mailand ist für Euch; Venedig rührt sich nicht; also habt Ihr es nur mit Neapel zu tun. Eure Ahnen haben uns geschlagen, wenn wir alle beisammen waren; vertrauet mir, so helfe ich Euch und mache Euch größer, als Karl der Große gewesen ist. Wir jagen diese Türken aus dem Kaisertum Konstantinopel wie einen Federball. Aber zuerst müßt Ihr das Königreich Neapel nehmen ..."[19] Nichts als prahlerisches Gerede, wie sich alsbald zeigen sollte.

Maximilian blieb zunächst ruhig in den Niederlanden, wo er eben die Inauguration seines Sohnes Philipp vornahm[20]. Seine Pläne mochten sich mit jenen Ludovicos fürs erste decken: wahrscheinlich würde sich König Karl durch diesen „Kreuzzug" verbrauchen, sich nicht nur mit Neapel, Aragon und Venedig, sondern vielleicht auch mit den Türken zerkriegen. Eine wechselseitige Schwächung aller Gegner würde folgen. Die Anfänge König Karls in Italien schienen diese Berechnungen zu bestätigen. Er lag wochenlang durch Krankheit in Asti fest, währenddessen die Gegenwirkungen der italienischen Mächte immer heftiger einsetzten. Die Franzosen durften niemandem mehr trauen, und die Spanier erklärten bereits offen, sie seien des Vertrages von Barcelona[21] überdrüssig. Maximilian aber verkündete von Antwerpen aus seinen Eintritt in den St.-Georgsorden[22] und den Plan eines eigenen kaiserlichen Kreuzzuges.

Auch Ludovico Moro, der inzwischen den rechtmäßigen Erben Mailands, Giangaleazzo, wie man allgemein munkelte, ins Grab gebracht hatte[23], wandte sich nun von den Franzosen ab und dem Römischen König zu, von dem er sich nach der heimlichen auch die feierliche Investitur und damit die öffentliche Bestätigung seiner Mailänder Herrschaft erhoffen durfte. Als die Franzosen gegen Mittelitalien weiterzogen, wagte Ludovico bereits den offenen Bruch.

Aber König Karl schien zunächst vom Glück begünstigt, und die Fortschritte der Franzosen in Italien begannen allen unheimlich zu werden. Ohne Schwertstreich durcheilten sie die Halbinsel und „bedurften nur der Kreide, um ihre Quartiere anzuzeichnen“. Am 9. November zogen sie in Pisa ein. Die Stadt war altes Reichslehen und wurde gleichzeitig von Mailand, Venedig und Florenz beansprucht. Karl VIII. schenkte der Stadt die Freiheit. Am 17. November erreichten die Franzosen Florenz[24], zogen mit fliegenden Kreuzzugsfahnen und den Segenswünschen Savonarolas in die Stadt ein. Er begrüßte in Karl den Reformator der Kirche, den Vollstrecker des göttlichen Gerichtes gegen einen unwürdigen Papst. Die Herrschaft der Medici wurde gestürzt und Karl von den Republikanern als Befreier gefeiert. Hier entfernte sich Ludovico voll heimlicher Wut aus dem französischen Hoflager. König Karl sollte ihn nie wiedersehen.

Nun schlug das Glück der Franzosen plötzlich um. Die Gesandten der europäischen Mächte begannen in Venedig die Köpfe zusammenzustecken, wie man die Franzosen aufhalten und aus Italien vertreiben könne.

Am 22. November 1494 hatte König Karl, wohl um das aufsteigende Gewitter zu zerstreuen, von Florenz aus ein Kreuzzugsmanifest[25] an die christliche Welt erlassen, das Papst und Römischer König als Eingriff in ihre traditionellen Rechte empfinden mußten. Nun rief Alexander VI. den künftigen Kaiser als Schutzherrn der Kirche in aller Form um Hilfe an, da der König von Frankreich seine Hände nach den Rechten der Kirche, dem Reichsgut und der Kaiserkrone ausstreckte[26]. Papst und künftiger Kaiser begannen enger zusammenzurücken. Alexander VI. gestattete, daß in St. Peter „pro electo Imperatore Maximiliano ... tamquam Ecclesiae advocato" gebetet werde. Den spanischen Königen aber verlieh er, um ihren Eifer zur Verteidigung des Heiligen Stuhles anzufeuern, den Ehrennamen „Katholische Könige".

Angesichts des einhelligen Unwillens ganz Europas ist schwer zu sagen, wer der eigentliche Urheber der geheimen Verhandlungen[27] in Venedig und der Heiligen Liga gegen die Franzosen gewesen ist. Die Sorge um das europäische Gleichgewicht führte die Mächte von selbst zusammen: der Römische König war gegen den französischen Italienzug, noch ehe König Karl die Alpen überschritten hatte, und suchte sich dagegen schon im voraus mit den spanischen Königen zu verständigen. Der Papst fürchtete und haßte den König von Frankreich, der immer wieder mit Absetzung und Kirchenreform drohte und alle Feinde Alexanders VI. an seinen Hof gezogen hatte. Ludovico Moro, der die Franzosen zwar ins Land gerufen hatte, begann sich sehr bald von ihnen abzusetzen[28]; schlau wie er war, nahm er als letzter an den Ligaverhandlungen teil, die er als einer der ersten angeregt hatte.

Dagegen traten die spanischen Könige von Anfang an offen gegen die französischen Eroberungen in Italien auf, trotz dem Bündnis von Barcelona, das sie mit Frankreich abgeschlossen hatten. Eifervoll versuchten sie, Maximilian und Burgund mit Heinrich VII. auszusöhnen und auch England gegen die Franzosen zu gewinnen[29]. Als erste warfen die Spanier den Franzosen offen den Fehdehandschuh hin[30]. Die entschiedene Haltung Spaniens riß die andern mit, vor allem Alexander VI., der sich sowohl als Papst wie als Lehensherr des verbündeten Neapel vom französischen Vormarsch bedroht fühlen mußte. Die päpstliche Autorität hat den Verhandlungen von Venedig größten Auftrieb und dem Bündnis den Namen einer „Heiligen" Liga gegeben.

Maximilian hielt sich, entsprechend den Friedensartikeln von Senlis, äußerlich zwar eine Zeitlang zurück und blieb mit dem König von Frankreich, der inzwischen über Civitavecchia nach Rom marschierte, sogar in Verbindung, indes der Papst immer fle-

Karl VIII.

Ferdinand der Katholische

hentlicher die Hilfe des künftigen Kaisers anrief[31]: Karl suche ihn abzusetzen, durch einen Franzosenfreund zu verdrängen und strebe nach der Kaiserkrone; er wolle ganz Italien samt den Reichsrechten in seine Gewalt bringen. Auch Mailand und Spanien drängten Maximilian unablässig. Ludovico schrieb, der kaiserliche Name in Italien sei durch das Erscheinen Karls verdunkelt, der sich zum „capo del mondo“ machen wolle[32].

In der Tat trat Karl VIII. in Italien auf, als wäre er der Nachfolger Karls des Großen. Er war inzwischen in Rom eingezogen[33], hatte den verängstigten Papst gezwungen, den türkischen Prätendenten Dschem auszuliefern; außerdem sollte Cesare Borgia die Franzosen nach Neapel begleiten. Nachdem sich der Papst Drohungen gegenüber gefügig zeigte, gab sich Karl zufrieden: von Konzil oder Absetzung war nicht mehr die Rede. Maximilian aber mußte für sein Kaisertum ernsthaft fürchten. So ordnete auch er seine Gesandten nach Venedig ab[34], obwohl es ihm nicht leichtfallen mochte, sich mit der Signorie an einen Tisch zu setzen. Gleichzeitig suchte er den König von Frankreich immer noch mit freundlichen Briefen hinzuhalten[35].

Als sich Karl VIII. Ende Januar 1495 von Rom aus gegen Neapel wandte, traten ihm zu Velletri die spanischen Gesandten entgegen[36], erhoben feierlichen Protest gegen den weiteren französischen Vormarsch und zerrissen angeblich vor des Königs Augen den Vertrag von Barcelona, was einer offenen Kriegserklärung gleichkam, die ihre Wirkung unter den Mächten nicht verfehlte. In Capua starb ganz plötzlich, auf unerklärliche Weise, der Türkenprinz Dschem, den Karl VIII. mitgenommen hatte, um sowohl den Papst als auch den Großtürken in der Hand zu haben. Außerdem verschwand Cesare unvermutet aus dem Lager. Alles bedenkliche Vorzeichen.

Inzwischen nahmen die Verhandlungen in Venedig einen raschen Fortgang, nicht zuletzt beflügelt von den fast täglich eintreffenden französischen Siegesmeldungen aus Unteritalien: am 22. Februar 1495 war Karl VIII. in Neapel eingezogen; er prahlte mit den Worten Caesars: „Veni, vidi, vici.“ Von einem „Türkenkreuzzug“, den die Franzosen bisher vorgeschützt hatten, war nun nicht mehr die Rede; vielmehr richtete sich Karl in Unteritalien häuslich ein und schickte sich an, von hier aus den Kirchenstaat, Florenz und Mailand „umzubringen“, wie die Venezianer argwöhnten. Auch über die Reichsrechte in Florenz, Pisa und Siena hatten sich die Franzosen kühn hinweggesetzt. Der Paläologe Andreas hatte zugunsten des französischen Königs auf den Titel eines „Imperator Graecorum“ verzichtet[37]. König Karl nahm symbolisch die Krone Ostroms in Anspruch und ließ Münzen mit der Umschrift „Carolus Imperator“ prägen[38]. So überlegen fühlte er sich, daß er die Ligamächte in öffentlichen Theateraufführungen verhöhnen ließ[39].

Ganz Europa war über die französischen Ansprüche und Erfolge auf das äußerste bestürzt. Die Mächte erblickten im raschen Abschluß der Liga zur „Rettung des Papstes, zum Schutze Italiens und zur Vertreibung der Franzosen“ die einzige Abhilfe. Den Venezianern war zumute wie den Römern nach Cannae[40]. Gleichwohl wollten sie nichts überstürzen und verhandelten so langsam, daß den Deutschen bereits die Geduld zu reißen begann. Aber im Verlaufe des März 1495 vermochte man sich doch allmählich über die Vertragsartikel einer gesamtchristlichen Liga und über geheime Klauseln eines gemeinsamen Vernichtungskrieges aller Verbündeten gegen Frankreich zu einigen.

Maximilian, Spanien und Mailand planten die Liga[41] als einen mächtigen Offensivbund, der Frankreich durch einen umfassenden Angriff von allen Seiten nicht nur zur Preisgabe Italiens zwingen, sondern womöglich auch innerhalb seiner natürlichen Grenzen vernichten und unter die Nachbarn aufteilen sollte. Venedig dagegen war keineswegs bereit, so weitgehenden Angriffs- und Vernichtungsplänen zu folgen und an Stelle der augenblicklichen französischen Vormacht eine Hegemonie des künftigen Kaisers oder der Spanier zu fördern, die um so gefährlicher schien, als Maximilian und Spanien eben im Begriffe waren, sich durch ein doppeltes Heiratsbündnis zur Beherrschung Italiens und Europas zu vereinigen. Man kann den Weitblick der Signorie von Venedig in diesem Augenblick nicht genug bewundern.

In der Tat gelang es den Venezianern, dem Ligavertrag den Charakter eines reinen Verteidigungsbündnisses zu geben und die offensiven Vernichtungspläne der Bundesgenossen durch geheime, weniger verbindliche Vereinbarungen, die sogenannten Geheimklauseln, zu entschärfen. Außerdem ließ sich die Signorie ihre Mitwirkung gut bezahlen, indem sie dafür von Neapel einige apulische Küstenplätze forderte.

Am 31. März 1495, spätnachts, wurde das schwierige Vertragswerk der Heiligen Liga im Dogenpalast zu Venedig unterzeichnet[42], anderntags, den 1. April, dem niedergeschlagenen französischen Botschafter Commines mitgeteilt und in der Folge in allen europäischen Hauptstädten mit den üblichen Freudenkundgebungen publiziert. Ludovico Moro triumphierte: „Dieser Tag bildet den Ausgangspunkt für das Wohlergehen Italiens."[43]

Die Artikel der Heiligen Liga[44] verpflichteten den Papst, den Römischen König, die Könige Ferdinand und Isabella von Aragon und Kastilien, den Dogen Barbadigo von Venedig und Ludovico Sforza von Mailand zur Sicherung des Friedens und der Ruhe Italiens, zur Erhaltung der christlichen Religion und des Römischen Stuhles, zum Schutze der Reichsrechte in Italien und zur Verteidigung und Erhaltung der Staaten aller Bündnispartner für die Dauer von 25 Jahren gegen jeden Angreifer, worunter der König von Frankreich gemeint war; mit dem Angreifer sollte es keinen Sonderfrieden geben; der kaiserliche Romzug sollte vom Papst und den Ligapartnern, vor allem auch von Venedig, auf besondere Weise unterstützt werden. Dies war ein bedeutender Verhandlungserfolg des Römischen Königs. Die allgemeine Bezeichnung „zum Schutz der christlichen Religion" sollte nach Bedarf gegen die Türken gedeutet werden können, wenn dies auch dem Sinn des Vertragswerkes nicht entsprach, denn die Liga richtete sich eindeutig nur gegen die Übergriffe Frankreichs in Italien.

Es war offensichtlich schwierig gewesen, diese Übereinkunft zu finden: Neapel und Florenz waren ausgeschlossen, weil Venedig seine unteritalienischen Eroberungen behalten und gegen das Ligurische Meer hin freie Hand gewinnen wollte. Damit war die Einheit der italienischen Mächte und die „Erhaltung ihrer Staaten" in Frage gestellt. Ungelöst blieb auch die Führungsfrage innerhalb der Liga; der Römische König genoß zwar einen gewissen Ehrenvorrang, aber den Oberbefehl gestand man ihm nicht ausdrücklich zu. Alle Entscheidungen standen bei den Vertretern der Bundesmächte. Er mußte zufrieden sein, daß man ihm Unterstützung für das Reich und seinen Romzug zugesichert hatte. Das folgenschwerste aber: man unterließ eine klare Definition des „Angriffsfalles", der die Liga in die Schranken rufen sollte. An diesem Mangel ist sie bei der ersten Belastungsprobe auch zerbrochen.

Guicciardini berichtet, daß die militärische Zusammenarbeit der Mächte für die nächste Zeit durch folgende Geheimklauseln[45] geregelt wurde: die Spanier sollten die Wiedereinsetzung des Hauses Aragon in Sizilien und Unteritalien unterstützen, die Venezianer zu gleicher Zeit die apulischen Küstenplätze angreifen. Mailand sollte gegen die französischen Stellungen in Asti vorgehen. Der künftige Kaiser und Spanien wollten Frankreich innerhalb seiner natürlichen Grenzen mit starken Heeren von Norden und Süden her angreifen und womöglich vernichten; sie sollten dabei von allen Verbündeten mit Geld und Truppen unterstützt werden.

Der Bestand dieser Geheimklauseln, seit Ulmann verschiedentlich bezweifelt[46], ist außer bei Guicciardini auch beim bestunterrichteten Sanuto und in anderen Quellen wiederholt und einwandfrei bezeugt[47]. Planung und Kriegführung der nächsten Wochen und Monate hielten sich übrigens ganz an die in den Geheimklauseln entworfenen Grundsätze; gerade der von Ulmann abgelehnte Artikel über den Angriffskrieg gegen das französische Mutterland findet bei Sanuto[48] seine ausdrückliche Bestätigung und spielt in den politischen und militärischen Planungen Maximilians während der nächsten Jahre als der große Vernichtungsplan gegen Frankreich[49] eine Hauptrolle.

Der französische Botschafter in Venedig, der berühmte Geschichtsschreiber Commines, wurde am Morgen des 1. April 1495 vom Abschluß der Liga zum Schutz der italienischen Staaten „gegen die Türken“ unterrichtet und war so erschüttert[50], daß er die Mitteilung fürs erste gar nicht fassen konnte und bitten mußte, man möge sie ihm wiederholen. Man sagte ihm auch, die venezianischen Gesandten seien zugleich aus Neapel abberufen worden, was den Krieg bedeutete. Commines dachte nur an seinen König und dessen Heer: wenn die Deutschen schlagkräftig wären, so sei König Karl verloren; aber die Franzosen hatten Glück: der deutsche Reichstag, der eben zu Worms seine ersten Sitzungen hielt, besaß nicht den politischen Weitblick, die Gunst der Stunde zu erfassen und zu nützen[51].

Wie ein Blitz aus heiterem Himmel fuhr die Botschaft vom Abschluß der Liga in das französische Lager zu Neapel, wo Bacchus und Venus seit Wochen hemmungslose Orgien feierten und eine neuartige Lustseuche ihre Opfer massenweise niederwarf[52]. Der Papst lehnte nunmehr eine Belehnung König Karls mit Neapel ab. Die Spanier landeten alsbald in Sizilien und Kalabrien; die Venezianer besetzten die apulischen Küstenstädte. Bologna schloß sich der Liga an; Mailand machte Anstalten, den französischen Durchmarsch durch die Lombardei zu sperren.

König und Reich, von deren Eingreifen Commines das Allerschlimmste für seinen König befürchtete, waren gerade damals zum Wormser Reichstag zusammengetreten. Maximilian, der am 18. März 1495 zu Worms erschienen war, hatte gehofft, nach Erledigung der dringendsten Geschäfte in längstens zwei Wochen mit einer eilenden Hilfe des Reiches nach Italien aufzubrechen[53], die Franzosen auf ihrem Rückmarsch zu stellen und mit Unterstützung der Ligamächte entscheidend zu schlagen. Aber er fand mit seinen Plänen und Anträgen, welche die politische Lage forderte und ganz Europa vom Reiche erwartete, bei den versammelten Ständen so gut wie kein Verständnis. Unter dem Vorwand, daß zuerst die Reichsreformfragen gelöst sein müßten, ehe eine Italienhilfe gewährt werden könne, hielt man den König während 14 weltgeschichtlich entscheidender Wochen in Worms fest.

Durfte das Reich in einer Zeit, da das europäische Staatensystem sich ganz auf Italien einstellte, auf seine traditionellen Schutz- und Herrschaftsaufgaben in einem so wesentlichen Teil des Römischen Reiches verzichten? Es war natürlich, daß der beschränkte Gesichtskreis der Stände den europäischen Aufgaben des Reiches weniger Verständnis entgegenbrachte. Aber es wird schwerfallen, das politische Verhalten der Stände und des Erzkanzlers Berthold von Mainz höher und besser zu bewerten als das des Königs[54], der die Gunst der Stunde in Italien nützen und die Reformberatungen, die bisher ein Jahrhundert Zeit gehabt hatten, um einige Monate verschieben wollte. Freilich hätte der König nach einem Sieg in Italien den Ständen stärker gegenübertreten können, was sie offenbar zu verhindern suchten.

Die Italiener schüttelten die Köpfe über diese Haltung des Wormser Reichstages. Schon Enea Silvio Piccolomini hatte über die politische Beschränktheit der deutschen Fürsten gespottet, die meinten, daß Deutschland die Welt sei und daß es darüber hinaus nichts gäbe. Der imperiale Horizont aus den Zeiten der Karolinger, Ottonen und Staufer war den Deutschen ganz entschwunden. Nur das eigene Territorium lag Fürsten und Ständen am Herzen, nicht Italien und nicht Rom. Die Ligamächte mußten erkennen, daß sich die Reichsfürsten versagten und daß „die französische Partei" Maximilian daran hinderte[55], den Verpflichtungen des Vertrages von Venedig zu entsprechen.

Mit brennender Ungeduld verfolgte der Römische König von Worms aus den Rückzug der Franzosen. Ohne Geld, vom Reichstag festgehalten, mußte er sich bescheiden, den italienischen Feldzug nur aus der Ferne durch seinen kriegserfahrenen Rat zu beeinflussen[56]. Maximilian empfahl, die Kriegsmacht der Liga nicht zu zersplittern; der Papst solle Rom vorübergehend räumen; man solle die Franzosen beim Überschreiten des Apennins mit der vereinigten Macht aller Bundesgenossen fassen und schlagen; die Flotten müßten den Seeweg sperren. Wäre der Römische König in der Lage gewesen, mit einer ansehnlichen deutschen Truppenmacht einzugreifen, so hätte Karl VIII. Frankreich nie wiedergesehen[57]. Dies war für den französischen Gesandten Commines so gut wie sicher. Man wird sagen können, der Wormser Reichstag habe Karl VIII. und seinem Heer das Leben gerettet. War es das Wunder, das Savonarola prophezeit[58] hatte? Gott, der Karl hergeleitet habe, werde ihn auch sicher nach Hause geleiten.

Erst im Mai 1495 war Karl VIII. aus Neapel abgezogen und marschierte über Rom (1. Juni), das der Papst verlassen hatte, nach Siena[59]. Würde die französische Armee gegen den Widerstand der Liga den Apennin überschreiten können? Der Römische König erkannte diese nie wiederkehrende Gelegenheit für eine Entscheidungsschlacht, welche die Fragen Reichsitaliens und Burgunds auf weite Sicht gelöst haben würde.

Während die Liga sich sammelte, um die Franzosen am Ausgang des Gebirges zu erwarten, führte der Herzog von Orléans von Asti aus einen Entlastungsstoß gegen Novara (13. Juli 1495) und besetzte diese Festung[60], die nicht weit von Mailand entfernt liegt. Mit einem Schlag verschärfte sich die Lage. So gerne die Venezianer die Franzosen friedlich hätten vorbeiziehen lassen, so gerne sie einen offenen Krieg mit Karl VIII. vermeiden wollten, dieser Überfall zwang sie zur Bundeshilfe für Mailand, das Novara befreien mußte. So vermochte der Herzog von Orléans außer den Mailändern starke venezianische Truppenteile und etwa 3000 deutsche Knechte, die einzige Hilfe, welche Maximilian dem Reichstag hatte abringen können, im ganzen etwa 30.000 Mann Ligatruppen, vor Novara zu binden.

Diesem kühnen Vorstoß verdankte König Karl VIII., nächst dem Versagen des deutschen Reichstages, der Unverläßlichkeit der Liga und der Schlagkraft seiner Armee, den „Sieg“ bei Fornuovo[61] am Taro (6. Juli 1495). Anstatt in den Pässen, wo

„zwei Geschütze die ganze französische Armee hätten aufhalten können“[62], wie Commines sagte, erwartete man die Franzosen am Fuße des Gebirges. In einem kurzen Zusammenprall vermochte der ritterliche König unter Einsatz seines Lebens die zahlenmäßig überlegenen Venezianer und Mailänder zurückzuschlagen und die Sperre aufzusprengen. Wäre er der gesamten Macht der Liga, der Kriegsmacht des Reiches und dem entschlossenen Vernichtungswillen des Römischen Königs gegenübergestanden, so hätte er wohl unterliegen müssen. Wie laut die Italiener auch ihren „Sieg“ feierten, tatsächlich war der Erfolg der Franzosen nicht zu bezweifeln, die sich mit geringen Verlusten den Rückweg freigekämpft hatten. Am 15. Juli hatte Karl VIII. das französische Asti erreicht und wie durch ein Wunder seine Armee gerettet.

Karls VIII. Rückzug durch die Lombardei brachte den Mailänder Staat in ernste Gefahr. Ludovicos Kriegsmacht, die mit Venezianern und deutschen Knechten unter den Mauern von Novara lag, lief Gefahr, vom französischen Hauptheer und neu angeworbenen Schweizer Söldnern überwältigt zu werden. Der Römische König hatte seinem Schützling am 26. und 28. Mai zu Mailand und Pavia öffentlich die Reichslehen übertragen[63] lassen, um ihn gegen französische Absetzung zu sichern. Dies war alles, was Maximilian für seinen treuesten Bundesgenossen tun konnte. Die Kurfürsten hatten offenbar zugestimmt, nachdem jedem von ihnen 10.000 Gulden versprochen[64] worden waren.

Indes wagte keine Seite, ihre Truppen einer Entscheidungsschlacht auszusetzen; vielmehr war man einem Ausgleich nicht abgeneigt: König Karl, aus Sorge um seine übermüdete und überforderte Armee; Ludovico Moro, um dem Druck der Franzosen und Eidgenossen zu entgehen. Daher gewährte Ludovico dem Herzog von Orléans freien Abzug aus Novara und ließ sich auf Friedensverhandlungen in Vercelli[65] ein. Vertreter des Römischen Königs und Venedigs wurden zwar beigezogen, aber die Vertragsartikel von Vercelli setzten sich über die Bestimmungen der Liga glatt hinweg. Hatte der künftige Kaiser nicht das gleiche getan? Ludovico mußte den Franzosen Hilfe in Italien versprechen, ihnen den Hafen von Genua öffnen, auf Pisa verzichten und Kriegsentschädigungen leisten. Ja, er sollte aus der Heiligen Liga austreten, falls sie sich gegen Frankreich wende; dafür garantierte der König von Frankreich die Erhaltung des Mailänder Staates und die Rückgabe von Novara.

Der Vertrag von Vercelli (Oktober 1495) bedeutete in der Tat einen Bruch der Heiligen Liga[66]. Die Signorie zog sich erzürnt zurück, und ein venezianischer Provveditore machte sich erbötig, den treubrüchigen Moro in öffentlicher Ratssitzung niederzuhauen[67], was man in Venedig ablehnte. Auch der Römische König zeigte sich verstimmt. Aber hatten die Bundesgenossen etwas Entscheidendes unternommen, den Mailänder aus seiner Notlage zu befreien? Der Vertrag war das einzige Mittel, den Herzog von Orléans aus der Nähe Mailands zu entfernen. „Es wäre um Italien geschehen gewesen"[68], wenn er diesen Vertrag nicht eingegangen wäre, entschuldigte sich Ludovico Moro später immer wieder.

Es ist nicht zu bezweifeln, daß der Herzog im Grunde seines Herzens weiterhin mit dem Römischen König und der Liga hielt, was sein ganzes späteres Verhalten beweist. Der Vertrag von Vercelli bedeutete ihm nichts als einen Fetzen Papier, den er zerreißen konnte, wenn die französische Kriegsmacht über die Alpen abgezogen war, zumal ihm König Maximilian entschieden befahl, in das alte Bündnis zurückzukehren[69]. Je weniger Ludovico hoffen konnte, daß ihm die Franzosen seine List verzeihen würden, desto bedingungsloser kehrte er zur Politik der Liga und des Angriffskrieges gegen Frankreich zurück. Schon am 25. November 1495, einen guten Monat nach Vercelli, war das volle Einvernehmen zwischen dem Römischen König und Ludovico wiederhergestellt[70]. Maximilian erneuerte ihm den Lehensbrief für das Herzogtum, und zwar ohne alle Einschränkungen.

Um seine Niederlage zu verhüllen, verbreitete Karl VIII. das Gerücht, er werde alsbald mit einer noch stärkeren Armee nach Italien wiederkehren[71]. Reste seiner Truppen standen immer noch in Gaeta und Ostia; auch unterwegs waren da und dort französische Besatzungen zurückgeblieben; Florenz hielt sich weiter auf französischer Seite[72]. Dies und die stets wiederholten Drohungen König Karls, zumal seine Rüstungen, hielten Italien fortan im Zustand eines „Wechselfiebers"[73]. Die Gegensätze innerhalb der Liga, der Streit um Pisa und Neapel, traten zurück gegenüber dem Schreckgespenst eines neuen französischen Überfalls. Die allgemeine Furcht beflügelte den Gedanken eines Präventivkrieges der Großmächte zur Vernichtung Frankreichs im Sinne der geheimen Klauseln der Liga von Venedig.

Schon im Januar 1496 bemühte sich Papst Alexander VI., von

den Spaniern eifervoll unterstützt, neuerdings um die Kriegshilfe des Römischen Königs. Um auch die Reichsstände zu verpflichten, stellte der Papst die Kaiserkrone in Aussicht[74]. Etwa gleichzeitig trafen sich die Gesandten der Heiligen Liga in Nördlingen, wo man auch den Beitritt Englands ins Auge faßte. Vor allem Spanien, dessen Stimme wegen der laufenden Heiratsverhandlungen beim Römischen König besonderes Gewicht hatte, drängte auf den Beitritt Englands; schweren Herzens zeigte sich Maximilian bereit, dafür den „falschen York" zu opfern[75]. So schien sich ein Dreibund mit Spanien und England gegen Frankreich abzuzeichnen. Außerdem schloß er ein Sonderbündnis mit Neapel[76] (21. Januar 1496), das den Ligavertrag von Venedig ergänzen sollte. Damit schienen auch die Gegensätze zu Neapel abgemildert, gegen dessen Aufnahme in die Liga sich Venedig so entschieden gewehrt hatte. Dafür erhielt Venedig seine Pfandrechte auf die apulischen Küstenstädte Brindisi, Otranto und Trani bestätigt. Auch in der Umgebung von Pisa, das die Franzosen eben geräumt hatten, mußte man das feste Librafatta den Venezianern überlassen[77], die nun ihre Macht zum größten Verdruß der Mailänder und Genuesen auch gegen das Ligurische Meer hin vorschoben. Immerhin schien Italien, ausgenommen Florenz, in der Heiligen Liga vereinigt und trotz mancher lokaler Rivalitäten gegen einen neuen französischen Überfall gerüstet. Auch Spaniens durfte man sicher sein. Dagegen blieb der Beitritt Englands zur Liga mehr politisches Blendwerk[78]. Zu groß waren damals noch die Gegensätze Heinrichs VII. zu König Maximilian und Burgund wegen des falschen York, zu groß die Abneigung dieses nüchtern denkenden Königs gegen einen kontinentalen Krieg, der England nichts bringen konnte. Er lehnte jede Angriffsverpflichtung entschieden ab.

Mit wachsendem Frühjahr 1496 verdichteten sich die Gerüchte über die Wiederkehr König Karls VIII. Die Halbinsel zitterte in wechselnden Ängsten. Die Italiener bestürmten den Römischen König um die vertraglich zugesicherte Hilfeleistung. Obwohl die Reichsstände alle Verbindlichkeiten aus der vom König abgeschlossenen Heiligen Liga ablehnten, konnte sich Maximilian den Aufgaben des neuen europäischen Staatensystems auf die Dauer nicht entziehen, denn alle europäischen Mächte erwarteten sein Eingreifen. Sogar Venedig entschloß sich unter dem Eindruck der französischen Gefahr, den Römischen König nach Italien zu rufen, so sehr sich die stolze Stadt gegen die Hilfe der „Oltramontani“ innerlich sträuben mochte.

Am 17. Mai 1496 einigten sich die „Pregadi“ nach langen Beratungen, einen Subsidienvertrag[79] mit Maximilian abzuschließen und boten ihm für die Anwerbung von 2000 Reitern und 4000 Knechten auf drei Monate insgesamt 30.000 Dukaten; außerdem 6000 Dukaten monatlich für die Besoldung von 2000 Schweizern. Die gleiche Summe hatte ihm schon vorher Ludovico Moro versprochen. Diese Subsidien schienen dem Römischen König jenen Italienzug zu ermöglichen, den ihm die Reichsstände verweigerten.

Niemals hätten die Venezianer diesen „Condotta“-Vertrag mit dem Römischen König abgeschlossen, wenn die französische Gefahr nicht unmittelbar drohend über Italien gehangen wäre. — Condotta? Die Venezianer bezeichneten damit kurzweg die Gelder, die sie ihren Feldherren für die Anwerbung von Truppen vereinbarungsgemäß anzuweisen pflegten. Der Römische König erhielt keine „condotta“ in diesem Sinn, sondern die im Ligavertrag seitens aller Bundesgenossen vorgesehenen „subsidia“. Wenn einzelne Venezianer auch in diesem Fall von „condotta“ sprachen und prahlerisch das Gerücht aussprengten, sie hätten dem Römischen König als Condottiere ihr Banner zugeschickt[80], so war dies blanker Unsinn. Maximilian als das vornehmste Glied der Liga hatte die Truppen aller Bundesgenossen, eigene, päpstliche, Mailänder, Venezianer und Genuesen, anzuführen; er hatte den Kriegsrat aller Verbündeten zu hören; der Wille Venedigs war keineswegs allein entscheidend. Zu allen Zeiten haben Römische Kaiser und Könige verbündete Heere angeführt und dafür Subsidien empfangen, ohne daß sie deswegen als „Söldner“ ihrer Verbündeten bezeichnet worden wären. Wem fiele es ein, die Prahlereien[81] Ludovico Moros für bare Münze zu nehmen?

4. Vergebliche Bemühungen um England

England[1] spielte im burgundischen Bündnisdenken stets eine hervorragende Rolle. Wenn man Frankreich in Schranken halten wollte, bedurfte man Englands, das übrigens noch immer gewisse Teile Frankreichs für sich in Anspruch nahm. Während des Hundertjährigen Krieges hatte sich das burgundische Haus im Kampf gegen Frankreich auf das engste mit England verbündet. Karl der Kühne stand fest an der Seite der „Weißen Rose" und führte Margarethe von York als zweite Gemahlin heim[2]. Die gemeinsamen politischen Interessen vermochten sogar die Gegensätze im Woll- und Tuchhandel[3] immer wieder zu überbrücken. Maximilian sah im englischen Bündnis geradezu eine Gewähr für die Erhaltung des gefährdeten burgundischen Erbes und hielt selbst gegenüber dem verbrecherischen Thronräuber Richard III. am alten Bündnis fest. Erst als Heinrich VII. Tudor in England landete, Richard III. schlug und die Herrschaft des Hauses York vernichtete[4], kam es vorübergehend zum Bruch. Aber wieder waren die gemeinsamen politischen Interessen gegen Frankreich, vor allem die Erhaltung der freien Bretagne[5], stärker als alle familienpolitischen Empfindlichkeiten. Maximilian und Heinrich vereinigten sich mit Spanien und eröffneten den bretonischen Krieg gegen Frankreich.

So eng schien das Bündnis mit dem neuen England der Tudors, daß Maximilian und Heinrich VII. einander ihre höchsten Orden verliehen: das Goldene Vlies und das Hosenband[6]. Um so schmerzlicher berührte es den Römischen König, als ihn Heinrich plötzlich im Stiche ließ und mit den Franzosen den finanziell sehr günstigen Frieden von Etaples[7] abschloß. Niedergeschmettert von der Nachricht über den Abzug der Engländer, empört über Heinrichs angeblichen Verrat[8], schien dem Römischen König fortan jedes Mittel recht, sich am Tudor zu rächen. Man stellte ihm Prätendenten entgegen, um ihn mit der gleichen Waffe zu schlagen, mit welcher er einst das Haus York getroffen hatte.

Um 1492 war in Irland ein Thronanwärter aufgetreten, ein gewisser Perkin Warbeck, der sich für Richard von York ausgab[9] und dem Mordanschlag seines Oheims Richard III. aus dem Tower entflohen sein wollte. Der Schwindler verstand es, sich von ehemaligen Hofleuten die Familiengeheimnisse des Hauses York anzueignen und viele Anhänger, politische Flüchtlinge und andere Unzufriedene aus England um sich zu sammeln. Sein elegantes, zugleich liebenswürdiges Auftreten und sein verblüffendes Wissen um innerste Familiengeschichten des gestürzten Hauses verschafften ihm immer größeren Anhang. Zunächst von außen her gedrängt, lebte er sich allmählich in die Rolle des Familienrächers hinein, Urtyp eines Hochstaplers und Abenteurers, dessen Schicksal noch die dramatischen Gesichte Friedrich

Schillers beschäftigte[10]. Zunächst zog ihn der französische König an seinen Hof, um den „Englischen Thronerben" gegen Heinrich VII. auszuspielen. Vielleicht hing der rasche Abschluß des Friedens von Etaples[11] auch damit zusammen.

Nach dem Frieden lud Herzogin-Witwe Margarethe von York den kecken Schwindler in die Niederlande[12] ein und übernahm seinen politischen Einsatz. Ob sie wirklich glaubte, in ihm ihren Neffen, den rechtmäßigen König von England, zu erkennen, wird kaum mehr entschieden werden können. Nach Perkins eigener Aussage, die er allerdings unter dem Druck der peinlichen Untersuchung abgab, habe Margarethe so gut wie er selber gewußt, daß er nicht der Sohn König Eduards IV. sei[13]. Die Herzogin-Witwe, eine Todfeindin des Hauses Tudor, stattete den Prätendenten königlich aus, umgab ihn mit einer Leibwache, ließ ihn allenthalben als „Weiße Rose" und „Prinz von England" auftreten[14] und verschaffte ihm weithin Anerkennung. Sogar in der Umgebung Heinrichs VII. gab es heimliche Anhänger Warbecks. Der Tudor hielt ihn für so gefährlich, daß er sich gegen eine mögliche Landung des Thronwerbers rüstete, da Erzherzog Philipp alle englischen Forderungen, den Schwindler auszuweisen, entschieden ablehnte: er habe auf die Handlungen seiner Großmutter Margarethe von York keinen Einfluß[15]. König Heinrich dagegen vertrieb die niederländischen Kaufleute aus England und verlegte seine Tuchstapel von Antwerpen nach Calais[16].

Aber auch dieses Druckmittel blieb erfolglos, denn inzwischen hatte die alte Herzogin den Thronwerber an Maximilian weiterempfohlen, mit dem sie sich stets besonders gut verstanden hatte[17]. Bei den Begräbnisfeierlichkeiten für Friedrich III. in Wien war Perkin Warbeck bereits öffentlich vor den europäischen Fürsten und deren Gesandten als „Prinz Richard von England" aufgetreten[18], begleitete dann den Römischen König zur Hochzeit nach Hall, weiter ins Reich und in die Niederlande. Zu Antwerpen nahm er im englischen Handelshof Wohnung[19], wo er die Weiße Rose von York aufpflanzen ließ.

Maximilian scheint sich über die Echtheit seines Prätendenten nicht allzuviel Gedanken gemacht zu haben[20], weil er ihn für seine englisch-französischen Pläne brauchte. Erst nach dem völligen Versagen des Hochstaplers, nach seiner Gefangennahme in England und dem Prozeß scheinen dem Römischen König Zweifel an seinem Schützling gekommen zu sein[21]. Während der entscheidenden Jahre 1494—1497 aber hielt der König an seinem „Prinzen von York“ hartnäckig fest, obwohl bei Hofe starke Bedenken laut wurden[22].

England lebte seit 1493 mit Frankreich in bestem Einverständnis. Der geldgierige Heinrich VII. erfreute sich einer jährlichen französischen Pension, einer Art Abschlagszahlung für den Verzicht auf die englischen Ansprüche in Frankreich. Wußte man, ob er sich nicht vielleicht gegen Geld bewegen lassen würde, zugunsten Frankreichs gegen die Niederlande einzugreifen, wo die Yorkische Partei immer noch feste Stützpunkte besaß? In der Tat fürchtete Maximilian im Falle seines Römerzuges und eines Krieges gegen Frankreich in Italien einen Angriff des Königs von England auf die Niederlande[23].

Um einem solchen Angriff vorzubeugen, sollte Perkin Warbeck in England landen, die Krone an sich reißen, in die Heilige Liga eintreten, Frankreich angreifen und die englischen Rechte daselbst für sich in Anspruch nehmen. Dies hatte der falsche Prinz feierlich versprechen müssen[24], und Maximilian hoffte, sich Englands gegen Frankreich bedienen zu können, als ob es ihm gehöre. Hatte nicht umgekehrt erst vor einigen Jahren (1485) der König von Frankreich durch die Landung Heinrich Tudors das burgundisch-englische Bündnis zerschlagen und Frankreich entlastet? Würde nicht auch der Römische König während seines Römerzuges auf diese Weise England und Frankreich zugleich binden können? Was den königlichen Hofräten zu Innsbruck weltfern, ja phantastisch vorkam, erschien dem König, der in den Gedankengängen des burgundischen Staatensystems lebte, naheliegend, ja selbstverständlich.

Maximilian begann nun, seinem Prätendenten eine kleine Flotte auszurüsten, durfte er doch hoffen, daß dem „Prinzen von York“ bei seiner Landung die alten Anhänger in Massen zu Hilfe eilen würden. Das Innsbrucker Regiment widersetzte sich zwar solchen Plänen: der König möge doch im Hinblick auf den Römerzug vom englischen Unternehmen abstehen, das er sich „mit kleinen Gründen eingebildet habe“ und das nur Schaden bringen könne[25]. Er aber ließ sich davon nicht abbringen, wenn er auch die Hauptlast den Niederländern aufbürdete[26], von denen er sich eine andere Hilfe während des kommenden Römerzuges kaum erwarten durfte. Ja, er empfahl den falschen Prinzen auch den Reichsfürsten als rechtmäßigen König von England und Frankreich[27].

Vor seinem Aufbruch ins Reich ließ sich Maximilian die Rechtsansprüche des „York" auf England und Frankreich testamentarisch übertragen[28] für den Fall, daß der „Prinz" sein Ziel nicht erreichen und ohne männlichen Erben sterben sollte. Zwei neue Königreiche waren in die habsburgischen Erbhoffnungen einbezogen; ebenso utopisch oder realistisch wie die Erbhoffnungen auf Spanien, die sich jedoch erfüllten. Nicht minder großzügige Schenkungen wandte der angehende „König" seiner großen Gönnerin, Herzogin-Witwe Margarethe, zu, scheint sie ihm doch die meisten Mittel für sein Unternehmen vorgestreckt zu haben[29]. Sie suchte sogar von Papst Alexander VI. den Einsatz der geistlichen Waffen für die Sache ihres „Neffen" zu erwirken[30]. Maximilian steuerte zum Unternehmen, soviel wir wissen, nur kleinere Summen und vier Geschütze bei[31]; auch diese wohl aus den burgundischen Zeughäusern. Hätte der König dieses Unternehmen, das unter Umständen Frankreich und England binden konnte, verhindert, so wäre er ein Narr gewesen; denn er wußte wohl, daß er sonst von den Niederlanden für seinen Italienzug nichts zu erwarten hatte. Wer konnte vorher wissen, ob der „Prinz von York" mit seiner Landung in England nicht Erfolg haben würde? Kein Geringerer als der kriegserfahrene Herzog Albrecht von Sachsen bereitete in Seeland Truppen und Schiffe für das große Unternehmen vor[32].

Ende Juni 1495 stach Perkin Warbeck mit seiner kleinen Flotte, etwa 5000 Knechten[33] und einigen Geschützen in See und landete am 3. Juli in Kent. Aber das Unternehmen war vorher verraten worden. Daher wurde das Landungskorps auf die Schiffe zurückgetrieben und hatte über 200 Tote und Gefangene zurücklassen müssen[34]. In einem Protestschreiben an den burgundischen Hof spottete der englische König, er habe sich gerade auf der Jagd befunden, als man ihm meldete, die Küstenbewohner hätten die Landungstruppen allein zurückgeschlagen[35]. Es war gewiß keine entscheidende Niederlage, aber doch eine große Enttäuschung für Maximilian, der die Stärke des Landungskorps durch die Propaganda maßlos hatte übertreiben lassen und dem Unternehmen sicheren Erfolg vorhersagte. Fürs erste war der Entlastungsangriff gegen England mißlungen; allerdings konnte niemand wissen, was die Invasoren von den Niederlanden und von Irland aus weiter unternehmen würden.

Warbeck steuerte nun Irland an, um sich dort einen Stützpunkt für weitere Unternehmungen zu sichern. Angeblich kehrte er im Herbst 1495 noch einmal in die Niederlande zurück, um Verstärkungen zu holen, fand aber Erzherzog Philipp sehr zurückhaltend. Nur die Herzogin-Witwe Margarethe bemühte sich weiterhin tatkräftig um ihren Schützling[36]. Auch Maximilian hatte den Prätendenten noch keineswegs aufgegeben, wie enttäuscht er auch über dessen Mißgeschick sein mochte. Im Spätherbst 1495 brach Warbeck neuerdings über Irland nach Schottland auf[37], denn Maximilian hatte auch König Jakob IV. für den Prätendenten gewonnen: sie sollten einen gemeinsamen Einfall nach England vorbereiten.

Inzwischen war im März 1495 angesichts des französischen Überfalls gegen Neapel die Heilige Liga von Venedig[38] abgeschlossen worden. Wie würde sich England gegenüber den eifrigen Werbungen des Papstes und der Könige von Spanien verhalten? Heinrich VII. stand damals zu Karl VIII. in guten Beziehungen. Sollte er diese Freundschaft dem fernen Italien und der Heiligen Liga zuliebe aufgeben? Und dies zu einer Zeit, da, von Burgund unterstützt, der Prätendent Perkin Warbeck nun von Schottland her das Haus Tudor bekämpfte?

Ebensowenig konnte sich Maximilian entschließen, den Prätendenten preiszugeben, der während des geplanten Italienzuges England und Frankreich wenigstens beschäftigen sollte, wenn man sich von ihm auch nicht allzuviel erwarten durfte, wie sich inzwischen gezeigt hatte. Vergeblich bemühten sich vor allem die spanischen Gesandten, aber auch Venezianer und Mailänder während des ganzen Herbstes 1495, die Gegensätze zwischen dem Römischen König und England auszugleichen[39]. Heinrich VII. wünschte zwar Freundschaft mit der Heiligen Liga, ohne deshalb Frankreich bekämpfen zu wollen; vor allem forderte er die Preisgabe Warbecks. Die ebenso rastlose wie gewandte spanische Diplomatie und wohl auch die Bemühungen des Papstes vermochten die Gegner einander allmählich näherzubringen. Im September 1495 fand sich Maximilian bereit, Heinrich VII. zur Heiligen Liga zuzulassen[40], ohne aber vorerst die „rechtmäßigen Ansprüche“ des York aufzugeben, ein Vorbehalt, der für den englischen König unannehmbar sein mußte.

Am Silvestertag 1495 erschien eine englische Gesandtschaft bei Maximilian in Nördlingen[41]. Wieder stand der Streit um den Prätendenten im Mittelpunkt der Verhandlungen zwischen den anwesenden Gesandten der Liga und den Engländern. Maximilian ließ sagen[42], seine Ehre verbiete eine Preisgabe des „Herzogs von York"; aber er sei bereit, einen zehnjährigen Waffenstillstand zwischen den Gegnern zu vermitteln und Heinrich als Bundesgenossen der Liga zuzulassen, wenn er verspreche, bis längstens Ostern (1496) Frankreich mit einer Kriegsflotte anzugreifen.

Die Verhandlungen drohten an der Hartnäckigkeit Maximilians zu scheitern, der immer noch auf einen Sieg seines Prätendenten hoffte. Die Liga bestürmte den König, den „York" preiszugeben, sonst werde sich England auf die Seite Frankreichs schlagen. Er aber fand sich nur bereit, auf eine ausdrückliche Erwähnung des „York" zu verzichten, ohne ihn preiszugeben. Gleichwohl beauftragte Maximilian seine Gesandten in England und auch seine Schwiegermutter Margarethe[43], die vertraute Beraterin seiner englischen Politik, doch für einen Waffenstillstand zwischen England und dem York einzutreten; die Liga werde dem Prinzen eine Pension aussetzen; er solle auch in seinen vollen Rechten bleiben. Maximilian wollte noch immer nicht darauf verzichten, seinen „Prinzen" bei gegebener Gelegenheit wieder auszuspielen.

Inzwischen hatte Maximilian seine Gesandten nach London geschickt[44], um Heinrich VII. für einen Angriff gegen Frankreich zu gewinnen. Der aber verstand es, geschickt auszuweichen und seine neutrale Stellung zu verteidigen: solange ihn der falsche Prinz von Schottland aus bedrohe, könne er keinen Angriff gegen Frankreich wagen. Erst eine neue englische Gesandtschaft, die im April 1496 in Augsburg[45] eintraf, vermochte den Römischen König von der Angriffsklausel abzubringen, auf welche die übrigen Ligamächte schon früher verzichtet hatten. Heinrich VII. war sich der Vorteile seiner Inselstellung wohl bewußt; er war derzeit unangreifbar, was nicht zuletzt die mißlungenen Landungsversuche Warbecks gezeigt hatten, und konnte hart verhandeln. Zwei Mächte, Maximilian und Frankreich, warben um seine Gunst: von beiden erreichte er Zugeständnisse, ohne selber das Geringste dafür zu leisten. Am 18. Juli 1496 trat Heinrich VII. in die Heilige Liga ein[46], ohne aber die Hauptverpflichtungen dieses Bundesvertrages anzuerkennen. Auf englische Bundeshilfe konnte Maximilian bei seinem Angriffsplan gegen Frankreich nicht rechnen. Gleichwohl wurde Heinrich von den Ligamächten hoch gelobt und vom Papst sogar mit dem geweihten Schwert und dem Hut ausgezeichnet[47].

Ein kleiner Vorteil war immerhin erreicht: die Niederlande waren vor einem englischen Überfall sicher. König Heinrich, der sofort nach Ausbruch der Prätendentenfehde den Handel mit den Niederlanden eingestellt und den englischen Warenstapel von Antwerpen nach Calais verlegt hatte, schloß bereits im Februar 1496 einen Handelsfrieden, den sogenannten Intercursus magnus[48], der den Warenaustausch wiederherstellen sollte, aber erst später voll durchgeführt werden konnte.

Immer noch hoffte Maximilian, Heinrich VII. zu einem Angriff gegen Frankreich mitzureißen. Würde der geldgierige König von England widerstehen können, wenn es in Durchführung des „Großen Planes"[49] zur Vernichtung und Aufteilung Frankreichs komme? Würde er nicht zugreifen, wenn man ihm entsprechend der „Formula pro bello et pace"[50] die Bretagne, Normandie und Guyenne anbot? Aber gerade als Maximilian seinen großen Vernichtungskrieg gegen Frankreich auszulösen hoffte, fiel der König von Schottland Mitte September 1496 zusammen mit Warbeck in England ein. Wollte der „Prinz von York" seinen Gönner Maximilian, der eben damals dem Höhepunkt seines Italienunternehmens zustrebte, unterstützen? Oder hat er ihn, ohne es zu ahnen, was bei den Entfernungen und der Nachrichtenlage durchaus anzunehmen wäre, entscheidend behindert? An englische Hilfe war seither nicht mehr zu denken. Im „mystischen Rat"[51], einem neuen Kriegsplan vom Dezember 1496, wurde England mit keinem Worte mehr erwähnt.

Das beharrliche Mißgeschick Warbecks legte es auch Maximilian nahe, den Hochstapler nicht weiter zu unterstützen, wiewohl er dessen Ansprüche niemals ausdrücklich preisgab. Im Sommer 1497 erneuerte der Unglückselige gemeinsam mit dem König von Schottland seine Angriffe gegen Heinrich VII. Während Jakob IV. die Engländer im Norden faßte, begab sich Warbeck ins aufständische Cornwall. Aber König Heinrich vermochte die Schotten zurückzuschlagen und warf sich dann mit ganzer Macht auf den falschen Prinzen, der, mehr Schauspieler als Kriegsmann, heimlich flüchtete, noch ehe die Feinde erschienen waren[52]. Er wurde ergriffen, vor Gericht gestellt und gezwungen, in aller Öffentlichkeit ein Geständnis seiner wahren Herkunft abzulegen[53].

Heinrich VII., bemerkenswert zurückhaltend und klug, verurteilte den Schwindler zunächst nur zu milder Haft; vielleicht aus Rücksicht gegen den Römischen König, der sich für seinen

„Prinzen" verwendete[54]. Man gestattete dem Gefangenen sogar, sich mit einer burgundischen Gesandtschaft auszusprechen[55]. Erst nach wiederholten Fluchtversuchen und gefährlichen Verschwörungen wurde der Abenteurer am 23. November 1499 gehenkt und nach dem Tode gevierteilt — aus Gnade, denn wegen Hochverrates gegen den König hätte es bei lebendigem Leib geschehen müssen. Um den Stamm der „weißen Rose" völlig auszurotten, wurde gleichzeitig noch ein anderer York enthauptet[56]; zu einem Zeitpunkt, da der englische König genau wußte, daß er seitens Maximilians und der Niederlande keinen Racheakt mehr zu fürchten hatte, denn man war mit Geldern und der Eidgenossenschaft beschäftigt und hatte den Hochstapler inzwischen aufgegeben.

Erzherzog Philipp suchte nun mit England endgültigen Frieden. Schon am 18. Mai 1499 wurde ein Handelsvertrag abgeschlossen[57], der den langen Wirtschaftskrieg und die Warbeck-Affäre für immer beilegte. Der Tod des „Prinzen von York" hinderte die Häuser von Burgund und England nicht mehr, Frieden und Freundschaft durch eine festliche Zusammenkunft[58] in Calais (Mai 1500) zu besiegeln, wobei eine Heiratsverbindung zwischen Habsburg und Tudor in Aussicht genommen wurde: die verwitwete Erzherzogin Margarethe sollte sich mit dem Prinzen von Wales verloben.

Maximilian zeigte sich indes weniger vertrauensselig. Er hatte während der letzten Jahre immer noch gehofft, die Liga zu erneuern und England für ein Kriegsbündnis gegen Frankreich[59] zu gewinnen. Umsonst. König Heinrich, ein Freund des Geldes und des Handels, zog Neutralität und allgemeinen Frieden vor: er möchte als Zuseher Zeuge der Wunder werden, welche der Römische König noch wirken wolle, spottete er[60], denn er hielt die Liga und die Kriegspolitik gegen Frankreich für aussichtslos. Viel vorteilhafter erschien es ihm, den Frieden von Etaples zu erneuern[61] und den Franzosen freie Hand gegen Mailand zu gewähren. Sollten sich die Festlandsmächte in Italien gegenseitig zerfleischen; England wollte sich nicht einmischen.

Maximilian wollte England zunächst noch nicht trauen. Als ein neuer, diesmal echter Prätendent, der Graf von Suffolk, gegen Heinrich VII. auftrat, nahm ihn der Römische König sofort in seinen Schutz[62]. Es bedurfte noch einiger Jahre und langer Verhandlungen, bis das tiefsitzende Mißtrauen gegen das Haus Tudor überwunden werden konnte.

5. Vorbereitung des Italienzuges

Joseph Grünpeck, nicht nur Biograph sondern auch Wahrsager des Königs, hatte ihm für das Jahr 1496 wenig Gutes vorausgesagt: er solle sich zu dieser Zeit vor seinen bösen Untertanen wohl in acht nehmen; erst nach seinem vierzigsten Lebensjahr werde sich die Lage für ihn bessern[1].

Seit dem Abschluß des Wormser Tages (August 1495) hatte Maximilian nur ein einziges Ziel: den Italienzug, der den allgemeinen Vernichtungskrieg der Liga gegen Frankreich auslösen sollte, und die Kaiserkrönung in Rom. Da Herbst und Winter vor der Türe standen, war der Zug, den die Reichsstände bewilligt hatten, nicht vor dem kommenden Frühjahr möglich.

Italien stand seit dem Überfall Karls VIII. im Mittelpunkt des Interesses der europäischen Großmächte. Die Empfindlichkeit des italienischen Gleichgewichtes war offenkundig. Jede Veränderung auf der apenninischen Halbinsel mußte weitreichende Folgen für ganz Europa haben. Das Reich aber, das hier uralte Vorrechte besaß, zumal König Maximilian, der in Italien nicht nur den Geldschrein, das Waffenarsenal und den Kornspeicher, sondern den vornehmsten Teil des Heiligen Römischen Reiches sah, mußte ernsthafte Sorge hegen, mit Italien auch den kaiserlichen Vorrang unter den christlichen Mächten zu verlieren. Die Wiederherstellung der Reichsrechte in Italien, ja die Einverleibung Italiens in das Reich, wie die Spanier sagten, war ihm das politische Hauptanliegen, das er mit der ihm eigenen Zähigkeit während seines ganzen Lebens verfolgte. Damit begann seine Regierung, damit endete sie. Lieber wolle er Burgund verlieren als Italien, beteuerte der König dem spanischen Gesandten Fuensalida[2]. In Flugschriften suchte er die deutsche Nation zu überzeugen, das Imperium orbis, die Herrschaft über die christliche Welt, beruhe auf dem Besitz Italiens[3].

Ebenso richteten die Spanier, die seit der Eroberung Granadas in die erste Reihe der christlichen Mächte aufgerückt waren, ihr Auge auf Italien, zumal auf Unteritalien und Sizilien, das seit alters als ein Außenposten Aragons im Mittelmeer betrachtet wurde. Neben manch anderen Gemeinsamkeiten war es vorzüglich das gemeinsame Interesse an Italien, das Spanier und Habsburger zu den weltgeschichtlichen Heiratsverbindungen und Vertragswerken von 1495/96 zusammenführte. Der Realpolitiker Ferdinand von Aragon dachte offensichtlich an eine Teilung Italiens zwischen

Spanien und dem Reich unter Ausschluß Frankreichs. Ferdinands Diplomaten vor allem waren es gewesen, die im März 1495 die Heilige Liga der europäischen Mächte gegen Frankreich zustande gebracht[4] hatten, die Karl VIII. zwang, Neapel zu räumen, wenn er auch starke französische Kräfte dort zurückließ und die Wiederkehr der Franzosen nach Italien das Unruhemoment Europas während der nächsten Jahre bildete.

Der Rückmarsch der Franzosen aus Unteritalien, die Bedrängnis des Papstes, die Möglichkeit, Karl VIII. mit Hilfe einer europäischen Liga zu stellen und zu vernichten, die Gefahr einer Kapitulation des Mailänder Staates vor den Franzosen, das waren die großen Ereignisse, die den Ablauf des Wormser Reformreichstages (1495) von außen her beeinflußten[5] und den König in steter Spannung hielten. In der Eindämmung der französischen Expansion sah Maximilian die erste Aufgabe des Kaisers und des Reichstages; selbst die Türkengefahr sollte dem gegenüber zunächst zurücktreten[6].

In der Erneuerung des Reiches, in der Gewähr des inneren Friedens, in der Zusammenfassung der Kräfte durch eine neue Steuer- und Kriegsordnung, in der Einrichtung eines kräftigeren kaiserlichen Regimentes und letztlich in einem machtvollen Feldzug des Reiches gegen Frankreich, der im Romzug seinen Abschluß finden sollte, sah Maximilian die eigentliche Aufgabe des ersten Wormser Reichstages. Dies war *seine* Vorstellung von der Reichsreform[7].

Anders war die Haltung der Reichsstände gegenüber Italien: Nur widerstrebend verstanden sie sich angesichts des französischen Druckes auf Mailand zur Gewährung von 100.000 Gulden eilender Hilfe und zu einer weiteren Anleihe von 150.000 Gulden, die auf den Gemeinen Pfennig sichergestellt werden sollte[8]. Dies geschah allerdings erst im Verlaufe des Monats Juni 1495, als die Franzosen bereits daran waren, den Rückweg freizukämpfen. Maximilian konnte Ludovico Moro nur ein schwaches Hilfskorps[9] senden, das bei Novara zweifellos zur Rettung des Mailänder Staates beigetragen hat, außerdem auf die Eidgenossen einwirken, daß sie die Franzosen nicht gegen Mailand unterstützten[10]. Immerhin hatte der Reichstag, wenn auch spät, durch die Gewährung dieser freilich mäßigen Geldhilfe seine grundsätzliche Zustimmung zur „Rettung Italiens“ gegen die Franzosen ausgesprochen.

Noch während des Wormser Reichstages hatte der Römische König mit den Rüstungen zum Italienzug begonnen. Bei den

Nürnberger Plattnern bestellte er 1000 Krebse[11]; ein Mailänder Waffenschmied wurde aufgedungen, der gegen die hohe jährliche Entschädigung von 1000 Gulden ins Reich übersiedeln und dort eine Waffenwerkstätte mit Schleifmühle einrichten[12] sollte. Damit dem Feldzug auch das Dekorative nicht fehle, gab Maximilian bei Ludovico Moro die Anfertigung von Kriegsfahnen in Auftrag[13].

Seit dem Abschluß des Reichstages (August 1495) begann Maximilian den Feldzug nach Italien und den Franzosenkrieg mit aller Kraft voranzutreiben. Die Heilige Liga von Venedig sollte neuerdings belebt, durch die Rückkehr Mailands in das Bündnis und durch die Beiziehung Neapels verstärkt werden. Denn solange man Frankreich zu fürchten hatte, waren die Aussichten für die Erneuerung der Liga günstig.

Spanien hatte im Oktober 1495 mitgeteilt, daß es den Krieg im Gebiet von Perpignan „juxta li capituli de la liga" bereits eröffnet[14] habe. Ferdinand und Isabella drängten Maximilian zum Abschluß der Doppelheirat, die am 5. November 1495 zu Mecheln abgeschlossen und am 3. Januar 1496 zu Nördlingen ratifiziert wurde. Der politische Hauptzweck des Vertragswerkes war die gemeinsame Ordnung Italiens[15].

Auch der Herzog von Mailand konnte rasch und leicht aus den französischen Bindungen von Vercelli[16] (Oktober 1495) gelöst und in die Liga zurückgeführt werden. Ebenso zeigte sich Venedig angesichts der französischen Bedrohung dem deutschen Kriegsbündnis geneigter und leitete ernsthafte Subsidienverhandlungen ein. Außerdem zog Maximilian den König Ferrante von Neapel in sein Kriegsbündnis[17], der sogar die Lehenshoheit des Reiches anerkennen wollte. Einer Aufnahme Neapels in die Liga widersetzte sich Venedig allerdings entschieden, weil es gewisse Gebiete in Unteritalien hätte zurückstellen müssen. Ferrante scheute keine Anstrengung, die letzten Reste der Franzosen, die sich in Gaeta verschanzt hatten, aus seinem Königreich zu vertreiben. Der Papst ließ dem Römischen König Anfang Jänner 1496 zu Augsburg seine Hilfsbitten und Angebote vortragen.

König Karl VIII. konnte sich nur mehr auf Florenz stützen, das den Hafen von Livorno verteidigte und gegen Venedig und Mailand um den Besitz von Pisa kämpfte. Mit Florenz und Livorno standen oder fielen auch die französischen Verbindungen nach Unteritalien[18]. Mit Asti aber hielt sich der König von Frankreich das Einfallstor in die Lombardei offen; Ursache dauernder Sorge nicht nur für den Herzog von Mailand, sondern für alle italienischen Mächte.

Entscheidend war, daß Venedig und Mailand im Mai 1496 in aller Form beschlossen, König Maximilian als Hauptmann der Liga mit Subsidien zu unterstützen[19] und nach Italien zu rufen. Ebenso entgegenkommend zeigte sich der Papst, der bereits Anfang Juli den Kardinal Bernardino de Carvajal zum Krönungslegaten bestellte[20]. Breisacher und Polheim, die als königliche Agenten den Zug vorbereiten sollten, leisteten gute Arbeit, so daß die Lage Italiens dem kaiserlichen Unternehmen zunächst außerordentlich günstig schien. Andererseits empfand es König Maximilian mehr als ärgerlich, daß die Venezianer ausstreuten, der Römische König komme als ihr „Condottiere" nach Italien und daß man über seine hochfliegenden Pläne beißenden Spott[21] verbreitete; auch gab es ein Flugblatt, das den aufsteigenden Reichsadler zeigte, der keine Mücke zu fangen imstande sei; noch ärgere Spottbilder[22] verbreiteten die Florentiner.

Um die Einkreisung Frankreichs zu vollenden, fand sich König Maximilian sogar zu einem Ausgleich mit England bereit[23]. Die Katholischen Könige hatten eifervoll vermittelt. Die Engländer sollten dafür in Frankreich landen und ihren alten Festlandsbesitz zurückerobern. Den York gedachte Maximilian mit der Herrschaft über das restliche Frankreich abzufinden[24]. Wenn England bei seinem Beitritt zur Heiligen Liga[25] (18. Juli 1496) auch keine Waffenhilfe gegen Frankreich in Aussicht stellte, so war dadurch doch die Rückenfreiheit für Burgund im Kampf gegen die Franzosen gesichert.

Wesentlich schwieriger gestalteten sich die Verhandlungen mit den Niederlanden, wo des Königs Sohn Philipp seit dem Sommer 1494 die Herrschaft führte. Der burgundische Rat, zumal dessen Wortführer, der Propst von Lüttich, der den jungen Herzog lenkte, ließen sich nur schwer bewegen, Maximilians franzosenfeindliche Politik zu unterstützen. Die Niederlande bedurften in der Tat des Friedens, da sie seit den Tagen Karls des Kühnen durch jahrzehntelange Kriege mit Frankreich finanziell völlig erschöpft[26] waren und im Innern des Landes immer noch die geldrische Frage brannte. So wünschten gerade die Niederländer am Frieden von Senlis (23. Mai 1493) festzuhalten, obwohl Maximilian nicht zuletzt auch um die Rückgewinnung der an Frankreich verlorenen burgundischen Territorien kämpfen wollte. Die Niederländer aber zogen Ruhe, Erholung und innere Kräftigung jedem äußeren Landgewinn entschieden vor und widersetzten sich daher beharrlich der königlichen Kriegspolitik. Als Maximilian seinen Sohn zu sich bestellte, suchte man ihn zurückzuhalten[27], und es bedurfte der ganzen väterlichen Autorität, Erzherzog Philipp zur Reise ins Reich zu zwingen. So war gerade Burgund ein recht unverläßliches Glied im Einschließungsring, der Frankreich umgab. Wenigstens die Zahlung des Gemeinen Pfennigs hatte Philipp in Aussicht gestellt.

Das schwächste Glied aber war das Reich, von dessen Haltung der Erfolg des Krieges gegen Frankreich und des Romzuges naturgemäß entscheidend abhing. Die Reichsstände hatten sich zwar in Worms angesichts des Überfalls Karls VIII. zu einer Italienhilfe entschließen müssen[28], einen Beitritt des Reichstages zur Heiligen Liga aber allen Einwirkungen des Königs und der Gesandten Spaniens, Venedigs und Mailands zum Trotz verweigert[29]. Einzelne Reichsfürsten nahmen sogar französische Jahrgelder[30]. Kurfürsten und Fürsten fürchteten, daß eine festere Verbindung Italiens mit dem Reich und ein Sieg über Frankreich die Stellung ihres Königs bedeutend stärken könnten, was sie um jeden Preis zu verhindern wünschten. Wie sollten die widerstrebenden Stände, die in Worms den Italienkrieg förmlich unterstützt hatten, nun auch tatsächlich zum Aufbruch bewogen werden?

Zunächst wäre es darauf angekommen, die insgesamt 250.000 Gulden „eilender und währender Hilfe" einzuheben, die der Wormser Reichstag hauptsächlich für den Italienzug bewilligt hatte; der König sollte sie in Form von Anleihen aufnehmen und aus dem Gemeinen Pfennig zurückzahlen[31]. Als aber bekannt wurde, daß von der Reichssteuer fast nichts einging, zogen sich auch die Darlehensgeber zurück. Maximilian mußte sich mit eigenen Mitteln und denen einiger gutgläubiger und befreundeter Reichsstände behelfen, im übrigen aber zusehen, von der Heiligen Liga die nötigen Subsidien zu erreichen.

Ähnlich wie während der niederländischen Erbfolgekriege dachte Maximilian auch in seiner gegenwärtigen Not zunächst an seinen Hausschatz[32]. Kaiser Friedrich III. hatte ihn auf der Flucht 1485 in der Margarethenkirche zu Nürnberg einmauern lassen. Maximilian befahl, ihn nun, Ende 1495, zu heben, nach Nördlingen und von dort weiter nach Wiener Neustadt zu bringen. Auf einundzwanzig Wagen mit insgesamt achtzig Pferden, von fünfzig Reisigen begleitet, überführte man den Schatz, den man nach dem Hinscheiden des alten Kaisers so eifervoll gesucht und lange nicht gefunden hatte, nach Österreich. Aber es handelte sich wohl ausschließlich um Kunstgegenstände und Schmuck, die bestenfalls unter ihrem Wert hätten verpfändet werden können. Maximilian hätte Bargeld gebraucht, versuchte er doch den Nürnbergern gleichzeitig ein Darlehen von 10.000 Gulden abzunehmen, was sie aber im Hinblick auf die Auslieferung des Schatzes ablehnten. Der Schatzfund konnte die Geldnot nicht beheben.

Ergiebiger waren die großen Verpfändungen[33], die Maximilian in den Erbländern einleitete. Der Tiroler Bergbau, das Silber und Kupfer von Schwaz und Taufers gingen in die Hände oberdeutscher Kaufleute über. Zahlreiche Anleihen wurden in der nächsten Umgebung, bei Räten und Hoflieferanten, aufgenommen. Zumal durch die Judenaustreibungen aus Innerösterreich[34] wurden größere Summen hereingebracht.

Die Hoffnung auf den Gemeinen Pfennig erwies sich als eitel[35]. Alle hatten ihre Ausreden[36]: man verwies auf die „sterbenden leuff“[37] oder verschanzte sich hinter dem Widerstand der eigenen Landstände; man forderte, daß erst die anderen zahlen sollten. Die wenigen Zahler mußten sich durch die Mehrzahl der Nichtzahler geprellt fühlen, so daß fürderhin jedermann seinen Steuergroschen vorsichtig zurückhielt. So blieben die Steuereingänge aus dem Reich lächerlich gering. Der König selbst hatte als einer der ersten aus den eigenen Erbländern mit größtem Nachdruck etwa 30.000 Gulden an Reichssteuer herausgepreßt[38], sie allerdings nicht dem Reich zugeleitet, sondern unmittelbar an sich genommen und verbraucht. Im übrigen Reich aber waren bis August 1496 erst etwa 50.000 Gulden von den bewilligten 250.000 eingegangen[39], von der eigentlichen Reichssteuer nichts.

Infolge der fehlenden Reichshilfe und der Hingabe aller Mittel für den Italienzug war die Finanzlage des Königs so bedrängt[40], daß er den Hofstaat seiner Gemahlin, der von den Wirten in Worms als Pfand festgehalten wurde, nicht auslösen[41] konnte. Dazu kamen die drückenden alten Schulden aus dem niederländischen Erbfolgekrieg bei Herzog Albrecht von Sachsen: im ganzen über 300.000 Gulden, derentwegen sich Maximilian mit dem Herzog über kleinere und größere Raten gütlich verständigen konnte[42].

Mag sein, daß die Reichsstände fürchteten, der König wolle sich mit Hilfe des Gemeinen Pfennigs nur seiner persönlichen Schulden entledigen, den Tatsachen entsprach dies nicht. Er preßte vielmehr den letzten Pfennig aus seinen Erbländern heraus, um ihn in das Italienunternehmen zu stecken, und verpfändete, was sich verpfänden ließ, um seinen Zug, soweit immer möglich, aus eigenen Mitteln zu bestreiten[43].

Die Bemühungen des Königs, die Reichssteuer hereinzubringen, blieben auch weiterhin so gut wie vergeblich. Das Schicksal der königlichen Steuereintreiber in Köln[44] bietet ein eindrucksvolles Beispiel für viele andere. Einige wenige zahlten[45], die meisten aber nicht. Ob er es mit Güte oder Strenge versuchte, indem er die Ausstände durch seinen Fiskal beim Kammergericht einklagen, die Steuerverweigerer mit kirchlichen und weltlichen Strafen bedrohen ließ, alles blieb umsonst. So stand der König bei seinem Aufbruch nach Italien ohne jene Geldhilfe da, die ihm der Wormser Reichstag 1495 bewilligt hatte; dies, obwohl es um den Römerzug, die Kaiserkrönung und den Schutz Reichsitaliens ging.

Es handelte sich um einen offensichtlichen Akt reichsständischen Widerstandes, wie er aus den Spannungen des Verfassungskampfes verständlich ist. Die Schatzmeister haben nicht einmal die Kommissare für die Einhebung bestellt und die Reichssteuer „widerstandshalben" nicht eingesammelt, wie ihnen der König vorwarf[46]. Eine Ausrede war bald gefunden: Die Stände hielten dem König entgegen, die Einhebung den dazu befugten Organen aus der Hand genommen und so das Steuergesetz gebrochen zu haben. In der Tat hatte Maximilian angesichts der allgemeinen Steuerverweigerung seine eigenen Steuereintreiber und Fiskale ausgeschickt[47], den Pfennig einzubringen, und hatte sich dadurch formell ins Unrecht gesetzt.

Auch die weiteren Reichstagshandlungen offenbarten deutlich die planmäßige Widersetzlichkeit der Stände. Auf dem Wormser Tag war beschlossen worden, daß die Reichsstände um Lichtmeß 1496 neuerdings in Frankfurt zusammentreten sollten, um die Masse des Unerledigten zu beraten[48]. Hauptpunkt wäre zweifellos die bewilligte Reichssteuer gewesen, die um diese Zeit erlegt und über deren Verwendung beraten werden sollte. Bekanntlich war fast nichts eingegangen. Würden ihn die Stände wieder nur hindern wollen, nach Italien zu ziehen oder zwingen, „ohne die Kaiserkrone mit Schimpf und Schande Italien zu verlassen"?

Lichtmeß 1496 verging, aber es fand sich niemand in Frankfurt ein. Selbst Erzkanzler Berthold von Mainz blieb aus. Der König, bereits verärgert durch die fast geschlossene Steuerverweigerung des Reiches, hatte offenbar keine Lust, vor leeren Reichstagsbänken zu erscheinen und zuzuwarten, bis ihn die Nachzügler in neue Streitigkeiten über das Reichsregiment verwickelten und von den Vorbereitungen des Römerzuges abhielten.

Es mußte Maximilian klar sein, daß er mit der Steuerhilfe des Reiches für den kommenden Italienzug nicht mehr würde rechnen können. So blieb ihm nur der Appell an die Romzugsverpflichtung und die Hoffnung, daß die Stände an dieser ehrwürdigen Tradition festhalten würden. Am 23. Mai 1496 lud der König das gerüstete Reichsaufgebot für den 1. Juli nach Feldkirch in den österreichischen Vorlanden, wo man sich zum Römerzug sammeln[49] sollte, da der Papst und Reichsitalien bedroht und das Reich zur Hilfe verpflichtet sei. Die Stände sollten mittlerweile unter Vorsitz Erzherzog Philipps in Lindau zusammentreten und die Durchführung der Wormser Reformgesetze beraten.

Aber der Sommer ging vorüber, ohne daß das Reichsaufgebot am Versammlungsort erschienen wäre. Da erkannte Maximilian klar, daß er sich ausschließlich auf eigene Mittel und auf die Liga würde stützen müssen.

Für Maximilian waren seit dem Subsidienvertrag mit Venedig und Mailand[50] (Mai 1496) die Würfel gefallen. Aber seine Räte und die in Augsburg anwesenden Reichsfürsten suchten ihn mit allen Mitteln vom Italienzug zurückzuhalten[51]. Die Gutwilligen fürchteten die Lasten und Gefahren, welche König und Reich aus einem solchen Zug erwachsen konnten. Eigensinnig setzte sich Maximilian über solche Bedenken hinweg. Gerade in seinen jüngeren Jahren hat er zaghafte Vernünfteleien niemals geschätzt und sich vielmehr von seinen schwärmerischen Wiederherstellungsträumen leiten lassen. Daß die Reichsstände Sorge zeigten, der Machtzuwachs des Römischen Königs aus einem erfolgreichen Italienzug könne der reichsfürstlichen Freiheit gefährlich werden, wie der König selber einmal bemerkte[52], dies mußte ihn nur noch mehr bestärken, an seinen Italienplänen festzuhalten.

Weder als Herr der österreichischen und burgundischen Länder noch als Römischer König hätte sich Maximilian den Wechselwirkungen des neuen Staatensystems auf die Dauer entziehen können. Seine Gesandten meldeten aus Italien, daß sowohl die großen als auch die kleinen Mächte sein persönliches Eingreifen dringend erbaten[53]. Kaum würden Venedig und Mailand die deutschen „Barbaren“ gerufen haben, wenn sie nicht gefürchtet hätten, von den Franzosen überwältigt zu werden. War der Kaiser als Oberhaupt der Christenheit nicht *mehr* als nur ein gewöhnliches Mitglied der europäischen Staatenfamilie? Mußte er nicht wenigstens versuchen, seinen traditionellen Vorrang im Wechselspiel der Mächte zu behaupten? Klarer als die kleinstaatlich denkenden Fürsten erkannte der Römische König, daß dies nur durch wirksame europäische Bündnisse möglich war. Eine Liga der christlichen Fürsten, ihre Festigung, Erweiterung und Führung durch den Kaiser, erschien ihm als das einzige Mittel, die alte Ordnung zu erhalten.

Vor allem sollten Erzherzog Philipp und Burgund für die Liga und den Feldzug gegen Frankreich gewonnen werden. Hatte es schon Mühe gekostet, den Sohn zu einer Reise ins Reich zu bewegen, so zeigte sich gleich beim ersten Zusammentreffen in Ulm der harte Widerstand des Burgundischen Rates[54] gegen jede Kriegshilfe. Es schien dem König aussichtslos, sich in Ulm und Augsburg gegen den vereinigten Widerstand der Reichsfürsten, der Niederländer und seiner eigenen Beamten durchzusetzen. Überraschend entzog er sich daher diesen Gegenwirkungen[55].

Ohne Gruß und Abschied hatte Maximilian Augsburg verlassen und war nach Tirol abgereist[56]. Seinen Behörden, die ihn gerade jetzt mit Geschäften überhäuften und damit im Reiche festzuhalten versuchten, schrieb er[57], sie mögen ruhig in Augsburg bleiben und dort die Geschäfte des Friedens besorgen, die ihnen so sehr am Herzen lägen; er wolle den Krieg gegen Frankreich führen. Zwar liebe er den Frieden mehr als irgendeiner, aber Friede mit Frankreich sei nur durch Krieg zu gewinnen. In Tirol, wohin ihm Erzherzog Philipp folgen sollte, hoffte er auch den Sohn mit Hilfe der päpstlichen, venezianischen und mailändischen Gesandten endgültig für die Liga zu gewinnen.

Aber auch in Innsbruck, wo Maximilian am 27. Juni eintraf, gab es bittere Enttäuschungen[58]: die Kassen waren so gut wie leer, obwohl durch den Tod Erzherzog Sigmunds neue Einkünfte freigeworden waren. Der König war erbittert und fühlte sich in seinen Italienplänen um ein halbes Jahr zurückgeworfen. In aller Eile, nicht ohne Überstürzung, wurden eine völlige Neuordnung der Finanzen vorgenommen und eine Schatzkammer eingerichtet[59], welche die Finanzen aller Erbländer, des Reiches und Burgunds zu einer leistungsfähigen Einheit zusammenfassen sollte. In Gegenwart der venezianischen Gesandten überhäufte der König seine Innsbrucker Regenten und Räte mit hartem Tadel und drohte ihnen peinliche Veränderungen an. Er wollte nicht einsehen, daß zumal seine östlichen Länder, nach fast zwanzigjährigen Kriegen gegen Ungarn und Türken, an der äußersten Grenze der Leistungsfähigkeit angelangt waren. In einem düsteren Schreiben erläuterte Wolfgang Polheim die allgemeine Lage in Niederösterreich[60]: König Maximilian möge einmal persönlichen Einblick nehmen in die Finanzen; so gehe es nicht weiter; sein Ansehen beim Volke stehe auf dem Spiel; es schwele in allen Erbländern; wann der Brand ausbreche, wisse man nicht; wenn es ruhig bleibe, dann nur, weil die Leute aus Armut nicht mehr wüßten, was ihnen eigentlich fehle. Ähnliches galt auch von den Niederlanden.

Für derartige Klagen aber war der König so gut wie taub. Um die „Ehre des Reiches" war er bereit, alle seine Mittel hinzugeben und sich selbst zu schaden, wie er sagte. Er sparte im eigenen Hofhalt über die Grenzen des Erträglichen; der Hofstaat der Königin war seit Monaten in Worms verpfändet[61]; das Volk spottete, aber das kümmerte ihn nicht. Sollte er da für die Klagen der Untertanen Verständnis haben? Er gab zu verstehen, daß der König von Frankreich seinen Bauern das Getreide von den Feldern hole, wenn sie sich in der Steuerleistung säumig erwiesen. Rücksichtslos forderte er von seinen Innsbrucker Statthaltern und Regenten 258.000 Gulden für den Italienzug[62], obwohl man ihm beteuerte, daß die Kammer vor dem Zusammenbruch[63] stehe.

Heimlich mußte Maximilian wohl einsehen, daß sein Italienunternehmen auf „Stelzen" gehe, wie er dem befreundeten Herzog Friedrich von Sachsen schrieb[64]. Er wollte sagen, daß die Sache zwar großartig fortzuschreiten schien, in Wirklichkeit aber der festen finanziellen Grundlage entbehrte. Als einzige Hoffnung erschienen ihm die schier unerschöpflichen Geldquellen Italiens. Was ihm persönlich an Mitteln fehlte, sollten ihm die Italiener ersetzen. In der Tat zahlten die Venezianer in Innsbruck die erste Subsidienrate von 16.000 Gulden aus[65]. Damit zeigte sich der König aber keineswegs zufrieden. Er forderte von Venedig und Mailand über die versprochenen 30.000 Dukaten hinaus weitere 30.000 Anleihe und außerdem die Besoldung von 1000 Schwerbewaffneten. Zu noch größeren Leistungen sollte der Herzog von Mailand herangezogen werden. Wohl deswegen hatte ihn Maximilian über die Berge in den Vinschgau rufen lassen. Hier sollte eine letzte Absprache mit den Gesandten der ganzen Liga die Führung und Finanzierung des Krieges vertraglich festlegen.

Auch über die Warnungen seiner Innsbrucker Räte setzte sich der König eigensinnig hinweg[66]. Von politischer Durchschnittsvernunft hatte er sich selten leiten lassen. Oft verirrten sich seine geniale Phantasie und seine Kühnheit in trotzige Wagnisse, wodurch er seine Grenzen prüfen wollte.

Stolz führte Maximilian den Gesandten im Innsbrucker Zeughaus seine Geschütze vor, die er nach Italien mitnehmen wolle: jedes Stück vermöge fünfzig Schüsse pro Tag abzufeuern, die französischen Bombarden dagegen nur zehn, und dann seien sie unbrauchbar. Er versuchte den Gesandten eitel Zuversicht vorzuspielen und sprach von 14.000 Reitern und Knechten, mit denen er in der Lombardei erscheinen wolle; 36 Kriege habe er geführt und brenne nur auf diesen Kampf gegen Frankreich „maxime per tuor la corona".

Aber die Venezianer waren sich inzwischen der Sache nicht mehr so sicher. Welche Gefahr, wenn die Deutschen und Franzosen auf italienischem Boden zusammenprallten! „Sarebbe bataglia crudelissima."[67] Man ordnete öffentliche Gebete an, daß Gott die Sache zum Besseren wende.

6. Die Verhandlungen von Mals und Glurns

Am 5. Juli 1496 verließ der König Innsbruck[1] und zog das Inntal aufwärts dem Herzog von Mailand entgegen. In Stams feierte man die Exequien für Erzherzog Sigmund, der am 4. März 1496 zu Innsbruck verstorben war. Maximilian hatte ihm schon bei Lebzeiten Tirol und die Vorlande abgenommen und die dafür ausgesetzte Pension nur unregelmäßig bezahlt. Zum Begräbnis war er nicht erschienen und hatte sich über die hinterlassenen Schulden des Onkels ärgerlich gezeigt, obwohl der Tiroler Nachlaß Erzherzog Sigmunds mehr als ein Requiem wert war.

Auf der Weiterreise wurden gleichsam aus dem Stegreif Vorbereitungen für den großen Kongreß im Vinschgau getroffen; dazwischen unterbrach man die Geschäfte mit tagelangen Jagden durch die Wälder und Höhen des oberen Inntales. Höchstens 400 Reiter begleiteten Maximilian, berichtete Foscari.

Am 17. Juli traf der König in Glurns[2] ein, wo er während der folgenden Tage, wohl im Gerichtshaus, Wohnung nahm. Das ganze Städtchen war vom König und seinem Gefolge belegt. Maximilian wünschte offenbar allein zu sein, gab es doch mancherlei vor den anderen Botschaften und deren Spionen geheimzuhalten. Das winzige Städtchen war vollgestopft, und da die Quartiere nicht zureichten, sah man sich genötigt, das Gefolge teilweise auf freiem Feld unterzubringen. Für die Empfänge und Besprechungen hatte der König ein großes Zelt im Garten seines Hauses errichten lassen.

Die venezianische Botschaft, die dem König von Innsbruck her gefolgt war, wurde im Kloster Marienberg[3] untergebracht; auch sie allein und abseits von den anderen, damit eine allzu enge Konspiration erschwert sei. Lebhaft beklagten sich die Venezianer, wie beengt und sparsam sie hier im Gebirge gehalten würden.

Für den Herzog von Mailand, der erst auf der Anreise war, wurde in Mals Quartier gemacht. Da er sich nur hinter festen Mauern sicher fühlte, sollte er im Schlosse wohnen. Neben den Mailändern kamen auch Nuntius Chieregati und die spanischen Gesandten Fonseca und Albion mit ihrem geringen Gefolge in Mals unter. Außerdem waren Gesandte von Savoyen, Montferrat und Pisa eingetroffen[4].

Es herrschte in jenen Tagen ein beängstigendes Gedränge im stillen Vinschgau[5]. Zwei Hofstaaten, zeitweise zehn Gesandtschaften mit etwa 700 Köpfen und 1600 Pferden waren hier beisammen, aber nur für 500 Pferde war Futter vorhanden. Inzwischen traf auch das königliche Gepäck ein: Zelteinrichtungen, Teppiche, Hofkleider, Harnische, Jagdgeräte, eine ganze Truhe mit Federbüschen für das Gefolge; alles in schlechtem Zustand, wie der scharfsichtige Venezianer Foscari spottete. Die Innsbrucker Räte fanden sich im Wirrwarr kaum zurecht. In dieser Hinsicht wenigstens war es ein Glück, daß Erzherzog Philipp, der mit seinen 300 Pferden in Nauders hätte Wohnung nehmen sollen, infolge eines Unfalles ferngeblieben war. Vielleicht war er vorsätzlich nicht gekommen, weil er von einer Teilnahme seiner burgundischen Länder am geplanten Krieg gegen Frankreich nichts wissen wollte.

Nun wartete man nur mehr auf den Herzog von Mailand. Maximilian ließ die Gesandten wissen, daß der Mailänder eben noch mit den Franzosen verhandelt habe. Man wollte den versammelten Botschaften die Möglichkeit eines Ausgleiches mit Frankreich bedrohlich vor Augen führen, um sie den königlichen Forderungen gefügiger zu machen. Überhaupt unterließ Maximilian nichts, die zahlreichen Diplomaten, Diener und Spione mit widersprechenden Gerüchten zu füttern. Bald ließ er Friedensgerüchte verbreiten, bald strahlte er Kampfeseifer und Stärke aus: die Eidgenossen gingen mit der Heiligen Liga; man brauche nur entsprechend zu rüsten; man müsse den Franzosen mit dem Fuß auf die Gurgel steigen[6] und werde von ihnen jenen Frieden haben können, den man wünsche. Wer aus den widersprechenden Äußerungen schlösse, der König habe nicht gewußt, was er wollte, verwechselt diplomatische Taktik mit der großen strategischen Linie, die dem König stets klar vor Augen stand.

Schon in der Beratung vom 19. Juli, die Maximilian noch vor der Ankunft des Mailänders in seinem Zelt zu Glurns abhielt[7], offenbarte er den versammelten Gesandten der Liga seine Wünsche über die Zusammenarbeit: ein Friede mit Frankreich sei nur durch einen Krieg zu erzwingen; über die Führung des Krieges und über die Bedingungen eines solchen Friedens müßten sich die Bundesgenossen vorher vertraglich einigen.

Der König lobte die Anstrengungen des Papstes, Spaniens und Neapels für diesen Krieg. Besonderes Lob erhielt der Herzog von Mailand, der sich bis zu den Grenzen der Leistungsfähigkeit aufopfere. An Venedig aber wurde die höfliche Mahnung gerichtet, die Anleihebitte endlich zu beantworten. Deutlich gab der König zu verstehen, daß an der Geld- und Truppenhilfe der Verbündeten alles liege. Es mochte auffallen, daß der Venezianer Foscari jetzt schon andeutete, weitere Kriegshilfe Venedigs sei nur zu erwarten, wenn der König von Frankreich über die Alpen ziehe und Italien bedrohe.

Bei den Gesandten der übrigen Ligamächte aber fand Maximilian von Anfang an willige Zustimmung; ja, der Legat, die Spanier und der Neapolitaner schienen nichts mehr zu fürchten, als daß sich der König auf einen Frieden mit Frankreich einlassen könnte. „Wer seine Hand an den Pflug legt und siehet zurück, der ist nicht geschickt zum Reiche Gottes", mahnte salbungsvoll der Legat. Man tadelte sogar die mailändische Friedensvermittlung und schimpfte auf die „Treulosigkeit" des Herzogs. So schien Maximilian schon vor Zusammentritt des Kongresses die allgemeine Zustimmung der Bundesgenossen für den Krieg gegen

Frankreich gewonnen zu haben. Nur die venezianischen Gesandten hielten sich auffallend zurück.

Anderntags, den 20. Juli, eilte König Maximilian schon vor Sonnenaufgang, ohne daß dies irgendeiner der Gesandten bemerkte, nach Münster, am Fuß des Wormser Jochs, um das Mailänder Herzogspaar persönlich einzuholen und über Glurns nach Mals zu begleiten[8]. Da gab es reiche Gelegenheiten zu geheimen Verhandlungen, von denen die übrigen Gesandtschaften nichts zu hören brauchten. Die anderen Botschaften waren auch nach Mals beschieden worden, wo am Nachmittag des 20. Juli die allgemeinen Beratungen begannen[9].

Der König eröffnete den Kongreß durch eine persönliche Ansprache[10], was als besondere Auszeichnung seiner Gäste gelten konnte. Er erklärte sich bereit, die Last des Italienzuges auf sich zu nehmen; aber da die Gefahr Italiens nicht seine eigene sei, müßten die Italiener selbst Truppen und Geldmittel aufbringen und Subsidien leisten. Nur wenn sich die Ligapartner zu dieser Gegenleistung verpflichteten, wollte sich auch der König für das Wohl Italiens einsetzen. Morgen wolle er ihnen eine Reihe von Artikeln darüber zur Beratung vorlegen, welche die Zusammenarbeit der Bundesgenossen und damit den Erfolg des Unternehmens sichern sollten.

Nach kurzer Bedenkzeit trug Ludovico Bruno, Maximilians italienischer Sekretär, den Gesandten die Pläne seines Königs noch einmal eingehender vor und erbat ihre Antwort. Als erster sprach der päpstliche Nuntius: Der Römische König möge nach dem Beispiel der alten Kaiser Italien retten; er brauche keine „Artikel“ und Absprachen, er brauche auch keine eigenen Truppen; dies alles werde sich in Italien von selbst finden. Ähnlich überschwenglich antworteten auch die Gesandten Spaniens und Neapels. Ludovico Moro erhielt die Ehre des letzten Wortes. In düsteren Farben malte er das Schreckbild eines neuen französischen Überfalls. Sein Mailänder Staat und mit ihm ganz Italien seien in Gefahr. Die einzige Hilfe dagegen biete der Römische König. In großartigen Anerbietungen stellte Moro schließlich sich selbst, seine Familie und seinen Staat dem König und dem Wohl Italiens zur Verfügung. Eine Ahnung seines drohenden Unterganges mochte ihn berührt haben.

Venedig dagegen hielt sich vorsichtig zurück. Man hatte inzwischen erfahren, daß der französische König dieses Jahr zu

Hause bleiben werde. Foscari versprach daher nur, die Artikel seiner Herrschaft vorzulegen.

Maximilian war mit dem ersten Widerhall zufrieden. Er lobte die Verbündeten, zumal den Herzog von Mailand, der ihm offenbar schon zu Münster große finanzielle Zugeständnisse gemacht hatte. Die Venezianer dagegen mahnte er neuerdings, endlich auf seine finanziellen Forderungen zu antworten, denn ohne die Geldhilfe Venedigs wolle er nichts unternehmen. Unmißverständlich gab der König zu erkennen, daß alles, was im Reich für Italien geschehen könne, bereits geschehen sei; deutsche Truppen seien fürs erste nicht zu erwarten; sie sollten an den Grenzen des Reiches und Burgunds stehenbleiben. Italien müsse sich mit eigenem Geld und eigenen Truppen helfen. Damit endeten die Verhandlungen des ersten Tages zu Mals.

Am 21. Juli versammelte man sich zu den Schlußberatungen[11] im königlichen Hoflager zu Glurns. Marquard Breisacher legte den Gesandten namens seines Königs die bereits gestern angekündigten Artikel, die sogenannte „Forma capitulorum“[12], zur Stellungnahme vor. Es handelte sich im Grunde nur um eine Interpretation des sehr allgemein gehaltenen Ligavertrages vom März 1495 für den gegenwärtigen Feldzug. Die Kapitel erwähnen zunächst die feindseligen Handlungen und Kriegsrüstungen der Franzosen und werfen die Frage auf, wie der Krieg gegen sie in Italien zu führen sei. Die Heilige Liga sei kein Angriffsbündnis. Da aber alle Ligapartner den Römischen König zu wiederholten Malen gebeten hätten, die Franzosen anzugreifen, solle der gegenwärtige Feldzug als Verteidigungskrieg gelten und der Bündnisfall für alle gegeben sein.

Nichts lag dem König mehr am Herzen, als auch das Deutsche Reich der Heiligen Liga zuzuführen; aber die Stände hatten allen Einwirkungen des Königs, der Gesandten Spaniens, Venedigs und Mailands zum Trotz einen Beitritt des Reiches bisher stets abgelehnt. Maximilian hatte daher den Ligavertrag gleichsam berichtigen und das Reich als solches ausnehmen müssen[13]; er habe die Liga als Erzherzog von Österreich und Herzog von Burgund geschlossen. Gleichwohl versuchte er, in seinen „Kapiteln“ ein Schutz- und Hilfsversprechen der Liga gegenüber dem Reich unterzubringen, und hoffte wohl, die nunmehr in Lindau zusammentretenden Reichsstände würden sich von der Hochherzigkeit der Bundesgenossen beeindrucken und zum Eintritt in die Liga bestimmen lassen. Die Gesandten freilich sträubten sich gegen derart ungleiche Bundesverhältnisse. Allzu offen lag der Widerstand der Reichsstände gegen den Italienzug zutage.

Auf der Grundlage dieser Kapitel entwickelte der König den Gesandten seine „Formula pro bello et pace"[14], einen großzügigen Kriegs- und Friedensplan, der ganz Europa zu einem Vernichtungskrieg gegen Frankreich sammeln und dieses Land unter die Angreifer aufteilen wollte. Maximilian versprach, 20.000 Knechte und Reiter zur Verteidigung Italiens, der Römischen Kirche und der Heiligen Liga über die Alpen zu führen. Die Könige von Spanien sollten mit 20.000 Mann Frankreich über die Pyrenäen angreifen; der König von Neapel sollte 10.000 Mann stellen, Venedig ebenfalls 10.000, desgleichen der Herzog von Mailand, der Papst 5000 Mann; insgesamt eine Kriegsmacht von 75.000 Mann, die Frankreich gleichzeitig von allen Seiten überfallen sollte. Außerdem wollte Maximilian die Ungarn unter dem Titel des Türkenkrieges aufbieten und England durch Hingabe der Bretagne und Abfindung des „falschen York" zum Kriegseintritt gewinnen. Die Liga sollte in Krieg und Frieden einträchtig zusammenwirken.

Frankreichs Verkleinerung, ja Vernichtung war das Ziel: Frankreich sollte auf Neapel verzichten, das halbe Arelat als Reichslehen den Spaniern abtreten, die Gewinne von Senlis an Burgund zurückstellen, dem Papst die Pragmatische Sanktion von Bourges und damit die französische Landeskirche preisgeben und die Bretagne an England abtreten. Venedig erhielt die Hälfte des Stadtgebietes von Florenz angeboten, allerdings als Reichslehen; Mailand aber das von den Franzosen besetzte Asti. Moros geheime Bemühungen um die Reichslehen Pisa, Siena und Lucca hatte der König indes zurückgewiesen.

Die „Kriegs- und Friedensformel" läßt noch deutlicher als die „Kapitel" die Pläne König Maximilians zu einem umfassenden Angriffskrieg gegen Frankreich erkennen. Kein begrenztes Unternehmen gegen die französische Alpenstellung um Asti oder gegen den französischen Stützpunkt Florenz schwebte dem König vor Augen, sondern die Vernichtung der französischen Großmacht. Frankreich sollte buchstäblich zerstückelt und in jenen Binnenstaat zurückverwandelt werden, den es während des Hundertjährigen Krieges zeitweise gebildet hatte. Selbst die Absetzung der gegenwärtigen Dynastie und die Übergabe des restlichen Frankreich an den englischen „Prätendenten von York" hat König Maximilian offen erwogen. — Man verteilte das Fell des Löwen, ehe man ihn erlegt hatte.

Es war ein maßloser, ein ungeheuerlicher Plan[15], geboren aus dem zwanzigjährigen burgundischen Abwehrkrieg gegen Frankreich, zumal aus jenem tiefgründigen Haß, den Maximilian seit der bretonischen Heiratsgeschichte in sich trug. Er möchte den Franzosen auf die Gurgel steigen, möchte ihnen die Flügel stutzen, möchte ihnen den Schädel einschlagen[16]. Haß und Rache sind diesmal die eigentlichen Triebkräfte seines Handelns.

Diese „Kriegs- und Friedensformel" ging den Gesandten offenbar zu weit[17]. Die Mächte waren nicht gewillt, mit ihrem Geld und ihren Truppen die Oberherrschaft des Römischen Königs in Europa zu fördern; nur Schutz und Hilfe gegen ein übermächtiges Frankreich im Sinne des Gleichgewichtes wünschten sie. Keinesfalls sollte die französische Herrschaft über Italien durch eine erneuerte, straffe Reichsherrschaft abgelöst werden. Die Gesandten wagten zwar nicht, offen abzulehnen, lobten die Formel vielmehr in hohen Tönen, empfahlen aber, die Ratifizierung aufzuschieben. König Maximilian möge zuversichtlich nach Italien kommen[18], dort könne man die Kapitel beraten, und dort werde sich alles Weitere finden.

Venedig hingegen rückte diesmal noch deutlicher vom König ab. Foscari dankte zwar für das freundliche Angebot des halben Stadtgebietes von Florenz; aber spitz fügte er hinzu, Venedig begehre nicht nach einem fremden Staat, es wünsche nur, den eigenen zu erhalten. Damit hatte der Gesandte jede Hilfsverpflichtung für einen Angriffskrieg gegen Frankreich das erste Mal deutlich zurückgewiesen. Maximilian solle Frankreich von Burgund her angreifen, ließen die Venezianer verlauten. Offenbar wußten sie, daß auch Erzherzog Philipp von einem Angriffskrieg nichts wissen wollte.

Am späten Nachmittag erschien Maximilian nochmals in Begleitung des Mailänder Herzogpaares vor den Gesandten, um den Kongreß durch eine eindrucksvolle Kriegskundgebung aller Verbündeten[19] zu schließen. Herzog Ludovico hatte mit den Gesandten eine allgemeine Huldigung für den Römischen König vereinbart. Die stürmische Werbung gipfelte in der Bitte, der König möge ohne Verzug nach Italien ziehen; ohne Heer! Sein bloßes Erscheinen werde die Franzosen schrecken; dort, wo so viele Fürsten dienstbereit auf ihn warteten, werde er erst die Stärke seiner

Königsmacht kennenlernen. Ähnlich schmeichelten der Legat und die anderen Gesandten. Diese stürmische Kundgebung sollte den König mitreißen, wenn er noch zweifelte, wie er es fallweise vorgab. Nur die Venezianer hielten sich wieder auffallend zurück.

Der König versicherte nun persönlich, daß er zum Italienzug entschlossen sei, jedoch noch drei Wochen warten müsse, um seine Kriegsvölker heranzuführen und andere Angelegenheiten zu ordnen. Dabei blieb er, wie sehr man ihn auch bat, sofort über die Alpen zu ziehen.

Damit war die Entscheidung gefallen[20]. Allzuleicht hatte sich Maximilian von seinen Kaiserplänen, von den Versprechungen der Italiener, den Lockbildern einer anscheinend nicht wiederkehrenden Gelegenheit und von seinen eigenen Rachegefühlen zu einem Krieg fortreißen lassen, wofür ihm gegenwärtig sowohl das nötige Geld wie die nötigen Truppen fehlten. Vom Reiche hatte er nichts zu erwarten. Würde wenigstens die Liga die sehr allgemeinen Hilfsversprechungen einhalten? Keiner der Bundesgenossen hatte die „Kriegs- und Friedensformel" unterzeichnet. Das konnte in der Folge weder in den Gesprächen zu Meda noch zu Vigevano, noch überhaupt erreicht werden. Nicht einmal über die grundlegende Frage des Bündnisfalles herrschte Einmütigkeit. Ebenso gingen die Meinungen über den Operationsplan je länger, desto weiter auseinander. Darin lagen die Hauptursachen für den Fehlschlag des Feldzuges von 1496.

Was mag den König bewogen haben, trotz drückendem Mangel an Geld und Truppen den Hilfsbitten der Italiener zu diesem Zeitpunkt zu willfahren? Mehr als irgendeiner seiner Vorfahren hatte sich Maximilian in die Wunschbilder der Reichsreformschriften und in die Ideen der Renovatio Imperii hineingesteigert[21]. Konnte er die siebenhundertjährige Tradition der kaiserlichen Romzüge und damit die Reichshoheit über Italien preisgeben? Wann sollte er nach Italien ziehen, wenn nicht jetzt, da es von Frankreich bedroht war? Schon vor einem Jahr hatte er auf dem Wormser Reichstag seinen Entschluß aller Welt kundgetan. Die Reichsstände hatten ihm sogar eine Italienhilfe bewilligt. Den Bundesgenossen war er durch den Ligavertrag und damit durch seine königliche Ehre verpflichtet[22], „die ihm mehr bedeutete als das Leben". Außerdem schien die Gelegenheit gegenwärtig günstiger denn je, denn die Hilfe, die ihm das Reich versagte, boten ihm die Bundesgenossen der Liga freiwillig an.

Die letzten Verhandlungen zu Münster, Mals und Glurns schienen ihm zu zeigen, daß die Heilige Liga, unter dem Eindruck eines möglichen französischen Einfalls, sogar zu einem Präventivkrieg gegen die französischen Stützpunkte in Italien bereit war. Der Kriegswille Spaniens, Mailands und auch des Papstes konnte dem König berechtigte Hoffnungen erwecken, sogar seinen großen Vernichtungsplan gegen Frankreich, dessen Einzelheiten er zunächst noch zurückhielt, durchführen zu können. Jetzt war sich noch ganz Europa im Mißtrauen gegen Frankreich einig; eine nie wiederkehrende Gelegenheit, die man nützen mußte. Ein Rückzug in diesem Augenblick hätte das Ansehen des Römischen Königs unter den Mächten, aber auch bei den eigenen Reichsständen, denen er den Romzug auf dem Wormser Tag feierlich angekündigt hatte, auf das schwerste erschüttern[23] müssen.

König Maximilian unterschätzte die Schwierigkeiten und Gefahren keineswegs, in die er geraten konnte, wenn er ohne Geld und Truppen, einfach als „Jäger"[24], nach Italien zog. Es war ein Glücksspiel, wie es der König liebte, das von allzu vielen Zufälligkeiten abhing. Er legte es darauf an, den Kriegsbrand gegen Frankreich an einem Ende der Welt zu entzünden, der dann wie ein Lauffeuer den um Frankreich angehäuften Zündstoff zum allgemeinen Brand entfachen und den französischen Staat und dessen Dynastie verzehren sollte. Auf sein bloßes Erscheinen hin, so hoffte der König, würden die Italiener mit eigenen Mitteln die Reste der Franzosen von der Halbinsel vertreiben, Florenz der Liga unterwerfen, Pisa befreien und die Alpenübergänge gegen Frankreich sichern. Maximilian selber wollte von Italien aus im Sinne seines umfassenden Kriegsplanes mit italienischen Schiffen, Hilfsgeldern und Truppen über See nach Frankreich fahren, in der Provence landen und damit das Zeichen zum allgemeinen Überfall geben. Von allen Seiten sollten nun Deutsche, Spanier und Burgunder gegen Paris marschieren[25] und den Wüstungskrieg ins Herz Frankreichs tragen. Vielleicht würden mit den ersten Erfolgen auch die Engländer, die neuerdings der Liga beigetreten waren, und die deutschen Reichsfürsten sich zur Aufteilung der Beute drängen. So hoffte der König, ohne größere eigene Mittel ganz Europa in diesen Vernichtungskrieg gegen Frankreich hineinzureißen.

Dies war der „große Plan", der den König schon seit den Tagen des Burgundischen Erbfolgekrieges beschäftigte[26], den er im

„Traum des Hermansgrün" unter die Reichsstände zu bringen suchte[27], den er in der „Kriegs- und Friedensformel" von Mals und später bei den Verhandlungen in Vigevano und sogar noch während des Rückzuges in der „Consultatio Mystica" seinen Bundesgenossen empfahl und dessen er sich noch viel später im Weißkunig erinnerte. Es war ein großzügiger, ein kühner Plan, aber zu klug gesponnen, zu kompliziert, von allzu vielen Zufällen abhängig; vor allem zu ungeheuerlich, als daß er hätte glücken können. Der Mangel an eigenem Geld und Kriegsvolk zwang den König, mehr Unsicherheitsmomente in seine Berechnungen aufzunehmen, als der Plan vertrug. Dazu kamen Geltungsdrang und persönliche Rachegefühle, die dem König so ungeheuerliche Kriegsziele nahelegten, daß er die Bundesgenossen damit nicht überzeugen konnte. Aber kopflos war der Plan, der die Strategie der großen Kriege des 18. Jahrhunderts vorwegnahm, indessen keineswegs. Immerhin hat diese Kriegsplanung den Franzosen schwere Sorgen bereitet und sie für Jahre in ihre Grenzen zurückgeworfen.

Es gehörte zum Wesen des Königs, sein Glück zu zwingen, das Kühnste zu wagen, wenn sich ihm die Aussicht zu eröffnen schien, mit geringstem Einsatz, mit nichts sozusagen, alles zu gewinnen. Dieser Feldzug sollte nicht nur die italienische, sondern auch die burgundische Frage ein für allemal lösen und den König zur Kaiserkrönung nach Rom führen.

Die Venezianer vor allem lehnten einen Angriffskrieg gegen Frankreich ab und begannen schon in Mals und Glurns von den Plänen des Königs sichtbar abzurücken. Maximilian merkte es wohl, hoffte aber, den Widerstand der Signorie mit Hilfe der übrigen Ligamächte zu überwinden.

Zum Abschluß der Verhandlungen zeigte Maximilian seinen Gästen am Fuß des Wormser Joches eine große Treibjagd[28]. Am späten Nachmittag des 21. Juli reiste er mit dem Herzogspaar nach Münster. Anderntags, den 22. Juli, stieg er vor Sonnenaufgang auf die Höhen. Während die Gäste von unten aus zusahen, trieb der König das Wild durch die Felsenwände, kühn, gewandt und unerschrocken, wie wenn es durch ebenes Gelände ginge. Den Zuschauern unten wurde zeitweise schwarz vor den Augen[29], zumal als ein Jäger sich im Eifer so sehr in die Felsen verstieg, daß ihn die anderen, da er nicht mehr vor und zurück konnte, nur mit größter Mühe daraus zu retten vermochten. Zum Abschluß gab es noch ein großes Schauspiel, das wohl die Treibjagd der Liga auf den König von Frankreich andeuten sollte. In dichten Rudeln wurden die Gemsen von allen Seiten zusammengetrieben, an den Gästen vorbeigehetzt und vor ihren Augen von den Hunden zerrissen. So sollte es den rings umstellten Franzosen ergehen. Schon vor einem Jahr hatte der König den Zug nach Italien als „ungeheure Gemsjagd" angekündigt[30]; ein Kriegsgeschrei werde sich erheben, das alle bösen Christen mit Angst erfüllen solle.

Am Abend stieg Maximilian mit seinen Gästen über das Wormser Joch nach Bormio[31] hinunter, wo er noch drei Tage mit Verhandlungen verbrachte. Eine Gesandtschaft nach Florenz wurde abgefertigt. Die Instruktion[32], die man ihr mitgab, ließ klar erkennen, daß der König durch die Lombardei dem Meer zustrebte, Pisa, Florenz und die französischen Truppen auf hoher See ins Auge faßte, ohne daß er seine weiteren Landungspläne in Frankreich zunächst preisgegeben hätte.

Die allergrößte Bedeutung mußte der König den italienischen Subsidien und Anleihen beimessen. Der Herzog von Mailand wurde genötigt[33], über die bereits gezahlten 30.000 Dukaten hinaus noch eine Anleihe von 50.000 Dukaten für das nächste Jahr in Aussicht zu stellen, außerdem die Zahlung des venezianischen Anteils zu garantieren, falls die Signorie die Zahlung verweigern sollte. Der König mahnte auch Foscari[34] nochmals dringend an die Subsidien: die Signorie möge endlich eine klare Antwort geben und nicht vergessen, daß die deutschen Fürsten gegen jede Unterstützung Italiens seien. Es liege in der Macht des Königs, die Partei zu wechseln; dann stünden die Italiener allein da. Wenn Venedig zögere, möge es bedenken, welche Verantwortung es auf sich lade.

Nicht weniger lagen dem König die Malser „Kriegs- und Friedenskapitel" am Herzen[35]. Er hatte sie in einigen Punkten abändern lassen und wünschte deren rasche Ratifizierung durch die Mächte, um sie dem Lindauer Reichstag zur Beschlußfassung vorzulegen. Aber den Italienern waren die Pläne zu weitreichend. „Neue Phantasien", mäkelte Ludovico hinter dem Rücken des Königs[36], doch niemand wagte es zunächst, die Artikel ausdrücklich zurückzuweisen.

Am 26. Juli kehrte König Maximilian über das Wormser Joch nach Tirol zurück[37]. Er durfte die Hoffnung mitnehmen, daß ihm die Hilfsbereitschaft der Liga alle jene Mittel ersetzen werde, die ihm das Reich versagte. Ebenso hoffte er noch immer, in den Erbländern, im Schwäbischen Bund und unter den Eidgenossen eine ansehnliche Kriegsmacht aufbringen[38] zu können. Wirklich drängten die Schweizer so zahlreich zu den Werbeplätzen, daß der König aus Geldmangel bald niemanden mehr annehmen konnte. Vielleicht würde ihm doch auch der eine oder andere Reichsfürst die schuldige Römerhilfe leisten. Ein eher trauriges Aufgebot stellten die Hofschranzen dar, die man aus dem Gesinde des verstorbenen Tiroler Landesfürsten und aus dem Hofstaat Bianca Marias für den Feldzug ausmusterte. Nun begab sich Maximilian nach Imst, wo er am 2. August mit Erzherzog Philipp neuerdings zusammentraf.

Im Rahmen des großen Einkreisungsplanes gegen Frankreich wäre es vor allem auf die Unterstützung Burgunds angekommen. Wenn die Niederlande ihre ganze Kriegsmacht ins Feld stellten, wie es Maximilian selbst einst als Erzherzog im Erbfolgekrieg getan hatte, dann konnte Karl VIII. der Liga nicht widerstehen. Einen ganzen Tag lang bearbeitete Maximilian seinen Sohn und dessen Umgebung in ununterbrochenen Geheimverhandlungen[39], so daß er am Abend völlig erschöpft war. Aber die Niederländer leisteten offenbar entschiedenen Widerstand. Der König hatte sich so stark erregt, daß er den hartnäckigen Propst von Lüttich und einige widerspenstige Hofleute einfach absetzte[40] und auch für die Niederlande eine gründliche Verwaltungsreform anordnete. So mächtig fühlte er sich immer noch als Landesfürst, obwohl er die Herrschaft bereits seinem Sohn übergeben hatte. Gleichwohl konnte Maximilian nichts Entscheidendes erreichen und auf eine ernsthafte Kriegsanstrengung Burgunds nicht mehr hoffen, was zum Versagen des Kriegsplanes entscheidend beitrug.

Der König versuchte immer noch Optimismus zu verbreiten und sprach von 20.000 Reitern und Knechten, die er auszuheben hoffe[41]. Von Imst aus wurde das Aufgebot aus den Erbländern und dem Reich angefordert. Aus den niederösterreichischen Ländern versprach er sich 4000 Reiter. In Innsbruck sollten 1600 Pferde bereitgestellt werden, um die Artillerie nach Italien zu führen. Auch schrieb er den Königen von England, Schottland, Dänemark, Polen und Ungarn, sie mögen Gesandte schicken, um den Zug gegen die Ungläubigen vorzubereiten. Der Vorwand des „Kreuzzuges“ sollte ihm wohl zusätzliche Mittel erschließen und während seiner Abwesenheit die Vorteile eines Gottesfriedens sichern.

Inzwischen drängte der Herzog von Mailand immerfort zum raschen Aufbruch, während der König noch manches ordnen wollte, ehe er über die Berge nach Italien zog. Eben jetzt, Anfang August, sollte der Lindauer Reichstag zusammentreten. Der König hoffte, daß bescheidene Beiträge zum Gemeinen Pfennig und einige Reichstruppen vielleicht doch zusammenkommen würden. Wenn ihm die Reichsstände schon nicht nach Italien folgen wollten, so würden sie doch im Falle eines allgemeinen Krieges die westlichen Reichsgrenzen in der Freigrafschaft, in Elsaß, Lothringen und den Niederlanden verteidigen. Nicht zuletzt deswegen hatte er den Reichstag nach Lindau verlegt, von wo man unmittelbar an die burgundische Pforte gelangen konnte.

Aber keine von diesen Hoffnungen erfüllte sich. Erzherzog Philipp, den der König als seinen persönlichen Stellvertreter mit Briefen an Kurfürsten und Fürsten zum Reichstag abordnete, um sie für das Italienunternehmen zu gewinnen, war gewiß der schlechteste Anwalt seiner Sache, den er sich wählen konnte.

Der Reichstag versagte dem König von vornherein jegliche Hilfe. Die Stände hatten zwar schon auf dem Wormser Tag eine Reichssteuer für Italien bewilligt, verhinderten aber jetzt deren Eintreibung. Ebenso verweigerten sie die Annahme des Ligavertrages mit dem unverständlichen, formalen Einwand, daß ein Kaiser mit „Teilfürsten" keine Verträge schließen dürfe. Teilfürsten? — Wenn der Papst mit dem Herzog von Mailand Verträge schloß, warum nicht auch Kaiser und Reich? Was sollten doch die Reichsstände, die sich hier um die Ehre des Kaisers so besorgt zeigten, ihm an Demütigungen noch zumuten! — So konnte Maximilian nur als Erzherzog von Österreich die Ligaverpflichtungen übernehmen. Nicht nur dies: Karl VIII. hatte eine Gesandtschaft nach Lindau geschickt und unmittelbare Beziehungen zum Erzkanzler Berthold aufgenommen[42], die sich während der folgenden Monate des Italienfeldzuges sehr eng gestaltet haben dürften, erfuhren doch auch die Venezianer aus Lyon, daß sich der französische Hof der Dienste Erzbischof Bertholds erfolgreich bediene. Maximilian wußte von diesen Umtrieben und nannte Berthold sicher nicht ganz grundlos „einen ganzen Franzosen"[43].

So blieben dem König nur die Italiener und die fernen Spanier. Maximilian warnte Foscari, von der kaiserlichen Sache abzurücken, denn es bestehe ernste Gefahr, daß diese „deutschen Hammel" — er meinte die Fürsten — sich mit den Franzosen zum

Untergang Italiens verbündeten[44]. Er redete sich in solchen Zorn, daß ihm die Tränen aus den Augen traten. 200.000 Gulden habe er in dieses Unternehmen gesteckt und manchmal am eigenen Hof Not gelitten; lieber verliere er Burgund als Italien.

Foscari dagegen warnte den König, er solle sich nicht allzu vertrauensselig von Moro in Unternehmungen hineinreißen lassen, die dem kaiserlichen Ansehen zum Schaden gereichen könnten. Die Beziehungen zwischen Venedig und Mailand waren bereits so gespannt, daß Foscari in seinen geheimen Berichten den Herzog nur mehr „rustico" nannte. Kein gutes Zeichen für das Einvernehmen der Bundesgenossen.

Von Pfunds und Nauders im oberen Inntal aus schrieb der König noch einmal an Erzkanzler Berthold und die Kurfürsten[45]. Er mahnte sie zur Rettung Italiens und zur Leistung des Gemeinen Pfennigs. Die Heilige Liga und die Eidgenossen seien hilfsbereit, die Franzosen gegenwärtig in schwieriger Lage, sie hätten in Atella kapitulieren müssen. Der Krieg sei jetzt aussichtsreicher denn je, man müsse diese Gelegenheit nützen. Der König werde allein mit Hilfe seiner Erbländer die Rückführung der Franzosen aus Italien verhindern. Wenn sie aber inzwischen seine burgundischen Erbländer angriffen, die den Schild des Reiches gegen Frankreich bildeten, so seien die Reichsstände auf Grund des Wormser Abschiedes zur Hilfe verpflichtet. — Die Stände hüllten sich in Schweigen. Dafür belästigte man den König mit den Streitigkeiten zwischen Pfalz und Kursachsen wegen des Reichsvikariates.

Bereits am 9. August befahl Maximilian den Genuesen[46], Lebensmittel bereitzustellen und eine Flotte auszurüsten, womit er seine Armee in die Provence überführen könne, um sich mit den Katholischen Königen zum Kampf gegen Frankreich zu vereinigen. Schon Ende August, hoffte der König, von Genua aus die Flottenaktionen zu eröffnen.

Karl VIII. war indes klug genug, sich angesichts dieser bedrohlichen Koalition jeder Angriffshandlung zu enthalten, die augenblicklich einen Überfall ganz Europas hätte auslösen können. Vielmehr beteuerte er eifervoll seine friedliche Gesinnung und schrieb dem Erzkanzler Berthold von Mainz[47], daß er niemals daran gedacht habe, die Kaiserkrone, Reichs- oder Kirchenrechte in Italien an sich zu bringen; er sei im Gegenteil stets ein Freund des Reiches gewesen. Venedig und Mailand seien die eigentlichen Ruhestörer. Auch die florentinischen Gesandten berichteten[48] nach Hause, daß die Franzosen an keinen Angriffskrieg mehr dächten. Mag sein, daß König Karl auch durch die Kriegsmüdigkeit der Untertanen und eine ausgedehnte Aufstandsbewegung in seinen Grenzländern zurückgehalten wurde.

Dies war für Venedig das Signal, auch den Römischen König von seinem Italienzug abzuhalten[49]. Die Signorie wollte seither keinen Pfennig Hilfsgeld mehr leisten, was dem König während der folgenden Wochen die größte Sorge bereitete.

7. Aufbruch nach Italien

Maximilian kam diesmal als Angreifer. Aber nach dem Verlust einiger burgundischer Provinzen an Frankreich, nach dem bretonischen „Brautraub", seit dem Überfall Karls VIII. auf Italien, der die vielhundertjährigen Reichsrechte endgültig in Frage stellte und ganz Europa mit Sorge erfüllte, nach den inständigen Hilfsbitten der Italiener mochte sich der Römische König zum Gegenschlag wohl berechtigt fühlen. Kein Zweifel, daß ihm Haß und Rache das Auge trübten[1]. Dazu kam ein maßloser Ehrgeiz, der ihm Erfolge vorgaukelte, „wie sie seit hundert Jahren nicht mehr errungen wurden"[2].

Nicht leicht hätte ein anderer König gewagt, sich ohne ausreichende eigene Macht ganz der Hilfe der Bundesgenossen anzuvertrauen und ohne Truppen nach Italien zu gehen. Gerade das Kühne seines Planes mochte Maximilian reizen; dazu die Überlegung, ob ihm die Reichsstände je einen Italienzug finanzieren würden. Ein Jahr lang hatte er vergeblich darum geworben. Nun schien ihm die Liga jene Gelder und Truppen anzubieten, die ihm das Reich stets versagt hatte und wohl auch immer versagen würde. Jetzt ließ sich „mit einem Gulden mehr erreichen als später mit deren zwei oder zehn"[3]; ein Wortspiel, das der König liebte.

So wandte sich Maximilian mit ganz geringen eigenen Mitteln, aber voll größter Hoffnungen Mitte August 1496 neuerdings über den Reschen und das Wormser Joch nach Italien[4]. Kein Reichsfürst war mitgekommen. Der König führte nur einige 300 Reisige mit sich. Kleinere Heerhaufen marschierten auf anderen Straßen südwärts. Der Römische König komme wie ein kleiner deutscher Kastellan[5], spotteten die Italiener. In Bormio erhielt Maximilian 30.000 Gulden aus dem Gemeinen Pfennig seiner österreichischen

Erbländer nachgeschickt[6], deren er dringend bedurfte. Es war kein leeres Gerede, wenn er immer wieder betonte, daß er mit *eigenen* Mitteln nach Italien ziehe. Dem Sernteiner, der mit der Geldaufbringung betraut war, befahl der König: „Tue allen Fleiß; es gilt jetzt Leib und Seele!“ Ein andermal: „Fördere die Sache, ... denn wir tanzen hier ohne einen Pfeifer und auf einer Stelzen.“

Als Maximilian die Höhen des Wormser Joches überstiegen und in tagelangen Jagden die Wälder des oberen Veltlin durchquert hatte, öffnete sich am Ausgang des Gebirges die ganze Herrlichkeit des blauen Comer Sees, der hängenden Wein- und Olivengärten, die sich im Dunst der fernen lombardischen Ebene verloren. Ein überwältigender Anblick, eine beglückende, verheißungsvolle Landschaft, die noch alle deutschen Italienfahrer bezaubert hatte. Der König mochte sich am Tore des Paradieses fühlen, das für ihn Rom und Italien hieß.

In Como empfing Maximilian die freudige Nachricht, daß Spanien angriffsbereit an den Pyrenäen stehe. Venedig dagegen gab seine Zurückhaltung immer offener zu erkennen. Der Gesandte Foscari wagte es bereits, dem König die Rückkehr in das Reich zu empfehlen[7]. Aber auch die anderen italienischen Mächte, insbesondere die Alpenstaaten Piemont-Savoyen und Montferrat, vor allem aber der Herzog von Ferrara, wurden angesichts der geringen Heeresmacht des Römischen Königs immer zurückhaltender. Jetzt, da die Franzosen offensichtlich daheim blieben, schien es völlig unnötig, daß Maximilian nach Italien ziehe. Entrüstet tadelte er den Widerstand der Venezianer: als rettender Engel sei er nach Italien gekommen; müsse er wegen des Verrates der Venezianer umkehren, so werde er als Teufel wiederkommen[8]. Seine Deutschen zögen ohnehin lieber gegen die Italiener als gegen die Franzosen. Maximilian drohte sogar mit Frankreich: Karl VIII. habe ihm 1494 das Gebiet der Signorie als Beute angeboten; jederzeit könne er ein französisches Bündnis wieder haben.

Die übrigen Verbündeten zeigten sich gefügiger, wenn sie auch über die Führung des Feldzuges recht verschiedene Ansichten vertraten, so daß der König Mühe hatte, die Grundlinien seines Kriegsplanes festzuhalten, denn niemand hatte bisher die Kapitel von Mals unterzeichnet. Während Maximilian aufs Ganze ging und Frankreich entscheidend treffen wollte[9], bemühte sich der Herzog von Mailand nur um die Sicherung seiner Alpengrenze, wenn möglich um die Eroberung von Asti. Aber niemals konnte sich der Römische König von einem Angriff gegen die französische Alpenstellung einen entscheidenden Erfolg gegen Frankreich erwarten; nicht einmal den Zusammenbruch der französischen Partei in Florenz, die bekanntlich von ihren Seeverbindungen mit Frankreich lebte.

Daher faßte Maximilian als nächstes Ziel Genua, Pisa und die Toscana ins Auge. Die Pisaner hatten ihm wiederholt ihrer Treue versichert und seine Hilfe angerufen. Schon in Pfunds und Como hatte er ein Seeunternehmen befohlen[10], das von Genua aus geführt werden sollte. Zunächst wollte der König die von Neapel zurückkehrenden französischen Truppentransporte auf hoher See abfangen. Er plante, eine starke Kriegsflotte auszurüsten, die er zu weitreichenden Unternehmungen einsetzen wollte, wovon er zunächst aber noch nicht viel verlauten ließ: er dachte an ein Landungsunternehmen in der Provence.

Um mit dem Reich und seinen Erbländern in Verbindung zu bleiben, hatte Maximilian eine Postlinie über die Alpen nach Italien legen lassen und Jan von Tassis zum Postmeister eingesetzt. Nachdem er schon vorher einige Fürsten und Städte um Hilfe gebeten, wandte er sich am 29. August 1496 nochmals an die Reichsstände[11], um die Anleihe und den Gemeinen Pfennig einzumahnen. Er habe bisher nur österreichische Mittel einsetzen können und werde es auch weiter tun; aber seine Erbländer seien völlig verarmt. Er bat die Reichsstände um Hilfe zur Wiederherstellung der Reichsrechte in Italien und zur Erwerbung der Kaiserkrone und warnte sie vor den Folgen ihres Ungehorsams. Er hatte ihnen durch seine Werber sagen lassen: „Es liegt alles an euch Deutschen ..." — Die Stände aber enthielten sich der Antwort.

Am 31. August wurde der künftige Kaiser von den Gesandten der Liga, voran dem päpstlichen Krönungslegaten Carvajal, im Flecken Meda auf dem Boden der Lombardei feierlich empfangen[12]. Bereits am Tage vorher hatte der päpstliche Zeremonienmeister Burchard namens des Kardinals mit dem König zu Crema hochpolitische Gespräche geführt und ihm die Vorteile eines gekrönten Kaisers gegenüber einem gekrönten Römischen König einzureden versucht. Burchard legte dem König eine „Kaiserkrönung" in Mailand nahe[13], da Papst Alexander VI. Maximilian ebensowenig in Rom zu sehen wünschte[14] wie seinerzeit den König von Frankreich. Warum wäre ihm sonst der Krönungslegat, begleitet vom Zeremonienmeister, mit einem ausgearbeiteten Krönungszeremoniell entgegengezogen[15]?

Aber Maximilian scheint diese „Ersatzkrönung", die ihm anderntags der Legat noch einmal schmackhaft zu machen versuchte, entschieden zurückgewiesen zu haben. Auch das Ansinnen einer Krönung mit der „Eisernen Krone" lehnte Maximilian derzeit ab. Er verfügte gegenwärtig über ein so unansehnliches und kleines Gefolge[16], daß er sich dem Mailänder Volke wohl nicht zeigen wollte, am allerwenigsten bei einem hochfeierlichen Krönungsakt. Auch mochte ihm der Zeitpunkt am Beginn des Romzuges als völlig verfehlt erscheinen. Hätte er sich dadurch nicht von vornherein des Rechtes auf das Römeraufgebot des Reiches begeben, das er immer noch erwartete? Schließlich durfte er hoffen, nach Abschluß des französischen Krieges die Krönung in Rom unter würdigeren Formen aus den Händen des Papstes zu empfangen, wofür er jetzt schon Vorbereitungen traf. Bei seiner hohen Auffassung vom Römischen Kaisertum wollte er sich nicht einfach in Mailand abfertigen lassen.

Der König, der schon aus den Vorverhandlungen gemerkt hatte, wie ihn der Papst durch eine Mailänder Krönung von Rom fernehalten und von der Lombardei gegen Frankreich abzulenken wünschte, rückte nun im folgenden großen Kriegsrat[17] seine Römerpläne und Krönungswünsche stärker in den Vordergrund, als dies seinen nächsten Absichten entsprach. Entschieden verlangte er Geld- und Truppenhilfe des Papstes, was der Legat auch zugestand; die Kaiserkrönung könne Maximilian nach Abschluß des „heiligen" Krieges gegen Frankreich nicht entgehen, versicherte er. Nicht minder eifrig taten die übrigen Bundesgenossen, wenn sich der König nur zum sofortigen Krieg gegen Frankreich entschließe. Die Venezianer allerdings hielten sich weiterhin zurück.

Im ganzen hatte der König doch erreicht, was er zunächst für das Wichtigste hielt: die grundsätzliche Zustimmung der Liga (außer Venedig) zum Angriff gegen Frankreich. So fest er auch die Krönung in Rom als Abschluß des ganzen Unternehmens ins Auge faßte, sosehr lag ihm zunächst daran, mit Hilfe der Bundesgenossen seinen „großen Plan" durchzuführen und den „Franzosen die Flügel zu stutzen".

Wie schon früher in Bormio, so äußerte der König auch jetzt in Meda, er wolle mit geringer Begleitung nach Genua und Pisa vorstoßen, entweder um die Franzosen auf ihrer Rückfahrt von Neapel abzufangen oder um einen Überraschungsschlag gegen Florenz zu führen. Für alle Fälle nahm er Verbindungen zum vertriebenen Piero Medici auf, den er unter Umständen wieder einsetzen wollte.

8. Die Verhandlungen zu Vigevano

An der erwartungsvollen lombardischen Hauptstadt, die sich schon auf eine Krönung oder mindestens auf einen prunkvollen Königsempfang gefreut hatte, eilte Maximilian vorbei nach Vigevano[1], wo er eine neue Gesandtschaft der Venezianer empfangen wollte. Es vergingen drei Wochen, ehe die vorsätzlich langsam reisenden Gesandten eintrafen; drei lange Wochen, die der Kriegführung später bitter fehlen sollten, denn der Hochsommer ging bereits zur Neige. Die Lehensträger Italiens, die herbeigeeilt waren, um in Mailand einen glänzenden Aufmarsch des kaiserlichen Heeres zu erleben und dem „künftigen" Kaiser ihre Ergebenheit zu bezeugen, waren mehr als enttäuscht. Sie begannen angesichts der Schwäche des deutschen Aufgebotes ihre Hilfsmannschaften zurückzuziehen.

Rasch versammelten sich die übrigen Botschafter der Liga im königlichen Hoflager, und Maximilian konnte alsbald die vorbereitenden Besprechungen beginnen, denen neuerdings auch Neapel beigezogen wurde. Auch die Lehensträger des Reiches aus Ober- und Mittelitalien waren heranbefohlen. Nur Venedigs Stimme fehlte, denn Foscari hatte seine Vollmacht den heranreisenden Sondergesandten überlassen müssen. Die Signorie war längst entschlossen, sich ihren Verpflichtungen zu entziehen. In einem klugen, zeitweise schwer durchschaubaren Verhandlungsspiel versuchte Maximilian die Gesandten dahin zu bringen, wo er sie haben wollte.

Dem König ging es vor allem um seinen „Seeplan": Von Genua aus wollte er den französischen Heimkehrern aus Neapel die Rückfahrt zur See versperren und weiter nach Pisa und Livorno vorstoßen. Die Liga sollte ihre Schiffe in Genua sammeln. Daß Maximilian mit dieser Flotte ein Landungsunternehmen in der Provence und eine Vereinigung mit der spanischen Armee plante, behielt er zunächst noch für sich, da er wußte, wie entschieden der Mailänder Herzog dagegen auftreten würde, weil er den König als seinen persönlichen Schützer in der westlichen Lombardei festzuhalten wünschte. Ludovico Moro sollte durch Überlassung von Sicherungstruppen beruhigt werden. Spanien dagegen, so hoffte der Römische König, würde diesen „Seeplan“ unterstützen und vielleicht auch Venedig, das alles begrüßte, was den König aus Italien wegführen konnte.

Am 5. September legte Maximilian den versammelten Gesandten einen Kriegsplan[2] vor, der die Ausrüstung der Flotte in Genua, den Seekrieg gegen Frankreich, einen Überfall auf die französischen Heimkehrer aus Unteritalien, die Eroberung Livornos, die Unterstützung Pisas und die Sicherung Genuas und der ligurischen Küste vorsah. Der Legat und Ludovico stimmten zu, wenn auch ungern und nur gegen Garantien für die Sicherung des Mailänder Staates. Der Venezianer Foscari aber wich jeder Entscheidung aus und berief sich auf die anreisende neue Gesandtschaft. Alle anderen Gesandten drängten indes auf eine rasche Aktion, ohne erst das Eintreffen der Venezianer abzuwarten. Von allen Seiten regnete es Vorwürfe gegen Foscari[3]: man wisse, daß die Venezianer mit falschen Ausreden die Waffen niederlegen wollten. Nicht nur Maximilian, auch der Legat und insbesondere die Spanier tadelten entrüstet diesen „Wortbruch“ der Signorie: hier liege der ganze Jammer Italiens! Der Papst wandte sich in einem persönlichen Schreiben an den Dogen[4] und erklärte den Krieg gegen Frankreich als einen gerechten Verteidigungskrieg. Er fragte den Dogen, ob ihm die französischen Besatzungen in Gaeta und im päpstlichen Ostia nicht als Angreifer gegen die Liga erschienen. Der Herzog von Mailand beteuerte, um das venezianische Mißtrauen zu beschwichtigen, daß er weder Asti noch Pisa für sich besetzen wolle; nur die Sicherung seines Staates und die Befreiung Italiens liege ihm am Herzen.

Am 7. September trat der König mit einem endgültigen Plan, mit den sogenannten „Capita rerum“, hervor[5]. Er verzichtete darin auf einen offenen Krieg gegen Frankreich an der Alpenfront, versprach aber den Mailändern Sicherungsmaßnahmen im Gebiet von Montferrat, Savoyen, Saluzzo und Asti. Der König bezeichnete dieses Abrücken von den Mailänder Wünschen als ein besonderes Entgegenkommen gegenüber Venedig. Er konnte dafür die Annahme seines „Seeplanes“ erhoffen, der ihm eigentlich am Herzen lag. Als nächstes Kriegsziel erklärte er die Befreiung Pisas, das selbständig und niemandem untertan, allerdings reichslehenbar sein sollte; außerdem die Eroberung Livornos, des Einfallstores der Franzosen nach Toscana, und die Unterwerfung von Florenz unter die Liga.

Der König hatte die Verhandlungen so gestaltet, daß er in allem den Venezianern nachzugeben schien. So verpflichtete er sie einzulenken, wenn sie nicht offenen Vertragsbruch wagen wollten. In einem eindrucksvollen Schreiben versuchte der König noch einmal, den Dogen zur aktiven Kriegsteilnahme zu bestimmen[6]. Er drohte mit dem Zerfall der Liga, mit dem Abrücken Spaniens und des Reiches, mit der Aufteilung der Markusrepublik, die ihm der französische König bereits im vergangenen Jahr angeboten habe. Er machte den Dogen in eindringlichen Worten für alle Folgen seiner Haltung verantwortlich. Nicht nur dies: er empfing sogar einen türkischen Gesandten, den ihm Ludovico zugeführt, überhäufte ihn mit Auszeichnungen und schlug ihn öffentlich zum Ritter[7]. Drohte der Römische König mit den Türken? In Venedig schüttelte man zwar den Kopf, aber man verstand, daß Maximilian zum Äußersten entschlossen sei.

Die Signorie vermochte sich nun dem allgemeinen Drängen kaum mehr zu entziehen. Alle Waffenerfolge der Liga in Italien würden ausschließlich Mailand zugute kommen, wenn sich Venedig offen versagte. Die Kriegsbereitschaft der Liga, insbesondere Spaniens, schien überzeugend[8]. Anderseits war auch die französische Gefahr angesichts der Land- und Seerüstungen Karls VIII. nicht zu unterschätzen[9]. Am 12. September setzte Maximilian den anreisenden Botschaftern bereits einen kurzfristigen Termin und gab seine Absicht bekannt, nach Genua und Pisa aufzubrechen. In der Tat waren seine Pläne fertig, ehe die Venezianer eintrafen. Seine Geduld war erschöpft, denn man redete bereits, der Römische König sitze in Italien hilflos fest, weil ihn Venedig nicht unterstütze, was seinem Ansehen nicht wenig schadete.

In letzter Stunde, vor der Ankunft der Venezianer, stellte Maximilian den Kriegsrat vor eine völlig neue Lage. Am 13. September hatte er seinen Gesandten Gaspar de Lupian mit umfassenden Vorschlägen und Kriegsplänen nach Spanien abgesandt[10], worin er seine geheimsten Absichten, seinen großen Vernichtungsplan gegen Frankreich darlegte und die Zusammenarbeit der Liga in den hoffnungsvollsten Farben schilderte, um die Spanier mitzureißen. Er wolle, so führte er aus, in einem raschen Vorstoß Pisa sichern, Livorno und Florenz erobern; gehe das Unternehmen glatt, so wolle er es persönlich zu Ende führen;

ergäben sich Verzögerungen, so überlasse er den Abschluß in der Toscana den Mailändern und Venezianern, um mit seiner Armee unverzüglich zur See in die Provence überzusetzen und sich dort mit den Spaniern zu vereinigen. Von Norden würden ihnen Erzherzog Philipp mit seinen Burgundern, außerdem Reichstruppen und Lothringer entgegenrücken. Inzwischen sollten die (zum Romzug aufgebotenen) Reichstruppen unter Führung des Kurfürsten von Sachsen, der Herzoge von Bayern, Pommern, Mecklenburg und Braunschweig in die Lombardei einrücken, Asti erobern und die französische Alpenfront bedrängen. So würde Frankreich durch einen umfassenden Angriff aller Verbündeten gleichsam erdrückt und zum Frieden gezwungen werden. Nachdem Frankreich niedergeworfen, hoffte der König nach Italien zurückzukehren, wohin er inzwischen die Königin bestellen wolle, um sich mit ihr zur Krönung nach Rom zu begeben[11]. Selbst dies hatte Maximilian seinen spanischen Freunden anvertrauen wollen, hatte es aber dann wieder aus dem Konzept der Instruktion gestrichen, um nicht von seinen nächstliegenden Gedanken abzulenken. Dieser Plan war von Maximilian seit langem ausgedacht worden. Der Kriegsplan des „Barbarossa" im Traum des Hermansgrün[12] deckt sich damit in allen Grundzügen. Welche Maßlosigkeit, die den König durch Jahre beschäftigte!

Erst nach Lupians Abreise teilte Maximilian den Gesandten einen Teil dieser Pläne mit[13], wobei er vorgab, alles von der Wohlmeinung der Liga, insbesondere Venedigs, abhängig zu machen. Diese ausgreifenden Pläne stießen auf den Widerstand Herzog Ludovicos und auch des Legaten, die vor allem die Lombardei und Italien gesichert wissen wollten. Der König aber wies alle Einwände schroff zurück.

Dies war der Stand der Verhandlungen, als am 15. September endlich die venezianische Gesandtschaft in Vigevano eintraf[14].

Die Venezianer mochten nicht wenig überrascht sein, als sich der König bei den folgenden Verhandlungen wider alles Erwarten ganz entschieden auf den Standpunkt Mailands und des Legaten zu stellen schien und den Schutz der Alpenübergänge als den besten Weg zur Sicherung Italiens bezeichnete. Die Venezianer hatten bereits auf den Seekrieg und den Landungsplan in Südfrankreich gerechnet, der den König aus Italien wegführen sollte, was sie lebhaft wünschten. Wohl aus verhandlungstaktischen Gründen stellte Maximilian nun den Alpenplan in den Vordergrund, dem er erwiesenermaßen niemals eine besondere Bedeutung beigemessen[15] hatte. Wie nicht anders zu erwarten, gaben sich der Herzog von Mailand und der Legat begeistert, und auch die Spanier stimmten zu. Sogar Savoyen und Montferrat mußten gute Miene machen.

Die Venezianer sahen sich nun unerwartet vor eine Lösung gestellt, die sie am allermeisten fürchteten, schien sie doch die Macht des Mailänder Herzogs zu stärken. Sie gebärdeten sich äußerst erregt und lehnten diese neue Lösung auf das entschiedenste ab.

Dies gab nun Ludovico Moro die Gelegenheit zu einem Vermittlungsvorschlag, der gerade aus seinem Mund hochherzig klingen und die Venezianer zum Einlenken verpflichten mußte: Gegen seine bessere Überzeugung und sogar gegen die Meinung des Königs, so beteuerte Ludovico, wolle er den Wünschen der Venezianer entgegenkommen. Es sei besser, die Franzosen nicht durch Kriegshandlungen an der Alpenfront zu reizen; Maximilian habe die Franzosen „allein durch den Ruf seines Namens" über die Alpen zurückgeworfen. Aber wenn ihm dies zuwenig Ruhm bedeute, so könne er Pisa sichern und die Florentiner der gemeinsamen Sache Italiens unterwerfen. Dies sei ein leichtes Unternehmen und von Mailand und Venedig zu Wasser und zu Lande vorbereitet.

Es ist wahrscheinlich, daß Ludovicos Vorschläge, überhaupt das gesamte Verhandlungsspiel mit verteilten Rollen, von Maximilian vorweg verabredet[16] war. Die Venezianer schöpften wohl Verdacht und suchten auch dem Seeunternehmen gegen Livorno und Pisa zu widersprechen, obwohl sie selber Truppen vor Pisa stehen hatten. Sie rieten dem König geradezu, er möge Italien verlassen[17] und Frankreich von Burgund her angreifen.

Da konnte der gereizte König nicht mehr an sich halten und schleuderte den Venezianern und (wohl nur zum Schein?) auch dem Herzog von Mailand die bittersten Vorwürfe entgegen: auf Bitten der Mailänder und der Venezianer sei er nach Italien gekommen, und gerade diese Mächte leisteten seinen Plänen nun Widerstand. Es scheine ihm zwar ganz verkehrt, zunächst die Florentiner zu unterwerfen, weil sie nach Besetzung der Alpenpässe selber um die Aufnahme in die Liga bitten müßten. Aber sogar hierin unterwerfe er sich den Wünschen der Verbündeten, vorausgesetzt, daß möglichst bald alles Nötige bereitgestellt würde, damit der Feldzug nicht am einbrechenden Winter scheitere.

Da wagte niemand mehr zu widersprechen, auch Venedig nicht. Die Gesandten übergaben sogar einen Teil der schuldigen Hilfsgelder; denn die Liga offen zu verlassen, schien auch der Signorie derzeit nicht geraten, wie der Antwortbrief des Dogen vom 19. September zeigte[18]. So hatte der Römische König den Feldzugsplan nach seinem Willen bestimmen können und auch die Venezianer wenigstens zu einer halben Zustimmung gezwungen, wenn sie ihn auch weiterhin durch Schwierigkeiten jeder Art behinderten, insbesondere die versprochenen Subsidien zurückhielten.

Inzwischen hatte der König bereits die Flottenrüstungen in Genua in Gang gesetzt[19], wozu die Stadt angesichts der französischen Bedrohung freiwillig ihren Beitrag leistete. Die Getreideeinfuhr war von allen Zöllen befreit worden, um die Versorgung der Truppen und der Flotte zu sichern. Schon am 16. Juli hatte der König den Genuesen, um sie günstig zu stimmen, Pietra Santa versprochen; am 20. September bestätigte er der Stadt ihre alten, angeblich verbrannten Privilegien[20]. Am 23. September verließ er Vigevano und wandte sich über Tortona nach Genua, wohin er seine Truppen längst in Marsch gesetzt hatte. Ein Anschlag des tückischen „Unfallo", ein gefährlicher Sturz vom Pferd zu Tortona, dessen sich der König in seinem Theuerdank noch erinnert, war kein günstiges Vorzeichen für die kommenden Unternehmungen. Unter strömenden Regengüssen, mit nur kleiner Begleitung näherte er sich Genua[21].

9. Rüstungen in Genua und Seefahrt nach Pisa

Am 27. September, einen Monat später als ursprünglich geplant, zog Maximilian unter großen Feierlichkeiten in Genua ein[1]. Etwa 750 Reiter begleiteten ihn, während 2100 Knechte und Mannschaften aus dem Mailändischen heranmarschierten. Gerüchtemacher hatten ausgesprengt, daß der König die Stadt besetzen wolle, weswegen das wohlbefestigte Castelletto sich zur Abwehr einrichtete. Doch schonte Maximilian die Empfindlichkeit der alten Freistadt und verzichtete darauf, daß ihm der Bürgermeister die Steigbügel hielt und die Zügel führte, wie dies beim Einzug eines Kaisers üblich war. Leutselig wie immer, vermochte der König den Governatore und die Bürgerschaft sehr rasch zur Unterstützung seiner Flottenrüstungen zu gewinnen[2]. Um die Stimmung zu heben, verbreitete man Gerüchte von großartigen Seesiegen[3] der Spanier über die Franzosen.

Maximilian war nun von seinen Seerüstungen ganz erfüllt und sprach von nichts anderem mehr. Täglich rückten Truppen in die Stadt, um die Schiffe zu besteigen, unter ihnen 1500 Eidgenossen. Auch Ärzte wurden heranbefohlen. Aus den verbannten Florentinern suchte er sich Männer aus, die mit den Verhältnissen Toscanas eingehend vertraut waren[4]. Während ihn die übrigen Mächte dabei unterstützten, leisteten die Venezianer hinhaltenden Widerstand; sie wehrten sich vor allem gegen eine Jagd auf die französischen Heimkehrerschiffe. Auch die Neapolitaner wollten den Franzosen das versprochene freie Geleit nicht brechen. So gab es Schwierigkeiten über Schwierigkeiten, und selbst Foscari fand es bedenklich, wenn die Signorie durch ihren beharrlichen Widerstand das ganze Seeunternehmen, damit Pisa, Genua und die Verteidigung Italiens gefährdete. Mochte sich Venedig auch durch kleine Ratenzahlungen jeweils vom Vorwurf des Vertragsbruches loskaufen, so war es im ganzen doch mit mindestens 10.000 Dukaten im Rückstand. Auch der Papst hatte bisher keinen Pfennig zum Unternehmen beigetragen. Die Hauptlast des Feldzuges trug, abgesehen vom König selber, der Herzog von Mailand[5].

Dreimal[6] hatte der König an Berthold, an die Kurfürsten und die in Lindau versammelten Reichsstände geschrieben und die zu Worms beschlossene Hilfsanleihe und den Gemeinen Pfennig eingemahnt. Ende September traf die erste Antwort aus Lindau[7] ein: Die Reichsstände seien nicht beschlußfähig und könnten daher in dieser großen, schweren Sache nichts unternehmen; die Quartiere in Lindau seien eng, und sie dächten daran, den Reichstag zu verlegen. Als die königlichen Fiskale die Steuerverweigerer beim Kammergericht einzuklagen versuchten, fiel ihnen der Reichstag in den Arm[8]. Da hatte der König im aufwallenden Zorn am 30. September jene „scharfen Mandate" an die Reichsstände[9] abgefaßt, die später den Lindauer Tag in Aufregung versetzten: die Stände seien schuld am Versagen des Reichstages; während er, der König, Gut und Blut einsetze, brächten sie nicht das geringste Opfer für das Reich. Aber weder gute noch harte Worte nützten, denn die Stände wollten ihren König in Italien zu Fall bringen. Sogar die Italiener erfuhren[10], daß der Reichstag seinen König im Stiche ließ.

Indessen gingen die Flottenrüstungen in Genua weiter, die der König persönlich in die Hand nahm[11]. Dabei zeigten sich seine praktischen Erfahrungen im Seewesen, die er während der langen

Jahre des niederländischen Seekrieges gewonnen hatte. Leider fehlte ihm immer wieder das nötige Geld. Großzügig verpfändete er seinen wertvollen Hausrat, Gold- und Silbergeschirr, Teppiche, die er erst nach Jahren zurückzulösen[12] vermochte. Gossembrot sollte rasch 109.000 Gulden aufbringen und nachsenden[13]. Die Genuesen, die seine Leichtfertigkeit in Geldsachen noch nicht kannten, liehen ihm arglos, was an flüssigem Geld in der Stadt aufzutreiben war. Den Reichsständen schrieb er, wenn die Steuer nicht bezahlt werde, müsse er Italien verlassen[14].

Der König wollte um jeden Preis vor den Franzosen Livorno erreichen. Als er mitteilte, er werde das Flottenunternehmen persönlich anführen, beschworen ihn die bestürzten Bundesgenossen einmütig, wenn auch aus sehr verschiedenen Gründen, nicht selber das Schiff zu besteigen. Er aber wechselte entschlossen vom Pferderücken auf die Brücke seines Flaggschiffes, denn er liebte das Meer, entstammte er doch von Mutterseite einem Geschlecht kühner Seefahrer. Wem hätte Maximilian die Führung anvertrauen sollen, wenn er zu raschen Erfolgen kommen wollte, um sich für größere Ziele freizumachen? Er blieb bei seinem Entschluß: „Eine Stunde zur See sei ihm tausend Jahre wert."[15] Die Gewalt des Meeres oder des Hochgebirges bedeuteten ihm offenbar ähnliche Erlebnisse.

Am 4. Oktober erschien Maximilians Feldhauptmann aus Pisa zur Berichterstattung. Er hielt das Unternehmen gegen Livorno für leicht[16]. Welch gründliche Täuschung! Sofort befahl der König den Pisanern namens der Liga die Eröffnung des Landkrieges gegen die feindliche Stadt. Ein letztes Mal versuchte die Signorie von Venedig, Maximilian von seinem Vorhaben abzuhalten. Mit verdächtiger Freundlichkeit überbrachten die Gesandten dem König eine Einladung, ihre Stadt zu besuchen: der Senat werde es sich mindestens 10.000 Dukaten kosten lassen, dem Römischen König seine Verehrung zu beweisen. Maximilian durchschaute das schlecht verhüllte Verzögerungsspiel und antwortete verbindlich lächelnd, er werde sicher einmal kommen, aber jetzt sei es Zeit zu handeln. Als er daraufhin die Venezianer ganz unvermittelt um ein Darlehen anredete, stieß er auf die gewohnten Ausreden.

Ehe der König in See stach, hatte er am 4. Oktober noch die Gesandten von Florenz empfangen[17], die zwar schöne Worte mitbrachten, sich aber beharrlich weigerten, das Bündnis mit Frankreich preiszugeben, auf Pisa zu verzichten und ihre Sache dem Königsgericht anheimzustellen. Sie forderten vielmehr, man müsse ihnen zuerst „Pisa zurückstellen", dann würden sie sich dem Königsspruch unterwerfen. Alle anderen Gesandten lachten.

Am 6. Oktober, knapp vor der Ausfahrt der Schiffe, stellte Maximilian den Ligagesandten mit großer Geste Herzog Albrecht von Sachsen vor[18], seinen alten Kronfeldherrn, den Sieger im Burgundischen Erbfolgekrieg, der Frankreich von zwei Seiten angreifen werde, und zwar von Burgund und von der Champagne her. Albrecht hatte ihm 600 Reiter zugeführt. Maximilian wollte wohl andeuten, daß er nicht begrenzte italienische Eroberungen suchte, sondern den Krieg gegen Frankreich in großem Rahmen zu führen wünschte. Dazu paßte, daß eben jetzt der Beitritt Englands zur Liga[19] bekannt wurde, wodurch sich das Kriegsziel noch mehr auf den Einfall nach Frankreich zu verschieben schien.

Am gleichen Tag bestieg der König das Flaggschiff „Grimalda" und ließ die Flotte auslaufen[20]. Es waren acht venezianische und zwei genuesische Galeeren, drei Lastschiffe, vier Barken und vier Galeonen, insgesamt einundzwanzig Schiffe mit etwa 2000 Knechten und einiger Artillerie an Bord. Alle Schiffe waren in schlechtem Zustand; wenn sich der König nicht so große Mühe gegeben hätte, wären sie nicht in so kurzer Frist seetüchtig[21] geworden. Etwa 1200 Knechte und 700 Reiter nahmen den Landweg auf den Kriegsschauplatz. Herzog Ludovico hatte den König in letzter Stunde vor dem Auslaufen warnen lassen, da der Mondwechsel Unheil verkünde. Allen Einwendungen zuwider befahl Maximilian, die Anker zu lichten und „im Namen des Heiligen Geistes" die Segel zu setzen.

Gerade damals eröffneten die Reichsstände, die nur die Absicht hatten, einen Erfolg des Königs in Italien zu verhindern, den Reichstag zu Lindau[22].

Die Überfahrt der Kriegsflotte von Genua nach Pisa war schwierig; entweder herrschte Gegenwind oder es wüteten schwere Stürme[23]. Ungünstige Nachrichten über französische Seerüstungen und Flottenbewegungen versetzten den König in Unruhe. Eine französische Hilfsflotte für Livorno und Florenz war angekündigt. Gerade in diesen Tagen starb auch der König von Neapel, und die Nachfolgefrage drohte die Liga zu spalten[24]. So ungeduldig war Maximilian, daß er in Rapallo das Schiff verließ, um zu Lande nach Pisa zu reiten[25]. Aber schon in La Spezia wechselte er neuerdings auf die schnelle Galeere des venezianischen Provveditore über, um, seinen nachmarschierenden Truppen voran, auf den Kriegsschauplatz zu eilen. Nur 300 ausgesuchte Schweizer Knechte nahm er an Bord und erreichte die Arnomündung [= Foce]. Hier stieg er rasch auf eine kleine Brigantine um, fuhr den Arno aufwärts und gelangte am 21. Oktober, ungefähr um ein Uhr nachts, nach Pisa, wo er im Palast der Medici Wohnung nahm[26].

Als Maximilian in der Morgenfrühe des 21. Oktober den Dom besuchte, wurde er von der Bürgerschaft mit den üblichen Feierlichkeiten eingeholt[27] und mit salbungsvollen Reden begrüßt. Der Redner beschwor den Schatten König Heinrichs VII.[28], den die Florentiner durch das vergiftete Sakrament in Pisa hätten ermorden lassen. Welch freundliche Anspielung! Pisa hatte in alten Zeiten Johannes Parricida Unterschlupf gewährt und seine Tat durch einen herausfordernden Grabvers verherrlicht[29]. Die kaiserlichen Traditionen dieser Stadt waren nie allzu stark gewesen, und Maximilian mußte mit einer formellen Huldigung[30] hochzufrieden sein.

In der Tat fürchteten die Pisaner, der König könnte ihrer Freiheit ein Ende bereiten[31], und steckten sich heimlich hinter die Venezianer, die bereits Librafatta besetzt und allen anderen Ligatruppen gesperrt hatten. War dies die Eintracht unter den Verbündeten am Beginn des gemeinsamen Feldzuges?

Maximilian versäumte nicht, in feierlicher Rede zu versprechen, daß er nichts anderes als die Freiheit dieser Stadt und ihren Schutz gegen die Herrschaft der Florentiner im Auge habe. Der Jubel des Stadtpöbels über das kaiserliche Schutzversprechen pflanzte sich durch die Straßen fort, und damals wohl mag das Lilienwappen auf der Arnobrücke zertrümmert und in den Fluß geworfen worden sein, wovon uns Jovius berichtet[32].

In Wirklichkeit vermochten sich die Verbündeten über die künftige Behandlung Pisas nicht zu einigen. Die Reichshoheit über diese Stadt war im Laufe der Jahrhunderte fast in Vergessenheit geraten. Pisa hatte seine Selbständigkeit an Florenz verloren und die Freiheit erst jüngst zurückerhalten. König Maximilian wünschte die Reichshoheit in Erinnerung zu bringen, gab er doch immer wieder zu verstehen, daß er die Reichsrechte in Italien, auch jene, die das verbündete Venedig sich angemaßt habe, nie vergessen[33] werde. Die Wiederherstellung Reichsitaliens, den Anschluß Italiens an das Reich, wie die Spanier sagten, konnte aber keiner der Ligapartner wünschen[34], ausgenommen Ludovico Moro, der hoffen mochte, den Statthalter des Reiches in Italien spielen zu dürfen. Venedig verfocht entschieden die sogenannte „Freiheit Pisas" und suchte jede Reichsherrschaft über Mittelitalien ebenso zu verhindern wie eine neue Seemacht von Florenz, die sich auf die Häfen von Pisa und Livorno hätte stützen können. Auch der Papst wollte von einer Reichshoheit über Italien nichts wissen[35]. Ihm war die toscanische Kleinstaaterei in seiner nächsten Nachbarschaft gerade recht. Die Spanier hätten dieses Pisa am liebsten den Florentinern zurückgegeben, wenn sie dafür in die Liga eingetreten wären und die Franzosen preisgegeben hätten. Von einer Reichshoheit über Pisa wollten auch die Spanier nicht das geringste hören.

Diese Gegensätze hemmten das Unternehmen von Anfang an[36]. Sie belasteten natürlich auch die Frage, wer denn Livorno besitzen solle, wenn man die Stadt mit gemeinsamer Kraft erobert hätte. Die gegenseitige Mißgunst der Staaten hatte schon die Beratungen von Mals, Glurns, Meda, Vigevano und Genua verwirrt und sollte im Feldlager vor Livorno noch schärfer hervortreten. Jede größere Entscheidung, zumal jeder Groschen Geldes mußten den Verbündeten abgerungen werden. Die Versprechungen, auf Grund deren Maximilian diesen Sommer ohne Heer über das Wormser Joch nach Italien gezogen war, erwiesen sich als trügerisch. Falsch war die Hoffnung, daß es nur der königlichen Autorität bedürfe und keines Heeres, um die Italiener geschlossen gegen Frankreich und dessen Bundesgenossen in Italien zu führen. Was in den Kriegsratsitzungen beschlossen wurde, mußte erst von den verbündeten Regierungen umständlich genehmigt werden, und was die Regierungen öffentlich zugestanden, wurde nicht selten heimlich hintertrieben. Dazu kommt die geschlossene Opposition der in Lindau versammelten Reichsstände, die sich immer deutlicher abzeichnete[37]. Diese Gegensätze im Lager der Verbündeten blieben auch den Florentinern und Livornesen nicht verborgen und hoben deren Zuversicht nicht wenig.

10. Die Belagerung von Livorno

Livorno[1] und Florenz sollten den Italienern eine Warnung sein, wie es den Bundesgenossen Frankreichs ergehen werde. Maximilian mochte sich erinnern, wie er Utrecht nach harter Belagerung bezwang, die Seefestung Sluis, den Hafen von Brügge eroberte und viele andere niederländische Städte unterwarf[2]. Er wollte mit Livorno rasch fertig werden, um mit der Flotte nach Frankreich überzusetzen.

Am 22. Oktober trat in Pisa der erste Kriegsrat der Liga zusammen[3], der den Belagerungsplan gegen Livorno beraten sollte. Die Frage nach dem künftigen Besitz der Seefestung steigerte die Gegensätze der Bundesgenossen. Man verhandelte auch über Florenz und beriet die Möglichkeit, die Medici wieder einzusetzen und Florenz auf diese Weise zur Liga zurückzuführen, wobei Venedig und Mailand in offenen Streit gerieten.

Am 23. Oktober wurde nach schwierigen Verhandlungen der Angriff gegen Livorno einstimmig beschlossen[4]. In acht Tagen wollte man mit den Vorbereitungen fertig sein. In der Zwischenzeit sollten Venezianer und Mailänder am oberen Arno, bei Ponte di Sacco und Pontedera, eine Verteidigungslinie gegen die Florentiner aufrichten, damit sie von dort aus die Belagerung Livornos nicht stören könnten. Währenddessen wollte Maximilian persönlich die Festungsanlagen von Livorno von Land und See her erkunden. Dann erst wollte man die Stadt angreifen.

Inzwischen mußte die Artillerie herangeführt werden, die noch größtenteils auf den Schiffen schwamm. Das Kriegsgerät für den Angriff mußte vorbereitet, die Aufmarschwege von Pisa südwärts durch das Sumpfgelände hindurch nach Livorno mußten ausgebessert, auch die von Genua anmarschierenden Truppen abgewartet werden. War erst die gesamte Kriegsmacht der Liga versammelt, so konnte man dem Feind getrost begegnen. Die Kräfteverhältnisse waren für den König[5] günstig; er verfügte über etwa 2500 Mann, die teils noch im Anmarsch waren, und über 3600 venezianische Panzerreiter und Knechte. Moro hatte so gut wie keine eigenen Truppen hiehergeschickt, um nicht das Mißtrauen der Venezianer zu erwecken. Die Stadt Livorno hatte zunächst angeblich nur 500 Schwerbewaffnete, einige Reiter und eine geringe Zahl von Knechten, die allerdings bald durch die Bürgergarden um ein Mehrfaches verstärkt[6] wurden.

Am 23. Oktober nachmittags bestieg Maximilian ein Schiff und fuhr den Arno abwärts, um die Angriffsmöglichkeiten gegen Livorno zu erkunden[7]. Die Nacht verbrachte er auf hoher See zwischen Livorno und der vorgelagerten Insel Meloria. Im Morgengrauen des 24. Oktober ankerte die königliche Galeere vor den „Marmortürmen", im nördlichen Vorgelände der Festungsanlagen, die Stadt und Hafen schützten. Der König ging persönlich an Land, wo ihn die aufgeregten Städter mit einem Hagel von Geschoßen eindeckten. Von einem nahen Hügel aus besichtigte er Stadt- und Hafengelände, um die Möglichkeiten eines Angriffes von allen Seiten zu erkunden.

Livorno[8] liegt an der Küste des Ligurischen Meeres. Nach Norden und Nordosten, gegen den Flußlauf des Arno und gegen Pisa, zog sich eine ausgedehnte Sumpflandschaft hin, die einem Anmarsch, zumal der Auffahrt schwerer Artillerie, größte Hindernisse bereitete. Im Süden und Osten ist die Stadt von Hügeln umgeben, die sanft gegen das Hafengelände abfallen. Die Lebensspender von Livorno sind der Hafen und das offene Meer. Die Stadt und ihre äußeren Festungsanlagen waren und sind heute noch von breiten Kanälen umspült, die Stadt und Meer, ähnlich Venedig, in eins verflechten. Das innere Hafenbecken (darsena vecchia) war künstlich in das Weichbild der Stadt eingeschnitten, gegen die See zu durch breite Dammbauten abgeschirmt und nur durch eine ganz enge Einfahrt erreichbar. Im Norden der Hafeneinfahrt breiteten sich ausgedehnte mehrtürmige Festungsanlagen aus. Auch sie waren vom Land und von der übrigen Stadt durch einen Kanal getrennt und schwammen gleichsam auf einer eigenen Insel. Ihr Hauptwerk, ein achteckiger Marmorturm, der „Magnale", der vor nicht allzu langer Zeit erneuert worden war und auch der „neue Turm" hieß, beherrschte mit zwei anderen Türmen Stadt und Hafen. Diese trotzige Anlage griff weit in das offene Meer hinaus[9] und schützte nicht nur die gesamte Reede (den späteren Porto Mediceo) gegen Sturmesgewalten und feindliche Annäherungen, sondern auch die dahinterliegende Stadt mit dem inneren Hafen. Auch die vorgelagerten Inseln, zumal die Leuchtturminsel, mögen bescheidene Festungsanlagen getragen haben. So boten Hafen und Stadt einem Angreifer bedeutende Schwierigkeiten, da die Festungsanlagen darauf eingerichtet waren, äußerstenfalls die gesamte kampfkräftige Bürgerschaft aufzunehmen.

Dies war das Bild, das sich dem König von seinem „Feldherrnhügel" aus bot, als er die Möglichkeiten einer Seeblockade oder eines Angriffes von See her erkundete. Maximilian fuhr so nahe an die Hafenfestungen heran, daß man ihn wiederum mit einem Hagel von Geschossen überschüttete. Eine Bombarde traf sogar das Achterdeck seines Schiffes, und eine Falkonettkugel soll ihm den Ärmel seines Brokatmantels zerrissen[10] haben.

Nach seiner Rückkehr ins Hauptquartier zu Pisa erwarteten den König neue Überraschungen: Auffallenderweise traten gerade bei den venezianischen Truppen Widersetzlichkeiten auf. Kein gutes Vorzeichen bei Beginn einer Kampfhandlung, die unter Umständen auch länger dauern konnte. Der König erkannte wohl, daß die Belagerung beschleunigt werden müsse, wenn man an ein gutes Ende kommen wollte.

Am 25. Oktober versammelte Maximilian die Gesandten neuerdings zum Kriegsrat[11]. Nach eingehendem Bericht empfahl er, Livorno von Land und See zugleich anzugreifen; dann sei die Stadt leicht zu nehmen; sie verfüge zwar über ausgezeichnete Artillerie, aber das Kriegsvolk sei offenbar entmutigt und beginne auszureißen. Der Adel warte nur auf eine günstige Gelegenheit, die Festung zu übergeben. In fünf bis sechs Tagen, also gegen Monatsende, solle die Artillerie ihren Feuerschlag beginnen; dann werde man die Stadt bald haben.

Mag sein, daß die Livornesen angesichts der Hafensperre für kurze Zeit den Mut verloren. Anstatt der französischen Hilfsflotte, die man Stunde für Stunde sehnlichst erwartete, kreuzten nun venezianische und genuesische Schiffe vor der Hafeneinfahrt. Auch wütete eine Seuche[12] innerhalb der Mauern. Die Lage der Festung war also keineswegs beneidenswert. Aber der Florentiner Ricasoli, der die Verteidigung leitete, unterließ nichts, um die bedrängte Stadt wieder aufzurichten. Für Artillerie, Waffen und Lebensmittel war frühzeitig vorgesorgt worden. In den Haupttürmen der Festung lagen Florentiner Bürgergarden, die sich verschworen hatten, Livorno, „das Auge von Florenz“[13], um jeden Preis zu halten, denn im Hafen lagen viele Florentiner Schiffe mit wertvollen Ladungen und ausreichenden Lebensmitteln. An Livorno hing das Schicksal der herrschenden Florentiner Volkspartei. Nach dem Fall der Seefestung würde die Liga die „Tyrannei der Medici“ wiederherstellen; der Papst würde den lästigen Savonarola zum Schweigen bringen, raunte man im Volke.

In dieser Not bestieg der wortgewaltige Dominikaner auf Drängen der Stadtväter wiederum die Kanzel von Santa Maria del Fiore[14] und prophezeite den Florentinern Rettung, wenn sie sich nur bekehrten, wenn sie zu ihrem alten Glauben und zur Lieben Frau ihre Zuflucht nähmen, wenn sie einig zusammenhielten; er selbst wolle ihnen mit dem Kreuz in der Hand vorangehen, und sie würden ihre Feinde zurückschlagen „bis Pisa und darüber hinaus". Die Stimme des Predigers wirkte bis nach Livorno. Da vor den Mauern der Festung anscheinend nichts geschah, begann sich der Mut der Belagerten allmählich zu heben. Die Städter wagten bereits Ausfälle und errangen kleinere Erfolge. Man hörte auch von den Gegensätzen in der Liga und begann die Vorteile der festen Mauern und der überlegenen Artillerie richtig einzuschätzen. So wandelte sich die Stimmung der Livornesen allmählich in verbissene Zuversicht.

In der Tat gab es in der Liga Schwierigkeiten über Schwierigkeiten, noch ehe die Belagerung recht begonnen[15] hatte. Das Schlimmste war die würgende Geldnot. Mit Monatsende liefen die Subsidienverpflichtungen der Bundesgenossen ab. Sie hatten bisher nicht einmal ihre alten Raten bezahlt, und an eine Verlängerung der Verträge war kaum zu denken. Wie lange würde man die Söldner hinhalten können? Schon jetzt mußte man die Knechte nach allen Richtungen hin ausschwärmen lassen, damit sie sich durch Sturm und Plünderung der Florentiner Dörfer selbst bezahlt machen[16] konnten. Grenzenlos war die Wut des gepeinigten Landvolkes gegen diese streunenden Wölfe.

So groß war die Geldnot im Hauptquartier geworden, daß Maximilian kaum noch die Ausgaben für seine eigene Tafel bestreiten konnte. Man mußte die umliegenden Kommunen um Anleihen und Tribute abklopfen und bei den Hofleuten kleine und kleinste Darlehen aufnehmen. Von Herrn d'Entragues, einem französischen Überläufer, hatte der König nach wiederholten Pumpversuchen eine beschämende Abfuhr einzustecken[17], worüber man im ganzen Feldlager redete.

Auch aus dem Reich war nicht das geringste zu erwarten. Der König hatte es zunächst mit freundlichen Mahnungen, dann mit scharfen Mandaten, schließlich mit einer Sturmpetition aller Ligagesandten an den versammelten Reichstag versucht[18]. Die Stände antworteten, der König solle die Wormser Ordnung halten, dann würde man ihm helfen. Als Maximilian rückfragen ließ, wodurch er die Wormser Ordnung gebrochen und welche Hilfe er denn zu erwarten habe, erhielt er die Antwort, das könne man nicht sagen. Der päpstliche Gesandte Chieregati faßte die Stimmung zusammen: der Reichstag wolle einfach nicht helfen[19].

Die Venezianer, die mit ihren Subsidien weit im Rückstand waren, hielten nun auch die Löhnung für ihre eigenen Truppen zurück. Agenten hetzten die Söldner zum offenen Ungehorsam auf.

Bald weigerten sich die Stradioten, ohne Sold die Pferde zu besteigen, und begannen auszureißen. So auffallend waren diese Widerstände, daß sich sogar der venezianische Gesandte Foscari ihrer schämte[20]. Er mahnte seine Herrschaft dringend, das Unternehmen nicht unmittelbar vor dem Erfolg zu Fall zu bringen. Aber die Signorie verfolgte offenbar ihre eigenen Pläne und zahlte keinen Pfennig mehr.

Auch der Papst, der eben den Krieg gegen die Orsini begann[21] und dabei mit der Hilfe Maximilians rechnete, hatte noch keinen Groschen des pflichtigen Subsidienbeitrags zum gemeinsamen Unternehmen geleistet[22]. Nur Ludovico Moro wurde weit über seine Verhältnisse ausgepreßt, obwohl sein Staat unter der Last der Steuern fast zusammenbrach.

Maximilian mußte rasch handeln, wenn er das Unternehmen retten[23] wollte. Es galt zunächst, Livorno rundum einzuschließen. Die Nordseite wurde schon seit den ersten Tagen angegriffen: 300 Schweizer hatten auf einer Anhöhe, nächst einem Kirchlein gegenüber der Festung, Stellung bezogen und hielten die Stadt durch ihr Störungsfeuer in dauernder Spannung. Eine ähnliche Angriffsstellung sollte nun auch im Süden der Festung eingerichtet werden, um die Stadt vom florentinischen Rosignano abzuschneiden. Am 27. Oktober ließ der König südlich von Livorno 500 Knechte an Land gehen[24] und die Höhen gegen Santa Maria delle Grazie hin besetzen. Die Venezianer und Mailänder sollten die Stadt von den östlichen Hügeln her angreifen. Vor der Reede kreuzten einige Galeeren, um den Hafen zu sperren[25].

Damit schien der Ring um Livorno geschlossen. Andere Schiffe ankerten vor Meloria, gewärtig, die zu erwartende französische Hilfsflotte anzugreifen. Ein dritter Teil der Flotte jagte auf hoher See den französischen Heimkehrerschiffen nach, welche die geschlagene Armee von Gaeta auf Umwegen nach Frankreich zurückbrachten. Alle sollten sich am Angriffstag auf der Reede sammeln. Man plante, Knechte an Bord zu nehmen und nach einem Feuerschlag der Artillerie den Hafen und die Festung von den Schiffen aus zu stürmen. Der entscheidende Angriff war nach den persönlichen Aufzeichnungen des Königs[26] der Flotte zugedacht.

Wäre Livorno gefallen, so hätte auch Florenz aufgeben müssen, denn seit das fruchtbare Pisaner Land verloren war, lebte die Stadt von den Lebensmitteleinfuhren aus Livorno. Nach dem Fall der Festung wollte Maximilian mit der Flotte in die Provence übersetzen. Florenz sollten die Italiener allein niederwerfen, während sich der König im Sinne seines großen Planes mit den Spaniern vereinigen und gegen Paris[27] marschieren wollte. „Hirngespinste“, sagen mehrfach seine neueren Kritiker. Aber jede schöpferische Phantasie versucht, aus weitreichenden Kombinationen und Utopien Wirklichkeiten zu schaffen — hin und wieder mit Erfolg.

So war der König in Gedanken bereits auf der Überfahrt in die Provence, betrieb aber auch das Nächstliegende mit unermüdlichem Eifer. Der Artillerieaufmarsch vor Livorno wurde vorangetrieben, einige schwere Stücke erst an Ort und Stelle unter den kundigen Augen des Königs gegossen[28], andere Geschütze von Siena und Lucca ausgeliehen; Mailänder Geschütze wurden über Genua herangeführt. Die eigene Artillerie war in Innsbruck geblieben, da die Reichsstände auch jede Transporthilfe verweigert[29] hatten. Die Landarmee wurde nun von allen Seiten, über Sümpfe und Hügel an die Stadt herangeführt. Dann (27. Oktober) bestieg Maximilian neuerdings sein Flaggschiff, um den Hauptsturm gegen Hafen und Festung zu leiten. Aber wegen der aufkommenden Stürme konnte der König zwölf Tage lang nicht wieder landen[30].

Um den 28. Oktober setzte das erste Mal starkes Geschützfeuer der Landbatterien gegen die zwei Türme und den „Magnale“ ein[31]. Aber die Kugeln, aus allzu weiter Entfernung abgefeuert, glitten wirkungslos an den Mauern ab und erregten den Spott der Verteidiger. Die Liga besaß eben zuwenig schwere, durchschlagskräftige Geschütze. Dieser Mangel war durch nichts auszugleichen. Die Mauern von Livorno hingegen waren mit Artillerie dicht bestückt. Ein Gefühl der Überlegenheit erwachte in den Verteidigern, und immer öfter brachen sie aus ihrer Festung hervor, um den Verbündeten Schaden zuzufügen. Tag für Tag schauten sie hoffnungsvoll nach dem Westen aus, woher sie eine Hilfsflotte der Franzosen erwarteten, die ihnen Rettung bringen konnte.

Im Morgengrauen des 29. Oktober erschienen unbekannte Segel am westlichen Horizont. Noch ehe man sie recht erkannte, fuhren sechs große französische Schiffe mit einigen kleineren Begleitbooten unter scharfem Rückenwind, nach allen Seiten feuernd, in den Hafen von Livorno ein[32]. Voran segelte die prächtige „Normanda“, von deren Schönheit die zeitgenössischen Berichte schwärmen.

Zwar hatten die Ligaschiffe versucht, an die einfahrenden Franzosen heranzukommen, aber Sturm und Gegenwind hatten jeden Versuch vereitelt. Die französischen Karavellen waren kleiner und wendiger als die schwerfälligen Galeeren der Liga. Daß Maximilian angesichts der Kanonade der Schiffsartillerie, vom Feuer, Rauch und Lärm erschreckt, mit seinem Schiff ausgerissen sei, ist wohl eine spätere „venezianische Windbeutelei“[33], von der kein Zeitgenosse zu berichten weiß. Die Flotte der Liga hatte versagt; das ist offenkundig. Nur ein französisches Lastschiff, das sich verspätet hatte, vermochten die Venezianer aufzubringen[34] und auf Strand zu setzen.

Damit war das Unglück dieses Tages noch nicht voll[35]. Die Franzosen, die am Magnale vorbei in das innere Hafenbecken eingelaufen waren, entluden nun große Mengen Lebensmittel und Vorräte aller Art. Die Hungerblockade war für lange Zeit vereitelt. Außerdem gingen etwa 800 eidgenössische und gascognische Knechte an Land. So stürmisch war die erste Begeisterung der Livornesen, daß sie sogleich mit den frisch gelandeten Truppen einen Ausfall wagten, die kaiserlichen Artilleriestellungen im nördlichen Vorgelände der Festung überrannten, die Kanoniere und Stückmeister teils erschlugen, teils in die Flucht trieben, Kriegsgerät und Geschütz erbeuteten. In einem Anflug von Wut hätte Maximilian Italien am liebsten sofort verlassen.

Der 29. Oktober bedeutete einen schweren Schlag gegen das Ansehen des Römischen Königs. Wie ein Lauffeuer ging die Nachricht durch ganz Italien, und allenthalben regte sich Schadenfreude gegen die „Barbaren“. Die französischen Blockadebrecher hatten auch die Eintracht der Liga gebrochen. Wie immer in solchen Fällen wurden im Lager der Bundesgenossen gegenseitige Beschuldigungen laut. Der Widerstandswille der Livornesen war dagegen neu gestärkt. Da verschlug es nichts, daß die Franzosen unmittelbar nach der Landung hohe Rechnungen für die gelieferten Lebensmittel und für den Sold der Knechte zückten[36].

Der König werde neue Pläne fassen müssen, meinte Foscari. Zu allem Unglück setzten alsbald schwere Südweststürme ein, welche die Ligaschiffe auf hoher See festhielten und dem König keine Möglichkeit ließen, an Land zu gehen[37]. Fast zwei Wochen trieb er auf dem stürmischen Meer, ohne daß er persönlich oder durch Boten in den Belagerungskrieg hätte eingreifen können. Gleichzeitig stürzten starke Regengüsse nieder, so daß die deutschen

Liguria

Ludovico Sforza il Moro

Knechte im regenweichen Morast der „Maremmen“ sozusagen versanken. Da der Sturmwind die wenigen Zelte zerrissen hatte, blieb nichts anderes übrig, als die durchnäßten, verschmutzten und zermürbten Truppen aus den Schlammstellungen herauszuziehen und vorübergehend ins Ruhelager nach Pisa zurückzuführen.

In diesen Tagen wohl gelang es den Florentinern, weitere 300 Mann Verstärkung mitten durch die „schlafende“ Liga in die belagerte Stadt zu schieben. Ein neuer Ansporn für die Livornesen.

Erst am 2. November gewann der König wieder Fühlung mit seinem Landheer[38]. Nachdem sich das Wetter etwas gebessert hatte, befahl er den vereinigten Ligatruppen, nochmals die Bereitstellungen vor Livorno zu beziehen, um den Großangriff von der Land- und Seeseite zugleich zu eröffnen. Der König selber wollte Knechte an Bord nehmen, die französischen Schiffe angreifen und die Hafeneinfahrt stürmen, wovon er sich die Entscheidung erhoffte.

Wiederum wurden die Festung und der innere Hafen beschossen, wurde da und dort Bresche gelegt. Der Geschoßhagel auf das innere Hafenbecken muß doch so heftig gewesen sein, daß es die Franzosen vorzogen, auf der äußeren Reede, in der Nähe des Leuchtturms, vor Anker zu gehen[39].

Der König kam nun auf seinen alten Plan zurück, die französischen Schiffe auf offener Reede mit Enterbrücken anzugreifen, zu stürmen und hierauf die Hafenfestung zu nehmen. Er wollte alles an diesen „Hauptstreit“ wagen. Aber die Schiffsherren und die Seeleute rieten von einem Enterangriff entschieden ab; dies sei ein allzu gewagtes Glücksspiel: die Franzosen hätten wendigere Schiffe, die Truppen stünden gleich zu gleich, die Franzosen hätten außerdem günstigen Wind und seien im Vorteil. Die entmutigten Knechte aber verweigerten geradezu den Gehorsam[40]. War den deutschen Landratten schon das Leben im Morast während der tagelangen Regengüsse fürchterlich gewesen, so scheuten sie den Seekrieg noch mehr: sie hätten sich zu Land verdingt und nicht zur See. Der König, der sie ohnehin nicht bezahlen konnte, war völlig machtlos. So kam es nur zu gelegentlichem Feuerwechsel zwischen den feindlichen Flotten; die Entscheidungsschlacht zur See und der Sturm auf die Festung unterblieben.

Da die neu aufkommenden Stürme jede Landung verboten, segelte der König mit einem Teil der Flotte nach Elba[41], um dort neue, seegewohnte Mannschaften anzuheuern und gegen Livorno zu führen. Damals wohl mag er auf hoher See jenes Heimkehrerschiff aufgebracht[42] haben, das einen Teil der französischen Besatzung aus Gaeta nach Marseille bringen sollte. Er erbarmte sich schließlich der vielen kranken Jammergestalten, die er vorfand, und ließ sie weiterfahren.

Die Flotte konnte es jedoch nicht wagen, auf Elba zu landen, und segelte unter schweren Stürmen nach Livorno zurück. Da der König dringender Kriegsgeschäfte wegen an Land mußte, war das Flaggschiff „Grimalda“ gezwungen, sich der Küste zu nähern. Maximilian erreichte zwar das Ufer[43] (etwa am 9. November), entging aber nur mit knapper Not dem Tode. Mit eigenen Augen mußte er ansehen, wie der Sturm sein Schiff schließlich hochhob und an den Strand schleuderte, daß es zerschellte[44]. Stolz berichtet Landucci[45], daß dabei die königliche Prunkausstattung in die Hände der Livornesen gefallen sei. Ebenso sank die „Adurnia“ mit Mann und Maus. Nicht viel besser erging es den anderen genuesischen Schiffen, die vor dem Hafen kreuzten. Der Sturm schleuderte sie durcheinander, daß die Maste brachen, die Leute aus den Körben stürzten oder über Bord gespült wurden. Die Liga verlor drei oder vier ihrer größten und besten Schiffe samt Geschützen und etwa 500 Mann Besatzung[46]. Auch die übrigen Schiffe litten so stark, daß sie für einen weiteren Seekrieg kaum mehr taugten.

Diese Verluste, die Gefahr neuer französischer Landungen[47], würgender Geldmangel, der einbrechende Winter und die Unverläßlichkeit der Bundesgenossen, vor allem die Haltung des Lindauer Reichstages, machten den Ausgang des Unternehmens höchst zweifelhaft. Sollte man die Belagerung nicht abbrechen? Wenigstens den französischen Schiffen, die im Hafen von Livorno lagen, wollte der König ihre Landung noch heimzahlen. Sie hatten sich vor den aufkommenden Stürmen wieder hinter die schützende Mole des inneren Hafens zurückgezogen, überdauerten das Unwetter ohne den geringsten Schaden und gedachten nun die Schwierigkeiten der Liga zu nützen und auszubrechen.

Im Morgengrauen des 12. November erfaßten sie die Gelegenheit, liefen bei ebenso starkem wie günstigem Wind aus dem Hafen aus[48] und fanden bei den Genuesen angeblich nicht den geringsten Widerstand; ja, sie konnten sogar eine Galeone der Liga samt Truppen und Geschützen kapern. Gefahrlos gewannen sie die hohe See und nahmen Richtung teils auf Gaeta, teils auf Marseille. Die Venezianer lagen damals noch vor Elba und waren bei diesem widrigen Wind nicht ausgelaufen. Der König aber, der offenbar bei seiner Artillerie im nördlichen Vorgelände der Festung weilte, mußte vom Ufer aus die Abfahrt der Franzosen hilflos mit ansehen. Als er mit Schweizer Knechten eine genuesische Galeere besteigen wollte, um die flüchtenden Franzosen zu verfolgen, weigerten sich die Schiffsherren, bei Seegang zu landen und Truppen aufzunehmen[49]; auch sei ihre Verpflichtung abgelaufen, sie wollten nach Hause. Daß eine Genueser Galeere auf der Heimfahrt samt ihrem „treulosen" Schiffsherrn versank, betrachtete Maximilian als gerechte Strafe Gottes[50].

Machiavelli urteilte[51], der Südweststurm habe Livorno gerettet; menschliche Hilfe hätte dies wohl nicht vermocht. Maximilian selber fand in seinen Erinnerungen und Briefen nicht Worte genug für die Heftigkeit dieser Stürme. Als Burgkmair den Druckstock für das Bild des Seesturmes von Livorno schnitt, wünschte der König ausdrücklich, einige seiner schlimmsten Erlebnisse festzuhalten[52]. In Florenz sah man die Vorgänge um Livorno geradezu als ein Gottesgericht an, das die Sendung Savonarolas neuerdings bestätigte und die Autorität des Frate ins Übermenschliche steigerte, zumal noch ein letzter Versuch des Königs, Ponte di Sacco und Pontedera zu nehmen und gegen Florenz vorzustoßen, fehlgeschlagen war[53].

Seit die Franzosen ausgebrochen waren und der König mit den besten Schiffen ein gutes Viertel seiner Mannschaften eingebüßt hatte, seit die Genueser Schiffsherren nach Hause fuhren und die Knechte den Dienst verweigerten, mußte das Unternehmen gegen Livorno als gescheitert gelten. Die Urgewalten der Natur und die Verluste mochten das zuversichtliche Gemüt des Königs denn doch vorübergehend erschüttert haben. Nicht minder entmutigten ihn die geheimen Machenschaften und Widerstände der Bundesgenossen, vor allem der Venezianer, die allenthalben wirksam[54] wurden, aber nirgendwo zu fassen waren. Auch der Papst und die Spanier verhandelten bereits einen Waffenstillstand mit den Franzosen, wie man hörte. Er könne nicht gegen Menschen und Natur zugleich kämpfen, sagte Maximilian immer wieder[55]. Man ahnt, wie schwer ihm der Rückzug fiel.

Da Anfang November die dreimonatige Subsidienverpflichtung ablief, die weitere Zusammenarbeit jeder vertraglichen Grundlage entbehrte und die Bundesgenossen bisher schon die schuldigen Beiträge nur mangelhaft geleistet hatten, da Sold und Lebensmittel fehlten und die Truppen völlig erschöpft waren, brach der König das Unternehmen plötzlich ab[56], was bei den Italienern nicht geringe Bestürzung hervorrief. Die Venezianer allerdings ließen Teile ihres Kriegsvolkes in Pisa zurück, um diesen Stützpunkt am westlichen Meer gegen Zwischenfälle zu sichern.

In Vico Pisano gab es eine letzte Ratssitzung der Liga. Da entlud Maximilian seinen ganzen Zorn über die Köpfe der bestürzten Gesandten[57]. Die Italiener — gemeint waren die Venezianer — hätten ihn zum Narren gehalten; er werde ihnen diese Niedertracht nicht vergessen. Ohne jede Erklärung ließ er seine Knechte abrücken. Berichte aus Pisa, die ihn mit „französischen Schiffsverlusten“ trösten und zurückhalten wollten, wies er zurück. Kein Gesandter wurde mehr empfangen.

Was bedeutete der überraschende Abzug? Lag es nicht nahe, angesichts der Haltung der Reichsstände und der Bundesgenossen, mit dem König von Frankreich die Herrschaft Italiens zu teilen? Hatten ihm die Franzosen nicht Angebote auf Kosten Venedigs gemacht, die für seine Hausmacht besonders günstig gewesen wären und dabei auch die Rechte des Reiches garantierten? Die Italiener waren auf das äußerste besorgt, aber Maximilian dachte damals noch nicht im entferntesten daran, auch nur einen Fußbreit italienischen Bodens mit den Franzosen zu teilen, war er doch ganz erfüllt von der kaiserlichen Idee der Wiederherstellung Reichsitaliens. „Non volo Italia, que mea est, deveniat ad manus alienas“, sagte er in viel schwierigerer Lage einem französischen Gesandten[58].

11. Der Rückzug

Alarmnachrichten aus Frankreich waren es vor allem, die dem König die Räumung Mittelitaliens nahelegten[1], wie er in seinen Erinnerungen[2] versichert. Er glaubte zuverlässige Kunde zu besitzen, daß der König von Frankreich einen Überfall auf Savona und Genua sowie eine Landung in Ligurien vorbereite und ihm die rückwärtigen Verbindungen abschneiden könne. Selbst die engverbündeten Spanier führten ihre Truppen in die Winterquartiere[3]. Durfte der König in dieser Lage noch einen Vormarsch auf Rom wagen? So groß schien die Gefahr, daß

Ludovico dem Römischen König empfahl, für die eigene Ehre und Sicherheit zu sorgen[4]. Aber in solchen Lagen regte sich stets sein zäher Widerstand gegen den „spiritus adversus", gegen „Unfallo", das personifizierte Mißgeschick seines Lebens, dem er sich niemals willenlos unterwarf.

Maximilian marschierte zunächst der Küste entlang[5] auf Genua zu, um den Franzosen entgegenzutreten, deren Überfall auf die Hafenstadt jeden Tag erwartet wurde. Unterwegs ließ er einige franzosenfreundliche Plätze stürmen und plündern, wohl um die dringendsten Sold- und Verpflegungsansprüche seiner Knechte zu befriedigen. Bei fürchterlichem Unwetter, Regen, Schnee und Eis überstieg er den ligurischen Apennin[6]. Zahlreiche Knechte und Pferde erlagen dem Hunger und Frost. In Sarzana machte er mehrere Tage Rast. Hier mußte er endlich schweren Herzens den Reichsständen den völligen Zusammenbruch seines Feldzuges gegen Livorno berichten[7]; inständig bat er nochmals um die Auszahlung der schuldigen Reichssteuer. Vergebens. Dann wandte er sich über den Paß von Pontremoli nach Pavia[8].

Der plötzliche Aufbruch hatte die Italiener in größte Sorge versetzt. Niemand kannte Maximilians weitere Pläne, und man vermutete hinter dieser jähen Wendung eine „große Sache"[9]. Glich sich der König etwa mit den Franzosen aus? Man wußte, daß er bereits eine französische Gesandtschaft empfangen hatte[10]. In Venedig gab es nun stundenlange Beratungen der „Pregadi" mit den Gesandten der Liga. Würden nicht jetzt, durch den Rückzug Maximilians angelockt, die Franzosen über die Alpen gehen, Genua besetzen und neuerdings ganz Italien bedrohen? Die Signorie, der Papst, Neapel und vor allem Mailand beschworen den König[11] mit stets erneuten Bitten und Angeboten, seinen Beschluß zu ändern und wenigstens bis zum kommenden Frühjahr in Italien zu bleiben oder doch seine Truppen hier zu lassen. Niemals während des ganzen Zuges war der König so umworben wie jetzt, da er sich auf dem Rückzug befand.

In Pavia wurde Maximilian bereits von Herzog Ludovico und vom päpstlichen Legaten[12] erwartet. Auch die neuerdings recht besorgten Venezianer waren erschienen. Der König empfing sie zwar mit Vorwürfen, gab sich aber doch sehr zuversichtlich, sprach von einem Wüstungskrieg in Frankreich und meinte großartig, man müsse den errungenen „Sieg" ausnützen. Die Gesandten umschmeichelten den König, lobten seine Erfolge in Italien und bedrängten ihn mit Bitten und großzügigen Angeboten: sie alle, auch die Venezianer, versprachen, ihre bisherigen Subsidiensätze zu verdoppeln, und wollten 20.000 Dukaten im Monat beitragen anstatt der bisherigen 10.000. Man bestürmte den Papst, er möge den König zur Kaiserkrönung einladen und damit in Italien festhalten. Alexander VI. versprach, wenn auch widerwillig, den Vorschlag zu erwägen[13].

Warum hatte sich Maximilian von Pisa aus nicht nach Rom gewendet, um wenigstens die Kaiserkrone[14] heimzubringen? Es ist behauptet worden, der Romzug wäre für ihn nur „Vorwand" gewesen, die Deutschen für seine Hausmachtpläne einzuspannen; er habe an einen Krönungszug ernstlich nicht gedacht[15].

Die Dokumente wissen es anders: Maximilian erstrebte nichts sehnlicher als die römische Krönung, allerdings, in der ihm eigenen Auffassung von kaiserlicher Ehre, erst nach erfolgreichen Feldzügen gegen die Hauptfeinde des Reiches, wie er dies den päpstlichen Legaten schon in Meda hatte wissen lassen. Dementsprechend hatte er seine Krönungspläne, besonders die Anreise der Königin, für das kommende Jahr 1497 angesetzt. Er mochte wohl auch hoffen, die deutschen Fürsten und Bischöfe mit ihrem Römeraufgebot, die zum ersten Termin noch nicht erschienen waren, doch im kommenden Jahr in der Lombardei zu sammeln und zur Krönung nach Rom zu führen. So ungefähr legte Maximilian seine Pläne den spanischen Königen dar[16], die sich sogar in Rom dafür einsetzten, Erzherzog Philipp zugleich zum Römischen König zu machen[17]. Ungefähr so wollte es auch der Kriegsplan für das nächste Jahr 1497, den der König seinen Bundesgenossen beim Abschied aus Italien vorlegte.

Wenn Alexander VI. schließlich auf die einmütigen Vorstellungen der Bundesgenossen hin Maximilian in letzter Stunde die Kaiserkrönung anbieten sollte, um ihn festzuhalten, so kann man erwägen, wie sehr Maximilian die Krönung begehrt haben muß. Damals freilich befand er sich bereits in vollem Rückmarsch. Die Gesamtlage, vor allem die Haltung der Reichsstände, zwang ihn, Italien zu verlassen[18]. — Er konnte nicht ahnen, daß es ihm nie wieder beschieden sein würde, den Po zu überschreiten oder gar Rom und die römische Krönung zu erreichen.

Wie die Dinge lagen, blieb dem König nichts als der Rückzug über die Alpen. Nach Rom vorzustoßen wäre jetzt geradezu unmöglich gewesen. Die Reichsstände hatten sich jedem königlichen Unternehmen, auch dem Krönungszug, ganz und gar versagt. Statt dessen waren seinen Anwälten auf dem Lindauer Tag die Schulden von 302.000 Gulden an Sachsen neuerdings präsentiert[19] worden, und Berthold hatte, gewiß nicht ganz ohne Schadenfreude, die Rückzahlung vermittelt. Der Mainzer sei kein „rechtschaffener" Mann[20], ärgerte sich der König. Die Liga hatte die Subsidien eingestellt, und ihren neuen Angeboten mußte man mißtrauen[21]. Maximilian mochte fürchten, plötzlich allein im Felde zu stehen, was um so gefährlicher gewesen wäre, als man jeden Tag mit einem Stoß der französischen Truppen in den Rücken der deutschen Italienarmee rechnen mußte.

Nur der Herzog von Mailand hatte sich als Bundesgenosse stets bewährt. Mailänder Truppen waren zwar vor Livorno kaum in Erscheinung getreten, einerseits, weil man die Empfindlichkeit der Venezianer schonen wollte, anderseits, weil man sie für den Schutz der Alpengrenze brauchte. Mailand hatte dafür an Hilfsgeldern für diesen Krieg weit mehr beigesteuert, als ihm zukam. „Wenn Ludovico auch jeden Gulden siebenmal umdrehte, ehe er ihn ausgab, so hat er doch seine schuldigen Beiträge redlich geleistet", mußte sogar der Venezianer Sanuto zugeben[22]. In der Tat hatte Ludovico Moro sein Herzogtum bis zu den äußersten Grenzen des Erträglichen mit Kriegssteuern belastet, ohne daß er dafür in entscheidender Stunde den gebührenden Dank empfangen hätte. Dagegen hatte der Papst so gut wie nichts geleistet und sogar Maximilians Krönungspläne behindert. Zynisch hatte der Borgia-Papst erklärt, die Kaiserkrönung komme ihm zu teuer[23], während er Ferdinand und Isabella mit dem kaiserähnlichen Titel der „Katholischen Könige" auszeichnete[24]. Empört erinnerte Ludovico den Borgia-Papst an die 40.000 Dukaten, die er ihm für seine Wahlgeschäfte geliehen habe[25].

Eine bittere Enttäuschung hatten dem König die Venezianer bereitet: wie einen „Bettler" hätten sie ihn behandelt und ihm die schuldige „Achtung versagt"[26]. Noch Jahre später empfand Maximilian „Brechreiz"[27], wenn er sich an diese Vorgänge erinnerte. Ließ der König auch seinem Unmut gegen die Signorie Freunden gegenüber freien Lauf, so war er doch klug genug, den Venezianern seine Gefühle zu verbergen und sie immer wieder seiner Wertschätzung zu versichern. Den Gesandten Foscari, den er persönlich schätzte, schlug er sogar zum Ritter, ehe er ihn entließ. Die Liga sollte nicht nur erhalten, sondern neu gefestigt werden. Gerade der plötzliche Rückzug und die wachsende Franzosenfurcht, die der König geflissentlich nährte, sollten die Bundesgenossen wieder zusammenführen. Keineswegs sah Maximilian im Rückzug aus Livorno das Ende dieses Krieges, sondern nur die Wendung zu einer neuen Phase[28].

Am übelsten hatten dem König zweifellos die deutschen Reichsstände mitgespielt[29]. Erst nachdem die Niederlage in Italien sicher war, fanden sie sich bereit, den Verhandlungen über die Reichssteuer näherzutreten, und scheinheilig erklärten sie am 20. Dezember, daß sie angesichts der Notlage des Königs den Gemeinen Pfennig bis März 1497 einzubringen gedächten. Auch das wurde nicht eingehalten. Eine Verlegung des Reichstages nach Chiavenna oder Como, um die neue Lage zu beraten, hatten die Stände indes mit guten Gründen abgelehnt und den König eindringlich zur Heimkehr ins Reich ermahnt.

In Eilmärschen war Maximilian von Pavia, an Mailand vorbei, nach Como[30] gezogen. Vergebens bat ihn Ludovico zu bleiben, vergebens beteuerte er seine Unschuld an den Widerwärtigkeiten der letzten Monate. Der Legat eilte dem König noch auf das Schiff nach, das ihn seeaufwärts bringen sollte. Maximilian blieb fest und fand sich nur bereit, seine Truppen unter Prüschenks Führung in Italien zu lassen, um alle wichtigen Plätze gegen die Franzosen zu sichern.

In Bellagio erfuhr Maximilian die Absage der Reichsstände[31]. Er hoffte immer noch, durch sein persönliches Auftreten das Reich für einen Angriff gegen die Champagne gewinnen zu können, zumal ihm einige Fürsten und Bischöfe zu folgen[32] versprachen. Wenn das Reich angreife, würden vielleicht auch Burgunder, Spanier und Italiener folgen, und der große Kriegsplan gegen Frankreich würde doch noch Wirklichkeit. Dies waren die Gedanken, die den König beschäftigten, als er mit geringem Gefolge durch das Veltlin gegen das verschneite Wormser Joch heimwärts zog.

Wohl in Bellagio fertigte der König seine „Consultatio mystica“[33] an Venedig und Mailand ab: in geheimnisvollen Andeutungen und Drohungen, in wahrhaft mystischen Formen, rechnete er den Bundesgenossen die bitteren Tatsachen der letzten Monate vor. Er verlangte eine Neufassung des Ligavertrages und einheitliche königliche Führung. Die Liga müsse gleich der Dreifaltigkeit eine Einheit in der Dreiheit bilden. Neapel und Florenz müßten in die Liga aufgenommen, Pisa den Florentinern zurückgestellt werden. Der Angriffskrieg gegen Frankreich sei zu beschließen. Wenn Europa nicht gesammelt der französischen Gefahr begegne, „so sagten die Astronomen den Zerfall der Liga und viel künftiges Unheil voraus".

Die Mailänder Überlieferung der „Consultatio" entwickelte für das kommende Jahr einen eingehenden Kriegsplan der Liga gegen Frankreich. Genua müsse gesichert und eine Flotte von 52 Schiffen ausgerüstet werden. Noch einmal wolle Maximilian Livorno angreifen, während Venedig und Mailand gemeinsam Florenz unterwerfen und zwingen sollten, der Liga beizutreten. Dann werde der König mit der Flotte, von Neapel unterstützt, nach Frankreich übersetzen. Zusammen mit den Spaniern und Burgundern werde man die Franzosen niederwerfen können. Gegen einen möglichen französischen Überfall müßten alle wichtigen Punkte Italiens, der Po, die Küstenplätze und die Apenninenpässe durch Truppen gesichert werden. Den Papst müsse man gegen die Orsini unterstützen, damit sie die Kaiserkrönung[34] Maximilians nicht bedrohen könnten. Bis zum 1. Februar 1497 solle die Liga ihre Truppen, insgesamt 21.000 Mann, bereitstellen. Ein neuer Reichstag zu Worms werde auch Maximilian die nötigen Truppen bewilligen.

Keineswegs geschlagen, stumm und gedrückt[35], sondern im Gegenteil voll neuer Pläne für das kommende Jahr zog Maximilian von Bormio zeitweise zu Fuß über das tief verschneite Wormser Joch in den Vinschgau und durch das obere Inntal[36] nach Innsbruck, wo er sich mit den Herzogen von Sachsen besprach. Erneuerung der Heiligen Liga und Anpassung des Kriegsplanes an die neue Lage waren immer noch seine nächste Sorge. Er mochte wohl hoffen, daß die Franzosen nun, nach seinem Abzug, Italien überfallen und so die Liga und vielleicht auch das Reich in einen allgemeinen Krieg hineinreißen würden. Aber die Franzosen waren klug genug, sich vorsichtig zurückzuhalten.

Der König, in seinem unerschöpflichen Optimismus, hoffte, den Dingen immer noch eine neue Wendung geben zu können. Er strahlte Anfang Januar 1497 so große Zuversicht aus, daß sich der venezianische Gesandte Grimani nur wundern[37] konnte. Günstige Nachrichten aus Spanien, vor allem die bevorstehende Heirat seiner Tochter Margarethe mit dem spanischen Erbprinzen, mögen ihn hochgestimmt haben. War Frankreich nicht nach wie vor durch die Kriegsmacht der Liga lebensgefährlich eingekreist? Wenn im kommenden Jahr nur ein Glied der Liga zum Schlag gegen Frankreich ausholte, würde dies nicht jenen gleichzeitigen Überfall aller Bundesgenossen auslösen, der Frankreich vernichten mußte?

Aber schon die ersten Verhandlungen mit dem Lindauer Reichstag mußten den Optimismus des Königs dämpfen[38]. Wie mochte er erst enttäuscht gewesen sein, als er erfuhr, daß auch die spanischen Könige am 25. Februar 1497 einen Waffenstillstand mit dem König von Frankreich abgeschlossen[39] hatten. Damit war der Krieg, dem er eben noch eine neue Wendung zu geben hoffte, tatsächlich zu Ende. Was blieb übrig, als beizugeben, nachdem der Papst, Mailand und Venedig dem Waffenstillstand am 24. April 1497 formell beigetreten waren[40]?

Der französischen Diplomatie war es gelungen, die gefährliche Kampfgemeinschaft der Liga zu sprengen und dem Römischen König das Schwert zu entwinden. Das Ziel, mit den Hilfsmitteln der Bundesgenossen Frankreich entscheidend zu treffen, hatte Maximilian nicht erreicht. Sein Ansehen unter den Mächten war zweifellos stark angeschlagen[41].

Anderseits mußte Frankreich doch Italien preisgeben und den Frieden suchen. Dies war sicher ein Erfolg für den Römischen König, der mit ganz geringen eigenen Mitteln, ohne Hilfe des Reiches die Franzosen aus der Halbinsel zu vertreiben und in ihre Grenzen zurückzuweisen[42] vermochte. Es waren gewaltige politische und militärische Kräfte, welche die Italienpolitik der französischen Könige, Karls VIII. — und in die Zukunft gesehen — Ludwigs XII. und Franz' I., einzusetzen vermochte. Daher wird man den Erfolg dieses Krieges auch nach dem bewerten müssen, was verhindert, nicht nur nach dem, was gewonnen werden konnte. In einer Zeit, da sich das ganze europäische Staatensystem auf eine einzige Frage einzustellen begann, nämlich auf die Vorherrschaft über Italien, war die Verdrängung der Franzosen von der Halbinsel für den König der Römer doch ein achtbarer Teilerfolg[43].

Als die eigentlichen Sieger konnten zunächst die Venezianer gelten, die es klug verstanden hatten, die Deutschen gegen die Franzosen auszuspielen und eine Erneuerung der Reichsherrschaft über Italien ebenso zu verhindern wie eine Vorherrschaft der Franzosen. Die Klugheit der Signorie wurde daher von den Zeitgenossen nicht wenig gepriesen[44].

II. Kapitel

AUFLÖSUNG DER HEILIGEN LIGA
MAXIMILIANS ERSCHÜTTERTE MACHTSTELLUNG IM WESTEN
VERLUST REICHSITALIENS
AUFSTIEG FRANKREICHS UND SPANIENS
GEFAHREN IM OSTEN

1. Maximilians Beziehungen zu Italien, Spanien und Frankreich[1] seit 1496. Krise der Heiligen Liga

Obwohl Maximilian im Dezember 1496, erbittert über die Haltung der Bundesgenossen, Italien verlassen hatte, dachte er nicht einen Augenblick daran, das Land den Franzosen preiszugeben. Für ihn war der Feldzug des Jahres 1496 keine Niederlage gewesen, sondern höchstens ein unangenehmer Zwischenfall[2]. Er ließ Truppen in der Lombardei stehen und berief die italienischen Gesandten an seinen Hof, um seinen Einfluß auf ihre Staaten nicht zu verlieren. Die Sicherung der Halbinsel gegen Frankreich blieb weiterhin Hauptziel seiner Außenpolitik; daneben die Rückgewinnung der verlorenen burgundischen Länder. Er sann auf ein Mittel, Italien für immer zu sichern, schrieb er später in seiner Autobiographie[3].

Schon im Frühjahr 1497 wäre Maximilian bereit gewesen, mit einem Reichsheer neuerdings vom Oberrhein aus gegen Burgund vorzustoßen[4] um den großen Plan des Jahres 1496, die Vernichtung Frankreichs, mit Hilfe der Ligamächte zu vollenden. Aber er vermochte weder das Mißtrauen der Bundesgenossen noch den Widerstand der Reichsstände zu überwinden[5]. Der Pfalzgraf arbeitete geradezu im Solde Frankreichs, und Berthold von Mainz spielte mit Absetzungsplänen; selbst die Freunde suchten dem König seine Italienpolitik auszureden. Aber Maximilian ging über einige lustlose Friedensverhandlungen[6] nicht hinaus, denn er lehnte es im Grunde ab, mit Frankreich auch nur einen Waffenstillstand, geschweige denn einen Frieden zu schließen, obwohl zunächst Spanien[7] (Februar 1497), dann auch Mailand und Venedig[8] (April 1497) sich dazu herbeiließen.

In den nächsten Monaten traten für Maximilian andere Aufgaben in den Vordergrund. Seine Tochter Margarethe reiste damals nach Spanien, um die Heirat mit dem Infanten Juan einzugehen[9]. Dieses Heiratsbündnis mochte den Römischen König zunächst darin bestärken, daß Spanien am Grundgedanken der Liga, an der Einkreisung Frankreichs, festhalten werde, obwohl sich die Beziehungen zu den Katholischen Königen sichtlich verschlechterten[10], zumal seit Prinz Juan aus dem Leben geschieden war und Margarethe nach der Geburt eines toten Kindes in die Niederlande heimkehrte.

Vor allem wurde die Auflösung der Liga durch die Ohnmacht des Reiches gefördert, ohne daß es der König hätte ändern können. Der kräftige französische Nationalstaat erwies eine starke politische Anziehungskraft. Spanien und England schlossen mit Frankreich Waffenstillstand und schließlich Frieden (1498). Selbst der Papst begann[11], sich seit dem Abzug Maximilians aus Italien dem offensichtlich mächtigeren Frankreich zu nähern. Venedig war stets ein unverläßlicher Bundesgenosse des Reiches gewesen. Neuerdings entwickelte sich aus dem Görzer Erbstreit[12] eine stets wachsende Feindschaft. Die Signorie erhob ernsthafte Ansprüche wenigstens auf die friaulischen Landesteile der Görzer Grafschaft, deren Erbfall man von Monat zu Monat erwartete. Maximilian aber dachte nicht daran, dieses Reichsfürstentum preiszugeben, für das alte Testamente zugunsten seines Hauses vorlagen. Dazu kam der Streit um Pisa[13], der den „Kaiser", Florenz und Mailand mit Venedig auf das heftigste entzweite. Daher war die Heilige Liga 1497/98 bereits völlig ausgehöhlt, wenn sie auch nach außenhin durch stets wiederholte Kundgebungen den Schein der Geschlossenheit vortäuschte.

Wirklich festzuhalten vermochte Maximilian nur den Herzog von Mailand[14], dessen Staat damals nur mehr von der Gnade des Römischen Königs lebte. Das wertvolle Herzogtum sollte so eng wie möglich an das Reich gefesselt werden. Maximilian suchte die Paßstraßen von Tirol und den Vorlanden nach Mailand fest in seine Hand zu bringen. Er kaufte die Herrschaften „Musocco", „Rozano", „Sanarosa"[15] und dehnte seine Macht über die Paßlandschaften durch Kauf, Tausch und gewaltsamen Zugriff auf Kosten Graubündens aus. Der Vogt Gaudenz von Matsch verkaufte ihm weitere Gebiete im Prättigau. Die Frage des Veltliner Korridors, die im 17. Jahrhundert die Weltpolitik beschäftigen sollte, tritt damals in die Geschichte ein. Kaum konnte der König voraussehen, daß nicht zuletzt diese Streitigkeiten den Schweizerkrieg entzünden würden.

Maximilian wollte indes die Liga zur Einkreisung Frankreichs noch immer nicht aufgeben. Selber durch die reichsständische Opposition gebunden, suchte er Spanien und Mailand zu einem selbständigen Angriff gegen Frankreich zu ermuntern[16] (August 1497). Die Italiener sollten sich womöglich mit eigenen Kräften helfen, denn die Deutschen wollten von ihnen nichts mehr wissen, drohte Maximilian immer wieder[17]. Der junge Herzog von Savoyen sollte durch eine Heirat mit der eben verwitweten Erzherzogin Margarethe für die Liga gewonnen[18] werden. Ebenso wurde die Aufnahme von Neapel und Florenz[19] eifrig betrieben, scheiterte aber am beharrlichen Widerstand Venedigs. Schließlich entschloß sich der König sogar, dieser Liga Italiens, die sich insgeheim immer entschiedener gegen Venedig richtete, in der Person des Markgrafen von Mantua einen kaiserlichen Generalkapitän[20] vorzusetzen. Zum Zeichen der Statthalterschaft über Reichsitalien ließ er ihm feierlich seine Königsstandarte überreichen.

Die Erhaltung Italiens galt Maximilian als politischer Grundsatz, wenn er auch den Italienern fallweise mit harten Worten die Preisgabe an Frankreich androhte. Wiederholte französische Angebote auf Teilung Italiens wies er beharrlich zurück[21]. Mag sein, daß Maximilian an ihrer Aufrichtigkeit zweifelte. Abgesehen davon, schien ihm jede Minderung des Reiches und des Kaisertums unerträglich: wenn der König von Frankreich sich auch noch die Kraft Italiens zu eigen mache, so werde nichts mehr vor ihm sicher sein, weder Burgund noch Sizilien, weder Spanien noch Österreich noch das Reich; der Franzose werde nach der Kaiserkrone streben; es sei besser, Burgund zu verlieren als Italien und damit alles aufs Spiel zu setzen[22]. Die Italiener und Spanier sollten den Krieg gegen Frankreich beginnen; dann würde das Reich folgen, forderte der König immer wieder, da er durch die Erlebnisse des Jahres 1496 vorsichtiger geworden war.

Während des ganzen Jahres 1497 bis in den Sommer 1498 herrschte eine gewisse Ruhe an den Grenzen, abgesehen vom Osten, wo türkische Streifscharen Jahr für Jahr auftauchten und verschwanden. Die italienische und burgundische Frage schien im Gleichgewicht der Furcht und der Ermattung zur Ruhe zu gelangen. Maximilian fand nun sogar Zeit, sich mit Eifer der erbländischen Verwaltungsreform zu widmen. Der König von Frankreich schien friedsam geworden und gab sich dem Müßiggang und seinen Leidenschaften hin, wie die Gesandten zu berichten wußten. Manche allerdings sprachen von einem neuen Italienzug, der sich diesmal gegen Mailand richten werde.

Da trat eine plötzliche Wendung ein. Maximilian hatte in der Abgeschiedenheit des Stamser Klosters im oberen Inntal Ostern gefeiert und jagte eben auf der Mieminger Hochfläche, als ihm der Mailänder Gesandte Brasca die Nachricht vom Tod König Karls VIII. von Frankreich (7. April 1498) überbrachte, den ein Schlaganfall mit 28 Jahren plötzlich hinweggerafft hatte[23]. Nun sei es Zeit, die Gemsen zu lassen und Taten zu setzen, die seines Namens würdig wären, sagte ihm der Gesandte[24]. Augenblicklich erfaßte Maximilian die Möglichkeiten, die sich ihm eröffneten. Nach langen Monaten der Ruhe erwachte seine Kriegslust wieder: man müsse Frankreich in Rebellion versetzen und die Thronfolge stören.

Maximilian berief die Botschafter der Heiligen Liga[25]. Nun sei die Zeit da, Italien für immer freizumachen, das heiße, Burgund wiederherzustellen, die verwitwete Königin Anna nach Spanien oder ins Reich zu verheiraten, um die Bretagne wieder von Frankreich zu trennen. Trotz dem Widerstand der Reichsfürsten, die ihn begleiteten, ließ der König diesen Gedanken nicht mehr los. Den zögernden spanischen Gesandten bearbeitete er mit der ungeheuerlichen Verdächtigung, die Franzosen hätten durch Gift die Frühgeburt der Erzherzogin Margarethe verursacht, ja, sie hätten auch König Ferdinand nach dem Leben getrachtet. Alsbald fertigte Maximilian einen Gesandten nach Frankreich ab, der die verlorenen burgundischen Gebiete zurückfordern sollte.

Aber der neue König, Ludwig XII., ein geschickterer Politiker als Karl VIII., lehnte entschieden ab. Innerhalb kürzester Zeit konnte er seine Stellung im unruhigen Frankreich festigen. Bedenkenlos verstieß er seine erste Frau, um die Gemahlin seines Vorgängers, Anna von der Bretagne, zu heiraten und so die Einheit des Königreiches zu erhalten. In klugen Verhandlungen mit Erzherzog Philipp, mit den Königen von England und Spanien errang er einen diplomatischen Erfolg nach dem andern und vermochte den Römischen König allmählich zu isolieren[26]. Er konnte es sogar wagen, den Titel eines Herzogs von Mailand anzunehmen und seine Ansprüche auf Italien offen anzukündigen.

Das umstrittene Herzogtum Burgund wurde sofort auf die französische Krone vereidigt. Maximilian beeilte sich zwar, ein Heer aufzustellen, beauftragte aber den Kurfürsten von Sachsen mit Verhandlungen, zumal er wußte, daß auch Philipp Unterhändler nach Paris geschickt hatte[27]. Die Verhandlungen zogen sich von Mai bis Juli hin. Wenn der Römische König gehofft hatte, durch die Truppenwerbungen Frankreich zur Nachgiebigkeit zu bestimmen, so sollte er sich täuschen. Er sah bald, daß er Krieg führen mußte, wenn er „das Seinige" zurückgewinnen wollte.

Daß ihn die deutschen Fürsten, auch jene, die seinem Hoflager folgten, zurückhalten würden, hatte Maximilian erwartet. Als sich auch die Gesandten der Liga aller Verpflichtungen zu entschlagen suchten, überhäufte er sie mit bitteren Vorwürfen[28]: die Italiener hätten 1496 für ihre Haltung Prügel verdient; desgleichen sagte er vom Papste. Gereizt und zornig, wie man es immer öfter an ihm bemerkte, verlor er alles Maß. Er drohte, die Gesandten samt und sonders zu entlassen; nur die Spanier versicherte er seiner Gunst, denn sie sollten die Italiener für den Krieg gewinnen. Auch den Mailänder Brascha, der immerfort gegen Venedig schürte, zog er ins engere Vertrauen.

Die Gesandten Venedigs, deren Gegenwart die Verhandlungen eher hemmte, wurden in der Tat entlassen[29] und dadurch die Einigkeit der übrigen Bundesgenossen etwas gefestigt. Die italienischen Gesandten waren sehr betroffen und zeigten sich nun willfähriger, ja, der Legat Chieregati machte sich geradezu zum Wortführer der Kriegspartei[30]. Der König hatte mit dem wohl mehr gespielten als spontanen Temperamentsausbruch sein erstes Ziel offenbar erreicht.

In Eilmärschen wandte sich Maximilian nun nach Ulm[31], wo der Schwäbische Bund tagte, was den Gesandten wohl den Eindruck deutscher Einigkeit und Macht vermitteln sollte. Der König war innerlich wohl schon fest zum Krieg entschlossen, wenn er auch zwischendurch, um Gegner oder Säumige zu täuschen, immer wieder von einem Ausgleich mit Frankreich sprach und Verhandlungen führte. Schon Anfang Mai muß er mit den Truppenwerbungen begonnen haben, denn Ende Juni waren bereits etwa 2000 Reiter und 10.000 Knechte marschbereit[32].

Aber nicht nur der Westen geriet damals in Bewegung. Im Osten hatten Türken und Tataren während der Schreckensjahre 1497/98 Polen auf das schwerste heimgesucht[33]. Der Deutschordensmeister Hans von Tiefen war vom Türkenkreuzzug nicht heimgekehrt. Maximilian gedachte zwar, den Polen zu helfen, aber dafür die Unabhängigkeit des Deutschen Ordens zu fordern, indem er einen Sohn seines Freundes Herzog Albrecht, den Prinzen Friedrich von Sachsen, zum Hochmeister empfahl und ihm als einem Reichsfürsten den Lehenseid an den König von Polen als unziemlich verbot. Maximilian persönlich schlug Herzog Friedrich von Sachsen in Ulm zum Ritter und ordnete ihn mit einer ansehnlichen Begleitung nach Preußen ab. Zwar versprach man ihm die Hilfe des Reiches, aber des Königs ganze Aufmerksamkeit war zunächst doch auf den Westen gerichtet.

Zwischen dem 3. und 20. Mai 1498 suchte Maximilian in langwierigen Verhandlungen den Italienern die nötige Bundeshilfe abzuringen. Er drängte auf klare Verträge, obwohl die gegenseitigen Leistungen bereits durch den Ligavertrag von 1495 geregelt waren. Der König forderte 200.000 Dukaten an Hilfsgeldern[34], wofür er einen Überfall auf Frankreich mit 12.000 Mann versprach — und zwar in Burgund! Es sei für Italien von großem Nutzen, für so wenig Geld die Franzosen in einen schweren Krieg zu verwickeln, der den Papst, Venedig und Mailand augenblicklich entlasten müsse. Die italienische Hilfsbereitschaft sollte auch die Reichsfürsten, zumal Herzog Albrecht von Sachsen, überzeugen, den er als obersten Feldhauptmann gewinnen wolle. Binnen zwanzig Tagen sollten die italienischen Staaten antworten; er habe keine Lust, lange herumzudisputieren. Weigerten sie sich, so werde er sie den Franzosen preisgeben, wozu ihm alle rieten, vor allem die deutschen Fürsten und Philipp von Burgund. Diese Drohung[35] sollte den Italienern den Ernst der königlichen Forderungen klarmachen.

Indes begannen sich die Fronten des kommenden Krieges schon abzuzeichnen. Während Maximilian die Italiener wieder fester zusammenzuführen suchte und vor allem die Spanier mit ständigen Hilfsbitten bedrängte[36], rückten die Venezianer ganz entschieden auf die Seite Frankreichs ab. Im Mai verließ die ständige venezianische Gesandtschaft das königliche Hoflager[37], um viele Jahre nicht wiederzukehren. Ungefähr gleichzeitig traf eine venezianische Gesandtschaft am Hof des französischen Königs ein, um jene Verhandlungen einzuleiten, die binnen weniger

Alexander VI.

Le reuers du Jeu des suysses

Cest grant orgueil a vng poure quoquin
Vouloir iouer contre princes au flus
Car princes sont en tresore superflus
Et luy na rien si ne vient du butin

Par force en veult ou il sera a matin
Cuidant que tous soient a luy bien tenus
Cest grant orgueil

Impossible nest quant se viendra la fin
De ce jeu le ieu qui ne soit mis tout jus
Car dieu hait tant pouure fier au surplus
Qui dit quil veult a tous avoir butin
Cest grant orgueil.

Le revers du Jeu des Suysses
(Der Wechsel des Glücks im Schweizer-Spiel)

In großen Zügen besagt der angesprochene Text: Man spielt Flux, des Kaisers Spiel Der Doge, der Papst, Spanien, England, Württemberg, der Pfalzgraf, Herr Jean Jacque (Trivulzio), Lothringen, Savoyen und Frau Margarethe hoffen immer noch, daß sich ih Einsatz bezahlt macht; ebenso der Kaiser, wenn er auch abwarten muß. Für de Schweizer steht es schlecht, er hat sich übernommen; der Mohr hat sein Spiel verloren Frankreich aber weiß, daß es gewinnt (eine Übersetzung besorgte freundlicherweis Prof. Dr. H. J. Simon, Graz). Es handelt sich hier um die vermutlich erste Karikatur de europäischen Gleichgewichtes.

Monate zum Abschluß eines Angriffsbündnisses gegen Mailand und den Römischen König führen sollten[38]. Aber auch die Spanier rückten vom deutschen Bündnis ab und bereiteten einen Frieden mit Frankreich[39] vor. Ja, sie besprachen bereits die Aufteilung Neapels. Wirkungslos blieben dagegen alle Vorstellungen des Römischen Königs; umsonst alle Hinweise auf die „ewige Brüderschaft zwischen den Häusern Spanien, Österreich und Burgund", umsonst sein Vorschlag zu einer gemeinsamen Landung in der Bretagne, wozu er die Engländer ebenso vergebens eingeladen[40] hatte.

Unerwartet kam Maximilian auch der Ungehorsam seines Sohnes Philipp[41], der eine Friedensgesandtschaft an König Ludwig XII. abgeordnet hatte. Auch der Papst bereitete heimlich seinen Absprung von der Liga vor, verhandelte ernsthaft mit Frankreich und riet Maximilian von einem Angriffskrieg gegen Ludwig XII. entschieden ab[42]. Gleichwohl gab er, genau wie 1496, schöne Versprechungen ab und dachte nicht daran, sie einzuhalten. Venedig bereitete bereits den Überfall auf die romagnolischen Städte und gegen Pisa vor, wofür es sich die Hilfe der Franzosen erwartete. Ludovico war darüber so erbittert, daß er offen drohte, er werde die Türken gegen die Signorie zu Hilfe rufen. Von Neapel, das nicht einmal seine Gesandten auszustatten vermochte, war keine Hilfe zu erhoffen.

Die Liga bestand nur mehr dem Namen nach. Einzig Herzog Ludovico war dem Römischen König treu geblieben[43]. Maximilian versicherte, er liebe ihn wie einen zweiten Sohn. Aber auch Ludovico hatte über die Führung dieses Krieges gegen Frankreich seine eigenen Wünsche. Nur durch Druck und Drohungen vermochte ihm Maximilian weitere Subsidien herauszupressen. Die deutschen Fürsten warnten den König vor den Italienern: er werde von ihnen nur den Lohn des Teufels haben. Sie hätten allerdings bedenken müssen, daß das ganze Reich für seinen König nicht annähernd so viel geleistet hatte wie der Herzog von Mailand allein.

In Italien war es wieder so wie 1496. Maximilian klagte dem Gesandten Fuensalida[44], die Deutschen verließen sich auf die Italiener, die Spanier wieder bauten auf Österreich, während Österreich auf Italien, auf das Reich und auf Spanien hoffe. Jedermann fürchte allein zu bleiben und halte sich vorsichtig zurück. Dies würden die Franzosen nützen und Italien oder Spanien überfallen, wenn Österreich und das Reich gegen Geldern, Friesland oder die Türken beschäftigt seien. Schon binnen Jahresfrist sollte sich diese Wahrsage erfüllen.

2. Krieg mit Frankreich 1498. Der Feldzug gegen Hochburgund

Mit Ungestüm drängte Maximilian zum Reichstag nach Freiburg, der ihm die auf dem Wormser Tag beschlossene Kriegshilfe endlich gewähren sollte, und weiter zum Feldzug gegen Frankreich[1]. Der spanische Gesandte Fuensalida freilich berichtete[2] nach Hause, er beobachte eine derartige Armut am königlichen Hof, daß er nicht an einen Erfolg gegen Frankreich glauben könne, selbst wenn die Italiener ihre Versprechungen halten sollten, vor allem könne er nicht an jene Reichshilfe glauben, auf welche der König hoffe.

Noch gab es in Württemberg eine Verzögerung. Die Landstände waren mit ihrem Herzog Eberhard in Streit geraten und hatten das königliche Schiedsgericht angerufen. Zu Horb setzte Maximilian Herzog Eberhard, der sich schandbarer Handlungen schuldig gemacht hatte, einfach ab und erhob an dessen Stelle Herzog Ulrich[3], mit dem er noch manchen Verdruß haben sollte.

Der König hat sich diese Entscheidung vom neuen Herzog gut bezahlen lassen. Ulrich mußte dem Haus Österreich die Pfandschaft Achalm ohne Bezahlung des Pfandschillings zurückstellen[4]. Vielleicht war auch die Rede davon, daß das Herzogtum, falls der Mannesstamm erlösche, nicht, wie 1495 vorgesehen, an das Reich, sondern an das Haus Österreich fallen[5] solle. Außerdem waren 500 Gulden Kanzleitaxen, 3000 Gulden andere Zahlungen und 3600 Gulden unter dem Titel des Gemeinen Pfennigs zu erlegen.

Am 18. Juni 1498 endlich traf der König in Freiburg ein[6]. Am 23. Juni ließ er den Reichstag eröffnen. Die königlichen Räte mahnten an die Zahlung des Gemeinen Pfennigs, die Stände dagegen erinnerten den König an die ausständigen Beiträge aus den Erbländern und Burgund und zeigten wenig Lust, des Königs Wünsche zu erfüllen. Am 25. Juni erschien Maximilian selber in der Vollversammlung, um seine Anliegen vorzutragen. Die Stände dagegen führten Klage über die italienische Politik und die

Italiener und schienen sich dem König zu versagen, genau wie während des Italienfeldzuges von 1496.

Am 26. Juni bestellte Maximilian die Kurfürsten und einige geistliche und weltliche Fürsten zur Audienz[7], um sie zu überrumpeln und ihren Widerstand zu brechen: er sei zum Krieg entschlossen und wolle nichts dagegen hören, fuhr er sie an. Das sage er, und wenn er die Krone vom Haupte vor die Füße setzen und zertreten sollte.

Betreten antwortete der Mainzer; er suchte die Wirkung ironisch abzumindern; zu widerraten wagte er nicht: der Reichstag müsse entscheiden, dort stehe das Recht über Krieg und Frieden. Entschieden beharrte der König auf seinem Entschluß zum Krieg, augenblicklich und ohne Verzug; er verlange die längst fälligen 150.000 Gulden, dies wäre sein letztes Wort.

Bereits am nächsten Tag (27. Juni 1498) stimmten die Stände den königlichen Forderungen unter gewissen Bedingungen zu. Maximilian gab sich zufrieden, ließ den Ständen vorerst danken und versprach ihnen Förderung der Reformarbeiten. Den Italienern schilderte er in höchsten Tönen die Hilfsbereitschaft des Reiches[8], um auch sie zur Hilfe anzuspornen.

Der König eilte sofort nach Breisach, um die Truppen zu besichtigen, die sich in der Rheinebene zwischen Kolmar und Ensisheim versammelten. Die Heerschau konnte ihn mit froher Hoffnung erfüllen: 10.000 Knechte und 2000 Reiter[9] — unter ihnen der junge Götz von Berlichingen — marschierten am König und seinen Feldhauptleuten, Marschall de Vergy, Herzog Georg von Bayern-Landshut, Markgraf Friedrich von Zollern-Ansbach und Herr von Dietrichstein, vorbei. Auch die Schweizer zeigten sich der Sache des Königs sehr willig. Er durfte hoffen, die burgundische, geldrische und italienische Frage in einem lösen zu können.

Schwierigkeiten bereitete vor allem die Soldfrage. Deswegen schickte Maximilian 1000 Mann nach Geldern und Friesland und 2000 Reiter an die Görzer Grenze gegen Venedig; denn er mußte fürchten, daß die in Aussicht genommene ständische Gesandtschaft den Feldzug gegen Frankreich noch lange hinauszögern werde. Die Geldfrage wurde noch schwieriger, als auch Herzog Ludovico, völlig unerwartet, seine Subsidien zurückhielt[10], obwohl sein Gesandter Brascha den Kriegseifer des Königs stets angefeuert hatte.

Am 3. Juli kehrte der König nach Freiburg zurück, entschlossen, den Krieg rasch voranzutreiben. Er war kaum vom Pferde gestiegen und rief sofort den ständischen Ausschuß vor sein Angesicht, stellte ihm lebhaft die Friedensbrüche des Königs von Frankreich vor Augen und forderte eine rasche Kriegshilfe für Hochburgund, Geldern und Friesland.

Die ständische Opposition aber hatte sich während der Abwesenheit des Königs einigermaßen gesammelt und rechnete ihm nun die „drei großen Torheiten" vor, die er begangen[11]. Verstimmt ging man auseinander.

Noch dringender forderte der König anderntags (4. Juli) die 150.000 Gulden für seine Söldner. Er gab deutlich zu verstehen, daß der Reichstag keine Zugeständnisse zu erwarten habe, wenn er die Hilfsforderungen nicht erfülle. Daher bewilligte man ihm zunächst einmal 10.000, dann über entschiedene Forderung weitere 5000 Gulden[12]; kleine Aushilfen, die kaum hinreichten, die dringendsten Bedürfnisse zu decken. Im übrigen suchte man den König auf das allmähliche Einfließen des Gemeinen Pfennigs zu vertrösten.

Nachdem sich Maximilian die Kurfürsten noch einmal persönlich vorgenommen hatte, forderte er auf der Vollversammlung[13] vom 7. Juli nachdrücklich seine königlichen Rechte: vor allem die versprochenen 150.000 Gulden, außerdem das Recht zur Führung dieses Krieges. Wie könne er den Frieden nach außen und innen wahren, wenn er ohne Zustimmung des Reichstages nicht handeln dürfe? Was solle er mit den Söldnern, wenn er sie nicht einsetzen dürfe? Die ständische Gesandtschaft nach Frankreich sei völlig überflüssig, weil die Franzosen bereits die Vermittlung des Herzogs von Sachsen zurückgewiesen hätten. Er, der König, wolle persönlich nach Frankreich ziehen und erhoffe besseren Bescheid als die Kurfürsten oder irgendeine Gesandtschaft.

Auch der mächtige Kardinal Peraudi drängte auf einen friedlichen Ausgleich mit Frankreich: er machte den allseits unerwünschten Vorschlag, im Interesse des allgemeinen Friedens und eines gesamtchristlichen Kreuzzuges Ludwig XII. mit der verwitweten Erzherzogin Margarethe zu vermählen, Maximilian von Bianca Maria zu scheiden und mit seiner ehemaligen Braut, Anna von der Bretagne, zu verbinden. Aber der König lehnte entschieden ab und wünschte nicht, daß Peraudi mit solchen Vorschlägen in Freiburg erscheine[14], obwohl ihn der Papst, Erzherzog Philipp und Herzog Ludovico dazu ermutigt hatten.

Ebenso empfahlen die befreundeten Spanier Maximilian den Frieden, führten sie doch längst selber geheime Friedensverhandlungen mit Frankreich. Sie mochten übrigens nicht wenig verärgert sein, daß Maximilian wieder Ansprüche auf das Königreich Portugal erhob, die er von seiner Mutter Eleonore herleitete; keine bescheidenen Ansprüche, wenn man bedenkt, daß die Katholischen Könige ihre älteste Erbtochter Isabella nach Portugal verheiratet hatten, um eine Vereinigung von Spanien und Portugal anzubahnen. Die Spanier überhörten Maximilians Kriegspläne, seine Aufforderung, in der Bretagne zu landen, seine dringenden Hilfsbitten, seine Versicherungen, das ganze Reich sei zum Kriege fest entschlossen[15]; sie übersahen die Schreckbilder einer französischen Gefahr, die ihnen Maximilian an die Wand malte. Kühl berichtete der Gesandte Fuensalida nach Hause, der Römische König werde seinen Krieg nicht bezahlen können, wenn die Subsidien ausblieben; auch mit Verpfändungen werde er sich nicht helfen können und in zehn Jahren seine Schulden nicht los sein.

Die Geldfrage war für Maximilian keineswegs gelöst, als ihm die Stände nach Abrechnung des bereits erhaltenen Geldes 51.000 Gulden als Rest von den bewilligten 150.000 Gulden, wie es scheint, ziemlich rasch auszahlten. Ein wahres Glück für den König, daß nach harten Drohungen auch die Subsidienzusage Mailands eintraf. Er scheute sich nicht, in seiner Geldnot zu den bedenklichsten Mitteln zu greifen. Es waren offenbar die Geldsorgen, die ihn veranlaßten, die Nürnberger Juden und deren Bankprivilegien für eine städtische Anleihe preiszugeben[16].

Da trafen um den 15. Juli die ersten Gerüchte über einen Frieden zwischen Burgund und Frankreich[17] ein. Als Maximilian die Bedingungen erfuhr, auf welche sich sein Sohn Philipp eingelassen, wies er sie entrüstet zurück. Den Vermittlungsversuch des Kurfürsten von Sachsen, der auf Grund des Friedens von Senlis hätte verhandeln sollen, betrachtete er als gescheitert, weil man seine Wünsche überhaupt nicht berücksichtigt habe.

Um den 20. Juli entschloß sich der König, seine Truppen, etwa 15.000 Knechte, 5000 Reiter und 50 Geschütze, an der Saône um Amance und Gray vorzuschicken[18], um die ungünstigen französisch-burgundischen Verhandlungen zu stören, ehe sie zum Abschluß kamen. Da Maximilian mit den Franzosen seit 1495/96 weder Waffenstillstand noch Frieden geschlossen hatte, war es zwar kein Friedensbruch; aber dem Reichstag wurde dieses Unternehmen doch verheimlicht.

Während man in Freiburg von Abrüstung redete, stießen die königlichen Truppen in zwei Heeressäulen überfallsartig an Langres vorbei, über Bassigny gegen die Champagne und an Dijon vorbei nach Hochburgund vor[19]. Die freundliche Haltung der burgundischen Bevölkerung machte dem König Mut. Vielleicht konnten Erfolge im Felde seinen Sohn Philipp in letzter Stunde umstimmen, desgleichen Italiener und Spanier mitreißen. Auch waren die unbezahlten Söldner nur durch einen Beutekrieg bei den Fahnen zu halten.

Die Kaiserlichen nahmen im ersten Anlauf die Städte Bourbonne und Coiffy. Den „Krieg von Kuaffi" behielt der König noch im Weißkunig[20] als bedeutenden Erfolg in Erinnerung. Aber alsbald verlor sich das Unternehmen als Beute- und Plünderungszug in den Weiten der Champagne. Die Franzosen behaupteten sich in den festen Plätzen, bedrohten die deutschen Verbindungslinien und entzogen sich jeder Feldschlacht. Da blieb nichts als die Verwüstung des flachen Landes. Der rohe Götz von Berlichingen begeisterte sich noch nach vielen Jahren in seiner Lebensbeschreibung am Sengen und Brennen, daß die Pferde vor Hitze sprangen wie die Böcke[21]; damit komme man am ehesten zum Frieden, meinte er bei Erzählung seines zweiten Burgunderkrieges.

Inzwischen war der förmliche Vertragsabschluß von Paris zwischen Frankreich und Burgund[22] (20. Juli) bekanntgeworden. Erzherzog Philipp hatte seinen Vater also im Stich gelassen. Auch die Italiener hielten sich zurück. Die Spanier rieten immerfort zum Frieden[23]. Ebenso war der Übertritt des Papstes ins Lager der Franzosen offenkundig geworden, worauf der König auch den Legaten grollend entließ[24] und mit Schisma und Konzil drohte. — Da nahm Maximilian über Vermittlung des Herrn Tinteville einen zunächst einmonatigen Waffenstillstand[25] an und zog einen Teil seiner Truppen aus Burgund zurück. Die gewonnenen französischen Plätze, Bourbonne und Vergy, blieben allerdings besetzt. Das war Ende Juli 1498.

Die Angriffe hatten kaum zehn Tage (20. bis 30. Juli) gedauert, dann mußten sie rasch abgebrochen werden, denn der König hatte auch den Einspruch der Stände zu gewärtigen, ohne deren Wissen und Willen der Überfall begonnen worden war. Gerne hätte er sich in jenen Tagen der Reichsstände entledigt und die Versammlung heimgeschickt: er selber und viele Reichsfürsten hätten keine Zeit, weiter in Freiburg zu bleiben. Die Stände aber dachten zunächst nicht daran, den König aus ihrer Aufsicht zu entlassen.

Der Vorstoß nach Langres und Dijon war ohne allzu großes Aufsehen durchgeführt und der Waffenstillstand so rasch hergestellt worden, daß die Stände keine Gelegenheit fanden, sich einzuschalten. Um so entschiedener versuchten sie es bei den folgenden Verhandlungen: das Reich habe keine Ursache, für Erzherzog Philipp Opfer zu bringen, der die Gemeinschaft Burgunds mit dem Reiche ablehne. Daher wurde die Fassung eines Friedensangebotes an den König von Frankreich, das Maximilian in den ersten Augusttagen abfertigte, Gegenstand heftigen Streites[26] mit den Ständen. Sie tadelten die harte Form und wollten selber schreiben. Zumindest mußte der König die Drohung des Reichskrieges, für den Fall, daß Frankreich nicht annehme, weglassen. In der Tat ließ sich der Plan eines Reichskrieges nicht mehr vertreten, als Anfang August die Nachricht vom endgültigen Frieden zwischen Erzherzog Philipp und Frankreich eingetroffen war. Bald hernach wurde bekannt, daß auch Spanien mit Frankreich Frieden[27] gemacht habe. Für Maximilian war das Maß der Enttäuschung voll: setzte man sich in den Niederlanden über seinen Willen einfach hinweg? Der Legat traf ihn düster und verstört. So hatte sich kein Herzog von Burgund den Franzosen unterworfen, seit das „große Herzogtum des Abendlandes“ selbständig geworden war.

Auch Maximilian wäre für einen Frieden zu haben gewesen, allerdings nur gegen Rückstellung Burgunds und Garantie für Mailand. Den gegenwärtigen Pariser Vertrag anzunehmen fand er sich keinesfalls bereit, und tat, was er konnte, um ihn zu verhindern[28]. Das meiste, was der König zugestand, war ein dreimonatiger Waffenstillstand, während dessen sich Herzog Friedrich von Sachsen um einen besseren Frieden als den eben geschlossenen bemühen[29] sollte. Niemand wußte, was geschehen werde; der König redete bald von Krieg, bald von Frieden[30], wie es seine Gewohnheit war, wenn er Spione über seine Pläne täuschen wollte. Keinesfalls wollte er die Kriegsvölker entlassen. Vielleicht ließen sich die europäischen Mächte doch noch gegen Frankreich in Bewegung setzen? Mit jener Hartnäckigkeit, welche Gattinara an ihm rühmt, hielt Maximilian an den politischen Grundlinien der Liga von 1495 fest. Ohne Rückgabe Burgunds und Sicherung Italiens gab es für ihn keinen Frieden.

Als sich ein Krieg gegen Frankreich wegen der schwebenden Friedensverhandlungen nicht mehr vertreten ließ, warf der König das Steuer plötzlich herum: er besann sich der polnischen und kroatischen Hilfsbitten und des Türkenkrieges. Also stellte er am 5. August den Antrag auf 60.000 Gulden Türkenhilfe[31]. Damit konnte er sein Heer besolden, Frankreich zum raschen Abschluß eines günstigen Friedens zwingen, mit einem Teil der Truppen Geldern niederwerfen und den Rest in die Erblande gegen „die Türken“ schicken.

An einen weiträumigen Türkenzug in den Orient kann der König damals nicht gedacht haben. Vielmehr sollte das „Kreuzheer“ die Venezianer zwingen, einem französischen Bündnis fernzubleiben[32]. Jede Zeit hat für ihre Kriege ein ideologisches Mäntelchen. Besser als jedes andere Mittel vermochte der „Kreuzzug“, die Venezianer am Abschluß eines reichsfeindlichen Bündnisses mit Frankreich zu hindern, den Schutz des Mailänder Staates, die Lösung der Pisaner Frage nach dem Willen des Kaisers zu erzwingen und Frankreich in Italien schwer zu treffen. Die Erhebung der Kreuzfahne schien das beste Mittel, auch den Papst, der offensichtlich zu Frankreich abschwenkte, und die christlichen Fürsten unter der Führung des Reiches zu einigen und die alte Liga wiederherzustellen.

Das Nahziel dieses Unternehmens, die Einschüchterung Venedigs, die Sicherung der erbländischen Grenze in Görz und die Erhaltung Mailands durfte sich der König von seinem „Türkenzug“ vielleicht erwarten, zumal der Krieg gegen Venedig in Italien wohlvorbereitet war und auf allgemeine Unterstützung rechnen konnte.

Der König suchte zunächst seine Umgebung für diesen „Türkenkrieg“ zu gewinnen. Friedrich von Sachsen erhielt die reichen Pfandherrschaften Belgrado, Latisana, Castelnuovo und Cormons, inmitten des Landes Friaul[33]; außerdem wurde ihm das gesamte Görzer Erbe in Aussicht gestellt. Ähnliche Angebote gingen von Mailand aus, und der Sachse war dafür nicht unempfindlich. So hoffte man die Reichsfürsten mit lockenden Angeboten persönlich an Italien zu binden.

Überrascht und enttäuscht mußten die Stände sehen, wie der König den Franzosenkrieg, den man glücklich beigelegt glaubte, plötzlich in einen „Türkenkrieg“ verwandelte. Sie selber hatten stets den Türkenkrieg vorgeschoben, wenn der König gegen Frankreich ziehen wollte; jetzt scheuten sie sich nicht, ihre eigenen Vorschläge zu verleugnen, auch eine Türkenhilfe abzulehnen und auf den nächsten Reichstag zu verschieben. Offenbar wußten sie, was der König mit dem „Türkenzug“ meinte.

In der Türkendenkschrift[34] vom 15. August 1498 ließ der König den Ständen seine Pläne noch einmal ausführlich vortragen. Er wagte es, vom Papst Jubiläumsgelder und Annaten für den Kreuzzug zu fordern. Venedig bezeichnete er klar als das nächste Ziel seines Unternehmens.

Da warf Ende August 1498 ein französischer Überfall auf Burgund[35] alle diese Planungen jäh über den Haufen. Ohne sich um den bestehenden Waffenstillstand zu kümmern, stürmten die Franzosen das von Reichstruppen besetzte Bourbonne und Vergy, metzelten die Besatzungen nieder und verübten furchtbare Grausamkeiten. Sie eroberten nicht nur alle Plätze im Herzogtum Burgund zurück, sondern überschritten sogar die Saône, drangen in die Freigrafschaft ein und belagerten Fouent[36], das Hauptschloß des reichstreuen Marschalls von Burgund. Maximilian hatte Mühe, bei dem herrschenden Schlechtwetter und den grundlosen Wegen seine schweren Geschütze in Sicherheit zu bringen.

Dieser grausam geführte Gegenschlag der Franzosen empörte den König[37] nicht wenig; mehr noch ihr ruhmrediger Bericht, welcher den kaiserlichen Mißerfolg übermäßig vergrößerte. Vielleicht war es wirklich nur ein eigenwilliges Unternehmen französischer Feldhauptleute gewesen, wie König Ludwig später versicherte. Tatsache ist, daß sich der Krieg gegen Frankreich daran neuerdings entzündete. Was Maximilian niemals erreicht hätte, bewirkte dieser Überfall. Auch die Reichsstände konnten sich unter dem Druck der öffentlichen Meinung einem Reichsaufgebot zum Schutz der Grenzländer nicht mehr ganz versagen. In dieser allgemeinen Verwirrung löste sich der Reichstag auf und ging nach Hause.

Maximilian eilte zunächst nach Ensisheim[38], wohin er einen Landtag seiner vorländischen Stände berufen hatte. In persönlicher Ansprache überzeugte er sie von der drohenden Gefahr. Er wetterte gegen die Verräterei der französischen Könige von Ludwig XI. über Karl VIII. bis Ludwig XII. und vergaß nichts, was sie zum Verderben des Hauses Burgund versucht hätten;

er tadelte ihre Überfälle auf Italien, ihre Anschläge gegen Papst, Reich und Kaiserkrone[39]. So hinreißend habe Maximilian geredet, daß manchem Ständeherrn die Tränen gekommen seien, berichtet der Mailänder Gesandte Brascha. Von der Stimmung der Stunde hingerissen, gelobten sie, für ihren König alles hinzugeben.

Die Wirkung des königlichen Aufgebotes im Südwesten war gewaltig. Auch der Schwäbische Bund rückte ins Feld[40]. Alles, was Waffen tragen konnte, lief zu den Fahnen. Die Straßen quollen von vormarschierenden Truppen über. „Wäre genug Geld vorhanden gewesen, hätte man in fünfzehn Tagen so viel Kriegsvolk beisammen gehabt, um nach Paris zu marschieren.“ Die habsburgischen Landschaften, die Reichsstädte, der Schwäbische Bund leisteten Hilfe auf eigene Kosten. Die nationale Leidenschaft der deutschen Grenzländer schien an diesem Krieg jäh entzündet.

Frankreich hatte währenddessen den Waffenstillstand genützt und ein Heer aufgestellt, mit dem es „der ganzen Welt entgegentreten“ könnte. Nicht grundlos vermutete Maximilian, daß seine Gegner im Reich mit dem König von Frankreich geheime Verhandlungen führten und ihm „unüberwindliche Schmach“ zufügen wollten[41]. Die Vernichtung des Reichsheeres durch den Überfall auf Hochburgund war allerdings mißlungen; aber die Saônefront hielten die Gegner so fest in der Hand, daß der deutsche König auf weiterreichende Erfolge nicht mehr hoffen konnte.

Im Kriegsrat gab es viele, die zum Frieden rieten; unter ihnen Friedrich von Sachsen und den spanischen Gesandten Fuensalida[42]. Aber der König setzte sich über alle Bedenken hinweg. Wenn er nur vier Reisige besitze, wage er eine Schlacht, sagten die Franzosen von ihm; er werde sie darin nicht enttäuschen[43]. Wie könne er den letzten Überfall, die Gewalttaten der Franzosen und den Bruch des Waffenstillstandes straflos hinnehmen? Aber nur Brascha unterstützte seinen Kriegseifer und versäumte nicht, die führenden Hofleute, wie den Grafen Fürstenberg, Lang und Maßmünster, durch Geschenke zu gewinnen.

Maximilian war eben in der Gegend von Besançon, als er erfuhr, die Schweizer hätten Chalon-sur-Saône besetzt und wären bereit, die Stadt gegen ein entsprechendes Entgelt den Deutschen auszuliefern. Aber das französische Gold wog schwerer. Sofort zahlte Ludwig XII. den Schweizern ihre alten Soldrückstände und erhielt dafür diese wichtige Stadt zurück[44].

Seit Mitte September lagen die Fronten längs der Saône und der Maas fest. Größere Erfolge waren nicht mehr zu erwarten, zumal die gute Jahreszeit vorbei war. Maximilian hoffte, durch den bloßen Druck seiner 20.000 bis 25.000 Mann Truppen Frankreich verhandlungsbereit zu stimmen. In der Tat meldete sich Mitte September der französische Botschafter Tinteville neuerdings mit Friedensangeboten[45] seines Königs. Aber weil die Franzosen gerade damals eine Heeresgruppe unter Robert de la Marche nach Geldern geschickt hatten, um den Aufstand neu zu entfachen und Herzog Karl zu unterstützen, erschien ein Friede wieder in die Ferne gerückt. „Wenn Karl (der Kühne) an meiner Stelle wäre“, sagte Maximilian damals zum Mailänder Gesandten Brascha, „und ich an der Stelle meines Sohnes, dann würden wir den Übermut der Franzosen sehr rasch bändigen.“[46] Vergeblich suchte ihn Brascha zu überzeugen, daß Waffenstillstand oder Friede mit Einschluß Mailands unter den gegebenen Umständen das beste sei.

Maximilian teilte nun sein Heer und verfolgte mit einer kleinen Abteilung die Franzosen über Vesoul und Toul nach Metz[47], indes sich Vergy und Baudrecourt weiterhin an der Saône kampflos gegenüberlagen. Es kam dort zu kleineren Überfällen und Plünderungszügen, aber nirgendwo zu größeren Kampfhandlungen.

In Metz, wo der König einige Zeit verweilte und die Reichsherrschaft in Erinnerung brachte, wurden durch Vermittlung der Herzoge von Sachsen und Lothringen die Verhandlungen mit den Franzosen wiederaufgenommen. Man kam jedoch keinen Schritt voran[48]. Eine persönliche Zusammenkunft der Könige scheiterte am gegenseitigen Mißtrauen. Unnachgiebig beharrte Ludwig XII. auf seinen Ansprüchen gegen Burgund und Mailand. Er konnte nunmehr warten, denn seine Lage besserte sich von Woche zu Woche, während die deutschen und die Schweizer Knechte aus Mangel an Sold die Stellungen an der Saône verließen und nach Hause gingen. In Geldern flammte, von den Franzosen geschürt, die Rebellion empor. Außerdem traf sichere Nachricht ein, daß Spanien mit Frankreich Frieden geschlossen habe[49]. Maximilian, obwohl zutiefst verletzt, ging nachsichtig darüber hinweg. Sollte er Spanien, seinen wichtigsten Bundesgenossen, vollends verlieren? Aus diesem Feldzug war nicht mehr viel herauszuholen; die Heilige Liga war ein Fetzen Pergament.

Verdrossen verließ der König am 5. Oktober Metz. Er wußte, daß Robert de la Marche mit seinen Franzosen das Lütticher Kirchenland unsicher machte und nach Geldern strebte. Maximilian beschloß, sie zu verfolgen, und erreichte über Luxemburg die Stadt la Marche; aber Robert hatte sie bereits verlassen[50]. Rechtzeitig gewarnt, entkam er über St. Hubert und Namur nach Frankreich. Nur eine Abteilung von 200 Reitern fiel dem König in die Hände.

Die Kriegslust war mit der kalten Jahreszeit beiderseits abgekühlt. Vergy und Baudrecourt schlossen Mitte Oktober auf eigene Verantwortung einen Vergleich, der mit Zustimmung ihrer Könige zu einem dreimonatigen Waffenstillstand[51] führen sollte.

3. Erzherzog Philipps französische Politik. Maximilians Feldzug gegen Geldern[1] (1498/99)

So weit war Erzherzog Philipps französische Sonderpolitik gegangen, daß er im Einverständnis mit dem Papst und Herzog Ludovico Moro dem König von Frankreich gegen den Willen des Vaters einen allgemeinen Frieden und seine Schwester Margarethe als Gemahlin anbot, außerdem auf alle burgundischen Ansprüche verzichtete, ein Vorschlag, den Maximilian als „ehr- und würdelos" zurückwies. Er soll sogar daran gedacht haben, das Römische Königtum mit der Hand seiner Tochter dem Kurfürsten von Sachsen zuzuwenden.

Voll Sorge näherte sich Maximilian den Niederlanden. Er hatte gehofft, seinen Sohn zum Besuch des geplanten Reichstages in Worms oder Köln zu bestimmen, um ihn zum „Gehorsam" zurückzuführen. Darin sah er die Grundlage künftiger Erfolge[2]. Auf dem Reichstag würde man den Frieden mit Frankreich und den gemeinsamen „Türkenkrieg" verhandeln; dort könne man die Störer der christlichen Eintracht gemeinsam zurechtweisen. Würde sich Erzherzog Philipp den persönlichen Mahnungen seines Vaters widersetzen, wovor der spanische Gesandte gewarnt hatte? Würde der Ungehorsam des Sohnes vor den Augen ganz Europas offenbar werden und die gemeinsame Sache des Hauses schwächen? Der König seufzte, sooft er von Erzherzog Philipp sprach: „Wenn ich über meinen Sohn Macht hätte, wüßte ich, was zu tun wäre."

Ende Oktober traf Maximilian mit Philipp in Brüssel und Löwen[3] zusammen. Als er seine Schwiegertochter zum ersten Mal sah, zeigte er sich überglücklich: „Was ist doch der Herrgott für ein guter Ehestifter, daß er einem solchen Mann solch eine Frau gab", rief er aus[4]. Als Juana aber nur eine Tochter (Eleonore) gebar, war der Großvater so enttäuscht, daß er noch vor der Taufe abreiste[5]; hatte er sich doch in seiner Sorge um die Erbfolge einen Sohn erwartet; nicht minder erzürnte ihn der hartnäckige Widerstand Erzherzog Philipps.

Maximilian wünschte den Krieg gegen Frankreich fortzusetzen, aber alle Versuche, den Sohn vom Bündnis mit Frankreich abzubringen, schlugen fehl. Philipp war in der Hand seiner Räte ein „ganzer Franzose" geworden. Der Widerstand des Sohnes, Soldmangel und der einbrechende Winter zwangen Maximilian, jenen Waffenstillstand anzunehmen, den die Herzoge von Sachsen und Lothringen namens des Reiches mit dem König von Frankreich vereinbart hatten[6].

Damals (10. November) verließ Herzog Friedrich von Sachsen, der seit 1497 Statthalter des königlichen Regiments gewesen war, den Hof[7]. Differenzen über die Frankreichpolitik und persönliche Spannungen mit einflußreichen Hofleuten, vor allem mit Lang und Sernteiner, mögen seinen Abschied veranlaßt haben; außerdem wohl das stille Einvernehmen mit seinen kurfürstlichen Standesgenossen, die auf eine Beseitigung des königlichen Regimentes hinarbeiteten. Auch dürfte die sehr eigenwillige Geschäftsführung Maximilians einem Mann vom Selbstbewußtsein Herzog Friedrichs zu wenig Spielraum gelassen haben. Der sächsische Gesandte Bünau hatte den „Parteiwechsel" mit Geschick vorbereitet und über seine achtstündigen Verhandlungen mit Erzkanzler Berthold zwar ausführlich, aber doch nur in Andeutungen berichtet[8]: man war sich einig, daß der Sachse künftig ganz die Partei des Mainzers nehmen, ihn alle Geheimnisse wissen lassen werde und daß man auch die andern zu gewinnen hoffte; offenbar wollte man dem König auf dem nächsten Reichstag gemeinsam entgegentreten.

Bei den folgenden Verhandlungen[9] mit dem König von Frankreich stand Forderung gegen Forderung. Maximilian lehnte den Pariser Vertrag seines Sohnes entschieden ab und verlangte einen dauerhaften Frieden, der nicht nur die burgundischen Streitfragen entschied, sondern auch Mailand und Geldern garantierte, wovon

Ludwig XII. nichts wissen wollte. Der König von Frankreich ließ sich von Mailand und damit von Italien nicht fernehalten. Einflüsse in Venedig und Unteritalien, die ihm Maximilian zugestehen wollte, lagen für Frankreich zu weitab und waren ohne Mailand weder zu gewinnen noch zu behaupten, wie sich bereits gezeigt hatte. Ludwig XII., der damals das Bündnis mit Venedig bereits so gut wie sicher in der Tasche hatte[10], benützte diese Verhandlungen mit dem künftigen Kaiser wohl nur, um die Venezianer anzutreiben. Es ging im Grunde um die Vorherrschaft über Italien, auf die keine der beiden Mächte verzichten wollte. Daran scheiterte auch der Friede.

So blieb es bei einem Waffenstillstand[11] von zunächst drei Monaten, der am 8. November 1498 beginnen sollte und später noch einmal um drei Monate verlängert wurde. Mailands geschah dabei keine Erwähnung. Maximilian weigerte sich, die Friedensgespräche von Namur (November 1498) zu beschicken, wo Niederländer und Franzosen nur auf der Grundlage von Senlis (1493) weiter zu verhandeln wünschten.

Die Schuld am Mißerfolg des Feldzuges schob der König ungerechterweise ganz auf Ludovico Moro[12]: er habe ihm 60.000 Gulden für den Krieg versprochen, aber nur die Hälfte bezahlt und auch diese nicht zur rechten Zeit. Seinetwegen habe Maximilian den Krieg gegen Frankreich begonnen, sei aber im Stiche gelassen worden, weshalb er das Unternehmen vorzeitig abbrechen mußte; die Schuld für alle Folgen müsse sich der Herzog selber zuschreiben. Als die Mailänder Gesandten bescheiden auf die gewaltige Summe von 900.000 Gulden hinwiesen, die ihr Herr binnen weniger Jahre dem König vorgestreckt habe, verwies Maximilian auf seine Verdienste um die Erhaltung des Mailänder Staates, von denen er anständigerweise nicht so viel Aufhebens mache. So zornig zeigte er sich über Ludovico, daß er zeitweilig alle Beziehungen abbrach. Wie sehr sich der Herzog auch bemühte, die Gunst des Königshofes wiederzugewinnen, man ließ ihm die Ungnade spüren, bis man ihn wieder brauchte.

Nach dem 12. November eilte Maximilian auf den geldrischen Kriegsschauplatz und zwischendurch kurz nach Köln, wohin er den nach Worms geladenen Reichstag zu verlegen gedachte[13]. Erzherzog Philipp und die Niederlande aber hielten sich vom Geldernkrieg völlig ferne. Der Sohn bemühte sich vielmehr, seinen Vater mit dem König von Frankreich auszugleichen, was indes völlig aussichtslos war, da Ludwig XII. bereits seinen Anschlag gegen Mailand vorbereitete.

So schienen die Beziehungen des Königs zu seinem Sohn und zu den Niederlanden völlig verworren[14]: weder ließ sich Philipp von der französischen Gefahr überzeugen noch ließ sich Maximilian den Pariser Frieden gefallen. Über den Streit gingen die tollsten Gerüchte[15] um. So weit war es gekommen, daß Erzherzog Philipp bei den niederländischen Generalstaaten, die am 20. Dezember 1498 in Brüssel zusammentraten, Unterstützung gegen den Unmut des Vaters suchte: nachdem er den Ständen den Hergang des Pariser Friedens, zu dem ihn die Franzosen durch Kriegsdrohung gezwungen hätten, vorgetragen und ihren Rat erbeten[16] hatte, antworteten die Stände, er möge an diesem Frieden festhalten, da sie die Lasten eines Krieges nicht tragen[17] könnten. Ähnlich entschieden sie über Krieg oder Frieden mit Geldern.

Geldern[18] war eine ewig schwärende Wunde am burgundischen Staatskörper. Als Maximilian im Spätsommer 1494 die Niederlande seinem Sohn Philipp übertrug, hatte sich Karl von Egmont einer Lösung der geldrischen Frage durch Flucht entzogen. Ebensowenig stellte er sich einer Entscheidung des Wormser Reichstages, verachtete auch das Verfahren des Reichskammergerichtes[19] und setzte mit Unterstützung Frankreichs seinen Kleinkrieg gegen die Habsburger fort. Vergeblich hatte Maximilian den Sohn 1496 an sein Hoflager geladen, um dessen Kriegseifer gegen Frankreich und Geldern etwas anzuspornen. Während der König 1496 nach Italien zog, und Albrecht von Sachsen an der Nordfront den Krieg gegen Frankreich eröffnen sollte[20], erhob sich ganz Geldern, ohne daß Erzherzog Philipp etwas dagegen unternommen hätte. Der burgundische Rat kümmerte sich um die königlichen Feldherrn und ihre Geldsorgen nicht im geringsten[21]. Immer mehr entzogen sich die Niederlande dem Einfluß Maximilians. Vergebens suchte er seine burgundische Stellung zu stärken, indem er neben dem burgundischen einen österreichischen Zweig des Ordens vom Goldenen Vlies begründen wollte. Seine Vorschläge wurden abgelehnt[22].

Der Kleinkrieg in Geldern mit seinen Wüstungszügen und Belagerungen zog sich auch während des ganzen Jahres 1497 ohne entscheidenden Erfolg hin. Am 22. Dezember 1497 schloß Erzherzog Philipp einen Waffenstillstand[23] ab, ohne sich um seinen Vater zu kümmern.

Nach dem Thronwechsel in Frankreich beschloß Maximilian, zugleich mit der Rückgewinnung des Herzogtums Burgund auch die Geldernfrage zu lösen. In Freiburg angekommen, ging er am 19. Juni 1498 mit den Herzogen von Jülich und Cleve einen Vertrag zur Niederwerfung Gelderns[24] ein und versprach, so viele Truppen dafür bereitzustellen, daß Herzog Albrecht von Sachsen ausrief: „Geldern ist erledigt!"[25] — Welche Täuschung!

Erzherzog Philipp ließ sich inzwischen für den Pariser Frieden gewinnen, mit dem er auch alle Ansprüche auf Geldern preisgab[26]. Anderseits unterstützte Ludwig XII. Geldern noch viel tatkräftiger, als dies sein Vorgänger getan hatte.

Da Maximilian während des Sommers 1498 zunächst Burgund und die Champagne angriff[27], mußten Albrecht von Sachsen und die Herzoge von Jülich und Kleve den Krieg gegen Geldern allein beginnen[28]. Sie sollten über königlichen Auftrag die Festungen Erkelenz und Straelen belagern und das umliegende Land verwüsten. Nachdem sie Erkelenz rasch genommen[29] hatten (21. August 1498), kam der Feldzug zum Erliegen. Der Sold blieb aus, und bedeutende französische Verstärkungen veränderten die Lage.

Erst im November 1498 erschien der König, begleitet von seinem Obersten Feldhauptmann Albrecht von Sachsen, dem Herzog Georg von Bayern, den Herzogen von Jülich und Kleve, mit einer kleinen Truppenmacht in Geldern. Seinen Sohn hatte er auch jetzt zur Kriegshilfe nicht bewegen können. Er durchstreifte von Löwen aus über Sittard, Gladbach, Mörs, Neuß, Wachtendonk, Straelen, Geldern, Köln (Dezember 1498 bis Januar 1499), Emmerich, Kleve, Grave, s'Hertogenbosch, Maastricht, Mecheln, Antwerpen und Goch das ganze geldrische Kriegsgebiet[30]. Echt und Nieuwstad wurden erobert; Venlo widerstand; Straelen mußte sich nach wochenlangen Stürmen am 8. Dezember 1498 den Königlichen ergeben[31]. Um die Jahreswende 1498/99 wurden einige Kastelle in der Umgebung von Nymwegen erobert. Der Herzog von Kleve belagerte Doetinchen, während Maximilian Mitte Januar von Emmerich aus zum Angriff auf Zutphen ansetzte. Geldern schien allenthalben überrannt, teils unterworfen, teils umfaßt, so daß sich die Bannerherren des Landes am 14. Januar 1499 dem Römischen König unterwarfen[32]. Im Februar konnten die Nymwegener zurückgeschlagen und Arnheim so sehr bedrängt werden, daß Karl von Egmont aus der Stadt entfliehen mußte. Maximilian wähnte sich nun so stark, daß er glaubte, alle Vermittlungsversuche, auch die der Kurfürsten, zurückweisen[33] zu dürfen.

Der König blieb mit seinen Anstrengungen in Geldern allein; von den Niederländern erhielt er mitunter schöne Worte, aber keine Unterstützung[34]. Dagegen gestattete man den Franzosen, sogar durch niederländisches Gebiet hindurch ihre Verstärkungen nach Geldern zu verschieben[35]. Daher konnte Karl von Egmont nicht völlig besiegt werden.

Am 28. Februar 1499 bestellte Maximilian Erzherzog Philipp und die Generalstaaten nach Antwerpen[36] und forderte von ihnen Kündigung des Pariser Friedens, weiters eine Geld- und Truppenhilfe zunächst gegen Geldern und Franzosen, außerdem gegen die Türken und die Übernahme der alten Schulden aus den Zeiten der Vormundschaft. Es war die Rede von etwa 100.000 Goldgulden. Am 3. März erinnerte Maximilian die Stände, daß er eine einmalige Entschädigung für die Eroberung Gelderns und für seine Dienste während der Regentschaft angemessen fände. Aber die Generalstaaten, die erst nach Maximilians Abreise zur Beschlußfassung zusammentraten, lehnten alles ab[37]. Kein Wunder, wenn man im Reich munkelte, Vater und Sohn wären völlig zerfallen, so daß Maximilian beteuern mußte, sein Verhältnis zu Philipp und den Niederlanden sei „ganz recht"[38].

Bereits im Februar-März 1499 trafen den König die ersten Niederlagen durch die Eidgenossen im Vinschgau, bei Vaduz, bei Hard am Bodensee und im Bruderholz bei Basel. Der eidgenössische Krieg ließ sich alsbald so gefährlich an, daß an eine Fortsetzung des Feldzuges gegen Geldern nicht mehr zu denken war, zumal Maximilian seine besten Truppen gegen die Schweizer abstellen mußte.

Der Geldernkrieg verlor sich nun in lokalen Unternehmungen, bei denen der König von Frankreich das Gesetz des Handelns immer mehr an sich riß, ohne daß Erzherzog Philipp dagegen aufgetreten wäre. Nachdem die königlichen Truppen abgezogen waren, gingen die geldrischen Plätze der Reihe nach verloren. Am 20. Juli 1499 schlossen die Herzoge von Jülich und Kleve mit Karl von Geldern einen Waffenstillstand für ein Jahr und übertrugen den Schiedsspruch über ihre Streitigkeiten dem König von Frankreich. Damit war für den Römischen König infolge der eidgenössischen Siege auch Geldern, vorläufig wenigstens, verloren.

Erzherzog Philipp unterwarf sich ganz der französischen Politik. Am 5. Juli 1499 leistete er dem Stellvertreter des Königs von Frankreich zu Arras den Lehenseid für Flandern[39] und gelobte, „ihm ohne Vorbehalt wider jedermann zu dienen". Dafür erhielt er die Städte Béthune, Aire und Hesdin zurück. Dies geschah in dem Zeitpunkt, da Maximilian von den Eidgenossen auf das äußerste bedrängt wurde und Ludwig XII. zum entscheidenden Schlag gegen Mailand ausholte. Was die alten Burgunderherzoge durch Jahrhunderte beharrlich verweigert hatten, nahm Erzherzog Philipp nun willig hin: die französische Vasallität. Für Ludwig XII. war dies ein großer diplomatischer und militärischer Erfolg. Innerhalb eines Jahres war es ihm gelungen, den Ring, den die Liga um Frankreich gelegt hatte, zu sprengen und den Römischen König in jene verhängnisvolle Isolation zu drängen, die er den Franzosen zugedacht hatte.

4. Auflösung der Heiligen Liga. Bündnis Frankreichs mit Venedig

Ein schlimmerer Brand als je zuvor werde Italien heimsuchen, wenn nicht der barmherzige Gott seine schützenden Hände ausbreite; so hatte Alexander VI. gewarnt. Er war klug genug, sich beizeiten selber zu helfen.

In einem zwielichtigen politischen Spiel vollzogen die Venezianer und der Papst nach 1497 Schritt für Schritt ihre Lösung von der Heiligen Liga und die allmähliche Wendung zum König von Frankreich[1], während Maximilian, selbst nach den Enttäuschungen des Italienzuges, an der Liga festzuhalten suchte, weil er mit ihrer Hilfe Frankreich angreifen, Italien sichern und die burgundischen Länder zurückgewinnen wollte. Von den italienischen Mächten hielt nur Mailand[2], von kleinen Seitensprüngen abgesehen, beharrlich an der Liga fest. Wenn die Mailänder Gelder reichlich flossen, überhäufte Maximilian den Herzog mit überschwenglichen Freundlichkeiten: er werde mit ihm in Mailand und Tirol residieren, werde ihm in Innsbruck eine Residenz errichten; sie würden miteinander jagen[3]. Offenbar hatte die gemeinsame Jagd im Vinschgau schöne Erinnerungen hinterlassen.

Auch die Signorie von Venedig[4] hielt es zunächst noch für geraten, an der Heiligen Liga festzuhalten, wenn man auch fand, daß der Römische König „durch seinen Eigensinn und seine politische Kurzsichtigkeit die Schwierigkeiten unterschätze"[5]. Wenngleich Maximilian nicht versäumte, die Signorie bei jeder Gelegenheit zu umwerben, kühlte sich das gegenseitige Verhältnis doch immer mehr ab. Es gab eine Reihe von Unstimmigkeiten, die beide Mächte trennten. Zunächst war es ein Gebietstausch, den Maximilian mit dem letzten Grafen von Görz abschloß[6] (1497), der klar erkennen ließ, daß er seine Hand auf das ganze Görzer Erbe zu legen gedachte[7]. Nicht grundlos fürchteten die Venezianer, daß sich Maximilian mit Frankreich auf eine „Teilung Italiens" einlassen und dabei die „Terra ferma" an sich reißen könnte; wußte man doch, daß er wiederholt mit diesem Gedanken spielte. Außerdem hatte er den Markgrafen von Mantua, der wegen geheimer Machenschaften mit den Franzosen aus venezianischen Diensten entlassen worden war, zum Generalkapitän des Reiches in Italien[8] bestellt. Besonders aufreizend empfanden es die Venezianer, daß ihnen Maximilian und die Mailänder den Zugang nach Pisa sperrten, um diese Stadt, für deren Gewinn die Signorie bereits 300.000 Dukaten verwendet hatte, den Florentinern zurückzustellen. Schwer ertrug die Signorie die Prahlereien und Drohungen Ludovicos: der Doge sei sein Zahlmeister[9] usw.; wenn nötig, werde er, Ludovico, so viele Türken heranführen, daß die Venezianer verloren seien[10]. Wenn die Franzosen diesem Prahlhans sein Land wegnahmen, wollte Venedig nicht leer ausgehen. Daß das Reich als Lehens- und Schutzherr Mailands nicht zu fürchten war, hatte sich allzu deutlich gezeigt.

Aus allen diesen Gründen rückte Venedig allmählich vom Römischen König und der Liga ab, um sich den Franzosen zu nähern. Hatte Karl VIII. aus seinem Widerwillen gegen die „Händlerrepublik" niemals ein Hehl gemacht, so lieh dagegen Ludwig XII. den venezianischen Angeboten ein williges Ohr, zumal seit ihn Maximilian mit Forderungen nach der Rückgabe Burgunds und einer Garantie für Mailand bedrängte und seine Truppen nach Frankreich einrücken ließ. Ludwig nahm die Venezianer mit offenen Armen auf: sie sollten sich nur mit Frankreich verbünden, dann brauchten sie keine Macht der Welt zu fürchten.

Ludwig XII. erkannte klar, daß er zur Eroberung Mailands der Unterstützung der Venezianer bedürfe[11]. Schon seine Krönungsanzeige an Venedig floß von Freundlichkeiten über und wurde von der Signorie sofort mit einer Sondergesandtschaft beantwortet, während die diplomatischen Beziehungen zur Liga abgebrochen wurden. So trieben die Spannungen in Italien die Venezianer ganz auf die andere Seite. Maximilian, der das allmähliche Abschwenken der Republik wohl merkte, vermochte es weder durch Angebote noch durch Drohungen zu verhindern. Auch der Papst, der die gleichen heimlichen Wege einschlug, fühlte sich durch die Venezianer ermutigt.

Nicht geringe Schuld am Zerfall der Liga trug Erzherzog Philipp. Nach Auffassung Maximilians waren auch die Niederlande in die Heilige Liga einbezogen, denn er sah die Rückgewinnung der verlorenen burgundischen Länder und die Erhaltung Reichsitaliens als Hauptziele der Liga an, wenn auch Philipp davon nichts wissen wollte. Als Karl VIII. verstorben war und Maximilian vom neuen König die Rückgabe der burgundischen Länder forderte, leiteten die Niederländer wider alles Erwarten Verhandlungen ein und schlossen bereits am 20. Juli 1498 den Pariser Frieden[12], der am 2. August 1498 ratifiziert wurde. Ebenso schlossen auch die Katholischen Könige am 5. August 1498 mit Ludwig XII. den Frieden von Marcoussis[13], ohne sich um die Hilfsbitten Maximilians zu kümmern. Desgleichen erneuerten die Engländer am 14. Juli den Vertrag von Etaples[14], so daß die Liga zu bestehen aufhörte, wie sehr es die einzelnen Staaten und ihre Gesandten auch zu verhüllen suchten.

Der folgende kurze Waffengang Maximilians gegen die Franzosen in Burgund und in der Champagne offenbarte den beharrlichen Widerstand des Reichstages gegen jeden äußeren Krieg und die Schwächen eines Reichsheeres gegen das kriegsmächtige Frankreich. Venedig und der Papst hatten also nichts zu fürchten, sondern nur zu gewinnen, wenn sie sich dem stärkeren König als Bundesgenossen anschlossen. Ähnlich hielten es die Eidgenossen[15], die bei den wachsenden Spannungen gegenüber Schwaben und Tirol der Hilfe Frankreichs bedurften. Auch sie leiteten Bündnisverhandlungen ein und schlossen am 16. März 1499 eine zehnjährige Einung mit dem König von Frankreich ab[16].

Was der Burgunderkrieg des Jahres 1498 ahnen ließ, machte der Schweizerkrieg nach den ersten Gefechten im Frühjahr 1499 aller Welt offenkundig: die völlige Unterlegenheit des deutschen Staatenbundes und der Wehrkraft des Reiches gegenüber einem entschlossenen Gegner, zumal wenn dieser von Frankreich unterstützt wurde.

Die eidgenössischen und französischen Erfolge brachten nun auch die Bündnisverhandlungen Venedigs mit Frankreich, die im August

1498 begonnen hatten, rasch voran. Bereits am 18. November 1498 nahm die Signorie zu den französischen Vorschlägen Stellung: man kam den Franzosen in jeder Weise entgegen und lieferte ihnen den Mailänder Staat fast bedingungslos ans Schwert. Diesmal waren es die Venezianer, die Frankreich nach Italien riefen[17].

Kein Wunder, daß sich in Venedig gegen eine derartige Politik starke Gegenkräfte regten. Aber Ludwig XII. verstand es, den Eifer der Signorie anzuspornen, indem er wissen ließ, man stehe gleichzeitig mit dem Römischen König in Verhandlungen, der den Franzosen sowohl den Mailänder Staat als auch Teile der Markusrepublik angeboten habe, um selber den Rest zu beanspruchen. Mit diesen Windbeuteleien gelang es, die Gegenpartei in Venedig mundtot zu machen und die Signorie zu raschen Entschlüssen anzutreiben.

Am 8. Februar 1499 wurden zu Angers die letzten Artikel ausgehandelt und am 15. April zu Blois vom französischen König ratifiziert[18]. Mit großen Freudenkundgebungen feierte man die umstürzende Neuigkeit in Venedig. Ahnte die Signorie, daß sie sich vom gefährlichsten Feind der italienischen Freiheit hatte vorspannen lassen?

Das Vertragswerk von Angers-Blois vereinbarte ewigen Frieden und Freundschaft zwischen Frankreich und Venedig. Die Signorie wollte Ludwig XII. bei der Unterwerfung Mailands mit einem ansehnlichen Kriegsvolk unterstützen, wofür sie gewisse Mailänder Plätze erhalten sollte; werde Venedig aber gleichzeitig von den Türken angegriffen, sei es dieser Hilfeleistung enthoben. Solange Maximilian Frankreich bekämpfe, solle Venedig Mailand bekämpfen; würde aber Venedig von den Deutschen angegriffen, so wolle der König von Frankreich der Signorie zu Hilfe eilen.

Damit war der Absprung Venedigs von der Heiligen Liga, der schon seit 1497 in der Luft lag, endgültig vollzogen, die Heilige Liga vollständig aufgelöst und Italien der französischen Großmacht ausgeliefert: denn nicht nur gegen Mailand richtete sich der Vertrag; auch gegen Neapel, Ferrara, Mantua, Bologna, Forli, Pesaro und Florenz hatte sich Ludwig XII. Handlungsfreiheit ausbedungen. Der Untergang der italienischen Freiheit für Jahrhunderte war besiegelt. Den Papst in diese Verhandlungen einzubeziehen, wie es der König von Frankreich gewünscht hatte, lehnten die Venezianer entschieden ab; es genüge, ihm den Beitritt offenzuhalten.

Ludwig XII. hatte seit 1498 auch mit dem Papst eifrig verhandelt und dessen Sohn Cesare, der eben den geistlichen Stand und das Kardinalat abgelegt hatte, das Fürstentum Valence und eine französische Prinzessin angeboten, womit Alexander VI. leicht gewonnen werden konnte[19]. Dafür erhielt Ludwig XII. die doppelte Dispens für die Scheidung von seiner ersten Frau und die Heirat mit der Witwe seines Vorgängers, Anna von der Bretagne. Der königliche Minister George d'Amboise erhielt außerdem den roten Hut. Damit schienen enge politische Beziehungen zwischen dem Papst und Frankreich grundgelegt.

Auch Alexander VI. gab bedenkenlos die Liga preis. Obwohl ihn spanische, portugiesische und deutsche Gesandte wegen seiner französischen Politik, seines unverschämten Nepotismus und seiner ungeistlichen Haltung im Konsistorium auf die schärfste Weise zur Rede stellten[20], steuerte der Papst nun doch seine neuen Ziele an, wenn er auch, nach außen hin, noch geraume Zeit das alte politische Spiel mit Maximilian fortzuführen suchte. Während Nuntius Chieregati sich im Sommer 1498 am deutschen Hoflager noch um die Liga bemühte[21], ließ ihn der Papst durch Monate ohne jede Instruktion, da er heimlich längst andere Wege eingeschlagen hatte[22]. Erst im August begann Maximilian den Richtungswechsel der römischen Politik allmählich zu durchschauen und machte sich in Zornesausbrüchen Luft: er werde dem Papst ein Schisma an den Hals hängen und den Gehorsam des Reiches verweigern[23]; stimmten die deutschen Fürsten nicht zu, werde er ihm wenigstens die Erbländer entziehen. Wutentbrannt wies der König den unschuldigen Nuntius von seinem Hoflager und aus dem Reich, was der Papst als Anlaß für seinen Parteiwechsel vorschützen konnte. Gewiß wünschte er keine schrankenlose Vorherrschaft Frankreichs; aber er sah die Katastrophe kommen und wollte sich beizeiten sichern.

Alexander VI., der nichts anderes im Kopfe hatte, als die weltliche Machtstellung seines Sohnes und „dafür St. Peter und Paul samt dem lieben Gott und dem ganzen Himmel verkauft hätte"[24], verschrieb sich nun ganz dem französischen König. Wenn auch ungern, so willigte er schließlich doch in die Vertreibung Ludovicos aus Mailand, obwohl er nicht zuletzt der Familie Sforza seine Papstwahl zu verdanken hatte. Zwar ist Alexander VI. dem französisch-venezianischen Bündnis zur Vertreibung der Sforza nicht namentlich beigetreten[25], aber er äußerte, er werde sich nicht unter das Joch des Kardinals Ascanio Sforza begeben: „Wir stehen auf seiten des französischen Königs, weil er unseren Cesare liebt. Die Mailänder Dynastie muß vernichtet werden."[26]

Was nützten die Warnungen[27] Ludovico Moros? Maximilian vermochte auf den Papst nicht den geringsten Einfluß zu nehmen. Kardinal Ascanio Sforza mußte aus Rom flüchten. Als Frankreich zum Schlag gegen Mailand ausholte, triumphierte der Papst bei jedem Sieg des französischen Heeres[28], um so mehr, als Ludwig XII. Cesare bei dessen Eroberungen in der Romagna unterstützte. Als ein Bote den endgültigen, zweiten Fall Mailands meldete, wies ihm der Papst voll Freude 100 Dukaten an. Wie man hörte, dachte der bedenkenlose Zyniker auf dem Stuhle Petri über Einwirkung Frankreichs bereits daran, die Ehe König Wladislaws von Ungarn mit Beatrix von Neapel zu trennen, um Ungarn für eine neue französische Heiratsverbindung frei zu machen, die Maximilians Pläne im Osten stören sollte[29].

Die kleineren Mächte Italiens konnten nur dem Beispiel des Papstes und Venedigs folgen, sich den Wünschen Frankreichs unterwerfen und die Einkreisung Moros vollenden helfen. Das Reich war aus Italien fast ganz verdrängt.

Die Isolierung König Maximilians führte zu den Niederlagen des Schweizerkrieges, zum Verlust Mailands, zum Entzug des Reichsregiments und zum Zusammenbruch der gesamten Kaiserpolitik, wie sie Maximilian seit 1493 ins Auge gefaßt hatte. Der Papst schien dem König von Frankreich bereits den Vorrang unter den christlichen Fürsten einzuräumen, ihm die Führung im kommenden Kreuzzug zu übertragen. Er sprach es offen aus, daß eigentlich der König von Frankreich zum Haupt der Christenheit berufen sei[30]. Mit Recht mußte Maximilian fürchten, daß ihn der Papst aus seiner kaiserlichen Vorrangstellung verdrängen wolle.

5. Gefahren im Osten: die Türkenfrage 1493—1503

Die deutsche Geschichtsschreibung hat die türkische Großmacht[1] gerne unterschätzt. So meinte Fueter, die Türken hätten für Europa niemals eine echte Gefahr bedeutet[2]. Im Osten freilich sah und erlebte man dies völlig anders; zumal für Österreich blieb der „Kreuzzug" seit dem Fall von Konstantinopel, besonders nach den stets wiederkehrenden türkischen Überfällen auf Steiermark, Kärnten, Krain und Friaul, nach der Eroberung Ungarns und den Vorstößen gegen die Hauptstadt Wien, ein ernstes Anliegen. Durch Jahrhunderte erinnerte man sich Abend für Abend beim Schlag der Türkenglocke an diese tödliche Gefahr.

Seit 1453 beherrschte die türkische Großmacht[3] mit ihren ständigen Angriffen den ganzen Südosten Europas. Selbst Matthias Corvinus lebte mehr vom Glücksfall, daß die Hohe Pforte nach der Sturmphase von 1453 bis 1456 einer Ruhepause bedurfte, als von seiner Staats- und Kriegskunst. In den österreichischen Erbländern, aber auch in Italien, die jederzeit von der türkischen Invasion überschwemmt werden konnten, betrachtete man die Türken als das eigentliche Schicksal: Das Dasein der christlichen Oststaaten, Polens, Böhmens, Ungarns, aber auch Österreichs, Venedigs, ganz Italiens, ja selbst der Kirchenstaat, schien vom Großherrn in Konstantinopel abzuhängen.

Trotz seiner starken Westorientierung betrachtete Maximilian die Türkenfrage als eine Hauptaufgabe seines Lebens, wenn ihm auch die Einheit der christlichen Mächte, die er langehin nur durch eine Unterwerfung Frankreichs glaubte erzwingen zu können, stets als Voraussetzung eines Türkenzugs erschien.

Schwierigkeiten im Osten waren es bekanntlich gewesen, die Maximilians Königswahl ausgelöst hatten. Der Türken und Ungarn wegen hatte sich der König entschlossen, den fünfzehnjährigen Krieg gegen Frankreich durch den Frieden von Senlis (1493) abzuschließen[4]. Er sah im Kreuzzug eine Ehrenpflicht des christlichen Kaisers und hörte nicht auf, dafür zu werben, auch wenn ihm die Weltlage jede reale Möglichkeit dazu versperrte, denn reale und irreale Motive flossen ihm dabei ineinander. Die erlebte Türkengefahr seiner österreichischen Heimat und der burgundische Kreuzzugsmythos hatten seine Ostpolitik geprägt. Mit Kreuzzugsplänen begann seine Alleinherrschaft im Reich, mit Kreuzzugsplänen endete sie. Wenn auch sein „Kreuzzug" über Pläne und Ansätze zeitlebens nicht hinauskam, wird man seine ehrliche Absicht doch nicht verdächtigen dürfen. Es ist gewiß richtig, daß er zeitweilig etwas anderes meinte, wenn er von „Türkenhilfe" redete. Aber das blieb doch Ausnahme und war nicht die Regel. Der Oberbefehl über einen Kreuzzug aller christlichen Könige und Fürsten wäre ihm die Erfüllung seines Lebens gewesen. Er wolle das „schwarze Trauergewand" nicht ablegen, ehe er nicht den großen Kreuzzug unternommen habe[5], sagte er in den ersten Regierungsjahren immer wieder. Inmitten aller großen und kleinen Hemmnisse ließ er den Kreuzzug als Fernziel niemals aus dem Auge; von Zeit zu Zeit trat er beherrschend in den Vordergrund. Der Bischof von Chiemsee, der es wissen konnte, berichtete 1491 dem Kardinal von Siena, der Römische König habe nichts anderes im Sinne, als gegen die Türken zu ziehen: er kenne alle Wege und Stege aus genauer Erkundung, als ob er selber dort gewesen wäre[6]. Die Franzosen hätten Maximilian das gegen die Türken erhobene Schwert aus der Hand geschlagen[7], sagten die königlichen Werbesprecher, als er 1490/91 und neuerdings 1493 unter dem Druck der Westpolitik seine Unternehmungen im Osten einstellen mußte.

Angesichts der Gefahr schienen sogar die Großmächte zeitweilig einem gemeinsamen Türkenfeldzug geneigt. Die Römische Kurie hatte 1489/90 einen Türkenkongreß nach Rom[8] berufen, wobei die Gesandten des Kaisers und des Römischen Königs einen Plan entwickelten, der einen dreijährigen Feldzug zu Land und zur See vorsah und allen ähnlichen Unternehmungen der nächsten Jahrzehnte die Grundlage bot.

Ungern hatte Maximilian die östlichen Länder verlassen, als der Überfall Karls VIII. auf Italien ihn zwang, seine Aufmerksamkeit wieder ganz dem Westen zuzuwenden[9]. Er hatte im Herbst 1493 einen Einfall der Türken nach Krain, Steiermark und Kärnten zurückweisen können[10], war dann, besorgt über die Haltung Frankreichs, nach Westen geeilt, hatte aber weiterhin den Türkenkrieg predigen lassen. Im Osten richtete er indes eine ständige Grenzabwehr ein, die er im nächsten Jahr durch den Wormser Reichstag sogar der Obhut des Reiches unterstellte. Noch im Spätherbst 1494 hatte er von Antwerpen aus Könige, Fürsten und Gläubige zum Kreuzzug aufgemahnt, feierlich den St.-Georgsorden genommen[11] und für den Herbst 1495 einen Türkenzug angekündigt. Allerdings sollte der Kreuzzug erst nach dem Sieg über Frankreich begonnen werden, denn der König sah immer klarer, daß die großen Entscheidungen der nächsten Jahre im Westen fallen müßten. Ohne sicheren Frieden unter den christlichen Fürsten schien ihm ein Kreuzzug ausgeschlossen. Daher ließ er sich sehr gerne von König Wladislaw in den ungarisch-türkischen Waffenstillstand einschließen, der 1495 zu einem Frieden[12] führte.

Während der Jahre des französischen Überfalls auf Italien schien sich vorübergehend sogar ein „freundliches“ Verhältnis der christlichen Mächte zu Sultan Bajezid auszubilden, das auch von Alexander VI. gefördert wurde, der mit dem Großherrn Gesandtschaften und Geschenke wechselte und dessen Hilfe gegen Karl VIII. erbat. Solange der Papst den Bruder des Sultans, den Türkenprinzen Djem[13], und der Römische König den Prätendenten Otman Kalixt[14] (†1496) in Händen hatten, die gewisse Thronrechte geltend machen und von den christlichen Mächten als Gegensultane aufgestellt werden konnten, zeigte sich Bajezid zu hohen Friedenszahlungen und Bestechungen bereit, zumal er auch mit der Feindschaft der Sultane von Ägypten und Babylon zu rechnen hatte. Als Karl VIII. mit aufgeworfenen Kreuzzugsfahnen in Italien erschien, schrieb der Sultan dem Papst in naiver Grausamkeit, er möge seinen Bruder vor dem Zugriff der Franzosen retten, indem er ihn, der ohnehin nur ein sterbliches Wesen sei, von den Lasten und Unannehmlichkeiten des irdischen Daseins befreie, wofür er dem Papst 300.000 Dukaten bezahlen[15] wolle; so gefährlich erschien ihm der Prätendent.

Als Djem im Feldlager Karls VIII. auf geheimnisvolle Weise plötzlich starb[16] und wenig später auch der minder gefährliche Otman Kalixt aus dem Leben schied, war Bajezid die Rivalen und damit alle Rücksichtnahmen auf Papst, Kaiser und Christenheit los und rüstete sich zu neuen Unternehmungen gegen den Westen, wozu ihn auch die beutelüsternen Spahis und Janitscharen immer wieder drängten.

Daher mußte Maximilian beständig auf einen Doppelkrieg im Osten und Westen, gegen Türken und Franzosen, gefaßt sein. Im „Traum des Hermansgrün", einer politischen Denkschrift[17], die Maximilian gut getarnt, wie er meinte, auf dem Wormser Reichstag verbreiten ließ, um die reichsfürstlichen Kreise für seine politischen Ideen zu gewinnen, bezeichnete er Frankreich als den ersten Feind, der geschlagen werden müsse, ehe man mit vereinten christlichen Kräften die Türken als den zweiten Feind angreifen und vernichten könne.

Auch der Wormser Reformreichstag war zunächst unter dem Titel der Türkenhilfe[18] einberufen und die neue Reichssteuer als Türkensteuer aufgelegt worden. Man dachte sogar daran, von Reichs wegen eine ständige Türkenabwehr im Südosten, eine Art „Militärgrenze", aufzubauen[19], wie sie Maximilian schon 1491 bis 1493 vorbereitet hatte[20]. Aber im Sinne der erwähnten Denkschrift sollte der Krieg gegen Frankreich zum Schutze Italiens den

Vorrang haben. Nach dem Vorbild Karls VIII. und der Franzosen wollte Maximilian die Türken über Italien angreifen, was zeitweilig auch dem Wunsch des Papstes und der italienischen Mächte entsprach. Es erschien dem Römischen König wohl günstig, die Hochstimmung der Kaiserkrönung zu benützen, um sein Heer über die Adria und den Balkan hinweg nach Konstantinopel zu führen. Damit wäre auch das kostbare Italien gegen jeden fremden und verdächtigen „Kreuzzugseifer" Frankreichs gesperrt gewesen. Der Zug über Italien schien sich auch zu empfehlen, seit man mit den Jagiellonen den Preßburger Frieden (1491) geschlossen hatte, so daß man hoffen konnte, Ungarn und Polen würden der Donau entlang gegen Serbien und Bulgarien vorzustoßen versuchen. So oder ähnlich hoffte der Römische König, wenn schon nicht das letzte Ziel (Konstantinopel), so doch wenigstens das erste (Rom) zu erreichen, was immer noch als Erfolg gelten konnte.

Aber zunächst zog der französische Überfall die Kräfte auf sich, wenn auch die Heilige Liga von Venedig (März 1495), die alle Mächte gegen die Franzosen einte, als Hauptziel den „Schutz der Christenheit gegen die Türken" verkündete. Es wäre in jenem Zeitalter des christlichen Universalismus schwer gewesen, auf einer Urkunde, welche die Unterschrift eines Nuntius trug, einen christlichen Staat zum allgemeinen Feind zu erklären, wenn man auch unter sich Frankreich als den eigentlichen „Türken" bezeichnete. Maximilian hatte vorerst nur die Vernichtung der Franzosen, den Marsch auf Paris, die Sicherung Reichsitaliens und die Wiederherstellung der burgundischen Länder im Kopf und war daher froh, im Osten am ungarisch-türkischen Frieden von 1495 teilnehmen[21] zu dürfen.

Das Einvernehmen des Römischen Königs mit dem Sultan wurde auch von Ludovico Moro gefördert, der, um Venedig zu fesseln, besonders enge Beziehungen zur Pforte unterhielt. Er beeilte sich, dem Römischen König während des Italienzuges im Hoflager zu Vigevano einen türkischen Gesandten griechischer Abkunft zuzuführen[22], der dem „Kaiser" seine Verehrung darzubringen wünschte. Es war Andreas Graecus Pontcaracce[23]. Maximilian zeigte sich dem Gesandten, der sich als Christ bekannte, ungemein gnädig und offenherzig: er solle in Konstantinopel melden, der Sultan möge ihn nicht durch Kleinkriege zu einem übereilten Frieden mit Frankreich zwingen, sondern seine Kräfte und Mittel für einen großen, entscheidenden Waffengang sparen, zu dem ihn Maximilian herausfordern werde. Er bot dem Großherrn einen „vermessen streit"[24] und suchte ihn bei der ritterlichen Ehre zu nehmen. Maximilian meinte wohl, der Sultan solle den Entscheidungskrieg nach dem Gesetz des Turniers zum vereinbarten Zeitpunkt austragen und als Gottesgericht hinnehmen. Die Verhandlungen zu Vigevano wurden abgeschlossen, indem der König den christlichen Türken unter allgemeinem Erstaunen zum Ritter schlug. Der Gesandte stellte das Entgegenkommen seines Herrn als eines ritterlichen Fürsten in Aussicht und reiste ab.

Würde der Sultan dem „ritterlichen" Angebot entsprechen und den Fehdehandschuh erst zu einem vereinbarten Zeitpunkt aufnehmen? Da ihm die Lage ein Großunternehmen gegen den Römischen König nicht erlaubte, schickte Bajezid im Frühjahr 1497 den „christlichen Ritter" als seinen persönlichen Gesandten ins Reich zurück. Am 24. Juli 1497 wurde er auf der Herzogswiese nächst dem Kloster Stams in Tirol in Gegenwart der Königin, vieler Fürsten und Gesandten feierlich empfangen[25]. Wenn auch Ausstattung, Gefolge und Geschenke[26] Maximilian eher enttäuschten, so war es doch die erste türkische Gesandtschaft, die im Reich erschien und dementsprechend Verwunderung und Staunen erregte. Die Türken blieben einige Monate. Es gab Empfänge, Bankette, vor allem Jagdvergnügungen in Stams, in dem Mieminger Mittelgebirge, am Heiterwangersee in Außerfern und auf der Langen Wiese bei Innsbruck[27]; zwischendurch geheime Konferenzen mit recht bedeutenden Angeboten. Der Großtürke, der damals schon im Kriege gegen Polen stand und den Angriff auf Venedig vorbereitete, suchte ein Friedensbündnis auf Lebenszeit, das ein christlicher „Kaiser" weder gewähren konnte noch wollte; immerhin wurde ein Waffenstillstand in Aussicht genommen, der sich während der folgenden Jahre bewähren sollte. Der türkische Gesandte versicherte den Römischen König der guten Freundschaft seines Großherrn, der einen Gegenbesuch kaiserlicher Gesandter in Stambul erwarte. Maximilian überhäufte den Türken mit Geschenken[28] und fertigte denn auch sofort zwei Gesandte[29] nach Konstantinopel ab, die bereits im Jahr 1498 den Abschluß eines Waffenstillstandes erwirkten[30], der öfters erneuert wurde. Der Gesandte dürfte etwas über die türkischen Pläne gegen Polen und Venedig angedeutet haben, denn Maximilian ließ den Reichsständen gegenüber verlauten, ein großer Türkenkrieg stünde vor der Türe[31]. Vielleicht wollte er den Reichstag nur steuerwilliger machen.

Die Ergebnisse dieser Verhandlungen waren keineswegs geringzuschätzen[32]. Der erste Türkenbesuch im Reich war schon an sich ein diplomatisches Ereignis und geeignet, das gesunkene Ansehen des Römischen Königs in aller Augen wieder zu heben. Daher ließ Maximilian den exotischen Besuch von seinem Hofmaler Kölderer in einigen Gemälden festhalten[33]. Noch wichtiger war, daß der König die erbländischen Grenzen längere Zeit vor einem türkischen Großangriff bewahren konnte. Der kleine Grenzkrieg ging allerdings weiter, da er, wie bei den Türken stets, der Einwirkung des Sultans entzogen war, denn die Kriegsvölker an den Grenzen wollten beschäftigt und durch Beute entlohnt werden. Daher bestellte Maximilian den Grafen von Görz zum Hauptmann an der Türkengrenze[34] und legte Besatzungen nach Marburg, Radkersburg[35] und in andere Stützpunkte. An einen endgültigen Türkenfrieden dachte der König keineswegs, denn er war überzeugt, daß es für einen christlichen Kaiser keinen Dauerfrieden mit den Ungläubigen geben könne. Nur solange er sich von Frankreich in Europa bedroht fühle, wolle er die Türken „mit Worten hinhalten", versicherte er seinen österreichischen Landständen[36].

Ein europäischer Türkenkrieg drohte loszubrechen, als 1497 Polen und Ungarn dem Sultan die Walachei zu nehmen[37] suchten, zurückgeschlagen wurden und das Reich dringend um Hilfe baten. Der Papst und sein Legat Peraudi suchten in jenen Jahren beharrlich, Frankreich und das Reich zum Türkenkrieg zu einigen. Daher rückte auf dem Freiburger Reichstag (1498) die Türkenfrage vorübergehend wieder in den Vordergrund[38] der Verhandlungen. In einer flammenden Denkschrift[39] vom 15. August 1498 empfahl Maximilian ewigen Frieden unter den christlichen Mächten und einen gemeinsamen Feldzug gegen die „Ungläubigen" unter Führung des künftigen Kaisers. Es schien, als wollte er das Steuer plötzlich herumreißen und gegen die Türken ziehen. Venedig sollte gezwungen werden, seine Land- und Seemacht für den Aufmarsch der „Kreuzfahrer" bereitzustellen. Aber der Römische König verfolgte damals wohl nur den Hintergedanken, die Signorie für ihre Haltung während seines Italienzuges zu strafen und von einem Zusammenschluß mit Frankreich abzuhalten[40]. Dieser „Kreuzzug" Maximilians war offenbar eher gegen die französisch-venezianische Politik in Italien gerichtet als gegen die Türken.

Die Reichsstände dachten nicht daran, diese Politik mitzumachen[41], denn von einer ernsthaften Türkengefahr für das Reich konnte damals wirklich nicht die Rede sein. Auch die polnischen Hilferufe überging man ungehört, da man im Reich wenig Anlaß fühlte, Polen, den Unterdrücker des Deutschen Ordens, zu unterstützen. So behalfen sich Polen und Ungarn mit einem Waffenstillstand[42]. Der Banus von Kroatien, der unter Tränen den Reichstag um Hilfe angefleht hatte, wurde mit dem „tröstlichen" Versprechen von 5000 Gulden abgefertigt[43], die man ihm jedoch niemals ausbezahlte. Die Deutsche Nation allein vermöge nichts, meinten die Reichsstände. Man solle die Türkenhilfe auf den nächsten Reichstag verschieben, der in Worms in Aussicht genommen war.

Je klarer sich seit Ende 1498 das französisch-venezianische Bündnis gegen das Reich abzeichnete, desto mehr sah sich der Römische König veranlaßt, am Waffenstillstand mit dem Sultan festzuhalten[44], der am 1. August 1498 in Kraft trat. Er gewährte ihm während der folgenden Jahre des Türkenkrieges in Italien und der Adria eine günstige Warte- und Ruhestellung[45], die Maximilian nach den großen Rückschlägen seitens Frankreichs und Venedigs dringend brauchte. Es war offenbar der erste Waffenstillstand, den ein Römischer König und künftiger Kaiser mit einem Sultan unmittelbar abgeschlossen hatte.

Ludovico Moro, aber auch andere italienische Kleinstaaten taten ein übriges: in panischer Sorge um die Erhaltung ihrer Staaten suchten sie die Türken mit hohen Bestechungsgeldern gegen Venedig zu hetzen[46]. Der Sultan könne auf eine allgemeine Erhebung der italienischen Staaten gegen die Signorie rechnen, ließ Moro an der Pforte verlauten. Während die Venezianer Frankreich gegen Mailand aufboten, rief Mailand die Türken gegen Venedig. So ist es verständlich, wenn man vor Ausbruch und während des Türkenkrieges in Venedig immer wieder davon redete, daß nicht nur Mailand und Florenz, sondern auch der Römische König die Türken gerufen hätten; es wurde das Gerücht verbreitet, Maximilian und Moro hätten ihnen je 100.000 Gulden als Unterstützung gegen Venedig[47] versprochen; am französischen Hofe schwatzte man sogar, Moro wolle die Tochter des Großtürken als Gemahlin heimführen. Gewiß rechnete der Sultan mit dem Beistand einiger italienischer Staaten, sicher mit der Nichteinmischung Maximilians; denn sein Angriff zielte nicht nur gegen Venedig, sondern auch gegen den König von Frankreich, den er als Hauptfeind des Reiches kannte. Im Frühsommer 1499 ließ der Großherr seine Flotte in die Adria einlaufen[48].

Nach dem, was während der Jahre 1499 und 1500 im Reich und in Italien geschah, war die Nichteinmischung des Römischen Königs beim türkischen Überfall auf Venedig verständlich.

Maximilian mußte sich durch den türkischen Angriff auf Venedig geradezu entlastet fühlen[49] und mochte nicht das geringste Interesse haben, die Signorie zu unterstützen. Vielmehr mußte er sich zurückhalten, um nicht selber gegen Venedig vorzugehen, zumal ihm der Chor der Mailänder Flüchtlinge beständig in den Ohren lag, die Signorie zu vernichten[50]. Kein Wunder, daß er manchmal im Unmut hervorstieß, es wäre besser, mit den Türken zu gehen[51]; die Venezianer hätten selber den Vormarsch der Türken in der Christenheit gefördert, indem sie die Feinde des Reiches unterstützten und dem König Land und Leute wegnahmen[52]. Zwar empfing Maximilian zwischendurch türkische Gesandte[53], aber nicht nur sein christliches Pflichtgefühl, viel mehr noch seine völlige Ohnmacht verboten es ihm, für oder gegen die Türken einzugreifen. So ließ er dem König von Frankreich sagen, er denke nicht daran, gegen Venedig vorzugehen[54]. Allerdings rührte er auch keinen Finger, als die Türken 1499 in doppeltem Angriffsstoß, zu Lande und zur See, gegen Venedig vorrückten, als türkische Renner und Brenner den Karst überstiegen (September 1499), Friaul überschwemmten und über den Piave bis Treviso vordrangen[55]. Man bezichtigte den Triester Pietro Burlo, der im kaiserlichen Auftrag nach Stambul gegangen war, die Türken nach Friaul geführt zu haben; man setzte ihn gefangen, mußte ihn dann allerdings, um den Römischen König nicht zu reizen, wieder freigeben. Maximilian sah es offenbar nicht ungern, wie die Venezianer nun dafür büßen mußten, daß sie so entscheidend zu den letzten Niederlagen des Reiches in Italien beigetragen hatten.

Während der Römische König für Venedig keinen Finger rührte — im Juni 1499 hatte er den dreijährigen Waffenstillstand mit den Türken erneuert[56] —, suchte der Papst angesichts der Gefahr, die Italien bedrohte, eine gesamtchristliche Türkenabwehr aufzubauen[57] und berief für den 1. März 1500 die Gesandten aller christlichen Mächte nach Rom, um den Kreuzzug zu beraten. Bei der damaligen inneren und äußeren Lage des Reiches konnte der deutsche Gesandte neben den Vertretern der anderen Mächte nur eine höchst unbedeutende Rolle spielen. Man begegnete ihm nicht ohne Mißtrauen. Maximilian ließ einwenden, zuerst müßten die innereuropäischen Kriege, zumal in Italien, beigelegt[58] werden, ehe man gemeinsam gegen die Türken ziehen könne. Da aber der Papst die französischen Eroberungen in Italien nicht nur duldete, sondern sogar billigte, kam für Maximilian eine Unterstützung dieses Kreuzzuges nicht in Frage[59], um so weniger, als auch der Reichstag davon nichts wissen wollte[60].

Je stärker der Papst den Widerstand des Römischen Königs spürte, desto einseitiger hielt er sich an Frankreich: als Herr von Mailand und italienischer Fürst sei König Ludwig um so mehr zur Hilfe verpflichtet, als ganz Italien von den Türken bedroht sei[61]. Im Mai-Juni 1500 bot er den Franzosen bereits die Führung im Türkenkrieg an: gehe der König von Frankreich voraus, würden die anderen christlichen Fürsten folgen. So tief war das Ansehen des Reiches während der letzten Monate gesunken, daß Alexander VI. derartiges öffentlich auszusprechen wagte. Als der Papst am 1. Juni 1500 seine Kreuzzugsbulle[62] erließ, schien er sich allerdings wieder der christlichen Weltordnung zu entsinnen und erklärte dem Sultan auch namens des Römischen Königs und künftigen Kaisers den Krieg. Wahrscheinlich wollte er damit den Waffenstillstand zwischen Maximilian und dem Sultan stören, denn die Führung des Kreuzzuges war nach wie vor dem König von Frankreich zugedacht, und der Papst hatte ihm versichert, daß er ihn vor allen anderen für berufen halte, die christlichen Mächte zu sammeln und zu führen[63].

Aber auch Ludwig XII. hielt sich vorsichtig zurück, da ihm die Sicherung Mailands wichtiger schien als die Lorbeeren eines ungewissen Kreuzzuges. Der religiöse Gehalt der Liga war trotz Mitwirkung des Papstes mehr als gering. Alle Mächte, auch die Katholischen Könige Spaniens, suchten im Türkenkrieg vor allem den eigenen Vorteil. Wenn man für die Sicherung Italiens kämpfen sollte, wollte man etwas dafür haben: nachdem sich die Franzosen Mailand genommen, war die Teilung Unteritaliens an der Reihe, welche Spanier und Franzosen gemeinsam ins Auge faßten. Von selbstlosem Glaubenskampf war kaum eine Spur.

Während sich die christlichen Mächte sammelten, um unter dem Vorwand des Türkenkrieges ihre italienischen Eroberungen einzubringen, vermochte sich auch der Römische König einen kleinen Gewinn zu sichern, der ihm auf Grund alter Erbverträge Rechtens zustand: die Grafschaft Görz, deren Gebiete und Herrschaften sich entlang des Isonzo, über Friaul und im oberen Drautal ausdehnten. Als der letzte Graf Leonhard aus dem Hause Görz am 12. April 1500 auf Schloß Bruck bei Lienz verstorben war[64], besetzten kaiserliche Truppen Lienz und Görz, während die Signorie von Venedig, die zumindest auf die Görzer und Friauler Besitzungen Ansprüche erhob, wegen des Türkenkrieges ein bewaffnetes Dazwischentreten nicht wagen konnte.

Die Kriegslage Venedigs schien sich indes von Tag zu Tag zu verschlechtern[65]: Während der Sommermonate 1500 fielen Modon, Korfu und Koron in türkische Hand, so daß sich die Signorie bittflehend an alle europäischen Höfe, auch an Maximilian, Erzherzog Philipp und die deutschen Kurfürsten, um Hilfe wenden mußte[66]. Der Papst, dem man nahelegte, die Flucht aus Italien vorzubereiten, beschwor die christlichen Mächte um Hilfe. Vier Tagesreisen von Rom entfernt, in Brindisi, war ein türkisches Korps an Land gegangen. Die Venezianer warben den flüchtigen Leonardo da Vinci an, von dessen Wunderwaffen sie sich Hilfe erwarteten; so weit waren sie.

Maximilian antwortete[67] auf die Nachricht vom Fall Modons zwar teilnahmsvoll, aber unverbindlich: von Kindheit auf habe er sich nach dem Türkenkrieg gesehnt und nie aufgehört, zum Kreuzzug zu mahnen. Er sei leider durch den König von Frankreich, dem Gott verzeihen möge, im Reich und Italien gebunden; die Signorie fordere er auf, Standhaftigkeit zu beweisen. Nach dem Fall von Koron schrieb der König, er werde seine Gesandten nach Nürnberg schicken und die Sache mit den Fürsten beraten[68], die seit der Augsburger Reform die Außenpolitik leiteten. Man gewinnt den Eindruck, als ob so etwas wie echter Stimmungsumschwung aus diesen Briefen des Königs spräche.

Auch der Papst wurde nach den schweren Niederlagen noch geschäftiger; mit dem Kardinalskollegium einigte er sich zu bedeutenden, sogar persönlichen Opfern für den Glaubenskampf[69]. Spanien wurde bewogen, den Venezianern zu Hilfe zu eilen, so daß man den türkischen Vorstoß zum Stehen brachte. Am 5. Oktober 1500 wurden drei Kreuzzugslegaten bestellt und mit entsprechenden Vollmachten und Bullen ausgestattet: einer für Ungarn und Polen, ein anderer nach Spanien, Portugal, England und Schottland und als dritter Kardinal Raimund Peraudi ins Reich[70], nach Dänemark, Schweden, Norwegen, Friesland und

Preußen. Die Legaten sollten unter den christlichen Königen und Fürsten Frieden stiften und allenthalben in der Christenheit den Jubelablaß predigen und die Kreuzzugszinse einheben, um so die Mittel für den Türkenzug aufzubringen.

Da sich der Eifer der Franzosen als allzu gering erwies, gedachte der Papst nun doch den Römischen König nominell an die Spitze des Unternehmens zu stellen[71], damit er „als oberster Vogt der Heiligen Kirche, als erster unter den christlichen Fürsten“ mit gutem Beispiel vorangehe. Tatsächlich war aber im ganzen Kriegsplan[72] von einem kaiserlichen Vorrang nichts zu spüren. Maximilian sollte zusammen mit Ungarn, Böhmen und Polen zwei Landheere aufstellen und donauabwärts ziehen, während der Papst gemeinsam mit Frankreich, Spanien, Venedig und den italienischen Staaten den Seekrieg führen wollte. Am 1. April 1501 sollte dieser Kreuzzug beginnen und drei Jahre dauern. Der Papst wollte persönlich mitziehen, wenn auch die Könige von Frankreich und Spanien mitzögen.

Maximilian aber lehnte diesen Plan entschieden ab, denn er sah sich geflissentlich von Italien ferngehalten, wo er doch, um wenigstens einen sicheren Teilerfolg in der Hand zu haben, seinen Zug mit der Kaiserkrönung in Rom beginnen wollte. Den Franzosen dagegen hatte der Papst ganz Italien geöffnet. Bestand nicht große Gefahr, daß der franzosenfreundliche Alexander VI. den König von Frankreich nach einem erfolgreichen Seekrieg in Rom krönen könnte? So lehnte der Römische König jede Teilnahme ab und verweigerte dem Legaten Peraudi die Einreise ins Reich[73]. Dem König von Ungarn ließ er angeblich sagen, er denke nicht daran, die Türken auf dem Balkan anzugreifen, während der Papst und die Franzosen, dem Kaiser zu Schaden und Schande, Italien unter sich aufteilten. Er werde kommen, aber den Weg über Italien nehmen.

Auch die Türkenpolitik zeigte es klar: Kaiser und Reich waren aus dem Mittelpunkt der christlichen Staatenfamilie verdrängt, Ludwig XII. wartete nur darauf, die Führung an sich zu reißen, und wurde dabei von Alexander VI. unterstützt. Die äußeren Rückschläge und die innere Ohnmacht hatten den Kaiser an die Wand gedrückt; und wenn er so tat, als ob er sich selbst des Eingriffs enthielte, so wußte doch jedermann, daß er gar nicht hätte eingreifen können.

Um die Fesselung des Reiches zu vollenden, benützte der

König von Frankreich die allgemeine Kreuzzugsstimmung, um Bündnisverhandlungen mit Ungarn einzuleiten, die sich vorgeblich nur gegen die Türken richteten, tatsächlich aber der Einkreisung des Kaisers und des Reiches dienen sollten. Im Juli 1500 schloß Ludwig XII. mit Ungarn und Polen ein Bündnis „gegen die Türken", das durch eine französisch-ungarische Heiratsverbindung gefestigt werden sollte[74]. Etwas später verständigten sich die Franzosen und Spanier im Vertrag von Granada über die Teilung Neapels, ohne daß man sich um den Römischen König gekümmert hätte. Dieses neue französische Vertragssystem offenbart den schweren Rückschlag der kaiserlichen Politik. In düsteren Farben malt Maximilian seinen österreichischen Landständen in Linz um die Jahreswende 1500/01 seine Lage[75]: die Gefahr, die Kaiserkrone und Reichsitalien zu verlieren, vielleicht durch das französisch-jagiellonische Bündnis sogar aus seinen Erbländern vertrieben zu werden.

Maximilian konnte zunächst nur warten und hoffen, daß der beständige Bündniswechsel jener Zeiten ihm die Möglichkeit zuspiele, den Einkreisungsring, den Frankreich über Venedig, Ungarn und Polen zusammengefügt hatte, zu durchbrechen. Ein Krieg war bei der Haltung des Reiches und der Armut der Erbländer ausgeschlossen. Das einzige Pfand in der Hand des Königs war das Lehensrecht des Reiches über Mailand. Durch Gewährung oder Verweigerung der Investitur konnte er vielleicht den König von Frankreich zu einem Ausgleich oder einem Bündnis veranlassen und so den Einkreisungsring durchbrechen und die französischen Satelliten wieder isolieren. Vielleicht gelang mit Frankreich, was gegen Frankreich bisher mißlungen war. So schloß Maximilian Anfang Dezember 1500 Waffenstillstand mit den Franzosen, in der Hoffnung, nach einem Ausgleich mit Ludwig XII. allmählich den Vorrang des Reiches in der christlichen Staatenfamilie zurückzugewinnen.

Am 13. Mai 1501 schlossen der Papst, Venedig und Ungarn eine Türkenliga und luden auch den Römischen König ein[76], als „zweites großes Licht" gegen die Türken einzugreifen: ein schmerzvoller Hinweis auf seinen minderen Rang in der Christenheit. Der König mußte zusehen, wie die Ereignisse über ihn hinwegzugehen drohten. Ohne daß er dagegen hätte einschreiten können, überwältigten Spanier und Franzosen in einem „Kreuzzug" eigener Art Neapel und schickten sich an, Unteritalien aufzuteilen, um dann ihr schlechtes Gewissen durch eine Flottenaktion gegen

Mythilene und Lesbos zu beruhigen, Unternehmungen, die keine weitere Bedeutung hatten.

Allzu gerne wäre nun auch der Römische König nach dem Waffenstillstand mit Frankreich als „Türkenkämpfer" in der christlichen Staatenfamilie aufgetreten. Daher begann er seit Jahresende 1501 lebhafte Verhandlungen mit Venedig, mit Kardinal Peraudi und suchte auch den Reichstag zum Türkenkrieg zu bestimmen. Wie stets in solchen Fällen begann er weit und groß zu planen und sogar Persien und Ägypten in seine Türkenliga einzubeziehen[77]. Die allgemeine Stimmung und der Ausgleich mit Frankreich schienen ihm günstig, Romfahrt und Kreuzzug zu verbinden. Wenn schon nicht das letzte Ziel, so würde doch das erste (Rom) erreicht werden können und den „Kaiser" wieder in den Mittelpunkt der christlichen Völker zurückführen. Maximilian suchte seinen Reichsständen klarzumachen, daß Venedig und Ungarn allein den Türken nicht widerstehen könnten; daß der Sultan, augenblicklich geschwächt, von Persern und Ägyptern bekriegt, Truppen aus Europa zurückziehen[78] müsse; eine Gelegenheit, die nicht wiederkehre. Maximilian entfachte eine Kreuzzugsagitation, dergleichen man im Reiche nur selten erlebt hatte. Die reichlich fließenden Kruziatgelder sollten ihm jene Mittel verschaffen, deren er bedurfte, wenn er erfolgreich nach Italien ziehen und etwa auf den Balkan übersetzen wollte.

Aber die Reichsstände dachten nicht daran, ihrem König die Führung eines Kreuzzuges zu ermöglichen, der sein Ansehen mehren konnte. Sie fanden tausend Ausreden; ihre Untertanen fürchteten die überlegene Kriegskunst der Türken und wollten von einem Kreuzzug daher nichts wissen. Immerhin besserte der plötzlich erwachte Kreuzzugseifer, mehr noch die gemeinsame Furcht vor Frankreich, das Verhältnis zu Venedig, so daß man dort sogar den Durchmarsch deutscher Landsknechte nach Unteritalien gestattete, welche die Spanier gegen die Franzosen unterstützen sollten.

Indes liefen seit Spätsommer 1502 geheime Verhandlungen zwischen der Signorie von Venedig und der Hohen Pforte, die am 14. Dezember 1502 zu einem Waffenstillstand führten; bereits am 20. Mai 1503 wurde der allgemeine Friede abgeschlossen[79] und am 10. August 1503 ratifiziert, ein Vertrag, der sieben Jahre gelten und Ungarn einbeziehen sollte. Maximilian trat ihm bei und setzte die Bedingung, daß auch die türkischen Obersten an den erbländischen Grenzen diesen Frieden genau einhalten müßten.

Der vierjährige Türkenkrieg war damit zu Ende, den Maximilian als Zuschauer mit wechselnden Gefühlen verfolgt hatte: eine Zeitlang schadenfroh, da er den Venezianern einige Schläge gönnte; später besorgt, da Italien als Ganzes gefährdet schien; schließlich eifersüchtig, als Haupt der Christenheit an den Rand des Geschehens abgedrängt zu sein, und festen Willens, mit der Beteiligung am „Kreuzzug" den Vorrang unter den Mächten zurückzugewinnen.

6. Ungarn sucht Anlehnung an Frankreich und Venedig (1493—1500)

Ungarn[1] galt als die „Vormauer der Christenheit" gegen die Türken. Jede Regung der osmanischen Großmacht pflanzte sich zunächst über Ungarn in den Westen fort; umgekehrt war ein europäischer Türkenkrieg auf Ungarn als Aufmarschraum angewiesen. Nach dem letzten Feldzug[2] von 1493 aber hatte König Wladislaw zu erkennen gegeben, daß er mit dem Sultan Frieden schließen wollte[3], denn er mußte fürchten, daß unter dem Vorwand des Türkenkrieges deutsche Truppen in das Land zögen, um es nicht mehr zu verlassen[4]. Daher bemühte sich Wladislaw um einen Waffenstillstand mit der Pforte, der 1495 abgeschlossen[5] und auch dem Römischen König offengehalten wurde.

Ungarn und Böhmen standen zwar seit dem Hinscheiden des mächtigen Matthias Corvinus mehr am Rande des europäischen Geschehens. Aber wenn Maximilian nach dem Preßburger Frieden von 1491 glaubte, Wladislaw vor seinen Wagen spannen und sich nach Belieben in innerungarische Streitigkeiten einmischen zu können, um seinen Anhang zu verstärken, so sollte er sich täuschen. Das Selbstbewußtsein der ungarischen Stände setzte sich dagegen noch entschiedener zur Wehr als der schwache König.

Hatte Maximilian im Jahre 1496 Wladislaw als König von Böhmen wie einen Kurfürsten des Reiches zum Romzug aufgeboten[6], so war diese Mahnung selbstbewußt überhört worden. Der König suchte vielmehr damals schon heimliche Verbindungen zu Frankreich[7], gab es doch Gegensätze genug, die ihn von den Habsburgern und vom Reiche trennten. Ebensowenig Verständnis zeigte Wladislaw, wenn ihn der Römische König seit 1498 immer wieder zu Angriffen gegen Venedig oder Erwerbungen in Dalmatien ermuntern[8] wollte.

Einen Gegensatz zwischen Ungarn und dem Reich verursachten auch die Kroaten[9], die sich bereits während der Feldzüge 1491/92 und 1493 gerne dem Schutz des Reiches unterstellt hätten, da Ungarn offenbar nicht in der Lage war, sie gegen die Türken in Schutz zu nehmen. Das verlassene Volk richtete alle seine Hoffnungen auf den jungen Römischen König, dessen kräftige Aktionen ihm Rettung zu bringen schienen, hatte er doch durchsetzen können, daß man einen Anhänger des Reiches zum Banus einsetzte[10]. In wiederholten Kundgebungen versicherten die Kroaten den Römischen König und den Reichstag ihrer Ergebenheit und Treue; sie wünschten nur Kaiser und Reich zu unterstehen. Aber die Türken hatten ihnen eine Frist zur Unterwerfung gesetzt. Lieber als die Heimat zu verlassen, würden sie, wenn sie das Reich nicht schütze, die türkische Herrschaft über sich ergehen lassen müssen[11], ließen sie dem Römischen König sagen.

Wiederholt erschienen kroatische Gesandtschaften auf den Reichstagen von Worms und Freiburg[12], um die Hilfe des Reiches zu erflehen. Vergebens.

Eifersüchtig bemühten sich auch Ungarn und Venedig, ihren Einfluß über Kroatien auszudehnen, obwohl sie dem Land kaum bessere Hilfe bieten konnten als der Römische König. So gab es während der nächsten Jahre manche Verstimmung wegen Kroatien, scharfe Einsprüche Maximilians gegen Ungarn[13], umgekehrt aber Vorwürfe König Wladislaws gegen Maximilians eigenwillige Türkenpolitik[14]. Grenzenlos mag die Enttäuschung der Ungarn und Polen gewesen sein, als sie auf den Reichstagen von Freiburg (1498) und Köln (1499) vom Reich nicht die geringste Türkenhilfe erhielten[15]. Kaiser und Reich konnten es nicht wagen, durch eine Schutzherrschaft über Kroatien in ewige Feindschaft mit Ungarn und in unmittelbare Nachbarschaft der osmanischen Großmacht zu geraten. Bereits 1499 legte Maximilian den Ungarn nahe, sich Kroatiens zu bemächtigen, ihre Truppen nach Agram zu verlegen und sich zu einem Krieg gegen Venedig bereit zu machen[16], woran Wladislaw allerdings nicht im entferntesten dachte.

Wie gespannt das Verhältnis zu Ungarn zeitweilig auch sein mochte, Maximilian suchte die Gegensätze durch eifrigen Gesandtenaustausch zu verdecken und den Ungarn in kleinen Fragen entgegenzukommen. Der Preßburger Frieden von 1491 und der Anschein eines engen Schutz- und Trutzbündnisses sollten aufrechterhalten werden.

Ein Hauptgegensatz, der den Römischen König von Ungarn trennte, war der Heirats- beziehungsweise Scheidungshandel zwischen König Wladislaw und Königin-Witwe Beatrix[17], die entscheidend dazu beigetragen hatte, Wladislaw die Stephanskrone zu verschaffen. Nachdem er sich ihrer Hilfe und ihrer Reichtümer bedient, suchte er die Frau, die als unfruchtbar galt, loszuwerden[18], um aus einer neuen Ehe Kinder und Thronerben zu gewinnen.

Maximilian, der alte Verbindungen mit Beatrix unterhielt, durfte sich wegen der Heirat König Wladislaws mit der unfruchtbaren Frau auf Grund des Preßburger Vertrages in naher Zukunft gute Erbfolgeaussichten auf Ungarn und Böhmen ausrechnen und bemühte sich daher in wiederholten Einsprüchen beim Papst, die Unauflöslichkeit der ungarischen Ehe durchzusetzen[19]. Vergebens.

Die neue Braut, die Wladislaw für den Fall einer Ehescheidung in Aussicht nahm, war die reiche Bianca Maria von Mailand[20]. Maximilian heiratete sie ihm weg. Dann richtete Wladislaw seine Aufmerksamkeit auf die Tochter des Kurfürsten von Brandenburg. Der Römische König beschwor den Papst, er sei ohnehin bereits von feindlichen Mächten, Böhmen und Ungarn, umgeben; auch der Herzog Georg von Bayern und Markgraf Friedrich von Brandenburg seien mit Schwestern des Königs von Ungarn verheiratet. Daß nun auch noch der Kurfürst durch diese ungarische Verbindung zu den Feinden hinübergezogen werde, sei für den Römischen König unerträglich. Maximilian unterließ nichts, um die Heiratspläne Wladislaws zu durchkreuzen[21].

Je eifriger sich Maximilian für den Bestand dieser ungarischen „Ehe" einsetzte, desto heftiger bemühten sich Wladislaw und seit 1498 auch Frankreich und Venedig um deren Lösung; nichts konnte ihnen weniger gelegen kommen als eine habsburgische Erbfolge in Ungarn. Der König von Frankreich bemühte sich bereits, Wladislaw nach seiner allfälligen Scheidung mit einer französischen Prinzessin zu vermählen[22].

Als Maximilian erkannte, daß die ungarische Ehescheidung nicht zu verhindern sein würde, bot er Wladislaw seine Tochter Margarethe[23], die schon 1493 nach Ungarn hätte heiraten sollen und nun als Witwe aus Spanien zurückgekehrt war, als Gemahlin an. Der Kaiser scheint den Ungarn zugleich eine Türkenliga zwischen dem Reich, Ungarn, Polen, Rußland, Neapel und Spanien vorgeschlagen zu haben. Um jeden Preis wollte er eine französisch-ungarische Verbindung verhindern, welche die habsburgisch-spanische Heirat um ihre Wirkung bringen würde. Aber je klarer sich die Rückschläge des Römischen Königs gegen die Eidgenossen, in Mailand und im Innern des Reiches abzeichneten, je engherziger die ungarisch-polnischen Türkenbitten von den deutschen Reichstagen abgewiesen wurden, desto entschiedener wandten sich die Jagiellonen den mächtigeren Franzosen zu. Die Gefahren eines französisch-ungarischen Bündnisses, wie es zu König Matthias' Zeiten bestanden hatte, drohten wiederzukehren.

Gerade der Türkenkrieg von 1499 bis 1503 eröffnete der französischen und venezianischen Diplomatie in Ungarn ganz neue Möglichkeiten gegen Maximilian und das Reich. Mit Recht fühlte man sich vom Reichstag in der Türkengefahr verlassen und hielt sich daher zusammen mit Frankreich um so enger an Venedig, das man in seiner tödlichen Bedrohung gegen die Türken unterstützen wollte. Daher schlossen die Franzosen mit Ungarn, Polen und Litauen am 14. Juli 1500 eine allgemeine Türkenliga[24] ab. Alexander VI. erklärte die ungarische Heirat für nichtig[25]; gleichzeitig wurde ein Heiratsvertrag mit König Wladislaw und einer französischen Prinzessin heimlich vorbereitet. Wenn man auch beteuerte, daß dies alles keineswegs gegen den Römischen König gerichtet sei, so handelte es sich tatsächlich doch um ein Sonderbündnis[26] zur Einkreisung der habsburgischen Macht und des Reiches, das am 13. Mai 1501 auch noch durch eine Türkenliga zwischen dem Papst, Ungarn und Venedig ergänzt wurde[27].

Es war klar: die französisch-venezianische Partei hatte den habsburgischen Einfluß auf Ungarn so gut wie ganz verdrängt. Der König schrieb an den Kurfürsten von Sachsen und sagte den Reichsständen und seinen Landständen, er müsse Ungarn als Feind betrachten, der wie zu König Matthias' Zeiten jeden Augenblick über seine Erbländer herfallen und ihn zwingen könne, das Erbrecht auf Ungarn und Böhmen preiszugeben[28].

7. Bemühungen um den Deutschen Orden in Preußen und Livland. Beziehungen zu Polen und Rußland

Hinter Ungarn stand in jenem Jahrzehnt die polnische Großmacht. Maximilian nahm den jagiellonischen Machtblock[1], der außer Ungarn, Böhmen, Polen, Litauen auch Kiew umfaßte, als eine geschlossene Größe, die unter Umständen dem Reich gefährlich werden konnte, zumal wenn sie sich, wie das um 1500 der

Fall war, mit Frankreich zur Einkreisung des Reiches zusammenschloß. Besorgt äußerte Maximilian um 1501, das „polnische Geschlecht werde noch statt des österreichischen im niedern Europa herrschen“[2].

Das hatten schon Matthias Corvinus, nicht minder Friedrich III. empfunden, weswegen sie die Bundesgenossenschaft des Großfürsten von Moskau[3] suchten. Aber das russische Bündnis, das Friedrich eingefädelt und Maximilian fortgeführt hatte, blieb zunächst ohne größere Bedeutung, denn Maximilian mußte 1490/91 und 1493 nur gegen Ungarn und Türken, nicht aber gegen die polnischen Jagiellonen kämpfen; nur gegen sie hätte der russische Großfürst seine Truppen in Bewegung gesetzt.

Hauptstreitpunkt des Reiches mit Polen war seit einem Jahrhundert der Deutsche Orden. Er unterstand dem Papst, nicht aber dem Reich, obwohl er den schwarzen Reichsadler im Herzen des Hochmeisterkreuzes führte. Der Ritterstaat war stets als Dorn im polnischen Fleisch empfunden worden. Die alte Ordenszucht war während der letzten Jahrzehnte arg verfallen und mit ihr die einstige Größe der Kreuzherren. „Kleider aus, Kleider an, essen, trinken, schlafen gân, ist die Arbeit, so die deutschen Herren hân“, spottete der Volkswitz. Der Orden hatte schließlich die Niederlage vom Tannenberg und den Thorner Frieden von 1466 hinnehmen müssen. Er auferlegte den Deutschherren große Landverluste, die Lehenshoheit Polens und außerdem die Verpflichtung, polnische Ritter aufzunehmen und seinen deutschen Charakter zu ändern. Entschieden beschwerte sich der Orden über die ständige Verletzung seiner Privilegien und rief die Hilfe des Römischen Königs und des Reiches an[4]. Entschlossener als sein Vater nahm Maximilian die Anliegen des Ordens in die Hand, zumal auch die Fürsten von Masovien, die mit den Habsburgern verwandt[5] waren, über polnische Unterdrückung klagten; sie wurden von Maximilian geradezu aufgefordert, ihr Land den Habsburgern zu vererben.

In Livland[6] hatte der Deutsche Orden Rußland zum Hauptgegner, das unter Ivan III. das Tatarenjoch abgeschüttelt hatte und sich gegen Westen auszubreiten suchte. Der Großfürst hatte an der livländischen Grenze die Trutzfestung Iwangorod errichten lassen. Der deutsche Handelshof in Nowgorod war geschlossen, deutsche Kaufleute gefangengesetzt worden. Die Grenze war gesperrt, und ein russisches Heer schien im Aufmarsch begriffen. Eine neue Macht, Rußland, meldete ihren Eintritt in die baltische Geschichte. So groß schien die Kriegsgefahr, daß der Landmeister von Livland, Walter von Plettenberg, die Hilfe des Reiches anrief[7]. Aber weder Fürsten noch Reichstag noch Hansestädte fanden sich dazu bereit.

Maximilian versuchte sowohl dem Hochmeister in Preußen und dem Fürsten von Masovien gegen den König von Polen als auch dem livländischen Meister gegen den Großfürsten von Rußland zu helfen; ja, er hoffte, den Großfürsten mit Livland auszugleichen und sowohl Rußland als auch den Deutschen Orden gegen das jagellonische Polen zu einigen. Die Gesandtschaft, die der König 1491 nach Rußland schickte, suchte außer dem Orden in Preußen und Livland auch Schweden und die Walachei in eine große Koalition einzubeziehen[8]. Er ließ den Hochmeister auffordern, dem König von Polen den Treueid zu verweigern, da auch Livland und Rußland sich gegen Polen stellen würden[9]. Aber der Großfürst suchte in diesem Bündnis allein seinen eigenen Vorteil, so daß es dem Römischen König nicht das geringste nützte.

Außerdem kam Polen als jagiellonischer Bruderstaat alsbald in den Genuß des Preßburger Friedens (1491). Der Römische König ließ es an Freundlichkeiten und Angeboten gegenüber Polen nicht fehlen[10], und die Spannungen lösten sich, so daß man auf das russische Bündnis verzichten konnte. Als die Gesandten Ivans III. 1493 in Kolmar erschienen[11], schlug ihnen Maximilian vor, sie sollten sich nach Breslau begeben, wo eben die jagiellonischen Brüder eine Türkenliga berieten, um sich mit ihnen zu verbünden. Die Russen mußten dies als eine höfliche Abweisung empfinden, denn alles eher hatten sie am Königshof gesucht als ein Bündnis mit Polen.

Als der König von Ungarn 1495 mit den Türken Waffenstillstand und Frieden schloß, wurden das Reich und Polen einbezogen. Während der nächsten Jahre war der Römische König zu sehr im Westen beschäftigt, als daß er den Vorgängen am Ende der Welt, im fernen Polen oder Rußland, größere Beachtung hätte schenken können[12]. Ungestört durfte König Johann Albrecht gegen Preußen vorgehen, während der russische Großfürst den Deutschen Orden in Livland bedrängte, so daß der Landmeister dem Lindauer Reichstag 1496 über die Heimsuchungen klagte und um den Gemeinen Pfennig gegen die Moskowiter bat[13]. Die Reichstage allerdings hatten für den Orden stets nur schöne Worte[14] und oft nicht einmal die.

Daher konnte Polen, vom Reiche ungehindert, seine Forderungen an den Deutschen Orden steigern und dessen Kriegsmacht für den Türkenkrieg aufbieten, den man 1497 mutwillig vom Zaun gebrochen hatte. Polen benützte die Gunst der Stunde, die Privilegien des Ordens als Ganzes anzufechten, ja, man erwog sogar, die Deutschherren nach Podolien, an die Grenzen der Christenheit, zu verlegen[15], wo sie im umkämpften Vorfeld ihre Kräfte verbrauchen sollten. Das Stammland Preußen hätte der Orden den Polen überlassen sollen.

Die Polen hatten während des Waffenstillstandes die Moldau überfallen[16], dadurch die Türken herausgefordert und auch Ungarn in den Krieg hineingerissen; sie mußten aber in kurzem Waffengang schwere Niederlagen hinnehmen, die nicht ohne Folgen blieben. Eine fürchterliche Katastrophe brach über Polen herein. Türken und Tataren, die Blut geleckt hatten, stießen tief in ruthenisch-polnisches Gebiet vor und bedrohten sogar die Hauptstadt Krakau. Vergeblich rief der polnische König den Papst, das Reich und die christlichen Fürsten um Hilfe an[17]. Nur durch den tatkräftigen Einsatz des sonst so schwachen Königs von Ungarn, nicht durch das Reich, wurde Polen entlastet und in einen neuen Waffenstillstand einbezogen. Was durfte sich der Osten vom Reich oder den Reichstagen überhaupt noch erwarten?

Der Deutsche Orden aber, der während des Feldzuges stark geblutet und schon beim Auszug seinen Hochmeister verloren hatte, glaubte die Stunde gekommen, die polnische Lehenshoheit abzuschütteln, rief die Hilfe des Reiches an und wählte Herzog Friedrich von Sachsen, einen eher kränklichen, tatenscheuen, aber hochgebildeten und klugen Mann, zum Hochmeister[18], in der Hoffnung, er werde dem Orden die Hilfsmittel der sächsischen Hausmacht und des Reiches zuführen. In der Tat wurde der neue Hochmeister im Mai 1498 zu Ulm in Gegenwart Maximilians eingekleidet, von ihm persönlich zum Ritter geschlagen und vom Freiburger Tag mit solchen Versprechungen ermuntert, daß er es wagte, dem König von Polen den Treueid zu verweigern[19]. Maximilian forderte Johann Albrecht persönlich auf, dem Deutschen Orden die alten Rechte zurückzugeben, wenn er dessen Hilfe gegen die Türken wünsche; die Forderung nach dem Lehenseid sei unziemlich für den Hochmeister und unleidlich für den Römischen König[20]. So scharf war der Brief gefaßt, daß ihn der Hochmeister nicht zu überreichen wagte. Aber es mußte bei Worten bleiben: wie hätte

Maximilian, der nicht einmal die schuldige Römerhilfe seiner Stände erreichen konnte, eine Kriegshilfe für den Deutschen Orden gegen Polen und Rußland erwirken können? Dem Meister von Livland konnte er nur empfehlen, seine Schwertbrüder sollten sich mit dem St.-Georgsorden und den Johannitern zu besserem Widerstand gegen die Ungläubigen zusammenschließen[21].

Gleichwohl wurde Polen 1499 wieder dringlicher und forderte neuerdings die Eidesleistung[22], was aber wegen der ständigen Türkengefahr ohne Wirkung blieb. Der Hochmeister forderte das Reich geradezu auf, den Polen jede Türkenhilfe zu verweigern[23], da das Reich nicht seinen Gegnern helfen dürfe. Polen bedrücke ja auch den Fürsten von Masovien, der dem Römischen König besonders nahestand. Türkennot und Spannungen in der östlichen Staatenwelt gewährten dem Orden eine gewisse Atempause, während deren der Hochmeister die Eidesleistung immer wieder hinausschieben konnte. Kaum wird man diese Zeit die „traurigste . . . und die tiefste Erniedrigung des Ordens" nennen können.

Es ist begreiflich, daß der Freiburger Tag von 1498 den jagiellonischen Türkenklagen und Hilfsbitten angesichts der polnischen Ordenspolitik wenig Verständnis entgegenbrachte[24] und es bei Ausreden beließ: man käme gern zu Hilfe, wenn es die Notlage des Reiches gestattete; man wolle die polnischen Bitten und Sorgen am nächsten Reichstag verhandeln; man wolle die benachbarten Fürsten von Brandenburg, Sachsen und Pommern dazu verhalten, Polen nach Kräften zu helfen; man solle sich an den Großfürsten Ivan III. wenden; die Gesandten sollten ihren König fragen, welche Reichshilfe er sich vorstelle, dann würde man auf dem nächsten Reichstag weitersehen. So antwortete man zu Freiburg[25] (1498), und nicht viel anders verhielt sich der Augsburger Tag von 1500.

Daher konnte man sich nicht wundern, daß die jagiellonischen Mächte am 14. Juli 1500 mit dem König von Frankreich eine Liga abschlossen[26], die angeblich gegen die Türken gerichtet war, tatsächlich aber die Einkreisung des Reiches und auch die Unterstützung Polens in der Ordenssache anstrebte. Der Augsburger Reichstag zeigte sich aber nicht nur Polen gegenüber zurückhaltend, sondern hatte auch für den Deutschen Orden nur halbe Versprechungen: der Orden gehöre zum Reich und zur Deutschen Nation; der König von Polen möge daher seine Wünsche und Ansprüche vor das Nürnberger Regiment bringen[27].

Allerdings konnte sich der Hochmeister nicht dazu verstehen, im Falle einer Lösung des Ordens aus der polnischen Lehenshoheit seine Sonderstellung preiszugeben, die Reichshoheit anzunehmen und vom Römischen König die Regalien zu empfangen, was den Eifer Maximilians und des Reichstages gewiß auch dämpfen mochte. Aber selbst wenn sich der Orden anders verhalten hätte, würde der Reichstag kaum mehr als leere Worte geboten haben.

Auf dem Augsburger Tag (1500) war auch Herzog Konrad von Masovien erschienen[28], um gegen die polnische Unterdrückung zu klagen. Der Römische König wollte ihm für seine Tochter einen jungen Reichsfürsten vermitteln und empfahl ihm, sich mit dem Orden in Preußen und in Livland zu einem Bündnis gegen Polen zusammenzuschließen, während Maximilian den Großfürsten von Moskau für diesen antipolnischen Bund gewinnen wollte.

Obwohl diese Länder für den König sehr ferne lagen und die großen politischen Entscheidungen um 1500 wahrhaftig nicht im Nordosten fielen, brachte er diesen „entfremdeten Reichsgebieten" doch große Aufmerksamkeit entgegen; je weiter sie ablagen, je deutlicher ihre Ferne den universalen Charakter des Reiches offenbarte, desto eifervoller schien er sich um sie zu bemühen. Er diente einer Reichsidee[29], wie er sie aus der Überlieferung kannte, und wollte nicht glauben, daß die Zeit dafür vorbei wäre. Der Deutsche Orden sei von Kaisern und Königen gefördert worden, damit die Brüder aus dem Adel der Deutschen Nation ein Schild des Glaubens seien, so schrieb Maximilian dem Hochmeister[30]. Deshalb habe der Orden seine Privilegien erhalten und außer dem Papst nur das Reich als Obrigkeit anzuerkennen und von ihm seine Regalien zu empfangen. Der Thorner Friede von 1466 sei dem Orden abgenötigt worden; man dürfe ihm nicht nachkommen. Feierlich verbot Maximilian dem Hochmeister, den Treueid zu schwören. Nur dem Papst, dem Römischen König und dem Reich habe der Hochmeister gewärtig zu sein. Wie ehrlich dieser königliche Aufruf auch gemeint sein mochte, das Reich stand nicht dahinter.

Auch die Hilfeleistung für den Orden scheiterte, wie jede äußere Kraftanstrengung, an der Steuerverweigerung der Reichsstände. Was bedeutete es, wenn einige wenige dem Orden ein gewisses Verständnis[31] entgegenbrachten? Wie sollte ein Reich den Deutschen

Orden retten können, das nicht einmal die Gelder aufbrachte, sein Kammergericht zu bezahlen? Immerhin suchten König und Regiment wenigstens „den Papierkrieg" für den Orden mit Hartnäckigkeit zu führen, sogar die Kurie umzustimmen, die sich schon fast für den polnischen Standpunkt entschieden hätte, daß die Eidesleistung des Hochmeisters um einige Jahre hinausgeschoben[32] werden konnte.

Im Osten drohte dem Römischen König und dem Reich die gefährliche Lage von 1490 wiederzukehren. Der jagiellonische Block schien die christlichen Kräfte des Ostens zu sammeln. Man mußte die Überwältigung des Deutschen Ordens und Masoviens, unter Umständen einen Widerruf des Preßburger Friedens und, wie zu Zeiten König Matthias', einen Einbruch der Ungarn und Böhmen in die östlichen Erbländer gewärtigen. Daher empfahl es sich, dagegen neuerdings ein Bündnis mit Rußland zu suchen.

Um nach langer Zeit wieder erste Fühlung aufzunehmen, schickte Maximilian im August 1502 seinen Falkner Hartinger nach Moskau[33], damit er den Großfürsten der freundschaftlichen Gesinnung seines Herrn versichere, ihn um Falken bitte, außerdem Rußlands Haltung zum alten Bündnis erkunde und den russisch-livländischen Krieg beizulegen versuche. Der Gesandte brachte aber zunächst nicht viel mehr nach Hause als einen weißen und einige rote Falken.

III. Kapitel

MAXIMILIANS REFORMEN IN DEN ÖSTERREICHISCHEN LÄNDERN VERFASSUNGSKÄMPFE IM REICH FEHLSCHLAG DER REICHSREFORM

1. Die erbländischen Verwaltungsreformen von 1490 bis 1500. Die Frage nach den Burgunder und Tiroler Einflüssen

Maximilian war ein überzeugter Reformer. Solange der alte Kaiser lebte, an der Reichsreform verhindert, führte der König zunächst in Tirol, den Vorlanden, dann auch in den Niederlanden und in den östlichen Erbländern tiefgreifende Neuerungen durch und gab diesen Gebieten eine ganz neue Verwaltung, die sich bis ins 18. Jahrhundert erhalten und bewähren sollte. Die Frage nach dem Vorbild der österreichischen Reformen hat die Forschung eingehend beschäftigt.

Hat Maximilian wirklich nur alte Tiroler Verwaltungsformen auf die beiden österreichischen Ländergruppen übertragen? Oder brachte er burgundische Vorbilder zur Geltung? Verstand er überhaupt etwas von Reformen? War er denn nicht ein grundsätzlicher Gegner von Reformen, wie in manchen Darstellungen zu lesen ist? Was war neu an den erbländischen Reformen, was ihre Ausgangspunkte und was ihre Ziele? Ich möchte die vielen umstrittenen Fragen auf Grund eines größeren Quellenmateriales[1] und vor allem im Zusammenhang mit der Gesamtpolitik des Königs einer Lösung näherbringen.

Als Maximilian im März 1490 unter schwierigen Verhältnissen Tirol und die Vorlande übernahm[2] und schon wenige Monate später einen kostspieligen Feldzug gegen Ungarn führen mußte, um die niederösterreichischen Länder zurückzuerobern, die er angesichts des hohen Alters seines Vaters bald als Erbgut erwarten durfte, als er fast gleichzeitig auch in einen neuen Krieg gegen Frankreich verwickelt wurde, stand er vor ganz ähnlichen Aufgaben wie im Jahre 1477 in den Niederlanden[3]. Es galt, nicht nur für die Wiederherstellung und Erhaltung der österreichischen Erbländer, sondern auch für eine groß geplante Reichspolitik gewaltige Geldmittel aus dem Boden zu stampfen. Dies war der eigentliche Anstoß und die beständige Antriebskraft für alle folgenden Reformen.

Eine Kräftigung der Finanzen und damit der politischen und militärischen Schlagkraft seiner Staaten schien dem König nur möglich, wenn er die alteingefahrenen landständischen Regierungen beseitigte und durch ein fürstliches Regiment ersetzte, wie er es in den Niederlanden geführt hatte; wenn man die verschiedenartigen Länder durch einheitliche Verwaltung zu einem Gesamtstaat zusammenfaßte, der nach einem gleichen System jene Steuer- und Truppenhilfen aufzubringen hatte, deren der König für seine große Politik bedurfte. Was lag näher, als die in den Niederlanden durch dreizehn harte Kriegsjahre erprobten Verwaltungs- und Finanzpraktiken allmählich auf die österreichischen Erbländer zu übertragen? Dazu bedurfte es kaum neuer Ämter, vielmehr neuer Männer, neuer Arbeitsweisen und neuer Inhalte für die überlieferten Formen.

In der Tat wurden Maximilians Verwaltungsformen, die Zusammensetzung seiner neuen Behörden, deren Arbeitsweise, insbesondere die neue Finanzverwaltung, als etwas ganz Neues, vom Überkommenen Abweichendes empfunden, das sich nicht als bloße Fortsetzung tirolisch-österreichischer Gewohnheiten verstehen läßt. Für Österreich wenigstens hat Maximilian jenes Verwaltungssystem grundgelegt[4], das unter Ferdinand I. bleibende Gestalt gewann und in den Grundzügen bis in die Zeiten des Staatsneubaues unter Maria Theresia und Joseph II. dauerte. Das alte System wurde, zumal im zentralen Bereich, von Maximilian so vollständig verändert, daß davon nicht viel mehr übrigblieb als einige Namen und äußere Formen, an denen man aber schon aus Rücksicht auf die Landstände geflissentlich festzuhalten suchte. Kein Wunder, daß die Landstände, vor allem in den niederösterreichischen Ländern, dagegen lebhafte Beschwerde führten.

Es ist sogar behauptet worden, daß Maximilian von der Verwaltung und ihrer Reform wenig oder nichts verstanden habe[5]; ein Irrtum, der keiner besonderen Widerlegung bedarf. Nicht zu übergehen aber ist die lebhafte wissenschaftliche Diskussion über den Einfluß der burgundischen Erfahrungen Maximilians auf die Verwaltungsreformen in den österreichischen Ländern. Während

F. Rachfahl[6] die Auffassung vertrat, daß die burgundische Verwaltung auf wesentlich höherer Stufe stehe und die Tiroler Verwaltung dagegen geradezu primitiv wirke, daß Maximilian in dreizehnjähriger Übung burgundische Verwaltungspraktiken übernommen, deren Grundsätze als Vorbild auf die Erbländer übertragen und so etwas völlig Neues geschaffen habe, verfocht A. Walther[7] das andere Extrem: die Tiroler Verwaltung sei auf so hoher Stufe gestanden, daß sie des burgundischen Vorbildes nicht bedurft habe; er spricht sogar von einer Übertragung des Tiroler Vorbildes auf Burgund. Wenn manches in der erbländischen Reform wie burgundische Rezeption wirke, so müsse man bedenken, daß dies mehr minder als gesamteuropäische Errungenschaft anzusehen sei, die sich damals unabhängig voneinander und gleichzeitig an verschiedenen Stellen entwickelt habe. Ohne jeden burgundischen Einfluß sei die alte Tiroler Verwaltung für die erbländische Reform fortentwickelt worden. Theodor Mayer[8] hat A. Walthers Thesen, allerdings mit unzureichenden Beweisen, zu stützen versucht, wenn er auch zugibt, daß sich die burgundische Rezeptionstheorie nicht völlig widerlegen lasse.

Gegenüber den Hypothesen A. Walthers und Th. Mayers haben sich hervorragende Kenner wie Hartung[9], Adler[10], Fellner[11], Rosenthal[12], Bachmann[13] und Luschin[14] im allgemeinen für die burgundische Rezeption ausgesprochen, wenn auch nicht so ausschließlich wie Rachfahl. Bachmann etwa meinte, daß Tiroler Einrichtungen und burgundische Einflüsse sich gegenseitig ergänzt hätten[15].

Es wird im folgenden auf Grund eines größeren Materiales zu prüfen sein, ob denn die Tiroler Verwaltung der Zeit Sigmunds den Bedürfnissen eines in Bildung begriffenen Großreiches wirklich so vollkommen entsprach, daß sie von Maximilian nur übernommen zu werden brauchte, ob denn während der Jahre 1490 bis 1499 wirklich nichts Neues geschaffen, sondern einfach Tiroler Einrichtungen auf die niederösterreichischen Länder übertragen wurden, ob man des burgundischen Vorbildes wirklich nicht bedürfe, um die folgende Reformentwicklung zu erklären.

Als Maximilian 1489 das erste Mal aus Burgund in die Vorlande und nach Tirol kam, traf er diese Gebiete in schwerster politischer und finanzieller Krise. Regierung und Verwaltung waren derart verwahrlost, daß der Unterhalt des Hofes und der Behörden Schwierigkeiten bereitete, daß man sich trotz guter eigener

Einnahmen sogar zu Landverkäufen[16] hatte verlocken lassen; und dies, obwohl das Land, abgesehen vom kurzen Waffengang des Jahres 1488 gegen Venedig, keinen besonderen Belastungen unterworfen war. Es bedurfte energischer Eingriffe der Landstände, um den Hof- und Landeshaushalt in Ordnung zu bringen und die Schulden wieder abzustoßen. Der Landesfürst, Erzherzog Sigmund, war von Regierung und Verwaltung völlig ausgeschaltet und die Herrschaft ganz in landständische Hände übergegangen.

Wäre die Verwaltung des reichen Landes Tirol und der Vorlande damals noch in so vorbildlicher Ordnung und so „modern" gewesen, wie man gerne sagt, so hätte man selbst durch die verschwenderische Hofhaltung Erzherzog Sigmunds nicht in solch arge Verlegenheit geraten können. Offenbar war das gesamte Tiroler Verwaltungssystem im zentralen und lokalen Bereich seit Jahrzehnten im Verfall, die Zuflüsse, welche die Einkünfte aus den Gemeinden, Ämtern und Gerichten in die Zentrale leiteten, vielfach verstopft und leck, so daß sie von Hinterziehern angezapft oder in andere Speicher abgeleitet werden konnten, ehe sie die Innsbrucker Kammer erreichten. Auch die fällige Umstellung von der Natural- auf die Geldsteuer war in den Ämtern noch nicht ganz durchgeführt[17]. Was aber einfloß — es war noch immer reichlich viel — wurde bei Hofe von den „bösen Räten" leichtfertig verschwendet. Man wird solche Verwaltungsverhältnisse kaum als mustergültig, als Grundlage und Vorbild aller folgenden Reformen bezeichnen können, nur weil Maximilian einige Behördennamen beibehielt.

Gewiß hatte das Land Tirol seit den Zeiten Meinhards II. eine hervorragende Verwaltung[18] besessen: Berufsbeamte in den leitenden Stellen, Verselbständigung der Finanzen, Einsatz von Wirtschaftsfachleuten in allen wichtigen Stellen der Kammerverwaltung, regelmäßige Rechnungslegung und Amtskontrollen. Tirol war infolgedessen langehin eines der reichsten Länder innerhalb des Imperiums. Aber dabei war man während der folgenden zweihundert Jahre offenbar stehengeblieben. Der wachsende landständische Einfluß hatte jede Steigerung der Steuerleistung verhindert[19], obwohl das Geld beständig „dünner" wurde. Es gab keine Übereinstimmung zwischen Wirtschaftswachstum und Staatsnotwendigkeiten mehr; maßlos waren die Privilegien des Adels, aber auch die Leistungen des Bürgers und des Bauers eher mäßig. Gerne erinnerten sich daher die Tiroler der guten alten Zeiten

Erzherzog Sigmunds[20], während deren es den Leuten gut gegangen sei; am besten dem Adel und einigen Schmarotzern[21] und Hinterziehern, während sich Regierung und Hof mit Darlehen weiterhelfen mußten. Dieses System, das nicht nur am Haupt, sondern auch an seinen Gliedern krankte und sogar kleinen Anforderungen nicht mehr gewachsen war, bedurfte selber dringend einer Reform und vermochte Maximilian kaum ein Vorbild zu bieten.

Zweifellos gab es in den letzten Jahrzehnten Erzherzog Sigmunds in Tirol und in den Vorlanden brauchbare Regierungs- und Verwaltungsbehörden; aber es fehlte dem System an Aufgaben und damit an Leistungen und Ideen. Wie anderswo hatten auch hier die Hofbehörden zugleich die Regierung und Verwaltung des ganzen Landes zu besorgen. Es gab keinen getrennten Haushalt zwischen Landesfürst, Hofstaat und Land[22]. Schon zu Sigmunds Zeiten bestand ein landesfürstlicher Rat als Versammlung der hohen Regierungs- und Verwaltungsbeamten, die das Regiment führten[23]; daneben eine Kammer zur Verwaltung der Einnahmen und Ausgaben unter dem Obersten Amtmann und einem Kammermeister. Zentrale Ein- und Auslaufstelle für Regiment und Kammer bildete eine gewiß leistungsfähige, mit vielen Notaren und Schreibern besetzte Kanzlei unter dem Tiroler Kanzler. Auch Marschall und Hofmeister als oberste Beamte waren damals bereits vorhanden und konnten von Maximilian übernommen werden.

Rat und Kammer waren stark landständisch beeinflußt und dementsprechend kollegial besetzt. Kollegialität war also keineswegs eine burgundische Neuerung, die erst Maximilian eingeführt hätte. Aber sonst war der Verwaltungsbetrieb in höfischer Enge und landständischer Sippschafts- und Gevatternwirtschaft versumpft. Der tirolisch-vorländische Adel gab sich am Innsbrucker Hof ein Stelldichein[24], um an den herzoglichen Einkünften mitzunaschen und sich gegenseitig Ämter und gut dotierte Pfründen zuzuschieben. Riesensummen wurden an Provisionen und Dienstgeldern an den Adel vergeudet. Dreihundert, zuweilen sogar über fünfhundert Personen gehörten zu Sigmunds Hofstaat[25], eine Zahl, die nicht einmal Maximilians große Weltpolitik an seinem Kaiserhof je beschäftigte.

Gleichwohl war der Innsbrucker Verwaltungsbetrieb unter Sigmund eher simpel, wie dies der gesamten politischen Haltung des Landesfürsten und seiner Aufgabenstellung entsprach. Wie beschränkt wirkte doch die Instruktion an den Obersten Amtmann[26] aus dem Jahre 1482: er solle den Wirten und Handwerkern alle Vierteljahre, den Amtleuten und Dienern alle Jahre Raitung abnehmen. Er solle alle Einnahmen und Ausgaben aufschreiben und auch selber alljährlich abrechnen vor denen, die der Erzherzog dazu bestellt. — Ein patriarchalischer Finanzbetrieb, der den Stil der grundherrlichen Hauswirtschaft noch kaum überwunden hatte. Dagegen lautet die erste Anweisung Maximilians an das Oberste Amt[27] im Jahre 1491 bereits auf Reformierung der Ämter, Geldaufbringen, Wechselmachen und Pfandschaften. Der Einbruch der großen Politik und des jungen Kapitalismus in die Finanzverwaltung wird mit einem Male sichtbar. Darin liegt das Neue.

Indes wäre es falsch zu glauben, Sigmund hätte Maximilian heillose Schulden hinterlassen. Im Gegenteil: die Landstände hatten den Erzherzog noch vor Übergabe des Landes an Maximilian entschuldet[28]. Die Tiroler Raitbücher weisen Jahr für Jahr einen ausgeglichenen Hof- und Landeshaushalt auf[29]. Das fallweise Jahresdefizit ist lächerlich gering gegenüber den Alltagsschulden, mit denen Maximilian später ständig zu kämpfen haben wird. Um so weniger begreiflich, als Zeichen einer völlig unfähigen Finanzpolitik, muß es daher erscheinen, daß Sigmund angesichts der guten finanziellen Gesamtlage ohne echte Not zum primitivsten aller Aushilfsmittel, zu Länderverkäufen großen Stils[30], seine Zuflucht nahm. Offenbar tat er dies von jenen getrieben, die auch daran zusätzlich zu verdienen hofften. Ebenso unverständlich bleibt es, wie mittels der großen Finanzkraft Tirols und der Vorlande durch Jahrzehnte nichts anderes geleistet werden konnte, als daß man den Hof und die Regierung unterhielt, gut aß und trank, Kleider und Juwelen kaufte, einige Schlösser baute und es dabei noch zustande brachte, fallweise in finanzielle Schwierigkeiten zu geraten.

Tirol und die Vorlande waren zu Sigmunds Zeiten sehr reich gewesen. Die Einnahmen bewegten sich von den sechziger bis in die achtziger Jahre aber nur um etwa 60.000—70.000 und wurden manchmal, offenbar durch außerordentliche Steuern, auf 150.000 Gulden erhöht[31]. Das war wenig. Es gab ein reiches landesfürstliches Urbar, das seit alters den festen Grundstock des Einkommens darstellte, wenn es auch neuerdings an Bedeutung gegenüber anderen Einkünften zurücktrat. Aber das Kontroll- und Abrechnungswesen war in völliger Unordnung und ohne System, daß es Maximilian durch „Reformierer und Umreiter" völlig überholen mußte[32]; es war mehr vom Gutdünken der Beamten als von festen Ordnungen bestimmt und drohte daher einzuschlafen. Schon 1482 hatte man am Innsbrucker Hof das Bedürfnis empfunden, die Mißwirtschaft durch eine Reform abzustellen[33].

Reicher als in irgendeinem anderen österreichischen Land flossen in Tirol die Erträgnisse aus den Bergwerken, zumal aus dem Haller Salz und aus dem Schwazer Kupfer und Silber. Sie waren in beständigem Steigen und trieben die Einkünfte der Innsbrucker Kammer von Jahr zu Jahr empor. Aber wo blieben sie? Die Jahresabrechnung von 1484 verzeichnet nur etwa 3350 Gulden Einnahmen (drei Prozent der Gesamteinnahmen)[34] aus den Bergwerken. Entweder war die Leistungsfähigkeit nicht völlig ausgeschöpft, oder es war das meiste verpfändet. In der Abrechnung von 1466 hatten die Einnahmen aus den Bergwerken mit etwa 30.000 Gulden noch etwa ein Viertel der Gesamteinnahmen gebracht[35]. Unter Maximilian wurden die Einnahmen aus dem Tiroler Bergregal noch weiter gesteigert[36].

Tirol verfügte seit Meinhard II. über ein gutes Münzwesen[37]. Gerade da ließ sich mittels des reichen Silberabbaues und durch gesteigerte Ausprägungen bedeutender finanzieller Vorteil erzielen. Einen besonders hohen Anteil an den öffentlichen Einnahmen brachten Maut und Zoll; allerdings muß es gerade hier mancherlei Unterschleif und Hinterziehung gegeben haben, ehe Maximilian die Kontrolle durch Gegenschreiber, Umreiter und Reformierer entscheidend verschärfte[38]. Das Jagdregal war gewiß geeignet, der landesfürstlichen Küche nachzuhelfen, wenn es auch mehr im Sinne des herrschaftlichen Jagdvergnügens genutzt wurde und daher weniger ins Gewicht fiel.

Im ganzen kann man sagen, daß die Wirtschaftsreserven Tirols und der Vorlande keineswegs voll ausgeschöpft waren; außerordentliche Steuern dürften nicht alljährlich erhoben worden sein, was man aus den ganz ungewöhnlichen Einnahmenschwankungen erschließen kann[39]. Man hatte später geradezu das Gefühl, zu Sigmunds Zeiten jahrelang steuerfrei gewesen zu sein[40]. Maximilian wird die Tiroler Einnahmen, die bisher kaum für die persönlichen Bedürfnisse des Landesfürsten ausgereicht hatten, wesentlich steigern und zur finanziellen Hauptquelle seiner Weltpolitik machen.

In den hochgesteckten Zielen der Finanzpolitik, in den geänderten Kammerpraktiken, in der ständigen Verbindung mit dem großen Kapital, in neuen Arbeitsmethoden, etwa der doppelten Buchführung, in der Ausschaltung der Landstände, in der Anstellung von Fachleuten und „Ausländern", nicht in den gleichen oder veränderten Behördennamen liegt das Neue der maximilianischen Reformen.

Maximilian kam aus Burgund, einem Land, in dem ein kapitalistisch denkendes und planendes Landesfürstentum seit langer Zeit gewohnt war, für eine großzügige Politik ebenso große Steuerbeiträge der Stände einzufordern. Er hatte die Niederlande bereits finanziell geschwächt übernommen, aber gleichwohl mehr als dreizehn Jahre mit Frankreich, der stärksten Macht damaliger Zeit, Krieg zu führen vermocht, wofür ihm seine Niederländer gewaltige Summen und Truppenaufgebote bereitgestellt hatten. Durch ein ebenso wohlorganisiertes wie hartes Finanz- und Steuersystem hatte Maximilian das Letzte aus seinen Ländern herausgeholt und sie, allerdings wirtschaftlich total erschöpft, verlassen[41]. Die burgundischen Kammern wurden durchaus, ja grundsätzlich von landfremden „Finanzern" verwaltet, die fast alle Wirtschaftsleute waren. Strengste Schriftlichkeit, doppelte Buchführung und laufende Kontrollen sollten jeglichen Unterschleif verhindern. Das System der außerordentlichen Steuerbitten, die das Wirtschaftswachstum den Staatsnotwendigkeiten anzupassen versuchten, war zur alljährlichen Gewohnheit entwickelt. In Tirol dagegen hatte es zwischendurch immer wieder „steuerfreie" Jahre gegeben[42]. Dem an burgundische Verhältnisse gewöhnten Herrscher mochte daher der Betrieb der Tiroler Finanzverwaltung wunderlich erscheinen. Das reiche Land müßte ihm mehr leisten, als es bisher geleistet hatte; dazu sollten vor allem die unter Sigmund in die Halme geschossene adelige Mißwirtschaft und die Vorherrschaft der Stände in allen Bereichen der Verwaltung zurückgedrängt werden.

Gewiß fand Maximilian, als er im März 1490 Tirol und die Vorlande übernahm, einen Verwaltungsapparat vor[43], mit dem sich arbeiten ließ; aber er war zweifellos etwas veraltet, das Getriebe durch jahrzehntelange Mißwirtschaft versandet und eines neuen Antriebs bedürftig. Der kränkliche alte Landesfürst und die heimischen Adelsklüngel waren im Lebensgenuß erschlafft, so daß es der Tiroler Landespolitik seit längerem an jener Beweglichkeit und höheren Zielsetzung fehlte, die allein Regierung und

Verwaltung eines Landes in Schwung zu halten vermögen. Sie war in Jahrzehnten erstarrt und unbrauchbar für einen jungen Monarchen, der gewohnt war, insbesondere der Finanzverwaltung die größten Leistungen abzufordern.

Maximilian war überzeugt, daß die alten Einrichtungen einer durchgreifenden Reform bedurften, und war vor allem entschlossen, die Zügel wieder persönlich in die Hand zu nehmen und die landständischen Sippschaften, soweit als möglich, auszuschalten. Der heimische Adel, dessen Macht, gemessen an seiner eigentlich geringen Stellung im Lande, während der letzten Jahrzehnte sich übermäßig ausgebreitet[44], ja, bis zur Absetzung des alten Landesfürsten vorgewagt hatte, sollte wieder zurücktreten und allmählich persönlichen Vertrauensleuten des Landesfürsten, Beamten und Fachleuten, Platz machen. Der König ging zunächst vorsichtig zu Werke. Als das Wichtigste erschien ihm die Steigerung der Landeseinkünfte, die er durch Einstellung persönlicher, teilweise landfremder Vertrauensleute, durch Überprüfung aller älteren Rechtstitel, Verschärfung der Kontrollen, „Reformierung" der Ämter und strengste Buchführung zu erreichen hoffte.

Dies alles bedeutete einen Umsturz des bisherigen Systems, den der neue Landesfürst, um ständische Empfindlichkeiten zu schonen, nicht plötzlich, sondern ganz allmählich ins Werk setzte, der auch durch die längere Abwesenheit Maximilians in Ungarn etwas von seiner Schroffheit verlor. Gewiß war der König nicht mit einem fertigen Reformprogramm nach Tirol gekommen; aber er brachte jahrelange burgundische Erfahrungen und Vorstellungen mit, die laufend in sein Reformwerk einflossen und so das bestehende System allmählich veränderten. Zwar hielt er äußerlich an gewissen übernommenen Verwaltungsformen fest, arbeitete aber doch planmäßig auf eine Veränderung des alten Systems hin. Ähnlich wie in den Niederlanden sollten die vorländische Regierung und Verwaltung so eingerichtet werden, daß sie, unbehindert von ständischen Sonderinteressen, das Meistmögliche leisteten, daß sie auch in Abwesenheit des Landesfürsten klaglos arbeiteten, ohne daß deswegen der landesherrliche Einfluß zurückgedrängt werden durfte.

Tirol und die Vorlande hatten während der letzten Jahre durchschnittlich etwa 120.000 Gulden abgeworfen[45], von denen nun 52.000 Gulden jährlich als Pension an Erzherzog Sigmund zu zahlen[46] waren. Maximilian wollte sich damit keineswegs zufriedengeben, sondern zusehen, die Einnahmen so zu vermehren, daß Tirol und die Vorlande zum finanziellen Rückgrat seiner großen Politik werden konnten. Noch im gleichen Jahre 1490 ließ er sich von den Tiroler Landständen zusätzliche 50.000 Gulden für den Ungarnfeldzug[47] bewilligen. Rücksichtslos ging er gegen den alten Landesfürsten vor, dessen Pension er während der nächsten Jahre entgegen allen Vereinbarungen um mehr als die Hälfte kürzte[48]. Das bisherige Tiroler Steuersystem, das dem König in keiner Weise entsprach, wurde auf einen ganz neuen Fuß gebracht.

Bevor Maximilian Tirol verließ, um den Feldzug gegen Ungarn vorzubereiten, hatte er ein Kollegium von Statthaltern in Innsbruck eingesetzt[49], das ihn während seiner Abwesenheit in allen politischen, gerichtlichen und finanziellen Geschäften zu vertreten hatte; daß der König auf sein oberstes Weisungsrecht verzichtet hätte, ist indes ganz ausgeschlossen[50], denn dies hat er sich bei all seinen Behörden stets auf das entschiedenste vorbehalten. In der Eile war es noch nicht möglich gewesen, die Finanzverwaltung selbständig zu machen. Sie blieb fürs erste den Statthaltern unterstellt, wenn auch unter der Leitung des „Obersten Amtmannes" als des leitenden Finanzbeamten. Das Kollegialsystem ist indes keineswegs als burgundische Neuerung anzusehen[51]. Überhaupt blieb zunächst unter dem Druck der Kriegsereignisse manches noch beim alten. Viele von den Statthaltern waren aus dem alten Regiment übernommen, denn man konnte das neugewonnene Land nicht sofort durch allzu große Neuerungen verärgern oder mißtrauisch stimmen. Aber die Statthalter waren nicht mehr Ständevertreter im alten Sinn[52], sondern überwiegend Leute des persönlichen landesfürstlichen Vertrauens. Allmählich wurden die Tiroler immer mehr durch Fremde ersetzt, später sogar Burgunder, wie Jean Bontemps und Casius Hacquenay, herangezogen.

Unmittelbar nach dem Ungarnfeldzug, am 28. Februar 1491, befahl Maximilian eine wichtige Veränderung in der Zusammensetzung des Statthalter-Kollegiums: der Oberste Amtmann Antoni von Ross, dem man Unregelmäßigkeiten nachsagte[53], wurde durch ein Kollegium von vier Männern[54] ersetzt, welche die Finanzgeschäfte fortan gemeinsam führen sollten. Man nannte diese neue Behörde zuweilen das „Oberste Amt zu Innsbruck"[55], ein Beweis, daß man die Finanzgeschäfte für die Hauptsache hielt, die nunmehr selbständiger geführt werden sollten, wenn auch eine gewisse personelle und sachliche Zusammenarbeit zwischen Statthaltern und Finanzräten bestehen blieb. Neu war das Amt des Buchhalters innerhalb dieses Kollegiums, das offenbar niederländischen Geschäfts- und Amtspraktiken entlehnt[56] war; neu vor allem die doppelte Buchführung, die 1493 das erste Mal aufscheint. Diesem Kollegium wurde neben den laufenden Geschäften bereits die Reformierung aller lokalen Ämter, Überwachung und Kontrolle, das Geldaufbringen, Wechselgeschäfte, Pfandschaften und Schuldendienste besonders aufgetragen[57]. Das alles weist auf neue Aktivitäten, die in der großen europäischen Politik, im Ungarnfeldzug und im bretonischen Krieg ihre Ursache[58] und in burgundischen Praktiken ihr eigentliches Vorbild hatten. Schon innerhalb von zwei Jahren (1490—1492) stiegen die Einnahmen der Tiroler Kammer fast um das Dreifache: von 87.052 auf 212.229 Gulden[59].

Aber bald zeigte sich, daß es die bestehenden Finanzbehörden, angesichts der angespannten militärischen und politischen Lage im Reich, gegenüber Ungarn und Frankreich nicht schafften, zumal die burgundischen Einkünfte für den Krieg in den Niederlanden selbst gebraucht wurden. Ohne sich mit dem Vater darüber zu verständigen, bestellte Maximilian, zweifellos nach burgundischem Vorbild, Simon von Hungersbach zu seinem Generalschatzmeister („tresorier general") für das Reich und die gesamten ober- und niederösterreichischen Erbländer[60] (1491). Hungersbach und sein Schatzamt sollten ausschließlich dem König unterstehen, die nötigen Summen für die große Politik bereitstellen und nach den augenblicklichen Bedürfnissen des Königs rasch und wirkungsvoll dirigieren können. Offenbar schien Maximilian das monokratische System mindestens für Kriegszeiten und die Lösung großer Finanzfragen wirksamer und beweglicher als die kollegiale Ordnung.

Mit der Verwaltungsorganisation der niederösterreichischen Länder war es wesentlich schlechter bestellt, als Maximilian diese Gebiete 1490 aus der Hand der Ungarn zurückeroberte. Hier hatte es seit Jahrzehnten keine Beständigkeit der Verwaltung mehr gegeben. Es lag daher nahe, die neue Ordnung, die in Tirol eben durchgeführt worden war, auch auf die niederösterreichischen Länder zu übertragen. Vielleicht schon im Herbst 1490, spätestens Anfang 1491 errichtete Maximilian auch in Wien ein Regierungskollegium von Statthaltern[61] mit gleichen oder ähnlichen Zuständigkeiten wie in Innsbruck. Wie in Tirol kümmerte sich der König zunächst auch hier nicht um landständische Interessen, weshalb es alsbald entschiedene Widerstände gegen seine Neuerungen gab.

Da Kaiser Friedrich III. durch den Ungarnkrieg der Schuldner seines Sohnes geworden war und ihm die Kriegskosten zu ersetzen hatte, konnte er zunächst gegen die Einsetzung des Generalschatzmeisters Hungersbach[62] nichts einwenden. Er mußte ihm die Eintreibung der Kriegssteuern und die Zusammenfassung der niederösterreichischen Länder zu einer Hilfs- und Verteidigungsgemeinschaft namens Maximilians gestatten. Das neue Generalschatzamt sollte dem Römischen König nicht nur jederzeit einen Überblick über die gesamte Finanzlage des Reiches und der Erbländer vermitteln können, sondern auch die Geldmittel für Politik und Kriegführung auftreiben; wohl der erste Versuch dieser Art in den Erbländern und im Reich.

Die Allmacht Hungersbachs erregte nicht nur den Neid mancher Rivalen bei Hofe zu Linz, sondern vor allem den Widerstand der Stände, denen die scharfen Eintreibungsmethoden der neuen Behörde mehr als widerwärtig waren. Man sagte dem Generalschatzmeister nach, daß seine Abrechnungen nicht stimmten und daß er sich bereichere. Kaiser Friedrich III., in den niederösterreichischen Ländern immer noch der eigentliche Landesfürst, ließ den verhaßten Mann als Steuereintreiber in seinem Bereich absetzen[63]. Schließlich mußte auch Maximilian beigeben und Hungersbachs Zuständigkeit auf das Reich, Tirol und die Vorlande beschränken[64]. Damit war der erste gesamtstaatliche Generalschatzmeister für die Erbländer und das Reich gescheitert; aber gewiß nicht an seiner Unfähigkeit, vielmehr an den Widerständen der überalterten Ordnung und des landständischen Egoismus.

Nach dem Hinscheiden des alten Kaisers, im August 1493, kehrte Hungersbach alsbald als Steuereintreiber in die niederösterreichischen Länder zurück; ein Beweis, daß er nur über die Ränke der kaiserlichen Hofschranzen gestürzt war, aber das Vertrauen des jungen Königs nach wie vor besaß. Allerdings blieb er nicht selbständig, sondern wurde als Schatzmeister in das neugeschaffene Kollegium der niederösterreichischen Raitkammer übernommen.

Jetzt, nach dem Tode Friedrichs III., war es an der Zeit, auch den niederösterreichischen Ländern eine dauerhafte Behördenordnung zu geben: das niederösterreichische Regiment von 1490/91 wurde nun seit dem Spätherbst 1493 in Wien endgültig eingerichtet[65]. Die Reformarbeiten, durch den Türkenfeldzug 1493 kurz unterbrochen, wurden bis in die ersten Monate des Jahres

1494 mit solchem Eifer fortgesetzt[66], daß darüber sogar die in Innsbruck wartende Braut Bianca Maria vor den Augen der Öffentlichkeit auf eine peinliche Geduldprobe[67] gestellt wurde. Nach allem, was wir wissen, hat Maximilian an den niederösterreichischen Reformen im Winter 1493/94 persönlich lebhaften und unmittelbaren Anteil genommen. Daß er hier vor allem die „Ausländer" Dr. Stürtzel, Dr. Fuchsmagen und Serntein[68] heranzog, die aus dem Tiroler Regiment kamen und dort wieder durch „Ausländer" ersetzt wurden, entsprach burgundischer Übung und gewiß nicht dem alten „Tiroler System". Auch sollte das Wiener Regiment mit den neuen Tiroler Erfahrungen bekanntgemacht werden. Da wie dort durfte das Regiment den abwesenden Landesfürsten in der Führung der politischen Verwaltung, des obersten Gerichtes, vor allem auch in der Landesverteidigung voll vertreten, die im Osten beim Aufbau der neuen Militärgrenze gegen die Türken eine besondere Rolle spielte. Aber die landesfürstliche Machtvollkommenheit des Königs sollte grundsätzlich unangetastet bleiben. Nichts Größeres oder Großes durfte ohne Vorwissen des Königs geschehen.

Womöglich noch wichtiger als das Regiment war die Neuordnung des niederösterreichischen Finanzwesens. Es wurde nun auch in Wien eine ähnliche Finanzstelle eingerichtet, wie sie in Innsbruck schon seit 1491 bestand. Am 2. März 1494 ist uns die „Rechenkammer zu Wien" das erste Mal bezeugt[69]; sie wurde zweifellos gleichzeitig mit dem Regiment im Winter 1493/94 eingerichtet. Wie die Innsbrucker Finanzstelle bestand auch die Wiener Rechenkammer aus vier Mitgliedern, unter ihnen der erprobte Hungersbach und der Tiroler Dr. Fuchsmagen. Wie in Innsbruck galt auch hier engste Zusammenarbeit mit dem Regiment.

Noch mehr als das Regiment stand die Rechenkammer von Anfang an unter dem Druck der katastrophalen Finanzlage. Auch hier in Niederösterreich galt es, zunächst eine Bestandsaufnahme des Kammergutes und der landesfürstlichen Lehenschaften durchzuführen, denn vieles war in jahrzehntelangen Kriegszeiten verwahrlost und in Vergessenheit geraten. Unzufriedenheit und Klagen gegen diese Neuerungen waren die natürliche Folge: wie hatte man doch bisher von der landesfürstlichen Verwaltung ungeschoren leben können; wie sehr wurde jetzt von oben her in alles und jedes eingegriffen! Immer wieder wurde Hungersbach verdächtigt[70], die öffentlichen Gelder zu verschwenden. Offenbar wußte der König, wohin die Gelder verschwanden, und hielt an seinem Schatzmeister fest.

Entschiedener als in Tirol regte sich in Niederösterreich der landständische Widerspruch. Schon innerhalb des Regimentes verbat man sich wiederholt störende Eingriffe des mit den Verhältnissen nicht vertrauten Landesfürsten, drohte wohl auch mit dem Rücktritt[71]. Noch heftigere Klagen gab es, wenn Regiment und Kammer sich über die althergebrachten Landesfreiheiten hinwegsetzten oder versuchten, den Landleuten immer neue Steuern abzupressen.

Das Jahr 1494 brachte die Übergabe der burgundisch-niederländischen Regierung an Erzherzog Philipp. Maximilian war keineswegs gewillt, auf seinen Einfluß in den Niederlanden völlig zu verzichten, die er nach dem Recht des Eroberers als sein Eigentum betrachtete; sein Sohn sollte zunächst nur Stellvertreter des Vaters in den Niederlanden sein. Im August/September 1494 erließ Maximilian eine Hof- und Regimentsordnung[72], welche diese Auffassung auf die gesamte Landesverwaltung übertrug. Diese Ordnung faßte alle burgundischen Länder als Einheit auf. Ein Regiment („regenterie") sollte zusammen mit dem Fürsten, oder in dessen Abwesenheit auch allein, die Regierungsgeschäfte führen. Ein Justizrat („Grand Conseil") sollte den höchsten Gerichtshof des Landes bilden und alle Berufungen in letzter Instanz erledigen. Der Finanzrat aber sollte im Einvernehmen mit der Regenterie das Finanzwesen verwalten. Es waren im Wesen die gleichen Einrichtungen wie in den österreichischen Ländern, nur daß in Innsbruck das Regiment sowohl die politische Verwaltung als auch die Justiz betreute. In den niederösterreichischen Ländern führte man übrigens die gleiche Dreiteilung (Regiment, Kammergericht, Raitkammer) ein wie in Burgund. Die Gemeinsamkeiten lassen sich bis in die Kanzleivermerke verfolgen, die da wie dort gleich oder ähnlich gebraucht wurden. Um die Gemeinschaft mit den burgundischen Ländern auch für die Zukunft zu erhalten, sollte ein Teil der burgundischen Hofbeamten aus der Deutschen Nation genommen werden, wie umgekehrt Maximilian in den Behörden Österreichs und des Reiches stets Burgunder beschäftigte. Zwei Räte des burgundischen Regimentes sollten sich stets bei Maximilian aufhalten, damit er jederzeit über die niederländischen Angelegenheiten Kenntnis habe. Fast gleichzeitig und sicher nicht unabhängig voneinander wurden seit 1496 in den burgundischen und österreichischen Ländern die großen Urbar- und Ämterreformen durchgeführt. Wo immer wir näher zusehen, gibt es enge Zusammenhänge.

Um die Jahreswende 1494/95, nach der Regierungsübergabe in Burgund und den ersten Reformgesprächen mit Berthold, versuchte Maximilian, wohl im Hinblick auf den Wormser Tag und auf die Belastungen des Italienzuges, einen neuartigen zentralistischen Organisationsplan[73] für die Finanzverwaltung des Reiches, des Königshofes, des burgundischen Hofes, der burgundischen und der österreichischen Erbländer. Vier Superintendenten sollten die Geschäfte dieser verschiedenen Finanzkammern aufeinander abstimmen. Es blieb allerdings bei einem Entwurf[74], der höchstwahrscheinlich um die Jahreswende 1494/95 in den Niederlanden ausgearbeitet wurde und dementsprechend starke burgundische Einflüsse in der Terminologie und in der Gesamtplanung aufweist. Dieser Organisationsplan scheiterte wohl an den völlig anderen Vorstellungen der Wormser Reichsversammlung von 1495 von der Verwaltung des Reichsärars, aber auch an den Widerständen Burgunds und der österreichischen Länder gegen eine derart enge Zusammenfassung der fünf Finanzkammern.

Die drückende Geldnot[75] gab offenbar den Hauptanstoß, den Reformversuchen im Bereich der Finanzverwaltung eine ganz neue Richtung zu geben. Es scheint im Tiroler Regiment, das auch die Kammer beherrschte, noch immer, ähnlich wie zu Sigmunds Zeiten, grobe Nachlässigkeiten und Unordnung in den Finanzsachen gegeben zu haben. „Ist pös ding solich unfleyss und unordnung; deshalben grösser und zwyfachte kossten zusampt schympf und spot der Königlichen Majestät gett", schreibt Zyprian von Serntein[76]. Ähnlich klagte Polheim über die Zustände in den niederösterreichischen Ländern. Maximilian berichtete dem Kurfürsten von Sachsen[77], seine Regenten hätten ihm solchen Schaden zugefügt, daß er mit seinem Romzugsplan weit zurückgeworfen sei. Es war nicht einmal das Geld vorhanden, die offenen Rechnungen für den Hofstaat der Königin zu bezahlen.

Da es sich klar zeigte, daß die Reichshilfe für den Italienzug nicht rechtzeitig eingehen und die Erbländer die Last dieses Krieges allein würden tragen müssen, war es nötig, eine zentrale Stelle mit der Einhebung der Steuern, ebenso mit der Aufbringung der nötigen Darlehen für den kostspieligen Zug zu befassen. Nicht weniger als 258.000 Gulden sollten darlehensweise aufgebracht werden.

Bereits am 6. Februar 1496 bestellte Maximilian seinen Rat und Protonotar Florian Waldauf, seinen bewährten Freund und besonderen Vertrauensmann, zum Rat der Innsbrucker Raitkammer[78] und gab ihm offenbar den Auftrag, die Innsbrucker Kammer leistungsfähiger zu machen. Waldauf hatte Maximilian schon in den Niederlanden gewiß auch in Kammersachen gedient und war mit den burgundischen Finanzpraktiken daher wohl vertraut.

Einen Monat später, am 4. März 1496, starb Erzherzog Sigmund von Tirol[79], wodurch dessen jährliche Pension frei wurde, so daß die vollen Einnahmen Tirols und der Vorlande als sicheres Grundkapital der Raitkammer zur Verfügung standen. Dieser günstige Umstand einerseits und andererseits die ständigen Klagen aus den niederösterreichischen Ländern, die dringenden Forderungen[80] Wolfgang Polheims, des obersten niederösterreichischen Hauptmanns, nach einer endlichen Neuordnung der Finanzen, außerdem die dringenden Bedürfnisse des Italienzuges[81] drängten den König wohl zu raschen, allerdings nur flüchtigen Maßnahmen.

Im Juni/Juli 1496, vor dem Aufbruch nach Italien, muß in Anwesenheit des Römischen Königs die Innsbrucker Raitkammer zur neuen allgemeinen österreichischen „Schatzkammer" umgebildet worden sein: zunächst nur als Aushilfe[82], die während der nächsten Monate den Italienzug finanzieren, den Gemeinen Pfennig eintreiben und die nötigen Anleihen aufnehmen sollte. Sie war, wie dies ihre große Aufgabe erforderte, fortan vom Regiment unabhängig und nicht nur für das Reich, sondern für alle, auch für die niederösterreichischen Erbländer zuständig, so daß die Wiener Raitkammer ihre Tätigkeit fast einstellen mußte. Die Gelegenheit war günstig, mehrere Innsbrucker Regimentsräte aus den Zeiten Herzog Sigmunds kaltzustellen. Der erfahrene Simon von Hungersbach wurde trotz der bekannten Anfeindungen[83] als Statthalter in die neue Schatzkammer übernommen[84] und vor allem mit der Eintreibung des Gemeinen Pfennigs betraut. Georg Gossembrot, der „den wagn oft auß der lackhen gehebt hett"[85], sollte die Verbindung der Kammer zu den süddeutschen Bankhäusern herstellen. Besonders auffallen mußte, daß Jean Bontemps[86], der burgundische Schatzmeister, der neuen Behörde zugeteilt wurde, offenbar, um sie mit dem burgundischen Arbeitsstil vertrauter zu machen und die Verbindung mit der burgundischen Kammer herzustellen.

Wer möchte angesichts solcher Tatsachen burgundische Einflüsse auf die erbländische Verwaltung leugnen? Durch die vier Statthalter scheinen die Finanzkammern des Reiches, Burgunds, Tirols, der niederösterreichischen Länder und die Hauskammer vertreten gewesen zu sein.

Da die Finanzen des Reiches und aller Erbländer, dazu die gesamten Kontrollbefugnisse in der neuen Innsbrucker Schatzkammer zusammengefaßt waren[87], verfügte sie über weit höhere Summen und Zuständigkeiten als das seinerzeitige „Oberste Amt". Sofort konnte Maximilian die Schatzkammer zu Innsbruck mit der Rückzahlung von 50.000 Gulden niederländischer Kriegsschulden an Herzog Albrecht von Sachsen[88] beauftragen. Alle großen Finanzoperationen des Königs gingen nun über diese neue Schatzkammer: Anleihen bei den deutschen Städten und Finanzhäusern, bei Fugger und Gossembrot, ebenso der Schuldendienst. Jahresvoranschläge sollten mehr Ordnung in die Finanzen bringen. Für größere politische Aufgaben wurden nach burgundischem Beispiel Sonderetats[89] und Finanzierungspläne ausgearbeitet. Daß sich der König dabei von burgundischen Vorbildern leiten ließ, beweist wohl auch das Wort „stat", die einfache deutsche Übersetzung des burgundisch-französischen „etat", das fortan immer wiederkehrt. Diese Ausgabenplanung sollte verhindern, daß man wie bisher von der Hand in den Mund leben müßte.

Die bedeutendste burgundische Neuerung war die doppelte Buchführung. Neben der alten Abrechnungsform nach Ressorts wie Hofhaltung, Dienstleute, Provisoner, Gebäude, Gesandtschaften etc. erfolgt nun parallel die Abrechnung nach Tagesausgaben, das sogenannte Journal, in der Tiroler Kanzleisprache „Sernal" genannt. Ausdruck und Übung stammen offenbar aus Burgund. Aus dem Jahre 1493 ist das erste Sernal überliefert. Für manche Jahre sind sowohl Abrechnungen alter Art als auch „Sernale" vorhanden. Für andere Jahre nur das eine oder andere, für die wichtigsten Jahre 1496/98 ist leider alles verloren[90].

Innsbruck, im Mittelpunkt des königlichen Herrschaftsgebietes gelegen, inmitten des österreichisch-burgundischen Ländergefüges, in der Nähe großer Bergwerke, die stets eine solide Grundlage für Finanzaktionen aller Art bilden konnten, schien für eine derartige Behörde besonders günstig. Dazu kam die schwächere Stellung des

Adels in den vorderösterreichischen Ländern, die geringeren Widerstand gegen die neuen Behörden erwarten ließ. Dies war die Ursache für die Wahl Innsbrucks zur Hauptstadt und zum Sitz der neuen Behörden; wohl kaum die mustergültigen Verwaltungsformen, die der König hier nur hätte übernehmen brauchen.

Diese allgemeine Innsbrucker Schatzkammer war in der Tat etwas völlig Neues: in der sachlichen wie in der territorialen Zuständigkeit, in ihrer Zusammensetzung, ihrem Arbeitsstil und ihren umfassenden Aufgaben. Sie war ein rein fürstliches Organ, aus dem ständische Einflüsse möglichst ausgeschaltet waren. Die Finanzleute sollten den Ton angeben. Als zentrale Finanzbehörde hatte sie das Reich und alle österreichischen Erbländer zusammenzufassen. Alle Amtleute der ober- und niederösterreichischen Erbländer mußten mit der Innsbrucker Schatzkammer abrechnen und wurden von ihr kontrolliert. Es war die erste gesamtstaatliche Behörde für alle österreichischen Länder und darüber hinaus; ein Versuch, der allerdings schon 1501 am Widerstand des Reiches und der niederösterreichischen Länder scheiterte.

Auf ähnliche Weise hat man etwa gleichzeitig alle burgundischen Rechenkammern in Mecheln zusammengezogen[91] und dort eine allgemeine Reform der Domänen eingeleitet. Immer wieder zeigen sich die engen Zusammenhänge zwischen österreichischer und burgundischer Verwaltung. Bei aller möglichen Wechselwirkung sind gewiß die burgundischen Länder der eigentlich gebende Teil gewesen.

Dem gesteigerten Geldbedarf des Italienzuges war auch die neue Innsbrucker Schatzkammer nicht gewachsen. Der König hatte im Gedränge des Abmarsches offenbar nicht die Zeit gefunden, der neuen Behörde eine feste Ordnung zu geben. Erst nach der Rückkehr aus Italien ergingen nähere Anweisungen über die Aufgaben der neuen Kammer, wurden besonders die „Reformierung“, Kontrolle oder „Bereitung“ der lokalen Ämter in Angriff genommen. Die Schatzkammer sollte mit ihren ordentlichen Einnahmen aus den Cameralien und Regalien in Friedenszeiten vor allem für den Hofstaat des Königs, der Königin und für die Zentralverwaltung aufkommen. Sonderausgaben aber sollten fallweise aus den Contributionalien, den außerordentlichen Steuern der Landstände, bestritten werden.

Die allzu flüchtige Einrichtung der Schatzkammer im Sommer 1496 bedurfte mancher Verbesserungen. Die äußere Ruhe des

Jahres 1497 machte es möglich, die inneren Reformen neu zu überdenken. Durch Monate widmete sich der König mit großem Eifer den Reformaufgaben der Erbländer und des Reiches. Er hatte es erlebt, daß größere auswärtige Unternehmungen ohne festen finanziellen Rückhalt an der Heimat aussichtslos waren. Auch sollten die Erbländer auf die Verwaltungseinrichtungen des Reiches abgestimmt werden, denn der König sah die Reform der Erbländer und des Reiches als ein geschlossenes Ganzes.

Um die Jahreswende 1497/98 waren auch die Pläne einer Verwaltungsreform des Reiches so weit gediehen, daß die erbländische Verwaltung darauf abgestimmt werden konnte. Bereits am 13. Dezember 1497 trat die neue Hofratsordnung[92] in Kraft. Ihr folgte am 13. Februar 1498 die Hofkammerordnung[93], welche die Innsbrucker Schatzkammer[94] einer zentralen Reichshofkammer unterstellte, die den wandernden Hof zu begleiten hatte und dem König jederzeit Einsicht und Übersicht über den Gesamtstand der Einnahmen und Ausgaben gewähren sollte[95]. Während die Hofkammer Finanzpolitik und Finanzverwaltung im großen besorgte, hatte die Innsbrucker Schatzkammer fortan nur mehr den Kassen- und Auszahlungsdienst nach den Weisungen der Hofkammer durchzuführen, denen sich fortan auch der König persönlich unterwerfen wollte. Sie hatte die Finanzen der gesamten Erbländer zu überprüfen und unterlag selber wieder der Kontrolle durch die Hofkammer. Das alte Anweisungssystem, das jegliche Übersicht über den Stand der Finanzen unmöglich machte, sollte abgeschafft und Auszahlungen nur mehr durch die Innsbrucker Schatzkammer getätigt werden.

Ihre Hauptaufgabe aber sollte fortan die Reform aller Ämter[96] in den ober- und niederösterreichischen Ländern sein. Reisende Kontrollkommissionen[97], die sogenannten „Umreiter" oder „Reformierer", sollten eine umfassende Urbarreform in Angriff nehmen, um die Erträge des Kammergutes nach Möglichkeit zu steigern. Die Leistungsfähigkeit des Kammergutes sollte festgestellt, was keinen Gewinn brachte, abgestoßen werden. Harte Sparmaßnahmen wurden eingeleitet[98], nicht minder am Hofe des Königs selber als bei der Königin. Alle Amts- und Urbarbücher, Zins- und Steuerregister, Verzeichnisse der Lehenschaften sollten überprüft und auf Stand gebracht, nachlässige und untaugliche Amtleute aber abgesetzt werden. Mit größtem Mißtrauen wurden diese landfremden „Umreiter und Reformierer" in den niederösterreichischen Ländern erwartet. Zweifellos hatte man dort manches zu verbergen. Hatten die Regenten wirklich ihren Freunden ohne Vorwissen des Königs heimgefallene Lehen[99] zugeschoben? Zu diesen harten Überprüfungen aber kamen die jährlichen Generalabrechnungen aller Beamten in Innsbruck. Nach wie vor sollte Innsbruck Mittelpunkt der Finanzverwaltung bleiben.

Um die Regalienverwaltung zu verbessern, wurde in Innsbruck im Mai 1498 die Hauskammer[100] erneuert, die es schon unter Erzherzog Sigmund gegeben hatte: sie sollte Jagd und Fischerei, Wälder und Seen, Eisen- und Salzwesen, Schmelzhütten und Zeughäuser überwachen. Besondere Obsorge galt dem Bergbau, wo der König durch laufende Verbesserungen höhere Einnahmen zu erreichen hoffte. Entschieden sollte das landesfürstliche Bergregal insbesondere gegen geistliche Ansprüche[101], aber auch gegen die Fugger[102] wahrgenommen werden. Größte Aufmerksamkeit widmete der König dem Münzwesen[103]. Durch gesteigerten Silberabbau ließ sich die Münzprägung beträchtlich heben, wodurch sich der König nicht wenig zu helfen vermochte.

Bereits am 6. Juni 1498 konnte Balthasar Wolf als Erblandschatzmeister eine Gesamtabrechnung vorlegen[104]: er vermochte für das erste Quartal 1498 insgesamt 81.826 Gulden Einnahmen aus allen österreichischen Ländern auszuweisen, wobei Tirol und die Vorlande mit ihren 25.261 Gulden die sechs niederösterreichischen Länder, die zusammen nur 15.500 Gulden aufbrachten, weit übertrafen. Das nächste Quartal brachte etwa 42.000 Gulden insgesamt. Wenn man die Einnahmen dieser beiden Quartale als Mittelwert nimmt und verdoppelt, käme man auf jährliche Gesamteinnahmen um 250.000 Gulden, was auch mit anderen Schätzungen ungefähr übereinstimmt[105]. Daneben wurden aus den Erbländern im Jahre 1498 auch noch Darlehen im Ausmaß von etwa 70.000 Gulden aufgebracht[106]. Wie gering waren dagegen die Steuerleistungen des Reiches. Vom Gemeinen Pfennig waren bis 1498 insgesamt nicht mehr als 100.000 Gulden eingegangen[107]. Ungerecht ist daher die Behauptung, Maximilian habe sich seine Feldzüge vom Reiche bezahlen lassen.

Die Reform hatte sich seit 1496 allmählich auszuwirken begonnen. Die Einnahmen waren zweifellos gestiegen, allerdings auch die Belastungen für die Erbländer. Die zahlreichen Verpfändungen brachten den Ländern zusätzliche Lasten, die neben den regelmäßigen Steuern hingenommen werden mußten. Dazu kamen die immer öfter eingeforderten, nicht geringen außerordentlichen Steuern (Contributionalien). So dürften sich die Gesamteinnahmen der Erbländer aus allen immer möglichen Quellen um 1500 bereits gegen 400.000 Gulden bewegt haben, was uns auch einige wohlinformierte venezianische Berichte bezeugen. Daß die erbländischen Behörden inzwischen mit der Reichsverwaltung vereinigt worden waren, gereichte ihnen gewiß nicht zum Vorteil. Es hätte nun einiger Jahre der Erholung bedurft, um die Reform einzuspielen und voll zur Geltung zu bringen. Der Feldzug gegen Frankreich im Jahre 1498, der Krieg gegen Geldern, mehr noch der Schweizerkrieg, hatten die Fortführung der Reformen unterbrochen. Das Entscheidende aber war der Sieg der reichsständischen Opposition auf dem Augsburger Tag (1500), der die neuen Behörden, soweit sie mit dem Reich zusammenhingen, durch das Nürnberger Regiment ersetzte.

Alle Änderungen der Reichsverwaltung mußten bei der engen Verquickung unvermeidlich auf die Erbländer zurückwirken[108]. Hatte schon die Unterstellung der österreichischen Länder unter die Ländergruppenbehörden Unmut erzeugt und das Gefühl genährt, daß man sich über althergebrachte Länderrechte glatt hinwegsetze, so mag vor allem die Bevormundung der niederösterreichischen Länder durch die Tiroler Finanzbehörden zu Innsbruck nachgerade unerträglich geworden sein.

Größten Ärger erregte die Unterstellung der erbländischen Regimenter unter die neuen Reichsbehörden. Die Regenten und Kammerräte zu Innsbruck und Wien[109] mußten fürchten, vom neuen Hofrat und der Hofkammer völlig verdrängt zu werden. Das Innsbrucker Regiment scheint sich unter der Druckwelle der Reformen und einer neuen Finanzkrise, infolge des burgundischen Feldzuges von 1498, sogar vorübergehend aufgelöst zu haben, da ihm Maximilian den Sold nicht mehr auszuzahlen vermochte. Ende 1497 schon hatte Wolfgang Polheim auch das Rücktrittsgesuch der niederösterreichischen Regenten eingebracht[110]. So hart war fallweise die Auseinandersetzung, daß der König, der sich von seinen Beamten im allgemeinen viel gefallen ließ, die scharfen Töne der Wiener Regenten entschieden zurückweisen[111] mußte.

Maximilian sah wohl, daß die Regimenter in ihrer alten Bedeutung wiederhergestellt werden mußten; dies um so mehr, als die Stellung des neuen Hofrates im Reich mehr als fraglich war. Zunächst erhielten die Vorlande mit der Innsbrucker Regimentsordnung[112] vom 24. Dezember 1499 eine feste Ordnung. Ebenso wurden in den niederösterreichischen Ländern nach dem Augsburger Tag das selbständige Regiment und die Kammer wiederhergestellt[113].

Mit dem Umbau der Reichsverwaltung in Augsburg und Nürnberg war alles in Bewegung geraten[114], wobei der König vor der Frage stand, ob sich die schwierige finanzielle und politische Lage eher durch kollegial geführte Behörden oder durch monokratische Geschäftsführung werde bewältigen lassen, ob weitere Ressortteilung, eine Mehrzahl leitender Behörden der Schwierigkeiten besser Herr würden als die bisherige Zweizahl von Regiment und Kammer. Daß es ein Allheilmittel der schwierigen Lage nicht geben konnte, war klar.

In wechselnden Versuchen hatte Maximilian die erbländischen Reformen seit 1490/91 von Stufe zu Stufe fortgeführt und hatte, nach dem Hinscheiden des Vaters (1493), auch die niederösterreichischen Länder seinem Reformgebäude fester eingefügt. Nachdem schon der Generalschatzmeister 1491 mit gesamtstaatlicher Zuständigkeit ausgestattet worden war, wurde 1496 mit der zentralen Innsbrucker Kammer der administrative Zusammenschluß aller Erbländer in Finanzsachen versucht, und 1498 sollte das neue österreichische Verwaltungssystem mit der reformierten Reichsverwaltung zu einer größeren Einheit vereinigt werden. In ständigen Versuchen war das Reformgebäude nach neuen Grundsätzen und langen Erfahrungen von unten nach oben geführt worden. Der König selber hatte das Gefühl, „ein gutes Haus errichtet zu haben, dem er nur noch das Dach aufsetzen müsse“[115]. Wer dieses Reformwerk gründlicher studiert und seine Fortentwicklung verfolgt, wird schwerlich behaupten können, es sei dabei wenig Konsequenz am Werke gewesen. Daß man bei Neuschöpfungen des Experiments bedarf, sollte niemanden überraschen. Der wechselnde Versuch im einzelnen schließt die Konsequenz im ganzen gewiß nicht aus.

Am Schluß wiederholt sich die umstrittene Frage, ob denn einfach das alte Tiroler System übernommen und fortentwickelt wurde, oder ob es die burgundische Verwaltungspraxis gewesen sei, welche die erbländischen Reformen entscheidend beeinflußte.

Was war neu an diesem Reformwerk? Weniger die Ämter, deren Namen teilweise übernommen wurden, waren das eigentlich Neue; neu waren vor allem die Arbeitsmethoden, die Zuständigkeiten, die Zielsetzungen, welche die Leistungsfähigkeit und die Ergebnisse der Verwaltung enorm steigerten.

Ganz neu war die Zusammenfassung mehrerer Länder zu größeren Verwaltungseinheiten, was es bisher in Österreich nie gegeben hatte. Ganz ähnlich war die Verwaltungsreform in den burgundischen Ländern gelaufen. Mit der Unterordnung der einzelnen Länder wurden aber auch die Landstände entscheidend zurückgedrängt. Auch das war völlig neu. Im Gesamtbereich der ober- und niederösterreichischen Behörden gab einzig der Landesfürst den Ton an, während das Tiroler Regiment Erzherzog Sigmunds ein reines Ständeregiment gewesen war. Insofern führte Maximilian nicht sofort, aber im Laufe der Jahre einen völligen Umsturz des bisherigen Systems herbei. In den Ämtern saßen nun persönliche Vertrauensleute des Landesfürsten, die zugleich Fachleute, in der Kammer vor allem „Bankleute" sein sollten; teilweise waren es Burgunder, die ihre Geschäftspraktiken nach Österreich mitbrachten. Entsprechend einer alten burgundischen Übung war man bestrebt, in den leitenden Behörden nach Möglichkeit „Ausländer" einzusetzen, die, von den heimischen Sippschaften unabhängig, allein vom Landesfürsten abhängige Soldempfänger sein sollten. Das widersprach allen Überlieferungen des Landrechtes, das stets die Anstellung von Inländern forderte. Ganz neu waren die umfassenden, zeitweise gesamtstaatlichen Kompetenzen der neuen Behörden. Neu waren die strenge Geschäftsführung, die Ansätze zur Etatbildung und Budgetierung, die Verschärfung der Kontrollen, die durchgreifenden Reformen der lokalen Ämter und damit verbunden eine bedeutende Steigerung der Einnahmen. Neu waren auch die drückenden Lasten, wie es sie bisher nie gegeben. Daneben bemerken wir freilich auch eine gewisse Fürsorge des Königs für seine Untertanen und Steuerträger. Beständig ermahnte er die Amtleute, Appellationen an den Landesfürsten und die Regimenter nicht zu verhindern, arm und reich gleiches Recht zu gewähren, die Rechtsprechung nicht zu verzögern, die Urteile auch zu vollstrecken, wodurch man dem Landesfürsten die Liebe seiner Untertanen sichere[116]. Querulanten freilich, die sich keinem Urteil beugten, die Behörden und den Hof belästigten, sollte der Marschall durch einige Tage bei Wasser und Brot festsetzen und vom Hof verweisen[117].

Es ist behauptet worden, die meisten Reformen seien von den Ständen ausgegangen[118]. Tatsächlich ist während dieser ersten, entscheidenden Phase der Reformen keine einzige Neuerung aus Ständekreisen gekommen, die sich zunächst nicht einmal zu wirksamem Widerstand zu sammeln vermochten. Die Reformen sind vielmehr dadurch gekennzeichnet, daß die Stände zurückgedrängt werden konnten. Der König hatte in allem und jedem den Gesamtstaat im Auge, weniger das Land, auch nicht die Ländergruppe und schon gar nicht landständische Sonderinteressen. Schon der Generalschatzmeister, mehr noch die allgemeine Innsbrucker Schatzkammer von 1496 waren die ersten Gesamtstaatsbehörden, die es in den österreichischen Erbländern gegeben hat. Alle Herrschaftsbereiche, geistliche, adelige und Städte suchte sich die neue Verwaltung zu unterwerfen, bestehende Autonomien einzuschränken und, zum Ärger der Herren, auch die einfachen Untertanen zu fördern, um deren Leistungsfähigkeit zu steigern. Allenthalben versuchte der Landesfürst, die Zügel zu straffen, auch ganz neue Aufgaben, wie etwa die Verpflegung der Städte und der Bergwerksorte, die Preisüberwachung, an sich zu ziehen.

Zweifellos war es das Erlebnis des totalen burgundischen Fürstenstaates, das hier den König beeinflußte. Es ist keineswegs nur die burgundische Terminologie, die sich im Maximilianischen Reformwerk findet und den Schluß auf burgundische Einflüsse begründen könnte; es ist vor allem der veränderte Geist der Regierung und Verwaltung, wenn auch die Fülle der burgundischen Fachausdrücke, wie Finanzen, Tresorier, Tresorier-General, Greffier, Argentier, Etat = stat, Journal = Sernal, Kontrolleur, Superintendent, Regenterie = Regiment, Chambre des Comptes = Raitkammer etc., entweder in deutscher Übersetzung oder in französisch-burgundischer Sprache, nicht einfach übersehen werden können. Keineswegs wird man das alles mit gemeineuropäisch-humanistischer Mode erklären können, denn da müßten die Fachausdrücke in lateinischen und nicht in burgundisch-französischen Lehnwörtern gebraucht worden sein.

Öfter sind burgundische Fachbeamte, wie Jean Bontemps und Casius Hacquenay, in erbländische Verwaltungsdienste übernommen worden. Schließlich hatten auch der Tiroler Florian Waldauf und die Niederösterreicher Georg von Rottal und Wolfgang von Polheim unter Maximilian bereits in den Niederlanden gedient und die dortige Verwaltung kennengelernt. Zeitweilig war übrigens eine völlige Zusammenfassung der burgundischen und österreichischen Verwaltung geplant. Wenn es auch dazu nicht gekommen ist, hat man doch stets eine gewisse Amtsverbindung eingehalten.

Es waren aber weniger die neuen Ämter, die den Wandel herbeiführten, als vielmehr die neuen Arbeitsmethoden. Vor allem das System der vollkommenen Schriftlichkeit. Man kannte auch in Tirol schon seit Meinhards II. Zeiten vor allem an der Zentrale die sogenannten Raitbücher. Seit 1493 wurden sie nach dem neuen System der doppelten Buchführung angelegt. Außerdem gibt es zu denken, wenn ein Tiroler Kammerbeamter in der maximilianischen Reformära bestraft werden muß, weil er seine pflichtigen Amtsbücher nicht führte. Vollends herrschte in den lokalen Ämtern eine armselige Zettel- und Rodelwirtschaft, ein Einnahmen- und Ausgabendienst sozusagen „aus dem Hosensack". Da vor allem setzten die verschärften Kontrollen[119] an. Erst Maximilian befahl und überwachte die regelmäßige Führung der Amtsbücher, forderte die Erfassung aller Kammergüter, Lehenschaften, Regalien und Bergwerksrechte und die ständige Überprüfung der Cameralverwaltung durch „Umreiter und Reformierer". Nun wurden im Sinne einer vollkommeneren Ressortteilung eine ganze Reihe von neuen Amtsbüchern nebeneinander angelegt[120].

Dazu kam ein völlig neues Steuersystem, das Maximilian einführte[121], viel härter, als es die Vorlande bis dahin kannten, weswegen sie sich gerne an die guten alten Zeiten Herzog Sigmunds zurückerinnerten. Die alljährlichen außerordentlichen Steuern und ihre enge Verbindung mit der Verteidigungsordnung des Landes, wie sie Maximilian einführte, scheinen vom Matrikelsystem des Reiches angeregt worden zu sein. Das Steueraufkommen für 5000 Knechte durch einen Monat, das man mit 20.000 Gulden gleichsetzte[122], wurde allmählich zur Steuereinheit ausgebildet, die im äußersten Fall auch auf das Vierfache gesteigert werden konnte. Diese Art der Besteuerung scheint im Schweizerkrieg von 1499 erstmals versucht worden zu sein[123] und konnte sich bis ins 18. Jahrhundert erhalten. Steuerleistungen, aber auch Belastungen des Landes wurden dadurch gerade während der folgenden Venezianerkriege enorm gesteigert.

Daß man Tirol als Ausgangspunkt für die erbländischen Reformen wählte, lag wohl weniger an den „vorbildlichen" Einrichtungen aus den Zeiten Erzherzog Sigmunds als vielmehr daran, daß Maximilian dieses Land als erstes persönlich übernahm und hier wegen der schwächeren Stellung des Adels[124] mit geringeren

Widerständen zu rechnen hatte als in den niederösterreichischen Ländern. Übrigens war Maximilian klug genug, mit seinen Reformen allmählich zu beginnen. Erst 1496—1498 wurden die entscheidenden Neuerungen durchgeführt.

Offenbar hat der König die leitenden Grundsätze der Reform, seinen burgundischen Erfahrungen entsprechend, persönlich entwickelt, und wie es seine Art war, gewandt an die sich ändernden Bedürfnisse jeweils anzupassen versucht. Er stellte die großen politischen Aufgaben, setzte die Ziele seiner Regierung und Kriegführung und wünschte die Verwaltung danach einzurichten. Sein administrativer Eifer beschäftigte ihn fast täglich mit Verwaltungsfragen; er konnte darin als Meister gelten. Bekanntlich wünschte er alle größeren Angelegenheiten persönlich durchzusehen[125]. Bei der ihm eigenen Ungeduld, vor allem unter dem Druck der Gläubiger, hat er freilich nicht selten sein eigenes System durch persönliche Eingriffe, vielleicht sogar Geschenkannahmen geduldet, um sich den Sold zu ersparen? So ist wohl die Forderung des offenherzigen Paul Liechtenstein zu verstehen, der König müsse die Gerichte mit tüchtigen Leuten besetzen, die sich mit „miet und gab nit stechen lassen"[126].

Zweifel verursachte ihm immer wieder die Frage, ob besonders schwierige Finanzprobleme eher in kollegialer oder besser in monokratischer Geschäftsführung zu bewältigen seien. Bei aller Wertschätzung der Kollegialität hat der König in Notzeiten gerade die Finanzverwaltung nicht ungern, wenn auch nur vorübergehend, der einsamen Führung eines leitenden Schatzmeisters oder Bankiers übertragen.

Gewiß kam Maximilian nicht mit einem fertigen System nach Tirol und Österreich. Er hat es aus verschiedenen Elementen, in ständiger Anpassung an die Lage, für seine besonderen Bedürfnisse entwickelt und sich die Leute gesucht, die es durchzuführen hatten. Florian Waldauf[127], Simon von Hungersbach, der Geschäftsmann Georg Gossembrot, Bischof Melchior von Brixen[128], ein Privatbankier von hohen Graden, Paul von Liechtenstein[129], Doktor Stürzel[130], die Burgunder Jean Bontemps und Casius Hacquenay, Wolfgang von Polheim[131], Jörg von Rottal[132] und Doktor Fuchsmagen[133] waren während dieser Jahre die führenden Verwaltungsleute an der Seite des Königs. Zyprian von Serntein, so meint man, habe die großen Kammerreformen von 1496 und 1497/98 stark beeinflußt[134]. Aber von keinem könnte man sagen, daß er dem König die Richtung gewiesen, ihn gar beherrscht habe. Immer wieder spürt man Maximilians persönlichen Eingriff. Wie in allem, ging er auch in der Reform seine eigenen Wege.

Gewiß waren in Tirol ausbaufähige Grundlagen vorhanden gewesen. Wie denn alles Spätere aus Früherem sich entwickelt, konnte auch die Maximilianische Behördenreform auf Tiroler Grundlagen nicht völlig verzichten, ebenso wie man in den niederösterreichischen Ländern auf dortige Gegebenheiten Rücksicht nahm. Aber Maximilian brachte aus Burgund eine Fülle von neuen Grundsätzen und Ideen mit, mit denen er in den österreichischen Ländern ein in vieler Hinsicht neues Verwaltungssystem formte, ohne daß er deswegen das niederländische Modell genau nachgebildet hätte. Es handelte sich zweifellos um sehr starke burgundische Beeinflussung, nicht aber um völlige Nachahmung burgundischer Einrichtungen. Übernommen wurden vor allem die „Praktiken" der burgundischen Verwaltung, der burgundische „Cameralismus".

Wer dagegen argumentiert, daß es in Tirol schon vor Maximilian „Räte in der Raitung", daß es schon vor ihm eine Kammer und Kollegialität gegeben habe, daß Maximilian dies alles übernommen und nichts geändert habe, dem wird man entgegenhalten, daß die vorländische Verwaltung zu Sigmunds Zeiten kaum den Innsbrucker Hof ernährte, während sie nun einen guten Teil der habsburgischen Weltpolitik finanzierte.

2. Reichsreformbestrebungen bis 1495. Eine Einleitung

Eine tiefe Sehnsucht nach Reform[1] in Reich und Kirche erfüllte besonders seit den großen Konzilen von Konstanz und Basel das ganze 15. Jahrhundert. Alle wünschten die Reform, jedoch jeder auf seine Weise. Die Klagen über die bestehenden Mißstände in Kirche und Reich waren allgemein. Beide wurden damals noch durchaus als ein Ganzes empfunden, weswegen mit der Kirchenreform auch die Reichsreform unmittelbar zusammenzuhängen schien, wie Nikolaus Cusanus und fast alle anderen Zeitkritiker meinten. Jede Reform müßte von der Kirche ihren Ausgang nehmen, dann in den weltlichen Bereich übergreifen und sich dort vollenden.

„Reformatio" wird zum Modeschlagwort des 15. Jahrhunderts, als solches jedoch immer mehr zerredet, so daß jeder darunter verstehen konnte, was ihm als das beste erschien. Ursprünglich bedeutete „Re-formatio" so etwas wie Rückbesinnung[2], besser noch Rückkehr zum guten Alten: im Bereich der Bildung die Wiedergeburt der antiken Vorbilder; in der Kirche die Rückkehr zum frühchristlichen Leben; im Reich die Wiederherstellung der Kaiserherrlichkeit der Karolinger, Ottonen und Staufer, die man, wie Maximilian, in verklärtem Lichte sah. So hatte das Reformdenken der Zeit bei allem stürmischen Vorwärtsdrängen im ganzen doch etwas Konservatives im Sinne der Wiederherstellung ewig gültiger „klassischer" Muster und Vorbilder.

Während der Jahrhunderte der alten Kaiser sei das Reich groß und mächtig gewesen, jetzt hingegen von tödlicher Krankheit befallen, dem Untergang geweiht, wenn es nicht durch tiefgreifende Reformen zu seiner alten Kraft zurückfinde. Einfälle auswärtiger Feinde wären zu gewärtigen, Umsturz von unten und Pöbelherrschaft zu befürchten, wenn man nicht zu den guten alten Zeiten und Zuständen zurückfinde. So lesen wir es schon bei Nikolaus Cusanus um 1433, ähnlich im Traum des Hermansgrün und im oberrheinischen Revolutionär am Ende des Jahrhunderts.

Bedeutende Köpfe lieferten Entwürfe einer Reichsreform. Zahlreiche Ungenannte schalteten sich in den Kampf der Geister ein und veröffentlichten Reformschriften entweder für sich selber oder im Dienste irgendeiner „Reformpartei". Nikolaus Cusanus hatte 1433 auf dem Baseler Konzil in seiner Concordantia Catholica[3] den Plan einer umfassenden Kirchen- und Reichsreform entworfen, zweifellos das bestdurchdachte System, das die Reformzeit hervorbrachte: Ausgehend von der Grundidee der Concordantia capitis et membrorum, der Eintracht zwischen Herrscher und Untertanen, der Einheit der christlichen Welt, der Einheit von Kirche und Reich, von Papst und Kaiser, von Papst und Konzil, von Kaiser und Reichstag, entwickelte er Richtlinien einer Reichserneuerung durch enge Concordanz zwischen Kaiser und Reichsständen[4] (ähnlich der Zusammenarbeit zwischen Papst und Konzil). Katholische Concordanz bedeutet ihm allumfassende Übereinstimmung oder Harmonie aller Teile mit dem Ganzen[5]. Es ist ein letzter Versuch, den mittelalterlichen Universalismus mit den Kräften einer neuen Zeit in wohldurchdachter Synthese zu vereinigen, monarchischen Universalismus und reichsständischen Partikularismus aufeinander abzustimmen[6].

Cusanus klagt über den inneren und äußeren Verfall des Reiches und empfiehlt dagegen die Abhaltung jährlicher Reichstage[7] zur Wahrung von Frieden, Recht und Ordnung. Ein Ausschuß des Reichstages, eine Art Regiment[8], das sich jährlich in Frankfurt trifft, soll die Regierung führen. Er empfiehlt ewigen Landfrieden, Abschaffung der Fehde und Selbsthilfe, die Einrichtung von zwölf obersten Landfriedenskreisen[9], die Reform der Prozeßordnung gegen formalistische Kniffe der Advokaten und eine Kodifikation des deutschen Rechtes[10]. Ein stehendes Reichsheer, wohl aus Angehörigen des Ritterstandes zusammengesetzt, soll die Durchführung der Gerichtsurteile und den Landfrieden sichern.

Es genüge nicht, daß der Reichstag heilsame Beschlüsse fasse, es bedürfe eines starken Kaisers[11], sie durchzuführen. Der Kaiser sei zwar an Gesetze und Reichstagsbeschlüsse gebunden; aber als deren Vollstrecker müsse er mächtig sein. Immer wieder beklagt der Cusaner die jämmerlichen Wahlkapitulationen[12], die den König immer mehr entmachten, und das Fehlen einer starken Vollzugsgewalt im Reich. Weil es kein stehendes Heer mehr gebe, liege das Reich darnieder. Der Kaiser müsse im Besitze jährlicher Steuern und regelmäßiger Einkünfte sein. Selbst die Kirchengüter sollen ihm notfalls zur Verfügung stehen. Die jährliche Reichssteuer[13] ist für Cusanus selbstverständliche Grundlage der Reform, während die Stände und mit ihnen viele moderne Kritiker in der Steuerforderung eine Anmaßung des Königs erblicken.

Cusanus sieht das eigentliche Fundament der Reichsverfassung in der gesetzgebenden Gewalt des Reichstages und in der vollziehenden Gewalt des Königs. Er ist aber weit davon entfernt, den Reichstag mit der Kurfürsten- und Fürstenpartei zu identifizieren[14]; denn Kurfürsten und Fürsten richteten das Reich zugrunde: „principes divorant Imperium"; dann aber werde sich der Pöbel erheben und auch die Fürsten verschlingen[15]. Cusanus möchte alle Stände des Reiches unter stärkerer kaiserlicher Führung einigen. Mit dem scharfen Sinn des Gelehrten hatte er die Mängel aufgespürt und Verbesserungsvorschläge angeboten, die weithin überzeugten. Sicher haben sowohl Erzkanzler Berthold als auch Maximilian die Concordantia gekannt[16]. Der „Traum des Hans von Hermansgrün", den Maximilian unter die Wormser Reichsversammlung brachte, ist offensichtlich vom Cusaner beeinflußt.

Wenig später als die Concordantia Catholica, aber ganz anderen Geistes, entstand 1439 in Basel die sogenannte Reformatio Sigismundi[17], ein revolutionärer Aufruf, der sich an die niederen Stände des Reiches wendet. Das Werk eines unbekannten Rebellen, eher eines geistlichen als eines weltlichen. Kein Geringerer als Kaiser Sigmund, den das 15. Jahrhundert mit der Gloriole des Märtyrers der Reform umgab, wird als Urheber dieser Brandschrift hingestellt, um ihr größeres Ansehen zu sichern. Sie führt heftige Klage[18] gegen die Machtgier und Habsucht geistlicher und weltlicher Fürsten, die den Kaiser aller Macht beraubten, wodurch das Reich krank und schwach geworden sei[19]. „Ihr alle, die ihr belehnt worden seid, wo habt ihr euren Treueid hingetan?"[20]

Es gebe nur einen Gott, nur eine Christenheit, ein Reich und einen Kaiser. Daher müsse alle Reform mit der Wiederherstellung der kaiserlichen Machtvollkommenheit beginnen[21]. Der Kaiser müsse ein starkes Regiment aufrichten, einheitliches Recht schaffen, die Fehde ächten und mit seinen vier Landfriedensvikaren den allgemeinen Frieden schützen; er müsse das entfremdete Reichsgut wieder in seine Hand nehmen, dürfe Lehenschaften nicht nur ausgeben, sondern müsse sie Ungetreuen auch wieder entziehen; er müsse gute Verwaltung führen, die Reichskanzlei, desgleichen ein Reichsarchiv und eine Schatzkammer einrichten, regelmäßige Steuern einheben und die Reichseinkünfte aus den Regalien, Münze, Maut, Zoll, Markt, Juden wieder an sich nehmen. Vor allem müsse man den Geistlichen die weltliche Gewalt nehmen und das Kirchengut für das Reich einziehen. Die Ritter hätten Reich und Kirche nach außen und innen zu beschirmen[22]. Die Gefolgschaftspflicht des Adels, insbesondere den Kriegsdienst der Ritterschaft[23] müsse der König wieder in Erinnerung bringen, denn ohne sie sei dem Kaiser keine Herrschaft möglich. Was die Geistlichen für die Kirche, das seien die Ritter für das Reich, Vollstrecker des kaiserlichen Regiments. Dies sei die einzige Rechtfertigung jeglichen Adels von Anbeginn.

Was der Reformatio Sigismundi die besondere Note gab, war der scharfe sozial-revolutionäre Ton[24], der dem Werk noch 1525 als „Trompete des Bauernkrieges" unmittelbare Wirkungskraft verlieh: sie spricht immer wieder „die Kleinen" an, sie fordert Aufhebung der Leibeigenschaft[25], die „wider Gott und Recht" sei, fordert Abschaffung der drückenden Lasten, freie Nutzung von Grund und Boden, Wald und Weide etc., denn durch Christus sind wir alle gleich und frei. Sie protestiert gegen den Wucher der städtischen Handelsgesellschaften. Wenn nötig, müsse das Recht durch Gewalt wiederhergestellt werden. Ein König, der sich dieser Reform verschließe, gehöre abgesetzt[26].

Sie fordert Buße und allgemeine Umkehr, denn von der göttlichen Heilslehre müsse alle Reform ihren Ausgang nehmen. Im Traum schaut Kaiser Sigmund einen Kaiser der Zukunft[27], der zugleich Priester sei, gerecht und gelehrt, der die Ordnung Gottes wiederherstellen, von einem Meer zum andern herrschen und das Reich erneuern werde. Diese Vision scheint Maximilian lebhaft beschäftigt zu haben. Auch der „Traum des Hermansgrün" scheint davon angeregt, und noch die Kaiser-Papst-Pläne des Jahres 1511 mögen dadurch beflügelt worden sein[28].

Wie scharf auch manche Stellen der Reformatio klingen mögen, wie phantastisch uns Heutigen ihre Schlußvision erscheinen mag, der Verfasser war im ganzen doch ein scharfer Beobachter und Kenner der Mißstände des Reiches, und seine Verbesserungsvorschläge, in manchem zwar übertrieben, eilten aber seiner Zeit voraus. Die Schrift war zweifellos weit bekannt; die vielen verschiedenen Redaktionen, die vier Druckausgaben, die noch im 15. Jahrhundert erschienen[29], beweisen es. Die Gedanken der Reformatio sind in viele andere Reformschriften eingegangen: der oberrheinische Revolutionär bedient sich ihrer ebenso wie Maximilians „Traum des Hans von Hermansgrün".

Eine ganz andere Tendenz vertreten dagegen Enea Silvio Piccolomini[30] in seiner Schrift „De ortu et auctoritate Imperii" (1445) und nach ihm etwas später Peter von Andlau[31] in seinem „Libellus de Caesarea Monarchia" (1460). Enea Silvio als kaiserlicher Kanzlist verficht, wie sich erwarten läßt, die Wiederherstellung der absoluten kaiserlichen Monarchie, wie sie die meisten Humanisten, dem Römischen Recht entsprechend, vertraten. Die Macht des Kaisers sei von Gott, meint Enea Silvio gegenüber Nikolaus Cusanus, der das Wahlrecht der Gesamtheit betont hatte. Der Kaiser sei höchster Richter im Reich, seine Urteile unanfechtbar. Die Fürsten sollten ihm wieder Kriegsdienste leisten und Hilfstruppen stellen, wofür sie ihre Privilegien besäßen. Es scheint, als wollte Enea Silvio im Dienste seines neuen Brotherrn, Kaiser Friedrichs III., manche „konstitutionellen" Ansichten des Cusanus zurückweisen[32].

Neben dieser monarchischen Reformrichtung gab es auch eine kurfürstlich-fürstliche Auffassung, im Sinne eines lockeren Bundes souveräner Fürstenstaaten, die gegeneinander kaum größere Pflichten anerkannten und den Kaiser, was seine Herrschaftsgewalt betraf, als ihresgleichen sehen wollten. Diese kurfürstliche Richtung hatte zwar längst nicht den größten Anhang, aber doch das meiste politische Gewicht. Sie vermochte die Reformhandlungen seit 1495 entscheidend zu beeinflussen.

Was Kurfürsten und Fürsten unter Reichsreform verstanden, zeigt uns besonders deutlich der sogenannte „Abschied der geistlichen Kurfürsten"[33], den wohl Erzbischof Jakob von Trier zwischen 1452 und 1455 verfaßte. Er schlug einen engen Zusammenschluß des Kurvereins und eine kurfürstliche Reichsregierung vor: die Kurfürsten mit ihren Räten sollten „in Anwesenheit des Kaisers" alles leiten und ordnen[34], was zur Sicherung von Frieden, Recht und Ordnung nötig sei. Ein kurfürstliches Regiment mit kaiserlichem „Ehrenvorsitz" also. Die „bestentliche gancz und reyne eyndrechtikeyt und verstentnuß"[35] dieses Abschiedes erinnert an die „comunis concordantia", welche Nikolaus von Kues freilich nicht so beschränkt kurfürstlich verstand.

Ähnliche Reformideen verbreitete in mehreren Entwürfen ein gewisser Martin Mayr[36], ein Rat des böhmischen Königs und politischer Geschäftemacher, der dem Kaiser um 1464 ein kurfürstliches Regiment einreden wollte, das den allgemeinen Landfrieden, Reichsgericht, Reichssteuer und gleiche Münze einrichten werde[37]. Die Kurfürsten sollten als „Handhaber" der Dinge in den verschiedenen Teilen des Reiches die Macht an sich nehmen. Die kleineren Fürsten, Städte und unteren Stände wollte man zu dieser Ordnung zwingen, wenn sie sich widersetzten.

Diese beiden letzten Vorschläge wollten nicht die Macht des Kaisers und des gesamten Reichstages verstärken, wie es etwa Cusanus oder auch die Reformatio Sigismundi vorgeschlagen hatten, sondern die Reichsregierung ganz in die Hände des Kurvereines legen, wobei man dem König bestenfalls die Rolle eines „par inter pares" zugestanden hätte. Widersetzte er sich, so sollte er gleich den anderen Ständen mit Gewalt der kurfürstlichen Oligarchie unterworfen werden. In solchen Bahnen, wenn auch nicht so beschränkt fürstenstaatlich, sondern etwas ständestaatlicher, bewegte sich wohl auch das Reformdenken Bertholds von Henneberg[38].

Ganz andere Töne schlug der sogenannte oberrheinische Revolutionär[39] an, das Werk eines unbekannten, wahrscheinlich verbitterten rittermäßigen Mannes, von dem wir wissen, daß er seine Ideen bereits 1495 den Wormser „Reformern“, vor allem Erzkanzler Berthold, und sogar König Maximilian persönlich nahezubringen versuchte[40], wenn er seine konfusen Anklagen, Hoffnungen und Prophetien auch erst später niederschrieb[41].

Der oberrheinische Revolutionär sieht den Anfang aller Reform in der Abkehr vom Lasterleben[42], das er vor allem am geistlichen Stande geißelt, in der Rückkehr zur göttlichen Ordnung und zu den Evangelien. Seine ganze Hoffnung richtet er auf einen mächtigen Kaiser[43], der auch dem Papst, den geistlichen und weltlichen Fürsten den Herrn zeigen und mit Hilfe eines geläuterten Ritterstandes[44] Friede, Recht und Ordnung wiederherstellen werde. Ähnlich der Reformatio Sigismundi, aber viel leidenschaftlicher, klagt er die Sittenlosigkeit und den Herrschaftsmißbrauch vor allem der geistlichen[45], aber auch der weltlichen Herren an. Darin sieht er die Ursache allen Übels. Er fordert eine gründliche Entweltlichung und Reform der Kirche, vor allem die Einziehung der Kirchengüter[46]; ebenso die Demütigung der weltlichen Fürsten und Herrschaften, die den armen Mann ausplünderten[47].

Der König hatte den wahrscheinlich recht zudringlichen Spinner von sich ferngehalten. Dies und die Zugeständnisse Maximilians auf den Reichstagen in Worms, Augsburg und Köln mögen den Fanatiker bitter enttäuscht haben. Nun erwartet auch er, ähnlich der Reformatio Sigismundi, alles Heil von einem priestergleichen Kaiser, dem prophetisch angekündigten Friedrich[48], der aus dem Volke kommen werde. Reich an aktuellen Klagen, ist dieser schwärmerische, bald kindlich-naive, bald blutrünstig-grausame Weltverbesserer doch nicht in der Lage, brauchbare Reformvorschläge zu machen. Für den Kaiser der Zukunft, den er in apokalyptisch-astrologischen Spekulationen Jahr für Jahr erwartet, will er in der St.-Michels-Bruderschaft unter dem Zeichen des gelben Kreuzes streiten[49]. Dann werde man „Blut für Wein trinken“ und alle Widersacher „totschlagen“[50].

Die Zusammenfassung ergibt, daß bei allen Reformtheoretikern, den gelehrten und den volkstümlichen, Reichsregierung und Regimentsfrage im Vordergrund der Forderungen stehen[51]. In der Tat war ein Reich ohne zentrales Regiment kaum lebensfähig. Alles andere, Landfriede, Kammergericht, Steuerordnung und Reichsheer, schien damit zusammenzuhängen. Fast alle Reformschriften empfahlen eine Verstärkung der kaiserlichen Gewalt. Das Klügste und Maßvollste hatte dazu ohne Zweifel Nikolaus Cusanus vorgeschlagen, der in einer angemessenen Verstärkung der kaiserlichen Gewalt bei grundsätzlicher Konkordanz zwischen Kaiser und Ständen im jährlichen Reichsrat, im Regiment und im Kammergericht die beste Lösung sah. Das Modell des Cusaners schwebte den Reformern zweifellos vor Augen, wenn es auch jede Seite in ihrem Sinn umzuformen suchte.

Auch die herrschaftlichen, sozialen und kirchlichen Mißstände werden in mehreren Reformschriften hart gegeißelt. Aber diese gewichtigen Gravamina, die den Frieden, das Recht und die innere Ordnung gewiß nicht minder betrafen als Landfrieden und Kammergericht, wurden von den Ständen fast überhaupt nicht in Betracht gezogen.

Dies etwa war die öffentliche Meinung über die Reichsreform, als sie ungefähr gleichzeitig mit Maximilians Königswahl (1486) einen neuen Anlauf nahm und schließlich seit dessen Alleinherrschaft (1493) in der Reichspolitik freie Bahn gewann. Welche Haltung nahm nun der junge König zur Reichsreform ein? In aller Kürze soll die Haltung Maximilians auf den Reichstagen von 1486 bis 1495 angedeutet werden; nur in den Grundlinien, um das Folgende verständlicher zu machen. Der Schwerpunkt meiner Darstellung muß naturgemäß auf den Verfassungskämpfen seit 1495 liegen.

Schon vor dem Wahltag zu Frankfurt (1486) empfingen die Reformverhandlungen unter dem Druck des ungarischen Vormarsches gegen Österreich wieder neue Anstöße[52]. Wahrscheinlich hatte Maximilian den Kurfürsten geheime Versprechungen gemacht[53], wie er denn überhaupt der Reichsreform von Anfang an freundlich gegenüberstand. Da sich der Kaiser jede Verbindung der Königswahl seines Sohnes mit Majestätsrechten und Verfassungsfragen verbeten hatte, kam es folgerichtig erst nach der Wahl zu eigentlichen Reformverhandlungen[54] über Landfrieden, Kammergericht, Münzordnung, Reichshilfe und Aufstellen eines Heeres, wobei Friedrich III. zäh und hartnäckig auf die Wahrung seiner Kaiserrechte bedacht war. Die Stände dagegen erklärten ganz entschieden, keinerlei Steuerhilfe zu gewähren, wenn nicht vorher Reformen zugestanden würden, als ob nicht auch die Steuer ein Teil der Reform gewesen wäre. Damit hatten sie ein Druckmittel gefunden[55], von dem sie während der ganzen Zeit der Verfassungskämpfe ausgiebigsten Gebrauch machten. Übrigens zeigten bereits die Reformentwürfe[56] von 1486 alle Schwächen der Gesetze von 1495: die Unausgeglichenheit monarchischer und reichsfürstlicher Machtansprüche, gerade in der Frage der Rechtsvollstreckung[57], die zur Lähmung des Reiches führen mußten.

Maximilian hatte sich während dieser Verhandlungen offenbar den Unwillen des Vaters zugezogen, da er die Einführung von Reichskreisen unterstützte[58], die er den Kurfürsten überlassen wollte, wogegen sich die meisten Fürsten entschieden wehrten. Der junge König war vom Vater wegen mangelnder Sachkenntnis getadelt, zum Widerruf veranlaßt und aus den weiteren Verhandlungen ausgeschlossen worden. Friedrich III. fand sich schließlich nur bereit, den zehnjährigen Landfrieden zu verkünden[59].

An den langwierigen Verhandlungen über Reichshilfe und Reform, die Kaiser und Kurfürsten vom März bis zum Juli 1487 zu Nürnberg[60] fortführten, wo Berthold als Sprecher aller Stände den Entwurf einer Reichseinigung zum gegenseitigen Schutz aller Reichsglieder und die endliche Errichtung des Kammergerichtes forderte, hatte Maximilian, der inzwischen in die Niederlande zurückgekehrt war, keinen Anteil mehr; gewiß nicht zur Freude Bertholds, der sich damals vom jungen König wohl eine gewisse Unterstützung[61] gegen den Kaiser erwartet haben dürfte. Mit unglaublicher Zähigkeit verteidigte Friedrich III. auch hier seine Majestätsrechte. Mittels persönlicher Umfrage versuchte der Kaiser die Einigkeit der Stände zu sprengen, um von den einzelnen zu erreichen, was die Gesamtheit ihm versagte[62].

Vom jungen König unverschuldet, begannen sich die Beziehungen zwischen Kaiser und Reichstag immer mehr zuzuspitzen: die Stände, von ihrem „Schulmeister Berthold" offenbar angeleitet, wünschten unabhängig vom Kaiser und daher geheim[63] zu verhandeln, damit dem Hof jede Möglichkeit der Einmischung oder des Druckes genommen sei. Ein neuer Verhandlungsstil war damit eingeführt, den Berthold auch späterhin den Ständen immer wieder einschärfte. Der Kaiser war von den Reichstagsverhandlungen fortan so gut wie ausgesperrt, was naturgemäß dessen Mißtrauen und Unwillen erregte. Er müsse vor der Türe stehen, was man nicht einmal einem Bürgermeister zumuten dürfe, ärgerte sich Maximilian später einmal[64]. Während Berthold fortan stets die Gesamtheit vorschob, versuchte der Kaiser die Gesamtheit zu trennen und sich die einzelnen vorzunehmen. Ein scharfer Gegensatz zwischen Kaiser und Ständen, der die Reformhandlungen allmählich zum offenen Verfassungskampf steigerte. Es verschärfte sich der Ton; die Forderungen steigerten sich fallweise zu Erpressungen.

Berthold hatte in Nürnberg eigentlich nachgeben müssen: die Reichshilfe war Friedrich III. gewährt worden, ohne daß er den ständischen Forderungen wesentliche Zugeständnisse gemacht hätte. Die Zähigkeit des Kaisers, aber auch die Sonderpolitik mehrerer Fürsten hatten Bertholds Plan zu Fall gebracht, wie sehr er sich auch bemühte, die Masse der mittleren und kleinen Reichsstände, vor allem die Städte, für sich zu gewinnen. Um so entschiedener richtete sich der Erzkanzler künftig auf eine Politik des Widerstandes gegen den Kaiser ein.

Dies zeigte sich besonders deutlich beim Flandernzug nach Maximilians Gefangenschaft[65] in den Niederlanden. Während die meisten Fürsten des Westens dem Aufgebot des Kaisers zur Befreiung des Sohnes geradezu begeistert folgten[66], während das monarchische Europa Hilfe leistete, versuchte Berthold den dringenden Befreiungszug zu verzögern[67], indem er entschieden Beratungen des Reichstages oder doch des Kurvereines forderte, „damit man nicht Schaden und Schande ernte". Ganz ähnlich wie später, 1496, als es um den Italienzug ging, warf er dem Kaiser Unterschätzung der Lage, schlechte Vorbereitung des Unternehmens vor und forderte eingehende Verhandlungen. In diesem Fall aber, bei Gefangenschaft des Königs, konnte nicht der geringste Zweifel bestehen, daß der Kaiser die Fürsten auf Grund des Lehensrechtes ungefragt und bedingungslos zur Heeresfolge aufbieten konnte. Berthold aber wünschte offenbar nicht nur die staatsrechtliche, sondern auch die lehensrechtliche Stellung des Kaisers zu erschüttern. Wollte der Erzkanzler den Flandernzug, ähnlich wie später den Italienzug, zu einem totalen Mißerfolg, ja, zu einem „Abenteuer" verurteilen[68], indem er ihn nach Möglichkeit behinderte? Manches deutet darauf hin, daß sich Berthold dem kaiserlichen Aufgebot wohl offen widersetzt haben würde, wenn er es angesichts der allgemeinen Hochstimmung hätte wagen dürfen. Mit großer Verzögerung — Maximilian war inzwischen längst befreit — rückte das Mainzer Fähnlein nach Flandern. Dort gab es neuen Ärger, als die Mainzer, zweifellos mit Vorwissen ihres Herrn, vorzeitig das Reichsheer verließen und auch andere zur Heimkehr beredeten. Obwohl später als die anderen ausgerückt, zogen die Mainzer unter den ersten nach Hause. So arg war die Sache, daß der kaiserliche Fiskal den Hochverratsprozeß[69] gegen die Mainzer Hauptleute anstrengte und einen Schuldspruch erwirkte. Man schlug den Sack und meinte wohl den Esel.

Der Flandernzug hatte immerhin die rasche Befreiung des Königs erzwungen und war insofern nicht ohne Erfolg[70], wenn auch manch andere Ziele nicht erreicht werden konnten. Die reichsständische Begeisterung für die Befreiung des Königs war aber bald erkaltet. Kaum aus alleinigem Verschulden Bertholds, wenn er auch den Ständen das schlechteste Beispiel[71] gegeben hatte. Aus dem Unternehmen eine totale Niederlage zu machen und daraufhin den Kaiser zum Nachgeben zu zwingen, war dem Erzkanzler diesmal nicht gelungen.

Maximilian kam erst auf dem Frankfurter Tag[72], im Juni/Juli 1489, mit den Reformverhandlungen in engere Berührung, wenn er auch nur als Stellvertreter seines Vaters auftreten durfte. Es war gewiß kein „großer Reichstag". Aber der junge König lernte die ganze Fülle innerer und äußerer Probleme kennen, die ihn erwarteten: zahlreiche Streitigkeiten zwischen den Reichsständen, die der Schlichtung harrten; die Haltung der Eidgenossen zu Kaiser und Reich; die Händel mit Frankreich und Ungarn; den Türkenkongreß in Rom, dessen Besuch beschlossen wurde. Sogar eine russische Gesandtschaft war erschienen.

Im Mittelpunkt aber stand wieder die Reichshilfe[73], die Maximilian gegen Frankreich und Ungarn brauchte. Er zeigte sich von vornherein bereit, den Forderungen der Stände entgegenzukommen[74], nachdem er sich schon vorher mit Berthold über einige Hauptfragen besprochen hatte[75]. Sofort ging er auf den alten Vorschlag einer Reichseinigung zum gegenseitigen Schutz aller Reichsglieder gegen fremde Mächte ein[76]. Die reichspatriotische Stimmung seit 1488 und sein Entgegenkommen erleichterten dem König die Verhandlungen. Im Abschied[77] vom 26. Juli fand er sich bereit, den Kaiser zu besserer Durchführung des Landfriedens und zur Einrichtung eines Kammergerichtes zu bewegen, was allerdings am entschiedenen Widerstand des alten Herrn scheitern mußte, der sich seit dem Flandernzug von einer Zusammenarbeit mit Berthold „nichts Gutes" mehr erwartete[78].

Obwohl das Klima des Frankfurter Tages nicht ungünstig war, da sich Maximilian entgegenkommend zeigte, gab es doch die ersten scharfen Zusammenstöße mit Berthold. Der König ließ ihm zu wiederholten Malen sagen, er suche die Reichshilfe zurückzuhalten und zeige sich widerspenstiger als alle anderen[79], worauf der Mainzer ganz allgemein antwortete, er habe nur den Vorteil des Reiches im Auge gehabt. Immerhin gelang es dem König, den Widerstand so weit einzuschüchtern, daß er eine, wenn auch nur kleine, Reichshilfe erlangte, ohne daß er größere Zugeständnisse hätte machen müssen, was ihm ohne Zustimmung des Vaters ohnehin nicht möglich gewesen wäre.

Schwierigkeiten im Osten und Westen führten Maximilian auf den Nürnberger Reichstag[80] des Jahres 1491, der vom April bis in den Juni dauerte. Bei der drohenden Kriegsgefahr in Ungarn und in Frankreich, angesichts der heillosen Fehdehändel innerhalb des Reiches und der beharrlichen Steuerverweigerung der Stände, mußte sich der König von der Notwendigkeit einer raschen Reform überzeugen. Nächst der Beilegung des bayerisch-schwäbischen Streites stand auch diesmal die Kriegshilfe[81], vor allem gegen Frankreich, im Vordergrund. Dafür zeigte sich Maximilian bereit, Reformverhandlungen einzugehen, obwohl er rechnen mußte, beim Vater auf größten Widerstand zu stoßen; hatte ihn der alte Herr doch wiederholt gewarnt, daß es Kurfürsten und Fürsten dabei um nichts anderes zu tun sei, als um die Eroberung des Regimentes. Als ihm die Stände 8600 Mann insgesamt gegen Ungarn und die Bretagne bewilligten — freiwillig, wie sie immer wieder betonten —, fand sich der junge König im Anschluß an den Abschied vom 28. Juni 1491 zum schriftlichen Versprechen bereit, mit den Ständen im kommenden Herbst auf einem Tag zu Frankfurt die wiederholt geforderte Reichseinigung[82] über einen „ewigen Landfrieden", über ein Kammergericht, einen jährlichen Reichstag, ein Reichsheer, über die Einrichtung von sechs Friedenskreisen und die Einsetzung von Reichshauptleuten zu verhandeln, die dem Kaiser gewärtig sein sollten. Er deutete sogar an, dies unter Umständen auch ohne die Zustimmung des Kaisers zu wagen[83]. Solange die monarchische Gewalt unangetastet blieb, ging Maximilian in allen Reformfragen nicht nur mit, sondern geradezu voran.

Als Friedrich III. von den Zugeständnissen des Sohnes erfuhr, verbot er den geplanten Martini-Reichstag in Frankfurt[84], aber auch manche Fürsten sträubten sich gegen die Kreishauptleute, die ihre Landeshoheit eingeschränkt haben würden. Wie sehr Maximilian auch bat, den Tag zu erlauben, der Kaiser blieb bei seinem Nein:

es sei zu Nürnberg nichts herausgekommen und würde auch in Frankfurt nur Verwirrung geben. Er konnte sich auf jahrzehntelange Erfahrungen berufen. Es war klar: solange Friedrich etwas zu sagen hatte, war eine Reichsreform nicht durchzusetzen; auch nicht mit Unterstützung des Königs[85].

Gegen Jahresende 1491 war der sogenannte Brautraub vorgefallen[86]. Der Kaiser sah sich gezwungen, die Reichsstände gerüstet nach Metz aufzubieten[87], von wo sie mit König Maximilian gegen Frankreich ziehen sollten. Enttäuscht wie sie waren, lehnten die meisten entschieden ab. Nur mit Mühe gelang es Maximilian, einen Teil der Stände für Ende September nach Koblenz[88] zu bestellen. Schon vorher hatte Berthold den königlichen Plänen entgegengearbeitet. Dem Pfälzer ließ er sagen, es gehe nicht an, einfach zu befehlen: „Komm und ziehe!“[89] Einen solchen Zug müßten die Stände beraten und beschließen, damit das Geld nicht unnütz vergeudet werde und Schande und Spott daraus entstünden. Das waren Bertholds stets gleiche Redewendungen in solchen Fällen. Jedes Unternehmen schien ihm von vornherein „schlecht vorbereitet und führte zu Schande zu Spott“, weil er selber Vorbereitung und Durchführung eben zu verhindern wünschte. Tatsächlich aber hatte der Flandernzug (1488) sein Hauptziel, die Befreiung des Königs, rasch erreicht. Ebenso führte der gegenwärtige Feldzug, obwohl nur wenige Truppen eingesetzt werden konnten, zur Erhaltung der Freigrafschaft und zum günstigen Frieden von Senlis[90] (1493). Es kam den Ständen und vor allem Berthold, das zeigt sich von Anfang und auch später immer wieder, weniger auf einen echten Erfolg[91] der äußeren Unternehmungen des Königs an, sondern vielmehr darauf, sie zu verhindern. Denn ein siegreicher König wäre für ihn ein schwieriger Partner gewesen. Immer klarer wurden sich die Stände im Verlauf des Verfassungskampfes der Möglichkeit bewußt, den König durch Steuerverweigerung zu erpressen. Keine Reichssteuer ohne Zustimmung der Stände, vor allem keine regelmäßige Steuer. Auch keine Lehensfolge, wie sie das Reichslehensrecht in manchen Fällen bedingungslos gefordert hätte, wie sie 1488 von vielen Reichsständen geradezu begeistert[92] geleistet worden war. Diese Politik der Erpressung ist von Berthold zweifellos gefördert worden, was seine stets gleichen Äußerungen klar erkennen lassen, obwohl er sich zunächst eine gewisse Zurückhaltung auferlegte. Das Meisterstück, Unternehmungen des Königs in Niederlagen zu verwandeln, vollbrachte Berthold zusammen mit den Ständen allerdings erst in Lindau (1496), im Schweizerkrieg und gegenüber Mailand. Sie verstanden es, den Kampf um Italien, um Mailand und um die Eidgenossen zu einem königlichen „Abenteuer“ zu machen, indem sie ihm jede Hilfe versagten[93]. Das ergab sich aber ganz natürlich aus dem Verfassungskampf, aus dem Dualismus zwischen Kaiser und Reichsständen, aus der Verschiedenheit der Interessen, aus dem mangelnden Sinn für „Konkordanz“, wie sie Cusanus verstanden hatte, so daß die Gegensätze unvereinbar schienen.

Der König dagegen versuchte, ähnlich wie sein Vater, die Versammlung zu „manipulieren“, nur jene Fürsten und Stände einzuladen, die ihm gefällig schienen, sie durch wechselnde Angebote zu trennen, die einzelnen aus der Gesamtheit herauszulösen, sie anzuherrschen, durch Zornesausbrüche einzuschüchtern, mit der königlichen Ungnade zu bedrohen. Das waren seine Mittel des Verfassungskampfes, die er bedenkenlos ausspielte.

Auch in Koblenz hoffte er auf solche und ähnliche Weise zu rascher Kriegshilfe zu gelangen. Er legte den Ständen Pläne einer gut durchdachten Kriegsordnung[94] und eines neuen Steuergesetzes vor, die der ständischen Mitwirkung weit entgegen kamen. Aber sie verwarfen alles, was die Rechte der Länder im Interesse des Ganzen hätte beschränken können. Zum Widerstand wenigstens vermochte Berthold die Stände meist zu einigen, denn in der Masse war ihnen nicht beizukommen. Wenn er sich unterstützt fühlte, trat der Erzkanzler dem König entschieden gegenüber[95]. Er warnte vor einem Krieg gegen Frankreich: wenn es gefährlich werde, helfe niemand. Auch seien die Steuerforderungen viel zu hoch; man dürfe die Stände nicht unter Druck setzen und müsse alle gleich heranziehen. So vermochte Berthold eine größere Steuerhilfe zu Fall zu bringen. Auch eine englische Gesandtschaft[96] konnte die Stände nicht zu größeren Kriegsanstrengungen bewegen. Man versprach eine kleinere Geldhilfe, die niemals ganz ausbezahlt wurde.

Alles andere verschob man auf einen neuen Reichstag, der im November/Dezember in Frankfurt zusammentreten sollte: dort würde man mit der großen Kriegshilfe auch die wiederholt geforderte Reichseinung zur gegenseitigen Hilfe und die von den Ständen umgearbeitete Kriegsordnung beraten. Aber auch dieser Frankfurter Tag kam nicht zustande. Maximilian hatte ihn zwar ausgeschrieben, der Kaiser aber die Einberufung offensichtlich nicht bestätigt, so daß es der junge König nicht wagen konnte, sich über den Willen des alten Herrn hinwegzusetzen. Er entschuldigte sich, daß er durch den Krieg gegen Frankreich am Erscheinen verhindert gewesen sei. So verlief auch die geplante Heeres- und Steuerreform im Sande.

Nach Friedrichs III. Hinscheiden kam in der Reformfrage ein frischer Wind auf. Sobald wie möglich begab sich Maximilian als Alleinherrscher ins Reich, erneuerte am 10. Mai 1494 den zehnjährigen Frankfurter Landfrieden und verlängerte ihn bis 1499[97]. Das sollte offenbar eine erste Kundgebung zugunsten einer Reichsreform sein. Allenthalben gebot er Frieden, hielt Gerichtstage und schlichtete Streitigkeiten. Das Königsgericht war eifrig tätig, um den Reichsständen mehr als bisher die Wohltat des Rechtes widerfahren zu lassen.

Am 18. Juli 1494 traf der König mit Erzbischof Berthold von Mainz zusammen[98], der ihn in die Niederlande begleitete und als Erzkanzler fortan die Führung der Reichskanzlei übernahm[99]. Die reinen Königssachen sollten künftig in der eigenen Hofkanzlei erledigt werden. Berthold spielte während der nächsten Monate tatsächlich den „Reichskanzler", und der König scheint ihn zu allen großen Sachen herangezogen zu haben. Leuten wie dem Hofkanzler Stürtzel, Lang oder Serntein, die sich dadurch zur Seite geschoben sahen, mag dies weniger angenehm gewesen sein. Fast scheint es, als ob Maximilian bemüht gewesen wäre, den Erzkanzler fest an seine Politik zu binden. Selbst die spanische Heiratspolitik und das gewagte politische Glücksspiel mit dem Prätendenten Perkin Warbeck, dem „falschen York", scheint Berthold damals unterstützt zu haben[100]. Sicher ist der Wormser Reichstag nicht ohne Einverständnis und Absprache mit Berthold ausgeschrieben und vorbereitet[101] worden. So dürfte der Erzkanzler keineswegs als Gegner des Königs und Vertreter einer kurfürstlichen Oligarchie nach Worms gegangen sein, zumal er gerade mit den Kurfürsten immer wieder persönliche Schwierigkeiten hatte; er fühlte sich wohl eher als „Ständevertreter" in einem weiteren Sinn, der gerade die mittleren und kleinen Stände, vor allem die Städte, für sich zu gewinnen suchte. Berthold wußte zwar seit Jahren, daß der König einer Reichsreform durchaus zugeneigt war[102]; aber er dürfte sich wohl schon in den Niederlanden seinen eigenen Weg zurechtgelegt haben, zumal er aus den

Gehässigkeiten der Hofschranzen erkannt haben dürfte, daß er sich beim König nicht ewig werde halten können.

Noch ehe der Wormser Reichstag eröffnet wurde, ließ höchstwahrscheinlich der König selber eine Propagandaschrift erscheinen[103], den sogenannten „Traum des Hans von Hermansgrün", worin er seine Reformideen unter die Stände zu bringen versuchte.

Der „Traum" nimmt seinen Ausgang von der düsteren Vision des drohenden Reichsunterganges. Die großen Kaiser der Vergangenheit, Karl der Große, Otto der Große und Friedrich II., erscheinen dem Schreiber im Traum[104], um mit harten Worten den Reichsverfall der Gegenwart, insbesondere die Trägheit, Sittenlosigkeit und die Schandtaten der Fürsten, ihre Habsucht, Genußsucht, ihren Hochmut und Eigennutz zu tadeln. Jeder verfolge nur seine eigenen Interessen, reiße dem Reich aus dem Leib, was er könne. Die einzelnen Fürsten verfügten über Macht und Reichtum, die Gesamtheit des Reiches aber leide Not. Wenn ein Krieg drohe, müsse der Kaiser um Mannschaften, Pferde, Waffen und Geld zu den Fürsten betteln gehen. Die Fürsten seien mächtig und übermütig, weil der schwach sei, der Rechtens über sie herrschen solle, nämlich der Kaiser. Sie sollten sich nicht täuschen und glauben, ihre Länder erhalten zu können, wenn das Reich zugrunde gehe; sie sollten vielmehr zu den Tugenden ihrer Väter, Gerechtigkeit und Tapferkeit, zurückkehren. Es gehe nicht um die Vergrößerung des Reiches, sondern um seine Wiederherstellung, um seinen Bestand als solchen[105].

Das Reich sei bedroht von zwei lebensgefährlichen Feinden: von den Türken und den noch gefährlicheren Franzosen. Man müsse sofort zwei Heere aufstellen und dürfe keine Zeit mit müßigen Verhandlungen verlieren. Ein allgemeiner Landfriede sei zu verkünden und alle Fehde einzustellen. Ein Reichsvikar müsse bestellt und ohne Verzug Truppen und Geld aufgebracht werden, damit man zur Sicherung des Reiches ins Feld rücken könne.

Satz für Satz verkündet der „Traum des Hermansgrün" das Reformprogramm[106], wie es der König auf dem Wormser Tag vertreten wollte: die Forderung nach Wiederherstellung des Reiches, nach Rückgewinnung Reichsitaliens, Stärkung der königlichen Zentralgewalt, eine Steuer- und Kriegsordnung, die es dem König erlaubte, mit den äußeren und inneren Feinden fertigzuwerden; Frieden und einheitliche Rechtsordnung, Einschränkung der reichsfürstlichen Freiheiten zugunsten der königlichen Regierungsgewalt und dadurch Erhaltung des Kaisertums und seiner Herrschaft über die christlichen Völker.

Nichts wäre unrichtiger, als im König einen Feind der Reform sehen zu wollen[107] oder sich auf die simple Form festzulegen, der König habe nur das Geld gesucht, die Stände hingegen umfassende Reformen. Es ging auf den Reichstagen der nächsten Jahre zwischen Reichsständen und Maximilian keineswegs um Reform oder Nichtreform, sondern um die oligarchische oder gemäßigt monarchische Führung des Reiches. Dies war der eigentliche Inhalt der harten Verfassungskämpfe[108] des nächsten Jahrzehntes.

3. Maximilian und der Wormser Reformreichstag von 1495

Nach dem Hinscheiden des Vaters war Maximilian durch die unsichere äußere Lage, durch die Kriegshandlungen gegen die Türken und gegen den aufsässigen Herzog von Geldern, durch die drängenden niederländischen Geschäfte zunächst verhindert, einen Reichstag[1] auszuschreiben. Aber schon die Verlängerung des Landfriedens im Mai 1494 zeigte, daß der König die Reformlinie fortzusetzen wünschte.

Als er am 24. November 1494 von Antwerpen aus die Reichsstände für Lichtmeß (2. Februar) nach Worms berief[2], stand er bereits unter dem Eindruck des Einbruchs der Franzosen in die Lombardei. Auf Italien begann er seine ganze Aufmerksamkeit zu richten. Er proklamierte daher den Romzug und die Türkenhilfe und dachte wohl vor allem an eine Steuer- und Kriegshilfe zur Rettung Reichsitaliens und der Kaiserkrone, die durch die überraschenden Waffenerfolge Karls VIII., der sich bereits Mittelitalien näherte, ernsthaft bedroht schienen; desgleichen wollte er Landfrieden und ordentliches Gericht herstellen, um während des italienischen Unternehmens Ruhe und Frieden im Reich zu sichern. Die inneren Reformen, die Maximilian im „Traum des Hermansgrün“ so entschieden forderte[3], sollten nach der Rückkehr aus Italien vollendet werden.

Keineswegs war es so, wie es die Richtung Ranke-Ulmann immer hinstellte[4], daß der König von einer Reichsreform überhaupt nichts habe wissen wollen, daß allein die Reichsstände als das „Parlament“ Fortschritt und Reichsreform hätten erzwingen müssen. Wie alle Nachbarstaaten, besonders Frankreich, England und Spanien, einer kraftvollen Einheit zustrebten, wünschte auch Maximilian durch Stärkung der königlichen Zentralgewalt, durch Aktivierung der fürstlichen und ständischen Mitarbeit und durch Wiederherstellung der alten kaiserlichen Ordnung das Reich zu neuer Machtstellung zu führen.

Die Restauration des Reiches bedeutete dem König ein Doppeltes: es war die äußere Stellung des Reiches in der europäischen Staatenwelt wiederherzustellen und die innere Unordnung zu überwinden. In diesem Augenblick, im Frühjahr 1495, hielt er die Wahrung der Reichsherrschaft in Italien gegen Karl VIII. für die nächste und größte Aufgabe. Vor allem in Italien schien sich dem König die Wiederherstellung des Reiches zu entscheiden. Hier ging es ihm um die „höchste Würde der Deutschen Nation", um die Römische Kaiserkrone.

Moderne Kritiker wenden immer wieder ein, es habe zuerst die innere Ordnung als Voraussetzung äußerer Unternehmungen wiederhergestellt werden müssen. Aber die politische Wirklichkeit jener Tage war völlig anders. Das Reich war innerlich keineswegs so geschwächt, daß es, eines Einsatzes in Italien nicht fähig, zunächst einer inneren Kräftigung bedurft hätte. Wohl hatte der Kaiser in den letzten Jahrzehnten seine Macht im Reiche fast völlig eingebüßt, aber die Fürsten und ihre Territorien hatten sich in langen Jahren des Friedens und des Wohlstandes wirtschaftlich und politisch so gestärkt, daß sie, vor Kraft strotzend, mangels äußerer Aufgaben sich in inneren Fehden austobten. Nicht um die innere Erholung des Reiches ging es, sondern allein um die Frage, wie man Kurfürsten, Fürsten und Stände, die eine quasi-souveräne Stellung erobert hatten, welche jeder Zentralgewalt spottete, zur traditionellen Reichsverpflichtung des Romzuges und zu einer bescheidenen Beschränkung ihrer „souveränen" Machtstellung im Innern, zu einer einträchtigen bundesstaatlichen Aktivität im Interesse des Gesamtreiches bewegen konnte.

Gerade der Italienzug schien dem König die Möglichkeit zu bieten, die überschäumenden Kräfte der Fürsten und ihrer Territorien auf eine ehrenvolle Aufgabe der Deutschen Nation im Rahmen der europäischen Staatenwelt einigen zu können. Gestützt auf auswärtige Erfolge, konnte der König hoffen, Kurfürsten, Fürsten und Stände auch daheim unter seinem gestärkten Königtum zu einer bescheidenen bundesstaatlichen Einheit zusammenführen zu können. Außenpolitische Erfolge sollten dem König helfen, die monarchische Führungsgewalt daheim zu stärken und die reichsfürstliche Mitarbeit für ein allgemeines Reformwerk zu aktivieren. Wiederherstellung einer guten Regierung, Frieden und Recht im Innern, Sammlung der militärischen und finanziellen Hilfsmittel des Reiches, dies sollte die Grundlage bieten zur Fortführung einer kühnen und glänzenden Außenpolitik. Dies war für den König Inhalt, Zweck und Ziel der Reichsreform.

Diese Art kaiserlicher Reichsreform, wie sie nicht nur Cusanus[5], sondern auch vielen anderen Reformschriften vorschwebte, hätte die territorialen Gewalten keineswegs beseitigt, aber doch zu gewissen Verzichten im Interesse des Ganzen, zu einer größeren Einheit und Ordnung im Innern und zu größeren Hilfeleistungen nach außen gezwungen. Sie mußte bei Kurfürsten und Fürsten ganz natürlich auf entschiedensten Widerstand stoßen. Ihnen bot daher die Zwangslage[6] des Königs im Frühjahr 1495 die günstige Gelegenheit, die letzten Reste traditioneller monarchischer Obergewalt endgültig zu zerschlagen und an deren Stelle einen kurfürstlich-fürstlichen Staatenbund zu setzen. Zweifellos mochten kurfürstliche und fürstliche Reformer, vor allem ein Mann wie Berthold, hoffen, auch im Wege des oligarischen Staatenbundes zu einer größeren Einheit des Reiches zu gelangen[7].

Ob der monarchische oder der oligarchische Weg das Reich eher zur nötigen Einheit führen würde, konnte damals niemand so klar erkennen wie der spätere Beobachter, dem das folgende geschichtliche Experiment der Verfassungsentwicklung des Reiches klar vor Augen steht. Während für Kurfürsten und Fürsten die Erhaltung ihrer quasi-souveränen Stellung, also die Freiheit der Teile, das oberste Reformprinzip darstellte, war es für den König die Verstärkung seiner traditionellen Gewalt, die Einheit und außenpolitische Aktivierung des Ganzen. Aus dem Widerstreit dieser beiden Reformansichten ergab sich ein Verfassungskampf, der sich durch zehn Jahre mit größter Heftigkeit hinzog, ehe der König seine ohnehin bescheidenen Rechte neben der reichsständischen Mitbestimmung wiederherstellen und behaupten konnte.

Die äußere Lage hätte im März 1495 zweifellos ein entschiedenes und rasches Eingreifen des Reiches erfordert[8]. Italien, zumindest nach der historischen Rechtslage immer noch ein Teil des Reiches, war gegenwärtig in vollem Umsturz. Der französische König hatte die oberitalienischen Reichsländer wie eigenes Gebiet durchzogen, in Pisa und Siena, die sich, wenn es ihnen vorteilhaft schien, immer noch als Reichsgut bezeichneten, das Lilienbanner aufgesteckt; er war in Rom eingezogen, hatte mit einer allgemeinen Kirchenreform gedroht, hatte schließlich das Königreich Neapel erobert, die dortige Dynastie vertrieben und den Anspruch auf das Kaisertum des Ostens feierlich angemeldet.

Nicht nur die italienischen Staaten, alle europäischen Mächte, bis zum entfernten England und Spanien fühlten sich durch diesen Umsturz der Machtverhältnisse in Italien bedroht. Italien galt immer noch, oder jetzt mehr denn je, als eines jener Hauptländer der Christenheit, in denen sich Kaisertum und europäische Vorherrschaft entschieden. Wie hätte sich da der künftige Kaiser, der zum Schutze Reichsitaliens, insbesondere zum Schutze des Papstes, auf eine besondere Weise berufen war, von diesen Vorgängen fernehalten können? Im Grunde wäre jeder, der Reichslehen trug, kraft alter Gewohnheit mindestens zu diesem ersten Romzug verpflichtet gewesen, aber tatsächlich wollte sich niemand dieser Verpflichtung erinnern.

Um Lichtmeß kam der Wormser Tag indes noch nicht zustande. Maximilian war durch Geldern, durch die spanischen Heiratsverhandlungen und durch die Vorbereitung der Heiligen Liga über die vorgesehene Zeit hinaus festgehalten worden. Erst am 18. März 1495 traf der König mit seinem Erzkanzler Berthold von Mainz, mit dem er seit der Rheinfahrt des vergangenen Jahres offenbar gut zusammengearbeitet und wohl auch die Kernfragen der Reichsreform abgesprochen hatte, in Worms ein[9]. Er mochte bisher die Lage zuversichtlicher betrachtet haben, als sie war. In übermütiger Laune hatte er seinem Oheim, Sigmund von Tirol, geschrieben, er werde den Wormser Tag abkürzen und in das Gebirge zu den wilden Gemsen verlegen; das Jagdgeschrei werde in den Ohren der Türken und anderen bösen Christen widerhallen[10]. Wenn der König bisher gehofft hatte, in vierzehn Tagen mit den Reichstagsgeschäften fertig zu sein und nach Italien aufbrechen zu können[11], sah er sich bald enttäuscht. Von den Reichsständen waren bisher die wenigsten erschienen, zum Romzug gerüstet niemand. Schon die ersten Fühlungnahmen mochten dem König offenbaren, was ihn erwartete. Dafür bestürmte ihn eine Abordnung von aufgeregten Wormsern. Sie wollten „nicht Untertanen der Pfaffen, sondern freie Bürger des Reiches sein"; der König möge den Streit mit ihrem bischöflichen Stadtherren entscheiden[12]. Ein Streit kündigte sich an, der in Jahrzehnten nicht geschlichtet werden konnte.

Nachdem Maximilian eine gute Woche zugewartet und mit den wenigen Erschienenen Fühlung genommen hatte, eröffnete er am 26. März den Reichstag mit einem Bericht über die gefährliche äußere Lage, um dann den Ständen seine Vorschläge zu unterbreiten[13]. Sie bewegten sich auf der großen Linie der laufenden Ligaverhandlungen; er wies auf den französischen Überfall und auf die Gefahren hin, die dem Papst, dem Kaisertum und dem Reichstag nicht nur in Italien, sondern auch von den Türken drohten. Dies müsse das nächste und eigentliche Anliegen des Wormser Tages sein. Frankreichs Vorgehen in Italien, Burgund und Geldern sei die größte Gefahr für die Deutsche Nation. Dagegen forderte der König eine sogenannte „eilende Hilfe", die den betroffenen Ländern sofort zu leisten sei, und eine „beständige und währende Hilfe" zur Reichsverteidigung für die nächsten zehn bis zwölf Jahre. Darin sah er das Hauptanliegen und die Grundlage jeder Reichsreform.

Die reichsständische Opposition zeigte sich unliebsam überrascht und bemängelte sogleich, daß die königlichen Vorschläge nur eine eilende Hilfe gegen die Franzosen in Italien und eine beständige, währende Reichssteuer gegen die übrigen Reichsfeinde forderten, aber die „Reichsreform", wie sie sie verstanden, mit keinem einzigen Wort mehr erwähnten. Die Stände antworteten noch am gleichen Tag[14], daß man erst die verspäteten Fürsten, Herren und Botschaften abwarten müsse, ehe in so wichtigen Sachen etwas Endgültiges beschlossen werden könne. Vor allem wolle man die königlichen Reformvorschläge sehen, über die man einstweilen beraten solle.

In jenen Tagen (31. März) war zu Venedig die „Heilige Liga" abgeschlossen[15] worden. Der Reichstag dachte nicht daran, dieser Liga beizutreten, die offenbar dem gesamteuropäischen Sicherheitsbedürfnis entsprach. Die Stände wünschten vielmehr, die günstige Gelegenheit zu nutzen, um ihrem unternehmungslustigen König Fesseln anzulegen. Umgekehrt setzte sich auch der König über reichsfürstliche Wünsche glatt hinweg und belehnte Ludovico Moro mit dem Herzogtum Mailand[16] (5. April). Die Kurfürsten, gewohnt, bei solchen Gelegenheiten die üblichen Handsalben zu empfangen, ließen sich mit hohen Summen abschmieren[17].

Während dem König „der Boden unter den Füßen brannte", so daß er jeden Tag nach Italien aufzubrechen wünschte[18], suchten Kurfürsten und Fürsten seine außenpolitische Zwangslage für sich zu nützen: noch bevor er nach Italien zöge, solle er die „Reformfragen“ behandeln lassen, worunter sie vor allem das Regiment, also die Regierungsgewalt innerhalb des Reiches, verstanden wissen wollten. Die Stände wollten naturgemäß lieber mit einem hilfsbedürftigen als mit einem erfolgreichen König verhandeln, der im Besitze der Kaiserkrone mit gesteigerter Autorität wiederkehrte und ihrer Hilfe nicht mehr so dringend bedurfte[19].

Nach den Plänen der Ständehäupter sollte die „Reichsreform“ vor allem die kurfürstliche und fürstliche Oligarchie, wie sie sich in den letzten Jahrhunderten entwickelt hatte, reichsrechtlich bestätigen und die königliche Zentralgewalt so gut wie beseitigen. Die Regimentsordnung, also die Eroberung der Macht innerhalb des Reiches, war und blieb der Hauptinhalt der „Reform“ und das eigentliche Verhandlungsziel der Kurfürsten und Fürsten, in deren Kollegien die großen Entscheidungen dieses Tages hauptsächlich fielen. Diese Art kurfürstlicher „Reichsreform“ war das gerade Gegenteil dessen, was anerkannte Reformdenker, wie etwa Nikolaus Cusanus, vorschlugen, die bei aller Betonung der Rechte und Aufgaben des Reichstages eine mäßige Verstärkung der königlichen Vollzugsgewalt für das Reich als unbedingt nötig hielten. Die mittleren und niederen Reichsstände, die freilich andere Reformvorstellungen hegten, wurden von Kurfürsten und Fürsten kaum zu den Verhandlungen herangezogen und durch den Erzbischof von Mainz meist nur von den fertigen Beschlüssen verständigt, denen sie wohl oder übel zuzustimmen hatten.

Zunächst weigerte man sich beharrlich, die königlichen Hilfsbitten zu behandeln, indem man sich auf die vielen Abwesenden ausredete. Davon ließ man sich auch nicht durch die Gesandtschaften der Heiligen Liga und durch die bewegten Klagen abbringen, welche die Vertreter der überfallenen italienischen Mächte, Neapels, Mailands und des Papstes, dem Reichstag vortrugen[20]; ebensowenig durch die Verlesung der Artikel der Heiligen Liga von Venedig. Man zeigte sich interessiert, dachte aber nicht daran, dieser Liga von Reichs wegen beizutreten[21]. Es war eben alles auf Opposition eingestellt.

Erst am 7. April wurden die Vollmachten der Reichsboten geprüft und die ständischen Verhandlungen förmlich aufgenommen[22]. Nach und nach waren außer Mainz auch Köln, Trier, Pfalz und Kursachsen persönlich eingetroffen. Ebenso versammelten sich die

Botschaften der übrigen Reichsstände allmählich in größerer Anzahl. Sogar Gesandte von Savoyen, Montferrat und Ferrara waren erschienen; leider ohne Vollmachten, sonst hätte man sie sogar zu den Verhandlungen zugelassen[23]. Später, als man merkte, daß sie die königliche Außenpolitik unterstützten, hat man sich stets geweigert, die italienischen Reichsstände beizuziehen.

Eifrige Beratungen setzten ein, von denen man den König völlig ausschloß, der sich gedemütigt vorkam wie ein Bürgermeister, der während der Verhandlungen vor der Türe der Ratsstube stehen[24] müsse. So vergingen kostbare Wochen, während deren in Italien große Entscheidungen fielen[25].

Nach wie vor weigerte man sich, den königlichen Steuerbitten näherzutreten, sondern benützte die Zeit, um die ständischen Reformansichten auf einen gemeinsamen Nenner zu bringen, was zweifellos nicht leicht war. Einig war man sich nur, daß man ohne Zugeständnisse in der Regimentsfrage keine Steuerhilfe gewähren wollte.

Maximilian dagegen benützte diese Zeit des Wartens, um seine Reformwünsche durch geschickte Agitation unter die Reichsstände zu bringen. Höchstwahrscheinlich war es der König selbst, der in klug getarnten Formen den sogenannten „Traum des Hermansgrün" verbreiten[26] ließ: heftigsten Tadel über die Mißstände des Reiches, vor allem über die Charakterlosigkeit der Fürsten. Wenn die Schrift, damit sie Kurfürsten und Fürsten nicht allzu ärgerlich begegnete, auch einige Vorwürfe gegen den König enthielt, solcher Art allerdings, daß sie sich auf den ersten Blick von selber widerlegten, so ist die antifürstliche Tendenz im ganzen doch sonnenklar. Entschieden forderte Hermansgrün die Herstellung des inneren Friedens, eine neue Steuer- und Kriegsordnung, die Aufrichtung eines kräftigen kaiserlichen Regimentes, einen machtvollen Reichsfeldzug gegen Frankreich, der im Romzug seine Krönung finden müßte, vor allem aber einen völligen Gesinnungswandel der Fürsten, wenn das Reich nicht zugrunde gehen sollte.

Die reichsständischen Reformer waren sich nur in einem Punkt ziemlich einig: daß eine Wiederherstellung oder Verstärkung der königlichen Gewalt verhindert werden müsse. Im übrigen gab es in dieser sehr gemischten Versammlung die verschiedensten Reformansichten[27].

Den Kern der Reformpartei bildeten wohl die geistlichen Reichsstände mit dem Erzkanzler Berthold von Mainz an der

Spitze, der jedoch als Kurfürst bereits gewisse Sonderinteressen zu vertreten hatte. Die geistlichen Stände hatten, unbewehrt, wie sie größtenteils waren, stärker als andere unter den Landfriedensbrüchen und der allgemeinen Rechtlosigkeit zu leiden. Auch die Städte empfanden die Unsicherheit von Handel und Wandel ähnlich lästig; aber sie waren kraft ihres Geldes und ihrer Söldner den Prälaten doch im allgemeinen überlegen. Selbst größere geistliche Staaten wurden da und dort nicht nur von übermächtigen weltlichen Nachbarn, sondern auch von ihren eigenen aufsässigen Städten und Ritterschaften in ihrer Existenz bedroht. Von der Seelsorge her war ihnen das Rechts- und Friedensbedürfnis der kleinen Leute eher vertraut. Ewiger Landfriede, gutes Gericht, einheitliches Recht für alle Reichsstände war ihnen daher ein echtes Anliegen, wofür sie, die zu den Bedürfnissen des Reiches stets sehr viel beizutragen gewohnt waren, auch diesmal ein Steueropfer auf sich zu nehmen bereit gewesen wären.

Es ist kein Zufall, daß viele der Reichsreformschriften der Vergangenheit und Gegenwart geistlichen Kreisen entstammten. Infolge ihrer höheren Bildung vermochten sie die Nöte des Reiches, an denen sie selber nicht wenig litten, am besten zu formulieren und zeigten sich im allgemeinen willens, die königliche Zentralgewalt zu erhalten, ja zu verstärken, daneben aber auch die reichsständische Mitarbeit zu entfalten und zu sichern. Es entsprang dem kirchlichen Universalismus, daß in den geistlichen Kreisen auch ein gewisses Verständnis für die universalkaiserlichen Aufgaben, für die Erhaltung Reichsitaliens und den Schutz des Papstes, lebendig war. Vereinzelt fanden sich unter ihnen sogar entschiedene Verfechter eines einseitig kaiserlich-monarchischen Reformprogramms, wie es eben in diesen Tagen die Denkschrift des Hermansgrün so lebhaft vertreten hat[28]. Aber diese geistlichen Reformideen waren keineswegs die entscheidenden.

Ganz andere Vorstellungen hatten die weltlichen Kurfürsten und Fürsten: ihr Ziel war eine oligarchisch gestaltete Reichsverfassung. Reform bedeutete für sie Übergabe der Reichsgewalt an die Kurfürsten und Fürsten. Eine freiwillige Beschränkung ihrer quasi-souveränen Stellung im Interesse des Ganzen, etwa eine verstärkte königliche Gebotsgewalt alter Art im Interesse der Reichseinheit, kam für sie nicht in Frage; ebensowenig ein Kammergericht, das in die kurfürstlichen Länder eingriff. Besonders Brandenburg und Sachsen wehrten sich zähe gegen diese Neuerung. Wenn Berthold hoffte, diese unabhängigen „Souveräne“ würden sich vielleicht einem reichsständischen Regierungskollegium unterstellen und einordnen, sollte er sich gründlich täuschen.

Die fürstenbündische Organisation des Reiches hat bei größeren Prüfungen meist versagt. Nur ein kurzer Blick über die Grenzen unseres Zeitalters sei gestattet: so wenig angenehm gerade einem österreichischen Betrachter die „Blut- und Eisenlösungen“ der Jahre 1866/70 sein mögen, so klar ist ihm die historische Erkenntnis, daß das deutsche Fürsten- und Bundesproblem eben doch nur auf diesem Wege zu lösen war; endgültig überhaupt erst durch die Revolution von 1918. Große politische Umbrüche können der Gewalt eben nicht völlig entbehren.

Aber kehren wir in das Jahr 1495 zurück: Reichsregiment, Landfriede, Recht, Gericht und Reichssteuer schienen Kurfürsten und Fürsten nur so weit annehmbar, als sie keine Eingriffe in ihre dynastischen und territorialen Freiheiten enthielten. Vor allem sollte der hochfürstliche Einfluß auf das Reichsregiment durch neue Verfassungseinrichtungen gewährleistet werden, die aus dem Reich eine reine Fürstenoligarchie gemacht haben würden. Die Libertät ihrer Fürstentümer und Länder stand für sie im Mittelpunkt aller Verhandlungen, wobei es als selbstverständlich galt, daß auch Majoritätsbeschlüsse keinen Fürsten gegen seinen Willen und ohne seine Zustimmung verpflichten konnten[29].

So vorbildlich manche Fürsten ihre Territorien verwalteten, so wenig Verständnis brachten sie den Bedürfnissen des Gesamtreiches entgegen. Nicht nur den universalkaiserlichen Aufgaben der Vergangenheit, auch den politischen Verpflichtungen, wie sie die Neuordnung des europäischen Staatensystems nach den Grundsätzen des Gleichgewichts dem Reich naturgemäß auferlegte, standen die Kurfürsten und Fürsten im allgemeinen verständnislos gegenüber. So blieben die Wittelsbacher, die Herzoge Albrecht und Georg, den Wormser Verhandlungen vorsätzlich fern, da ihnen jede Straffung des Reichsverbandes, durch die Stände wie durch den König, unerwünscht war[30]. Einzelne hielten es sogar für richtig, vorzuschlagen, man möge Italien ruhig den Franzosen überlassen[31]. Was das Gesamtreich betraf, so bedeutete „Reform“ für sie Übernahme der Reichsgewalt und praktische Abdankung der kaiserlichen Majestätsrechte, ohne daß sie sich tiefere Gedanken machten, wie eine bundesstaatliche Handlungsfähigkeit des Reiches im Innern und nach außen weiterhin möglich sein würde.

Nicht ganz so weit wie seine kurfürstlichen Standesgenossen scheint Berthold von Mainz gegangen zu sein, der, wie die geistlichen Fürsten meist, zwischen monarchischer und oligarchischer Reichsgestaltung zunächst wohl noch eine mittlere Linie zu halten wünschte. Freilich ist seine persönliche Meinung zu den großen Reformfragen bei seiner Zurückhaltung, bei seiner Vorliebe, aus verdeckter Stellung zu agieren und die Reichsversammlung als Ganzes vorzuschieben, nicht immer klar zu erkennen[32]. Maximilian beschuldigte ihn später, den König entmachten zu wollen[33].

Sicher ist, daß Berthold, ähnlich wie dem König, eine Wiederbelebung der reichsständischen Einheit am Herzen lag. Je mehr er sich aber im Verlauf der Verfassungskämpfe vom König entfernte, um so entschiedener versuchte er, die Reichsregierung als Ständeführer in eigene Hände zu nehmen, um den König auf eine Art Ehrenvorsitz zu beschränken. Wie irgendein anderer Reichsstand sollte sich der König neben den anderen Reichsständen in Bertholds neue Ordnung einfügen.

Hier aber lag Bertholds doppelter Irrtum: die fürstlichen Souveräne fanden sich zu keiner Beschränkung ihrer Selbstherrlichkeit bereit, auch nicht unter einem ständischen Reichsregiment, das von einem so klugen Mann wie Berthold geleitet sein sollte. Der König aber ließ sich und seine österreichischen Länder, die immer ausschließlicher die Hauptlasten der Reichsverwaltung und der Reichskriege zu tragen hatten, nicht wie einen Reichsstand neben andern oder fallweise noch schlechter behandeln.

Ganz anders, aber nicht minder schwierig stellte sich die Reformfrage den Städtevertretern[34]. Gutes Regiment, Landfrieden, Recht und Ordnung, gediegene Münze mußten ihnen im Hinblick auf Handel und Wandel sehr am Herzen liegen. Aber der Einfluß der Städte auf die Reformhandlungen war sehr gering. Ihre Reichsstandschaft war nicht unangefochten und die Rolle, die man ihnen einräumte, höchst demütigend; sie durften mehr oder minder nur die Beschlüsse zur Kenntnis nehmen, die ihnen der Erzkanzler als Ergebnis der kurfürstlichen und fürstlichen Sonderberatungen mitteilte, durften diesen Beschlüssen beitreten und sich Gedanken darüber machen, wie sie die dafür nötigen Gelder unter sich aufbrachten; sie mußten alsbald merken, daß man ihnen die Hauptlast der neuen Reichssteuerordnung aufbürden wollte. So ist es nicht zu verwundern, daß sie ihren Eifer darauf richteten, jede regelmäßige Reichssteuer als ein „ewiges Servitut und Tribut“ nach Möglichkeit zu verhindern.

Nicht zu unterschätzen war die Opposition der Reichsritterschaft. Wenn sie sich auch auf den Reichstagen nicht Gehör verschaffen konnte, so wandte sie sich doch in Tagungen und Einungen gegen alle Steuerlasten, die man ihnen zumutete[35], besonders aber gegen jede Einschränkung ihres überlieferten Fehderechtes, worin gerade die revolutionären Elemente unter ihnen eine Art Naturrecht ihres Standes erblickten. Ältere Reformschriften dachten ihnen die Rolle einer Art Reichsmiliz zu. Auch Maximilian spielte mit dem Gedanken, die Ritterschaften als Exekutivorgane des Reiches gegen hochfürstliche Willkür einzusetzen; besonders deutlich auf dem Kölner Tag 1505. Aber das hätte den Umsturz aller bestehenden Ordnung bedeutet, was der König doch nicht wagte.

Nicht die geringste Aussicht auf Gehör hatten die gemeinen Leute, wozu nicht nur das einfache Stadtvolk und die großen Massen der Bauern, der sogenannte „arme Mann“, zu rechnen war, sondern auch geistig führende Köpfe, Humanisten und Literaten, die in territorialen oder städtischen Verwaltungsdiensten als kleine Amtleute oder als freie Gelehrte keinerlei politische Rolle spielten oder nur die Ansichten ihrer Herrschaft zu vertreten hatten. Leuten vom Schlage des Hans Hermansgrün blieb bestenfalls die spitze Feder. Der oberrheinische Revolutionär[36] versuchte sogar, auf Erzkanzler Berthold und auf den König persönlich einzuwirken, allerdings ganz vergebens; die hohen Herren ließen den Weltverbesserer kalt und hochfahrend abweisen. So blieben die Klagen des „armen Mannes“ über die himmelschreienden herrschaftlichen, sozialen, kirchlichen und weltlichen Mißstände der Zeit völlig ungehört. Die Großen sahen in der Reichsreform nichts als den Verfassungskampf um die Führungsgewalt im Reich.

Wenn man zusammenfaßt, wird man erkennen müssen, daß die fürstliche Majorität der Reichsversammlung keineswegs von jenen hohen Ideen erfüllt war, die in den Reformschriften des Jahrhunderts so beredten Ausdruck fanden und die breiten Massen auf das lebhafteste beschäftigten. Die Reichsstände waren nichts weniger denn eine Volksvertretung, als die sie von der Geschichtsschreibung des 19. Jahrhunderts so gerne betrachtet werden[37]. Man wird beobachten können, daß gerade die einflußreiche Mehrheit bemüht war, die hohen Reformideen, wenn nicht ganz zu durchkreuzen, so doch zum persönlichen Vorteil umzubiegen. Ein einziges Ziel beschäftigte sie vor allem: eine Verstärkung der königlichen Gewalt zu verhindern. Umgekehrt setzte auch der König seinen ganzen Ehrgeiz nur daran, sich nichts von seinen Rechten nehmen zu lassen.

Der Besuch des Wormser Tages war vergleichsweise nicht schlecht, aber auch nicht überwältigend: es waren fünf Kurfürsten, außer Böhmen und Brandenburg, dazu zehn geistliche und 29 weltliche Fürsten persönlich erschienen; außerdem Gesandtschaften von zwölf geistlichen und weltlichen Fürsten, 67 Grafen und freie Herren und 24 Reichsstädte[38]; im ganzen 147 Reichsstände, also kaum die Hälfte derer, die hätten erscheinen müssen.

Auch sonst war nicht der größte Ernst in der Versammlung: „Es haben sich die Edelleute mit Sauffen auf diesem Reichstag ziemlich säuisch gehalten", klagte der Wormser Stadtchronist und fährt fort: Eines abends aßen ihrer Vierundzwanzig um die Wette rohe Gänse samt Fleisch und Federn und soffen 174 Maß Weins. Ein andermal wurden bei einer adeligen Gasterei 200 Gulden verfressen und vertrunken und wohl bei 200 Gläser zerworfen[39]. Reuchlin hätte gewünscht[40], daß keine Halbwilden (Agrestes) und auch keine Stutzer (Compti) die Sache des Reiches bestellten, sondern Männer, ebenso mächtig der Tat wie des Wortes. Solche aber waren selten.

Es war von Anfang an kein ehrlicher Eifer in den Ständen von oben bis unten, wie Berthold später einmal klagte[41], vor allem nicht bei denen, auf die es angekommen wäre. Zunächst verstrichen viele Wochen mit langwierigen internen Beratungen. Die Stände schützten immer wieder Beschlußunfähigkeit vor, weil eine Reihe ihrer Botschaften noch nicht eingetroffen sei. So ging Ostern vorüber, ohne daß etwas Ernsthaftes geschehen wäre.

Inzwischen wurden die Hilferufe aus Italien immer dringender. Die Franzosen hatten das unteritalienische Königreich unterworfen und schickten sich an, die ganze Halbinsel zu erobern. Der Papst und die Kaiserkrone seien in Gefahr; man solle wenigstens 4000 Mann Hilfstruppen nach Italien schicken, mahnte der König. Er selber plante, über Hochburgund nach Frankreich einzufallen und durch ein Landungsunternehmen des York England und Frankreich zugleich in Schach zu halten[42]. Daher wandte er sich am 24. April mit noch dringenderen Hilfsbitten an die Stände[43].

Aber die Reichsversammlung blieb weiter hart. Sie wünschte zunächst Reformen, worunter sie vor allem eine ständische Regimentsordnung verstand; dann erst wollte man die Steuerhilfe beraten. Der König hatte eine erste harte Zurückweisung hinnehmen müssen.

Da gab Maximilian unter dem Eindruck der außenpolitischen Lage endlich nach, erschien am 27. April persönlich auf der Reichsversammlung[44] und erklärte sich einverstanden, daß zunächst Reichsregiment, Landfriede und Kammergericht und erst hernach auswärtige Hilfe und Reichssteuern beraten werden sollten. Eine Kurzfassung[45] der ständischen Reformwünsche, Ergebnis der innerständischen Beratungen, lag damals (27./28. April) bereits vor. Die Machtansprüche der Kurfürsten wurden als weitgehend empfunden.

Eine Reformkommission wurde gebildet, welche diese Entwürfe nochmals durchberaten und zur Beschlußfassung vorbereiten sollte. Wieder begannen wochenlange Verhandlungen, von denen der König und seine Anwälte sorgfältig ferngehalten wurden.

Inzwischen marschierte Karl VIII. von Neapel nordwärts gegen Rom[46], so daß sich der Papst genötigt sah, die Heilige Stadt fluchtartig zu verlassen und die Bundeshilfe der Liga anzurufen. Für den Römischen König war nicht nur die kaiserliche Verpflichtung eines patricius Romanus und defensor fidei, sondern auch der Bündnisfall der eben geschlossenen Liga von Venedig gegeben. Daher bestürmte er die Reichsversammlung am 7. Mai abermals mit der Bitte um rasche Italienhilfe[47]. Aber die Reichsstände versagten sich wiederum. Hatte doch der König von Frankreich beteuert, niemals nach der Kaiserkrone zu greifen, und seine Hilfe zur Wiederherstellung Reichsitaliens angeboten[48].

Um wenigstens Mailand zu retten, das den vollen Zorn des Königs von Frankreich zu gewärtigen hatte[49], erbat Maximilian am 14. Mai von den Ständen eine Anleihe von 150.000 Gulden binnen sechs Wochen, die aus der zu bezahlenden Reichssteuer zurückerstattet werden sollten. 100.000 Gulden sollten die Stände darlehensweise vorstrecken, 50.000 wollte der König selber aufbringen[50].

Da endlich übergab man ihm am 18. Mai den vollen Entwurf jener Reformvorlage[51], den die ständische Reformkommission ausgearbeitet hatte. Es war gewiß nicht das persönliche Elaborat Bertholds von Mainz allein, sondern sozusagen das politische

Glaubensbekenntnis der kurfürstlichen und fürstlichen Oligarchen[52]. Aber gerade unter den Fürsten gab es manche, welche diese kurfürstliche Übermacht keineswegs unterstützten: so wollten die Herzoge Albrecht und Georg von Bayern, aber auch Hessen, sich auf nichts einlassen, was dem König mißfallen könnte[53].

Der neue Entwurf ging in seinen Forderungen noch viel weiter als die Kurzfassung vom April und hätte den König völlig entmachtet. Die Stände fühlten sich ihrer Sache bereits so sicher, daß sie sich sogar zu dreisten Mahnungen hinreißen ließen: der König werde sich in Zukunft in allen Reichsangelegenheiten an den Rat der Reichsstände zu halten haben und könne nicht einfach nach Belieben eilende Hilfe fordern. Dies wäre einzusehen gewesen. Nun aber folgten ebenso ungerechte wie unüberlegte Vorwürfe, die den König am allerwenigsten betreffen konnten: seit hundert Jahren sei das Reich in sichtbarem Verfall, viele Reichsländer seien entfremdet und die Lasten der verbliebenen Länder stets gestiegen. Maximilian möge auch die entfremdeten Reichsgebiete zur Steuerleistung heranziehen. Der Mailänder sei übrigens an seinem Unglück selber schuld, denn er habe die Franzosen nach Italien gerufen. Diese Vorhaltungen waren in der Tat kühn, wenn man bedenkt, daß die Stände nichts zur Erhaltung Reichsitaliens[54] oder der Eidgenossenschaft oder des Deutschen Ordens[55] oder der Niederlande oder der südöstlichen Länder beizutragen wünschten. Die Auswärtigen sollten zahlen, aber man wollte nichts für sie tun. Man wäre vielleicht sogar bereit gewesen, der Heiligen Liga beizutreten, wenn sich die Italiener verpflichtet hätten, das Reich zu unterstützen, umgekehrt aber keine Reichshilfe zu fordern[56].

Schließlich betonten die Stände, daß der König eine Hilfssteuer nur dann zu erwarten habe, wenn er den Reichstag nicht vor Vollendung der „Reform" verlasse, worunter vor allem die Übertragung der Reichsgewalt an einen kurfürstlich-fürstlichen Reichsrat verstanden wurde.

Der König ging über diese Vorhaltungen zunächst schweigend hinweg und machte sich an das Studium der Entwürfe. Noch klarer als die Kurzfassung im April zeigte der gegenwärtige Entwurf, daß es den meisten Kurfürsten und Fürsten vor allem auf das Reichsregiment, also auf eine neue, durchaus oligarchische Reichsverfassung ankam. Die Monarchie sollte einer Fürstenoligarchie weichen, die ihre Fähigkeit zur Reichsführung bisher niemals erwiesen hatte[57] und auch niemals in der deutschen Geschichte erweisen sollte. Dieser Entwurf nahm fast die ganze Reichsgewalt, Gesetzgebung, Finanzhoheit, Steuer, Reichsärar, Außenpolitik, Kriegshoheit, Inneres, Landfrieden und Gerichtsbarkeit für einen vorwiegend kurfürstlich-fürstlich zusammengesetzten Reichsrat in Anspruch[58], innerhalb dessen der König bestenfalls auf drei von 17 Stimmen sicher zählen konnte. Er durfte zwar den Präsidenten bestellen, dem aber in vierteljährlichem Wechsel stets ein Kurfürst zur Seite stehen[59] sollte. Während jeder Kurfürst selbstverständlich seinen Vertreter im Reichsrat haben sollte, war eine Vertretung der königlichen Erbländer namentlich überhaupt nicht genannt, sondern nur im Rahmen der Kirchenprovinzen Salzburg-Aquileia vorgesehen. Das war formell gewiß in Ordnung, entsprach aber den Machtverhältnissen im Reich in keiner Weise. Von seinen traditionellen Rechten sollten dem König nur die Vergebung der großen Reichslehen und die Adelsverleihungen bleiben, alles andere hatten der Reichsrat, der Kurverein und die Reichsversammlung zu besorgen. Frankfurt, inmitten des kurrheinischen Machtbereiches, in unmittelbarer Nähe Bertholds, wurde als Sitz des Reichsregiments, des Reichsärars und des Kammergerichtes in Aussicht genommen. Schwer ertrug es der König, daß seine Erbländer und sein Hof dagegen völlig zurücktreten hatten. Was ohne Mitwirkung des Reichsrates geschah, sollte fortan null und nichtig sein im Reich.

Besonders hart mochte sich der König auch von der Kriegsordnung[60] betroffen fühlen, die in den Regimentsentwurf eingebaut war. Sie entzog ihm nicht nur das Kriegsrecht, sondern auch die Kriegführung, die Bestellung der Hauptleute, die Anwerbung der Truppen, die Ausrüstung und Verpflegung. Man bot dem Herzog Albrecht von Sachsen, dessen Kriegsruhm von den Niederlanden her in aller Munde war, die Übernahme der Reichshauptmannschaft an, kam aber von diesem Vorschlag alsbald ab, weil der Sachse offenbar zu hohe finanzielle Forderungen stellte. Daher verschob man die Sache auf den nächsten Reichstag.

Kein Zweifel, Kurfürsten und Fürsten hatten mit dieser Vorlage den Bogen überspannt; nicht nur der König, auch die gemeinen Fürsten — vor allem Bayern — und die kleineren Reichsstände mußten sich durch diese hochfürstliche „Verfassung" benachteiligt fühlen; denn alle Gewalt sollte auf den Kurverein und auf das Regiment übergehen, wogegen auch die gesamte ständische Reichsversammlung praktisch zurücktrat. Herzog Albrecht von Bayern wies seine Räte an, die kurfürstlichen Regimentspläne keineswegs zu fördern, sondern den König zu unterstützen, wenn man ihn seiner Macht entkleiden wolle; freilich hoffte er sich dafür die Reichsstadt Regensburg[61].

Der König zeigte sich über diese Erpressung[62] — so ungefähr drückte er sich aus — auf das höchste erbittert. Entrüstet wies er die ständischen Vorwürfe zurück und ließ der Reichsversammlung am 25. Mai sagen[63], er habe immer zum Nutzen des Reiches gehandelt und dabei sein eigen Gut und Blut niemals gespart. Seine Erbländer hätten stets die Hauptlast für das Reich getragen. Wenn sich die Reichsstände gegenseitig befehdeten, wenn das Reich die Jahrhunderte herauf verfallen sei, wäre dies wahrlich nicht seine Schuld.

In der Tat war es ein ebenso ungerechtes wie dreistes Vorgehen, dem König Vorwürfe über die Fruchtlosigkeit verflossener Reichstage und über den Reichsverfall vergangener Jahrzehnte machen zu wollen. Entschieden wehrte sich Maximilian gegen die Unterstellung, er sei ein Feind der Reichsreform[64]. Die Versammlung habe nicht die geringste Ursache, der Ehre des Königs in versteckten Anspielungen nahezutreten; stets sei er auf eine Reichsreform bedacht gewesen und habe niemals etwas anderes im Sinne gehabt. Aber er werde sich von den Ständen mit der Reform keineswegs erpressen lassen. Die 150.000 Gulden eilender Hilfe fordere er sofort, und zwar ohne jede Bedingung[65]. Eben damals ratifizierte[66] Maximilian den Ligavertrag, der ihn zur Hilfe in Italien verpflichtete.

Kurfürsten und Fürsten mußten wohl erkennen, daß sie zu weit gegangen waren, und lenkten ein. Sie ließen sich entschuldigen und stellten eine eilende Hilfe in Aussicht; allerdings nur 100.000 Gulden anstatt der geforderten 150.000, die bereits am 1. Juni von der Reichsversammlung bewilligt[67] wurden. Außerdem einigte man sich grundsätzlich auf Landfrieden, Kammergericht und Reichssteuer. Dies war ein erster Erfolg des Königs.

Höchstwahrscheinlich war es Berthold gewesen, der diesen Vergleich vermittelt hatte. Sosehr er die reichsständische Sache verfocht, mußte er doch wünschen, daß sich die Verhandlungen nicht zerschlugen. Anfang Juni wurden dem König die weit entgegenkommenderen Landfriedens- und Kammergerichtsordnungen überreicht, um ihn zum Bleiben zu bewegen. Berthold mahnte immer wieder, der König dürfe nicht das Gefühl gewinnen, daß man ihn erpressen[68] wolle; niemand solle sagen können, die Stände hätten das Reich gefährdet. Indem er die kurfürstlichen Überforderungen mäßigte und den Vergleich mit dem König vermittelte, hat er zur Überwindung der Schwierigkeiten wahrscheinlich wesentlich beigetragen.

Während man sich über die Notwendigkeit einer Landfriedens- und einer Kammergerichtsordnung, wohl auch über die Notwendigkeit einer allgemeinen Reichssteuer wenigstens grundsätzlich einig war, lehnte Maximilian den ständischen Regimentsplan auf das entschiedenste ab: er wolle sich seine königlichen Rechte nicht schmälern lassen, sagte er, warf den Regimentsplan in die Schublade und ließ ihn viele Wochen liegen. Selbständig, wie er es stets getan, handhabte er auch weiterhin seine traditionellen Königsrechte. Nachdem die Kurfürsten ihre Willebriefe[69] abgegeben und sich reichliche Zahlungen gesichert hatten, änderte er Ludovico Moros Lehensurkunde ab und ließ ihn zu Mailand feierlich investieren[70], wofür er wohl die letzten Raten der Mitgift und die fälligen Lehenstaxen erhielt, die ihn für einige Zeit aus seiner ärgsten Geldnot erlösten. Ebenso verhandelte er mit den Eidgenossen über Kriegshilfe gegen Franzosen und Türken[71], wie wenn es sich um sein unbestrittenes Recht gehandelt hätte.

Den ganzen Juni hindurch ging nun das Ringen um den Hauptpunkt der Reform, um die Regimentsordnung, weiter. Zwischendurch bestätigte der König der Universität Wien[72] ihre Privilegien, Rechte und Gewohnheiten. Bei dieser Gelegenheit könnte es gewesen sein, daß er angesichts des ärgerlichen Bildungsmangels unter den Ständen, der ihm bei Reichsversammlungen und Gerichtstagen immer wieder peinlich auffiel, alle Kurfürsten ermahnte, in ihren Ländern Universitäten[73] zu gründen, was mehrfach überliefert ist.

Als Mitte Juni die Lage in Italien wieder bedrohlicher wurde, weil Karl VIII. bereits gegen die Lombardei vorrückte und Ludovico durch die französischen Truppen des Herzogs von Orlèans, der Novara, besetzt hatte[74], und des rückmarschierenden französischen Königs erdrückt zu werden schien, hoffte Maximilian, die wachsende äußere Gefahr würde die Opposition williger stimmen. Nachdem er am 15. Juni die Auszahlung der 100.000 Gulden und die Anleihe von 150.000 Gulden neuerlich eingemahnt hatte[75], wurde ihm geantwortet, diese neuen Hilfsforderungen seien ganz unannehmbar; es müsse zunächst bei den 100.000 Gulden bleiben; erst wenn der König die Reformentwürfe beantwortet habe, könne man über seine neuen Forderungen reden[76]. Im übrigen wollten die Stände selber über seinen Kopf hinweg mit dem König von Frankreich verhandeln, der habe sagen lassen, er werde gegen Kaiser und Papst nichts Feindseliges unternehmen. Die Stände gaben zu verstehen, daß sie auch die Außenpolitik an sich ziehen wollten, was den König wohl am meisten erzürnte.

Daher drängte Maximilian den Reformstreit nun zu rascher Entscheidung: zwei Tage sei er von morgens bis abends über den Entwürfen gesessen und wolle sie in weiteren zwei Tagen zu Ende bringen[77], hatte er schon früher verkündet. Er habe stets gut regiert, so daß niemand klagen könne; an seine Machtvollkommenheit als regierender König lasse er nicht rühren; er wolle „keinen Presidenten über sich leiden“[78], man werde sehen, wie trefflich er für Recht, Frieden und Ordnung im Reich vorgesorgt habe. Die Stände beharrten aber einmütig, daß der König zu ihren Forderungen Stellung nehme und „nicht alle Tage etwas Neues vorschlage“.

Am 22. Juni antwortete der König auf die ständischen Reformentwürfe mit seinem eigenen Gegenvorschlag[79], der fast genau dem Wortlaut des ständischen Planes folgte, aber meist durch eine einzige Wendung den Sinn ins Gegenteil verkehrte. Artikel, die ihm ganz und gar mißfielen, wie die neue Kriegsordnung, überging er einfach. Der König wollte seinen Reichsrat selbst besetzen, der den frei regierenden König im Regiment nur zu unterstützen, nicht aber zu ersetzen hatte[80]. Der Reichsrat sollte möglichst seinem Hofe folgen und eigentlich ein Hofrat bleiben. In diesen Punkten zeigte sich Maximilian keineswegs bereit nachzugeben; in allen anderen Fragen, wie Landfrieden, Kammergericht und Steuerordnung, war man sich bereits ziemlich nahegekommen, wenn der König auch da eine Reihe von Änderungen vorschlug, die fast durchaus als Verbesserungen im Sinne einer echten Reform gelten konnten: zum Beispiel die Beseitigung des Pfändungsartikels[81] der alten Landfriedensordnung, den gerade die Mächtigen festzuhalten wünschten. So drängten die Reformverhandlungen Ende Juni 1495 zur Entscheidung.

Die königliche Antwort bedeutete ein Ja zum Reich als Korporation der Stände, zur ständischen Mitbestimmung und zur bundesstaatlichen Aktivität unter kaiserlicher Führung mit dem Ziel, den Reichsverfall aufzuhalten und die Stellung des Reiches nach außen und innen wiederherzustellen. Dem Reich als einer Republik quasi-souveräner Fürstenstaaten unter Leitung des Erzkanzlers setzte der König ein entschiedenes Nein entgegen: niemals würde er sich dieser Ständeoligarchie wie irgendein anderer Reichsstand eingeordnet haben; auch nicht für den Ehrenvorsitz, den man ihm lassen wollte.

Mit dieser „Verfassung" hatten die Stände das Gewicht der Kaiserkrone, die Bedeutung des Königs und seiner Erbländer denn doch weit unterschätzt. Was Maximilian vorschwebte, war die Erneuerung des alten Kaisertums von Gottes Gnaden, das nach den ritterlichen Sitten und Gesetzen der Väter, Schutz und Hilfe, Gehorsam und Treue, die Größe des Reiches, den inneren Frieden, Ordnung und Recht wiederherstellen sollte; keineswegs kraft absoluter Gewalt, sondern stets mit Rat und Hilfe der Kurfürsten, Fürsten und Stände. Er vergaß, daß man mit der ritterlichen Heerschildordnung „keinen Hund mehr aufbieten" konnte, geschweige denn ein Reich verteidigen oder gar erneuern. Aber auch Berthold sollte sich täuschen, wenn er glaubte, ihm werde es gelingen, die „souveränen" deutschen Landesfürsten im Wege guten Zuredens zu einträchtiger bundesstaatlicher Aktivität zusammenzuführen. Wie sollte einem Berthold gelingen, was den alten Kaisern und Königen, auch den tüchtigsten, niemals gelungen war? Vielleicht hätten es der König und der Erzkanzler gemeinsam schaffen können. Vielleicht. Aber da hätte Berthold ein Staatsdenker von der Größe des Nikolaus von Kues sein müssen, nicht der engherzige reichsfürstliche Oligarch, der er tatsächlich war. Der König aber hätte ein Reichsgründer von der Größe Caesars oder Augustus' sein müssen, um das in Jahrhunderten gewachsene deutsche Fürstenproblem notfalls mit dem Schwert zu lösen. Maximilian aber war im Grunde zu „konservativ", der alten Reichsverfassung innerlich viel zu stark verbunden, als daß er eine Gewaltlösung hätte wagen wollen. Selbst im Zeitpunkt seines höchsten Triumphes, nach dem siegreichen Pfälzerkrieg, kam er aus freien Stücken auf seine Vorschläge von 1495 zurück, die eine reichsständische Aktivität unter königlicher Führung vorsahen und ganz den Ideen der Concordantia Catholica des Nikolaus von Kues[82] entsprachen. Aber wie die Entwicklung im ganzen übrigen Europa und vor allem die spätere Verfassungsentwicklung des Reiches klar zeigt, wäre das deutsche Fürsten- und Bundesproblem nur durch gewaltsame Unterwerfung der partikularen Mächte zu lösen gewesen. Wer aber hätte dies damals vermocht? Wer wollte so töricht sein, mit diesem Geschlecht zu rechten, das eine Aufgabe, für welche die Zeit offenbar nicht reif war, weder gedanklich noch handelnd zu lösen vermochte? Das war Schicksal und nicht Schuld.

Ende Juni 1495 war der Höhepunkt der Auseinandersetzungen erreicht. Wieder war es wohl vor allem Berthold von Mainz, der im Lärm der widerstreitenden Meinungen einen Vergleich herbeiführte[83]. Es ist daher höchst unwahrscheinlich, daß Berthold allein der Schöpfer dieses maßlosen Regimentsentwurfes gewesen sein soll[84], sprach er doch die Hoffnung aus, Kurfürsten und Fürsten würden sich so weit mäßigen, daß der König darauf eingehen könne. Wie sehr Berthold auch als Ständeführer seinen eigenen Machtbereich neben dem König auszubauen wünschte, so sehr lag ihm daran, den Vergleich nicht durch Übertreibungen zu gefährden.

In der Zeit zwischen dem 22. und 28. Juni 1495 fiel die große Entscheidung. Kurfürsten und Fürsten zogen nun ihren anmaßenden Regimentsplan zurück und fanden sich bereit, gewisse Einzelrechte in der viel mäßigeren „Handhabung" unterzubringen. Außerdem begannen sie endlich mit der Auszahlung der längst bewilligten 100.000 Gulden eilender Kriegshilfe[85], so daß einige Landsknechtverbände zum Schutze Mailands gegen die Franzosen in Marsch gesetzt[86] werden konnten. Auch die anderen Gesetzentwürfe nahm der König grundsätzlich an, wenn man auch über Einzelheiten noch weiter verhandeln wollte. Die Stände rühmten sich, eine solche Hilfe bewilligt zu haben, wie sie vorher im Reich „ny erhoret wer"; sie wünschten, daß die Handhabung zugleich mit der Hilfe beschlossen werde. Damit waren um den 28. Juni 1495 die Verhandlungen über den Berg und der Wormser Tag gerettet.

Es besteht kein Zweifel, daß beiden Seiten ein guter Abschluß der Verhandlungen am Herzen lag und daß daher beide zu Zugeständnissen bereit waren; Maximilian fühlte sich offensichtlich gedrängt durch die Übergriffe des Königs von Frankreich in Italien, denen sich auch Kurfürsten und Fürsten nicht ganz verschließen konnten; zumal die geistlichen Fürsten mußten am Schicksal des Papstes Anteil nehmen. Alle aber standen unter dem Druck der öffentlichen Meinung, welche endlich unmittelbare Ergebnisse einer Reichsreform erwartete. So vermochte Berthold seine kurfürstlichen Standesgenossen zur Mäßigung ihrer Forderungen zu bewegen, während er zusammen mit dem Kurfürsten von Sachsen auch die widerspenstigen Städteboten zur Auszahlung der gewährten Anleihe bewegen konnte[87], deren Lasten sie allerdings etwas zu ihren Gunsten hatten mildern können. Ebenso unterwarfen sich Brandenburg und Sachsen, wenn auch widerwillig, der ihnen verhaßten neuen Kammergerichtsordnung[88].

Für Italien freilich kam diese Einigung zu spät. Hier hatte sich der König von Frankreich bei Fornuovo den Rückzug bereits erzwingen können[89], ohne daß ihm Reichstruppen entgegengetreten wären. Maximilian hatte die Verpflichtung des Ligavertrages infolge der Haltung seiner Reichsstände nicht erfüllen können, so daß man nicht ganz zu Unrecht sagte, der Wormser Tag habe Karl VIII. gerettet[90]. Der Norddeutsche Hegewisch[91], der sein Maximilian-Werk noch aus dem Erlebnis des alten Reiches niederschrieb, übte herbe Kritik an den Ständen, die sich um die Reichsrechte in Italien, die so offensichtlich gefährdet waren, nicht im geringsten gekümmert hätten; ihr Verhalten sei ein Beweis, daß die Natur und Zusammensetzung eines so beschaffenen Staatskörpers wie des deutschen ihn zu allen Arten von auswärtigen Unternehmungen unfähig mache.

Etwa gleichzeitig war auch die von Maximilian so lebhaft unterstützte Expedition des falschen York an der Küste von Kent gescheitert[92] und damit auch die Hoffnung zerronnen, durch einen neuen englischen König gegen Frankreich unterstützt zu werden. Seit sich alle auswärtigen Aktionen zerschlagen hatten, vermochte der König den Wormser Reformhandlungen mit größerer Hingabe und Gelassenheit zu folgen.

Der Juli 1495 stand bereits im Zeichen des Ausgleiches zwischen König und Ständen[93]. In friedlicherer Stimmung wurden nun durch einen Ausschuß die Schlußfassung der Reformgesetze beraten und die umstrittene Regimentsordnung durch die recht gemäßigte „Handhabung“ ersetzt[94].

Mitte des Monats war es bereits soweit, daß die Festlichkeiten beginnen konnten, die den Erfolg des Wormser Tages nach außen hin sichtbar machen sollten. Bereits im Mai hatte der König seine Gemahlin bei den Wirten von Mecheln ausgelöst und nach Worms kommen lassen[95]; aber er hatte sich nicht die Mühe gemacht, Bianca Maria persönlich einzuholen; so weit war es bereits. Sie sollte nur bei den kommenden Feierlichkeiten den hohen Gästen die fälligen Ehren erweisen.

Der Name Worms erregte wohl die ritterliche Phantasie des Königs und belebte die Erinnerungen an „freuden und hochgezîten" König Gunthers, Siegfrieds und Kriemhildes. Tag für Tag gab es große Feste. Prunkvoll feierte man die Belehnungen der Kurfürsten von Mainz, Köln, Trier, Pfalz, Sachsen und vieler anderer Fürsten, die am Oberplatz zu Worms unter altehrwürdigen Formen und großem Zulauf des Volkes Investitur und Regalien[96] empfingen. Eines der eindrucksvollsten Feste war ohne Zweifel die Erhebung Württembergs zum Herzogtum[97], das im Falle des Aussterbens im Mannesstamm als Wittumsgut an das Reich fallen sollte. Dachte Maximilian daran, dieses Herzogtum, wenn es heimfallen sollte, seinem Hause zuzuwenden? Jedenfalls hat er dem Württemberger den Titel eines „Herzogs von Schwaben", den seit uralten Zeiten die Habsburger beanspruchten, entschieden abgeschlagen.

Das spannendste Ereignis dieser Festtage war gewiß das große Turnier Maximilians mit dem burgundischen Ritter Claude de Vaudrey[98]. Der König setzte dem berühmten burgundischen Turnierhelden mit Spieß und Schwert derart zu, daß er sich ergeben mußte. Ungeheurer Jubel bedankte den Sieger für seine ritterliche Leistung. Seit den Tagen der Staufer hatte man derartiges bei einem König nicht mehr gesehen. Später bemächtigte sich die Legende dieses Wormser Turniers: ein Franzose, so erzählte man, habe die ganze deutsche Nation in die Schranken gefordert; da alle den Waghals fürchteten, sei ein verdeckter Ritter in die Schranken getreten, habe den Prahlhans niedergeworfen, dann erst das Visier gehoben und sich als der König zu erkennen gegeben.

Der Sieger wurde von der Königin, allen Fürsten und Frauen mit großem Gepränge zur Herberge begleitet. Abends gab es ein festliches Bankett mit Fackeltanz. Maximilian hielt Tafelrunde „wie zu König Artus Zeiten"; Fürsten und Ritter gebrauchten die Namen der alten Helden[99]. Anderntags schlug sich Herzog Albrecht von Sachsen, der berühmte Held aus den niederländischen Kriegen, mit seinem Hauptmann Wilwolt von Schaumburg und wurde durch einen Vortanz mit der Königin geehrt.

Es wurde nun Zeit, die Verhandlungen abzuschließen. Am 26. Juli legte man dem König die Endfassungen[100] des Ewigen Landfriedens, des Kammergerichts, der Handhabung und des

Gemeinen Pfennigs zur letzten Prüfung vor. Nochmals versuchte man, ihm die Abtretung seiner Regierungsrechte an den Reichsrat, eine Sonderverpflichtung der Erbländer, aber auch Italiens auf den Gemeinen Pfennig und ähnliches nahezulegen.

Über Nacht hatte der König die Vorlagen geprüft, um anderntags (27. Juli) seine Einwendungen mitzuteilen[101]. Entschieden wies er diesen letzten Anschlag auf seinen persönlichen Hofrat zurück, denn er habe stets gut regiert, wie man sehen könne. Außerdem bezeichnete er es als unerträglich, daß man von Österreich und den Niederlanden die Steuer früher einfordern wolle als von den anderen Reichsständen: die Steuerpflicht müsse für alle Reichsstände gleich sein. Hartnäckig bestand der König auch auf der Beseitigung des Pfändungsartikels[102], der noch aus der Landfriedensordnung von 1486 übernommen war und das Recht der gewaltsamen Pfandnahme, also Selbsthilfe ohne Gericht, offenhielt, was einem Freibrief der Mächtigen gegen die Schwächeren gleichkam.

Der König erwies sich bis zuletzt als überaus zäher Unterhändler. Gerade in der parlamentarischen Verhandlung war Maximilian durch seine Wendigkeit, seine Geschicklichkeit im Verzögern, im Spalten, im Täuschen und im Überraschen ein Meister, der seinesgleichen suchte. Wer da wie Ulmann[103] Kopflosigkeit, Planlosigkeit, Unstetigkeit und Wandelbarkeit sehen möchte, verkennt die Notwendigkeiten der Verhandlungstaktik und verkennt vor allem die unleugbaren Erfolge, die der König gegen eine starke ständische Opposition zu erreichen vermochte. Manches Zugeständnis, das er bereits halb gegeben, suchte er im Gedränge der Schlußverhandlungen wieder zurückzunehmen, so daß Momente der Spannung die Verhandlungen bis zum letzten Tag belebten.

Vom 28. Juli bis zum 4. August zog sich dieses letzte Ringen hin. Zwar schweigen die Quellen darüber still, aber wir sehen aus den Ergebnissen, daß sich der König noch manchen Teilerfolg sichern konnte. Mit zäher Hartnäckigkeit brachte er den Pfändungsartikel zu Fall[104], ein Beweis für seine wahre Reformgesinnung; ebenso die beleidigende Ausnahmebestimmung, daß Österreich und die Niederlande die Reichssteuer früher zahlen sollten als die anderen[105].

Am 4. August vormittags wurde bereits die Wahl der Kammerrichter und Schatzmeister vorbereitet. Nachmittags erschien der König persönlich im Reichstag[106], kündigte die Ausfertigung der

Reformgesetze an und ermahnte die Reichsstände, ihre Pflicht gegenüber Italien und der Heiligen Liga nicht zu vergessen und ihm die schon früher erbetene Anleihe von 150.000 Gulden und eine Truppenhilfe von 20.000 Mann zu gewähren. Nochmals versuchten die Stände auszuweichen. Entrüstet fuhr Herzog Albrecht von Sachsen seine Standesgenossen an, etliche unter ihnen seien von Frankreich bestochen und ließen deshalb das Reich zugrunde gehen[107]. Erst als der König drohte, den Reichstag ohne Abschied zu verlassen, falls man ihm keine Hilfe gewähre, gaben die Stände nach[108].

Am 6. August erschien das Mandat gegen die Gotteslästerer[109], betrachtete man doch Besserung der Sitten und Versöhnung des göttlichen Zornes, der die Menschen mit den bösen Blattern, der französischen Krankheit, so offensichtlich strafte, als den Anfang jeder wirksamen Reform, wie schon die Reformatio Sigismundi vor allem Buße gefordert hatte.

Am 7. August wurden endlich die denkwürdigen Wormser Reformgesetze über den Ewigen Landfrieden, das Kammergericht, die Handhabung des Friedens und des Rechtes und über den Gemeinen Pfennig herausgegeben; ebenso wurde der Abschied, wenn auch erst später zusammengeschrieben, unter diesem Datum ausgefertigt und gesiegelt.

Dafür bewilligten die Stände dem König am 9. August eine zweite Anleihe von 150.000 Gulden Kriegshilfe[110], davon 100.000 zum Italienkrieg[111] und 50.000 zum Türkenkrieg, die durch Anleihen auf den Gemeinen Pfennig sichergestellt werden sollten. Die Stände, die diese Kriegshilfe zum Schutze Reichsitaliens in aller Form bewilligt hatten, werden bereits ein Jahr später dreist behaupten[112], der König habe den Krieg in Italien ohne ihre Zustimmung willkürlich eröffnet.

Die Städte freilich, die man aus Vorsicht nicht gefragt hatte, und die wohl die Hauptlast der Anleihen hätten tragen sollen, legten dagegen lebhaften Protest ein, flüsterten sich aber schließlich insgeheim zu, es sei das beste, still zu sein, denn man könne hoffen, daß diese Anleihe ebenso ins Wasser fallen werde wie die ganze Reichssteuer[113]. Dies war nicht nur der geheime Wunsch der Städte, sondern der meisten Reichsstände. In der verrotteten Steuermoral der Stände aber lag die Hauptschwäche der Reform. Wie sollte ohne Reichssteuer die Reichsverwaltung, das Reichsgericht oder eine Reichsverteidigung unterhalten werden?

Mitte August waren auch die Verhandlungen über den Reichstagsabschied abgeschlossen, der auf den 7. August zurückdatiert und ausgefertigt wurde[114]. Er enthielt Zusätze, Durchführungsbestimmungen zu den Reformgesetzen und alles das, was auf die nächste Reichsversammlung vertagt werden mußte. Die Städte allerdings verweigerten ihre Zustimmung zur letzten Anleihe[115]; außerdem gab es Unklarheiten über die Verbindlichkeit der Reichstagsbeschlüsse für die Abwesenden[116]. Wer nicht zugestimmt hatte, fühlte sich nicht verpflichtet; wenn sich aber die einen den Verpflichtungen entzogen, wollten auch die anderen nicht gebunden sein. So war eine Besiegelung des Abschiedes durch die Ständevertreter schon nicht mehr zu erreichen. Nicht nur die Städte, auch einzelne Fürsten hatten gewisse Vorbehalte[117], weswegen der Abschied nur vom König besiegelt und von Berthold gegengezeichnet werden konnte. So zeigte bereits der Abschied, daß unter den Ständen selbst über die beschlossenen Reformgesetze keine Einigkeit herrschte.

Als besonders folgenschwer erwies sich innerhalb weniger Jahre, daß die Eidgenossenschaft die Reformgesetze entschieden ablehnte[118]. Sie hatte Frieden, Recht und Ordnung innerhalb ihrer Grenzen wohl bestellt und bedurfte des Reiches nicht dazu; auch militärisch hatte sie sich seit Jahrzehnten stets selber helfen müssen. Eine Reichssteuer aber hatte es in der Eidgenossenschaft nie gegeben. Daher lehnte sie jede Einladung, der Wormser Ordnung beizutreten, beharrlich ab und erneuerte anstatt dessen ihr altes Bündnis mit dem König von Frankreich, wenn auch die benachbarten Orte an ihrer traditionellen Freundschaft und Verbundenheit zum Reiche festhielten[119].

Im Laufe des August drängten die Stände, die nun schon über zwanzig Wochen beisammengesessen waren, nach Hause. Aber erst am 1. September ließ ihnen Maximilian durch seine Räte den Abschied aushändigen und sie mit großer Danksagung beurlauben[120]. Viele Kurfürsten und Fürsten waren schon früher heimgezogen; der König blieb in Worms.

Trotz großer Mängel war es ein bedeutender Reichstag gewesen[121], desgleichen man lange nicht mehr erlebt hatte. Sebastian Brant rühmt „söllich krefftig einung ... so man im Reich vor nie hat gesehen". Hermansgrün freilich, der anfänglich versucht hatte, die Reformhandlungen durch eine Denkschrift anzufeuern, schrieb nach dem Abschluß des Tages enttäuscht an Reuchlin[122], Zwietracht und Stolz der Fürsten hätten einen gedeihlichen Erfolg vereitelt. Immerhin konnte Worms als ein Anfang der Reform gelten.

Die größte Leistung, der eigentliche Ruhmestitel des Wormser Reichstages, war ohne Zweifel der Ewige Landfriede[123], denn damit begann sozusagen die Neuzeit auf dem Gebiete der Rechtspflege. Hatte man sich bisher durch Jahrhunderte mit zeitlich und landschaftlich begrenzten Friedensbünden behelfen müssen, so trat nunmehr der ewige Landfriede für das ganze Reich in Kraft. Wenn er sich auch nicht augenblicklich durchsetzte, so war damit doch der künftigen Entwicklung der Weg gewiesen. Anstelle der Selbsthilfe und der Fehde, die fortan verboten waren, trat nun das rechte Gericht und als oberste Berufungsstelle das neugeschaffene Kammergericht des Reiches.

Gerade in der Durchsetzung des Landfriedens war der König führend vorangeschritten[124], lag es doch ganz in seinem Interesse, das Reich innerlich zu befrieden, um es nach außen stark zu machen. Schon 1486 bis 1494 hatte er sich des Landfriedens immer wieder angenommen. Kurfürsten und Fürsten dagegen scheuten jede Einschränkung ihrer Selbsthilferechte als Schmälerung ihrer Freiheit; keinesfalls aber wollten sie die Exekutive, die Durchführung des Landfriedens, in einer starken Hand, etwa in der des Königs, wissen. Indem sie die Verfolgung der großen Rechtsfälle in die Gewalt des Reichstages legten, der nur einmal jährlich zusammentrat und durch die Vielzahl der Meinungen die Dinge eher verwirrte, wurde die Exekutive schwerfällig und wirkungslos, geriet die Friedensgewalt auf den toten Punkt. Dieser Mangel aber war den Vertretern der ständischen Freiheit sogar erwünscht.

Mit dem Landfrieden in engstem Zusammenhang stand das Kammergericht[125] als das oberste Rechtsorgan des Landfriedens. Gerne hätte der König dieses oberste Gericht bei Hofe gehalten und mit Leuten seines Vertrauens besetzt[126]. Aber die Mißstände am alten Hofgericht waren schon seit den Zeiten Friedrichs III. zu kraß in Erscheinung getreten, als daß man sie weiter hätte hinnehmen können: das lästige Nachreisen hinter dem stets wandernden Hof, die Verschleppung der Fälle, die Parteilichkeit im Sinne der jeweiligen politischen Lage und die Käuflichkeit der Höflinge. Mit Recht mußte da der König den zweifellos besseren Vorschlägen und Wünschen der Stände entgegenkommen, seinen Einfluß auf die Stellung und Nachwahl der Kammerrichter beschränken, seine obersten Gerichtsrechte, Acht- und Banngewalt weithin aufgeben und die Seßhaftigkeit des Gerichtes, zunächst in Frankfurt, zugestehen. Gleichwohl verpflichtete er sich, das Kammergericht aus dem Gemeinen Pfennig zu besolden[127]. Wenn er sich auch selber auf einer Münze als „conditor iudicii cameralis" bezeichnete[128], so kam das Hauptverdienst an dieser Gründung doch viel mehr den ständischen Reformern zu.

Freilich war auch manchen Kurfürsten und Fürsten dieses neue Kammergericht wenig erwünscht, weswegen sie ihren ganzen Einfluß geltend machten, um wenigstens ihre Sonderprivilegien zu sichern. Vor allem Kur-Brandenburg und Sachsen konnten nur durch große Zugeständnisse dafür gewonnen werden, sich dem Kammergericht zu unterwerfen[129]. Das merkwürdigste war wohl jener Artikel, der bestimmte, daß Kurfürsten und Fürsten, wenn sie von ihren Untertanen geklagt wurden, nicht vor dem Kammergericht erscheinen brauchten, sondern sich selber aus ihren eigenen Räten einen Gerichtshof besetzen konnten[130]. Als „Suppenessergericht" hat man es verhöhnt, weil Beamte, die ihres Herrn Suppe aßen, seine Richter sein sollten. Wo blieb da die Gleichheit des Rechtes? Das stimmte selbst einen Berthold von Mainz nachdenklich. Voll Bitterkeit sagte er den Städteboten, das Recht müsse gleich sein, wenn es Bestand haben solle[131]. Außer der Rechtsungleichheit zwischen Hoch und Nieder gab es auch noch die Rechtsverschiedenheit von Land zu Land und keine Macht, die ein reichseinheitliches Recht, wenigstens in den wichtigsten Sachen, hätte schaffen können.

Der Haupteifer der kurfürstlichen Reformer hatte, wie wir schon sahen, der Eroberung des Reichsregiments gegolten. Um den kurfürstlichen Regimentsplan[132], der alle noch verbliebenen Königsrechte in die Gewalt eines ständischen Reichsrates und seiner kurfürstlichen Leiter legen sollte, ging das eigentliche Ringen dieses Reichstages. Diesen Regimentsplan konnte Maximilian vorderhand noch verhindern, sich die Weisungsgewalt gegenüber seinem Hofrat erhalten und die Führung der Außenpolitik und des Kriegswesens sichern.

Immerhin mußte der König den Kurfürsten und Fürsten auch hinsichtlich des Reichsregimentes gewisse Zugeständnisse machen, die in der sogenannten „Handhabung des Friedens und Rechtes"[133] verbrieft wurden. Vor allem wurden die Reichstagsrechte auffallend vermehrt, wenn man auch vieles vorsätzlich unklar formulierte. Die Reichstage sollten jährlich berufen werden, sollten über die

Reichsfinanzen verfügen, aber auch über Krieg und Frieden, über Aufstellung und Besoldung des Reichsheeres beraten und beschließen. Der Reichstag war sogar ein oberster Gerichtshof für schwierige Kammergerichtsfälle und hatte die Vollstreckung ihrer Urteile zu besorgen, was dem Wesen und den Möglichkeiten eines Reichstages gewiß widersprach.

Am schlechtesten war das Steuergesetz, der Gemeine Pfennig[134], geraten, den die Reichsstände ganz nach ihrem Vorteil gedrechselt hatten. Der Pfennig wurde keine ordentliche, ewige Reichssteuer, wie es die Reform ganz natürlich erfordert hätte, sondern blieb auf vier Jahre beschränkt. Die Steuer mußte für jeden Sonderfall neu bewilligt werden. Die Verteilung der Steuer war ungleich und mehr als ungerecht; die Einhebungsart ungewohnt und von vornherein zum Scheitern verurteilt. Die veranschlagte Gesamtsumme von etwa 250.000 Gulden war überdies sehr gering. Dabei hätte man doch einsehen müssen, daß eine regelmäßige Steuerleistung als Grundlage jeder Reform unentbehrlich war. Wie sollten sonst die neuen Reichsbehörden, Kammerrichter und Schatzmeister bezahlt werden?

In der Literatur herrscht die Ansicht vor, der König habe sich nur des Steuergeldes wegen „die Reform" abnötigen lassen[135]. Es wäre zu einfach, beim König nur Geldgier und bei den Ständen nur Reformeifer suchen zu wollen. War denn die Steuerreform nicht die Grundlage der gesamten Reichsreform? Wo gab es in Europa zu Beginn der Neuzeit noch einen Staat ohne regelmäßige Steuer? Hingen nicht die Arbeitsfähigkeit der neuen Reichsbehörden, die Sicherung des inneren Friedens und der Reichsverteidigung vom Eingang einer regelmäßigen Steuer ab? Wenn es dem König bei den Reformen „nur um das Geld" zu tun gewesen wäre, wie häufig behauptet wird, so hätte er nicht andere Fragen mit vielleicht noch größerem Nachdruck verfochten.

Maximilian würde das altgewohnte Matrikelsystem, die Einhebung der Steuer nach den üblichen Anschlägen durch die einzelnen Reichsstände, vorgezogen[136] haben. Die Stände aber drängten auf eine Kopfsteuer von jedem einzelnen Reichsangehörigen, wohl um sich so der Verantwortung zu entziehen; sie weigerten sich offenbar, ihre Länderbehörden mit der Steuereinhebung zu betrauen, vielleicht auch, weil sie sich ihrer eigenen Landstände nicht sicher waren. Daher mußte der König diese neuartige Reichssteuer durch die Pfarrer in den Kirchen einheben lassen[137], die sich naturgemäß dagegen sträubten, Reichssteuerbeamte abzugeben, hatten sie doch keinerlei Zwangsgewalt gegen Widerstrebende, so daß die Steuer fast das Ansehen eines freiwilligen „Almosens" gewann. Die Fürsten aber wehrten sich entschieden, irgendwelche Garantien für Einhebung und Eingang der Steuer zu übernehmen.

Noch viele andere Mängel gab es: während die Kleinen pro Kopf verhältnismäßig hoch besteuert waren, genossen die Großen das Recht der Selbsteinschätzung[138]. Die gleiche Privilegienwirtschaft wie im Landfrieden und im Gericht waltete auch in der Steuer. Die Städte, die das Gefühl hatten, am stärksten herangezogen zu werden, wehrten sich entschieden[139]; ebenso die Reichsritter[140], die vorgaben, dem Reich „nur mit ihrem Blut zu dienen". So war der Gemeine Pfennig von vornherein in Frage gestellt, was der König wohl ahnte, weil er sich durch Anleihen zu sichern suchte. Dabei handelte es sich, vergleichsweise gesehen, um eine erbärmliche Summe: nicht einmal die Hälfte dessen, was ihm die Mitgift seiner Frau gebracht hatte. Aber auch diese Summe ging bei weitem nicht ein.

Der Wormser Abschied[141] enthielt eine Zusammenfassung von mündlichen Vereinbarungen, Zusätzen und Beratungspunkten, die in der nächsten Reichsversammlung vorgenommen werden sollten: Eine reichseinheitliche Münzordnung wurde in Aussicht genommen[142], die schon die Reformatio Sigismundi gefordert hatte. Der König sollte das Kammergericht nach vier Jahren wieder an seinen Hof ziehen dürfen. Eine aushilfsweise Anwendung des Matrikelsystems für die Steuereinhebung wurde ihm in Aussicht gestellt. Man sieht, der König betrachtete Gerichts- und Steuerordnung noch keineswegs als endgültig. Er sollte außerdem bis zum nächsten Reichstag seine Lehen vom Reich empfangen und auch seinen Sohn Philipp zur Lehensnahme verhalten, wogegen allerdings mit starkem Widerstand des niederländischen Separatismus zu rechnen war. Gerade dies nahmen die Stände später zum Anlaß, dem König vorzuwerfen, er habe die Wormser Beschlüsse nicht eingehalten[143]. Der bereits erwähnte Widerstand der Stände gegen den Wormser Abschied zeigt, daß vieles an den Reformgesetzen nur als Provisorium gedacht war und daß man die Streitfragen keineswegs als entschieden betrachtete. Niemand wußte außerdem, ob sich die Abwesenden an die Beschlüsse gebunden fühlen würden.

Trotz allen Unvollkommenheiten erwiesen sich die Wormser Reformen doch als ein brauchbarer Anfang[144]: Landfriede und Kammergericht bedeuteten einen offensichtlichen Fortschritt; der „Gemeine Pfennig" war zwar unbrauchbar, aber das grundsätzliche Zugeständnis einer Reichssteuer (wenn auch nur auf Zeit) und einer unmittelbaren Verpflichtung jedes einzelnen für das Reich war nach so vielen Jahren der Steuerverweigerung doch von Wert.

Ganz ungelöst blieb allerdings die Regierungsfrage innerhalb des Reiches[145], die Vollstreckung des Landfriedens nach innen und die Sicherung der Reichsverteidigung nach außen. Kein Reichsheer war aufgestellt worden. Eine Reichskriegsordnung war, weil sich König und Fürsten darüber nicht verständigen konnten, Entwurf[146] geblieben; auch auf einen Reichshauptmann hatte man sich nicht zu einigen vermocht. Monarchische und oligarchische Regierungsansprüche hoben sich gegenseitig auf; einerseits war die königliche Regierungsgewalt stark eingeschränkt[147], anderseits vermochte sich die ständische Mitregierung im schwerfälligen Reichstag nicht zu entfalten und reichte nur hin, den König in seiner Tätigkeit zu hemmen. Dies mußte im Laufe der Zeit zu einem völligen Stillstand der inneren und äußeren Reichspolitik führen.

Ganz unberücksichtigt blieben auch die vielen Mißstände, welche die Masse des kleinen Volkes eigentlich bedrückten, die unleidlichen Verhältnisse in den geistlichen und weltlichen Grundherrschaften, die Unfreiheit und soziale Überlastung des „armen Mannes", wie sie schon die Reformatio Sigismundi[148] und der oberrheinische Revolutionär[149] lebhaft tadelten, wofür keiner der Reformer, auch der König nicht, das mindeste Verständnis aufbrachten. Mit der Abschaffung der Sporteln und der Beschränkung der Advokatengebühren beim Kammergericht allein war es gewiß nicht getan.

Die älteren Reformschriften, etwa des Nikolaus Cusanus[150], hatten neben der Reichsreform insbesondere auch die Kirchenreform gefordert. In leidenschaftlichen Worten hatte neuerdings der oberrheinische Revolutionär die kirchlichen Mißstände getadelt, und der weitverbreitete Haß gegen die Geistlichkeit und gegen Rom schien diese Klagen zu bestätigen. Zwar wurde das Problem der deutschen Kirchenreform in Worms im einen und anderen Punkt am Rande berührt, wurden die sogenannten „Gravamina der Deutschen Nation"[151] von einem Reichstag zum andern weitergereicht, aber niemand wagte, diese Mißstände ernsthaft aufzugreifen. Man begnügte sich mit einem allerdings sehr scharfen Mandat gegen Gotteslästerer und verordnete einen feierlichen Gottesdienst, der fortan jeden Monat in allen Kirchen für Christenheit und Reich abgehalten werden sollte. Die weltlichen Fürsten wollten angesichts der gespannten sozialen Lage ihre geistlichen Standesgenossen nicht abstoßen; ebensowenig wagte es der König, der sich durch Kirchenreformen nicht nur seine geistlichen Reichsstände, sondern auch den Papst verärgert haben würde. Man verfaßte einen recht milden Beschwerdebrief nach Rom[152] und glaubte damit der Kirchenreform Genüge getan zu haben.

Es waren also nur Anfänge einer Reform, über die man sich in Worms geeinigt hatte. Der König mußte sehen, was sich daraus künftig machen ließ.

Während die Stände abreisten, blieb Maximilian noch durch Monate in der Stadt, denn es gab für ihn viel zu tun. Nun endlich fand er die Zeit, mit dem spanischen Gesandten Rojas das schicksalhafte Doppelheirats- und Freundschaftsbündnis auszuhandeln[153], das nicht weniger als die Reichsreform dieses Jahres Geschichte machen sollte. Anderseits hatte er seine Hoffnungen auf einen guten Ausgang des Landungsunternehmens des York in England noch immer nicht aufgegeben, wofür er sich in schwere Unkosten gestürzt und wovon er sich viel erwartet hatte. Außerdem gab es nach Abschluß des Reichstages peinliche Auseinandersetzungen mit dem verärgerten Herzog Albrecht von Sachsen wegen der niederländischen Schulden[154], die Maximilian nicht hatte bezahlen können. Er lehnte persönliche Verhandlungen mit dem Herzog ab; Albrecht sei ihn schon einmal mit harten Worten angefahren; wenn sich das wiederhole, werde der König vielleicht hitzig und die Sache schlimmer als vorher. Albrecht hatte an seine fürstlichen Standesgenossen um Vermittlung appelliert, aber Maximilian konnte die leidige Schuldsache Anfang September 1495 durch einen Vertrag weiter hinausschieben[155].

Das wichtigste war die Durchführung der Reformgesetze. Der König ließ durch seine Propaganda die Vorzüge der Reform, Landfrieden, Recht und Gericht, überschwenglich preisen, ließ Kurfürsten und Fürsten zur Zusammenarbeit mit dem König mahnen, ihnen die nötige Einheit von Haupt und Gliedern vor Augen stellen, desgleichen den Vorteil des Gemeinen Pfennigs, der sie davor schütze, ihren Feinden tributpflichtig zu werden[156].

Alles hing nun davon ab, was man aus den Reformgesetzen tatsächlich machte. Es war gewiß ein Fortschritt, daß Maximilian bereits am 31. Oktober 1495 das neue Kammergericht in Frankfurt eröffnen konnte[157]. Niemand ahnte, daß es noch vor Jahresfrist wieder auseinanderlaufen werde, weil man die Kammerrichter nicht werde bezahlen können, da die Reichssteuer ausblieb. Als Maximilian bei Frankfurter Kaufleuten die vom Reichstag bewilligten 150.000 Gulden ausleihen wollte, wies man ihn ab[158]. Damit wußte er, was ein Reichstagsbeschluß wert war. Eitelfritz von Zollern, der neue Kammerrichter, riet dem König dringend, sich an Herzog Albrecht von Bayern zu halten, einen der klügsten Fürsten und einen der wenigen, auf die er sich noch verlassen könne. Aber auch Herzog Albrecht verstand es, sich dem König zu entziehen, der gegenwärtig nichts anderes suchte als Geld und Truppenhilfe.

Entscheidend aber wurde für die weitere Entwicklung der Reform, daß sich Erzkanzler Berthold mit dem König überwarf. Zweifellos hatte der Erzkanzler dem König in Worms einige gute Dienste geleistet. Anderseits hatte er auch entschiedene Anstrengungen gemacht, die Kompetenzen seiner Römischen Kanzlei zu erweitern, was den König maßlos ärgerte. Als Führer der Ständeopposition hatte Berthold auf den Gang der Reichstagshandlungen größeren Einfluß genommen als der König, was den Eindruck erwecken mochte, als ob der Erzkanzler die gesamte Reichsregierung an sich ziehen wolle[159]. Berthold betrachtete es als seine Aufgabe, die Opposition zusammenzuhalten, und nahm daher Verbindungen auf, die dem König verdächtig und hinterhältig erscheinen konnten. Maximilian erkannte in Berthold seinen gefährlichsten Widersacher und nahm den Fehdehandschuh auf. Als Berthold zum Zeichen der Übernahme der Reichskanzlei endlich die Übergabe des königlichen Siegels forderte (Dezember 1495), wurde es ihm vom Kanzler Stürtzel namens des Königs verweigert[160]. Seither begannen sich die Wege des Königs und seines Erzkanzlers immer mehr und immer sichtbarer zu trennen.

Es war ein verhängnisvoller Fehler, daß Maximilian das Gemeinsame an Berthold zuwenig schätzte. Er sah im Erzkanzler nur den Sprecher der Opposition, den Mann, der seine Hände nach der Führung des Reiches ausstreckte. Die Hofschranzen, vor allem Lang, Stürtzel und Serntein, mochten den König im Irrtum bestärken, daß er dem ständischen Vorstoß gegen sein königliches

Regiment am besten mit der völligen Ausschaltung des Erzkanzlers begegnen und an seiner Statt den Kurfürsten von Sachsen und die Wittelsbacher heranziehen sollte. Die scharfsichtigen Italiener erkannten in der Ausschaltung Bertholds eine Ursache für die folgenden Fehlschläge[161].

4. Vom Wormser zum Lindauer Tag; das Schicksal des Gemeinen Pfennigs; die schwierige Finanzlage

Die auf dem Wormser Tag beschlossene Reichssteuer, der Gemeine Pfennig, war die Grundlage für das gesamte Reformwerk, Voraussetzung für die Besoldung der Reichsbeamten, der Schatzmeister und Kammerrichter. Die Aufstellung eines Reichsheeres, die Wahrung des Landfriedens, die Sicherung Reichsitaliens und der Schutz gegen die Türken, dies alles hing vom Eingang des Gemeinen Pfennigs ab. 100.000 Gulden hatte der Reichstag bereits im Juni 1495 als eilende Hilfe für Italien gewährt und später noch einmal 100.000 Gulden als Anleihe für den Italienzug und 50.000 zum Schutz der östlichen Grenzen gegen die Türken beschlossen[1], womit man eine dauernde Militärgrenze errichten wollte. Während diese eilende Hilfe als Anleihe von den Kurfürsten, Fürsten, insbesondere von den Städten wenigstens teilweise vorgeschossen wurde[2], blieb der Gemeine Pfennig fast völlig aus.

Die Art, wie die meisten Stände die Einhebung des vom Reichstag beschlossenen Gemeinen Pfennigs vereitelten, wie man die Steuerleistung je nach der Lage auf die Ausländer, insbesondere auf die Italiener, oder auch auf die Juden abzuwälzen suchte, das alles glich einem Satyrspiel, das man nur aus der damaligen Verwahrlosung, Unschärfe und Unverbindlichkeit der Reichsverfassung verstehen kann. Ein Reichstagsbeschluß galt gar nichts. Die Verweigerung einer schon beschlossenen Steuer galt den Ständen als selbstverständliches Mittel des Verfassungskampfes.

Die Pfennigordnung[3] zog alle Reichsbewohner zu einer direkten Kopf- und Vermögenssteuer heran: wer 500 Gulden Vermögen besaß, sollte jährlich einen halben Gulden zahlen; wer 1000 Gulden besaß, einen ganzen Gulden. Von den Juden war für jede Person ohne Unterschied, ob reich oder arm, ob Kind oder erwachsen, ein ganzer Gulden zu entrichten. Wer über 1000 Gulden Vermögen hatte, sollte je nach seinem Stand „etwas mehr als einen Gulden steuern, soviel sein Andacht ist". Wer dagegen weniger als 500 Gulden besaß, hatte ohne Unterschied den 24. Teil eines Guldens, nämlich einen Schilling, zu steuern. Welche haarsträubende Ungleichheit! Während die großen reichsständischen und fürstlichen Vermögen praktisch der Selbsteinschätzung unterlagen, wurden die kleinen Vermögen, je kleiner um so härter, betroffen. Mangels einer zuständigen Reichsbehörde sollten die Pfarrer den Gemeinen Pfennig in ihren Pfarrsprengeln einheben und an die Kommissare ihres Bistums weiterreichen, die sie wieder alljährlich bis Lichtmeß an die sieben Schatzmeister des Reiches in Frankfurt abliefern mußten. Über die Verwendung hatte die jährliche Reichsversammlung zu entscheiden, ausgenommen die eilende Hilfe und die Anleihe, die dem König sofort vorgeschossen werden sollten.

Der Gemeine Pfennig sollte das erste Mal um Lichtmeß 1496 zu Frankfurt abgeliefert werden, wohin der nächste Reichstag einberufen worden war[4]. Jedoch Lichtmeß ging vorüber, ohne daß die Reichssteuer bezahlt wurde. Das mußte zunächst noch nicht böser Wille sein. Die Ablieferungsfrist war offenbar zu kurz angesetzt worden, denn die Fürsten mußten erst die Zustimmung ihrer Landtage für den Pfennig einholen. Dies und die folgende Einsammlung des Geldes erforderte zweifellos eine gewisse Zeit. Aber nicht einmal die Schatzmeister waren bestellt worden. Vergeblich hatte sich Maximilian bemüht, einen Finanzfachmann aus den Niederlanden in die Reichskammer einzustellen[5]. Zum Reichstag war niemand erschienen[6]. Zwar hatten einige Kurfürsten und Fürsten Herbergen bestellt, es aber dabei bewenden lassen. Da auch der König ausblieb, hatten sie eine günstige Ausrede, ihr Versäumnis zu rechtfertigen. Tatsächlich wäre es das Vorrecht des Königs gewesen, unter den letzten zu erscheinen und von den Fürsten empfangen zu werden. Der König, äußerst erbittert darüber, daß die Stände die Reichssteuer nicht einzahlten, dachte nun auch seinerseits nicht mehr daran, sich einem neuen Reichstag zu stellen, neue Angriffe gegen seine Königsrechte zu gewärtigen, ehe einer der grundlegendsten Beschlüsse durchgeführt und die Reichssteuer eingehoben war. Auch war er mit der Vorbereitung des Italienzuges vollauf beschäftigt und fürchtete, von einem Reichstag dabei aufgehalten zu werden[7].

Man hatte dem König nahegelegt, zum mindesten die eilende Hilfe und die Anleihe auf die Reichssteuer selbst einzutreiben.

Sofort nach dem Wormser Tag hatte er seine Anwälte und Steuereintreiber ausgesandt, um die einzelnen Stände, Fürsten und Städte an ihre Zahlungspflicht zu erinnern. Persönlich hatte sich der König um die Anleihe bemüht. Vergebens; man wies ihn ab[8]. Er suchte, wo er konnte, Anleihe und Reichssteuer in einem hereinzubringen. Es gab aber keine Grundlagen für die Berechnung der Steuer. Das Matrikelsystem war von den Ständen abgelehnt worden. Wer wollte das Vermögen des einzelnen feststellen? Wer die Steuerleistung erzwingen? Also hatte sich der König schon in Worms mit dem System des „guten Zuredens“ durch die Pfarrer bescheiden müssen, was allerdings völlig versagte. Obendrein erklärten manche Reichsstände, der Gemeine Pfennig sei in ihrer Abwesenheit beschlossen worden und daher für sie nicht verbindlich[9].

Am heftigsten wehrten sich die Reichsritter, die man zum Reichstag gar nicht berufen hatte, gegen die neue Steuer. Auf einer Tagung zu Schweinfurt (Dezember 1495) sammelten sich als erste die fränkischen Ritter zu offenem Widerstand: sie seien freie Franken und hätten ihren Königen stets nur mit ihrem Blut und nicht mit Geld gedient. Vergeblich bemühten sich die königlichen Anwälte, die aufsässige Ritterschaft zu beschwichtigen[10]. Der Widerstand griff von Franken auf Lothringen, Schwaben, den Niederrhein und über Bayern sogar nach Salzburg herein. Maximilian wußte sich keinen Rat[11] und war um so bestürzter, als er gerade die Ritterschaft für seine Reformpläne zu gewinnen hoffte. Das reichsritterliche Standesbewußtsein fühlte sich tief verletzt durch diese Gleichstellung der Edelbürtigen mit den breiten Massen des städtischen und bäuerlichen Volkes[12]. Im Sommer 1496 war sich bereits der gesamte ritterbürtige Adel Oberdeutschlands gegen eine allgemeine Reichssteuer einig. In wiederholten Kundgebungen[13] wandte man sich an König und Reich: sie seien freie, reichsunmittelbare Dienstleute, bereit, Maximilian und dem Reich auf dem Romzug zu dienen; jedoch bäten sie, daß man ihre Freiheiten nicht verletze. Auf dem Lindauer Tag beruhigte man sie: nicht der König, sondern das Reich habe diese Steuer aufgeschlagen, welche gerade die Ritter für ihre Kriegsleistungen als Reichssold zurückverdienen könnten[14].

Aus ganz anderen Gründen weigerten sich auch die Eidgenossen, den Gemeinen Pfennig zu leisten, und erteilten den königlichen Anwälten eine entschiedene Absage: die königliche Majestät möge sie wegen der neuen Steuer unersucht lassen, wie seine Vorfahren im Reich es stets getan hätten[15].

Die Reichsstädte hatten sich schon auf dem Wormser Tag gegen das „ewige Servitut“ einer Reichssteuer gewandt und nur in der Hoffnung zugestimmt, daß sich der Pfennig von selber erledigen werde. Zwar hatten sie ihre Anteile zur eilenden Hilfe meist geleistet: von 86 Städten hatten 60 den ganzen Betrag vorgeschossen[16]. Aber zähe wehrten sie sich gegen alle weiteren königlichen Anleihebitten. Vergeblich mühte sich Graf Philipp von Nassau[17] im Frühjahr 1496 von Köln, Bonn, Andernach und Neuß eine Anleihe auf den Pfennig zu erhalten. Zuerst müsse der Landfriede aufgerichtet werden, ehe man Steuer zahle, wurde eingewendet. Ähnlich ging es den Anwälten in Nürnberg und Frankfurt. Nicht anders verhielten sich die meisten geistlichen und weltlichen Fürsten. Auch sie hatten ihre Anteile zur eilenden Hilfe im allgemeinen entrichtet, aber damit sollte es sein Bewenden haben. Der Mainzer beklagte sich, er müsse doch nicht immer der erste sein. Daß Länder wie Lothringen oder die Niederlande, daß Grenzstädte wie Besançon, Metz, Toul und Verdun oder die inzwischen polnisch gewordenen Städte Danzig, Elbing und Thorn nicht bezahlten, kann daher nicht überraschen. Selbst der nahverwandte Herzog Albrecht von Bayern[18] berief sich auf den „großen sterb“ und auf den Widerstand seiner Landschaft, die durch Verhandlungen nicht gewonnen werden könnte[19]. Der Pfalzgraf aber schrieb dem König geradewegs, daß er den Pfennig vorderhand nicht zahle. Anderwärts habe er sich sogar gerühmt, die Reichssteuer im Dienste Frankreichs zu verhindern[20]. Der erboste Nassauer gab Maximilian den Rat, die Steuerverweigerer durch den Fiskal vor dem Kammergericht einklagen zu lassen[21]. Mit einer Steuerklage gegen die Städte Danzig, Elbing und Thorn begann Maximilian und fand damit sogar die Unterstützung der Reichsstände, die ja immer die „Auswärtigen“ zur Steuer heranzuziehen wünschten.

Nur einige wenige Fürsten kamen dem König bereitwillig entgegen: so Herzog Bogislaw von Pommern, der 3642 Gulden einhob und damit seinen Anteil an der Anleihe um mehr als 800 Gulden überbot[22], was fast kein anderer tat. Außerdem machte sich der Pommernherzog erbötig, dem König mit 300 Pferden nach Italien zu folgen[23]. Auch Herzog Magnus von Mecklenburg, der seine Pfennigsteuer direkt dem König übergab[24], und Herzog

Eberhard von Württemberg zeigten sich hilfswilliger als andere; ebenso der Kurfürst von Brandenburg, der im Jahre 1497 seine Pfennigsteuer zahlte[25]. Die meisten ließen es bei ihrem Anteil an der Anleihe, die doch nur einen Vorschuß auf die Reichssteuer ausmachen sollte, bewenden und gaben keinen Pfennig mehr. Selbst diese Anleihe konnte erst 1498 eingebracht werden; die volle Reichssteuer aber kam nie herein. Auf dem Kölner Tag 1499 machte man sich darüber geradezu lustig[26]; am meisten wohl über jene, die allzu unvorsichtig gezahlt hatten.

Der König suchte gegen die Widerspenstigen nun mit Steuerklagen vorzugehen und stattete seinen „Kammerprokuratorfiskalgeneral" Peter Volsch mit besonderen Vollmachten aus[27]: die fiskalischen Prozesse sollten allen anderen vorgezogen werden. Da gegen Ende des Jahres 1496 bereits über sechzig Steuerklagen vorlagen und täglich mehr wurden, setzte sich der Lindauer Tag dagegen zur Wehr[28] und verhinderte die Prozesse. Die Verweigerung der beschlossenen Reichssteuer wurde geradezu ein gemeinsames ständisches Anliegen. Man redete offen herum, der König brauche den Pfennig nur, um seine persönlichen Schulden zu zahlen. Die merkwürdigsten Ausreden wurden erfunden[29]: der König solle zuerst den Pfennig in seinen Erbländern einheben; das war längst geschehen. Der König solle die Italiener zur Zahlung der Reichssteuer veranlassen. Als das Kammergericht mangels Besoldung auseinanderging, meinten die Stände, die Juden sollten zahlen.

So war vom Gemeinen Pfennig im Laufe des Jahres 1496, ein Jahr nach den Wormser Beschlüssen, so gut wie nichts eingegangen[30]; einige Anleihen hatte der König darauf erhalten: das war alles. Gewiß entsprach auch der König selber bei der Einhebung des Pfennigs in seinen österreichischen Ländern keineswegs dem Wortlaut der Wormser Ordnung. Auch er hatte zu Lichtmeß 1496 den Pfennig aus den österreichischen Ländern noch längst nicht einheben können, mußte er doch zuerst seine Landtage in Bewegung setzen[31]; aber bis August/September 1496 hatte er 30.000 Gulden eingesammelt[32], allerdings nicht an die Schatzmeister nach Frankfurt abgeliefert, was angesichts der Haltung der Reichsstände wohl zuviel verlangt gewesen wäre. Er hatte die Reichssteuer aus Österreich zwar als „Türkensteuer" einheben lassen, tatsächlich aber für den Italienzug verbraucht. Trotz Verzögerung hatte er als einer der ersten die Reichssteuer aus seinen Ländern eingebracht und dies, obwohl sie finanziell völlig erschöpft waren[33]. Sogar in einigen Teilen der Niederlande, deren Stellung zum Reich zumindest so fraglich war wie jene der Eidgenossen, konnte der König die Einhebung des Pfennigs erwirken[34].

Auch bei der Steuereinhebung im Reich setzte sich der König über den Wortlaut der Wormser Ordnung hinweg, indem er neben der Anleihe auch den Gemeinen Pfennig in seine Hand zu bringen versuchte. Man hatte ihm nur gestattet, Anleihen von insgesamt 150.000 Gulden auf die Reichssteuer aufzunehmen, und zwar, wo immer er sie bekam. Anfangs erhielt er sogar einige Kredite[35]. Ein gewisser Bankier Onofrius, ein vertrauensseliger Lombarde, streckte die große Summe von 50.000 Gulden vor; der Herzog von Kleve 1200 Gulden; Bischof Matthias von Seckau 4000 Gulden und der Erzbischof von Salzburg 2600 Gulden. Immer wieder versicherte Maximilian den Darlehensgebern, daß alles aus dem Pfennig zurückgezahlt werde; falls der Pfennig nicht ausreiche, aus den österreichischen Kammergütern. Aber das Versagen des Pfennigs wurde nur allzubald offenbar. Wer hätte dem König gegen so unsichere Garantien weiterhin größere Summen vorstrecken wollen?

Daher versuchte Maximilian, anstatt der bewilligten Anleihen, die niemand mehr vorstreckte, den Gemeinen Pfennig unter Übergehung der zuständigen Stellen direkt in seine Hand zu bringen. Er verhandelte von Hof zu Hof, von Stadt zu Stadt und setzte sogar Fiskal und Kammergericht in Bewegung. Das entsprach gewiß nicht dem Wortlaut der Wormser Beschlüsse, schien aber der einzige Weg, zur versprochenen Reichshilfe zu kommen. Anderseits freilich setzte sich der König selber ins Unrecht und lieferte den Ständen reichliche Vorwände für ihren Widerstand.

Auf diese Weise wurde der Gemeine Pfennig aus den österreichischen Ländern, aus Mecklenburg, Pommern, Jülich und Kleve direkt vom König eingezogen, was der Reichstag erst nachträglich billigte. Alles zusammengenommen, Anleihen auf die Reichssteuer und Reichssteuer selbst, machte nur einen Bruchteil im Vergleich zu den in Worms bewilligten 250.000 Gulden, die ihrerseits wieder nur einen Teilbetrag der gesamten Reichssteuer ausmachen sollten.

Am 23. Mai 1496 hatte Maximilian noch einmal dringend die Auszahlung der gewährten Anleihen gefordert[36], mit den Steuerverweigerern abgerechnet und gedroht, gegen sie als Schädlinge und Zerstörer der Christenheit und des Reiches streng vorzugehen. Aber trotz aller Drohungen und Bitten war im Herbst 1496 so gut wie nichts eingekommen; im Sommer 1497 etwa weitere 14.000 und bis zum Sommer 1498 etwa 18.000 Gulden.

Das Ausbleiben der Steuer verhinderte nicht nur einen Erfolg des Königs in Italien, sondern stellte die gesamte Reichsreform in Frage. Bereits im Herbst 1496 wollten die Kammerrichter mangels Besoldung nach Hause[37], und das Reichsgericht stand durch Monate still.

Die Geldnot des Königs und die Steuerverweigerung der Reichsstände vereitelten jeden äußeren und inneren Erfolg. Die Finanzlage Maximilians vor, während und nach dem Italienzug war in der Tat vernichtend, die großen Schulden an Herzog Albrecht von Sachsen aus den niederländischen Kriegen nur zum kleinsten Teil bezahlt. Auch der Besuch Erzherzog Philipps im Reich kostete viel Geld[38]. Vergeblich hatte man ihm empfohlen, seine Reise aus dem Gemeinen Pfennig der Niederlande zu bestreiten. Der Tod und Nachlaß Erzherzog Sigmunds von Tirol hatte keine wesentliche Erleichterung gebracht[39], denn die Übernahme der Tiroler Erbschaft, die hinterlassenen Schulden, die Auflösung des Hofstaates, die Ausstattung der Witwe, der zahlreichen unehelichen Kinder Sigmunds und seines Hofgesindes erforderten bedeutende Mittel. Maximilians Gemahlin Bianca Maria saß seit dem großen Reichstag in Worms fest und wurde von den Wirten als Schuldpfand festgehalten[40]; ihr Hofstaat litt buchstäblich Hunger.

In dieser Lage forderte der König von seiner Innsbrucker Schatzkammer 258.000 Gulden für den Zug nach Italien. Die Räte warnten dringend und beteuerten, das geforderte Geld nicht aufbringen zu können[41], zumal die Innsbrucker Kammer selber mit 305.000 Gulden verschuldet war. Aber der König beharrte auf seiner Forderung. Man behalf sich mit großen Kupferverkäufen und brachte damit über 100.000 Gulden herein[42], die für das Dringendste verwendet werden mußten. Aber selbst Gossembrot, der den Karren der kaiserlichen Finanzen oft aus dem Morast gezogen hatte[43], wurde der Finanzlage nicht Herr. Man griff zu einem besonders schäbigen Mittel und vertrieb die Juden aus Kärnten und Steiermark[44] und verstand es, damit doppelt zu verdienen; einerseits mußten die Landstände dem König hohe Entschädigungen für den Entfall der Judensteuern zahlen, anderseits forderte man von den Juden hohe Schutzgelder für die Übersiedlung und die Sicherheit an ihren neuen Wohnorten. Etwa 32.000 Gulden sollen auf diese Weise hereingekommen sein.

Das meiste aber mußte durch Verpfändungen und Verkäufe von österreichischem Kammergut hereingebracht werden. Allein für das Jahr 1496 wurde die Summe von etwa 35.000 Gulden aus kleineren Verpfändungen, Verkäufen und Darlehen nachgewiesen[45]. Dazu kamen die großen Darlehen der Bankhäuser Fugger, Gossembrot und Herwart, die während der Jahre 1495/96 um 200.000 Gulden vorstreckten[46] und dafür das Tiroler Silber- und Kupfergeschäft an sich brachten. Foscari berichtet in seiner Schlußrelation an den venezianischen Senat, Maximilian habe für den Italienzug die gesamten Jahreseinnahmen von 300.000 Dukaten hingegeben[47].

Sehr viel machten die Subsidiengelder des Herzogs von Mailand aus[48], der dem König während des Jahres 1496 für den Italienzug an die 173.000 Gulden vorstreckte. Bis 1499 überstiegen die Mailänder Subsidien eine Million Gulden[49]. Viel zurückhaltender zeigten sich die Venezianer, die 1496 kaum 23.000 Gulden beisteuerten[50] und den Rest ihrer Subsidienverpflichtung niemals ausbezahlten.

Angesichts dieser Abrechnung wird man kaum behaupten können, wie es öfter geschah, der König habe seinen Italienzug auf Kosten des Reiches bestritten. Während er aus eigenen Mitteln um 300.000 Gulden aufbrachte und von den Bundesgenossen etwa 200.000 Gulden erhielt, hatte das Reich kaum 100.000 Gulden als Anleihe vorgeschossen, die aber schon 1495 für die Rettung Novaras ausgegeben worden waren[51]. Zum Italienzug 1496 hat das Reich zunächst so gut wie nichts beigetragen, dies, obwohl es sich um den Krönungszug des Römischen Königs und um die Sicherung des Reichsgutes in Italien handelte.

5. Der Reichstag zu Lindau 1496/97

Der neue Reichstag[1], zu dem Maximilian am 23. Mai 1496 einlud[2], sollte Anfang August in Lindau zusammentreten und Maximilians Italienzug vorbereiten. Der König bat eindringlich, die bis dahin fällige Reichssteuer zu erlegen und zugleich, mit Reisigen und Geschütz bewaffnet, zum Romzug zu erscheinen. Wie immer sich die Lage gegen Frankreich entwickelte, von Lindau aus war der italienische Kriegsschauplatz ebenso schnell zu erreichen wie Burgund. Die Umgebung der Stadt wäre für den Aufmarsch der Reichstruppen sehr geeignet gewesen. Außerdem spielte Lindau mit dem Gedanken, den Schwäbischen Bund zu verlassen[3], was der König als bedrohlich empfinden mußte. Sollte die Anwesenheit des Reichstages die unruhigen Bürger beim Bund festhalten und die Eidgenossen von unüberlegten Handlungen abschrecken? Jedenfalls war die Wahl des Ortes ganz von militärischen Erwägungen bestimmt.

Als der Reichstag am 2. August 1496 beginnen sollte, war fast niemand erschienen. Maximilian hatte seinen Sohn, Erzherzog Philipp, als Vertreter nach Lindau abgeordnet[4], während er selber sich über das obere Inntal und das Wormser Joch in die Lombardei wandte. Der König dachte an einen kurzen Reichstag. Es sollte die Wormser Ordnung erfüllt, vor allem die fällige Reichssteuer erlegt und Reichsitalien erhalten werden, was die Reichsstände im vergangenen Jahr zunächst verhindert, dann aber doch beschlossen hatten. Vor allem mußte auch die burgundische Front gesichert werden für den Fall, daß Frankreich während der Abwesenheit des Römischen Königs angreifen sollte.

Die Reichsstände allerdings waren weit davon entfernt, irgendeinen dieser königlichen Wünsche erfüllen zu wollen. Sie klagten vielmehr über die Enge und Unwirtlichkeit der kleinen Stadt[5] und suchten sich den königlichen Forderungen durch Vertagung zu entziehen.

Maximilian war inzwischen in der Lombardei erschienen[6]. Die Gelegenheit zu einem großen Unternehmen schien ihm günstiger denn je: vielleicht bedurfte es in diesem Zeitpunkt nur eines kleinen Anstoßes, um ganz Europa gegen Frankreich in Bewegung zu setzen. Seine rege politische Phantasie stellte dem König die kühnsten Möglichkeiten vor Augen. Alle Mächte der Heiligen Liga zeigten sich kriegsbereit. Frankreich konnte in seine Grenzen zurückgeworfen, Italien ein für allemal gegen französischen Zugriff gesichert, Groß-Burgund wiederhergestellt und die Kaiserkrone gewonnen werden. Im geheimen hegte der König sogar den ungeheuerlichen Plan, Frankreich zwischen Spanien, England und dem Reich aufzuteilen und das kleine Restkönigtum der Oberhoheit des Reiches zu unterstellen[7].

War auch dieses Fernziel mehr als fraglich, ja phantastisch, so standen doch die Sicherung Italiens und der Romzug in greifbarer Nähe. Sogar der Brandenburger Gesandte hatte aus Worms nach Hause berichtet, der Römische König habe jetzt wohl Aussicht, die welschen Länder in seinen Gehorsam zu bringen[8]. Hatte der

Wormser Reichstag des vergangenen Jahres nicht die Sicherung Italiens gebilligt[9], ja eine Kriegshilfe für Italien beschlossen? Über das Recht des Römischen Königs, den Krönungszug aufzubieten, konnte — für Maximilian wenigstens — kein Zweifel bestehen. So mochte er sich in diesem Augenblick nicht nur berechtigt, sondern geradezu verpflichtet fühlen, nach Italien zu ziehen. Sollte er vor der Liga, insbesondere vor dem Papst, als vertragsbrüchig oder völlig ohnmächtig dastehen? Als der König durch das Veltlin abwärts in die Lombardei zog, mochte er wohl hoffen, mit Hilfe der übermächtigen Liga dem Reiche jenes Regnum Italicum zurückzugewinnen, das im Laufe der letzten Jahrhunderte fast verlorengegangen war.

Aber die Reichsstände, die Mitte August ein zweites Mal geladen[10], nur ganz allmählich und mit großen Verzögerungen eintrafen, zeigten nicht die geringste Lust, die Italienpolitik ihres Königs, die sie in Worms durch eine Anleihe zu unterstützen versprochen hatten[11], auch tatsächlich zu fördern. Mit Sorge verfolgten sie dieses Unternehmen, das dem König vielleicht einen größeren Erfolg einbringen und sein Übergewicht im Reich begründen konnte.

Auch an äußeren Gegenwirkungen fehlte es nicht. Der König von Frankreich begann die Reichsfürsten zu bearbeiten[12]. Kurpfalz, das seit längerem französische Jahrgelder bezog, forderte während der Abwesenheit König Maximilians für sich das Reichsvikariat[13], die Leitung der inneren Reichsgeschäfte und des Reichstags, um die Fäden der Opposition in die Hand zu gewinnen. Aber die Stände hielten an Berthold fest, von dessen Klugheit man sich mehr erwarten mochte als von der Macht des Pfälzers, stand doch Berthold in den Fragen des Reichsregiments und der Steuerbewilligung ganz auf ihrer Seite.

Bertholds Einfluß war seit Worms zweifellos noch gewachsen, auch der Gegensatz zu König Maximilian, und dies gewiß nicht ohne dessen Verschulden. Mit vorsichtiger Klugheit verstand es Berthold, den Widerstand der Stände zu bestärken, was nicht allzu schwerfiel, da der Geist des Widerstandes gegen den König, gegen jeden König im Reiche seit jeher zur guten alten Gewohnheit gehörte. Es galt, diese Stimmungen zu steuern und zu formulieren, auf der einen Seite Entgegenkommen vorzutäuschen, anderseits aber jeden Schritt des Königs zu hemmen[14], ohne daß man sich dabei zu Akten offener Rebellion hinreißen ließ.

Durch seine Heimlichkeiten und „Subtilitäten", über die sich der König öfters beklagte, durch seine schlaue Berechnung, die sich kaum je fassen ließ, wurde Erzbischof Berthold während der folgenden Jahre Maximilians gefährlichster Gegner. Damit soll kein Werturteil, vor allem kein Aburteil ausgesprochen werden. Dies lag im Wesen des sich von Reichstag zu Reichstag verschärfenden Verfassungskampfes.

Bei aller Verschiedenheit der Auffassungen verstand sich Erzkanzler Berthold darin doch mit allen Reichsständen, daß König Maximilians Unternehmen in Italien gehemmt, daß er zur Rückkehr ins Reich gezwungen werden müsse. Denn nach einer Niederlage in Italien würde sich der König den Forderungen nach einem ständischen Reichsregiment nicht mehr versagen können.

Maximilian hätte auch kaum einen schlechteren Anwalt seiner Interessen vor dem Reichstag finden können als seinen Sohn Philipp[15], der, ganz unter dem Einfluß seines niederländischen Rates, eine Politik des Ausgleiches mit Frankreich betrieb. Ohne schriftliche Instruktionen und Vollmachten war er erst am 31. August in Lindau eingetroffen[16] und hätte wohl die in Glurns ausgearbeitete gemeinsame Kriegs- und Friedensformel der Ligamächte[17] vor den Reichsständen vertreten sollen. Offenbar hat er sich dafür nur wenig angestrengt. Als ihm die Reichsstände den Vorsitz streitig machten[18], räumte er ohne weiteres dem Erzbischof von Mainz seinen Platz und reiste alsbald in die Niederlande ab, wo die spanische Braut seiner wartete. Seine burgundische Sonderpolitik, die Wiedereinsetzung des Propstes von Lüttich in den niederländischen Rat waren ihm wichtiger als der väterliche Auftrag. War es klug gewesen, Erzherzog Philipps wegen dem Erzkanzler den Vorsitz im Reichstag streitig zu machen?

In Lindau geschah während der nächsten Wochen recht wenig. Die Stände befaßten sich vor allem mit Fragen der Sitzordnung und dachten nicht im entferntesten daran, die Politik ihres Königs und der Heiligen Liga in Italien zu unterstützen.

Inzwischen geriet Maximilian in Italien in die schwierigste Lage[19]. Seit sich zeigte, daß der König von Frankreich dieses Jahr nicht wagen würde, gegen die Kriegsmacht der Liga in Italien einzufallen, verlor insbesondere Venedig jede Lust, den Römischen König weiter zu unterstützen. Aber auch die deutschen Hilfstruppen, die Maximilian immer wieder angekündigt hatte, um seinem Auftreten einen gewissen Nachdruck zu verleihen, blieben aus, denn die Reichshilfe hatte völlig versagt. Der Gemeine Pfennig der österreichischen Erbländer war bereits verbraucht, bevor er ganz eingehoben war. Die wirtschaftliche Not, vor allem des östlichen Österreich, schloß weitere Leistungen aus.

Alles wäre jetzt auf die Haltung des Reiches angekommen. In dieser Zwangslage drängte der König am 11. August das erste Mal auf die Auszahlung der „eilenden Hilfe"[20], die man ihm für den Italienzug bereits vor einem Jahr in Aussicht gestellt hatte. Die Stände aber hüllten sich in Schweigen. Am 29. August forderte der König neuerdings die Auszahlung der längst bewilligten Anleihe[21] und die Einhebung des Gemeinen Pfennigs, da das Vermögen seiner Erbländer für die gewaltige Aufgabe nicht hinreiche. In düsteren Farben malte er die Franzosengefahr an die Wand und bat um den Rat der Stände; sie aber schwiegen weiterhin beharrlich.

Erst auf eine dritte Hilfsbitte am 15. September antworteten die Stände auf ihre Weise[22]: die Sachen seien groß und schwer und die Stände noch nicht völlig versammelt; eine beliebte Ausrede, die immer wiederkehrte, wenn etwas verzögert werden sollte. Eigentlich habe der Reichstag nichts anderes zu tun, als die Wormser Ordnung durchzuführen, wandte man überdies ein. Auch seien der Ort nicht günstig und die Quartiere unbequem. Am besten wäre es, die Reichsversammlung zu vertagen. Dieser letzte Vorschlag offenbarte am deutlichsten die Absicht der Stände: sie wollten die Steuerhilfe in diesem entscheidenden Augenblick verhindern. Als der König den, wie er meinte, besonders treuen Prälatenstand nochmals anstatt des schuldigen Pfennigs wenigstens um Wagen und Pferde bat, damit er seine Artillerie nach Italien überführen könne[23], wurde er glatt abgewiesen. Dies war wohl Bertholds Werk, wenn man es auch nicht nachweisen kann.

So verging der ganze September, ohne daß die Stände in der Reichshilfe etwas unternommen hätten. Dagegen widmete man den Sessionsstreitigkeiten[24] der laufend eintreffenden Gesandtschaften, die alle möglichst hochrangig zu sitzen wünschten, viel der kostbaren Verhandlungszeit.

Anfang Oktober erhob sich der Reichstag plötzlich wie ein Mann. Der König hatte versucht, die Reichssteuer durch seinen Fiskal beim Kammergericht einklagen und gerichtlich eintreiben zu lassen[25]. Er hatte ihn dabei mit Gerichtsvorrechten auszustatten versucht, welche in diesem Umfang wirklich nicht hingenommen werden konnten: die fiskalischen Prozesse sollten den anderen zeitlich vorgezogen werden; verlor der Fiskal, so sollte er für Kosten und Schäden der freigesprochenen Partei nicht aufzukommen brauchen[26]. Dies war gewiß zu hart. Aber gegen eine gerichtliche Eintreibung ausständiger Steuern in einwandfreien Formen hätte im Ernst nichts eingewendet werden dürfen.

Die Stände bezeichneten dies als Einmischung des Königs in das Kammergericht und protestierten feierlich, „daß das Gericht seinen freien Lauf haben müsse“[27]. Anderseits pflegten die Stände später stets zu sagen, die Einhebung der Steuer sei Königssache[28]. Die gerichtliche Eintreibung, auch in einwandfreien Rechtsformen, versuchten sie aber jedesmal zu unterbinden.

Ende September, Anfang Oktober 1496 befand sich der König in Genua und gedachte, sich nach Pisa und Livorno einzuschiffen. Bitterer als je zuvor empfand er es, von den Reichsständen völlig im Stich gelassen zu werden, hatte er doch nicht einmal das Geld, Söldner und Schiffsherren bezahlen zu können; alsbald fehlten ihm sogar die Mittel für die eigene Tafel[29]. Nun ordnete er seinen Kanzler Konrad Stürtzel und Walter von Andlau als Gesandte an die Reichsstände nach Lindau ab.

Am 10. Oktober 1496 erschien die königliche Gesandtschaft vor der Reichsversammlung[30]. Hofkanzler Stürtzel versuchte den Ständen alles in Erinnerung zu rufen: die Wormser Beschlüsse von 1495, die Bedrohung des Reiches durch die Franzosen, wogegen die eilende Hilfe, der Gemeine Pfennig und eine Anleihe wohl beschlossen, aber bis zum heutigen Tag nicht ausbezahlt worden seien. Der Italienzug würde sogar von den sonst so widerspenstigen Eidgenossen unterstützt. Es wurde von den bisherigen Erfolgen des Königs in Italien berichtet: große Gebiete Reichsitaliens, Genua, Pisa, Siena, Lucca, bald auch Florenz, würden für das Reich zurückgewonnen werden. Man solle den König in dieser entscheidenden Stunde in Italien nicht im Stiche lassen. Die Stände sollten nicht auseinandergehen, bevor die Reichssteuer eingebracht sei; auf einen neuen Reichstag könne man nicht warten. Ohne die Hilfe der Reichsstände aber könne sich der König in Italien nicht behaupten.

Um diesen Bitten und Forderungen Nachdruck zu geben, waren über Wunsch des Königs auch die Gesandten der Heiligen Liga im Reichstag erschienen[31]. Es war damals nichts Ungewöhnliches, daß Gesandte die Ansichten ihrer auswärtigen Herrschaften dem Reichstag vortrugen. Maximilian mochte hoffen, die Stände würden sich scheuen, vor ihnen die Schwäche und Uneinigkeit des Reiches sichtbar werden zu lassen. Insbesondere der päpstliche Legat Leonello Chieregati verwies auf die französische Bedrohung[32], auf die Hilfsbitten des Papstes, auf die Schutzverpflichtung des Reiches gegenüber der Kirche und auf die Gefahr, die Kaiserkrone zu verlieren.

Aber wieder wichen die Stände aus: die Sache sei groß und schwierig; sie würden sich die Antwort überlegen. Der Legat meinte angesichts dieser Haltung, es sei sicher, daß die Reichsstände nicht helfen wollten[33].

Da geschah etwas ganz Unerwartetes: die Gesandten Maximilians übergaben dem Reichstag die sogenannten „scharfen Mandate"[34] ihres Königs, welche sie für diesen äußersten Fall vorbereitet hatten; sie sollten den Ständen für einige Tage die Sprache verschlagen. Unter dem Eindruck der vom Reichstag verschuldeten Rückschläge in Italien hatte Maximilian das Maß verloren: die Stände sollten sich nicht hinter der Ausrede verschanzen, sie könnten in Abwesenheit des Königs nicht verhandeln; sie dürften die Schuld am völligen Versagen des Reichstages nicht dem König anlasten; nicht er trage Schuld am Nichterscheinen so vieler Reichsstände; sie hätten gemäß den Wormser Beschlüssen vor allem den Gemeinen Pfennig einzuheben, dann erst könne man beraten, wozu er verwendet werden solle. Leider seien die Stände nicht gewillt, irgendwelche Opfer für das Reich auf sich zu nehmen. Wie könnten sie über die schlechten Lindauer Herbergen Klage führen, während der König Gut und Leben für das Reich einsetze. Sei es ihnen in Lindau zu eng, sollten sie eben nach Basel übersiedeln; aber keineswegs dürften sie sich vertagen, ehe der Gemeine Pfennig eingehoben sei. Wollten sie auch diesmal nicht hören, so würde er andere Mittel zu finden wissen. — Es ist schwer zu sagen, was der König mit dieser Drohung meinte. — Wenn man die Königsbriefe schon nicht beachte, so solle doch Erzkanzler Berthold die Stände veranlassen, die längst bewilligte Steuer und Anleihe einzubringen, da der König in seiner Lage auf einen neuen Reichstag nicht warten könne. — Die Empörung der Stände über diesen Ton war allgemein.

Diese „Scheltbriefe" boten dem Reichstag willkommene Handhabe, den Spieß umzudrehen. Bereits am 14. Oktober verbat man sich derartigen „Ernst und Scherpff"[35], wie er bisher im Reiche nicht üblich gewesen sei. Die Stände gingen nun ihrerseits zum Angriff über: der König sei es gewesen, der die Wormser Ordnung nicht eingehalten habe; Hilfe habe er erst zu erwarten, wenn er den Wormser Beschlüssen nachgekommen sei. Hofkanzler Stürtzel, durch die aufgebrachte Versammlung eingeschüchtert, stellte die verwirrte Gegenfrage, worin denn der König die Wormser Ordnung nicht eingehalten habe[36]. Damit hatte er einen entscheidenden Fehler gemacht, den ihm der König nie mehr vergaß: er war vor den Ständen zurückgewichen und hatte ihren Gegenstoß geradezu ermutigt. Maximilian bezichtigte seinen Hofkanzler später sogar der Unterstützung Bertholds.

Nachdem die Stände einige Tage geschwiegen, legten sie am 24. Oktober eine Liste ihrer Beschwerden[37] vor: der König selber und die Niederlande hätten den Pfennig noch nicht eingebracht. Tatsächlich hatte er den Pfennig der Erbländer nicht abgeliefert, sondern in Italien bereits verbraucht, noch ehe er ganz eingehoben war. Weiters sollten Maximilian und sein Sohn Philipp ihre österreichischen und burgundischen Reichslehen anerkennen. Die niederländischen Lehen[38], vom Reiche lange Zeit vernachlässigt, erst von Friedrich III. und Maximilian wieder erneuert, waren wegen der vielen Grenz- und Streitfragen mit Frankreich, nicht zuletzt wegen der Haltung der niederländischen Stände ein schwieriges außenpolitisches Problem. Der merkwürdigste Vorwurf bestand darin, daß der König ohne Erlaubnis der Stände den Italienkrieg begonnen habe. Hatten sie denn vergessen, daß sie ihm in Worms ausdrücklich zur Verteidigung Italiens eine Hilfsanleihe gewährt[39] hatten? Bedurfte ein Römischer König einer besonderen Bewilligung des Reichstags zum Romzug? War der Romzug nicht eine der ältesten festen Reichsverpflichtungen? Weiters wurde der König ermahnt, Eroberungen mittels des Gemeinen Pfennigs dem Reiche zuzuführen und auch den Italienern den Gemeinen Pfennig abzunehmen. Sogar Kleinigkeiten wurden angeführt: die Reichsregisterbücher seien nicht doppelt angelegt, gewisse Botschaften unterlassen worden. Die Stände suchten eben nach Gründen, um die Verweigerung der Reichssteuer zu rechtfertigen.

Gewiß hatte der König einen Teil seiner Wormser Verpflichtungen noch nicht erfüllt, aber er hatte zumindest den Gemeinen Pfennig eingehoben und seine österreichischen Erbländer im Dienste der Reichspolitik in Italien weit über das Erträgliche hinaus eingesetzt und belastet. So war die „Säumigkeit" des Königs ungleich geringer als jene der Stände. Was immer Maximilian tat, die Stände würden Vorwände gesucht und gefunden haben, sich ihren Verpflichtungen zu entziehen. Das erforderte der Verfassungskampf.

Der Reichstag beschloß nun, an Maximilian zu schreiben, nur wenn er alle seine Verpflichtungen erfüllt habe, hätte er die versprochene Steuerhilfe zu erwarten[40]. Als die Gesandten dagegen fragten, welche Hilfe der Römische König dann wirklich zu erwarten habe, antworteten die Stände hinterhältig, dies könne man nicht sagen[41], da man nicht wisse, was der Gemeine Pfennig einbringen werde. Die Steuerverweigerung war offensichtlich.

Man gab nun vor, auf die königliche Antwort zu warten, und befaßte sich, um von der Steuerfrage abzulenken, mit anderen Anliegen, mit einer neuen Münzordnung, der Ausprägung einer guten Goldmünze[42] nach dem Fuß der rheinischen Kurfürsten, mit Gotteslästerern, Kleiderordnungen, Spielleuten, Zigeunern und Bettlern.

Ein Ausschuß beriet inzwischen die Durchführung des Wormser Abschiedes[43], dessen Verletzung man dem König vorgeworfen hatte, wobei man über den wesentlichsten Punkt, die Einhebung der Reichssteuer, geflissentlich hinwegredete[44].

Große Sorgen bereitete das Kammergericht, an dem ein Gutteil der Wormser Reformen hing. Es war inzwischen mangels Besoldung zusammengebrochen[45]; die Kammerrichter waren, da man sie mit ihren Soldansprüchen von Monat zu Monat vertröstet hatte, Anfang Oktober schließlich nach Hause gegangen. Wie sehr sich Berthold auch bemühte, niemand wollte die wenigen tausend Gulden zahlen, welche für die Besoldung der Richter nötig gewesen wären. Was nützte das ganze Gerede von der Einhaltung der Wormser Reformbeschlüsse, wenn die Stände sie nur im Munde führten, dafür aber nicht das geringste Opfer brachten? Schon damals konnte ein Staat ohne Steuern nicht leben. Berthold meinte, und der Reichstag beschloß, man solle das Geld für das Kammergericht von den Juden[46] nehmen. Aber ehe es dazu kam, sprang überraschend der König ein[47] und übersandte 1100 Gulden, zweifellos vom Hintergedanken beseelt, damit wieder größeren Einfluß auf das Kammergericht zu gewinnen.

Maximilian hatte damals daran gedacht, seinen Kammerprokurator und Fiskal Peter Volsch mit umfassenden Vollmachten auszustatten[48], um die reichsständischen Steuerverweigerer einfach gerichtlich zu pfänden. Man wird nicht sagen können, daß es ein Rechtsbruch gewesen wäre, wenn der König die fällige Reichssteuer einzuklagen versuchte, wenn er es auch dabei an harten Praktiken nicht fehlen ließ. Allein der Gedanke, durch ein Gerichtsurteil zum Steuerzahlen verhalten zu werden, war den Ständen unerträglich, wie wir sahen.

Ebenso hilflos stand der Reichstag den großen Fehdehändeln gegenüber[49], die das Innere des Reiches erschütterten. Die Stände versagten im Streit der Wormser Bürger gegen ihren Bischof[50] ebenso wie in der Fehde des Pfalzgrafen gegen Stadt und Kloster Weißenburg[51], oder im Streit zwischen Trier und Boppard[52], oder gegenüber den Beschwerden der Eidgenossen über das Kammergerichtsurteil gegen St. Gallen[53]. Die Hilfsbitten des Deutschordensmeisters von Livland gegen den Großfürsten von Moskau wurden unbekümmert auf den nächsten Reichstag verschoben[54].

Dafür aber wurden Vorrangstreitigkeiten um die Sitzordnung mit um so größerem Eifer ausgetragen. Wenigstens da vermochte Maximilian für den Vertreter Erzherzog Philipps den Vorrang Österreichs vor dem Erzbischof von Magdeburg neben den Kurfürsten durchzusetzen[55].

Selbst Berthold betrachtete das Verhalten der Stände mit gewisser Sorge. Am 27. November klagte er dem Reichstag über die Verluste des Reiches[56] an allen Grenzen; schuld daran sei, daß es den Ständen an Gemeinsinn und gegenseitigem Vertrauen fehle. Schon früher hatte er die Einigkeit der Schweizer als großes Vorbild hingestellt, die von aller Welt gefürchtet würden, wogegen das Reich wegen seiner Uneinigkeit von niemandem geachtet sei[57]. Man müsse die Wormser Ordnung wieder vornehmen, vor allem müsse man über die Einbringung des Gemeinen Pfennigs verhandeln. Fast scheint es, als wollte Berthold nun, da die drohende Katastrophe in Italien sich abzeichnete, seine Schuldlosigkeit beweisen und sich dem König gegenüber rechtfertigen.

Die Reichsstände taten nun den ganzen November so, als ob sie auf eine Antwort des Königs warteten. Der Venezianer Sanuto erfuhr[58], es sei zu Lindau so gut wie nichts geschehen und die Reichsstände würden die Rückkehr des Königs aus Italien erzwingen. Der päpstliche Legat und der Mailänder Gesandte, die schon früher von der drohenden Katastrophe in Italien wußten, versuchten zusammen mit den königlichen Räten mittels gefärbter Berichte[59] die Reichsversammlung für eine Hilfe im letzten Augenblick zu gewinnen[60]; sie sparten auch nicht mit Vorwürfen, daß man den König im Stich gelassen habe. Aber die Stände hatten bereits ihre eigenen Nachrichten aus Italien und dachten nicht daran nachzugeben.

Erzkanzler Berthold, dem die Sache nun doch bedenklich vorkommen mochte, empfahl zu beraten, was zu geschehen habe, wenn das Reich in diesen schweren Zeiten von einem überraschenden Unfall betroffen würde. Da man nicht wissen konnte, wessen man sich vom heimkehrenden König zu versehen hatte, rüsteten sich die Stände in langen Geheimverhandlungen zu einmütigem Widerstand[61].

Erst Mitte Dezember traf der berühmte Brief Maximilians vom 22. November aus Sarzana[62] ein, der den völligen Zusammenbruch des Unternehmens gegen Livorno berichtete; bald darauf auch eine Vollmacht für die königlichen Räte, den Reichsständen in allen ihren Forderungen entgegenzukommen. Inständig bat der König um Aufnahme der Verhandlungen und rasche Einbringung der Steuerhilfe. Berthold solle mit den anwesenden Kurfürsten und Fürsten nach Chiavenna kommen, um zusammen mit dem König und den Botschaftern der italienischen Mächte das Italienunternehmen zu beraten[63]. Maximilian mochte hoffen, den Kanzler und die Häupter des Reichstages in persönlicher Aussprache zu überzeugen. Aber die Stände ließen sich nicht drängen und weigerten sich entschieden, Lindau zu verlassen[64].

Nun, nachdem man der königlichen Niederlage in Italien sicher war, erklärte Berthold am 20. Dezember im Reichstag[65], man habe angesichts der Notlage des Königs, des Kammergerichts und des Reiches erkannt, daß dem nur abgeholfen werden könne, wenn man den bereits auf dem Wormser Tag beschlossenen Gemeinen Pfennig bis kommenden März 1497 einhebe. Schon vor anderthalb Jahren war dieser Beschluß in Worms gefaßt worden und wurde nun, allerdings nur zum Schein, erneuert[66]; denn man verstand es so einzurichten, daß der Pfennig auch in Zukunft nicht eingehoben werden konnte. Nach diesem Beschluß machte man Weihnachtsferien.

Nach Neujahr wurden die Beratungen nochmals kurz aufgenommen[67]. Man wollte nicht in Lindau bleiben, wie es der König wünschte, sondern den Reichstag nach Frankfurt verlegen;

dort werde man sehen, was der Gemeine Pfennig trage und ob die versprochene Anleihe von 150.000 Gulden ausbezahlt werden könne.

Bevor die Stände auseinandergingen, schlossen sie am 5. Januar 1497 eine „Einung“ und Absprache, wie sie die Wormser Ordnung (gegen den König) verteidigen wollten[68]. Schon seit November vergangenen Jahres hatten die Stände geheime Verhandlungen geführt[69], um dem König „einig wie die Schweizer“, begegnen zu können. Ihr Ziel war die Ausschaltung des Königs und die Änderung der Reichsverfassung. Der Erzbischof von Mainz sollte die Stände bei jeder drohenden Gefahr zusammenrufen, insbesondere auch, wenn sich jemand wegen der Reichssteuer bedrängt fühle. Daß der Erzkanzler die Reichsversammlung einberief, war aber etwas völlig Neues, Unerhörtes, was es im Reich seit Jahrhunderten nicht gegeben hatte; ein Akt der Rebellion gegen den König. Um den Anschein „untzymlicher ... conspiration“ zu vermeiden, hatte man diese Beschlüsse als Handhabung von Frieden und Recht bezeichnet. Was soll man sagen, wenn man sieht, wie die Reichsstände auf der einen Seite die längst beschlossene Reichssteuer neuerdings beschlossen, auf der andern Seite aber deren Einhebung weiterhin unmöglich machten[70], wenn sie in Abwesenheit des Königs die Reichsverfassung einseitig zu ändern suchten? Daß sich der König dadurch geprellt fühlen mußte, daß er eine derartige Politik mit Ausbrüchen des Zornes und der Empörung beantwortete, wird man verstehen können, wenn es auch wenig klug war.

Anfang Januar 1497 war Maximilian nach mühsamen Märschen nach Innsbruck zurückgekommen[71]. Als er die Rückschläge in Italien und die Haltung der Reichsversammlung überdachte, faßte ihn nochmals ohnmächtiger Zorn: besonders seit sich zeigte, daß die Stände auch die letzte Bitte um Auszahlung der alten, bereits in Worms bewilligten Anleihe ablehnten. Zunächst dachte er daran, den Erzkanzler, den er für einen „ganzen Franzosen“ und obendrein für einen schlechten Kerl hielt[72], an seinen Hof zu zitieren. Dann aber sandte er seinen Anwalt Ernst von Welden, der am 9. Januar 1497 in Lindau eintraf. Entschieden sollte er sich gegen eine Verlegung des Reichstages aussprechen; denn der Lindauer Tag habe nichts geleistet, ließ Maximilian den Ständen sagen[73]; sie hätten den Staaten Italiens, die unmittelbar zum Reich gehörten, keine Unterstützung gewährt; die Italiener verlören jede Hoffnung auf Trost und Hilfe, wenn sie das gegenwärtige Wesen des Reiches erkennen. Man solle sich nicht auf Maximilians Abwesenheit ausreden; er brauche nicht anwesend zu sein; er habe während der Wormser Verhandlungen ohnehin vor der Türe stehen müssen. Man solle endlich die Reichshilfe beraten und den Streit um das Reichsvikariat lösen, womit der Pfalzgraf während des Königs Abwesenheit so viel Schaden gestiftet habe. Der König lade die Kurfürsten deswegen zum Königsstuhl nach Andernach am Rhein. Offenbar wünschte er, sie von den anderen Ständen zu trennen. Sie aber bestanden darauf, den Lindauer Tag durch einen ordentlichen Abschied zu beenden.

Während die Masse der Stände ungestüm nach Hause drängte, forderte der König die Auszahlung der Reichssteuer. Inzwischen protestierte auch die Ritterschaft von Schwaben und Burgau vor der Reichsversammlung, daß man ihnen den Gemeinen Pfennig abgefordert habe[74], obwohl sie als freie Ritter dem Reiche stets nur mit ihrem Blut gedient hätten. Während man die Zeit mit den Schlußgeschäften und der Beratung des Abschiedes hinbrachte, erschien namens des Königs sein Anwalt Hans von Landau[75] auf der Reichsversammlung (29. Januar 1497), der den Ständen ein letztes Mal ins Gewissen reden sollte, und zwar wesentlich schärfer, als dies der alte Hofkanzler Stürtzel im vergangenen Oktober getan hatte.

Maximilian hatte inzwischen wohl erkannt, daß den Reichsständen nichts mehr abzugewinnen sei, denn auch das Ansinnen, mit dem Kurfürsten gesondert am Königsstuhl zu verhandeln, war abgelehnt worden[76]. Ebenso vergeblich hatte er nochmals auf sofortige Auszahlung der gewährten Anleihe gedrängt. Da machte er seinem Unmut gegen die Stände noch einmal offen Luft.

Am Aschermittwoch verlas der königliche Anwalt einen älteren Protest, den er bisher in der Hoffnung auf einen Ausgleich zurückgehalten hatte. Nun, da alle Hoffnungen des Königs enttäuscht worden waren, nahm er sich kein Blatt mehr vor den Mund[77]. Entschieden wies er die Beteuerungen und Entrüstungen der Stände zurück; ja er drohte, die Scheltbriefe zugleich mit den Pfennigmandaten allen Ständen zuzuschicken. Jeder wisse, daß nicht die Fleißigen, sondern nur die Verleumder damit gemeint sein könnten, die in allen Winkeln und Weinhäusern den König verspotteten. Die Reichsverderber zu tadeln, sei sein gutes Recht. Er fürchte keine Ränke, wie sie in Deutschland und Italien gegen ihn gesponnen würden. Er wolle auch nicht zuschauen, wie Gott und Welt verraten würden; er werde widerstehen, solange er könne, und den Teufel in der Hölle nicht fürchten, selbst wenn er armuthalber zu Fuß gehen müsse. Man verbreitete, der König und sein Sohn wollten die Wormser Ordnung nicht einhalten; man möge ihm diese Verleumder nennen, und er werde ihnen antworten. Vor allem aber müsse die Reichssteuer bezahlt werden, denn der Reichstag sei allein des Gemeinen Pfennigs wegen gehalten worden; dann würde auch alles andere geschehen. Die niederländischen Lehen seines Sohnes seien seit Menschengedenken nicht mehr beim Reich gewesen; es gäbe dort viele Parteigänger Frankreichs, gleichwohl würden auch sie herangezogen werden, wenn nur die Stände ihrer Steuerpflicht entsprächen. Wie könne die Reichsversammlung die Steuerleistung von den Italienern verlangen, wenn die Deutschen selber nicht zahlen wollten? Außerdem leisteten die Italiener jetzt schon freiwillig ihre Kriegshilfe gegen Frankreich. Der König habe diesen Krieg bisher (mangels Unterstützung durch das Reich) als Erzherzog von Österreich und Herzog von Burgund führen müssen und sei daher den Ständen keine Rechenschaft schuldig; gleichwohl sei der Krieg dem Reich zur Ehre und zum Vorteil geführt worden. — Die Stände waren „vast und ser erschrocken“, antworteten diesmal aber mäßiger als sonst[78] und suchten den Auftritt möglichst geheimzuhalten.

Inzwischen war nach längeren Verhandlungen der Reichsabschied[79] unter dem 9. Februar 1497 ausgefertigt worden; er brachte eigentlich nichts Neues. Der Gemeine Pfennig sollte bis 15. März 1497 eingehoben werden. Neu war nur die scheinheilige Klausel, keiner dürfe sich dabei auf andere ausreden, die noch nicht gezahlt hätten, wie dies immer wieder geschah. Vom Eingang des Pfennigs sollte auch die Auszahlung der bereits in Worms beschlossenen Anleihe von 150.000 Gulden abhängen. Die Stände wollten aber keine Garantie dafür übernehmen. Von den Säumigen sollte der König die Steuer selbst eintreiben. Aber gleichzeitig wurde unter dem Titel der Handhabung von Frieden und Recht der ständische Widerstand gegen gewaltsame (= gerichtliche) Eintreibung der Steuer[80] im Reichsabschied festgehalten.

Sonst war wenig geschehen. Wichtige Angelegenheiten, wie der Streit um Weißenburg oder die Hilfsbitten des livländischen Ordensmeisters oder die Beschwerden der Eidgenossen, waren verschoben worden. Selbst Kleinigkeiten, wie Polizeiordnungen[81] über Kleiderluxus, Gotteslästerer, Weingemächt, Spielleute, Bettler,

Narren und Zigeuner, übermäßiges Essen und Trinken, von der wichtigeren Münzordnung[82] oder einer neuen Kammergerichtsordnung[83] gar nicht zu reden, wurden auf den nächsten Reichstag verschoben. Von einer Reichsreform, wie sie sich der arme Mann vorstellte, wie sie später die aufständischen Bauern forderten, war überhaupt keine Rede. Die Ausländer pflegten nachgerade zu sagen, die einzige Leistung der Reichstage sei, stets neue Reichstage hervorzubringen. In der Tat wurde ein neuer Reichstag für den 9. April 1497 zu Worms in Aussicht genommen.

Um das Wetter aufzuhellen, verabschiedeten sich die königlichen Räte von den Reichsständen, indem sie ihnen namens des Königs ihren guten Willen bestätigten[84]; wenn die Stände versagt hätten, dann gewiß nicht wissentlich. Der Erzkanzler aber bat, die Reichsversammlung beim König zu entschuldigen, damit er seine Ungnade fallenlasse. Nachdem die Stände eindeutig die Überhand gewonnen, war Berthold sichtlich bemüht, ein Auskommen mit Maximilian zu suchen. Der kluge Taktiker hielt den Ständen am 10. Februar 1497 eine Tadelsrede[85], wies auf die ernste Lage des Reiches und des Königs hin und schalt, wie sich manche im Reich ihren Teil sicherten, alles andere aber gehen ließen. Er mahnte, die Beschlüsse einzuhalten, damit dem Heiligen Reich geholfen werden könne. Wenn er bisweilen scharf habe reden müssen, solle man ihm dies entschuldigen.

So gingen die Stände auseinander, ohne dem König irgendeine Hilfe geleistet, ohne einen Pfennig von der Reichssteuer eingebracht, ohne den Fortgang des Reichskammergerichtes gesichert zu haben. Als sie dem Erzkanzler beim Abschied für seine Bemühungen dankten und wegen ihrer Nachlässigkeiten schmunzelnd um Verzeihung baten, durften sie das Gefühl eines Sieges über den König mit sich nehmen. Sie hatten ihn gezwungen, Italien preiszugeben. Außerdem hatten sie in Lindau ein ständisches Kampfbündnis abgeschlossen, kraft dessen sie dem König mächtiger entgegentreten konnten, als es bisher möglich gewesen war. Viel entschiedener, als er dies in Worms getan, trat Berthold in Lindau und nachher gegen den König auf. Als „Oberster", wie ihn die Stände nannten[86], hatte er die Versammlung nun fest in der Hand und war entschlossen, sie auf dem Weg des Verfassungskampfes fortzuführen.

Die Durchführung der Wormser Reformgesetze schien in Lindau bereits in Frage gestellt. Das Entscheidende war, daß die

Stände die Einbringung und Auszahlung der beschlossenen Reichssteuer beharrlich verhinderten, ohne die nicht einmal die Bezahlung der Kammerrichter möglich war. Es zeigte sich immer klarer, daß alles einem neuen Machtkampf zwischen dem König und den Ständen um das Reichsregiment zustrebte.

So wird es verständlich, daß der König nach den Erfahrungen von Lindau Reichstagshandlungen mit noch größerem Mißtrauen begegnete. Klar zeigte sich das Bestreben der Stände, im Zuge weiterer Verhandlungen zu erzwingen, was ihnen in Worms versagt geblieben war: die Eroberung der ständischen Alleinherrschaft im Reich.

Der König wandte sich nach dem von den Reichsständen zielbewußt geförderten Zusammenbruch seiner auswärtigen Unternehmungen der so dringenden Besserung seiner völlig erschöpften Finanzen, außerdem inneren Reformen der Erbländer und des Reiches zu. Eine durchgreifende Verwaltungsreform der Erbländer sollte ihm die nötigen Finanzmittel schaffen, die das Reich verweigerte. Mit Nachdruck ließ er in den Erbländern und in deren nächster Nachbarschaft den Gemeinen Pfennig einsammeln, den er in Italien längst vorweg verbraucht hatte. Außerdem beschäftigte er sich mit der Einrichtung zentraler Reichsbehörden an seinem Hof, um den Plänen eines ständischen Reichsregiments zuvorzukommen.

Die Stände dagegen dachten nicht daran, die Lindauer Beschlüsse einzuhalten. Der Pfalzgraf sagte rund heraus[87], er werde den Gemeinen Pfennig nicht bezahlen. Bis Mitte März 1497 war von der Reichssteuer so gut wie nichts eingekommen.

6. Der zweite Wormser Reichstag 1497

Nach den letzten Erlebnissen hatte Maximilian nicht die Absicht, den zweiten Wormser Reichstag[1] zu besuchen, wenn nicht vorher wenigstens die Versprechungen von Lindau erfüllt und der Gemeine Pfennig eingehoben würden. Auch drängten sich andere Sorgen in den Vordergrund. Mit Eifer arbeitete der König an den erbländischen Reformen und an der Einrichtung neuer Behörden, die das Reich und die Erbländer gemeinsam regieren sollten. Damit wollte der König die umstrittene Regimentsfrage im Reich lösen, ehe die Stände Gelegenheit fanden, darauf neuerdings zurückzukommen. Außerdem war eine türkische Gesandtschaft angekündigt, von der sich Maximilian eine neue Ostpolitik erwartete.

Mit einiger Verspätung ordnete der König erst Ende April 1497 seine Gesandten zum zweiten Wormser Reichstag ab[2]. Seine Botschaft an den Reichstag erinnerte an die Haltung der Stände in Lindau und deren Folgen für Italien und Europa; Schaden und Schande für das Reich seien daraus entsprungen, Mailand und Genua in Gefahr; vor einem Jahr wäre mit einem Gulden mehr auszurichten gewesen als jetzt mit deren zehn. Mit aller Klarheit ließ der König sagen, er könne auf dem Reichstag erst erscheinen, wenn der Gemeine Pfennig, die eilende Hilfe und die Anleihen bezahlt seien, wie man dies schon 1495 zu Worms und neuerdings zu Lindau versprochen habe[3]. Dann erst würde man die Reformanliegen beraten können, die man bisher nicht hatte erledigen können.

Nicht einmal die Stände konnten schließlich leugnen, daß die Zahlung der Reichssteuer die Grundlage jeder Reform war; daran hing die Bezahlung der Kammerrichter ebenso wie die Durchführung des Landfriedens oder der Schutz der äußeren Grenzen. Solange die Stände aber die beschlossene Reichssteuer verweigerten, schien dem König jede weitere Verhandlung sinnlos, zumal er wußte, daß ihn Kurfürsten und Fürsten letzten Endes nur zum Verzicht auf das Reichsregiment zwingen wollten. Auf einen neuen Kampf um das Regiment aber wünschte sich der König vorerst nicht einzulassen.

Maximilians Mißtrauen gegen den Reichstag, vor allem gegen Berthold, war gewiß nicht unberechtigt. Dabei wußte er wahrscheinlich gar nicht, mit welchen Gedanken Berthold zeitweilig spielte. Zum brandenburgischen Gesandten hatte sich der Erzkanzler kurz vor Eröffnung des zweiten Wormser Tages geäußert, man müsse aus der Not eben eine Tugend machen und die Steuer- und Anleihebitten hinziehen, bis die Kurfürsten zusammenkämen oder „bis ein ander konig wird“[4]. Man wird eine derartige Drohung nicht überschätzen dürfen, aber sie beleuchtet doch einen Augenblick den tiefsten Grund der Seele. Zweifellos würde Berthold seinem Herrn das Schicksal König Wenzels bereitet haben, wenn er dazu imstande gewesen wäre. Daß auch der König von Bertholds Nachfolge zu reden begann[5], kennzeichnet die Schärfe der bestehenden Spannungen.

Am 24. April 1497 hatte der Erzkanzler vor nahezu leeren Bänken die zweite Wormser Reichsversammlung eröffnet[6]. Außer ihm war kein einziger Fürst persönlich anwesend; nur die Gesandten von etwa zwanzig Reichsständen erschienen[7], aber meist ohne Vollmachten. Auch die königlichen Anwälte trafen erst später ein. Schon die ersten Sitzungen standen hilf- und lustlos vor dem neuerdings drohenden Zusammenbruch des Kammergerichtes[8] und vor der beharrlichen Steuerverweigerung. Zwar forderte Berthold die Stände auf, den Pfennig endlich zu erlegen[9], wie er es selber auch getan habe. Aber meinte er es ernst? Unter vier Augen redete er offenbar ganz anders. Die Parole, die unter den Ständen kursierte, lautete, man solle die Reichssteuer stets mit schönen Worten versprechen, aber nach Möglichkeit zurückhalten, berichtet der Würzburger Gesandte. Übrigens habe auch der Mainzer nur 2000 Gulden, also einen recht kleinen Teil erlegt[10], einerseits, um seinen guten Willen zu zeigen, anderseits, um sich nicht in zu große Unkosten zu stürzen. Hinter so vollendeter Klugheit den echten Berthold zu erkennen, fällt wahrlich schwer.

Die Reichstagsreden[11] vom 5./6. Mai 1497 haben Berthold wahrscheinlich schon bei den Zeitgenossen, mehr noch bei den Forschern des 19. und 20. Jahrhunderts als uneigennützigen Vorkämpfer der Reichsreform berühmt gemacht. Ganz zu Recht? Es war gewiß eine kluge Rede. Er sparte nicht mit Vorwürfen an die Stände und an den König: „O libe Herren", begann er in seiner süßen Art, die ihm den Übernamen „Nachtigall" eingetragen[12] hatte. „Es geet gar langsam zu, es ist wenig ernst und flys in den stenden vom obern bis zum untern." Es sei wahrlich zum Erbarmen, fuhr er fort; das Reich werde immer kleiner; Böhmen, Mähren und Schlesien seien verloren; der Deutsche Orden werde von Moskau bedrängt, die Türken bedrohten das Reich; die Lombardei und Mailand seien abgefallen und die Lasten für die verbliebenen Reichsländer stets gestiegen.

War diese Rede nicht mehr als überraschend nach dem Verhalten Bertholds und der Lindauer Reichsversammlung während des letzten Italienzuges? Wäre damals die Gelegenheit nicht günstig gewesen, gemeinsam mit dem König wenigstens Reichsitalien wiederherzustellen? Zweifellos hatte Berthold als Kirchenfürst ein gewisses Gefühl, insbesondere für die Erhaltung Reichsitaliens. Aber offenbar schien es ihm zu gefährlich, die Wiederherstellungspolitik seines Königs zu unterstützen, die dem reichsfürstlichen Partikularismus hätte gefährlich werden können. Tatsächlich aber waren die deutschen Fürstenstaaten damals schon so abgesichert, daß sie nichts mehr zu fürchten brauchten. Woran es dem Reich einzig fehlte, das wäre eine mäßige Verstärkung des monarchischen Einheitsbandes gewesen. Davon aber wollte der Erzkanzler offenbar nichts wissen, ganz im Gegensatz zu seinem Standesgenossen Nikolaus von Kues, dessen Staats- und Reformschriften[13] er sicherlich wohl kannte.

Berthold hielt sich offenbar für klug und stark genug, die Stände aus eigener Kraft zur Einheit zusammenzuführen. Er drohte ihnen, es werde schließlich ein Fremder kommen[14] und mit eiserner Rute regieren; die Zeitläufte sähen so gefährlich aus, daß man die Eintracht im Reiche wiederherstellen müsse. Besiegelte Ordnungen nützten nichts, wenn man sie nicht durchführe. Dann wandte er sich gegen den König, der die Reichslehen in Italien, Mailand und Savoyen verliehen habe, ohne die Kurfürsten zu befragen. Offenbar riß ihn die Stimmung fort, daß er sich um die Tatsachen, die ohnehin niemand so rasch überprüfen konnte, wenig kümmerte. Tatsächlich hatten Mainz, Köln, Trier und Pfalz einen Willebrief zumindest für die Belehnung Moros mit Mailand abgegeben[15]. Zahlreiche Dokumente berichten von den Gratifikationen und Schmiergeldern[16], die dafür vereinbart worden waren. Aber wer von den wenigen Anwesenden konnte dies wissen? Parlamentsreden sind eben zu keiner Zeit Quellen der reinen Wahrheit. Wer Berthold nur danach beurteilt, wird ihn kaum zu erfassen vermögen; ebensowenig den König, wenn man sich nur an seine Propaganda hält.

Der Erzkanzler blieb mit seinen hochtönenden Mahnungen und Reden ein einsamer Rufer. Er wollte und konnte nicht sehen, daß sich die reichsfürstlichen „Souveräne" einem kollegialen reichsständischen Regiment noch viel weniger unterwerfen würden als einer gemäßigt monarchischen Führung, wie sie der Reichstradition entsprach. Nur Autorität und Macht, am ehesten ein siegreicher König hätten sie zu bundesstaatlicher Aktivität nach innen und außen verhalten, hätten die altkaiserliche Gebotsgewalt erneuern können. Dies zu unterstützen aber war Berthold weit entfernt und reichsständischen Interessen viel zu sehr verhaftet. Offenbar hätte es ihm gefallen, nach Art der fränkischen Hausmeier den König und die fürstlichen Standesgenossen nach seinem Willen zu lenken[17]. Da unterschätzte er freilich die immer noch große Autorität der Kaiserkrone und die Persönlichkeit des „künftigen Kaisers", nicht minder den entschiedenen Sonderwillen der deutschen Landesfürsten; vor allem aber überschätzte er seine eigenen Möglichkeiten. Wenn ein so dynamischer König wie Maximilian Fürsten und Stände nicht zur Bundeshilfe verhalten konnte, so noch viel weniger der zaghafte Berthold, dessen Klugheit und Redekunst man zwar bewunderte, dessen „Schulmeisterei" aber belächelt wurde.

Es war nicht die italienische Frage allein, worin die Stände versagten: auch die Bitten des Deutschordensmeisters von Livland um Hilfe gegen Moskau verhallten völlig ungehört[18], ebenso die Hilferufe der Kroaten[19] gegen die Türken. Im Innern des Reiches aber setzten sich gerade Kurfürsten und Fürsten über die Bestimmungen des Wormser Landfriedens und der Kammergerichtsordnung glatt hinweg. Selbst ein geistlicher Kurfürst wie der Trierer überfiel im Juni/Juli 1497 mit Hilfe von Kurpfalz, sozusagen unter den Augen des Reichstages, die widerspenstige Stadt Boppard[20], die ihre Reichsunmittelbarkeit wiederherstellen wollte. Um die Friedensgesandtschaft des Reichstages kümmerte man sich nicht. Kurpfalz bedrängte weiterhin Stadt und Stift Weißenburg[21]. Die Eidgenossen belästigten Angehörige des Schwäbischen Bundes[22]. In Gegenwart der Reichsversammlung stritten sich die Wormser Bürger mit ihrem Bischof[23], und die Geistlichkeit verließ die feindselige Stadt. Man verhandelte und vermittelte, um den Schein zu wahren; tatsächlich aber geschah nichts. In keinem Fall wurde ein Landfriedensverfahren aufgenommen, denn der Reichstag wagte es nicht, Schwächere gegen die Stärkeren in Schutz zu nehmen. Da eine zentrale Vollzugsgewalt fehlte, wären auch alle Entscheidungen des Reichstags und des Kammergerichts auf dem Papier geblieben. So war der Unsicherheit und des Unfriedens im Reich kein Ende. Anstatt dem König eine starke, reichseinheitliche Vollzugsgewalt zuzugestehen und aus dem Gemeinen Pfennig eine Friedenstruppe aufzustellen, war man eifervoll bemüht, ihm die letzten Reste verbliebener Königsrechte zu entziehen. Hinter dieser reichsständischen Bewegung aber wird immer wieder Frankreich mit seinen geheimen Einflüsterungen, Beziehungen und Bestechungsgeldern sichtbar[24].

Zwar mußten sich die Stände herbeilassen, den Gemeinen Pfennig wenigstens zum Schein einzufordern und Mahnschreiben an alle

Säumigen[25] auszuschicken, wenn sie glaubhaft bleiben wollten. Im übrigen brachten sie die Zeit mit den üblichen Sitzrangstreitigkeiten[26] hin und berieten, was nützlicher war, die Besoldung des Kammergerichtes. Eine Wiederaufnahme der Regimentsfrage war in Abwesenheit des Königs nicht möglich. Wäre Maximilian in Worms erschienen, würden sie sich augenblicklich im Angriff auf die Königsrechte geeinigt und der müden Versammlung Schwung gegeben haben. Er aber erklärte immer wieder[27], er werde auf dem Reichstag erst persönlich erscheinen, wenn er die türkische Gesandtschaft[28] empfangen und die Verhandlungen mit der Pforte abgeschlossen habe, vor allem aber, wenn die längst bewilligte Reichssteuer endlich eingebracht sei[29].

Am 7. August klagten die königlichen Anwälte den Reichsständen[30], Maximilian stehe ohne Kredit da und müsse zunächst die Schulden aus dem letzten Italienkrieg abzahlen. Von der eilenden Hilfe habe er erst die Hälfte (etwa 50.000 Gulden) erhalten, von der währenden Hilfe und von der Anleihe aber gar nichts. Man solle ihm wenigstens gestatten, den Gemeinen Pfennig seiner Erbländer und jenen von Jülich, Kleve und Berg unmittelbar zu verwenden, anstatt ihn nach der Wormser Ordnung den Schatzmeistern abzuliefern. Selbstverständlich sei er bereit, den Wormser und Lindauer Abschied durchzuführen, wenn auch die Stände endlich die Steuer einbrächten. Dann werde er sicherlich kommen, denn die Unruhe im Reich, die Bedrohung durch Türken und Franzosen mache Verhandlungen mit den Reichsständen nötig; allerdings wünsche er, den Reichstag nach Freiburg zu verlegen, einer erbländischen Stadt, wo er gleichzeitig auch den österreichischen Angelegenheiten obliegen könne.

In langwierigen Verhandlungen suchten die Reichsstände auszuweichen[31]: man verwies auf den Widerstand des Pfälzers und anderer Fürsten, auf die Klagen der Ritterschaft gegen die Reichssteuer; man verschanzte sich hinter dem Zahlungsunwillen der Untertanen und klagte, der Pfennig komme nur dem König, nicht dem Reich zugute. Man zeigte sich schließlich bereit, den Reichstag nach Freiburg zu verlegen; aber der König solle sich mit der Auszahlung der Anleihe bis dahin gedulden. Als Maximilian erklären ließ, über die beschlossene Anleihe könne es für ihn keine Verhandlungen mehr geben, bewilligte man ihm schließlich am 17. August die geradezu lächerliche Summe von 4000 Gulden und die sofortige Verwendung der Reichssteuer aus seinen Erbländern, den Niederlanden, Jülich, Berg und Kleve. Allerdings sollte er die Beträge abrechnen, damit man wisse, was noch zu zahlen sei[32]. Offenbar legten es die Stände bereits darauf an, über die gewährte Anleihe hinaus keine Reichssteuer mehr zu zahlen. Der Würzburger Gesandte warnte seinen Bischof wiederholt[33], den Gemeinen Pfennig ja nicht voreilig zu erlegen; die wenigsten hätten bisher bezahlt, und die Fleißigen würden zum Schaden nur den Spott ernten.

Als einer der ersten im Reich hatte der König die erbländische Steuer längst in voller Höhe eingehoben[34] und, weitaus mehr als diese, in Italien ausgegeben. War es ein großes Entgegenkommen, daß ihm die Stände wenigstens seine eigenen Steueranteile überließen[35], wenn sie ihm schon sonst nichts von dem gewährten, was sie ihm versprochen hatten? Das Beispiel des Königs spornte die Stände keineswegs an, auch ihrerseits zu zahlen. Sie versprachen immerfort, aber sie zahlten nicht. Manche hinterlegten den Pfennig vorsichtigerweise bei Frankfurter Banken, um erst zu sehen, wie es die anderen hielten[36]. Eine Umfrage über die Steuereingänge war wenig ermutigend: es waren bis Mitte August 1497 im ganzen etwa 14.000 Gulden eingegangen[37]. Die wenigsten hatten bezahlt und auch Erzkanzler Berthold nur einen geringen Teil. Von den Großen hatten Köln, Trier, Pfalz und die bayerischen Wittelsbacher noch nichts erlegt[38]. Die meisten halfen sich mit Ausreden und Versprechungen, die sie nicht einzuhalten gesonnen waren. Um so entschiedener beharrte der König auf seinem Standpunkt, in die Beratung der Abschiede von Worms und Lindau erst eintreten zu können, wenn die Reichssteuer bezahlt sei[39]. So lief alles auf einen neuen Reichstag hinaus, der in Freiburg zusammentreten sollte.

Im Ausschreiben[40] vom 18. August 1497 unterstrich der König, daß die Stände die von der Wormser Reform verfügten alljährlichen Reichstage weder in Frankfurt noch in Lindau noch in Worms besucht hätten; er lade sie daher für den 28. September 1497 nach Freiburg. Vorher aber müsse der Gemeine Pfennig eingetrieben und nach Frankfurt abgeliefert werden unter Androhung der gesetzten Strafen. Der König hielt fest, daß er von der Anleihe gegen Türken und Franzosen bisher nichts erhalten habe, daß man ihm aber dafür das Recht auf die laufenden Eingänge des Gemeinen Pfennigs und auf den Pfennig der Erbländer, der Niederlande etc., eingeräumt habe.

So ging auch der Wormser Tag auseinander, ohne etwas Rechtes geleistet zu haben. Der Abschied[41] vom 23. August 1497 besagte, daß man nach dem Willen des Königs nicht handeln habe können, solange die Reichssteuer nicht eingebracht sei; denn der Gemeine Pfennig bildete die Grundlage für Friede, Recht und Ordnung, weil ohne Geld nicht einmal die Behörden eingerichtet werden könnten. Damit suchten die Stände die Schuld wieder einmal auf den König abzuschieben, anerkannten aber doch auch dessen Grundforderung, die er seit Worms unablässig erhoben hatte, daß man ohne Steuer das Reich nicht reformieren könne. Immerhin hatten aus den geringen Steuereingängen wenigstens die Soldrückstände für das Kammergericht bezahlt werden können, was als bescheidene Leistung gelten konnte. Auch im kommenden Jahr wollte man aus der einlaufenden Steuer zunächst Kammerrichter und Schatzmeister bezahlen.

Die Beziehungen zwischen dem König und seinem Erzkanzler hatten sich im Verlauf des zweiten Wormser Tages keineswegs gebessert. Berthold steuerte nun ganz entschieden die Entmachtung des Königs an, ja er sprach in Andeutungen sogar von dessen Absetzung. Maximilian hatte sich diesem Reichstag völlig entzogen, um sich in der Regimentsfrage nicht noch einmal erpressen zu lassen. Er dachte auch nicht mehr daran, nachdem man ihm die Vollstreckungsgewalt im Reich genommen hatte, den Erzkanzler in den inneren Fehdehändeln zu unterstützen. Berthold, der immer nur die angenehmen Sachen angreifen und regieren wolle, solle sehen, wie er mit seinen fürstlichen Standesgenossen selber fertigwerde[42]. Vermochte sie schon der König nicht zu bundesstaatlicher Einheit zu zwingen, so konnte es Berthold noch viel weniger.

Bald nach dem Abschluß des zweiten Wormser Tages, am 27. August 1497, verständigte Maximilian seine Bundesgenossen Mailand und Spanien[43] über die außenpolitischen Ergebnisse der letzten Reichstagshandlungen. Die deutschen Fürsten seien durchaus gegen die Heilige Liga, und ein Italienzug würde kaum mehr möglich sein. Der König von Frankreich suche die Liga mit allen Mitteln zu sprengen. Italien müsse sich in Zusammenarbeit mit Spanien selber helfen. Eine Reichshilfe sei nur zu erwarten, wenn sich Italien dem Reich unterstelle.

Mitte Oktober erfuhr der König von der Gefangennahme Perkin Warbecks[44], des englischen Prätendenten, auf den er im Kampf gegen Frankreich große Hoffnungen gesetzt hatte. Außerdem legte der einbrechende Spätherbst alle äußeren Unternehmungen stille, zumal sich der Streit mit den Eidgenossen[45] immer mehr zuzuspitzen drohte.

Mit größtem Eifer widmete sich der König in den folgenden Wochen und Monaten inneren Fragen: dem Abschluß jener Reformen, die seine Stellung gegenüber den Reichsständen stärken sollten, der Reform der Regierungsbehörden des Reiches[46] und seiner Erbländer.

7. Der Freiburger Reichstag 1497/98

Ende Oktober 1497 trat der Freiburger Reichstag[1] zusammen. Der König wollte ihn erst besuchen, wenn die Stände vorher die längst fällige Reichssteuer eingebracht hätten, wie das bereits im zweiten Wormser Abschied enthalten war; hatten die Stände doch zugestanden, daß auch sie die Steuer als Grundlage aller weiteren Reformhandlungen betrachteten. Eingegangen war inzwischen kein Pfennig. Die Stände berichteten[2] klagend, daß viele noch nicht gezahlt hätten, manche überhaupt nicht zahlen wollten, daß der Landfriede immer wieder gebrochen und die Kammergerichtsurteile nicht vollstreckt würden. Der König als „Handhaber" der Ordnung möge unverzüglich erscheinen, weil sonst der Reichstag sich auflöse. Nachdem man ihm in Worms alle Exekutivgewalt praktisch genommen hatte, sollte er nun als „Haupt und Handhaber der Wormser Ordnung" den inneren Frieden des Reiches wiederherstellen; dabei ließen die Stände deutlich erkennen, daß sie nicht bereit seien, seine alten Forderungen, Romzug, Kaiserkrönung und Türkenhilfe, zu behandeln.

Der König antwortete darauf nur[3], er sei mit der erbländischen Reform befaßt und werde kommen, wenn er damit fertig sei. Die Stände sollten inzwischen mit seinen Vertretern über die Abschiede von Worms und Lindau, insbesondere über die Einhebung des Gemeinen Pfennigs verhandeln. Auch gab er zu verstehen, daß er seine Italienpläne keineswegs aufgegeben habe und nächstens über den Romzug verhandeln wolle. Außerdem empfahl er den Ständen, inzwischen über die Einhaltung des Landfriedens und die Durchführung der Kammergerichtsurteile zu verhandeln, womit er sagen wollte, daß er auf Grund der bestehenden Ordnung darauf ohnehin keinen Einfluß habe. So verging das Jahr 1497, ohne daß auf dem Reichstag etwas Besonderes geschehen wäre.

Im Januar 1498 wandten sich die Stände neuerdings und diesmal schärfer an den König[4], der die Steuerverweigerer beharrlich in ihrem eigenen Saft hatte schmoren lassen. Sie klagten, daß man bereits über die Reichsstände spotte, „sie wollten allein das Reich reformieren"; sie wüßten indes wohl, daß ohne den König fruchtbare Arbeit nicht zu leisten sei. Nochmals versicherten sie, auch ihnen erscheine der Gemeine Pfennig als die Grundlage für Landfrieden und Kammergericht, wie dies schon die Wormser Ordnung zeige; bevor die Steuer nicht eingebracht sei, könne nichts Wirksames beschlossen werden. Gleichwohl vermochten sie über die Einbringung der Steuer nicht viel Positives zu berichten. Völlig unnütz seien Verhandlungen mit der Ritterschaft.

Maximilians Antwort[5] vom 19. Januar 1498 beharrte nachdrücklich auf der Einbringung der Reichssteuer; er werde am 4. März von Innsbruck abreisen und bald in Freiburg sein; bis dahin solle die königliche Werbung über die letzten Reichsabschiede, über Landfrieden, Kammergericht, insbesondere über die Einbringung des Gemeinen Pfennigs behandelt sein, damit er sich dann „anderen Dingen" zuwenden könne. Damit waren wohl der Romzug und die Krönung gemeint. Die Stände lehnten es zwar entschieden ab, ohne den König über die Hauptfragen zu beraten, beschäftigten sich aber nicht ohne Erfolg mit Fragen des Kammergerichts und des allgemeinen Friedens[6].

An Berthold persönlich schrieb Maximilian[7], er habe ein Haus mit gutem Fundament gebaut und müsse jetzt das Dach aufsetzen, damit die Arbeit nicht verloren sei. Damit meinte er wohl die in Worms mißlungene Regimentsordnung, die in neuer Fassung das Reformwerk abschließen und die Frage des Reichsregimentes während der Abwesenheit des Königs in Italien oder anderswo regeln sollte. Mußte es Berthold nicht als erste Andeutung auffassen, daß der König auch *dafür* vollendete Tatsachen zu setzen gedachte?

Dies war es ja, was beide Parteien seit Worms in beständiger Spannung erwarteten: die unausbleibliche Auseinandersetzung um das Reichsregiment. Der König wollte sich diesem Kampf offenbar erst stellen, wenn die Steuer eingebracht war und er durch die Verweigerung der Steuerhilfe nicht mehr erpreßt werden konnte.

Die Reichsversammlung war über das beharrliche Ausbleiben des Königs nicht wenig erbittert[8]. Die Stände wollten nach Hause, wenn der König nicht erscheine; unter Umständen alle zugleich, damit der König niemanden besonders beschuldigen könne[9]. Berthold aber versuchte, die Versammlung zusammenzuhalten, denn die außenpolitischen Niederlagen Maximilians schienen ihm für eine oligarchische Lösung der Regimentsfrage günstig. Der König zahlte den Ständen mit gleicher Münze zurück: sie verweigerten die Steuer, er aber entzog sich ihren Erpressungen. Die Stände verwiesen auf ihre Geduld und auf ihr langes Ausharren; der König dagegen auf seine anderweitigen Verpflichtungen.

Tatsächlich konnte Maximilian den ständischen Arbeitseifer bisher nicht allzusehr behindert haben, denn Anfang Februar 1498 war noch eine ganze Reihe ständischer Gesandter ohne entsprechende Vollmachten[10], was stets den beliebten Vorwand bot, über unangenehme Sachen nicht verhandeln zu können. Sie drohten mit der Abreise, mußten aber sehr wohl wissen, daß die Verweigerung der wiederholt beschlossenen, immer wieder versprochenen und noch immer nicht eingebrachten Steuer der Hauptgrund für das Ausbleiben des Königs war.

Unter diesen zähen Bleibern sind vorwiegend jene ständischen Stürmer und Dränger zu suchen, welche die Reichsreform mit der Entmachtung des Königs abzuschließen hofften. Wohl so ist es zu verstehen, wenn Berthold andeutete, daß die anwesenden Stände mit Passion sich vereinigten und konspirierten[11], wenn umgekehrt der König gewisse Reichsstände bis zu seiner Ankunft von Freiburg fernzuhalten suchte[12], sich um die beständigen Bitten und Drohungen[13] der Stände nur wenig kümmerte und lieber in Innsbruck mit Mummereien und Turnieren[14] in gewohnter Weise Fasching feierte. Dabei stürzte er allerdings so unglücklich vom Pferde, daß er über einen Monat nicht mehr daran denken konnte, sich auf die Reichstagsfahrt zu begeben[15].

Da alle Zuschriften hatten erkennen lassen, daß es den Ständen hauptsächlich um das Regiment ging, entschloß sich Maximilian, ihnen den Ball sozusagen über dem Kopf wegzunehmen. Er hatte inzwischen am 13. Dezember 1497 eine neue Hofratsordnung und bald darauf eine neue Hofkammer- und Schatzordnung erlassen[16], worin erbländische Verwaltung, Hof- und Reichsverwaltung weitgehend zusammengefaßt wurden. Die für Erbländer und Reich gemeinsamen obersten Organe eines Hofrates und einer Hofkammer sollten die reichsständischen Bestrebungen zur

Schaffung eines vom König unabhängigen Reichsregimentes ein für allemal verhindern. Diese neuen Behörden waren auch geeignet, den König während seiner Abwesenheit vom Reich zu vertreten. Mit Kurfürst Friedrich von Sachsen als Statthalter und Herzog Georg von Bayern als Hofmeister schienen sehr einflußreiche Fürsten für das königliche Hofregiment gewonnen. Die Herzoge Friedrich und Johann von Sachsen, Georg von Bayern, die Herzoge von Pommern und Mecklenburg, Markgraf Friedrich von Brandenburg waren der Regimentsgründung in Innsbruck Pate gestanden. Die Bischöfe Melchior von Brixen und Matthias von Seckau, Graf Heinrich von Fürstenberg als Hofmarschall, Eitelfritz von Zollern, Graf Johann von Werdenberg, Hans von Landau, Walter von Stadion, Hofkanzler Stürtzel, der allmählich dem Protonotar Serntein Platz machen mußte, waren die führenden Köpfe in der neuen Reichsregierung. Mit und neben ihnen wirkten die Beamten der erbländischen Verwaltung, vor allem Florian Waldauf und Simon von Hungersbach, die mit den Reichsbehörden auf das engste zusammenarbeiteten. Nachdem Maximilian auf solche Art vorgebaut hatte, glaubte er, den Besuch des Reichstags wagen zu können. Er verließ Innsbruck, um sich langsam und vorsichtig der Freiburger Versammlung zu nähern.

Am 7. April 1498 war überraschend König Karl VIII. von Frankreich gestorben[17], wodurch sich für Burgund und Italien mit einem Male überraschende Möglichkeiten eröffneten. Maximilian dachte sofort an einen Waffengang mit Frankreich, der die burgundische Frage zugleich mit der italienischen lösen sollte. Die Franzosen wären ohnedies verpflichtet gewesen, dieses Jahr gewisse Landgebiete in Burgund an Erzherzog Philipp zurückzustellen; bei der neuen Lage konnten die gesamten burgundischen Abtretungen des Friedens von Arras (1482) wieder in Frage gezogen werden. Dies alles war freilich nur zu erreichen, wenn man den Franzosen mit entsprechender Heeresmacht begegnen konnte. Damit gewann der Besuch des Reichstages für den König plötzlich ein ganz neues und dringendes Interesse.

Verhandlungen mit den Reichsständen über eine wirksame Kriegshilfe schienen jetzt unaufschiebbar. Sogleich suchte der König seine Fußverletzung[18] zu überwinden und machte sich auf den Weg nach Ulm. Zunächst richtete er ein dringliches Ladeschreiben an die Fürsten, sie möchten zur Ehre und Wohlfahrt des Reiches auf dem Freiburger Tag erscheinen[19].

Bereits Anfang Mai traf der König in Ulm ein, um in eingehenden Gesprächen mit den anwesenden deutschen Fürsten und den Gesandten des Papstes, Spaniens, Mailands und Venedigs die außenpolitische Lage und die nächsten kriegerischen Unternehmungen abzuklären. Besonders der Mailänder Gesandte Brascha bemühte sich, den König für ein Eingreifen gegen Frankreich zu gewinnen, wovon sich Herzog Ludovico die Sicherung seines Staates erhoffte. Brascha versuchte sogar, wie ein Reichsstand behandelt und dem Reichstag zugezogen zu werden[20]. Die Italiener meinten, nunmehr sicher zu wissen, daß der König Italien auf keinen Fall preisgeben, sondern gegen Frankreich verteidigen werde. Während Mailand bereit gewesen wäre, einen ansehnlichen Teil zum Unternehmen beizutragen, hielten sich die anderen Ligavertreter in auffallender Weise zurück.

Der Umschwung der Dinge hatte auch die Reichsstände, die am Erscheinen des Königs fast verzweifelten[21], zum Verbleiben in Freiburg bestimmt, mußten sie doch erwarten, daß die großen Auseinandersetzungen um die Außenpolitik dem Reichstag eine neue Wendung geben würden. Man konnte hoffen, für die Kriegshilfe Zugeständnisse in der Regimentsfrage eintauschen zu können. Berthold hatte geschrieben[22], daß der Reichstag sich für die neue Lage interessiere und das persönliche Erscheinen des Königs erwarte.

Seit seinem Regierungsantritt war der König von der Überzeugung beherrscht, das Reich sei von zwei Mächten in seiner Existenz bedroht[23]: von Frankreich und von den Türken; zuerst müsse man Frankreich überwinden, dann könne man auch mit den Türken fertigwerden. Diesem Plan, den er trotz schwersten Rückschlägen mit bemerkenswerter Konsequenz, wenn auch mit stets wechselnden Mitteln, durch sein ganzes Leben verfolgte, schien der Tod des Königs von Frankreich neue Möglichkeiten zu eröffnen.

Würde Maximilian die Stände für ein großes Unternehmen gegen Frankreich gewinnen können, das sich jetzt anzubieten schien? Wie stets suchte er die Verhandlungen mit Gnadenbeweisen vorzubereiten: der einflußreiche Friedrich von Sachsen[24], der reiche und mächtige Georg von Bayern[25] wurden durch höchste Ämter in der neuen Reichsregierung gewonnen; Herzog Albrecht von Sachsen erhielt Friesland zugeteilt[26], um ihn für seine langjährigen Dienste in den Niederlanden einigermaßen zu entschädigen; der König mochte wohl auch hoffen, das seit Jahren rebellische Land[27] dadurch wieder enger an das Reich zu binden.

In der Tat scheinen die in Ulm anwesenden Kurfürsten und Fürsten dem König die besten Hoffnungen auf eine Reichshilfe gemacht zu haben, wie Fuensalida[28] berichtet. In Württemberg wurde der kranke Herzog Eberhard abgesetzt und der junge Graf Ulrich durch die Übertragung des Herzogtums gewonnen[29]. Maximilian verstand es, sich unter den Notabeln des Landes Anhang zu verschaffen. Auch gegenüber den mittleren und niederen Reichsständen hatte es der König an Gnadenerweisen niemals fehlen lassen.

Erzbischof Berthold freilich mußte sich durch das neue königliche Hofregiment übergangen und verletzt fühlen[30], wenn er auch einen Teil der Reichsagenden in Händen hatte und immer mehr an sich zu ziehen suchte[31]. Der König wußte, daß er mit Bertholds zähem Widerstand zu rechnen hatte[32].

Am 18. Juni 1498 zog Maximilian mit einigen Kurfürsten und Fürsten in Freiburg ein[33], wo bis dahin nach dem Bericht des Reichstags-Protokolls nichts Besonderes verhandelt worden war[34]. Schon anderntags erneuerte der König für den Fall eines Krieges gegen Frankreich und Geldern ein Bündnis mit Kleve und Jülich-Berg[35]. Alle Maßnahmen wurden auf einen Waffengang mit Frankreich abgestellt.

Am 23. Juni ließ Maximilian durch Berthold dem versammelten Reichstag sein Interesse an Frieden und Recht bekunden, ferner aber fragen, wer den Gemeinen Pfennig bisher bezahlt habe[36]; denn die Steuer sei Voraussetzung für alle weiteren Verhandlungen. Der Schatzmeister solle mit dem Geld und dem Steuerregister in die Nähe von Freiburg übersiedeln, damit die restliche Steuer endlich eingetrieben werden könne. Darauf erwiderten die Stände, dies sei gegen die Wormser Ordnung; vielleicht würde dann noch weniger gezahlt werden. Der Mangel guten Willens war offensichtlich.

Als Erzkanzler Berthold eine Antwort des Reichstages auf die Steuerfrage erst für den 25. Juni in Aussicht stellte, wurde der König heftig, befahl die sofortige Aufnahme der Verhandlungen und verlangte augenblicklich, noch für Sonntag, den 24. Juni, die Antwort. So ungeduldig und gereizt konnte er sein.

Die Stände wußten in der Tat nicht viel Erfreuliches zu berichten[37]: Berthold hatte zwar in seinen Gebieten etwas eingebracht[38]; die anderen Kurfürsten waren nicht einmal so weit und konnten nur ihren guten Willen beteuern. Der Pfalzgraf lehnte die Zahlung überhaupt ab. Ebenso hatten die geistlichen und weltlichen Fürsten erst zum geringsten Teil bezahlt. Grundsätzlich abgelehnt hatte auch die Reichsritterschaft. Am besten hatten sich noch die Städte gehalten, die mit Ausnahme von Lübeck, Northeim und Mühlhausen fast durchwegs bezahlt hatten. Im ganzen eine traurige Bilanz, denn es waren noch nicht einmal die Steueranschläge des Koblenzer Tages (1492) und des Nürnberger Tages (1491) ganz hereingebracht[39], geschweige denn die Steuern und Anleihen von 1495.

Am 26. Juni ließ der König der Reichsversammlung seine Forderungen vortragen[40]: er verlangte den Rest der in Worms bewilligten 150.000 Gulden, erklärte sich aber seinerseits bereit, den Eingang des Pfennigs aus den Erbländern nachzuweisen. Außerdem sei er willens, die Reformhandlungen sofort zu beginnen, wenn er die leidigen Streitigkeiten um den Vorrang auf den Reichstagsbänken geschlichtet habe.

Am Nachmittag des 26. Juni lud der König die Kurfürsten, einige Fürsten und Städtevertreter an seinen Hof[41]. Nun rückte er mit seinem eigentlichen Anliegen ungestüm heraus: der König von Frankreich habe den Häusern Österreich und Burgund viele Länder abgenommen, und Erzherzog Philipp zeige sich bereit, seine Ansprüche preiszugeben. Wenn er, der König, diese Verluste schon nicht gutzumachen vermöge, so wolle er den Franzosen doch wenigstens einen Backenstreich versetzen, dessen man in hundert Jahren noch gedenken solle; wenn der König dabei vom Reich im Stiche gelassen werde und Frankreich diese Gebiete behalte, so müsse er sich von seinem Eid dispensieren, den er hinter dem Altar geleistet habe, denn er habe auch dem Hause Österreich geschworen; Lombarden und Deutsche hätten ihn verraten; das wolle er sagen, und wenn er darüber die Krone vom Haupte nehmen und zertreten müßte. Die Stände redeten von seinen beiden großen Torheiten — sie meinten damit den Italienzug und den Nichtbesuch der Reichstage. Er sei bereit, noch eine dritte Torheit hinzuzufügen; er verlange Antwort, ob er beim Krieg gegen Frankreich mit der Hilfe des Reiches rechnen könne.

Dies alles stieß er offenbar in höchster Erregung hervor, mit wunderlichen Worten und Gebärden, dunkel und unverständlich. Berthold erwiderte[42] mit feinem Spott, der König spreche zu ihnen in Parabeln wie Christus zu den Jüngern; wenn er klarer rede, werde der Reichstag gewiß gerne raten. Der König mochte sich über den Erzkanzler geärgert haben und antwortete zornig, er habe deutsch genug geredet, wolle aber jedem, der frage, noch deutlicher antworten.

Der Mainzer erwiderte kurz, er wolle nichts abschlagen, glaube aber, daß die Stände nicht helfen würden, wenn der König ohne ihr Wissen Krieg beginne; aber er solle sich an die Reichsversammlung wenden. Da beendete Maximilian die Unterredung mit schroffen Worten: er sei fest zum Krieg entschlossen und wolle dagegen nichts mehr hören; er werde sich nicht an Händen und Füßen binden und an den Nagel hängen lassen; er fordere die längst bewilligten 150.000 Gulden.

Der König mag in dieser stürmischen Aussprache, die den Ständehäuptern den Ernst seiner Forderungen zeigen sollte, manches vorsätzlich übersteigert haben. Im ganzen war diese Audienz nur die Eröffnungsvorstellung, keineswegs die Haupthandlung oder der Höhepunkt dieses stürmischen Reichstages, wie nach dem Beispiel Rankes und Ulmanns[43] fast alle neueren Darsteller[44] meinen.

Mit diesem Auftritt hoffte der König bei den Kurfürsten und Fürsten Bahn gebrochen zu haben; jetzt schickte er seine Anwälte vor. Am 27. Juni forderte Stürtzel[45] von den Ständen neuerdings den Rest der 150.000 Gulden, weil der Krieg gegen Frankreich so gut wie unvermeidlich sei. König Ludwig XII. weigere sich, Erzherzog Philipp die burgundischen Länder zum vertraglich festgesetzten Termin zurückzustellen; der König lasse zwar Kurfürst Friedrich von Sachsen mit Frankreich verhandeln, erhoffe sich aber alles von seinem Heer und von den Reichsständen, die ihm nach der Wormser Ordnung Hilfe zur Verteidigung seiner Länder gegen Frankreich schuldig seien.

Die Stände antworteten noch am gleichen Tag[46]: der Rest der 150.000 Gulden wurde bewilligt; allerdings nicht in Form einer Anleihe bar auf die Hand, sondern tropfenweise durch den allmählich einlaufenden Gemeinen Pfennig. Damit war die Zusage, wie die bisherige Geschichte des Gemeinen Pfennigs zeigte, praktisch wertlos. Außerdem verlangte man vom König die Abrechnung über die erbländische Pfennigsteuer. Die Stände erklärten sich zur Kriegshilfe gegen Frankreich zwar bereit, wollten die Sache aber zunächst durch eine Gesandtschaft mit Ludwig XII. verhandeln lassen und die burgundischen Länder im Falle einer Rückgewinnung dem Reiche eingegliedert wissen.

Dies alles hörte sich recht gut an; tatsächlich aber waren so viele Bedingungen und Verzögerungsmomente eingebaut, daß sich das Zugeständnis in der Folge wieder als unbrauchbar erweisen sollte. Immerhin schienen die Stände diesmal rascher nachzugeben als seinerzeit in Worms, wo man nach fünf Monaten nicht so viel erreicht hatte wie diesmal in sechs Tagen. Freilich war man keinen Schritt über Worms hinausgekommen: wieder war nur die Durchführung dessen versprochen, was bereits 1495 in Worms beschlossen worden war.

Der König war freudig überrascht, ließ danken und zeigte sich fürs erste zufrieden[47]. Allerdings versuchte er nochmals, die sofortige Auszahlung des gesamten Restes der 150.000 Gulden zu erreichen, drängte außerdem auf die rasche Abfertigung der Gesandtschaft nach Frankreich und ließ fragen, was inzwischen mit seinem Kriegsvolk im Elsaß geschehen solle.

Die Stände aber stellten sich sofort auf Verzögerung ein: sie wollten das Eintreiben des ausstehenden Pfennigs besprechen, desgleichen müsse der Text der Instruktion für die Gesandtschaft noch beraten werden; über den Unterhalt des Kriegsvolkes bis zur Wiederkehr der Gesandtschaft wisse die Versammlung indes nichts zu raten. Das sollte wohl heißen, der König möge sein Kriegsvolk selber unterhalten oder entlassen.

Inzwischen war der König zu den Truppen geeilt[48], die er im Elsaß für den Vormarsch gegen Frankreich gesammelt hatte. In Breisach führte er seiner Gemahlin das Schauspiel eines großen Vorbeimarsches vor Augen; zumal auch den auswärtigen Gesandten, die nicht versäumten, die günstigsten Nachrichten über die Kriegsbereitschaft des Reichstages an ihre Herren weiterzugeben, um deren Hilfsbereitschaft anzueifern. So berichtete Chieregati dem Papst[49], die Reichsstände seien sogar bereit, persönlich ins Feld zu ziehen. Die Mächte wußten indes besser, woran sie mit den deutschen Ständen und dem Reichstag waren. Sogar Ludovico kündigte seine Unterstützung auf, wofür ihm Maximilian zornig das Ende seines Hauses prophezeite[50]. Venedig bereitete sich vor, die Heilige Liga zu verlassen[51], und auch der Papst stand im Begriffe, allmählich zu Frankreich überzugehen[52].

Während der Abwesenheit des Königs war in Freiburg nichts geschehen. Als er am 2. Juli wiederkehrte[53], suchte er die Geschäfte neuerdings in Schwung zu bringen, drängte auf die Abfertigung der Gesandtschaft nach Frankreich, auf die Einsetzung eines Reichsausschusses von Kurfürsten, Fürsten und Städtevertretern zur Beratung der Gesandtschaftsinstruktion und lud für den späten Nachmittag diesen Ausschuß an seinen Hof.

Kanzler Stürtzel entschuldigte[54] zunächst des Königs langes Fernbleiben vom Reichstag, erwähnte dessen Feldzüge gegen Franzosen und Türken, außerdem das erbländische Reformwerk. Dann ergriff Maximilian persönlich das Wort, um einige „Verba Sacramentalia“[55] anzufügen: Friede, Recht und Gemeiner Pfennig, das seien die Hauptsachen dieses Tages. Der König beklagte die beständigen Friedensbrüche des Königs von Frankreich, aber auch die schwebenden inneren Fehden. Leider seien ihm, Maximilian, in der inneren und äußeren Friedenswahrung die Hände gebunden. So dürfe er Friedensbrecher nicht ohne Zustimmung des jährlichen Reichstages bestrafen. Ohne solche Behinderung wisse er wohl, für den Frieden zu sorgen[56]. Er werde sich aber nicht hindern lassen, den Gewalttaten der Franzosen zu widerstehen, und hoffe dabei auf die Hilfe des Reiches. Darum habe er ein Heer an die Grenzen Hochburgunds gestellt. Er höre, daß ihm seine Gegner drei Torheiten vorwerfen: erstens, daß er nach Italien gezogen, zweitens, daß er die Reichstage nicht besucht, drittens, daß er nun wieder ein Heer aufgestellt habe; aber er wisse, die drei Torheiten zu verantworten. Der ständische Ausschuß solle unverzüglich mit seinen Beratungen beginnen; morgen werde der König seine Räte schicken und fallweise auch selber auf dem Reichstag erscheinen.

Um der ständischen Opposition die Spitze abzubrechen, wurde schon am nächsten Tag (4. Juli) der Eingang des Gemeinen Pfennigs aus den Erbländern (etwa 27.000 Gulden) mitgeteilt[57]. In Erzherzog Philipps Ländern freilich gäbe es Schwierigkeiten, weil die französischen Landstriche sich grundsätzlich weigerten, den Pfennig zu zahlen; aber der König werde auch sie zum Gehorsam bringen. Maximilian wünschte, von den Ständen den gesamten Rest des Pfennigs als runde Summe anleiheweise in die Hand zu bekommen. Darauf drängte er mit besonderem Nachdruck.

Am 5. Juli wurden diese Forderungen von den königlichen Räten vor dem Ausschuß mit besonderer Beredsamkeit nochmals wiederholt[58].

Die Aussprache vom 3. Juli mag hart gewesen sein. Der König war zwischendurch so heftig geworden, daß die Stände fürchten mußten, der Reichstag könnte scheitern, wenn sie ihm die längst bewilligte Steuer weiterhin vorenthielten. So suchten sie ihn durch die Auszahlung kleinerer Summen etwas zu beruhigen[59]. Am 5. Juli gewährte man dem König 10.000 Gulden, anderntags noch weitere 5000 Gulden sofort in die Hand. Ja, man redete sogar davon, die Säumigen zwangsweise zur Zahlung anzuhalten. Dann drängte man zur Aufnahme der Reformverhandlungen.

Am 6. Juli erschien Maximilian persönlich im Reichstag, um zwei Stunden lang mit den Kurfürsten zu verhandeln[60]. Offenbar ging es wieder um die Auszahlung der ganzen Hilfe, denn mit 15.000 Gulden, die er bisher erhalten hatte, konnte er sich kaum abfertigen lassen. Außerdem wehrte sich der König jetzt, da er sehen mußte, wie sehr man die Sache dadurch verzögerte, gegen die Absendung einer Gesandtschaft nach Frankreich. Dabei dürften die Stände vorwurfsvoll erwidert haben, daß die innere Ordnung viel wichtiger sei, daß Frieden und Recht so sehr im argen lägen; denn am nächsten Tag (7. Juli) ließ der König der Reichsversammlung sagen[61], daß er Frieden und Recht gerne nach Kräften wahren möchte, aber nichts dazutun könne, weil ihm der Reichstag die Hände gebunden habe.

Beharrlich verlangte der König nochmals und immer wieder den bewilligten Rest der 150.000 Gulden; außerdem eine Hilfe für das Kriegsvolk, das an der französischen Grenze stand. Die Gesandtschaft nach Frankreich lehnte er jetzt als ein Mittel der Verzögerung entschieden ab.

Die Reichsversammlung[62] versuchte auszuweichen: der König möge sagen, wodurch ihm bei der Friedenswahrung die Hände gebunden seien. Der Text der Wormser Gesetze hätte alles gesagt. Noch unglaubwürdiger klang die neuerliche Beteuerung, der Gemeine Pfennig müsse eingebracht und die Widerstrebenden müßten zur Zahlung gezwungen werden; war man dem König doch bisher bei jedem derartigen Versuch in den Arm gefallen.

Begründeter war die sorgenvolle Frage der Stände, wo denn das Kammergericht hinverlegt werden solle, wenn es der König von Worms abzuziehen wünsche; man wußte, daß er es wieder an seinem Hof haben wollte, was aber ohne Zweifel die Gefahr eines Rückfalles in die parteiliche Hofgerichtsbarkeit und „Schreiberherrschaft" der älteren Zeiten in sich schloß. Die weiteren Fragen, wieviel denn von den 150.000 Gulden noch zu zahlen wären und wie stark das Kriegsvolk an der Grenze sei, sollten den guten Willen der Stände erkennen lassen.

Der König antwortete[63] ebenso rasch wie scharf: das Kammergericht[64] wolle er zunächst noch in Worms belassen, aber später, wenn er eine feste Residenz einrichte, an seinen Hofe ziehen. Die Reichsversammlung solle selber sagen, wie der König bei der gegenwärtigen Ordnung Frieden und Recht im Reiche handhaben solle. Und dann die Entscheidungsfrage an die Stände: der König von Frankreich habe eine Teilung Italiens angeboten[65]; solle man den Franzosen Genua, Neapel und damit das Kaisertum überlassen und sich dafür mit Mailand und Burgund bescheiden? Das würden die Stände doch nicht verantworten wollen. Daher fordere er nochmals den Rest von den 150.000 Gulden. Man solle ihm wenigstens den Pfennig der Erbländer nicht davon abziehen. Er wünsche rasche Antwort, denn er wolle auf eigene Gefahr gegen Frankreich ziehen; eine reichsständische Gesandtschaft sei überflüssig.

Man war nun wieder gleich weit wie in Worms: Forderung stand gegen Weigerung, Weigerung gegen Forderung; niemand dachte an die Durchführung des bereits Beschlossenen. Der Kampf um die innere Macht beherrschte alle Verhandlungen. Der Mainzer Erzbischof sei die Ursache allen Übels, berichtete Brascha[66] nach Hause; aber Friedrich von Sachsen habe geäußert, man werde bald einen anderen haben. In der Tat war Berthold damals bereits ein schwerkranker Mann[67]. Er litt an der gallischen Krankheit, wie mehrfach berichtet wird.

Nach Kurien getrennt behandelten die Reichsstände die Forderungen des Königs und erteilten am 8. Juli ihre Antwort[68]: Wegen des Kammergerichtes wollten sie vorderhand keine Schwierigkeiten machen. Zur Behauptung des Königs, daß ihm in der Friedenswahrung die Hände gebunden seien, sagten die Stände nur, man zweifle nicht, daß der König Frieden und Recht nach der Wormser Ordnung wahren werde. Italien dürfe der König keinesfalls den Franzosen überlassen, denn es handle sich um altes Reichsgut, um die Kaiserkrone und um den Schutz des Papstes. Allerdings, so meinte die Reichsversammlung, dürfe man auch nicht zum Widerstand gegen die Franzosen raten, denn dies führe zum Krieg und zu weiteren Steuerbitten; das beste sei doch eine Gesandtschaft an den König von Frankreich. Dem stimmten sogar die Städte ohne weiteres zu.

Die Fürsten, die zunächst gesondert beraten hatten, vertraten eine andere Auffassung[69]: Italien gehe die Deutsche Nation wenig an, meinten sie. Der König von Frankreich solle sich Genua und Neapel nehmen, damit sei er gesättigt, und die Deutsche Nation habe für immer Ruhe. Dann könne man um so besser den Türken widerstehen[70]. Wer konnte glauben, daß die Fürsten das Geld, das sie gegen die Franzosen sparten, gegen die Türken auszugeben bereit gewesen wären? Wohl die geistlichen Fürsten haben den Zusatz erwirkt, daß bei der Preisgabe Italiens die Kirche keinen Schaden leiden dürfe[71]. Das wäre sogar als „gross fall" erschienen.

Schließlich einigten sich doch alle Reichsstände auf die kurfürstliche Formel, und die Fürsten gaben ihre Sondermeinung zur Italienfrage preis. Dies war der reichsständischen Weisheit letzter Schluß: man wollte Italien zwar verteidigen, aber es durfte nichts kosten.

Die auswärtigen Gesandten, die von diesen Verhandlungen hörten, wunderten sich: Schon Enea Silvio meinte[72], die Fürsten verstünden nichts von Politik und ihr Horizont reiche nicht über die Grenzen ihrer Herrschaften. Die scharfblickenden Spanier berichteten nach Hause, die Reichsfürsten hätten nichts anderes im Sinn, als ihren König von allen seinen Bündnissen zu trennen, um ihn nach ihrem Willen steuern zu können[73].

In Venedig freute man sich über die Auflösung der Heiligen Liga und begann, sich bereits ganz auf Frankreich umzustellen. Eine Satire spottete[74]: Was kann ein König ohne Geld (Maximilian), ein Papst ohne Glauben und ein Herzog mit all seiner Schlauheit? — Natürlich nichts!

Als die drei Kurfürsten dem König am 9. Juli die Antwort des Reichstags überbrachten[75], konnte er nicht an sich halten. Voll Unwillen darüber, daß weder die Auszahlung der Anleihe noch Kriegshilfe gegen Frankreich beschlossen worden waren, und daß man ihn mit allgemeinem Gerede abzuspeisen versuchte, scheint er in unbeherrschter Erregung die Kurfürsten wegen ihrer „törichten Antwort" hart angefahren zu haben. So weit hätte sich ein König den Kurfürsten gegenüber nie vergessen dürfen. Ebenso dreist wie gelassen erwiderte einer der hohen Herren — der schlaue Erzkanzler dürfte es kaum gewesen sein —, auf so törichte Anträge, wie sie die königlichen Räte der Reichsversammlung vortrügen, gäbe es eben nur törichte Antworten[76]. So gereizt und hemmungslos begegnete man einander bereits.

Die Beziehungen zwischen den Ständen und dem König waren auf das äußerste gespannt. Alles, worauf man sich bereits halb geeinigt hatte, schien wieder in Frage gestellt. Maximilian erklärte neuerdings, daß er seine Königsrechte nicht schmälern lasse; wenn er den Landfrieden wahren solle, so wolle er doch wenigstens das Kammergericht bei Hofe haben[77], was ihm die Stände bestritten; darauf beharrte er aber ganz entschieden. Noch entschiedener forderte er den Rest der 150.000 Gulden, wogegen die Stände einwandten, er solle zuerst die erbländischen Register vorlegen und den Gemeinen Pfennig in Gang bringen. Letzteres war offener Hohn und Spott[78].

Offensichtlich setzten die Stände alles auf Verzögerung. Der König dagegen drängte[79]: er lasse sich nicht aufhalten, denn die Truppen kosteten täglich 1000 Gulden; außerdem verliere er kostbare Zeit. Er machte sich erbötig, den erbländischen Pfennig, der längst eingesammelt und in Italien verbraucht worden war, überschlagsartig abzurechnen und dem nächsten Reichstag die genauen Register vorzulegen.

Schließlich hatten die Stände doch das Gefühl, die Sache nicht auf die Spitze treiben zu dürfen, und baten den König um Entschuldigung. Er ließ sich indes auch durch schöne Worte nicht mehr täuschen und schloß die Verhandlungen mit der ernsten Entscheidungsfrage, ob man ihm das Kammergericht bei Hofe lassen und den Gemeinen Pfennig bezahlen wolle. Um einen völligen Bruch zu vermeiden, entschloß man sich, dem König entgegenzukommen: die Kammergerichtsfrage sollte vorderhand in Schwebe bleiben; der König sollte seine Abrechnung vorlegen, und die Stände wollten mit großem Fleiß bezahlen.

Am 12. Juli versammelten sich die Stände auf dem Rathaus, um über die Abrechnung zu beraten[80], die ihnen der König inzwischen vorgelegt hatte. Von den 150.000 Gulden stünden ihm noch 81.000 Gulden zu, die er bar auf die Hand zu erhalten wünsche; er werde es Reich und Reichstag „dreyfaltig" vergelten. Indes gelang es den Kurfürsten, dem König die Barzahlung auszureden und ihn doch wieder auf den einfließenden Gemeinen Pfennig zu vertrösten, womit man neuerdings Zeit gewonnen hatte.

Damit war an diesem 12. Juli eine erste Entscheidung[81] gefallen, und der König zeigte sich mit der Antwort der Stände vorläufig zufrieden: das Kammergericht sollte an den Hof gezogen werden, sofern Maximilian eine feste Residenz im Reich einrichte[82]; jedoch sollte der König nach ständischer Berechnung nur 51.000 Gulden als Restzahlung erhalten und diese Summe laufend aus dem Gemeinen Pfennig beheben dürfen. Immerhin versprach der Reichstag, die Eintreibung der Steuer nunmehr zu unterstützen, was noch niemals geschehen war. Als freilich der König den Vorschlag machte, den Pfennig durch eine gemischt ständisch-königliche Kommission rascher eintreiben zu lassen, stieß er sofort auf Widerstand: das komme zu teuer, daher müsse ein anderer Weg gefunden werden. Die Stände wollten sich des Geldes als eines Faustpfandes der Verhandlungen offenbar nicht voreilig begeben.

Immerhin betrachtete der König die Steuerfrage als so weit gelöst, daß die anderen Reformfragen vorgenommen werden konnten. Man nahm nun jene Landfriedenshändel vor[83], die seit Jahren beim Kammergericht anhingen und wegen ihrer Größe an den Reichstag abgeschoben worden waren: die Händel gegen das widerspenstige Rottweil, gegen St. Gallen und gegen die Eidgenossen, die man durch Verhandlungen zum Reich zurückzuführen hoffte.

Die Frage, wie die Eidgenossenschaft der Wormser Ordnung, dem Kammergericht und dem Gemeinen Pfennig zu unterwerfen sei, wurde von den Ständen, aber auch vom König zweifellos unterschätzt[84]. Schon auf dem zweiten Wormser Tag waren die Schweizer von den Reichsständen wegen der Annahme der Wormser Reform hart angelassen worden. Auch Berthold hatte sich dabei hervorgetan, die Eidgenossen „mit Papier, Feder und Tinte zu zähmen", wie Anshelm spottete[85]. Der König hatte Mühe, die Spannungen auf einer Tagsatzung zu Innsbruck im September 1497 einigermaßen auszugleichen.

Am 3. Juli 1498 erschienen die Eidgenossen in Freiburg, um dem König ihre Beschwerden und Forderungen vorzutragen. Eine Teilnahme an den Reichstagssitzungen lehnten sie indes ganz entschieden ab. Am 12. Juli begannen die schicksalhaften Verhandlungen[86], wobei man es von seiten des Reichs an jeglichem Verständnis fehlen ließ. Die Stände, die selber die Zahlung bisher größtenteils verweigert hatten, wollten die Schweizer unbedingt zur Leistung des Gemeinen Pfennigs und zur Unterwerfung unter das Kammergericht zwingen. So ging man ohne Einigung auseinander. Der Fehlschlag der Freiburger Verhandlungen war ohne Zweifel ein Hauptanlaß für den Ausbruch des Schweizerkrieges.

Noch schwieriger waren die immer wieder andrängenden außenpolitischen Fragen, die der König völlig anders beurteilte als die Stände. So sehr ihn gegenwärtig Frankreich und Burgund beschäftigten, er ließ den Osten nicht außer acht[87], wo sich während der Jahre 1497/98 ein neuer türkischer Angriffsstoß vorzubereiten schien. Im Herbst 1497 waren die Polen von den Türken vernichtend geschlagen und ihr Land weithin verwüstet worden[88]. So erschien am 14. Juli eine polnische Gesandtschaft[89] vor dem Reichstag und erbat, von einer ungarischen Gesandtschaft unterstützt, Reichshilfe gegen die Türken: Polen sei in äußerster Gefahr; falle dieses Königreich in die Hände der Türken, so stünde ihnen ein Tor in das Herz der Christenheit offen. Einige Tage später erschien auch Graf Niklas, Banus von Kroatien, vor dem Reichstag[90]; unter Tränen und lautem Wehklagen über die Verwüstung Kroatiens und sein eigenes schweres Schicksal bat er um die Hilfe des Reiches.

Überrascht mußten die Stände wahrnehmen, wie der unternehmungslustige König nun, da der West-Feldzug gegen Frankreich abgewendet schien, sofort die Hilfsbitten der bedrängten Oststaaten aufgriff und die Notwendigkeit eines Türkenkrieges in die Verhandlungen warf[91], den die Stände bisher zwar selber als Ausrede benützt, aber kaum ernstgenommen hatten. Sie suchten zunächst schweigend über diese neuen Hilfsbitten hinwegzugehen. Um die Sache rasch abzutun, versprachen sie dem armen Grafen Niklas eine Tröstung von 2000 Gulden[92], die sie ihm allerdings niemals ausbezahlten. Von einer Kriegshilfe gegen die Türken wollten sie ebensowenig wissen wie von einer gegen die Franzosen. Die Stände hatten sich um Italien, um den Deutschen Orden in Preußen und Livland[93], also um wesentlich näherliegende Reichsaufgaben, nicht gekümmert; warum sollten sie sich um Polen, Ungarn oder Kroatien kümmern? Um so weniger, als sie erkannten, daß Maximilian damit nur die Entlassung seiner Truppen verhindern wollte.

Die Stände hingegen versuchten, dem König um jeden Preis die Truppen zu entwinden, die in bedrohlicher Nähe, im nahen Elsaß, versammelt waren. Am 17. Juli ließ Berthold vor dem

Reichstag hören, daß der König die Söldner und Hauptleute ja entlassen könne, denn dem Vernehmen nach sei ein Vertrag mit Frankreich abgeschlossen worden. Die Kurfürsten erklärten augenblicklich, daß kein Grund mehr bestehe, Frankreich zu bekämpfen und daß sie dafür kein Geld ausgeben wollten[94].

In der Tat schloß Erzherzog Philipp mit dem König von Frankreich am 20. Juli einen Frieden[95], der bereits am 2. August ratifiziert wurde, und nahm damit seinem Vater die Entscheidung aus der Hand. Allerdings gab es darüber zunächst nur unsichere Gerüchte. Was lag für die Stände näher, als diesen Frieden auch für den König und das Reich verbindlich zu machen? Maximilian aber suchte immer noch nach einem Mittel, diesen ihm verhaßten französisch-burgundischen Vertrag umzustoßen.

Der Mailänder Gesandte Colla, der in einem Reichskrieg gegen Frankreich die Entlastung, ja Rettung des Mailänder Staates erblickte, berichtete[96] seinem Herzog sorgenvoll, die Reichsstände hätten dem König jede Kriegshilfe gegen Frankreich abgeschlagen und wünschten die Sache mit einer Gesandtschaft abzutun.

Seit den Beschlüssen vom 12. Juli wurden die Reformverhandlungen, Besserung von Frieden und Recht, Einhebung des Gemeinen Pfennigs, teils in der Vollversammlung, teils im gemischten Ausschuß, teils im Hofrat, teils in persönlichem Gespräch mit dem König eifrig gefördert. Am 23. Juli konnte Berthold berichten[97], daß über Gemeinen Pfennig und Landfrieden fleißig beraten würde und daß der König damit zufrieden sei; nur wünsche er, die Verhandlungen rascher voranzubringen, da ihm jeder Tag Verzögerung 2000 Gulden koste. Das wichtigste sei, so betonte selbst Berthold, die Einbringung der Reichssteuer, da sie die Grundlage jeder weiteren Reform bilde.

Anderntags, den 24. Juli, drängte der König neuerdings, der Ausschuß möge die Beratung des Abschiedes in Angriff nehmen[98]. Dabei erkundigte er sich eingehend, was in den fürstlichen Fehdehändeln unternommen werden könne; einige Fälle wünschte er vor seinen Richterstuhl zu ziehen. Da innerer und äußerer Friede nach der Wormser Ordnung als Einheit behandelt wurden, fragte der König mit besonderem Nachdruck, was mit den Polen und den Kroaten geschehen solle. Diese Frage führte zu einer letzten scharfen Auseinandersetzung mit den Ständen.

Die Fürsten antworteten noch am gleichen Tage teils ausweichend, teils entgegenkommend: man sei mit der Ausarbeitung des

Abschiedes einverstanden und stelle es dem König frei, ob er die Fürstenfehden durch einen Ausschuß, durch die gesamte Reichsversammlung oder persönlich behandeln wolle.

Maximilian drängte nun fieberhaft zum Abschluß. Daher ging man seit dem 25. Juli an die Schlußberatungen und damit an den Reichsabschied heran. Verständnisvoll beteiligte sich der König an der Gerichtsreform, indem er, wohl über Anregung des Kammergerichtes, manch älteren Mißbrauch, so das „Übersiebnen" im Limburgischen, verbot[99] und eine allgemeine Reform der Kriminalgerichtsbarkeit unterstützte[100], weil so viele Klagen darüber laut wurden, daß Fürsten, Städte und Obrigkeiten oft genug kleine Leute ohne viel Aufhebens zum Tod verurteilten. Ein Anliegen, das er aus seinen erbländischen Reformen her wohl kannte, war das erste Mal auf die Tagesordnung der Reichsreform gesetzt, wenn es auch erst unter seinem Nachfolger zu Ergebnissen[101] führen sollte.

Da warf die leidige Kriegs- und Hilfsfrage eine letzte Verwirrung in die Reichsversammlung[102]. Immer bestimmtere Nachrichten über burgundisch-französische Friedensverhandlungen[103] boten den Reichsständen Anlaß, den König neuerlich zum Vergleich mit Frankreich und zur Entlassung des Kriegsvolkes zu drängen, zumal er in den letzten Juli-Tagen, ohne Vorwissen des Reichstages, einen Vorstoß gegen die Champagne hatte unternehmen lassen[104]. Die Stände hatten inzwischen die Möglichkeiten eines Waffenstillstandes bereits abgetastet. König Ludwig XII. tat sehr verwundert über die deutschen Kriegsdrohungen und beteuerte, nichts sehnlicher zu wünschen als Waffenstillstand und Frieden[105], denn er würde von Maximilian mutwillig und grundlos angegriffen. Auch hörte man, daß der Papst eine Friedensgesandtschaft nach Frankreich geschickt habe. — Maximilian war über dies alles enttäuscht und erbittert, am meisten über seinen eigenen Sohn, und wollte von einem Frieden mit Frankreich nach wie vor nicht das geringste wissen.

Man kann verstehen, daß die Reichsversammlung den König daraufhin noch dringender bestürmte, den endgültigen Frieden mit Frankreich zu suchen und die Söldner zu entlassen; denn nichts lag den Ständen mehr am Herzen als die Truppen loszuwerden, die hier in bedrohlicher Nähe des Reichstages zusammengezogen waren, des Königs Macht verstärkten und außerdem den Gemeinen Pfennig belasteten. Der burgundischen Frage und einer Verstärkung der habsburgischen Hausmacht in den Niederlanden standen die Reichsstände größtenteils mißtrauisch, ja feindlich gegenüber.

Der König aber beharrte[106] entschieden darauf, daß der Krieg gegen Frankreich unvermeidlich sei; wenn man mit den Franzosen nochmals verhandeln wolle, solle man ihnen in aller Schärfe schreiben, daß sie die „geraubten" burgundischen Länder herausgeben müßten, andernfalls sie mit dem Eingreifen des Reiches zu rechnen hätten. Die Stände hingegen wünschten diesen Brief milder zu fassen, worüber es anderntags, den 8. August, nochmals zu Gegensätzen in der Vollversammlung kam. Berthold wollte den Brief ändern, der König dagegen beharrte hartnäckig auf seiner Meinung.

Da traf die verbürgte Nachricht ein[107], daß der Friede zwischen Frankreich und Burgund endgültig sei. Der König war enttäuscht, die Stände aber jubelten, denn diese Meldung schien sie von jeder Leistung zu befreien. Daß gleichzeitig beängstigende Nachrichten über Türkeneinfälle[108] nach Dalmatien, Friaul und Krain einliefen und die polnische Gesandtschaft immer noch auf Antwort wartete, kümmerte sie sehr wenig.

Nun geschah, was der König schon früher angekündigt hatte: mit allem Nachdruck griff er die schwebende Türkenfrage auf und forderte jetzt Kriegshilfe, Truppen und Geld zum Schutze Polens, Ungarns, Kroatiens und seiner eigenen Erbländer gegen die Türken; und zwar erwartete er sich 60.000 Gulden in Form einer Anleihe, die er selber aufbringen wollte[109].

Nun waren Enttäuschung, Überraschung, ja Entsetzen bei den Ständen. Eben noch schien der Krieg gegen Frankreich beigelegt, da drohte über Nacht ein neuer Krieg gegen die Türken. Eben hatte man die Kosten eines französischen Feldzuges zu ersparen gehofft, als neue Forderungen für einen Türkenkrieg sich ankündigten. War dies nicht jene berühmt-berüchtigte Sprunghaftigkeit des Königs, die ihn über Nacht seine Pläne völlig ändern ließ? — Für Maximilian handelte es sich aber nur um eine andere Variante ein und desselben großen Planes, den er seit Jahren konsequent verfolgte. Auch in der Politik blieb er der Jäger, der das verfolgte Wild auf allen immer möglichen Fährten zu treffen suchte. Dieser neue „Türkenkrieg" sollte zunächst die Entlassung der Armee verhindern und dann Venedig überrumpeln, das sich anschickte, die Heilige Liga zu verlassen, um zu Frankreich hinüberzuwechseln. So sollte Frankreich, das man in Burgund nicht hatte fassen können, in Italien geschlagen werden, wobei man behaupten durfte, auch die erbländische und kroatische Grenze gegen die Türken gesichert zu haben und außerdem sagen konnte, man habe für einen künftigen Kreuzzug das Tor in die Levante aufgestoßen.

Wie sollten die Stände diesen neuen Versuch des Königs vereiteln, seinen Krieg gegen Frankreich nun über Venedig zu führen und vielleicht wirklich einen Türkenkrieg anzufangen? Man erwiderte bereits am 9. August[110], die Türkengefahr sei gewiß groß, aber eine neue Hilfsanleihe könne nicht gewährt werden, ehe die alte zurückgezahlt sei; man müsse erst den Eingang des Gemeinen Pfennigs abwarten; auch sei das Reich allein zu schwach gegen die Türken; da bedürfe man der Hilfe des Papstes und der gesamten Christenheit. Man solle zunächst einmal die Lage im Osten gründlich erkunden und die Türkenhilfe auf dem nächsten Reichstag näher beraten. So hatten die Stände die lästige Angelegenheit vorläufig wieder einmal von sich geschoben.

Während der nächsten Tage beeilte sich der König, einige Reichstagsgeschäfte abzuschließen: er publizierte die eben fertig gewordenen Reformgesetze, eine Weinordnung[111], ein Patent zur Einbringung des Gemeinen Pfennigs[112] und die Ausschreibung eines neuen Reichstags für den 25. November dieses Jahres nach Worms[113].

Hierauf versuchte er einen letzten Vorstoß in der Hilfsfrage. Am 13. August berichtete er der Reichsversammlung[114], daß er mit dem Pariser Frieden seines Sohnes nicht einverstanden sein könne; man möge ihm raten, was er mit den Söldnern an der Grenze machen solle. Die Stände aber lehnten jeden Rat ab und baten nur, der König möge den Frieden mit Frankreich annehmen, weil er damit freie Hand gegen die Türken gewinne — dies, nachdem man die Türkenhilfe eben abgelehnt hatte! — Es standen sich in der Tat zwei Verhandlungspartner gegenüber, die in ihren taktischen Winkelzügen einander nichts nachgaben.

Der König sah nun wohl, daß sich auf diesem Reichstag aus der Hilfsfrage nichts mehr herausholen lasse. Gleichwohl griff er das von den Ständen hingeworfene Türkenangebot wieder auf[115], offenbar, um es für den nächsten Reichstag als Ausgangspunkt der Verhandlungen festzulegen. Am 15. August erklärten die Königsboten vor den Ständen, daß die Türkenhilfe ein Hauptpunkt dieses Reichstages gewesen sei; wenn es nun wirklich zum Frieden mit

Frankreich komme, sei dies die günstigste Gelegenheit zum Türkenkrieg; man müsse für das kommende Jahr ein großes Türkenunternehmen vorbereiten, müsse den Papst und alle christlichen Könige, vor allem Polen und Ungarn dazu einladen. Der Papst müsse diesen kommenden Kreuzzug durch Überlassung des Kruziats und Jubilats unterstützen. Die Italiener seien im allgemeinen willig, nur Venedig müsse gezwungen werden. Natürlich müsse für den Fall des Türkenkrieges sicherer Friede mit Frankreich herrschen. Mit dieser Erklärung war die Türkenhilfe auf die nächste Reichsversammlung im Herbst vertagt. Immerhin fanden die Grundzüge des Türkenplanes Aufnahme in den Reichstagsabschied[116].

Zweifellos wünschte Maximilian Polen und Ungarn gegen die Türken zu unterstützen. Aber er versäumte nicht, die Notlage Polens zugunsten des Deutschen Ordens auszunützen und dem König anzudeuten[117], daß er mit einer Eidesleistung des neuen Hochmeisters nicht rechnen könne; er solle vielmehr „die dem Reiche gehörigen" preußischen Länder und Städte dem Orden zurückstellen und auf dem nächsten Reichstag nachweisen, daß Danzig nicht zum Römischen Reich gehöre. Im übrigen wurden die polnischen Gesandten auf einen kommenden Reichstag vertröstet. Dies war alles, was sie an Türkenhilfe vom Freiburger Reichstag heimbrachten. Eine neue Ära in den Beziehungen des Reiches zu Polen und zum Deutschen Orden schien sich anzubahnen. So entschieden hatte schon lange kein König mehr im Nordosten eingegriffen. Es blieb allerdings bei Gesandtschaften und Briefen.

Der Ausgang des Freiburger Tages im ganzen konnte weder den König noch die Stände zufriedenstellen. Maximilian drängte fort, weil er nach dem Scheitern der Hilfsfrage keine Zeit in Freiburg mehr verlieren wollte, hatten doch die Franzosen einen neuen Überfall gegen die Freigrafschaft unternommen[118]. Die stürmische Kriegsbegeisterung der österreichischen Vorlande erweckte ihm Hoffnungen, die sich freilich nicht erfüllen sollten. Die Stände waren enttäuscht, weil sie in der Entmachtung des Königs, in der Regimentsfrage, keinen Schritt vorangekommen waren. Daher beschlossen sie, den Freiburger Abschied zu sprengen, noch bevor er ausgefertigt war. Um den Schein zu wahren, sollte Berthold dem König wenigstens die bewilligten 51.000 Gulden als Rest der 150.000 Gulden bar ausbezahlen[119], während umgekehrt die Kurfürsten auf ihren Anteil an den Mailänder Belehnungstaxen drängten[120].

Maximilian hatte Freiburg bereits verlassen, als am 4. September 1498 der Freiburger Abschied[121] erging. Er enthielt einige Verbesserungen der Friedensordnung, der Pfennigordnung und des Kammergerichtes, vor allem Anregungen zu einer Reform der Strafgerichtsbarkeit; dazu Vorbereitungen für ein kommendes großes Türkenunternehmen, Antworten auf die polnischen, ungarischen und kroatischen Hilfsgesuche, Hilfsbitten an den Papst und an die christlichen Könige, da die deutsche Nation allein nicht imstande sei, den Türken zu widerstehen. Außerdem wurde für den nächsten Reichstag die Verbindlichkeit aller Beschlüsse für Anwesende und Abwesende in Aussicht genommen, was als großer Fortschritt gelten konnte, wenn man sich daran gehalten hätte.

Aber bereits einen Tag vorher hatten die Reichsstände die feierliche Erklärung abgegeben, daß sie diesen Abschied nur für verbindlich hielten, wenn es dem König gelinge, bis Weihnachten auch alle anderen, nicht erschienenen Reichsstände darauf zu verpflichten[122]. Mit diesem Akt hatten die Stände alles, was in Freiburg verhandelt und beschlossen worden war, in Frage gestellt. Hatten es in Worms 1495 noch die Stände übernommen, die Ausgebliebenen zu gewinnen, und hatte man immer wieder daran gedacht, die Reichstagsbeschlüsse grundsätzlich als allgemein verbindlich zu erklären, so schob man nunmehr dem König die aussichtslose Aufgabe zu, die Abwesenden auf die Beschlüsse zu verpflichten.

Was mochte die Stände bewogen haben, das Gesamtergebnis des Reichstages mit einem Federstrich praktisch zu annullieren? Enthielt der Abschied nicht eine Reihe von Verbesserungen der Reformgesetze? Er barg auch keinerlei offensichtliche Belastungen für die Stände. Warum sollte er also aufgehoben werden?

Es war der königlichen Verhandlungstaktik immerhin gelungen, die Türkenhilfe und damit die Steuerfrage als Ausgangspunkt der nächsten Reichstagshandlungen festzulegen. Außerdem war von den Ständen nicht der geringste Fortschritt in der Regimentsfrage erzielt worden, was sie als Kernpunkt ihrer „Reform" betrachteten. Vielmehr hatte der König seinen eigenen Hofrat, wie es schien, auf Dauer eingerichtet und seine Machtstellung behauptet. Das genügte den Reichsständen offenbar, um die gesamten Reichstagshandlungen sozusagen als mißglückt mit einer höchst merkwürdigen Erklärung aus der Welt zu schaffen.

Vielleicht wollten die Stände durch diesen Schachzug auch die

Unvollkommenheit der gegenwärtigen ständischen Repräsentanz ins Licht rücken und damit erzwingen, daß der nächste Reichstag als ersten Hauptpunkt den Ersatz der schwerfälligen Vollversammlung durch ein permanentes, arbeitsfähiges ständisches Regiment, also die Frage der Mitregierung im Reich zu behandeln habe. In einer ausführlichen Denkschrift, die den König von der Lauterkeit des ständischen Wollens überzeugen sollte, war offen der Wunsch ausgesprochen, daß sich „der König seiner ungebundenen Gewalt etwas restringieren wolle“[123], was ihm bei allen Reichsständen Ansehen und Achtung einbringen und die Annahme der Wormser Ordnung und des gegenwärtigen Abschiedes fördern würde. Hier lag ganz offensichtlich der Kernpunkt aller Gegensätze.

Alles schien sich auf einen Entscheidungskampf um das Reichsregiment zuzuspitzen. Diesem König, von dem man nie wußte, wessen man sich zu versehen hatte, seit er, wie einst Salier und Staufer, glaubte, die deutschen Fürsten ohne ihre Zustimmung zum Romzug oder zu Reichskriegen aufbieten zu können, wollte man zeigen, daß sich die Zeiten geändert hatten.

8. Vom Freiburger zum Augsburger Reichstag 1498—1500. Die Tage zu Worms, Köln und Überlingen

Auf den 25. November 1498 war ein neuer Reichstag nach Worms ausgeschrieben[1], der nach den Beschlüssen von Freiburg ein großer gesamtchristlicher Türkenreichstag sein sollte. Auf der Tagesordnung standen die Einhebung des Gemeinen Pfennigs, Fragen des Kammergerichtes, des Landfriedens, der Reform des Strafrechtes und vor allem andern die für die Oststaaten immer größer werdende Türkengefahr. Ein gesamtchristlicher Kreuzzug sollte dagegen aufgeboten und als Voraussetzung dafür ein von den christlichen Mächten geförderter „ewiger Friede“ des Reiches mit Frankreich abgeschlossen werden. Dies hatte man schon im Freiburger Abschied als Hauptsache in Aussicht genommen. Aber wie die Lage zeigte, war man von einem Frieden der christlichen Mächte weiter denn je entfernt.

Die Wormser Versammlung wurde zunächst nur von wenigen Gesandtschaften besucht; kaum zwanzig waren erschienen[2]. Fast scheint es, als ob die Reichsstände vorsätzlich ferngeblieben wären, um die königlichen Kreuzzugspläne zu vereiteln und nicht wieder wegen des Gemeinen Pfennigs bedrängt zu werden. Da Erzkanzler Berthold erkrankt war[3] — so schwer, daß man zeitweilig mit seinem Ableben rechnete —, kamen die Verhandlungen nicht in Gang, obwohl der Mainzer auch vom Krankenlager aus die Fäden in der Hand behielt[4]. Wer sich zum Reichstag begab, versäumte nicht, dem Erzkanzler Besuch zu machen.

Berthold verfolgte seit Freiburg (1498) nur mehr *ein* großes Ziel: Maximilians neu eingerichteten Hofrat zu stürzen, der als Reichsregierung auftrat und den Erzkanzler völlig auszuschalten trachtete. Inzwischen hatte Kurfürst Friedrich von Sachsen, der Statthalter des neuen Regimentes, den Hof verlassen und mit Berthold geheime Verbindungen aufgenommen[5]. Acht Stunden lang verhandelte der sächsische Gesandte Bünau mit dem Mainzer über das „ungute Regiment" und über den Bruch von Eid, Brief und Siegel: eine Änderung des Hofregimentes sei nicht zu erwarten, solange „zwei Personen" (Lang, Serntein?) am Hofe blieben. Vor allem gegen den „Swaben" (Lang?) zeigte sich Berthold ungehalten; er wolle es an nichts fehlen lassen, diese Leute vom Hofe zu entfernen. Man müsse sich auch mit den anderen Kurfürsten darüber verständigen. Bünau bot die Mithilfe seines Herrn an, der über alle Verhandlungen unterrichtet sein wolle. Der ruhige Berthold war zeitweilig so erregt, daß „er lauter redete als sonst und zornig in der Stube auf- und niederging". Gerne hätte er den Kurfürsten von Sachsen vor dem Reichstag ins Gefecht geschickt. Aber Friedrich war zu „weise", um offen gegen seinen König aufzutreten; er blieb dem Wormser Reichstag fern. Mag sein, daß sich der kränkliche Erzkanzler persönlich noch nicht kräftig genug fühlte, den großen Anschlag gegen das königliche Hofregiment zu wagen. Auch schien die Gesamtlage nicht günstig genug, denn der König stand mit einem schlagkräftigen Heer in Geldern. Daher beschloß Berthold, eine bessere Gelegenheit abzuwarten.

So kam dieser Reichstag nicht zur Entfaltung, obwohl der König dessen Hilfe gebraucht hätte. Er sandte seine Anwälte nach Worms[6], die aber mit dem kleinen Häuflein von anwesenden Reichsgesandten nichts Größeres beraten konnten. Nur einige der dringendsten Streitfälle wurden verhandelt, aber keineswegs geschlichtet.

Immerhin waren die Anwälte aller Kurfürsten, Brandenburg ausgenommen, zusammengekommen und scheinen, vom nahen Mainz her gesteuert, in größtem Geheimnis, aber doch nicht geheim genug, den Sturz des königlichen Hofrates und eigene Regimentspläne besprochen zu haben, weswegen sie der König um Neujahr, gewiß nicht ohne Grund, hart tadelte, ein „parlament und regirung zu machen wider ... seiner Majestät regiment“[7]. Die Fürstengesandten waren in die Sache gewiß nicht eingeweiht, widersprachen lebhaft und beklagten sich, daß gerade die, welche als erste und einzige gekommen seien, verdächtigt würden. Wie die geheimen Verhandlungen zwischen Mainz und Sachsen beweisen, hatte der König den Kurverein nicht grundlos verdächtigt.

Noch bevor der Wormser Reichstag eröffnet wurde, war der König infolge des Krieges in Geldern entschlossen, die Versammlung nach Köln zu verlegen, wo er selber Mitte Dezember 1498 für kurze Zeit eintraf[8]. Die wenigen Gesandten leisteten dem königlichen Befehl, sich nach Köln zu begeben, allerdings erst am 22. Januar 1499 Folge[9], als sie die Erlaubnis ihrer Herrschaften dazu erhalten hatten. Schon auf ihrer ersten Sitzung[10] baten sie, heimreisen zu dürfen, wenn der König nicht erscheine; immer wieder betonten sie, wegen der geringen Zahl der Anwesenden nicht beschlußfähig und kein echter Reichstag zu sein. Auch scheint ihnen Berthold seiner Krankheit wegen empfohlen zu haben, die Verhandlungen über Reichssteuern und Kammergericht auf einen andern Reichstag zu verschieben[11]. Der Gemeine Pfennig, den niemand bezahlte, erregte nun schon allgemeine Heiterkeit[12].

Mit Recht mußte sich diese klägliche Versammlung weigern, als Reichstag aufzutreten[13], wie sehr auch der König gewünscht hätte, die Stände gegen die Eidgenossen aufzubieten[14]: sie müßten doch sehen, daß das Reich angegriffen werde und sie zur Hilfe verpflichtet seien.

Eine ungarische und eine polnische Gesandtschaft[15], die mit 150 Pferden und elf Wagen angereist waren, weil sie einen großen Türkenkongreß erwartet hatten, mußten sich geradezu für genarrt halten[16]. Man gab ihnen schöne Worte und hielt sie durch viele Wochen hin, so daß sie ihre Pferde verkaufen mußten, um den langen Aufenthalt zu bezahlen. Sie würden sich des Reiches „wenig berühmen“, meinte der Würzburger Gesandte. Es war ein Glück für Ungarn und Polen, daß sie mit dem Sultan zu einem Waffenstillstand gelangten[17], denn vom Reiche hätten sie nichts zu erwarten gehabt.

Der König hatte inzwischen wieder in den Geldernkrieg ziehen und die Reichsboten immer wieder hinhalten und auf seine Ankunft vertrösten müssen. Als er schließlich nach Köln zurückkam, war der Schweizerkrieg ausgebrochen. Obwohl die Finanzlage bei Hofe so schlecht war, daß der Kammermeister meinte, „es gehörte etlichen von des Königs Räten die Häupter abgeschlagen“[18], obwohl man Maximilian fußfällig bat, in den Niederlanden zu bleiben, wandte er sich zunächst nach Köln, um von dort rheinaufwärts gegen die Eidgenossen zu ziehen. — Keineswegs gerne, sondern nur durch die Lage gezwungen.

Maximilians Aufgebote aber wiesen die Stände zurück[19], da der König das Reich nicht urplötzlich aufbieten könne; die Wormser Ordnung sehe nur Hilfe im Umkreis von zwanzig Meilen vor; außerdem seien die Eidgenossen schon wieder heimgezogen. Entschieden drängten die Reichsboten auf die Abreise, um weiteren Zumutungen nicht ausgesetzt zu sein. Nur die Städte, deren Kaufmannszüge von den Eidgenossen angegriffen worden waren, zeigten sich einer Reichshilfe zugänglicher[20]. Immerhin stellte Erzkanzler Berthold die vom König geforderten Achtmandate gegen die Eidgenossen aus, jedoch ohne dem Reichsverfahren einen besonderen Nachdruck zu geben[21].

Erst am Osterabend (30. März) erschien Maximilian persönlich vor den wenigen versammelten Ständen[22], entschuldigte sich, daß er durch den Krieg in Geldern so lange verhindert gewesen sei, wies auf den verheerenden Krieg gegen die Eidgenossen hin und bat die Abgeordneten, ihm rheinaufwärts zu folgen, wo er in Mainz einen kurzen Reichstag halten wolle.

Die kurze Versammlung auf dem Mainzer Rathaus[23] (8. April) sollte das Reichsverfahren gegen die Eidgenossen und, wenn möglich, die Kriegshilfe vorbereiten. Aber nur ganz wenige waren nach Mainz gefolgt. Selbst Berthold wollte die Krankenstube nicht verlassen[24]. Er unterstützte den König, soweit es der äußere Schein gebot, war aber offensichtlich darauf bedacht, ihn durch einen erfolgreichen Krieg nicht mächtiger werden zu lassen. Stets war er mit Tinte, Feder und kräftigen Worten gegen die Eidgenossen aufgetreten[25]. Jetzt, in der entscheidenden Stunde, tat er für den Schweizerkrieg so wenig wie möglich[26].

Angesichts der Kriegslage hatte Maximilian keine Zeit mehr für lange Verhandlungen, sondern verlegte den „Reichstagsrest“ nach Überlingen[27], wo man vor allem die Schweizer Händel und

Anno tausent vierhundert vñ ym funfundneunczisten ꝛc. Auf dinstag nach sandt margarethē tag Ist die königlich maiestat zu wurmß gesessen mit aller zugehörūg. Als eyn Römischē könig geburtt in beywesens der hochwirdigē durchleuchtigē hochgeborn Churfursten fursten ꝛc. In nach volgend massen.

Maximilian I. beim Wormser Reichstag 1495

Berthold von Henneberg

die Mailänder Frage behandeln wollte. Aber auch hier das gleiche Spiel: fast niemand kam; auch Berthold nicht, obwohl er es dem König versprochen hatte[28]. Offenbar wünschte er nicht, sich weiteren Hilfsbitten des Königs auszusetzen. Die wenigen Erschienenen erklärten sich als nicht beschlußfähig und gingen ohne Abschied auseinander[29]. Ein neuer Reichstag, der nach Worms angesetzt war, trat nicht mehr zusammen.

Erst die Niederlage gegen die Eidgenossen und der Verlust Mailands hatten Maximilian so schwer getroffen, daß es Berthold und die Stände wagten, sich mit ihm auf einem neuen Reichstag, der für 25. Februar 1500 nach Augsburg ausgeschrieben wurde[30], zum Entscheidungskampf um das Reichsregiment zu treffen.

9. Reform der Hof- und Reichsbehörden 1493 bis 1500

Als Maximilian 1493 die Reichsregierung übernahm, hatte er zunächst mit seinem persönlichen Stab und seinen Hofbehörden[1] auch die Geschäfte der Reichsverwaltung völlig alleinherrlich geführt, ohne sich um den Erzkanzler und die Reichsstände zu kümmern. Stürtzel, Serntein und die Hofkanzlei hatten zusammen mit der Tiroler Kanzlei zu Innsbruck[2] den ersten Ansturm von Verwaltungs-, Gerichts- und Lehenssachen, von Bitten und Beschwerden allein bewältigen müssen, als Maximilian 1494, nach dem Hinscheiden seines Vaters, das erste Mal wieder das Reich betrat[3]. Während Stürtzel, als Kanzler den täglichen Geschäften entrückt, der großen Reichspolitik diente und Lang das persönliche Sekretariat des Königs besorgte, hatte Serntein als besonderer Vertrauensmann und „Sollizitator" die Geschäfte des Reiches und der Ländergruppen zu bearbeiten[4].

Bald hatte sich Berthold von Mainz als Erzkanzler dem Hoflager beigesellt, um den König in die Niederlande zu begleiten. Maximilian hatte ihm gewisse Agenden der Reichskanzlei überlassen[5], aber die Abgrenzung der Kompetenzen machte nicht geringe Schwierigkeiten. Während des Wormser Reichstages hatte es bereits mancherlei Zuständigkeitskriege zwischen der königlichen Hofkanzlei und Bertholds Reichskanzlei gegeben[6], hing doch die Führung der Reichskanzlei mit der Frage des Reichsregiments eng zusammen. Würden Kanzler Stürtzel und seine

„Tiroler und Hofkanzlei“ ihre großen Agenden an die Reichskanzlei verlieren? Der stille und offene Kampf Stürtzels, Sernteins und Langs gegen Berthold[7] und seine Reichskanzlei setzte alsbald ein, wobei sich insbesondere Serntein und Lang[8] in diesen ersten Jahren zu einer engen Kampfgemeinschaft gegen den Mainzer Einfluß zusammenschlossen.

Nur mit Mühe hatte Maximilian auf dem Wormser Reichstag (1495) ein überwiegend ständisch zusammengesetztes Reichsregiment und damit die Vorherrschaft des Kurvereines und des Erzkanzlers verhindern können, die ihm so gut wie alle Regierungsrechte entzogen haben würden[9]. Man hatte sich schließlich auf eine gehaltlose „Handhabung“ geeinigt, welche die Frage der Reichsregierung vorderhand offen ließ. An neuen Reichsbehörden war, außer dem Kammergericht, nur ein Reichsärar mit sieben Schatzmeistern für die Einhebung des Gemeinen Pfennigs vorgesehen, das aber ebensowenig zustandekam wie der Gemeine Pfennig.

Die folgenden Reichstage zeigten klar, daß es den Ständen vor allem auf die Eroberung der Regierungsgewalt ankam[10]. Daher war Maximilian entschlossen, ehe er sich auf neue Verhandlungen einließ, die obersten Hof- und Reichsämter aus eigener Machtvollkommenheit zu ordnen, zu besetzen und die Reichsversammlung vor vollendete Tatsachen zu stellen[11].

Nach seiner Rückkehr aus Italien hatte sich Maximilian während des ganzen Jahres 1497 in eingehenden Beratungen, die sich durch Wochen und Monate hinzogen, mit der Reform seiner Hof- und Reichsämter beschäftigt und auch die erbländische Verwaltung auf diese Neuerungen abzustimmen versucht. Die Hofkanzlei, die mit der Tiroler Kanzlei vereinigt war, im besonderen Kanzler Stürtzel, die Sekretäre Serntein und Lang waren bestrebt, die Reichssachen, soweit immer möglich, wieder an sich zu ziehen[12]. Zusammenfassung aller Geschäfte des Reiches und der Erbländer zu einer geschlossenen Regierungs- und Verwaltungseinheit war oberster Grundsatz. In diesem Sinne wurde der Tiroler Kanzler Stürtzel zugleich zum obersten Hofkanzler und damit zu einer Art Reichskanzler bestellt. Vorsichtig teilte Maximilian den Reichsständen mit, er müsse seinem Reformwerk nur noch das Dach aufsetzen[13]. Damit meinte er ganz offenbar den Neubau der Behörden in den Erbländern und im Reich.

Bereits am 13. Dezember 1497 wurde der neue Hofrat für das Reich und die Erbländer eingerichtet[14], der am 13. Februar

Senden Sie mir Ihren Verlagsprospekt und informieren Sie mich über Ihre Neuerscheinungen.

Name (Blockschrift)

Straße

Postleitzahl/Ort

Senden Sie Ihre Verlagsinformationen
auch an:

Geschäftspostkarte

An den
Verlag für
Geschichte und Politik

A-1030 WIEN
Neulinggasse 26/12

1498 durch eine Hofkammer und die neugeordnete Schatzkammer ergänzt wurde[15]. Unmittelbar darauf teilte man diese Neuordnung auch den Landständen der österreichischen Erbländer mit[16], weil ja die österreichische Verwaltung von den neuen Reichsämtern am stärksten betroffen war.

Der neue Hofrat sollte alle großen Händel des königlichen Hofes, des Reiches und der Erbländer behandeln und entscheiden, mit anderen Worten oberstes Regierungs- und Gerichtsorgan des Römischen Königs für das Reich, aber auch für Österreich und Burgund sein. An die Spitze dieser höchsten Reichsbehörde, die sich aus zwölf „obersten Regenten" zusammensetzte, die alle vom König berufen wurden, trat als „Statthalter" Kurfürst Friedrich von Sachsen, der dem König damals besonders nahe stand. Als Hofmeister wurde Herzog Georg der Reiche von Bayern, als Hofmarschall Graf Heinrich von Fürstenberg gewonnen. Das Ansehen dieser hohen Herren schien die Autorität des neuen Hofrats gegenüber den Reichsständen zu fördern. Reichs- oder landständische Einflüsse waren fast ausgeschaltet.

Dem Hofrat war die Hofkanzlei zugeordnet, die von Dr. Konrad Stürtzel[17] als Kanzler und Zyprian von Serntein[18] als oberstem Sekretär geleitet wurde. Ganz offensichtlich war man bestrebt, dem Erzkanzler Berthold von Mainz auch die Reichskanzlei zu entziehen. Nichts Unklügeres hätte Maximilian tun können, als den Erzkanzler aus Hofrat und Kanzlei so völlig auszuschalten und dafür den Kurfürsten von Sachsen ohne besonderen Rechtsanspruch in die höchste Reichsregierung zu ziehen. Mit Recht mußte Berthold in diesem Vorgehen einen Bruch der Wormser Beschlüsse von 1495, also eine Art Verfassungsbruch sehen, und die Gegensätze wurden auch durch Maximilians Verschulden wesentlich verschärft, ja geradezu unheilbar.

Der Hofrat sollte vor allem oberste Regierungsbehörde sein und erst in zweiter Linie als oberste Justizstelle die königliche Gerichtshoheit gegenüber dem neuen Kammergericht zur Geltung bringen[19]. Er hatte den abwesenden König voll zu vertreten und durfte selbständig und aus eigener Machtvollkommenheit entscheiden, wenn auch der König an die Beschlüsse nicht durchaus gebunden war. Insbesondere durften schwierige und große Sachen nicht ohne Zustimmung des Königs entschieden werden.

Der neue Hofrat sollte keinen festen Amtssitz haben, weil er nach Möglichkeit dem wandernden Hof zu folgen hatte, was die

Geschäftsführung naturgemäß behindern mußte. Insbesondere für die Parteien war das Nachreisen mit peinlichen Verzögerungen und Unkosten verbunden, weswegen es schon in der Vergangenheit viele Klagen gegeben hatte. Aber gerade darauf, den Hofrat stets in erreichbarer Nähe zu haben, legte Maximilian den allergrößten Wert.

Im übrigen durfte der Hofrat nur mit den großen Sachen beschäftigt werden. Soweit es sich um erbländische Angelegenheiten handelte, sollten die Regimente alles immer Mögliche in eigener Kompetenz entscheiden. Nur wenn sich Parteien vom heimischen Regiment in ihrem Recht verkürzt fühlten, sollten Appellationen an den Hofrat als den persönlichen Gerichtshof ihres Landesfürsten und Königs möglich sein. Querulanten freilich, die den Hofrat mit ihren Berufungen plagten, sollte der Marschall bei Wasser und Brot einsperren und dann vom Hofe jagen.

Vergleicht man diese Hofratsordnung von 1498 mit dem ständischen Regimentsentwurf[20] von 1495, so erkennt man den großen Gegensatz der Auffassungen und kann ermessen, daß die neue Ordnung den Reichsständen, zumal einem Erzkanzler Berthold von Mainz, unerträglich sein mußte, um so mehr, als er sich auch aus der Führung der Reichskanzlei so gut wie ganz ausgeschaltet sah. Nicht nur die Reichsstände, auch Bundesgenossen und Auswärtige klagten über die neue Hofkamarilla, insbesondere über den maßlosen Einfluß des Herzogs von Sachsen, des Fürstenbergers[21] und der mißliebigen „Schwaben". Auch mag es Berthold wenig gefallen haben, daß sein gefährlichster Gegner Lang und dessen Sippe gerade jetzt in den erblichen Adelsstand erhoben wurden. Wo sollte das hinaus? Vom Sachsen glaubte man bereits zu wissen, daß er die verwitwete Erzherzogin Margarethe heiraten und an Stelle des in Ungnade gefallenen Erzherzog Philipp vielleicht Römischer König werden wolle.

Die harten Auseinandersetzungen und Verfassungskämpfe des Freiburger Tages und nachher haben gewiß nicht zuletzt in diesem königlichen Hofregiment eine Hauptursache. Mag sein, daß der kluge Kurfürst von Sachsen auch deshalb vorzeitig den Hofrat verließ, um sich von seinen Standesgenossen nicht völlig trennen zu lassen[22]. Die geheimen Verhandlungen, die er mit dem Mainzer führte[23], betrafen außer politischen Gegensätzen während des letzten Krieges auch Meinungsverschiedenheiten mit den königlichen Räten.

Wohl machte der König dem Erzkanzler nach langen Verhandlungen in der Führung der Reichskanzlei durch die Ordnung[24] vom 12. September 1498 gewisse Zugeständnisse, indem er ihm wenigstens die sogenannte „Römische Kanzlei", also die reinen Reichsagenden, zur Ausfertigung überließ und nur die Angelegenheiten der Erbländer und seines Hauses in seiner eigenen königlichen Hofkanzlei besorgte. Aber Reichs- und Hofsachen waren nicht immer leicht zu trennen, so daß sich aus dieser Teilung stets Meinungsverschiedenheiten ergeben mußten. Mit unversöhnlichem Haß arbeitete Berthold am Sturz des neuen Hofregimentes, das ihn zum Todfeind des Königs gemacht hatte, wie der mailändische Gesandte Brascha zu berichten wußte[25].

Naturgemäß hatte der königliche Hofrat als oberste Regierungsstelle und höchster Gerichtshof Feinde nicht nur unter den Reichsständen, die sich durch diese neue königliche Behörde völlig übergangen fühlten, sondern auch unter den erbländischen Regimenten, die bisher nur dem König unmittelbar verantwortlich gewesen waren, nunmehr ein Hofratskollegium über sich anerkennen sollten und diese Rangminderung nur ungern ertrugen[26]. Wolfgang von Polheim, der dem König Ende 1497 den Rücktritt aller niederösterreichischen Regenten anbot, konnte nur mit Mühe beschwichtigt werden[27].

Der neue Hofrat war zunächst von kurzer Dauer. Er blieb vorläufig nur bis zum Augsburger Reichstag von 1500 in Tätigkeit. Der „Statthalter", Kurfürst Friedrich von Sachsen, hatte bekanntlich schon früher das sinkende Schiff verlassen. Das neue Augsburger Reichsregiment[28], das infolge der außen- und innenpolitischen Niederlagen Maximilians rein ständisch zusammengesetzt war, machte dem bisherigen königlichen Hofrat ein vorläufiges Ende. Mit dem Zusammenbruch des Hofregimentes nahm auch der alte Hofkanzler Stürtzel seinen Abschied[29]. Er war kränklich und den innenpolitischen Stürmen nicht mehr gewachsen. Schon in Lindau hatte ihn der scharfe Wind des ständischen Widerstandes umgeworfen. Ein Jüngerer, der dynamische Serntein, trat an seine Stelle.

So fegten Maximilians Niederlagen von 1499 und 1500 auch die neuen Reichsbehörden, wenngleich nur vorübergehend, hinweg, wodurch seine erbländische Behördenordnung, die auf Hofrat und Hofkammer abgestimmt war, ebenfalls in Frage gestellt schien. Aber verhältnismäßig rasch, schon 1502, sollte der königliche Hofrat mit seinen umfassenden Aufgaben wiederkehren[30], nachdem Bertholds Reichsregiment völlig abgewirtschaftet hatte.

Nicht minder wichtig wie zentrale Regierungs- und Gerichtsbehörden war der Neubau einer zentralen Finanzverwaltung für das Reich und die Erbländer.

Schon 1491 hatte es Maximilian mit Simon von Hungersbach als Generalschatzmeister[31] versucht, der ihm mittels umfassender Vollmachten über die Finanzschwierigkeiten des Ungarnfeldzuges (1490/1491), der Bayernkrise (1491/92) und des bretonischen Krieges (1491—1493) hinweghelfen sollte. Der Generalschatzmeister mußte zeitweilig den Anfeindungen des kaiserlichen Hofes Friedrichs III. und der niederösterreichischen Landstände geopfert werden. Er kehrte zwar nach Kaiser Friedrichs III. Tod (1493) in sein Amt zurück, mußte sich dann aber der kollegialen Innsbrucker Schatzkammer einordnen, wenn er auch weiterhin eine wichtige Vertrauensstellung in der Finanzverwaltung behielt.

Die Wormser Ordnung von 1495 hatte zwar ein „Reichsärar" mit sieben Schatzmeistern für die Verwaltung des Gemeinen Pfennigs vorgesehen. Wohl im Hinblick auf die musterhaften burgundischen Finanzeinrichtungen hatte Maximilian gemeint, der oberste Schatzmeister müsse ein Burgunder sein[32]. Aber nichts davon war verwirklicht worden. Daher sah sich der König gezwungen, aus eigenem Vorsorge zu treffen, indem er anstatt des imaginären „Reichsärars" die Innsbrucker Schatzkammer[33] mit umfassenden Vollmachten für die Erbländer und das Reich ausstattete und mit der Finanzierung des Italienzuges beauftragte. Aber dies alles war so flüchtig entworfen, daß nach dem Krieg eine endgültige Ordnung der Finanzen für das Reich und die Erbländer eingerichtet werden mußte.

Ein bemerkenswerter Organisationsentwurf ist aus dem Jahre 1494 oder 1497 überliefert[34]. Er stammt wohl aus der Feder eines burgundischen Fachmannes — so hoch waren in solchen Fragen die Burgunder geschätzt. Offenbar hatte er über Auftrag des Königs die gesamte Zentralverwaltung des Hofes, des Reiches, aller österreichischen und burgundischen Länder zu einer Einheit zusammenzufassen versucht. Das Hofregiment sollte zusammen mit den drei Regimenten in Innsbruck, Linz und Lille vor allem die Finanzen in eine neue Ordnung bringen. Es blieb allerdings beim Entwurf. Die Idee einer völligen Zentralisierung des Reiches und aller habsburgischen Länder, außerdem die burgundische

Nomenklatur, welche burgundisch-französische Verwaltungstraditionen klar erkennen läßt, ist höchst bemerkenswert. Allerdings würden sich gerade die burgundischen Länder einem derartigen Verwaltungszentralismus niemals unterworfen haben.

Erst im Zuge der umfassenden Neuordnung der Jahre 1497/98 wurde am 13. Februar 1498 neben dem Hofrat auch eine Hofkammer[35] als zentrale Finanzbehörde für das Reich und die Erbländer eingerichtet. Neben Serntein scheint der Burgunder Casius Hacquenay als Buchhalter maßgebend an der Einrichtung dieser neuen Behörde beteiligt gewesen zu sein[36].

Ähnlich dem Hofrat sollte auch die zentrale Hofkammer dem ambulanten Königshof beständig folgen. Sie hatte die Gesamtübersicht über die Staatsfinanzen jederzeit auszuweisen und die große Finanzpolitik zu beraten. Dagegen wurde die bisher selbständige Innsbrucker Schatzkammer[37] fortan der Hofkammer unterstellt und hatte nach deren Anweisungen den Kassendienst, Einnahmen und Ausgaben zu tätigen; denn in Innsbruck sollten der Schatz und das Bargeld liegen. Beide Kammern standen demnach in engster Geschäftsverbindung, was sich auch darin ausdrückte, daß Balthasar Wolf als oberster Schatzmeister der Hofkammer gleichzeitig auch erbländischer Schatzmeister war. Deutlich kann man daran erkennen, daß die erbländischen Finanzen die eigentliche Grundlage für die gesamte Finanzpolitik des Reiches darstellten.

Wenn man bedenkt, daß unter dem Titel des Gemeinen Pfennigs während der Jahre 1495 bis 1498 insgesamt etwa 100.000 Gulden eingingen[38], während die österreichischen Erbländer allein in dieser Zeit zusammen etwa 1,500.000 Gulden aufzubringen hatten[39], die größtenteils für Reichsaufgaben verwendet wurden, wird man zugeben, daß die große Politik, die Verwaltung und die Kriege gutenteils aus österreichischen Steuergeldern bezahlt wurden. Aber das war im Reich nie anders gewesen: stets hatten die Könige mittels ihrer Hausmacht regieren und Kriege führen müssen. Insofern hat die Verstärkung der Hausmacht zu allen Zeiten als legitime Selbsthilfe der Könige und als Entschädigung für Aufwendungen im Dienste des Reiches gegolten.

Die beiden obersten Reichsbehörden, Hofrat und Hofkammer, standen nicht isoliert nebeneinander, sondern hatten sich, ähnlich den Regimenten und Kammern der Ländergruppen, gegenseitig zu ergänzen und zu unterstützen.

Etwa gleichzeitig waren für die neuen Behörden wohl auch die nötigen Amtsgebäude und Umbauten errichtet worden. Die Residenz Herzog Sigmunds, der sogenannte Neuhof, wurde in den Behördentrakt einbezogen, der zusammen mit dem Hof fast ein Viertel der Innsbrucker Altstadt füllte. Im Mittelpunkt stand das herrliche Erkerhaus, das die österreichische Schatzkammer beherbergen sollte, dem der König mit anzüglichem Humor ein „Goldenes Dachl" aufsetzte. Mag sein, daß er daran dachte, als er den Ständen schrieb, er habe eine Reform grundgelegt und müsse ihr nur noch das „Dach" aufsetzen.

Als der König am Tage der feierlichen Eröffnung persönlich in der Hofkammer erschien[40], gab er Anweisung, fortan alle Ansprüche ungesäumt zu erledigen und jedermann ohne Verzug auszubezahlen. Offenbar hatte er den guten Willen, mit der peinlichen Schuldenwirtschaft der letzten Jahre aufzuräumen und seine Finanzverwaltung in eine völlig neue, bessere Ordnung zu bringen. Allein die besonders schwierige Lage, nicht nur sein mangelndes Gefühl für ausgeglichene Geldgebarung, sollte den König auch künftig an der Errichtung einer solchen Ordnung hindern.

Die Kammer konnte sich auch während der nächsten Jahre kaum erholen. Nur das Jahr 1497 war ohne größere außenpolitische Belastungen vergangen. Diese Atempause hatte aber nicht gereicht, um die Finanzen wirksam zu sanieren. Das Jahr 1498 brachte den Feldzug nach Burgund und Geldern, 1499 den unglückseligen Schweizerkrieg und den Verlust Mailands, dessen reiche Mittel dem Römischen König bisher zur Verfügung gestanden waren[41], fast wie seine eigenen. Kein anderes Unglück hätte die kaiserlichen Finanzen empfindlicher treffen können als der Sturz Ludovicos. Dieser Schlag konnte durch Reformmaßnahmen nicht aufgefangen werden.

Dagegen schadete die Zerschlagung der zentralen Hofbehörden durch die neue Augsburger Ordnung, die Übernahme nicht nur der Reichsregierung, sondern auch des Reichsärars durch die Stände, finanziell gesehen, viel weniger oder gar nichts, hatte sich die königliche Kammer ja bisher schon vorzüglich aus erbländischen Mitteln gespeist. Es galt nun eben, die Finanzverwaltung der Erbländer womöglich noch wirksamer als bisher umzugestalten. Wieder hoffte der König, daß das Genie eines einzelnen begabten Geschäftsmannes, des Augsburgers Georg Gossembrot, der den meisten Kammerkollegien bisher angehört hatte und die erbländischen Finanzen gut kannte, den Nöten werde abhelfen können. Maximilian sah in der Ausschaltung der Kollegien und in der Monokratie eines einzigen Wirtschaftsfachmannes den letzten Ausweg aus seinen Geldnöten und faßte daher die Finanzverträge mit Georg Gossembrot[42] ins Auge.

IV. Kapitel

DIE EIDGENOSSEN, ÖSTERREICH UND DAS REICH. MAXIMILIANS NIEDERLAGE IM SCHWEIZERKRIEG UND DER BASELER FRIEDE

1. Die Eidgenossen, Österreich und das Reich seit der Ewigen Richtung von 1474. Die Vorgeschichte des Schweizerkrieges

Die Ursachen für den Abfall der Eidgenossenschaft vom Reich und die Vorgeschichte des Schweizerkrieges[1] gehen weit zurück. Der angeborene Freiheitswille dieses stolzen Bauernvolkes sträubte sich wider jede Herrschaft, die sich in die inneren Verhältnisse der eidgenössischen Orte einzumischen suchte. Seit die Habsburger mit Friedrich III. wieder an das Kaisertum gelangt waren, kam zur Ablehnung jeder Reichsherrschaft die uralte Erbfeindschaft gegen das Haus Habsburg. Durch Jahrhunderte hatte man diese Dynastie bekämpft. Man war stolz auf die Siege am Morgarten und bei Sempach und lebte nunmehr vom frischen Kriegsruhm gegen Burgund, das inzwischen auch habsburgisch geworden war — ein Grund mehr zur Sorge. Die Sagen von der Art der Tell-Geschichte, die wenig später ihren Niederschlag in Tschudis Chronik[2] fanden, zeigen, wie lebendig die Abneigung gegen Österreich unter den Eidgenossen fortlebte.

Dazu kam der volksstaatliche Aufbau der eidgenössischen Bauern- und Bürgerrepublik, der im fürstenstaatlich-monarchisch aufgebauten Reich als Fremdkörper empfunden wurde. Mit Verachtung sahen die schwäbischen Junker auf die „groben Bauern", denen jeder Adel fremd sei. Die Eidgenossen aber wären jederzeit bereit gewesen, sich mit den überheblichen Herren zu messen. Keinesfalls wollten sie Fürsten und Herren untertänig sein. Seit den Zeiten Friedrichs III. hatten die Eidgenossen kaum einen Reichstag besucht und fühlten sich längst eher als Freistaaten denn als Reichsglieder, wenn sie auch auf die Zugehörigkeit zum großen gesamtchristlichen Staatenverband des Heiligen Römischen Reiches einen gewissen gefühlsmäßigen Wert legten.

Mehr als Kaiser Friedrich III. bemühten sich Erzherzog Sigmund und König Maximilian, die Eidgenossenschaft für sich und das Reich zu gewinnen, was ihnen jedoch kaum besser gelang als dem alten Kaiser.

Erzherzog Sigmund hatte 1474 mit den Eidgenossen die „Ewige Richtung" abgeschlossen[3], welche die Feindschaft zwischen den Schweizern und den österreichischen Vorlanden ein für allemal überwinden sollte. Diese Entspannung kam auch dem jungen Maximilian in den Niederlanden zugute[4], als er Karl dem Kühnen, dem unversöhnlichen Feind der Schweizer, 1477 nachfolgte. Zwischendurch fanden sich eidgenössische Knechte sogar bereit, an der Seite Maximilians gegen die Franzosen zu kämpfen[5], wenn sie auch meist Ludwig XI. unterstützten. Man sagt, Maximilian habe während des burgundischen Erbfolgekrieges dem Vorbild des eidgenössischen Knechtes die Einrichtung des deutschen Landsknechtes allmählich nachgebildet[6]. Jedenfalls blieb der König zeitlebens ein Bewunderer der Schweizer Kriegskunst und hätte nichts mehr gewünscht, als dieses tapfere Bergvolk enger an sich zu binden.

Als Maximilian 1486 zum Römischen König gewählt und gekrönt worden war und einen letzten Kampf um seine Niederlande auszufechten hatte, bemühte er sich mit größtem Eifer, einen neuen Bundesvertrag mit den Eidgenossen abzuschließen, was sich jedoch längere Zeit hinzog[7]. Die Eidgenossen, einesteils Anhänger des Reiches, andernteils Parteigänger der französischen Krone, ließen sich ungern auf eine Linie festlegen, die ihnen die Freiheit des Reislaufes beschränkt hätte. Immerhin schloß der größere Teil der eidgenössischen Orte am 14. September 1487 eine Bundeseinigung mit dem Römischen König ab, die der alten Ewigen Richtung ähnlich war, worin sie sich zwar als Untertanen des Reiches dem Römischen König verpflichteten[8], ohne nur ihm ihre Kriegshilfe zu versprechen. Es konnte als ein diplomatischer Erfolg des jungen Königs gelten[9], daß sie feindlichen Bündnissen gegen das Reich entsagten.

Im November 1487 bestätigte der König den verbündeten eidgenössischen Orten ihre alten Freiheiten, verlieh ihnen neue Kriegsfahnen[10], worauf das kriegerische Volk nicht wenig stolz war. Der Vertrag von 1487 hätte beiden Parteien bedeutende Vorteile bringen können, wenn er eingehalten worden wäre: dem Reich die Versicherung der eidgenössischen Treue und Kriegshilfe, den Eidgenossen aber die Garantie ihres Besitzstandes und ihrer alten Rechte.

Aber Karl VIII. wurde nicht müde, gegen das neue Schweizer Reichsbündnis zu arbeiten, und in der Eidgenossenschaft, vor allem in Luzern, gab es seit alters Leute genug, die gerne auf die Franzosen hörten. Da sich immer mehr Orte vom deutschen Bündnis abwandten, war es bald hinfällig. Andere Schwierigkeiten kamen hinzu: vor allem der Versuch Erzherzog Sigmunds, Tirol und die Vorlande Bayern zuzuwenden[11], wovon sich die Eidgenossen eine gewisse politische Entlastung erhoffen mochten. Nachdem der alte Kaiser gemeinsam mit dem Römischen König diese Innsbrucker Anschläge gegen die Einheit des habsburgischen Hauses gewaltsam zerschlagen hatte, flüchteten die Urheber dieser Politik, die landesfürstlichen Räte Graf Georg von Sargans, Vogt Gaudenz von Matsch, Graf Oswald von Thierstain, Graf Heinrich von Fürstenberg und Freiherr Hans Werner von Zimmern, zu den Eidgenossen[12], wo die „bösen Räte“ in der Folge eine wirksame antihabsburgische Hetze entfachten, die nicht wenig zur Störung der nachbarlichen Beziehungen und zum Ausbruch des großen Schweizerkrieges beitragen sollte.

Die Eidgenossen, die seit den Burgunderkriegen niemanden mehr fürchteten, waren kühn genug, diesen Ächtern und Aberächtern des Reiches entgegen allen bestehenden Ordnungen Asyl zu gewähren, auch denen, die kein eidgenössisches Bürgerrecht besaßen. Welche andere Macht hätte Werwölfe dieser Art nicht nur gegen die Hoheit des Deutschen Reiches[13], sondern auch gegen die steigende habsburgische Hausmacht in Schutz zu nehmen gewagt? Das war eben die Werbekraft dieses jungen Bauern- und Bürgerstaates im Gebirge, daß man sich unter dem Schweizer Kreuz geborgener fühlen konnte als unter dem Adler des Römischen Reiches. Mächtig wirkte die Anziehungskraft der Republik über den Rhein und den Arlberg hinweg tief hinein nach Tirol und im Norden weit über den Bodensee hinaus nach Schwaben. Abgesehen von den Grenzstädten am Rhein, gehörte sogar Rottweil inmitten Schwabens zu den eidgenössischen „Zugewandten“. Selbst große Städte wie Konstanz oder Basel, aber auch Straßburg und Kolmar spielten mit dem Gedanken eines Anschlusses an die Eidgenossenschaft; zumindest waren sie um Neutralität bemüht.

Eine Entwicklung drohte sich anzubahnen, der die alten feudalen Herrschaften Schwabens, eigentlich das ganze Reich mit Besorgnis entgegenblicken mußten.

Als Maximilian den alten Sigmund ablöste und im März 1490 die Regierung in Tirol und in den Vorlanden übernahm[14], mußten die Eidgenossen entscheidende Veränderungen gewärtigen. In der Tat war der König entschlossen, der eidgenössischen Ausdehnung Grenzen zu setzen. Gleichwohl hätte er gerne einen neuen Bundesvertrag[15] abgeschlossen, um sie wieder fester in den Verband des Reiches zurückzuführen und sich ihrer immerwährenden Kriegshilfe zu versichern. Seine Gegner verbreiteten allerdings, er wolle sie ihrer Freiheit berauben und der österreichischen Herrschaft unterwerfen[16].

Es versteht sich, daß die Eidgenossen dem jungen König, dessen gewalttätige Art ihnen aus den Burgunderkriegen her wohl bekannt war, mit größerem Mißtrauen begegneten als einst dem gutmütigen, alten Sigmund. Die flüchtigen Tiroler Räte, vor allem die Grafen von Sargans und Matsch, unterließen nichts, die Eidgenossen vor der österreichisch-burgundischen Gefahr zu warnen, stünden sie ja nun dem vereinigten österreichisch-burgundischen Großstaat gegenüber. So große Stücke hielt man auf die flüchtigen Räte, daß vom Römischen König ihre Rehabilitierung gefordert wurde, ehe man in Verhandlungen eintreten wollte. Der Streit um die geächteten Räte blieb noch langehin eines der größten Hindernisse für die Herstellung besserer Beziehungen.

Als Hauptfeind erschien den Eidgenossen der Schwäbische Bund[17], der 1488 unter tatkräftiger Mitwirkung Kaiser Friedrichs III. zur Wahrung des Landfriedens im süddeutschen Raum errichtet worden war. Die Eidgenossen betrachteten den Bund geradezu gegen sich gerichtet. Als man sie zum Beitritt einlud, erblickten sie darin einen Anschlag auf ihre Freiheit[18]. Sie vermochten ihr Mißtrauen gegen diese Vereinigung von Fürsten und Herren nicht zu überwinden. Als sich Bayern während der Jahre 1491/92 durch einen Waffengang aus der Umklammerung durch die Habsburger und den Schwäbischen Bund befreien wollte[19], brachten ihm die Eidgenossen großes Wohlwollen entgegen; die bayernfreundliche Richtung setzte den Vertrag vom 23. August 1491 durch, der Ober- und Niederbayern sowie Pfälzern zwar keine Kriegshilfe, aber doch eine wohlwollende Neutralität in Aussicht stellte[20].

Jene Macht, die in der Eidgenossenschaft kraft ihres Geldes stets das meiste vermochte, war seit alters der König von Frankreich gewesen. Es ging ihm, wie dem Römischen König, vorzüglich um die eidgenössischen Knechte, von deren Kriegskunst man seit den Burgunderkriegen geradezu Wunder erwartete. Als 1491 infolge jener aufreizenden politischen Heirat Maximilians mit Anna von der Bretagne der bretonische Krieg wieder ausbrach, versuchte der französische Hof Truppenwerbungen in der Eidgenossenschaft durchzusetzen[21]. Damals aber fanden sich die eidgenössischen Tagsatzungen noch nicht bereit, dem zuzustimmen[22], und waren vielmehr um Neutralität und Friedensvermittlung bemüht. Dennoch liefen die Schweizer Knechte scharenweise dem König von Frankreich zu, weil er als besserer und verläßlicherer Zahler bekannt war, während sich nur ein kleiner Teil, etwa 2000 Knechte, von Maximilian anwerben ließ. Dank der friedensgünstigen Verhältnisse und der wirksamen Vermittlung der Eidgenossen kam es 1493 zum Waffenstillstand und zum Frieden von Senlis[23], wodurch ein Kampf von Eidgenossen gegen Eidgenossen vermieden wurde.

Eine völlig neue Wendung im Verhältnis der Schweizer zum Reich brachte der Wormser Reichstag von 1495. Darin wenigstens waren sich König und Reichsversammlung einig, daß alle Glieder wieder enger mit dem Reich verbunden werden sollten, was auch eine engere Bindung der Eidgenossenschaft an das Reich bedeutet hätte[24]. Sie sollte sich „den andern im Reich gleichmäßig halten".

Trotz wiederholten Einladungen des Römischen Königs, den Reichstag zu besuchen, war nur eine Berner Gesandtschaft in Worms erschienen[25]. Maximilian, der für seine kommenden Unternehmungen der Eidgenossen dringend bedurfte, sandte nun seinerseits eine Botschaft zu den Schweizern[26], um sie zur Kriegshilfe gegen Franzosen, Türken und zum Romzug aufzufordern, da sie „nicht zu den geringsten, sondern zu den höchsten Untertanen des Heiligen Römischen Reiches zählten"[27]. Aber durch schöne Worte ließen sich die klugen Schweizer nicht fangen und verweigerten zunächst jede verbindliche Antwort. Einige Orte schickten sogar ihre Gewalthaufen gegen den Thurgau und gegen Konstanz vor[28]; so stark fühlten sie sich.

Als eine zweite Gesandtschaft des Reichstages den Eidgenossen im September 1495 die Reformbeschlüsse über den Ewigen Landfrieden, die Errichtung des Reichskammergerichtes und die Ausschreibung einer allgemeinen Reichssteuer überbrachte[29] und sie zu deren Annahme aufforderte, war die Ablehnung allgemein. Nur Bern zeigte sich bereit, die Reichspflichten anzunehmen[30]; die anderen verschoben die Antwort bis in das nächste Jahr, um dann schließlich trotz Verwendung des päpstlichen Gesandten und der Heiligen Liga, trotz Drohung mit geistlichem und weltlichem Schwert bei ihrer Ablehnung zu verharren[31]: sie wollten frei bleiben, wie ihre Väter waren.

Die Eidgenossen bedurften der Wormser Reform nicht mehr[32]. Sie sicherten den Landfrieden in ihren Gebieten besser als diese neue Wormser Ordnung. Hatte das Reich während der Burgunderkriege einen Finger zur Verteidigung der Eidgenossen gerührt? Sich dem neuen Kammergericht zu unterwerfen, hätte einen Bruch der guten alten Schweizer Gewohnheiten bedeutet; man hätte sich dem Gericht von Fürsten, Herren und Doktoren unterwerfen müssen, auf deren Berufung man so gut wie keinen Einfluß nehmen konnte. Am unleidlichsten aber wurde die neue Steuer, der Gemeine Pfennig, empfunden, desgleichen es in der Eidgenossenschaft niemals gegeben hatte. Man hätte mit dieser neuen Ordnung nur verlieren, nichts gewinnen können.

Wie aber stand es mit der Rechtsfrage? Hatte die Reichsversammlung nicht mehr das Recht, Gesetze zu erlassen, die für alle Reichsglieder verbindlich waren? War es nicht offener Bruch des Reichsrechtes, was die Eidgenossen taten?

Wenn die Kammergerichtsordnung bestimmte, daß niemandes alte Privilegien und Freiheiten beschnitten werden dürften[33] und wenn, davon ausgehend, viele Reichsfürsten, der König eingeschlossen, ganz ungewöhnliche Gerichtsfreiheiten für sich in Anspruch nahmen, so konnte die Eidgenossenschaft für sich gleiches Recht verlangen. Wenn vollends ein großer Teil der Reichsstände die Zahlung der Reichssteuer beharrlich verweigerte[34], wenn sogar der Reichstag dem Fiskal in den Arm fiel, der die ausständigen Reichssteuern einzuklagen suchte, so konnte man auch die Eidgenossen schwerlich zur Steuerzahlung zwingen, zumal sie wegen ihrer bäuerlich-städtischen Struktur keinerlei Möglichkeit gehabt hatten, dabei mitzuraten und mitzustimmen. Es dürfte den Eidgenossen auch nicht verborgen geblieben sein, daß man auf den Reichstagen mit zynischer Offenheit erklärte, die „Auswärtigen“ sollten stärker zur Zahlung herangezogen werden, damit man selber weniger zu zahlen brauche. Eine Reichsversammlung dieser Art nahm sich selber das moralische Recht, jene zu belasten, für die sie so gut wie nichts mehr leistete. Es entsprach der Überheblichkeit dieser Versammlung privilegierter Fürsten und Herren, alles stets auf andere abzuschieben, was man selber zu leisten nicht willens war[35]. Schwerlich wird man daher behaupten können, die Eidgenossen hätten einen Rechtsbruch begangen, indem sie die Wormser Artikel ablehnten[36], die sich über ihre alten Freiheiten glatt hinweggesetzt hatten. Außerdem entsprach es mittelalterlicher Rechtsauffassung, daß jede Herrschaft ihr Recht verwirkte, wenn sie ihrer Schutzpflicht nicht mehr genügte. Darin hatte es aber das Reich gegenüber den Eidgenossen seit langem schwerstens fehlen lassen.

Was hier geschah, lag in der Entwicklung. Seit Jahrhunderten war der Reichsverband in Auflösung und die Randgebiete im beständigen Abbröckeln. Gerade für die Randgebiete des Reiches, die Niederlande, Lothringen, Böhmen, den Deutschen Orden in Preußen und Livland, war seit Jahrhunderten nichts mehr geschehen[37] oder ebensowenig wie für die Eidgenossen. Daß Österreich, Böhmen und die Niederlande zunächst noch beim Reich verblieben, war wesentlich den Habsburgern zu verdanken, welche die Kaiserkrone trugen. Für die Eidgenossen allerdings war der habsburgische Kaiser und König ein zusätzlicher Grund zur Abwendung, wenngleich sich Maximilian ihnen gegenüber wesentlich verständnisvoller verhielt als die Reichsversammlung.

Die Eidgenossen wurden sich kaum bewußt, daß die Ablehnung der Wormser Artikel eine Abwendung vom Reich bedeuten mußte: nicht gegen das Reich als solches traten sie in die Schranken[38], sondern für die Erhaltung ihrer guten Gewohnheiten und gegen die Überheblichkeit von Reichsständen, die den „bösen Bauern" zumuteten, was sie selber beharrlich unterließen. Die Eidgenossen hörten nach 1495/96 keineswegs auf, sich als Mitglieder des Reiches zu fühlen; nicht einmal nach 1499. Dem Heiligen Reich anzugehören, war damals noch ein ziemlich allgemeinchristliches Bedürfnis; dafür Verpflichtungen auf sich zu nehmen, war allerdings so gut wie niemand bereit, die Reichsstände ebensowenig wie die Eidgenossen.

Italien wäre ein gemeinsames Anliegen gewesen, womit das Reich die Eidgenossen wohl hätte gewinnen können. Denn diese Frage konnten die Schweizer nicht teilnahmslos übergehen, dachten

Maximilian I. im Reisekleid

Kriegsgreuel im Schweizerkrieg

sie doch zeitweilig selber daran, aus Gründen der Sicherheit und des wirtschaftlichen Vorteils auf die lombardische Ebene überzugreifen. Hier wäre der Punkt gewesen, womit eine kluge Reichspolitik die Eidgenossenschaft sich hätte verpflichten können. Gehörte nicht das benachbarte Oberitalien unter den verschiedensten traditionellen Rechtstiteln zum Reich? Wäre es nicht sinnvoller gewesen, das eine und andere davon eidgenössischem Schutz anzuvertrauen, statt es an Frankreich zu verlieren? Während die deutschen Reichsstände dieser Frage völlig ahnungslos gegenüberstanden, verstand es der König von Frankreich, der eben seinen Überfall auf Italien vorbereitete[39], einen großen Teil der Eidgenossen für seine italienische Politik zu gewinnen, indem er ihnen neben guten Sold- und Pensionszahlungen mäßige Gewinne[40], wie Überlassung von Bellinzona, Lugano, Locarno und Arona, in Aussicht stellte. Aber dazu war die Reichsversammlung zu beschränkt, und auch der König zu engherzig.

Als der Kampf gegen Frankreich um den Besitz Italiens begann, schickte Maximilian augenblicklich seine Werber in die Schweiz[41], aber zunächst waren die Agenten des Königs von Frankreich im Vorteil. Das Mißtrauen der Eidgenossen gegen den Schwäbischen Bund, die Umtriebe der geächteten Räte, die Wormser Artikel, vor allem die Werbekraft und das Geld des Königs von Frankreich erschwerten die Bemühungen des Römischen Königs[42]. Am 1. November 1495 konnte Karl VIII. ein Schutz- und Trutzbündnis mit sieben eidgenössischen Orten abschließen[43], die ihm Werbelizenzen einräumten, wofür er ihnen seine Kriegshilfe in Aussicht stellte. Es war die Antwort der Eidgenossen auf die Wormser Beschlüsse, die entscheidende Abwendung vom Reich. Nur die Orte Bern, Schwyz und Obwalden blieben dem französischen Bündnis fern[44].

Dagegen vermochten der Römische König und die Liga mit ihren Angeboten, obwohl sie günstiger und besser schienen[45], bei den Eidgenossen nicht mehr durchzudringen. Wußte man, wie wenig der König bei der Haltung der Reichsversammlung imstande war, Versprechungen einzuhalten? So standen die Schweizer zum französischen Vertrag, wenn sie auch beteuerten, daß Papst und Kaiser als Gegner ohnehin ausgenommen seien[46]. Auch durch Drohungen ließen sich die Orte nicht mehr bewegen, ihre Knechte aus dem französischen Heere abzurufen.

Nicht viel mehr Erfolg hatte Ludovico Moro[47], der den Eidgenossen günstigste Sold- und Wirtschaftsbedingungen anbot. Die Mehrzahl glaubte den Gerüchten, der Römische König bereite den Untergang der Schweizer vor; vor allem aber schätzten sie den sicheren Sold der Franzosen mehr als die ungewissen Versprechungen der Liga, wobei sie richtig rechneten. Nur das treue Bern blieb ein einsamer Bundesgenosse des Römischen Königs[48], wie heftig es auch deswegen von seinen Nachbarn angefeindet werden mochte.

Die Eidgenossen sicherten den Franzosen den glimpflichen Ausgang des gewagten Unternehmens von 1494/95. Der tapfere Einsatz der Schweizer vor allem hat dem König von Frankreich bei Fornuovo Leben und glückliche Heimkehr gerettet[49]. Mußte nicht auch der Römische König durch Schweizer Söldner seinen Romzug zu sichern versuchen?

Die eidgenössischen Tagsatzungen, die dem König von Frankreich auf Grund des bestehenden Vertrages bedeutende Soldtruppen zugesandt hatten, liefen nun Gefahr, einen Bruderkampf von Schweizern gegen Schweizer in Italien zu fördern[50], wenn sie auch dem Römischen König Knechte zusandten. Sie verboten daher den Reislauf nach beiden Seiten[51], was aber gegenwärtig vor allem den Römischen König traf, weniger die Franzosen, die ja 1496 die Alpen nicht mehr überstiegen.

Gleichwohl gab es Schweizer Knechte, die anders dachten: gehörte nicht die Unterstützung des Romzuges nach dem Gefühl jener Zeit zu den ursprünglichsten Verpflichtungen jedes Reichsgliedes, ja jedes Christenmenschen? Sie kümmerten sich daher wenig um ihre Regierungen und waren gerne bereit, gegen guten Sold auch dem Reich zu folgen. Auch hatte der Rheinische Goldgulden, allen Behördenverboten zum Trotz, eine starke Zugkraft; handelte es sich doch um einen Romzug, der als sicherer gelten konnte als ein gewöhnlicher Feldzug. Manche Hauptleute und Knechte fühlten sich überdies geehrt, einen künftigen Kaiser auf seinem Krönungszug begleiten zu dürfen[52]. Hätte der Römische König nur Geld genug besessen, wäre es seinen bewährten Agenten nicht schwergefallen, eine gewaltige Schweizer Truppe anzuwerben[53]. So mächtig war der Zustrom, daß die kaiserlichen Agenten schließlich die Werbeplätze meiden mußten. Da aber die Reichshilfe ebenso ausblieb wie die Subsidien der Bundesgenossen, konnten auch die wenigen Knechte, die man angeworben hatte, nicht ausbezahlt werden[54], was begreifliche Empörung auslöste und die Lust am Reichsdienst alsbald vollends verdarb.

Der Krönungszug verlief auch keineswegs so glimpflich[55], wie es Hauptleute und Knechte vielleicht erwartet hatten. Die Überfahrt von Genua nach Pisa, die Belagerungskämpfe vor Livorno, die Seegefechte in den Ligurischen Spätherbststürmen, der Verrat der Bundesgenossen unterwarfen gerade die Schweizer Knechte härtesten Mut- und Kraftproben[56]. Bitter enttäuscht und stark dezimiert, krank und ohne Geld marschierten sie bei Wintereinbruch über die Alpen nach Hause. Wenn der kluge König auch in Tortona einige Berner Hauptleute zu Rittern schlug, „gleicherweise, als ob es in Rom auf der Tiberbrücke geschehen wäre", und sie reich beschenkte[57], war dies für die große Masse doch nur ein schlechter Trost für die erlittenen Unbilden und ausständigen Soldgelder. Der Italienzug von 1496 hatte den Reichskriegsdienst bei den Eidgenossen in übelsten Verruf, die Franzosen dagegen in steigendes Ansehen gebracht.

Um die Spannungen etwas abzubauen, fand sich Maximilian sogar bereit, die bösen Räte Erzherzog Sigmunds zu begnadigen, deren feindselige Stimmungsmache die Beziehungen ständig verschlechterte. Nach längeren Verhandlungen wurde Graf Gaudenz von Matsch im April 1497 unter recht günstigen Bedingungen wieder zu Gnaden aufgenommen[58]. Weniger leicht ließ sich der Fall des Grafen von Sargans[59] aus der Welt schaffen, eines der heftigsten Feinde der Habsburger, dessen Streithandel noch den großen Schweizerkrieg überdauerte.

Einen Sprengstoff ganz neuer Art boten die Kammergerichtsprozesse gegen St. Gallen und Appenzell[60] wegen des Rohrschacher Klosterturmes. Ulrich Varenbühler, Bürgermeister von St. Gallen, und Hans Schwendiner, Ammann von Appenzell, waren deswegen von den eidgenössischen Orten zu Verbannung und Güterverlust verurteilt worden und ins Reich geflüchtet. Die Sache kam schließlich vor das neue Kammergericht, das Varenbühler und Schwendiner recht gab und St. Galler und Appenzeller aufforderte, ihnen die beschlagnahmten Güter zurückzustellen. Als sie ablehnten, wurde über St. Gallen, das sich ganz auf die Hilfe der Eidgenossen verließ, die Reichsacht verhängt[61].

Der Römische König wäre den Eidgenossen in diesem Rechtsstreit nicht ungern entgegengekommen[62], konnte sich aber gegen den frischen Eifer des neuen Kammergerichtes nicht durchsetzen. Da die Reichsacht Handel und Wandel von St. Gallen immer ärger behinderte, verwendeten sich die Eidgenossen für die verbündete

Stadt beim Römischen König, der sie indes nur an den Reichstag verweisen konnte. Erzbischof Berthold vermutete ohnehin, daß der König „den Eidgenossen weit mehr zugesagt habe, als gut wäre“[63]. Vom Erzkanzler, der die Schweizer mit „Tinte und Feder“ zähmen wollte, und von der Reichsversammlung war aber nichts zu erreichen. Berthold soll gesagt haben, die Eidgenossen hätten sich in die Sache zu schicken, da es sein müsse; die Zeit sei nun da und der Weg gefunden, den Eidgenossen einen Herrn zu geben[64]. Das wäre recht schwer, meinten die Eidgenossen spöttisch, da man es mit Spießen, Hellebarden und Büchsen öfters versucht und trotzdem nie vollbracht habe.

Auch die Reichsstadt Rottweil inmitten Schwabens zählte sich zu den „Zugewandten“ der Eidgenossen und wünschte vom Reichskammergericht nicht behelligt zu werden[65]. Wenn man die Lage von Rottweil ins Auge faßt, offenbart sich die ganze Kühnheit der eidgenössischen Hoffnungen. Gestattete man den Rottweilern ihre „Eidgenossenschaft“, so reichte die Schweiz bis in das Herz Schwabens, und der gesamte bäuerliche und städtische Südwesten konnte früher oder später verlorengehen. Rottweil hatte sich in einen Fehdehandel der Freiherrn von Zimmern gegen die Grafen von Werdenberg eingemischt und die Hilfe der Eidgenossen angerufen. Die Grafen von Werdenberg aber hatten gegen ihren Feind die Reichsacht wegen Landfriedensbruch erwirkt. Auch diese Frage wurde zunächst so gelöst, daß man Rottweil einfach Ruhe empfahl, während der Graf von Werdenberg seine Klage zurückzog.

Aber die Frage der Gerichtshoheit des Reiches ließ sich auf solche Weise nicht für die Dauer aus der Welt schaffen. Immer mehr versteiften sich die Eidgenossen auf ihre Freiheiten[66], immer schärfer traten die Gegensätze hervor, zumal sich das französische Gold in Strömen in die Schweiz ergoß und alle Gegenwerbungen des Reiches glatt hinwegschwemmte[67]. Maximilian vermochte mit den französischen Pensionen bei weitem nicht Schritt zu halten. Daher bemühte man sich vergeblich, die Eidgenossen von den Franzosen zu trennen, da sie doch ihr politisches Interesse gebieterisch an die Seite der Franzosen wies. Dazu die stets wiederholten Steuerforderungen des Reiches, welche die Stimmung so sehr verschlechterten[68], daß auf den Tagsatzungen immer wieder von Wachsamkeit, Rüstung und Kriegsgefahr[69] die Rede war.

Naturgemäß traf auch der Schwäbische Bund Gegenrüstungen[70]. In Kriegsliedern prahlte man, der Adler [= Reich] werde sich erheben und den Stier von Uri schlagen; man werde den Schweizer Bären in Fesseln legen; „Rotwil, dir mag grusen! . . . ich warne dich Schaffhusen!“ Man besprach bereits Aufmarschordnungen und Kriegspläne[71], verbreitete Alarmgerüchte und schien von Friedensverhandlungen nicht mehr viel zu hoffen. Da die Feindschaft nicht den Schwäbischen Bund allein betreffe, sondern eine Reichsangelegenheit darstelle und letztlich in der von den Schweizern abgelehnten Wormser Ordnung und im neuen Kammergericht ihre Hauptursache habe, bat man um die Hilfe des Römischen Königs und des Reiches, worauf Maximilian jede immer mögliche Unterstützung zusagte[72]. Mag sein, daß sich der König dabei kriegsbereiter gab, als es seinen Absichten entsprach.

Der Schwäbische Bund reichte jedoch an die kriegerische Schlagkraft der waffengewandten Eidgenossen keineswegs heran[73], die sich jetzt, im Augenblick der Gefahr, in einer fast wunderbaren Eintracht zusammenfanden, nachdem sie bisher vorzüglich eine Politik privater Vorteile geführt hatten[74]. Die Mitglieder des Schwäbischen Bundes waren dagegen so uneinig, daß es schon 1496 größte Mühe gekostet hatte, den Bund für weitere drei Jahre zu erneuern[75]; nicht zu reden von der untertänigen Bauernschaft, die sich nichts sehnlicher wünschte, als an der Schweizer Freiheit teilzuhaben.

Aber der Schwäbische Bund mochte damals noch hoffen, mit Hilfe des gesamten Reiches in dieser, wie es schien, gerechten Sache über die kleinen Eidgenossen zu siegen. Zwar hatte die Reichsversammlung ihre Unfähigkeit zur Lösung selbst kleinster Landfriedenshändel wiederholt gezeigt[76]. Stets hatte es an der nötigen Einigkeit gefehlt. Würde das Reich auch in einer so grundsätzlichen Frage, wie in der aufreizenden Ablehnung der Reformartikel durch ein kleineres Reichsglied, so völlig versagen? Durfte man nicht vielmehr sicher sein, daß sich das Reich in geschlossener Einheit und unwiderstehlicher Übermacht, einem schlafenden Riesen gleich, erheben werde, um wenigstens die Einheit des engeren Reichsverbandes zu verteidigen, nachdem die gesamte Reichsversammlung die Eidgenossen bisher so hartnäckig auf die Einhaltung der Reformartikel gedrängt hatte? Die Wirklichkeit war anders: die Reichsversammlung, welche einen friedlichen Ausgleich völlig unterschätzte, versagte noch mehr im Kriege.

Spannungen und Kriegsgefahr verschärften sich noch mehr im Streit um den Besitz des strategisch wichtigen Stützpunktes Konstanz[77]. Mit Eifer warb der Schwäbische Bund um diese Stadt, während sie auch die Eidgenossen für sich zu gewinnen suchten, zumal auch der Besitz des umliegenden Landgerichtes strittig war. Schon gab es innerhalb der Mauern heimliche Eidgenossen genug, darunter sogar den Bischof, so daß der König die Stadt nur mit Mühe bei ihrer Reichspflicht zu erhalten vermochte.

Mußten die Eidgenossen in Konstanz den kürzeren ziehen, so machten sie sich doppelt stark gegen Graubünden[78] und Engadin. Die drei Bünde, die Churer Gotteshausleute, der sogenannte Graue Bund und die Zehn Gerichte, hatten seit dem 13. Jahrhundert Grenzstreitigkeiten mit den Grafen von Tirol und suchten deshalb immer engere Anlehnung bei der nahen Eidgenossenschaft. Seit 1496 führten sie eifrige Anschlußverhandlungen mit den Schweizern, welche Maximilian mittels seiner Agenten nur mit Mühe behindern konnte. Mit Recht mußten die Bünde fürchten, daß der Römische König und die Tiroler Regierung hier ihre Einflußzone zu erweitern suchten[79], um eine Landverbindung nach Mailand herzustellen.

Der König, der nichts weniger als einen Waffengang mit den Eidgenossen wünschte, versuchte noch einmal persönlich, die Lage zu entschärfen[80] und berief die Schweizer für September 1497 zu einem Vergleichstag nach Innsbruck[81]. Sie kamen, da sie offenbar in die königliche Vermittlung größeres Vertrauen setzten als in die Reichsversammlung[82]. Allerdings setzten sie ihre Rüstungen mit Eifer fort[83], um ihren Verhandlungen den nötigen Nachdruck zu geben.

Obwohl der König die Acht über St. Gallen einstweilen aufhob, um die Verhandlungen zu erleichtern, war der Eigensinn der Widersacher kaum zu überwinden. Man hat es im Laufe der Verhandlungen an Klarheit nicht fehlen lassen: die Eidgenossen sollten wissen, sagte der König zwischendurch, daß er sie sogar auf ihrem Erdreich aufsuchen wolle, wenn sie die Wormser Ordnung nicht annähmen, und zwar unter den ersten; worauf der Bürgermeister von Zürich als eidgenössischer Sprecher gelassen erwiderte, die Königliche Majestät solle sich hüten, die Eidgenossen aufzusuchen, denn sie seien ein „unanständiges“ Volk, und man müsse besorgen, daß sie auch eine Königskrone nicht verschonten[84]. Dies war Scherz und Ernst in scharfer Mischung.

Gleichwohl arbeitete man in Innsbruck noch beiderseits mit

allem Eifer auf einen Ausgleich hin. Wenn sich auch nur im Varenbühler und St. Gallener Handel ein völliger Ausgleich abzeichnete, so wurden doch auch die Streitigkeiten über Appenzell und Schwendiner, über Rottweil, Konstanz und die Grafen von Sargans von Maximilian mit größtem Entgegenkommen behandelt, so daß die Reichsversammlung und der Schwäbische Bund des Königs Milde tadelten: es stehe ihm nicht zu, die Acht aufzuheben, wie er es gegenüber St. Gallen getan habe[85], das dafür dem Varenbühler die Güter zurückstellen sollte. Damit wären die Kammergerichtsurteile hinfällig und der leidige Rechtsstreit aus dem Wege geräumt gewesen.

Dem König ging es weniger um den formalen Rechtsstandpunkt als um die Erhaltung des Friedens, den er durch Erneuerung der Ewigen Richtung und Abschluß eines österreichisch-eidgenössischen Freundschaftsbündnisses sichern wollte, woran freilich bei dieser politischen Witterung nicht zu denken war[86].

Der Innsbrucker Abschied[87] vom 9. September 1497 zeigt, wie ernsthaft und nachdrücklich sich Maximilian um den Frieden mit den Eidgenossen bemühte[88], für den er sogar Geldopfer zur Entschädigung des Varenbühler auf sich nehmen wollte.

Nach Ulmann hätte Maximilian damals, in günstigerer Lage als später, den Krieg gegen die Schweizer führen müssen. Wäre aber die Haltung der Reichsstände, welche die Niederlage eigentlich verschuldete, je eine andere gewesen? Mit Recht arbeitete der König, der seine Feinde lieber außerhalb des Reichsverbandes zu suchen pflegte, auf einen friedlichen Ausgleich hin und wollte sogar das Kammergericht — entgegen der Wormser Ordnung — in seinem übertriebenen Formalismus mäßigen. Auch Rottweil wurde vorläufig aus der Acht entlassen. Ebenso bot der König in der Konstanzer Frage seine Vermittlung an; die Absolution des Grafen von Sargans wurde in Aussicht gestellt. Die Pflichten der Eidgenossen als „Glieder des Reiches“ wurden allerdings nicht ernsthaft verhandelt. Dies sollte Sache des Freiburger Reichstages sein, den die Eidgenossen zu besuchen versprachen[89], allerdings nicht als gehorsame Glieder des Reiches, sondern um ihre alten Freiheiten gegenüber Reichssteuer und Kammergericht zur Geltung zu bringen[90].

Die Eidgenossen hatten ihr Erscheinen auf dem Freiburger Tag von der Anwesenheit des Römischen Königs abhängig gemacht[91]. Er zögerte nicht, sie unmittelbar nach ihrem Eintreffen zu empfangen und stellte es ihnen frei, ob sie mit ihm allein oder vor der Reichsversammlung verhandeln wollten. Eine Einladung, an den Sitzungen teilzunehmen, lehnten sie wegen der Langwierigkeit der Händel ab, „die sie nichts angingen“[92]; desgleichen eine Mitwirkung an den Türkenberatungen. Der Hinweis, daß viele eidgenössische Städte den Reichsadler im Wappen führten und daher als Reichsstädte verpflichtet seien, die Reichstage zu besuchen[93], berührte sie wenig. Es gelang dem König und der Reichsversammlung weder die Beilegung der noch schwebenden Kammergerichtsfälle, noch die Verpflichtung der Eidgenossen auf die Wormser Ordnung. Nur Rottweil war unter dem Druck der königlichen Drohungen und Angebote von den Eidgenossen abgerückt, was ihnen unangenehm war, weil es Schule machen konnte. Die beständigen Mahnungen, Reichssteuer zu leisten, empfanden die Schweizer als lästig, die Drohung mit der Reichsgewalt geradezu als verletzend[94] und im Grunde verächtlich; denn zu groß waren die Blößen, die sich das Reich in Italien und gegenüber Frankreich gegeben hatte, zu gering das Ansehen der Reichskriegsmacht, als daß man sich durch Drohungen hätte einschüchtern lassen. So waren auf dem Freiburger Tag die Gegensätze eher noch schärfer geworden.

Als im Herbst 1498, im Anschluß an den Freiburger Tag, der Römische König seinen Feldzug gegen Burgund unternahm, erfaßte die eidgenössischen Knechte das alte Fieber: in völliger Uneinigkeit liefen sie dem Sold nach, wo immer sie ihn günstiger zu finden hofften. Wieder gab es Schweizer auf Seiten der Franzosen und auf Seiten des Römischen Königs. Wenn auch der französische Sold bevorzugt wurde und die wenigsten Orte sich bereit fanden, ihre Knechte aus französischen Lagern abzuberufen[95], so wollten andere doch auf den deutschen Kriegsdienst nicht verzichten. Immerhin vermochte der Römische König, trotz der bestehenden Gegensätze, 3000 Schweizer anzuwerben[96]. Aber die allgemeine Stimmung begann doch mehr und mehr gegen das Reich umzuschlagen.

Im Spätherbst 1498 wirkte die wachsende Kriegsgefahr das Wunder, den Wirrwarr des Reislaufes nach allen Richtungen zu überwinden, die Schweizer Knechte aus allen fremden Kriegslagern heimzurufen und im Kampf für die eigene Sache zu einer schlagkräftigen, einheitlichen Kriegsmacht gegen das Reich zusammenzuschließen.

Die Zeiten der Verhandlungen schienen nun zu Ende. Vergleichsgespräche vermochten nichts mehr angesichts der gereizten Stimmen auf beiden Seiten und des beginnenden allgemeinen Aufmarsches. Man gewann das Gefühl, der Krieg sei unvermeidlich. Als Mülhausen und Konstanz, die bisher der Eidgenossenschaft nahestanden, offen dem Schwäbischen Bund beitraten, wurde dies als Herausforderung empfunden; nicht minder, als umgekehrt Graubünden den Anschluß an die Eidgenossen suchte[97].

Ein Überfall des Grafen von Sargans auf den königlichen Rat Georg Gossembrot[98] tat ein weiteres. Die Innsbrucker Regierung machte fortan wohl öfters ihre eigene, recht persönliche Politik[99] und kümmerte sich allzuwenig um die Wünsche des Königs, der damals, in einen Krieg gegen Geldern verwickelt, nichts weniger wünschte als einen Waffengang gegen die Eidgenossen. Von der Weststaatspolitik völlig in Anspruch genommen, dürfte der König aus der Ferne die drohende Kriegsgefahr im Südwesten nicht rasch genug erkannt haben.

In der Tat wurde bereits die ganze Rheinfront von Chur bis zum Bodensee, dem Seeufer entlang gegen Basel hin in Verteidigungszustand gesetzt und die Schwerpunkte durch größere Besatzungen gesichert.

Der Haß zwischen Eidgenossen und Schwaben, der Brotneid zwischen Schweizer Reisläufern und deutschen Landsknechten kannte keine Grenzen. Beschimpfungen und Schmähreden flogen über den Rhein hin und her. Mit Pfeilen schoß man sich gegenseitig Spottverse ins Lager. Die Grobheiten der Landsknechte und die Überheblichkeit des schwäbischen Adels wählten die bäuerliche Einfachheit zur Zielscheibe ihres maßlosen Spottes: so beleidigt fühlten sich die Schweizer durch diesen Schimpf, daß sie dessen Abstellung sogar noch in der Baseler Friedensurkunde ausdrücklich forderten.

Hofrat und Innsbrucker Regierung scheinen vom Ehrgeiz verführt worden zu sein, dem abwesenden König besonders tatkräftig zu erscheinen; sie dachten nicht daran, diesen Feindseligkeiten Grenzen zu setzen. Die Beschimpfungen arteten in Tätlichkeiten aus[100], wo immer man eines reisenden Schweizers habhaft wurde. Das in seiner Ehre zutiefst verletzte Bauernvolk brannte nur mehr darauf, über die Rheingrenze hinweg loszubrechen und sich Genugtuung zu verschaffen.

Als die Innsbrucker Regierung im Januar 1499 in verhängnisvoller Überschätzung ihrer Macht das Frauenkloster Münster im Vinschgau durch Truppen besetzen ließ, war der Krieg entfesselt. Würde der deutsche Reiterstiefel den bäuerlichen Bundschuh in den Boden treten?

2. Der Ausbruch des Schweizerkrieges von 1499

Der Krieg[1], der seit dem Freiburger Tag 1497/98 in der Luft lag, entzündete sich nicht am Gegensatz zur Reichshoheit sondern an Grenzstreitigkeiten mit Graubünden, um das mittlere und obere Engadin und den Vinschgau. Dort wohnten Churer Untertanen, die grundherrschaftlich ihrem Bischof, gerichtlich und politisch aber dem Grafen von Tirol verpflichtet waren; umgekehrt lebten viele Tiroler Untertanen im Engadin, woraus sich mancherlei Reibungen ergaben. Habsburg wollte sich, das war offensichtlich, allmählich gewisser Teile des Churer Kirchenlandes bemächtigen, wie es sich einst Brixen und Trient einverleibt hatte. Man suchte die unmittelbare Verbindung mit dem Herzogtum Mailand. So war man in den Bünden ganz auf Abwehr eingestellt. Daraus ergab sich der Zusammenstoß.

Vogteistreitigkeiten um das Marienkloster im kleinen Münstertal lösten den Krieg aus. Zwar habe Maximilian vor seiner Abreise nach Geldern den Innsbrucker Räten eine gütliche Beilegung des Streithandels empfohlen, wußte man zu erzählen[2], aber das Tiroler Regiment, vor allem Paul von Liechtenstein und Georg Gossembrot, hätten die Sache aus Ehrgeiz und falscher Einschätzung der Kräfte auf die Spitze getrieben und den Krieg verschuldet. Während man sich noch um ein Schiedsgericht bemühte und in Feldkirch[3] verhandelte (Januar 1499), hatten die Graubündner bereits am 13. Dezember 1498 ein Schutz- und Trutzbündnis mit den Eidgenossen abgeschlossen[4], indes das Land Tirol die Hilfe des Schwäbischen Bundes anrief und zugesichert erhielt[5]. Die Spannungen verschärften sich, als die Stadt Konstanz zum Ärger der Schweizer auf die Seite des Schwäbischen Bundes übertrat. Die Tiroler besetzten sofort die gefährdeten Grenzplätze, vor allem das Frauenkloster im Münstertal[6]. Die Graubündner aber antworteten Mitte Januar 1499 mit einem überraschenden Gegenstoß in den Vinschgau, eroberten das Frauenkloster und das Münstertal zurück und verwüsteten das ganze Land bis Meran und Bozen hin.

Augenblicklich traten nun die Bundesgenossen auf den Plan: die Eidgenossen, voran die Urner, traten an die Seite der Graubündner, während der Schwäbische Bund den Tirolern zu Hilfe kam. Alsbald rückten im Engadin, den Bodensee und das Rheintal entlang bis in den Sundgau hin die Truppen gegeneinander ins Feld. Zwar wurde am 2. Februar 1499 vom erschreckten Churer Bischof, Heinrich von Hewen, der vom Kriege nichts wissen wollte, noch einmal ein Frieden zu Glurns vermittelt[7], der indes den aufgestauten Haß nicht mehr zurückzudämmen vermochte; vielmehr machte sich der Bischof als Friedensvermittler beiden Parteien verdächtig. Man wollte die Entscheidung über Krieg und Frieden den „feigen Pfaffen und Doktoren" aus der Hand nehmen[8]. Anstatt abzurüsten, wurden die Truppen beiderseits verstärkt. Vor allem das Innsbrucker Regiment soll in allzu großem Selbstvertrauen diesen Krieg durch fortgesetzte Übergriffe angeheizt haben[9].

Ein zweiter Brandherd lag im vorarlbergischen Walgau, um Schloß Gutenberg am Rhein und Vaduz. Als die übermütigen Landsknechte, die das Grenzschloß besetzt hielten, die Eidgenossen als Kuhhirten, „Kuemeuller" und „Kuekijer" verspotteten[10], als sie Tag und Nacht ihr „muh-muh" und „bläh-bläh" über den Rhein hinüberbrüllten und den Eidgenossen drohten, sie würden sengen und brennen, daß der liebe Gott auf dem Regenbogen die Füße einziehen müsse vor Hitze und St. Peter vor Rauch die Himmelstüre nicht mehr finde[11], — die Eidgenossen sollten sich auch nicht zu sehr auf die „alte Metze, Maria von Einsiedeln" verlassen! — da riß ihnen die Geduld; die „groben" Schweizer blieben die Antwort auf diese Schmähungen nicht schuldig, setzten über den Rhein, nahmen Schloß Gutenberg[12], legten eine starke Besatzung hinein, eroberten Schloß Vaduz und besetzten den Walgau, während die Tiroler und Schwaben anderntags (6. bis 7. Februar) Luziensteig und Maienfeld nächst Chur einnahmen[13].

Damit waren den Friedensvermittlern die Fäden entglitten. Allenthalben wurde Sturm geläutet und alles lief zu den Waffen. Man wird schwerlich sagen können, wer diesen Krieg, der ohne Ansage ausbrach, eigentlich begonnen hat. Beide Parteien stürzten sich blindwütig aufeinander; beide gaben sich gegenseitig die Schuld[14]. Während das gemeine Kriegsvolk in Tirol und Schwaben keinen tieferen Sinn in diesem Krieg erkennen konnte, stand für Eidgenossen und Bündner doch ihre Freiheit auf dem Spiel.

Graubündner und Schweizer, etwa 12.000 Mann, gingen überall zum Angriff über. Sie eroberten Maienfeld zurück, zogen von Vaduz rheinabwärts gegen Bregenz und trafen am 20. Februar 1499 bei Hard[15] am Bodensee auf 10.000 Schwaben und Österreicher, die sie nach kurzem Gefecht vernichtend schlugen und nach Bregenz zurückwarfen. Viele der Flüchtigen fanden im morastigen Ufergelände des Bodensees den Tod. Seither war die Zuversicht der Schwaben und Österreicher, die so siegesgewiß ausgezogen waren, gebrochen. Mutlosigkeit und Furcht vor den Schweizern und deren Angriffswut waren allgemein. Im ersten Anlauf hatten die Eidgenossen den Zugang zum Arlberg erkämpft und bedrohten Feldkirch und Bregenz. Allenthalben schrien die Bauern „Schweiz, Schweiz“[16], so daß man den Verlust des gesamten Seeufers und der Herrschaften vor dem Arlberg befürchten mußte[17], denn die deutschen Knechte waren größtenteils auf Nimmerwiederkehr davongelaufen.

Maximilian weilte damals in den Niederlanden; er war fest entschlossen, den Brand des geldrischen Krieges ein für allemal auszutreten, und dachte an nichts weniger als an einen gleichzeitigen Krieg gegen die Eidgenossen. Nun mußte er allerdings auslöffeln, was ihm seine unvorsichtigen Innsbrucker Räte und die übermütigen schwäbischen Junker eingebrockt hatten. Da keinerlei Geldreserven vorhanden waren, mußte der König alle landesfürstlichen Renten und Gefälle der Grafschaft Tirol zur Aufrüstung des Kriegsvolkes bereitstellen und seinen Finanzern Gossembrot und Paul von Liechtenstein sowie dem Innsbrucker Regiment umfassende Vollmachten zur Geldbeschaffung ausstellen[18]. Auch dieser Krieg sollte nicht zuletzt wegen des völligen Geldmangels verlorengehen.

Obwohl der König diesen Krieg nicht wünschte[19], nahm er ihn doch ziemlich gelassen hin, als ob er unvermeidlich gewesen wäre. Die Schuldigen suchte er einzig bei den Graubündnern als Anstiftern und den Eidgenossen als Helfershelfern. Er hegte im Grunde seines Herzens eine tiefe Abneigung gegen die eidgenössische Bauernrepublik, welche die monarchische Verfassung, adelige Lebenshaltung und feudale Gesellschaftsordnung des Reiches ablehnte und „Erbfeind aller Ritterschaft, allen Adels und aller Ehrbarkeit“ sei.

Zunächst freilich gab der König dem Erzbischof von Mainz Auftrag, den Krieg womöglich durch Vermittlung beizulegen[20], hoffte er doch, zunächst in den Niederlanden bleiben und den Geldernkrieg beenden zu können, da der Schwäbische Bund zusammen mit dem Land Tirol und einer entsprechenden Reichshilfe den Schweizern jedenfalls gewachsen wären. Würden überhaupt die reichstreuen Kreise in der Eidgenossenschaft einen ernsthaften Krieg gegen das Reich zulassen? Würden anderseits die Reichsstände nicht wenigstens diesen Krieg mit aller Kraft führen, wenn sie schon außerhalb der Reichsgrenzen versagten?

Entscheidend für den Kriegswillen der Eidgenossen war das Bündnis, das sie am 16. März 1499 mit dem König von Frankreich schlossen[21], der ihnen Unterstützung gegen den Römischen König versprochen, das Reich aber ausgenommen hatte, während die Eidgenossen zusagen mußten, Ludovico Moro trotz feierlicher Bündnisse keine Hilfe gegen Frankreich zu leisten. So war Moro der lebenswichtigen eidgenössischen Unterstützung beraubt, wenn er auch immer noch starke Anhängerschaft und gewichtigen Einfluß in der Schweiz besaß[22].

Der Römische König mußte alsbald erkennen, daß er persönlich „mit des Reiches fliegender Fahne“ gegen die Eidgenossen ins Feld rücken müsse, wenn er „die Bauern bestrafen“[23] und die Reichsstände zur Mitwirkung bewegen wollte. Am 15. Februar 1499 beschloß der Kölner Tag die Acht gegen den Bischof von Chur[24] und forderte zum Reichskrieg gegen die „Rebellen“ auf. Gleichzeitig ergingen die Aufgebotsbriefe an alle Reichsglieder, besonders im Südwesten, wo Königin Bianca Maria in Freiburg mutig ausharrte, um der allgemeinen Verzagtheit zu begegnen, und namens ihres Gemahls das Landesaufgebot erließ. Wie wenn es gegen die Türken ginge, wurde nun in allen schwäbischen Pfarren das „allgemeine Gebet“ anbefohlen[25].

Aber auch diesmal verhallte das Reichsaufgebot außerhalb Schwabens fast ungehört. Während die Eidgenossen aus Sorge vor der Übermacht des Reiches wider alles Erwarten eine bewundernswerte Einheit bewiesen und in Massen zu den Waffen liefen, rückte aus dem Reich so gut wie niemand an[26]. Nur zögernd und langsam schickten die Städte einiges ungeübtes, schlechtes Kriegsvolk. Trotz ihrer bündischen Verfassung erwiesen sich die Eidgenossen dank ihrer in den Burgunderkriegen erprobten Kriegsordnung den zuchtlosen und unerfahrenen Reichstruppen weit überlegen. Den Ausschlag gab der unvergleichliche Kampfgeist der Schweizer, die ihre Freiheit bedroht glaubten.

Daß die Eidgenossen und Bündner bereits im ersten Anlauf fast ganz Vorarlberg erobert hatten, wurde bereits erwähnt. Nun überschritten sie auch westlich des Bodensees den Rhein und drangen in den Hegau und Klettgau vor[27], verbrannten vor allem Herrenschlösser und Dörfer, so daß die österreichischen Vorlande bis in den Breisgau, Sundgau und nach Elsaß hin vor ihnen zitterten. In größter Sorge schrieb Paul von Liechtenstein in die Niederlande, der König dürfe den Schweizerkrieg nicht unterschätzen; wenn er glaube, „in den Niederlanden ein Land zu gewinnen, so verliere er hier am Oberrhein zugleich deren drei", denn es sei zu fürchten, daß Tirol, Elsaß, Sundgau und Breisgau verlorengingen[28]. Wenn der König nicht rasch erscheine, müsse man gewärtigen, daß der Schwäbische Bund zerfalle[29].

Die laufenden Unheilsmeldungen vom Oberrhein zwangen Maximilian, den Geldernkrieg abzubrechen und in die oberen Lande zu ziehen[30]. Inzwischen bestellte er am 30. März 1499 seinen Schwager, Herzog Albrecht von Bayern, zum obersten Feldhauptmann[31], den die Hauptleute in Überlingen aber als einen „Schreiber und Studenten" wenig schätzten; vor allem stießen sich die schwäbischen Bundesgenossen daran, daß ein Bayer die freien Schwaben befehligen solle[32]. Herzog Albrecht war zwar ein tüchtiger Politiker, aber gewiß kein Feldherr. Als er Mitte April 1499 mit seinem Hilfsvolk in Überlingen erschien, wies er es entschieden von sich, ohne ausdrücklichen Befehl des Römischen Königs etwas zu unternehmen.

Am 28. März 1499 war Maximilian in Köln eingetroffen; von dort begab er sich zu seinem Erzkanzler nach Mainz, wo er am 9. April Acht, Aberacht und Reichskrieg gegen die Eidgenossen verkündete[33]. Wie gewohnt, entwickelte er in der Ächtungsurkunde die ganze Vorgeschichte des gegenwärtigen Krieges, den „unredlichen Ursprung" der Eidgenossenschaft, den Aufruhr gegen ihre natürlichen Erbherren, die Herzoge von Österreich, und das Reich; an die 50 Grafschaften, 160 Edelsitze und viel geistlichen Besitz hätten sie im Laufe der Zeit an sich gerissen; durch die Uneinigkeit des Reiches sei es dahin gekommen, daß kein König und kein Fürst in Frieden neben der Eidgenossenschaft leben könne; ohne Kriegserklärung seien sie nun auch über das Heilige Reich hergefallen, hätten den Grauen Bund, den Urheber dieses

Krieges, in ihre unredliche Eidgenossenschaft aufgenommen; diese „groben, bösen, schnöden Bauersleute, denen keine Tugend, kein adeliges Geblüt, keine Mäßigung, sondern nur Üppigkeit, Untreue und Haß innewohnten", schickten sich nun an, die Ehre des Heiligen Reiches und der Deutschen Nation zu vernichten. Daher fordert der König alle Reichsglieder auf, zu Roß und zu Fuß zuzuziehen, damit die Eidgenossen erkennen, daß „dieser Krieg des Heiligen Römischen Reiches und Deutscher Nation endlicher Ernst" sei[34]. Hochtrabend hatte der König erklärt, er werde die Eidgenossen strafen oder sterben.

Gleichwohl dachte Maximilian immer noch an die Möglichkeit einer Friedensvermittlung[35] und empfahl dem Erzkanzler Berthold, sogar dem Pfalzgrafen bei Rhein, dem Bischof von Augsburg und Graf Wolfgang von Öttingen die Friedensvermittlung fortzusetzen. Bern als gehorsames Glied des Reiches sollte sie dabei unterstützen. Offenbar fand der König die Reichshilfe wenig ermutigend; besorgt schrieb er Herzog Friedrich von Sachsen, daß er ohne Unterstützung des Reiches mit den Eidgenossen nicht fertig werden könne und dann wohl gezwungen sei, „das Wasser in eine andere Seite zu leiten"[36].

Die Eidgenossen waren inzwischen überall siegreich geblieben: Die Schlacht bei Hard am Bodensee wurde schon erwähnt. Im Bruderholz nächst Basel hatten sie am 22. März eine dreifach überlegene schwäbische Truppe zurückgeschlagen[37]. Am 11. April überfielen sie 5000 Mann schwäbischer Bundestruppen im Schwaderloh[38], als sie eben sorglos und beuteschwer aus dem erstürmten Ermatingen nach Konstanz zurückkehrten. Die Schwaben hatten selbst die Geschützrohre mit Beutestücken und Plünderungsgut angestopft, so daß es den Eidgenossen nicht allzu schwer fiel, die ungeordneten, achtlosen und zerstreuten Haufen zusammenzuhauen[39]. Fast die ganze Artillerie wurde erbeutet. Durch eine mehr als lächerliche Hasenjagdgeschichte wollte Maximilian diese peinliche Niederlage aus seinem Gedächtnis verdrängen[40]. Immer wieder suchten eidgenössische Streifscharen den Klettgau und den Hegau heim und wagten sogar über den See hinweg Landeunternehmungen auf der Reichenau[41]. Es war ein großes Glück für Kaiser und Reich, daß die Franzosen sich nicht bereit fanden, gleichzeitig einen Vorstoß gegen den österreichischen Sundgau und das Elsaß zu führen, wie es die Eidgenossen auf Grund des Bündnisses erwarteten. Im Süden aber reichten sich Franzosen und Venezianer die Hand[42]. Wann würden sie den Herzog von Mailand, Maximilians besten Bundesgenossen, überfallen?

Der einzige Erfolg — wenn man es so nennen will —, den die Österreicher zu verzeichnen hatten, war ein Raub- und Plünderzug, den Ulrich von Habsperg Ende März 1499 ins untere Engadin unternahm. Er hatte 6000 Stück Vieh weggetrieben und 30 Geiseln mitgeführt[43]. Die Rache der Bündner sollte nicht allzulange auf sich warten lassen und fürchterlich sein.

Eine schwere Niederlage widerfuhr den Österreichern am 20. April 1499 bei Frastanz[44] in Vorarlberg. Die Eidgenossen hatten die zahlenmäßig überlegenen Schwaben und Tiroler und den „stählernen Haufen" der bewaffneten Bergknappen nicht nur frontal angegriffen, sondern auch seitlich umgangen, in der Flanke gefaßt und in die Ill geworfen. Heini Wolleb — ein anderer Winkelried — hatte den Einbruch in die österreichischen Schlachtreihen erzwungen. 3000 Königliche waren auf dem Platz geblieben.

Die Stimmung war allgemein so gedrückt, daß die Mehrzahl des Adels heimgehen wollte, weil sie „des Bundes genug hätten". Bedachten sie nicht, wieviel sie selber zum Ausbruch dieses Krieges beigetragen und daß eine Niederlage vorzüglich auf ihre Kosten gehen müßte? Bitter bemerkt Pirkheimer[45], daß der schwäbische und fränkische Adel zur Freibeuterei gegen wehrlose Kaufleute besser aufgelegt sei, als zum Kampf gegen harte Feinde. Verständlicher ist, daß die Städte, für welche die freiere Ordnung der eidgenössischen Bundesstädte etwas Anziehendes haben mußte, erklären konnten, dieser Krieg gehe sie nichts an. Vereinzelt erhoben sich bereits die schwäbischen Bauern gegen ihre Herren und mußten mit Gewalt niedergehalten werden[46], damit sie sich nicht auf die Seite der Eidgenossen schlugen. Hatte der König selber den Ernst der Lage voll erfaßt? Noch während der Anreise befahl er seinen Jägermeistern, in den Vorlanden alle möglichen Vorbereitungen für das Jagdvergnügen zu treffen[47]. Es sollte anders kommen.

3. Maximilian übernimmt die Kriegführung

Am 21. April 1499 war Maximilian endlich, sehnsüchtig erwartet, in Freiburg eingetroffen[1]. Politische Verhandlungen und Finanzoperationen hatten seinen Anmarsch verzögert. Anderntags erließ er einen neuerlichen Aufruf an die Reichsstände[2] zum Rachekrieg gegen das „schnöde, grobe“ Bauernvolk. Voll Zuversicht sprach er vom bisherigen Verlauf des Krieges, überging die wiederholten Niederlagen seiner Truppen und stellte den endgültigen Sieg über die Eidgenossen in Aussicht; immerhin hob er hervor, die große Gefahr mache die Hilfeleistung aller, auch der entferntesten Reichsglieder nötig. Allzusehr stellte er das österreichische Anliegen dieses Krieges in den Vordergrund, so daß ihn die Eidgenossen und auch die mißgünstigen Reichsstände ausschließlich als österreichische Angelegenheit hinstellen konnten[3]. Der Schweizer Anshelm sagte nur: „Viel Geschrei und wenig Wolle“[4].

Am 27. April traf Maximilian in Überlingen ein, wo die Hauptleute des Schwäbischen Bundes und des Reichskriegsvolkes seiner Befehle harrten. Er fand im Hauptlager das vollendete Durcheinander vor: Unordnung, Ungehorsam, militärische Ahnungslosigkeit, wie Pirkheimer berichtet[5]. Anderntags wurde in feierlicher Zeremonie, nach einem großen Gottesdienst im Dom, das Reichsbanner aufgerichtet[6], der Reichskrieg als „der Deutschen Nation und des Heiligen Reiches endlicher Ernst“ öffentlich verkündet. Die Teilnehmer waren von dieser Feier zunächst tief ergriffen, konnten sie doch nicht ahnen, daß diesem Schauspiel des „Reiches endlicher Ernst“ nicht folgen würde. Man setzte alle Hoffnung auf den Römischen König, der nun persönlich den Oberbefehl übernommen hatte. Der überschwengliche Mailänder Somenza sah ihn bereits als Sieger, den man wie einen Gott verehren werde[7]. Die Mailänder Astronomen prophezeiten künftige Siege des Römischen Königs, mittels deren ihr Herzog seine Herrschaft behalten sollte.

War der Kriegsverlauf bisher lau gewesen, so werde die Ankunft des Königs alles in Schwung bringen, hoffte man allgemein. Friedensverhandlungen wurden nun hochmütig abgelehnt[8]. Von allen Kanzeln predigte man gegen die „ruchlosen Schweizer“; Prozessionen wurden abgehalten. Ja, man spielte mit dem Gedanken, sogar den Kirchenbann gegen die Eidgenossen zu erwirken[9], was indes bei der damaligen Haltung Papst Alexanders VI. kaum zu erreichen gewesen wäre.

Maximilian hatte für die Fortführung des Krieges, wie stets, einen großzügigen Plan entworfen[10]: die Eidgenossen sollten vom Engadin an, die ganze Rheinfront und den Bodensee entlang bis in das Elsaß konzentrisch angegriffen und durch diesen allseitigen

Druck zur Unterwerfung gezwungen werden. Der König hoffte, alsbald 15.000 Mann Fußtruppen und einige tausend Reiter aufzubringen, die den Krieg beiderseits des Bodensees vortragen sollten, während er selber über den Arlberg und den Reschen auf den Tiroler Kriegsschauplatz eilen und vom Vinschgau und Engadin aus einen schweren Schlag gegen Graubünden führen wollte, um den Krieg rasch zu beenden. Im Engadin war der Krieg ausgebrochen; dort waren die meisten feindlichen Truppen versammelt; dort schienen die Eidgenossen und Bündner ihre Hauptziele zu verfolgen; dort war die österreichische Abwehrfront offensichtlich am schwächsten, denn der König mußte mit seinen eigenen Kräften auskommen, weil die Reichshilfe dort am allerwenigsten zu erwarten war. Dort wollte er den entscheidenden Schlag führen.

Aber schon der Aufmarsch der Reichstruppen in Schwaben versagte völlig. Allen Aufgeboten zum Hohn war fast kein größerer Reichsfürst persönlich erschienen[11]. Herzog Albrecht von Bayern, der bisher den Oberbefehl geführt hatte, zog nach dem Eintreffen König Maximilians wieder heim[12] (8. Mai 1499). Hatten ihn die Schwaben in seiner Befehlsgewalt angefeindet, so fühlte er sich nun neben dem Römischen König, der sich nichts dreinreden ließ, vollends überflüssig. Einerseits kein Kriegsmann, anderseits vorsichtig und klug, suchte sich Albrecht diesem wenig rühmlichen Bauernkrieg zu entziehen. Nur der junge Pfälzer, Markgraf Friedrich von Brandenburg und der Herzog von Württemberg waren erschienen. Daneben einige städtische Aufgebote; besonders erwähnenswert das Aufgebot der Stadt Nürnberg unter Führung Willibald Pirkheimers, der später eine ausführliche Geschichte dieses Schweizerkrieges schrieb[13]. Die Fürsten, die auf allen Reichstagen über die fortschreitende Abnahme des Reichsgebietes bewegte Klage führten[14], rührten keinen Finger, als es galt, diese gefährliche Erhebung der Eidgenossenschaft gegen die Reichshoheit niederzuschlagen.

Des Königs eigene Kriegsmacht war gering. Seine berühmte burgundische Garde und seine kriegsgewohnten niederländischen Knechte hatte er größtenteils in Geldern zurücklassen müssen. Er führte nicht viel mehr als 2000 Knechte mit[15]; dazu kamen einige tausend Tiroler Knechte im Inntal und im Vinschgau, um diese Talschaften gegen einen neuerlichen Einbruch zu sichern.

Die wirksamste Hilfe leistete ihm zweifellos Herzog Ludovico[16], der dem König, ungeachtet der großen Gefahr, die ihm selber von seiten Frankreichs drohte, Truppen, Pulver, Lebensmittel, Getreide und Ochsen, Waffen und Rüstungen aus seinen ausgezeichneten Mailänder Werkstätten über das Gebirge nachschob und laufend mit kleineren und größeren Geldbeträgen aushalf. Ludovico hoffte, daß ihn Maximilian dafür gegen Frankreich in Schutz nehmen, ihm vielleicht sogar seine kürzlich verwitwete Tochter Margarethe zur Frau geben[17] und das Herzogtum Mailand zu einem Königreich Lombardei erheben werde. Dies schien ihm jede Summe Geldes wert. Obwohl es der Mailänder Wirtschaft weh tat, sperrte Ludovico die Lebensmittellieferungen nach Graubünden und verursachte dort eine fühlbare Hungersnot[18], welche die Bündner nicht wenig hemmte. So unterließ er nichts, den Römischen König zu unterstützen, und gewährte ihm trotz eigener Notlage sehr bedeutende Hilfsmittel.

Dagegen versagten das Reich und der Schwäbische Bund so gut wie ganz. Die anfängliche Kriegsbegeisterung der Schwaben und Österreicher war bald verraucht, beschränkte sie sich doch nur auf den Adel und die vorländischen Amtleute. Das schwäbische Landvolk sah in den Schweizern eher Erlöser aus der Knechtschaft der Herren und wollte von den Spöttereien der Junker gegen die eidgenössischen „Kuhhirten und Bauern" nichts hören[19].

Ein Moment der Unsicherheit und Schwäche lag auch darin, daß im März 1499 der Schwäbische Bundesvertrag abgelaufen und dessen Verlängerung noch nicht ausgehandelt war. Dazu kamen die Gegensätze zwischen den Bundesgliedern: der hochmütige Adel stand gegen die Städte[20]; die Edelleute weigerten sich, in einer Reihe mit den gemeinen Fußknechten zu kämpfen[21]. Dabei war es doch der Adel gewesen, der gegen die „Erbfeinde aller Ritterschaft" zum Krieg gehetzt hatte. Die volksstaatliche Ordnung der Eidgenossenschaft übte einen starken Anreiz auf die schwäbischen Städte, in denen heimlich für den Anschluß an die Eidgenossen geworben wurde[22]. Nicht minder fühlten sich die breiten Massen der Bauernschaft vom Schweizer Bauernstaat angezogen. Wenn aber der König, die Fürsten und der Adel diesen Krieg als „Bauernkrieg" betrachteten, so konnten sie dabei nicht auf die Unterstützung der breiten Massen rechnen[23]. Unter diesen Spannungen drohte sich der Schwäbische Bund völlig aufzulösen[24]. Nur mit harten Drohungen vermochte Maximilian den Bund während des Krieges zusammenzuhalten und dessen Erneuerung auf zwölf Jahre zu erzwingen.

Maximilian rechnete aber, daß die eidgenössischen Schläge den Schwäbischen Bund zusammenhalten würden. Während Graf Wolfgang von Fürstenberg die Verteidigung Schwabens übernehmen und womöglich von hier aus die Eidgenossen angreifen sollte, wollte der König mit all seinen verfügbaren Kriegsvölkern über den Arlberg in den Vinschgau marschieren, um von dort aus einen entscheidenden Angriff gegen Graubünden zu führen[25]. Ungeachtet alarmierender Nachrichten über Schweizer Rüstungen gegen den Hegau, brach Maximilian im Mai 1499 nach Tirol auf und überließ den Schwäbischen Bund und die österreichischen Vorlande sich selber.

Im Vinschgau, wo der Krieg im Januar/Februar 1499 ausgebrochen war, hatte sich die Lage seither nicht beruhigt. Die Graubündner hatten das ganze Engadin besetzt und drohten mit Frühlingsbeginn neuerdings in das Etschtal einzubrechen; auch war zu befürchten, daß die Schweizer nördlich des Reschen über den Arlberg in das Inntal einfallen und nach Innsbruck vorstoßen könnten. Die Plünder- und Brandstifteroffensive, die Ulrich von Habsperg im vergangenen März gegen das Engadin geführt hatte[26], brachte keine Entlastung, sondern schürte nur den rätischen Volkszorn. Die Innsbrucker Regenten erwarteten sich alles vom Erscheinen des Königs, der das Wunder wirken und ohne Geld und Truppen Bündner und Eidgenossen züchtigen sollte; immer wieder wurde er beschworen, doch endlich das Haus Österreich und seine Grafschaft Tirol persönlich in Schutz zu nehmen[27].

Der König hoffte, im Frühling durch einen umfassenden Angriff der Eidgenossen Herr zu werden. Während der Schwäbische Bund von Konstanz aus und die österreichisch-vorländischen Truppen von Basel her die Eidgenossen angreifen sollten, wollte er, der zu Lindau sein Kriegsvolk gemustert hatte[28], zunächst Feldkirch entsetzen und von dort ein starkes Kriegsvolk südlich gegen Chur vorschicken. Zu gleicher Zeit sollte Ulrich von Habsperg, aus dem Vinschgau vorstoßend, das obere Engadin und das Churer Stiftsland erobern. So in die Zange genommen, würden die Graubündner keine vierzehn Tage widerstehen können. Aber sie brannten nur darauf, den Tiroler Raubzug vom vergangenen März zu rächen.

Im Vinschgau schien die Lage für den König nicht ungünstig, weil der eben zusammengetretene Meraner Landtag beschlossen hatte, zur Verstärkung des Widerstandes gegen die Eidgenossen mehr Kriegsvolk als bisher zu stellen, ja, wenn nötig, den allgemeinen Landsturm aufzubieten. Mit der Eroberung des Münstertales und des Engadin hoffte Maximilian, sich einen freien Durchzug nach Mailand zu öffnen.

Doch als der König am 22. Mai 1499 von Feldkirch aufbrach, um sich über den Arlberg, Landeck und den Reschen ins Engadin zu begeben, wo er selber die entscheidenden Schläge zu führen hoffte, waren ihm die Eidgenossen bereits zuvorgekommen. Auf halbem Weg erfuhr er, daß sein Tiroler Aufgebot im Vinschgau von den Graubündnern an der Calven[29] am 22. Mai 1499 völlig geschlagen worden sei. Es war die schwerste Niederlage des ganzen Krieges, die der König hinnehmen mußte.

Die Eidgenossen und Graubündner hatten den Zangenangriff der Österreicher aus dem Vinschgau, aus Vorarlberg und Schwaben nicht abgewartet, sondern sich mit geballter Kraft auf die Tiroler Schanzen an der Calven, einer Talenge im Übergang des Münstertales zum oberen Etschtal, geworfen[30], um sie zu durchbrechen und in das Etschtal einzufallen. Die Tiroler hatten hier vier gewaltige Basteien mit Türmen, Schießscharten und Geschützen errichtet und mit etwa 5000 Mann Landsturm und angeworbenen Knechten besetzt. Die kriegsungeübten Bauern waren in ihrer festen Schanze von den Graubündnern über den Schliniger Berg hinweg umgangen und, ähnlich wie in Frastanz, von vorn und hinten gefaßt und nach stundenlangem, zähem Kampf überwältigt worden[31]. Der Bündner Hauptmann Benedikt Fontana war vor der Schanze gefallen. Die rätische Chronistik wird ihn allmählich zum Helden des Tages an der Calven[32] und weit über die Wirklichkeit hinaus zum Mythos emporheben, der in Graubünden bis ins 20. Jahrhundert nachwirkte[33]. Die Calvenschlacht und Fontana gelten neben Morgarten und Sempach als Ruhmestitel der eidgenössischen Kriegsgeschichte[34].

Der Anführer der Königlichen, Ulrich von Habsperg, machte sich dagegen wenig Ehre[35]. Er befehligte aus sicherem Hintergrund. Seine schweren Panzerreiter hatten es nicht gewagt, gegen die Bündner einzugreifen, obwohl sich mehr als eine Gelegenheit dazu geboten hätte, während sich die Umgehungstruppe über die Malser Heide zur Marengbrücke durchschlug, wo die Schlacht ihren letzten blutigen Höhepunkt erreichte[36]. Als sich der Ring der Bündner um die Calvenschanze schloß, als das Horn von Uri erscholl und Feuerzeichen die Vereinigung der Eidgenossen anzeigten, rissen die Panzerreiter aus[37], anstatt den bäuerlichen Landsturm herauszuschlagen. Gleichwohl gaben die Herren die Schuld an der Niederlage den armen Bauern, vor allem den „verräterischen“ Gotteshausleuten. Die Schanze, das Tiroler Hauptbanner, zahlreiches Geschütz, Hakenbüchsen, Harnische, Munition, Lebensmittel, Troß und Wagen fielen in die Hand des Feindes[38]. Die Bündner triumphierten, ihr Wappentier[39], der springende Steinbock, habe dem Tiroler Adler die Federn gerupft, daß dieser stolze Vogel einer Krähe gleiche; sie warnten den König: laß ab von deinen Kriegen, deine Anschläge gingen fehl; du wirst dich selbst betrügen, die Bauern haben dich besiegt[40].

Wie sehr man die Niederlage auch zu beschönigen suchte, die Verluste waren schwer: etwa 4000 Tiroler dürften gefallen sein; aber auch 1000 Bündner blieben auf dem Platze[41]. Als die Österreicher einmal in die Flucht geschlagen waren, vermochten sie sich erst in Meran und am Reschen wieder einigermaßen zu sammeln, so daß den Bündnern zunächst der ganze Vinschgau in die Hände fiel. Nur die Burgen standen wie Wellenbrecher im überfluteten Tal. Die Sieger besetzten die Hauptorte und wüteten mit Mord, Schändung, Raub und Brand[42]. Das Städtchen Glurns wurde mittels der Pulverfässer, die man fand, „im Rauch gen Himmel geschickt“[43]. Fürchterlich war die Rache der Tiroler an den bündnerischen Gefangenen und Geiseln in Meran, die sie samt und sonders durch die Spieße jagten. Mit sinnloser Grausamkeit gingen beide Seiten gegeneinander vor.

Der König war über diese Niederlage nicht wenig erbittert, zumal als er erfuhr, daß seine Reiter, ohne in die Schlacht einzugreifen[44], ausgerissen seien. Er ließ sich aber nicht entmutigen, sondern gedachte, sich an den Graubündnern zu rächen. Immerhin führte er etwa 6000 Knechte mit sich, die er durch weitere Werbungen noch zu verstärken hoffte, wenn er auch keinen Pfennig Geld besaß, und Gossembrot und Herzog Ludovico mit seinen ständigen Forderungen in helle Verzweiflung versetzte. „Lieber Gott, woher soll ich das alles nehmen?“ schrieb Gossembrot[45]; er sei mit dem Geldaufbringen am Ende. Der König durfte erwarten, daß der Meraner Landtag, der unter dem Eindruck der Niederlage an der Calven zusammengetreten war, sich zu außerordentlichen Leistungen aufraffen werde.

Eilends begab sich Maximilian über den Reschen in den Vinschgau, den die Bündner auf die Kunde von seinem Herannahen räumten. Er war tief erschüttert, als er die Leichen sah, die noch allenthalben das Schlachtfeld bedeckten[46]. Sofort befahl er einen Rachezug[47] in das Engadin. Zwar verwüstete man das ganze Tal, vermochte die Bündner aber nirgends zu stellen. Nur 10.000 Stück Vieh wurden heimgebracht. Der König ließ die Festungen wieder instandsetzen und durch Besatzungen sichern, er tröstete das schwer heimgesuchte Landvolk und eilte dann nach Meran[48] (7. Juni 1499).

Der Meraner Landtag war bereits am 22. April zur Unterstützung des Engadiner Krieges zusammengetreten, und zwar ohne vom Innsbrucker Regiment einberufen worden zu sein. Auch waren nur die Städte und Bauern der Täler und Gerichte, nicht aber der Adel und die Prälaten geladen worden[49]. Auch hier zeigten sich ähnliche soziale Spannungen wie in Schwaben, die, von der Eidgenossenschaft ausgehend, die ganze Umgebung in Unruhe versetzten. Der König rügte zwar dieses Vorgehen, nahm es aber hin, da es die Kriegsbereitschaft des Etschlandes zu fördern schien[50]. Der Kriegseifer des Schweizer Volkes schien auch die Tiroler Landesverteidigung herausgefordert zu haben.

Unter dem Eindruck der Niederlage an der Calven und der persönlichen Werbungen des Königs beschloß der Meraner Landtag am 11. Juni 1499, innerhalb von drei Tagen 4000 Knechte ins Feld zu stellen, denen alsbald weitere 12.000 Knechte folgen sollten[51]. Falls nötig, wollte man das allgemeine Landesaufgebot erlassen und über 20.000 Knechte aus dem Boden stampfen.

Maximilian war mit diesem Landtag sehr zufrieden, weil die Stände, unter dem Eindruck der Niederlage, mehr Kriegshilfe versprachen, als er von ihnen gefordert hatte[52]. Nachdem der König den Rachekrieg bereits durch kleinere Streif- und Wüstungszüge ins obere Engadin vorbereitet hatte[53], hoffte er nun, persönlich einen harten Vergeltungsschlag zu führen und innerhalb von zwei Wochen einen großen Teil Graubündens zu erobern.

Aber der Rachezug war, noch ehe er recht begonnen hatte, auch schon zu Ende, denn die Kriegshilfe des Meraner Landtages versagte völlig. Die neu aufgestellten Kriegsvölker erwiesen sich mangels rechter Ausbildung und Bewaffnung als unbrauchbar. Außerdem war der Vinschgau durch die Heimsuchungen dieses Jahres so verwüstet und ausgeplündert, daß auch von einer neuen Ernte nicht viel zu erwarten war und ein größeres Kriegsvolk hier nicht unterhalten werden konnte. Aber auch die Kraft der Graubündner war gebrochen.

So sehr sich Herzog Ludovico gerade in diesen Wochen um die Zufuhr von Lebensmitteln und Futter bemühte[54], es reichte doch nicht hin. Pirkheimer und sein wohlgeordnetes Nürnberger Fähnlein hatten die Mailänder Sendungen geleiten und gegen die eigenen Knechte schützen müssen[55], damit sie glücklich ans Ziel kamen. Gleichwohl versagte die Verteilung ganz und gar. Mancherorts herrschte Überfluß, während anderswo Knechte und Pferde vor Hunger fast umkamen[56]. Vom armen Landvolk ganz zu schweigen: Pirkheimer traf im Vinschgau Hunderte von verwaisten Kindern, die von Frauen sozusagen „auf die Weide getrieben" wurden, um an Gras und Sauerampfer ihren Hunger zu stillen. Er konnte sich der Tränen nicht erwehren und verwünschte die Kriegsfurie[57].

Den König kümmerte nur, wie er seinen Krieg weiterführen sollte. Die Kriegskassen waren ständig leer, so daß nicht nur die Knechte ohne Sold blieben, sondern sogar Maximilian selber den Mailänder Gesandten Stanga um kleinere Kredite bitten mußte, damit er seine Meraner Herberge in Ehren verlassen könne[58]. Die Knechte verweigerten den Kampf und verließen in Scharen die königlichen Fahnen, so daß an einen Feldzug gegen die Engadiner nicht mehr zu denken war[59]. Der König ließ sich sogar herbei, ein Angebot Moros anzunehmen und bei den Graubündnern wegen eines Friedensschlusses vorzufühlen[60] (14. Juni 1499), wenn er auch durch diesen Vermittlungsversuch zunächst nur Zeit gewinnen wollte.

Die Eidgenossen verstanden es ausgezeichnet, die Vorteile der inneren Linie für ihren Krieg zu nützen. Sowie sich der König im Vinschgau gegen Graubünden verstärkt hatte, warfen sie ihre starken Verbände an den Rhein, überfielen wiederum den Hegau[61] und drückten gegen Stockach und das Hauptquartier in Überlingen; sie führten Kaperkrieg den ganzen See entlang, um die Graubündner zu entlasten und die Entscheidung zu erzwingen.

Der Schwäbische Bund und das Reichskriegsvolk, die allein wohl stark genug hätten sein müssen, die Rheingrenze zu verteidigen, hatten während des Königs Abwesenheit entlang des Bodensees, im Hegau, Breisgau und Sundgau so gut wie nichts unternommen, um eidgenössische Kräfte zu binden und den König zu entlasten. Sie erklärten immer wieder, sie hätten weder Büchsen noch Pulver noch anderes Feldzeug, und niemand wolle ihnen etwas geben, so daß man in Schanden unterliegen müsse[62]. Dringend wandten sie sich an den König, seine Kriegsmacht möglichst rasch wieder an den Bodensee zu führen, wo die Eidgenossen nächst Stockach eine Entscheidungsschlacht anzubieten schienen[63]. Sie schrien den Schwaben und den Reichsvölkern ins Lager, wo denn ihr „Apelkunig" sei, der gesagt habe, er wolle sie vor Stockach schlagen; sie seien gekommen, er aber bleibe aus[64].

Schwaben und Reichskriegsvölker taten so, als ob es nur am König gefehlt habe, daß man die Eidgenossen nicht an einem Tag in einer großen Schlacht schlagen und den Krieg beendigen habe können[65]. Nun zeigten sie sich überdrüssig und kriegsmüde, schoben alle Schuld auf Maximilian, der noch immer im Vinschgau weilte und nicht nach Schwaben kam. Der Herzog von Bayern war schon längst abgezogen; nun zogen auch Christoph von Baden und Friedrich von Brandenburg nach Hause; desgleichen erklärten die Reichsstädte, lange genug auf den König gewartet zu haben; sie würden wiederkommen, wenn etwas unternommen werde.

So war der Krieg in Schwaben während des Königs Abwesenheit vollkommen stillgestanden. Maximilian mußte einsehen, daß sein Plan, die Eidgenossen gleichzeitig von drei Seiten anzugreifen und so den Krieg rasch zu beenden, nicht durchgeführt werden konnte. Eine derartige Kriegführung hätte einer einheitlichen, alle Truppen zusammenfassenden Oberleitung bedurft; aber es war während des ganzen Krieges niemals gelungen, die getrennten Kampfhandlungen an den verschiedenen Fronten auch nur einigermaßen aufeinander abzustimmen[66]. Wie sehr auch die Schweizer Kriegführung an der bündischen Verfassung litt, der Kampfeifer glich alle Mängel aus.

Schweren Herzens ließ der König das Tiroler Land hinter sich, wo er jeden Augenblick einen neuen Einbruch der Graubündner gewärtigen mußte, und wandte sich nun, Ende Juni, über den Arlberg wieder in die Vorlande, wo man ohne ihn nichts unternehmen wollte. In Feldkirch nahm er kurzen Aufenthalt[67], immer noch entschlossen, die Reichstruppen hier zu sammeln und den Graubündnern über Chur in die Flanke zu fallen, falls sie in den Vinschgau einbrächen. Aber die letzten Waffengänge im Engadin und die Mailänder Lebensmittelsperre hatten sich doch so weit ausgewirkt, daß auch die Bündner nicht mehr die Kraft zu einem entscheidenden Schlag gegen den Vinschgau fanden, zumal das Land Tirol fast jeden vierten Mann, „Junge und Alte, Väter und Söhne, Verheiratete und Ledige", ins Feld gestellt hatte[68], während die Schwaben und das Reich vergleichsweise nur sehr wenig leisteten.

Inzwischen hatten die Eidgenossen das Schwergewicht des Krieges an den See, in den Breisgau und Sundgau verlegt[69], da sie mit der Uneinigkeit des Schwäbischen Bundes und der Reichstruppen leichter fertig zu werden hofften als mit der geschlossenen Macht der Tiroler Landesverteidigung, die der König persönlich führte. In Schwaben und in den Vorlanden sollten nun die letzten Entscheidungen fallen.

Der König wandte sich nun über Lindau in das Hauptlager nach Überlingen[70], wo er auf seine wiederholten und dringenden Aufgebote hin die Schwäbischen Bundestruppen und die Reichshilfe zahlreich vorzufinden hoffte. Indes hatten manche Städteboten ihren Bürgermeistern die königlichen Aufgebotsbriefe nicht einmal zugesandt: diese Mandate seien nichts als ein „künstlicher Hagel"; was man nicht wisse, habe man bald verantwortet[71]. So waren nur wenig Hilfsvölker erschienen.

Erst gegen Mitte Juli 1499 hatte sich vor Konstanz so viel Kriegsvolk gesammelt, daß Maximilian an ein größeres Unternehmen denken konnte. Da sich gleichzeitig etwa 15.000 Eidgenossen im Thurgau zusammengezogen hatten, schien eine Entscheidungsschlacht bevorzustehen. Das Reichsvolk und die Schwaben hatten vor der Stadt eine ausgedehnte Wagenburg errichtet. Der König musterte das Lager und die Truppen bei Tag und Nacht, um sie kampfbereit zu machen. Für den jungen Götz von Berlichingen, der als Fähnrich bei den Brandenburgern diente, blieb es eine unvergeßliche Erinnerung, als er dem König in schlichtem Jägerwams mit grüner Stutzkappe mitten in der Nacht begegnete und ihn sofort an der langen Nase erkannte[72]. Voll Bewunderung berichtete auch Somenza nach Mailand, wie der König selbst auf einem nächtlichen Streifzug 25 Schweizer getötet habe[73]. Von seinem Eingreifen erwartete man sich Wunder.

Am 15. Juli ließ der König vor den Toren der Stadt etwa 15.000 Mann, Reisige und Fußvolk, unter dem fliegenden Reichsbanner an sich vorbeimarschieren[74], wobei Knechte, Rosse und Waffen glänzend anzusehen waren. Als die Truppen angreifen sollten, boten sie aber ein jämmerliches Bild: manche Hauptleute erklärten, sie seien nur zum Schutz von Konstanz erschienen, nicht aber zum Angriff. Andere sagten, man müsse Verstärkungen abwarten, wieder andere, man dürfe die königliche Majestät und die Ehre des Reiches nicht an die Bauern wagen. Einige Reichsstände sträubten sich, ihr Kriegsvolk einzusetzen, bevor nicht auch die anderen Reichsstände erschienen seien. So kam man im Kriegsrat zu keinem Beschluß. Mit Recht wagte man es nicht, die Eidgenossen in ihrer gut befestigten Höhenstellung anzugreifen. Man scheute sich aber auch, sie durch eine größere Aktion zur Abwehrschlacht in die Ebene zu locken.

Sollte unter dem Schutz des Kriegsvolkes wirklich nur das Korn geschnitten und in die Stadt eingebracht werden? Hatte man dazu aufblasen lassen, um vor den Stadttoren Holz oder Beeren zu sammeln[75], spottete der König. Zornig warf er seine Handschuhe zur Erde: „Mit Schweizern wird man keine Schweizer schlagen können." Er spielte offenbar darauf an, daß Städter und Bauern aus ihrer Vorliebe für die Eidgenossen kein Hehl mehr machten. Der König verließ den Kriegsrat und ritt von dannen[76]. Der Mailänder Gesandte glaubte zu bemerken, daß sich der König in jenen Wochen gereizter zeigte als sonst — offenbar wegen der dauernden körperlichen und seelischen Anspannungen dieses Krieges.

Auch die Eidgenossen hielten sich vorsichtig zurück, weil sie nicht den Anschein des Krieges gegen das gesamte Reich erwecken wollten. Weiß Gott, was geschehen wäre, wenn sie sich entschlossen auf diesen ungleichartigen, kriegsmüden Haufen des Reichsheeres geworfen hätten.

Man kam auch weiterhin zu keinem einheitlichen Entschluß, und der König mußte sich mit kleineren Störunternehmungen in der Umgebung von Konstanz begnügen, um die Eidgenossen zu beunruhigen, hier festzuhalten und die anderen Fronten zu entlasten. Aber auch dies wurde von den Bundesgenossen nicht verstanden und als Planlosigkeit getadelt: „Sein Fürnehmen ist ganz unbegründet und kindisch", berichtete Ungelter nach Eßlingen[77]. Der junge Götz von Berlichingen allerdings suchte die Schuld bei den Ständen und ihren vielköpfigen Beratungen[78]. Was der König gewußt hatte, bestätigte sich: Der Schwäbische Bund und das Reich lehnten jeden Angriff ab, denn man fühlte sich nur zur Abwehr verpflichtet[79].

Am 22. Juli verließ Maximilian das Hauptlager in Konstanz und fuhr über den See nach Lindau zurück. Wie um sich abzulenken, diktierte er seinem Sekretär Grünpeck[80] aus der Geschichte seines Lebens. Er ahnte nicht, daß zur gleichen Stunde über seinen obersten Feldhauptmann im Sundgau, Graf Heinrich von Fürstenberg, die Katastrophe von Dorneck hereinbrach, die das Schicksal dieses Krieges entscheiden sollte. Die Stimmung jener Stunde und jenes Diktates hat sich dem Schreiber dermaßen eingeprägt, daß er mitten im Text vermerkte: „ditz hat geschriben konig Maximilian an sand Marie Magdalene tag [22. Juli 1499], als wir gein Lindaw furen auf dem Podensee“[81].

Während sich dem See entlang Eidgenossen und Reichsvölker nur mehr verteidigten, suchten die Schweizer im Sundgau, wo sie es mit Österreich allein als Gegner zu tun hatten, eine Entscheidung herbeizuführen. Es ist während des ganzen Krieges zu bemerken, daß sich die Eidgenossen den Reichstruppen und dem Schwäbischen Bund gegenüber eher zurückhielten, während sie gegen Österreich und Tirol harte Schläge zu führen trachteten.

Schon zu Beginn des Krieges hatte Maximilian den Grafen Heinrich von Fürstenberg zum obersten Feldhauptmann in den österreichischen Vorlanden, im Breisgau und Sundgau, bestellt[82] und ihm die Verteidigung dieser Länder mit eigenen Kräften anvertraut. Er hatte ihm nur die burgundische Garde, 1500 Reiter, die er aus Geldern herangeführt, überlassen können[83]. Während Heinrich von Fürstenberg mit seinen österreichischen Truppen die übrigen Fronten in unablässigen Kämpfen zu entlasten suchte, auch seinem Bruder Wolfgang in den bedrohten Hegau zu Hilfe eilte, blieb er selber in der schwierigsten Bedrängnis ohne Hilfe und ohne Geld.

Anfang Juli 1499 faßte Graf Heinrich von Fürstenberg den Plan, zur Entlastung des Königs, der damals bei Konstanz einem starken Schweizerheer gegenüberstand, Schloß Dorneck[84] nächst Basel zu stürmen und von dort aus einen Vorstoß gegen Solothurn, Bern und Freiburg im Üchtland zu führen. Mit Mühe hatte er die unbesoldeten Knechte beisammenhalten und den vorländischen Landsturm aufbieten können und war mit etwa 7000 Mann Fußtruppen[85], vielfach ungeübte Landsturmleute, mit der burgundischen Garde und 2000 Reitern vor Dorneck gezogen. Da sich die Belagerung hinzog, ließen die Königlichen alle Vorsichtsmaßregeln fallen und gaben sich der Ruhe, dem Trunk und dem Spiel hin; kaum daß man Wachen aufstellte. Der Feind wurde völlig unterschätzt. Die Berner, Züricher und Solothurner rückten heimlich heran, überfielen am 22. Juli 1499 die sorglosen und überraschten Belagerer. Was nicht durch Flucht entkam, wurde unbarmherzig niedergemacht. Auch Heinrich von Fürstenberg, der die Lage hatte retten wollen, fiel. 3500 Königliche blieben auf der Walstatt. Viele Fahnen[86], die Kriegskasse, die Artillerie, die Wagenburg und alles Zeug fiel in die Hände der Schweizer[87]. Hätte nicht die burgundische Garde mannhaften Widerstand geleistet und den Rückzug gedeckt, wäre wohl niemand entronnen[88]. Damit hatte der gutgemeinte Versuch, mittels des vorländischen Aufgebotes den Feind in der Flanke zu fassen und den König bei Konstanz zu entlasten, in das gerade Gegenteil umgeschlagen. Die Hoffnung auf eine glückliche Fortsetzung des Krieges war mit dieser Niederlage zunichte gemacht.

Der Sundgau, Breisgau und das Elsaß standen nun den Eidgenossen offen, die sich zunächst vor Basel warfen, wo sie große Vorräte wußten[89]; ebenso versuchte man Straßburg vom Reich loszureißen. Nur die burgundische Garde und die Reiter versuchten die Vorlande zu halten; aber niemand konnte wissen, wie lange sie ausharren würden, da man ihnen den ganzen Sold schuldig geblieben war. Der König war nicht imstande, das Geringste an Geld oder Hilfstruppen aufzubringen, so daß der alte, kriegsbewährte Masmünster polterte, er werde seine Hauptmannschaft zurücklegen, wenn Maximilian „die Sache so sehr verachte“[90]. Hätten die Schweizer Eroberungen gesucht, sie hätten die österreichischen Vorlande völlig überrennen können[91].

Der König nahm die Hiobsbotschaft von Dorneck in seinem Hauptquartier ruhig hin. „Rerum irrecuperabilium optima est oblivio“; hierin hielt er es mit seinem Vater. Er habe zwar zur Sicherheit die Stadttore schließen lassen, sonst aber fröhlich gespeist, sei abends ans Fenster getreten und habe über die wunderbare Ordnung der Sterne und der menschlichen Schicksale philosophiert, so daß sich Pirkheimer über diese Gelassenheit im Unglück nicht genug wundern konnte[92]. Fuensalida dagegen berichtet selbstgefällig, der König habe sich eingesperrt, nur den spanischen Gesandten empfangen wollen, um sich von ihm trösten zu lassen. Nach dem Seelengottesdienst für die Gefallenen allerdings habe er gesagt, nun hätte man für die Toten gebetet; jetzt gelte es, sie zu rächen[93].

Das Unglück war noch nicht voll. Während der König mit Fuensalida sprach, erschien hastig der Mailänder Gesandte mit einem Bündel Briefe. Moro ließ melden, der König von Frankreich habe den Angriff eröffnet, die Mailänder Soldtruppen aber leisteten tapferen Widerstand, so daß man hoffen könne, sie würden sich drei Monate halten, bis der Römische König mit den Schweizern Frieden geschlossen und zur Hilfe für Mailand frei sei. Lakonisch antwortete Maximilian: „Ohne Hilfe ist der Herzog verloren ... keine drei Stunden wird er sich halten können; man wird neue Pläne fassen müssen."

Noch einmal versuchte Maximilian, den Schwäbischen Bund aufzubieten, der inzwischen, völlig kriegsmüde, von der Fortführung des Kampfes nichts wissen wollte. So lange wenigstens sollten die Truppen unter Waffen gehalten werden, bis ein annehmbarer Friede geschlossen sei. Aber der König fand bei den Kriegsleuten keinen Gehorsam mehr: man schicke sie bald da hin, bald dort hin; sie wollten aber nur ziehen, wenn dies der Bundesrat beschließe. Der König, in seiner reichen Kriegserfahrung, wollte die Eidgenossen durch vielerlei Anschläge verwirren und ermüden, was von den Schwaben nicht verstanden wurde[94]. Niemand kümmerte sich um die königlichen Befehle. Auch das starke Tiroler Aufgebot verweigerte jeden Angriff gegen die bündnerischen Grenzen. Man war froh, wenn die Eidgenossen ruhig blieben. Nicht anders der vorländische Adel: obwohl er anfänglich soseh zum Krieg gehetzt hatte, ließ er den König nun ganz im Stich.

In jenen Tagen, da Maximilian in den Vorlanden eine schwere Niederlage erlitten hatte, kam er nächst Donaueschingen an die Quellen der Donau und gab dort beim Quellursprung des Stromes ein merkwürdiges Fest mit Mählern und Tänzen, gleichsam als wollte er sich über die Verluste am Rhein hinwegtrösten und den Ursprung jenes Stromes feiern[95], an dem das habsburgische Geschlecht seine dauerhafteste Hausmacht errichten sollte.

Der Schweizer Krieg war inzwischen verloren, das zeigte sich immer klarer. Der Herzog von Mailand ließ Maximilian sagen, wenn er wolle, daß Ludwig XII. Herr Italiens werde, solle er den Krieg gegen die Schweizer fortsetzen[96]. Es fehlte dem König an allem: vor allem am nötigen Geld, um angesichts des Versagens aller Bundesgenossen eigene Truppen anzuwerben. Wäre die Lage mit einem kleinwinzigen Darlehen zu retten gewesen, man hätte es nicht aufbringen können, zumal seit dem Überfall der Franzosen auch die Geldhilfen Ludovicos ausblieben. In einer Großzügigkeit, die ihresgleichen suchte, hatte der Mailänder Herzog während der letzten Monate als einziger die militärischen Unternehmungen des Römischen Königs finanziell unterstützt und ihm durch kleinere und größere Teilzahlungen während dieses Jahres mehr als 100.000 Dukaten dargestreckt[97]. Seit die Mailänder Subsidien ausblieben, war jede Hoffnung auf die Fortführung des Krieges dahin.

Aber auch die Eidgenossen waren am Ende. Zwar hatten sie sich gegen das übermächtige Reich behauptet, aber einen noch größeren Erfolg gegen die unabschätzbaren Machtmittel eines Großreiches konnten sie kaum erwarten. Auch war ihre Eintracht und Kriegszucht keineswegs so groß[98], wie Pirkheimer glaubte. Nach dem langen Krieg war das Volk müde und gleichgültig geworden. Tausende waren gefallen und zahlreiche Dörfer niedergebrannt, das Land viele Meilen tief verwüstet, die Grenzbewohner Schwabens und Tirols anstatt gewonnen, zur Abwehr getrieben; nur der Thurgau war erobert worden. Da die Eidgenossen zu verstehen gaben, daß sie einem Waffenstillstand oder Frieden geneigt seien, notfalls aber auch bereit wären, für ihre Freiheit zu sterben[99], mußte sich der Römische König der Einsicht beugen, daß dieser Krieg nicht mehr zu gewinnen sei.

Am 13. August gestattete er auch dem Schwäbischen Bund, Unterhändler zu Friedensgesprächen nach Basel abzuordnen[100]. Gleichwohl versuchte er immer noch, Bund und Reich gegen die Eidgenossen in Bewegung zu setzen, um die Verhandlungen günstig zu beeinflussen.

Nun war es vor allem die Sorge um Herzog Ludovico und seinen Mailänder Staat, die Maximilian zum raschen Friedensschluß drängte. Er bemühte sich, Ludovico in den Schwäbischen Bund aufzunehmen und versuchte, vor allem Moros Subsidiengelder der Bundesversammlung schmackhaft zu machen. Der König hat wohl persönlich die entsprechenden Artikel der Bundesordnung entworfen. Aber selbst Ludovico zögerte, durch seinen Beitritt auch den Haß der Schweizer auf sich zu ziehen. Die Versammlung lehnte jede Hilfe für Mailand ab[101]. Nur ein Friede konnte dem König freie Hand gewähren, Mailand und Reichsitalien zu erhalten. Sogar in Bundeskreisen sprach man besorgt, der König von Frankreich könnte die Römische Krone an sich reißen.

4. Der Friede von Basel

Gleichzeitig mit Kriegsbeginn hatten bereits Friedensvermittlungen eingesetzt, die Berthold von Mainz, der Pfalzgraf bei Rhein, der Bischof von Augsburg und Graf Wolfgang von Öttingen mit Zustimmung des Königs führten; ein Beweis, daß Maximilian mit den Schweizern zunächst Frieden halten wollte[1]. Unabhängig davon bemühten sich auch andere Mächte um die Wiederherstellung des Friedens, vor allem der Herzog von Mailand, der die Kriegsmacht des Reiches gegen Frankreich freimachen wollte, um den drohenden Untergang seines Staates zu verhüten. Maximilian nahm auch diese Vermittlung an, obwohl er nun, da er selber auf dem Kriegsschauplatz hatte erscheinen müssen, sein Waffenglück versuchen wollte.

Auch französische Gesandte hatten sich in die Vermittlung eingeschaltet, waren aber naturgemäß bestrebt, die Mailänder Bemühungen zu hintertreiben[2], um Maximilian durch den Schweizerkrieg zu binden und unterdessen den Mailänder Staat erobern zu können. Obwohl die Eidgenossen von den geheimen Hilfeleistungen Moros für Maximilian wußten, waren sie durchaus willens, auf die Friedensvermittlung des Herzogs einzugehen, der seinen Hofmeister und obersten Kriegskommissar Giovanni Galeazzo Visconti als Unterhändler abgeordnet hatte[3]. Der Herzog klammerte sich an die Hoffnung, daß es die Franzosen nicht wagen würden, seinen Staat anzugreifen, wenn es gelinge, Maximilian mit den Eidgenossen zu versöhnen und die Hände freizumachen.

Visconti reiste nach Bern, Freiburg im Üchtland und Luzern, um die Angebote der Eidgenossen einzuholen und dem Römischen König zu überbringen[4]. Überall fand er die größte Kriegsmüdigkeit. Das Volk rief „aus vollem Hals nach Frieden". Allgemeiner Unwille richtete sich gegen die Kriegstreiber, die hauptsächlich in Graubünden und Uri saßen. Die übrigen Eidgenossen begegneten dem Mailänder Vermittler ungewöhnlich entgegenkommend. Sie wünschten eben auch, den Krieg möglichst rasch zu beenden, und schenkten den französischen Störversuchen wenig Gehör. Visconti unterließ nichts, die Sache Maximilians zu fördern; er unterrichtete ihn über alle eidgenössischen Kriegspläne, die er erfahren konnte, und ermahnte ihn, die kriegsmüden Schweizer durch ständige kleine Angriffe und Überfälle mürbe zu machen, um alsbald zu einem günstigen Frieden zu kommen. Aber was immer der König in dieser Richtung versuchte, er scheiterte am Unverständnis und Widerstand der schwäbischen Bundesgenossen und des Reiches[5].

Am 20. Juli besuchte Visconti über Erlaubnis der Eidgenossen den Römischen König in Konstanz[6] und kam gerade zur großen Truppenschau zurecht, die vor den Toren der Stadt abgehalten wurde. Begeistert berichtete er darüber nach Mailand, konnte er doch nicht ahnen, daß diesen Verbänden und ihren reichsständischen Kriegsherren nicht der geringste Kampfeseifer innewohnte.

Allerdings ließ Maximilian gleichzeitig auch eine französische Vermittlungsgesandtschaft zu[7], mit der er vorzüglich über die Erhaltung des Mailänder Staates verhandelte, ohne indes gegen sie schärfere Töne anzuschlagen, wie dies Visconti und sein Herr wohl gewünscht hätten[8]. Die Franzosen wagten es bereits, für ihren Herrn die Investitur mit Mailand zu erbitten. Der König antwortete in seinem „deutschen" Latein: „Non volo Italia, que mea est, deveniat ad manus alienas."

Zunächst war Visconti über die Ergebnisse seiner Mission enttäuscht und begann bereits recht nüchtern über die unverläßliche Umgebung des Römischen Königs und das Versagen des Reiches und der Reichsfürsten nach Hause zu berichten. Maximilian habe fast die ganze Kriegslast allein zu tragen; er unterhalte zwei Hauptstützpunkte in Feldkirch und Pfirt, was für ihn allein zuviel sei[9], zumal seine Länder verwüstet wären. Auch erwiesen sich die Landsknechte den Schweizern unterlegen; weitere Hilfe von den Reichsfürsten habe er kaum zu erwarten. Dringend empfiehlt Visconti seinem Herrn, mit der Mailänder Hilfe zurückzuhalten und an sich selber zu denken, denn vom Reich sei nichts zu erwarten. Man könne nur auf den Frieden mit den Eidgenossen hinarbeiten.

Maximilian zeigte sich der Friedensvermittlung erst geneigter, als ihm die entscheidende Niederlage seiner vorländischen Truppen bei Dorneck (22. Juli 1499) die Überzeugung beibrachte, daß durch Fortführung des Krieges nicht mehr zu gewinnen sei, und als die Franzosen die Alpen überstiegen und gegen Mailand marschierten[10]. Da gab der König vollends bei und forderte von Visconti nur noch, bei den Friedensverhandlungen die Ehre der kaiserlichen Majestät und des Reiches zu wahren. Die französischen Eroberungen stimmten allerdings auch die Eidgenossen sehr nachdenklich und machten sie friedenswilliger, als sie es ohnehin waren.

Der Botschafter setzte nun alle seine Kräfte ein, den Frieden herbeizuführen. Eifrig wechselte er zwischen Schaffhausen, wo die Eidgenossen tagten, und dem königlichen Hoflager nächst Konstanz hin und her, um beide Seiten auf seine Vorschläge zu einigen.

Als Anfang August 1499 die direkten Verhandlungen zu Schaffhausen begannen, stellte Maximilian immer noch hohe Forderungen, wie die Rückkehr der Eidgenossenschaft unter die Gesetze des Reiches[11] und die Aufnahme des Herzogs von Mailand in den Schwäbischen Bund. Die Eidgenossen dagegen forderten auf der Tagsatzung vom 6. August zu Schaffhausen die Exemption von Kammergericht und Gemeinem Pfennig, die Entlassung von Konstanz aus dem Schwäbischen Bund, den Verzicht des Reiches auf alle eidgenössischen Eroberungen, vor allem auf den Thurgau, und eine angemessene Kriegsentschädigung.

Zwar brauste der König darüber zunächst noch entrüstet auf, die Schweizer seien unverschämt, und er brauche keinen Frieden[12]; aber gleichwohl hoffte er, die Gegner im Laufe der weiteren Verhandlungen, die von seinem Kanzler Serntein[13] meisterhaft geführt wurden, spalten zu können. Er forderte[14], daß sie auf ihre Verbindung mit den Graubündnern verzichten müßten; die Eidgenossen, die vom Reiche kämen, hätten dem Reiche Gehorsam zu schwören; die Eidgenossen aber, die vom Hause Österreich kämen, brauchten diesen Eid nicht zu schwören, sondern sollten Ruhe halten, und der König werde sie unter seinen und seines Hauses Schutz nehmen. Die Eidgenossen, die diesen Krieg angestiftet hätten, sollten vom Reiche bestraft werden.

Diese Angebote schienen den Schweizern unannehmbar, wenn sie auch den Krieg im Grunde längst satt hatten, der ihnen selber nicht geringeren Schaden bringe als dem König, seien sie doch gezwungen, „das Geld sozusagen in den See zu werfen"[15]. Maximilian fand sich bereit, die Verhandlungen am 18. August in Basel fortzusetzen[16], wo die Eidgenossen mit einer Wagenburg, großem Geschütz und 2000 Mann erschienen; so groß war ihr Mißtrauen. Sie trugen prächtige Kleider, kostbare Ketten, silber- und goldbeschlagene Schwerter, so groß war ihr Stolz, berichtet voll Ingrimm ein Tiroler. Gleichwohl kam man sich allmählich näher. Nur der Forderung auf Abtretung des zu Konstanz gehörigen Landgerichtes Thurgau widersetzte er sich zunächst auf das entschiedenste. Da die Eidgenossen aber erklärten, weiterhin ein Glied des Reiches bleiben zu wollen, schien der König bereit, auch in dieser Frage mit sich reden zu lassen. Außerdem gab es Schwierigkeiten wegen des von den Eidgenossen geforderten Schadenersatzes.

Nicht ohne Hintergedanken trug Maximilian seinem Gesandten auf, alle Friedenskapitel zwar endgültig, aber möglichst „finster, dunkel und allgemein" zu fassen[17], um der künftigen Auslegung jede Möglichkeit offenzuhalten.

Am 25. August einigte man sich zu Basel nach schwierigen Verhandlungen auf zehn Artikel[18] eines Friedensentwurfes, der beiden Parteien zur endgültigen Fassung zugeleitet wurde, während gleichzeitig ein allgemeiner Waffenstillstand bis 8. September eingehalten werden sollte. Alles schien gefährdet, als am gleichen Tag kaiserliche Besatzungen aus dem nahen Rheinfelden die Umgebung von Basel verwüsteten, so daß die erzürnten Bürger nur mit Mühe zurückgehalten werden konnten, sich an den Reichsgesandten zu rächen[19].

Da inzwischen Franzosen und Venezianer bereits gegen Mailand marschierten, fand sich Maximilian mit diesen Friedensartikeln ab, wiesehr sie sich auch von seinen Vorschlägen unterscheiden mochten. Er empfahl auch dem Schwäbischen Bund, den Frieden anzunehmen[20], denn es schien ihm jetzt viel wichtiger, das Reich und den Bund gegen Frankreich zu einigen und das Herzogtum Mailand beim Reich zu erhalten, das „ein Glied des Heiligen Reiches sei und eine Säule, darauf unser Kaisertum gegründet ist". Der König wagte nicht mehr, den Frieden an der Frage des Thurgaues und des Schadenersatzes scheitern zu lassen[21]. Auch konnte er nicht übersehen, daß der Schwäbische Bund und die Reichstruppen größtenteils schon abgezogen waren[22], während die Eidgenossen noch immer unter Waffen standen und mit neuen Angriffen drohten[23]. Was blieb übrig, als den Thurgau abzutreten, da der unmittelbar zuständige Schwäbische Bund dem König, der sich zähe wehrte, in dieser Frage jeden Ratschlag und damit auch jede Hilfe verweigerte[24]. Der König besaß damals nicht einmal die Mittel, den eigenen Hof zu versorgen[25].

Immerhin bestand Maximilian darauf, der Thurgau solle den Eidgenossen nur pfandweise, mit dem Recht der Rücklösung, überlassen werden; die Schuld des Schwäbischen Bundes an diesem Zugeständnis müsse festgehalten werden[26]. Als man sich darüber und über den Verzicht der Eidgenossen auf die Auszahlung eines Schadenersatzes geeinigt hatte, wurde am Sonntag, dem 22. September 1499, der Friede zu Basel abgeschlossen. Ohne wesentliche

Verluste war der König aus dieser Niederlage hervorgegangen und hatte den Status quo, im großen und ganzen wenigstens, behaupten können. Dies in zähen Verhandlungen erreicht zu haben, war wohl das Verdienst Sernteins[27], obschon Markgraf Kasimir von Brandenburg und der Pfalzgraf bei Rhein die Gesandtschaft angeführt hatten.

Der Baseler Friede[28] vermied jedes Wort, das an die Zugehörigkeit der Eidgenossenschaft zum Reich erinnerte; auch der ursprünglich vorgesehene Satz, daß die Eidgenossen wieder als Glieder des Reiches zu Gnaden aufgenommen werden sollten, wurde weggelassen. Gleichwohl wurde die Zugehörigkeit zum Reich nicht ausdrücklich aufgekündigt, aber die Gerichts- und Steuerhoheit, überhaupt jegliche Reichsgewalt aus der Eidgenossenschaft ausgeschlossen. An Eroberungen behielten die Schweizer nur den Thurgau, aber auch ihn nur als Pfand; den Walgau und das begehrte Konstanz vermochten sie nicht zu gewinnen; zumal die Tiroler konnten ihre Grenzen behaupten; Eroberungen waren gegenseitig zurückzustellen. Den Königlichen aber wurde nahegelegt, die Schmähworte, die sie gegen die Eidgenossen gebraucht hatten, abzustellen und zu bestrafen[29]; so bitter ernst waren diese Beleidigungen, an denen sich der Krieg entzündet hatte, von den Eidgenossen aufgenommen worden.

Durch diesen Vertrag hatten sich die Eidgenossen der Reichsgewalt nicht nur praktisch, sondern auch formell entzogen, legten aber immer noch einen gewissen Wert darauf, dem Kaisertum und dem Reich als der Gemeinschaft christlicher Staaten in einer nicht näher verpflichtenden Form weiterhin anzugehören. So waren sie nicht völlig aus dem Reich ausgeschieden, sondern behielten jene freie Stellung innerhalb des Reichsverbandes, die ähnlich und noch mehr die Niederlande einnahmen, die kaum irgendwelche Rechte beanspruchten, aber auch keine Pflichten gegenüber dem Reich anerkannten[30].

Für Maximilian hatte der Baseler Friede nicht jene Bedeutung, die ihm spätere Historiker beilegten. Was man als „Trennung der Eidgenossenschaft vom Reich“ in diesen Frieden hineinlegt, war damals noch kaum sichtbar[31]. Es hatte sich praktisch gegenüber dem Zustand vor dem Krieg nicht allzuviel geändert. Wenn der König nicht einmal die Eidgenossenschaft der Reichshoheit zu unterwerfen vermochte, so wurde dadurch zweifellos sein Ansehen im Reich geschädigt, das der unabhängigen Schweizer Kriegsmacht bedeutend gehoben. Aber Maximilian dachte, auf diese Sache bei günstigerer Gelegenheit zurückzukommen, wie die Anweisungen an seine Unterhändler und die Durchführung des Friedens erkennen lassen.

Schon bei der Ratifizierung und Besiegelung des Friedens erfand der König neue Schwierigkeiten, indem er versuchte, die pfandweise Überlassung des Thurgau an die Eidgenossen wieder rückgängig zu machen[32], und die Konstanzer ermutigte, das Gebiet nicht herauszugeben. In einem Schreiben an die Schweizer berief sich Maximilian wegen des Thurgaus auf eine zu erwartende Entscheidung des Augsburger Reichstages[33]. Der König betrachtete diesen Frieden nur als ein Zwischenspiel.

Als der Friede geschlossen war, dankte Maximilian dem Schwäbischen Bund für den erwiesenen Beistand: die Mitglieder hätten sich unverdrossen und dermaßen wohl gehalten, daß er besonderen Gefallen daran habe[34]. Obwohl eher das Gegenteil richtig war, mochte der König hoffen, mit solchem Lob die Unterstützung des Bundes für den geplanten Krieg zur Wiedergewinnung Mailands zu erhalten.

In diesen Tagen hatte sich das Schicksal Mailands und Ludovico Moros vollzogen[35]. Es mußte die Eidgenossen nicht weniger bedrücken als Maximilian; waren doch auch sie mit dem Herzog auf das engste gegen Frankreich verbündet gewesen. Die Besetzung der Lombardei durch die Franzosen drohte die Eidgenossen auch vom Süden her zu umfassen. In Massen waren Schweizer dem Herzog zugelaufen, als er versuchte, seine Herrschaft wiederherzustellen. Strenge bestraften die Eidgenossen jene Knechte, die sich durch Verrat am Unglück Ludovicos schuldig gemacht hatten.

Der König harrte indes geduldig dem Reichstag entgegen, der Mailand, Reichsitalien und die Kaiserkrone retten sollte. Sechs Monate, länger als sonst, saß er in der Innsbrucker Hofburg fest. Er war des Geldes so völlig entblößt, daß er sogar sein Tafelsilber versetzen mußte[36]. Frankreich benutzte diesen Tiefpunkt des Römischen Königs, die deutschen Fürsten durch Gesandtschaften und Briefe gegen ihren König scharf zu machen[37]. Die erhaltenen Briefschaften sind gewiß nur ein Bruchteil dessen, was damals wirklich geschah, und Maximilians Vermutungen hinsichtlich der Verbindung Bertholds mit Frankreich dürften kaum übertrieben gewesen sein.

V. Kapitel

DER VERLUST MAILANDS UND REICHSITALIENS. DER AUGSBURGER TAG: ZUSAMMENBRUCH DES KÖNIGLICHEN REGIMENTS IM REICH

1. Frankreich unterwirft den Mailänder Staat

Seit dem Hinscheiden seiner geliebten Gemahlin Isabella verließ den Mailänder Herzog das Glück. Wenn er sich von der Gunst des Römischen Königs dessen Tochter Margarethe als Gemahlin und ein „Erzherzogtum", vielleicht gar ein „Königreich Lombardei" erwartete, sollte er sich täuschen. Ebensowenig nützten ihm geheime Verhandlungen, die er zwischendurch mit dem König von Frankreich versuchte, indem er ihm einen jährlichen Tribut und die Überlassung des Herzogtums nach seinem Tode anbot. Die Mailänder Gesandten wurden von Ludwig XII. nicht einmal empfangen. Voll trüber Ahnungen erwartete Moro den Sturz seines Hauses[1].

Als die Nachricht vom Ausbruch des Schweizerkrieges am französischen Hof eintraf, sagte Kardinal von Rouen zum venezianischen Gesandten: „Jetzt, da der Römische König mit den Schweizern ganz beschäftigt ist, wird es Zeit (gegen Mailand)."[2] In der Tat entschieden die Niederlagen Maximilians im Schweizerkrieg auch das Schicksal des Mailänder Staates.

Von der ersten Stunde seiner Regierung an hatte König Ludwig XII. den Titel eines Herzogs von Mailand geführt und die Eroberung des Herzogtums als sein nächstes Hauptziel hingestellt. Entweder Mailand gewinnen oder sterben, so hatte er sich einem Gesandten Maximilians gegenüber geäußert[3]. Alte Erbansprüche seines Hauses boten den Vorwand. Der junge französische Nationalstaat drängte mit unbändiger Kraft nach Italien, jedoch anders als zu Zeiten Karls VIII. — zunächst nach Mailand und Genua. Das Tor nach Italien sollte aufgesprengt und vor allem Ludovico Moro beseitigt werden, der mit seinen Geldmitteln die Kriege Maximilians gegen Frankreich stets unterstützt hatte.

Das Unternehmen wurde diplomatisch sorgfältig vorbereitet. Im April 1499 war Venedig zur Unterzeichnung eines Angriffsbündnisses gegen Mailand verpflichtet[4] worden; auch Papst Alexander VI. war ganz auf die Seite Frankreichs übergetreten. Ebenso wurden die Alpenstaaten Savoyen, Montferrat und Saluzzo von Frankreich gewonnen. Nachdem sich Ludwig XII. auch Englands, Spaniens und der Eidgenossen versichert hatte[5], holte er zum vernichtenden Schlag aus.

Ludovico verließ sich in vertrauensseligem Fatalismus auf die Hilfe des Römischen Königs. Ja, er unterstützte Maximilian gegen die Schweizer[6], als ob er selber keinen Feind zu fürchten gehabt hätte, schickte ihm große Gelder für Truppen, die er nie erhalten sollte. Er bemühte sich um Aufnahme in den Schwäbischen Bund[7] und bot dafür hohe Subsidien an. Der Bund zögerte, und die Verhandlungen zerschlugen sich. Maximilian verstand es wohl, dem Herzog alle Sorgen auszureden. Zweifellos meinte es der König ehrlich. Aber er vermochte sich nicht einmal selbst gegen die Schweizer zu helfen; wie hätte er Moro wirksam helfen sollen? Vielmehr plünderte er ihn durch ständige Anleihen völlig aus.

Im August 1499 überstieg eine französische Armee die Alpen und nahm Alessandria[8]; von Osten her rückten die Venezianer gegen Mailand vor. Ludovico ließ ihnen, um sie abzuschrecken, die kaiserliche Kriegsfahne entgegentragen; sie aber kümmerten sich nicht darum, wußten sie doch, daß Maximilian keinen einzigen Kriegsknecht hatte zu Hilfe schicken können. Nirgends stießen Franzosen und Venezianer auf stärkeren Widerstand, denn Moro hatte sich während der letzten Jahre durch harten Steuerdruck verhaßt gemacht.

Der Römische König war noch immer durch den Schweizerkrieg gebunden, denn er hatte die Friedensverhandlungen zu spät eingeleitet und konnte daher für seinen Mailänder Verbündeten nur wenig tun. Gleichwohl versuchte er, den Herzog durch großartige Versprechungen aufzurichten: er werde ihn nicht verlassen und sein Letztes für Mailand tun[9].

Das Schicksal Moros war nicht mehr aufzuhalten. Bereits am 17. September 1499 kapitulierte Mailand[10] und bald darauf auch

Genua. Schon Anfang September hatte der Herzog mit seinem Hausschatz, den er auf einer Maultierkolonne mitführte, seine aufsässige Hauptstadt verlassen[11], wandte sich über das Veltlin nach Tirol und traf am 5. Oktober als geschlagener Mann am königlichen Hoflager in Innsbruck[12] ein, wohin er seine Kinder und Verwandten vorausgesandt hatte. Der König nahm ihn zwar freundlich auf: er werde ihn mit Gottes und des Reiches Hilfe nach Hause führen, selbst wenn er Herrschaft und Leben aufs Spiel setzen müsse. Wenn Moro aber eine Armee zu seiner Unterstützung erwartet hatte, so sollte er sich täuschen. Wohl bemühte sich Maximilian um Reichshilfe und berief für den 25. Februar nächsten Jahres den Reichstag nach Augsburg. Aber hatten die Reichsstände jemals geholfen? Die Kurfürsten hatten zwar hohe Lehenstaxen von Moro genommen, aber von einer Hilfspflicht wollten sie nichts wissen.

Herzog Ludovico betrieb seine Sache mit größtem Eifer. Da sich die Franzosen durch den Umsturz der alten Ordnung und starken Steuerdruck in Mailand alsbald unbeliebt gemacht[13] hatten, durfte er auf einen Umschwung der Lage hoffen. Er ließ nichts unversucht: man weiß heute, daß er sogar um türkische Hilfe[14] gegen Venedig warb. Maximilian, der selbst nach Italien ziehen, zunächst Mailand, dann die Kaiserkrone gewinnen wollte und dafür die Unterstützung des kommenden Reichstags brauchte, warnte Moro[15] vor übereiltem Losschlagen. Der Mailänder aber hatte Maximilians Armut durchschaut und war entschlossen, sich selber zu helfen. Nachdem es ihm trotz französischem Widerstand geglückt war, 5000 Schweizer Knechte anzuwerben, war er nicht mehr zurückzuhalten. Maximilian überließ ihm etwa 7000 Landsknechte, auch einiges Geschütz[16] und versprach sogar, die Burgundische Garde heranzuführen. Er wünschte dem Herzog alles Glück und hoffte, ihm alsbald mit Reichstruppen nach Italien zu folgen[17].

Ende Januar 1500 überstieg Ludovico das Wormser Joch. Die Lombardei, der Franzosen längst überdrüssig, lief augenblicklich zu ihm über. Er verstärkte sich mit etwa 3000 lombardischen Knechten auf etwa 15.000 Mann insgesamt und konnte bereits am 5. Februar unter dem Jubel des wankelmütigen Volkes in seine alte Hauptstadt einziehen[18]. Aber er war zu ängstlich, um auf das Ganze zu gehen und die französischen Plätze völlig auszuräumen.

Maximilian leistete dem Herzog alle immer mögliche Hilfe[19], suchte den Reichstag voranzutreiben, die europäischen Mächte, vor allem Spanien und die italienischen Staaten, für Moro zu gewinnen und die Eidgenossen durch große Angebote zu wirksamer Unterstützung anzuspornen; alles vergeblich, denn man begann Mailand bereits abzuschreiben. Der spanische Gesandte Juan Manuel warnte, Mailand werde bald verloren sein und Neapel werde folgen[20]. Die Reichsstände zögerten die Eröffnung des Augsburger Tages so lange hinaus, bis jede Hilfe zu spät kam.

Moro vermochte noch Vigevano und, mit Unterstützung kaiserlicher Artillerie, Novara zu erobern[21] (22. März 1500). Damit war er am Ende seiner Kraft. Der erzürnte König Ludwig erschien persönlich auf dem Schlachtfeld, führte Verstärkungen heran und brachte seine Armee sehr rasch auf 20.000 Mann. Nun war Mailands Schicksal nur mehr eine Frage kurzer Zeit.

In letzter Minute versuchte der Herzog noch, durch ein großzügiges Angebot eine Friedensvermittlung der Eidgenossen[22] zu erkaufen; Beweis, wie hoch man damals die politische und militärische Kraft dieses Freistaates einschätzte. Es schien, als glückte es Galeazzo Visconti, der für Moro verhandelte, die Stimmung der Eidgenossen zu seinen Gunsten zu wenden. Auch Maximilian warb neue Truppen für Mailand[23]; daß er dem Untergang seines Bundesgenossen untätig zugesehen habe, ist wohl nicht ganz richtig[24]; er wäre nicht in der Lage gewesen, etwas Entscheidendes dagegen zu unternehmen. Auch Neapel, das sein Schicksal mit dem Mailands auf das engste verknüpft sah, schickte Geld; aber alles war zu spät.

Wie gelähmt saß Moro in Novara[25] fest; man hatte ihm zur Flucht geraten; aber ein Versuch, sich nach Mailand durchzuschlagen, mißlang. Apathisch, unbeweglich harrte er seinem Schicksal entgegen und verlor die Führung seiner Truppen völlig aus der Hand: die lombardischen und deutschen Knechte gerieten miteinander in Streit, und die Schweizer, hüben und drüben, begannen, sich auf Kosten Mailands zu verständigen.

Der König von Frankreich warf sich nun mit ganzer Kraft vor Novara und drängte auf eine rasche Entscheidung. Da es Moro nicht wagen konnte, mit seinen meuternden Truppen einen Ausbruch aus der Festung zu versuchen, entschloß er sich zu einem Vergleich mit dem Gegner. Hatte der Herzog zunächst gehofft, durch einen Verzicht auf sein Herzogtum sich freien Abzug zu erkaufen, so forderten die Franzosen im sogenannten Vertrag von Novara[26] nicht nur die Auslieferung des Mailänder Staates, sondern auch des Herzogs selber.

Da versuchte es der Listenreiche mit einer letzten List: er ließ sich scheinbar auf den Vertrag ein, hoffte aber, mit seinen eidgenössischen Söldnern, als Kriegsknecht verkleidet und geschoren, heimlich zu entkommen, dem Verzicht und der französischen Gefangenschaft zu entgehen.

Als die Franzosen von diesem „Vertragsbruch" erfuhren, drohten sie allen Mitwissern mit harten Strafen. Um ihren Drohungen Nachdruck zu verleihen, richteten sie unter den lombardischen Knechten ein grausames Blutbad an, setzten einen Preis auf Moros Kopf und ließen die abziehenden Knechte genauestens untersuchen.

Es hatte unter den Eidgenossen treuherzige Leute genug gegeben, die ihren Soldherrn zu verstecken und zu retten suchten. Aber es genügte, daß sich in der Verwirrung ein einziger Verräter fand, der den Herzog den Franzosen anzeigte. Ludovico wurde festgenommen und als Gefangener nach Frankreich weggeführt. Die Eidgenossen aber stellten den Verräter vor Gericht und ließen ihn henken, um so die Schmach von Novara zu sühnen[27].

Alle Welt war vom Sturz des Mailänder Herzogs zutiefst erschüttert; freilich erinnerte man sich, wie er seinen Neffen Giangaleazzo um dessen Erbe gebracht, wie er dessen frühen Tod verschuldet, wie er die Franzosen, dann die Deutschen, ja sogar die Türken nach Italien gerufen und die ganze Halbinsel in Unruhe versetzt hatte. Man war daher geneigt, sein Schicksal als gerechte Strafe Gottes anzusehen[28]. Heute weiß man, daß die Fremden auch ohne Ludovico Moro über Italien gekommen wären. Er, der in guten Tagen über Feinde und Verbündete spotten konnte[29], sollte nun in einem französischen Gefängnis sein Ende erwarten. Fällt der Herzog, muß sein Denkmal mit: das kolossale Reitermonument aus der Meisterhand des Leonardo da Vinci, das die Größe der Mailänder Dynastie verewigen sollte, genauer gesagt dessen über sieben Meter hohe Gußform aus Ton, blieb im Haupthof des verlassenen Kastells zurück, bis sie später von mutwilligen französischen Knechten auch zerstört wurde.

Am 10. April 1500, dem Tag der Eröffnung der Augsburger Reichsversammlung, wurde Ludovico Moro in französische Gefangenschaft abgeführt[30] und das Mailänder Herzogtum, ein uraltes Reichslehen, mit Frankreich vereinigt. Maximilian war über das Schicksal seines Verwandten und Geldgebers tief erschüttert; durch drei Tage habe er niemanden sehen wollen[31]. Von der Mailänder Freundschaft war ihm nichts geblieben als die ungeliebte Bianca Maria und Moros Kinder, Massimiliano und Ludovico Sforza, denen der König einen eigenen, wenn auch bescheidenen Hofstaat einrichtete, da er sie als die „rechtmäßigen Herzoge" weiterhin ausspielen wollte. Außerdem sammelte sich bei Hof ein Schwarm von Mailänder Exulanten, die unablässig zur Rückeroberung des Herzogtums drängten und außerdem auch unterstützt sein wollten. Diese Mailänder Partei am königlichen Hoflager stellte fortan einen politischen Machtfaktor dar.

Maximilian bemühte sich immer wieder um die Freilassung des gefangenen Herzogs, dessen Haft für ihn und die Königin als persönliche Demütigung angesehen werden mußte. Alle Versuche schlugen fehl. Gelegentliche Hafterleichterungen, das war alles, was der König erreichen konnte. Kardinal Ascanio Sforza, der Bruder Moros, den die Franzosen auch erwischt hatten, wurde allerdings freigegeben und konnte als Parteigänger des Königs an die Römische Kurie zurückkehren. Ludovico hingegen starb 1508 in Loches bei Tours als französischer Staatsgefangener[32].

Der Fall Mailands, der „Pforte Italiens", war für Maximilian ein schwerer Schlag. Ludovico war ihm als Geldgeber unersetzlich. Eine Million Gulden hat ihm der Herzog seit 1493 auf den Tisch gelegt[33]; viel mehr als das ganze Reich in zwanzig Jahren.

Der Verlust Mailands und damit Italiens war zweifellos auch eine schwere Demütigung für das Reich. Frankreich hatte es sich erlauben können, eines der vornehmsten Reichslehen wegzunehmen, ohne daß sich die Stände darum viel gekümmert hätten. Ihnen war diese weithin sichtbare Niederlage ihres Königs vielmehr Signal zur Beseitigung des königlichen Regiments im Reich. Die Spanier sahen die Sache neutral und richtig: Ludovico sei zugrunde gegangen, weil die Reichsfürsten dem König jede Hilfeleistung für Mailand verweigerten[34]. In Venedig aber sagte man, die Reichsstände verhinderten äußere Erfolge des Königs in Italien, weil sie davon eine Stärkung der königlichen Gewalt im Reich und eine Einschränkung ihrer reichsfürstlichen Freiheiten befürchteten.

2. Hoffnungen und Enttäuschungen des Augsburger Reichstages 1500. Die politische Entmachtung des Königs

Der Augsburger Reichstag[1] sollte die Reichsreform auch nach dem Willen des Königs zu einem gewissen Abschluß bringen. Die Vierjahresfrist der Wormser Steuer- und Hilfsordnung war abgelaufen, und eine Reform dieser dringendsten Reichsangelegenheit schien unaufschiebbar. Der unglückliche Ausgang des Schweizerkrieges, der Verlust der Eidgenossenschaft, die Eroberung Mailands durch die Franzosen und die völlige Erschöpfung der königlichen Finanzen hatten die Unterlegenheit des Reiches gegenüber den auswärtigen Mächten offenkundig gemacht. Ein Reich ohne einheitliches Regiment, ohne Steuer- und Kriegsordnung konnte inmitten der unruhigen Staatenwelt der Gegenwart nicht bestehen. Der König war entschlossen, durch ganz neue Einrichtungen des Kriegswesens und der Staatsregierung Eintracht und Schlagkraft des Reiches wieder herzustellen, und zeigte sich bereit, dafür auch große persönliche Opfer zu bringen.

So stellte das Ladungsschreiben[2] vom 2. Dezember 1499 zwar die Abwehr der äußeren Feinde, der Türken und Franzosen, in den Vordergrund, ließ aber den Wunsch des Königs nach Vollendung der inneren Reform, ohne die eine äußere Machtpolitik (Italienzug) nicht möglich war, deutlich erkennen. Die Vorgänge um den Freiburger Abschied hatten ihm gezeigt, daß ohne größere Zugeständnisse an die Stände eine wirksame Hilfsordnung ausgeschlossen wäre. Der König wollte im nächsten Jahr vor allem nach Italien ziehen, um Mailand den Franzosen zu entreißen und die Reichsrechte zu erhalten. Dazu bedurfte er dringend einer ausgiebigen Steuer- und Kriegshilfe, wofür er bereit war, sein Reichsregiment mit Ständevertretern zu verstärken. Er dachte wahrscheinlich an seinen Hofrat von 1498, der den neuen Verhältnissen angepaßt werden sollte.

Dies aber schien den Reichsständen viel zu wenig; sie wünschten, das Regiment als ganzes in ihre Hand zu bringen. Keineswegs wollten sie Opfer etwa für die Rückeroberung Mailands bringen, die ihrer Meinung nach nur der königlichen Vormachtstellung im Reich zugute kommen mußte. So hielten sie sich vorsichtig zurück und ließen den Termin der Reichstagseröffnung zunächst verstreichen, ohne zu erscheinen.

Als der König am 2. März 1500 in Augsburg einzog[3], fand er so gut wie niemanden vor. Erst ein weiteres dringliches Mahnschreiben[4] vom 15. März, worin er seine besonderen Anliegen vorweg darlegte, brachte die Stände allmählich zur Reichsversammlung[5]. Selbst Erzkanzler Berthold hatte seinen König einen Monat warten lassen und erschien erst am 1. April[6] in Augsburg. Daran konnte der König merken, was die Stunde schlug; vielleicht erwies er gerade deswegen dem Erzkanzler die Auszeichnung des persönlichen Empfangs.

Erst am 10. April wurde der Reichstag auf dem Rathaus vorläufig eröffnet[7], nachdem inzwischen ziemlich viele Reichsstände eingetroffen waren. Graf Eitelfritz von Zollern vertrat die Anträge[8] des Königs: er zeichnete ein düsteres Bild der Lage, sprach von der Türkengefahr und betonte, daß Venedig den Türken die Tore öffne und mit Frankreich gegen das Reich verbündet sei; die Franzosen seien im Begriff, Mailand, das sich inzwischen wieder freigemacht, ein zweitesmal zu erobern, ganz Italien und die Kaiserkrone zu gewinnen. Italien und die Kaiserkrone aber seien die eigentliche Ehre der Deutschen Nation. Der nächste französische Angriff werde die Erbländer und das Reich gewiß nicht verschonen; dann würden auch die deutschen Fürsten ihre Herrschaften verlieren. Auf allen Reichstagen hätte er auf diese Gefahr aufmerksam gemacht. Der König verwies auf die Notwendigkeit von Frieden und Recht im Innern als Voraussetzung äußerer Kraftentfaltung und bat dann die Stände um Rat und Hilfe.

Erzkanzler Berthold erwiderte nach alter Gewohnheit, die Reichsstände seien noch nicht eingetroffen; man solle über Ostern warten, denn er dachte nicht daran, sich nach Maximilians Plänen für die Rettung Mailands einzusetzen. Er war es wohl, der die Stände — gewiß ohne allzu große Mühe — auf die Formel einigte, daß zuerst daheim gutes Regiment eingerichtet werden müsse, ehe man auswärtige Kriege führen könne. Freilich wurden diese gewiß überzeugenden Argumente von den Ständen immer wieder als Ausflucht benutzt.

Zwischendurch gab es für den König noch einen kleinen Erfolg, wie es schien. Am 11. April konnte er seinem besonders vertrauten Kammersekretär Matthäus Lang unter großen Feierlichkeiten die Dompropstei zu Augsburg übertragen[9], die er ihm gegen den Willen der Domherren bei der Kurie erwirkt hatte. Aufregung und Lärm unter den standesbewußten adeligen Kapitularen über das

Eindringen des Bürgerlichen Lang in ihre Reihen waren groß; sie fügten sich auch nur äußerlich und vermochten die Übergabe der Propstei noch durch Jahre zu verhindern.

Da traf gerade vor den Osterfeiertagen die Nachricht[10] ein, daß der Mailänder Staat zum zweitenmal zusammengebrochen und Herzog Ludovico Moro in die Hände der Franzosen gefallen sei. Gleichwohl ließen sich die Stände nicht bewegen, den Reichstag sofort mit dem Mailänder Fall zu beschäftigen. Die Verhandlungen ruhten vielmehr bis Ende April. Der König habe auf diese niederschmetternde Nachricht hin drei Tage lang niemanden sehen wollen, erzählte man[11]; selbst die öffentlichen Ostergottesdienste scheint er gemieden zu haben.

Spätestens jetzt mußte er erkennen, daß er den Ständen große Zugeständnisse in der Regimentsfrage werde machen müssen, wenn er eilende Hilfe zur Rettung Mailands erreichen wollte. In der Tat hatte der König schon von sich aus daran gedacht, die schwerfällige Vollversammlung des Reichstages durch einen permanenten und arbeitsfähigen Reichstagsausschuß, eine Art ständiges Regiment, zu ersetzen, vielleicht seinen Hofrat von 1498 mit Ständevertretern zu erweitern und dagegen eine wirksame Reichshilfe einzutauschen. Mit einem völligen Verlust des Regimentes hat er kaum gerechnet.

Am Ostermontag, den 20. April, trat der König mit den Mailänder Hiobsbotschaften[12] wieder vor die Stände. Die Antwort blieb die gleiche: die Reichsversammlung sei nicht vollständig, man müsse warten. Das sollte wohl heißen, daß in Mailand ohnehin nichts mehr zu retten sei: man solle vielmehr eine Gesandtschaft an den König von Frankreich schicken, aber den Angriff der Franzosen auf Mailand und Herzog Ludovico lieber gar nicht erwähnen, sondern nur von den Türken reden[13]. Berthold und die Stände wünschten eben, Mailand den Franzosen preiszugeben. Der Angriff auf ein altes, wertvolles Reichslehen war für sie kein Kriegsfall!

Fast zehn Tage vergingen, ehe man sich über diesen Brief an den König von Frankreich einigen konnte, der so behutsam als möglich abgefaßt wurde, um den Reichstag in keiner Weise festzulegen. Eine Mailänder Gesandtschaft ließ man abziehen, ohne ihr die geringsten Hoffnungen auf Hilfe mitzugeben[14]. Hatte schon der Schweizerkrieg die Reichsstände zu keiner kriegerischen Abwehr bewegen können, um wieviel weniger der Mailänder Fall, der ihnen noch weit ferner lag. Sie dachten im Augenblick nur daran, die Zwangslage des Königs innenpolitisch auszunützen.

Eines war klar: der endgültige Zusammenbruch des Mailänder Staates hatte Maximilians Ansehen und damit seine Stellung dem Reichstag gegenüber wesentlich geschwächt. Ganz selbstverständlich griffen die Stände bereits in auswärtige Angelegenheiten ein, was der König bisher stets verhindert hatte; jetzt förderte er es geradezu, um sie zur Mitarbeit heranzuziehen.

Mehr denn je fühlte er sich gezwungen, rasch in die Verhandlungen mit den Ständen einzutreten, weil er den Verlust ganz Reichsitaliens befürchten mußte. Möglichst bald wollte er — selbst unter großen Zugeständnissen — ein handlungsfähiges königlich-ständisches Reichsregiment und eine wirksame Kriegsordnung einrichten. Damit keine Zeit versäumt werde, befahl er seinem Zeugmeister Freisleben im Innsbrucker Zeughaus 50 Haubitzen, 200 Kammerschlangen, 50 Notbüchsen, 2000 Hakenbüchsen, 2000 Handbüchsen und 20.000 Kugeln bereitzustellen[14a]. Wenn er mit einem raschen Reichsaufgebot zur Rettung Mailands rechnete, sollte er sich gründlich täuschen.

So begannen endlich am 5. Mai 1500 die Reichstagsverhandlungen[15] unter den ungünstigsten Vorbedingungen. Berthold wiederholte die königlichen Vorschläge und versäumte nicht, auch seinerseits auf den bedrohten Vorrang der deutschen Nation, auf die Gefahr für Reichsitalien, für Rom und die Kaiserkrone hinzuweisen. Die „Amsel“, wie die Nürnberger den Erzkanzler scherzweise nannten, sang zwar süß wie eine Nachtigall, aber der König hätte sich auf Berthold nicht verlassen dürfen[16]. Wie stets verstand er es, dem König Entgegenkommen auch in der Italienfrage vorzutäuschen; tatsächlich hatte er aber, wie der ganze Ablauf des Reichstages verweist, nur den Verfassungskampf, die Eroberung des Regimentes im Auge. Angesichts der hochwichtigen Sache gebot er den Ständen und ihren Gesandten strengstes Stillschweigen, so daß man seither über die Verhandlungen so gut wie nichts mehr erfuhr[17]. Vor allem sollte der König von jeder Kenntnis und Beeinflussung der ständischen Verhandlungen ausgeschaltet werden.

Wahrscheinlich dürften jetzt auch die Einzelheiten des königlichen Vorschlages über einen Reichstagsausschuß als mitregierenden Reichsrat mitgeteilt worden sein, der die schwerfällige Vollversammlung vertreten und an der Seite des Königs mit größeren Regierungsvollmachten zur Fortführung der Reform ausgestattet werden sollte[18]. Gewiß rechnete der König noch nicht damit, daß man ihm das Regiment völlig entreißen werde. Außerdem wünschte er die Machtvollkommenheiten des Fiskals festzulegen, womit er sich eine gewisse Garantie für das Eintreiben der Steuern sichern wollte.

Anderntags, am 6. Mai, wurde der Eröffnungsgottesdienst im Dom gefeiert, der den Heiligen Geist, dessen man so dringend bedurft hätte, auf die Reichsversammlung herabrufen sollte.

Das äußere Gesicht der Verhandlungen beherrschten indes andere Vorgänge, die nicht das Wesen dieses Tages ausmachten. Die offenen Streitfragen mit den Schweizern waren inzwischen wieder akut geworden: die Frage von Konstanz, das zu den Eidgenossen übertreten wollte, und die Verpfändung des Thurgaus an die Schweizer. Man einigte sich (10. Mai), daß König und Stände je eine eigene Gesandtschaft abordnen sollten, um Konstanz beim Reich zu erhalten[19].

Dann begannen die Verhandlungen über die Reform. Erzkanzler Berthold und Kurfürst Friedrich von Sachsen, zunächst die einzigen anwesenden Kurfürsten, berieten sich allein, die Fürsten, Prälaten, Grafen, Freiherrn und Städte in ihren eigenen Kurien. Es ist nicht zu übersehen, daß es auch unter den Fürsten manche Parteiungen gab: vor allem der Gegensatz zwischen Mainz und Pfalz[20] drohte die Eintracht zu gefährden. Alles vollzog sich hinter dicht verschlossenen Türen und unter absolutem Stillschweigen, so daß wir über keinen Reichstag schlechter unterrichtet sind als über diesen. Nur ungenau läßt sich der Verhandlungsgang aus dem Vergleich der verschiedenen Reformentwürfe und -gesetze und aus durchgesickerten Gerüchten erschließen. Die Kurien drängten wohl auf vorrangige Behandlung der inneren Angelegenheiten, des Regiments und der „Handhabung" und fanden damit beim König offenbar gewisses Entgegenkommen; denn bereits am 10. Mai legte er ihnen einen Entwurf vor, der einen Reichsausschuß, eine Art Reichsregiment mit Beratungs- und Beschlußrechten („mit rat und tat") vorsah, damit dem Reichsverfall Einhalt geboten werde[21].

Am 14. Mai übertrug man die Reformhandlungen einem siebenköpfigen Ausschuß[22], der sich aus fünf Fürsten und zwei Städtevertretern zusammensetzte und seine Entwürfe der Vollversammlung vorlegen sollte. Innerhalb dieses Ausschusses scheinen während der folgenden Wochen zwischen den Vertretern des Königs und den Ständen die offenbar sehr harten Verfassungsberatungen geführt worden zu sein. Der eine und andere heftige Ausbruch königlichen Zornes kam über Späher und Horcher sogar an die Öffentlichkeit.

So entstand ziemlich lautlos, von den meisten ungesehen, jene neue Regiments-, Steuer- und Kriegsordnung, die einen völligen Umsturz der traditionellen Reichsverfassung bedeutete.

Der König von Frankreich schrieb den Reichsständen[23], er sei bereit, ein Bündnis gegen die Türken abzuschließen, und niemals habe er an einen Krieg gegen die Erbländer und das Reich gedacht. Dies nach der Eroberung des Mailänder Staates[24]! Er versprach, den gefangenen Ludovico Moro gut zu behandeln; über eine Reichsgesandtschaft sei er hocherfreut und biete 300 Personen freies Geleite für sechs Monate. Er wünsche nichts als die Belehnung mit dem Mailänder Herzogtum. Zum venezianischen Gesandten sagte er allerdings, der Römische König sei ein Tölpel („matto"), um den man sich nicht zu kümmern brauche; er *rede* nur von Krieg, ohne ihn zu führen.

Dieser Brief kam den Ständen gerade recht: es gäbe keine französische Gefahr, sagten sie; es sei nichts anderes zu tun, als mit Frankreich ein Friede abzuschließen und zu diesem Zweck eine ansehnliche Botschaft des Reichstages abzuordnen, was allerdings erst nach Ende des Augsburger Tages geschehen ist.

Außerdem gab es Schwierigkeiten in Friesland[25], wo vor allem die Stadt Groningen den jungen Herzog Heinrich von Sachsen, der seinen Vater dort als Reichsstatthalter vertrat, arg bedrängte[26], wogegen der alte Herzog Albrecht den Reichstag aufzubieten wünschte[27]. Aber die Versammlung zeigte sich nicht willens, dem Reichsstatthalter gegen das rebellische Friesland zu helfen, obwohl sie es ihm früher ausdrücklich versprochen hatte. Man solle den Friesen einen Brief schreiben; die nächsten Nachbarn sollten Hilfe leisten; man werde im Abschied auf die Sache zurückkommen. Die Frankfurter meinten[28] geradezu: was gehe sie Sachsen und Friesland an? Sie hielten es genauso wie mit den Eidgenossen, dem Deutschen Orden und Mailand. Das Gefühl der Reichsgemeinschaft und gegenseitigen Hilfeverpflichtung war den Ständen weithin abhanden gekommen.

Da verließ der besorgte Herzog den Reichstag und eilte allein nach Friesland, um seinem bedrängten Sohn zu helfen. Die Stände in ihrer Masse hatten zu dieser Zeit ein einziges Ziel: die Entmachtung des Königs und die Übernahme der Regierungsgewalt im Reich.

Der Ewige Landfriede hatte Ruhe und Ordnung im Reich noch keineswegs gesichert: Der Reichstag mußte sich auch mit den Fehdehändeln zwischen dem Markgrafen von Brandenburg und der Stadt Nürnberg[29] befassen, die einige Befestigungsanlagen, Gräben und Türme, angeblich auf brandenburgischem Boden, errichtet hatte und diese nun schleifen sollte; außerdem mit dem Streithandel zwischen der Stadt Köln und ihrem Erzbischof[30], zwischen der Stadt Worms und ihrem Bischof[31], zwischen dem Pfalzgrafen und Stadt und Stift Weißenburg im Elsaß[32]. In all diesen Fällen hatten die Städte als die schwächeren das Nachsehen, was für die „Reformgesinnung" der Mächtigen dieses Reichstages bezeichnend war. Erzkanzler Berthold hatte zwar die Geschenke der Nürnberger angenommen und ihnen mit „süßen" Worten alles Schöne versprochen. Die „Amsel" [Berthold] habe sich zwar mit Ameiseneiern vollgefressen und süß gesungen wie eine Nachtigall, aber nichts gehalten, berichtete der erbitterte Nürnberger Stadtbote[33] nach Hause. Daß sich auch der „Sperber" [Maximilian] für die Sache der Stadt nicht gewinnen ließ, mochte die Bürger weniger wundern. Er hatte die Interessen der Städte stets den mächtigeren Fürsten geopfert. Der Frankfurter Gesandte schrieb nach Hause, bei diesen Streithändeln merke man das „Glück" der Städte auf diesem Reichstag[34]. Er schloß mit dem Wunsch, Gott möge es bessern.

Am 3. Juni 1500 brachte der Stände-Ausschuß den Entwurf der neuen Reichsrats- und Hilfsordnung das erste Mal vor die Vollversammlung[35]. Wir wissen nicht, wie er aussah, nur daß sich die Städte darüber beschwerten[36], sie seien allenthalben benachteiligt worden. Sie forderten eine Vertretung im Reichsrat, vor allem aber eine Herabsetzung ihres Steuersatzes; sie verweigerten das offene Bekenntnis ihres Vermögensstandes und forderten Besteuerung auch der Ritterschaft. Der Entwurf wurde zur Verbesserung an den Ausschuß zurückverwiesen, wobei man den Ständevertretern nochmals Stillschweigen befahl.

Um die Reformverhandlungen wurde es wieder ziemlich still. Man feierte Pfingsten[37] mit großem Kirchgang; es gab ein Hochamt des Bischofs von Augsburg im Beisein des Kardinals San Severino, der Fürsten und Botschaften mit herrlichen Darbietungen der königlichen Kantorei. Der große Paul Hofhaymer saß an der

Orgel. Fronleichnam[38] wurde mit glänzendem Gepränge begangen. Am 21. Juni veranstaltete der König ein Armbrustschießen in der Rosenau, an dem sich nicht nur Fürsten und Herren, sondern auch Bürger und Handwerker beteiligten, mit denen der König besonders leutselig umging.

Inzwischen erschien ein französischer Gesandter in Augsburg, der bereits die Investitur mit Mailand und sogar die Auslieferung der Sforza-Kinder verlangte[39]. Maximilian sollte mit seiner Lehenshand nicht nur den Verlust Mailands und die Gefangennahme seines Verwandten bestätigen, sondern auch seine Neffen ausliefern.

Königin Bianca Maria und die Mailänder Exulanten, die verbannten „Kinder Israels", wie man sie spöttisch nannte, drängten beständig auf einen Krieg gegen Frankreich[40]; sie mischten sich so lästig in die außenpolitischen Angelegenheiten, daß sie der König scharf zurechtweisen mußte. Die Reichsstände aber zeigten sich solchen Wünschen gegenüber völlig taub. Hatten sie schon die Hilfe für Friesland und für Geldern abgelehnt, um so mehr einen Italienzug, der nur die Macht des Königs steigern konnte. In Augsburg gäbe es keinerlei Kriegsvorbereitungen, versicherten beruhigt die Venezianer[41], sondern nur große Gelage und Gastereien; die Ständevertreter hätten dem König die ganze Regierungsgewalt aus der Hand genommen und machten alles selber[42].

Bei den Fürsten und Herren gab es nicht selten Feste und Siegesfeiern, nicht ohne Grund, denn sie waren während der letzten Wochen auf der ganzen Linie im Vorteil geblieben. Ein Pfälzer Rat schwärmte über das „fröhliche Leben"; es sei wie „in der Fastnacht . . . er wolle nicht den Himmel dafür eintauschen"[43].

Der König scheint sich zwar im Reformausschuß zäh gewehrt[44] zu haben: zunächst wünschte er offenbar die Behandlung einer verbesserten Hilfs- und Steuerordnung, da der Wormser „Gemeine Pfennig" völlig versagt habe. Aber die Steuer wurde von den Ständevertretern mit der Regimentsordnung gekoppelt; das eine sollte nicht ohne das andere statthaben. Der König wünschte die bewährte Matrikelsteuer[45]; die Stände jedoch hielten wenigstens teilweise an der Kopfsteuer fest, die bereits seit Worms versagt hatte. Vor allem aber sollte es keine Reichssteuer geben ohne Überlassung des Regiments an die Stände. So wurde der König Schritt für Schritt zurückgedrängt und mußte schließlich so gut wie alle Gerechtsame, selbst solche, die ihm in Worms und Freiburg noch zugesichert worden waren, den Ständen ausliefern, wenn er nicht auf jegliche Steuerhilfe verzichten wollte. Nur einige kleine Verbesserungen in der Aufteilung und Einhebung der Steuer konnte er durchsetzen.

Es scheint zeitweilig sehr hart hergegangen zu sein; wir erfahren nur aus Berichten venezianischer Spione, daß der König die Krone niederzulegen drohte[46], wenn man ihm die Steuerhilfe versage. Er habe vor Zorn getobt: wenn man ihm die Führung des Krieges nicht anvertraue, lehne er alle Verantwortung ab und wolle Krone und Regiment den Ständen überlassen[47]. Aber diese Drohung schreckte niemanden; zu oft wurde sie wiederholt. Man wußte, wie sehr der König an der Kaiserkrone hing. Maximilian mußte sich schließlich damit abfinden, es mit einem ständischen Regiment zu versuchen, um dem drohenden Reichsverfall zu begegnen. Der König mochte wohl auch noch hoffen, das Regiment an seinen Hof zu ziehen und damit einen gewissen Einfluß zu behaupten. So nahm er denn im Vertrauen auf die Wirksamkeit des neuen Steuergesetzes und einer brauchbaren Kriegsordnung das ständische Regiment in Kauf.

Am 2. Juli 1500 wurde der Rahmen einer neuen Regiments- und Steuerordnung publiziert[48]. Die Beratungen über Teilfragen aber, vor allem über den Sitz des Regimentes, insbesondere auch über die Kriegsordnung, über Verbesserung der Landfriedens- und Kammergerichtsordnung zogen sich bis zum Ende des Reichstags hin. Zunächst mochte der König immer noch hoffen, dem Regiment den Charakter eines Hofrates zu geben und die Kriegsordnung nach eigenen Vorstellungen zu gestalten. Diese Hoffnungen dürften ihn zur Zustimmung ermutigt haben.

Die Stände hatten in dieser Regimentsordnung das Maß des Zumutbaren zweifellos überschritten. Selbst Ulmann und Kraus suchten nach Erklärungen, warum der König dieses Gesetz hingenommen habe. Fortan sollte ein zwanzigköpfiger Reichsrat, später Regiment genannt, zusammengesetzt aus Kurfürsten, Fürsten, Städten und Vertretern der neu geschaffenen sechs Reichskreise[49], gleichsam als immerwährender Ausschuß des Reichstages neben und auch ohne den König die Regierung führen und die ganze Reichsgewalt in seinen Händen vereinigen[50]. Die überragende Stellung der Kurfürsten und Fürsten in diesem Reichsrat war gesichert. Der König aber war ganz an den Reichsrat gebunden und ohne dessen Zustimmung praktisch machtlos. Dieser verkleinerte, immerwährende Reichstag übte so gut wie alle inneren und äußeren Hoheitsrechte, Frieden, Recht, Gericht, Polizei, Finanzen und, wie sich noch zeigen sollte, auch die Kriegshoheit. Wohl war der König in allen seinen Maßnahmen an die Zustimmung des Regiments gebunden, nicht aber umgekehrt das Regiment an die Zustimmung des Königs. Darin erblickte Maximilian später einen Hauptgrund für das Scheitern des Regiments[51]. Er sollte Mitverantwortung tragen, ohne die geringste Entscheidungsgewalt zu besitzen[52]. Selbst ein aufschiebendes Veto im Sinne neuerer liberaler Verfassungen fehlte ihm. Der König war tatsächlich völlig entmachtet[53].

Als Gegenleistung hatte man ihm eine Steuer- und Truppenhilfe[54] zur Reichsverteidigung in Aussicht gestellt. Das Regiment sollte mit der Steuer gekoppelt sein. Allerdings war man bereits entschlossen, ihm auch die Verfügung über das Reichsheer und damit das gefährlichste Machtmittel durch eine neue Kriegsordnung zu entwinden.

Das System der Reichssteuer, das seit Worms so kläglich versagt hatte, war in Augsburg nur wenig verbessert worden. Das Reichsgebiet und die einzelnen Stände wurden höchst ungleich besteuert: während das gemeine Reichsvolk Kriegsknechte zu unterhalten hatte, sollten Kurfürsten, Fürsten, Grafen und Herren eine gewisse Zahl von Reitern stellen[55], Geistlichkeit und Reichsstädte aber Bargeld beisteuern, und zwar im Durchschnitt etwa ein Vierzigstel ihres jährlichen Einkommens. Nur der widerstrebenden Reichsritterschaft wurde Selbsteinschätzung zugestanden. Daß die Kopfsteuer nicht mehr durch die Pfarrer, sondern durch den Landesherrn eingehoben wurde, konnte als kleine Verbesserung gelten. Aber auch diese Steuerordnung sollte nicht für die Dauer, sondern nur sechs Jahre währen und nur für den Türkenzug und zur Erhaltung von Frieden und Recht bestimmt sein; die Verteidigung Reichsitaliens, auf die es dem König gegenwärtig vor allem angekommen wäre, wurde nicht erwähnt[56].

Jetzt erst durften die Gesandten die Ergebnisse nach Hause berichten, um die Zustimmung ihrer Herrschaften einzuholen, die alle Ursache hatten, damit zufrieden zu sein; nur der Pfalzgraf stand noch immer abseits. Er redete sich auf den Widerstand seiner Landschaft und seiner Ritter aus und war nicht bereit, „zu allem amen zu sagen“[57].

Wenn der König hoffte, das Ständeregiment würde die neue, ein wenig verbesserte Steuer- und Hilfsordnung, für die er so große Zugeständnisse gemacht hatte, nun auch durchführen und Mailand befreien, so sollte er sich völlig täuschen. Vergeblich versuchte er, durch ein ungewöhnliches Aufgebot von Gesandtschaften aus Spanien, Neapel, Mailand, Mantua, Genua, Montferrat, Ungarn und Polen, die alle irgendwelche Hilfsbitten vortrugen[58], die Kriegsstimmung zu wecken und die Stände in Bewegung zu setzen. Der Reichstag beharrte auf seinem Wunsch, mit König Ludwig XII. unter Preisgabe Mailands und Italiens Frieden zu schließen.

Ein Erbfall konnte den König inmitten dieser harten Rückschläge vielleicht etwas trösten: Am 12. April war auf Schloß Bruck bei Lienz Leonhard, der letzte Graf von Görz, gestorben[59] und hatte dem König seine Grafschaften und Herrschaften im Pustertal, in Oberkärnten, am Isonzo und in Friaul erblich hinterlassen. Der König ließ die Friauler Gebiete gegen einen venezianischen Angriff sofort durch Truppen sichern und die Huldigung entgegennehmen. Dem letzten Görzer wurde in Anwesenheit vieler Fürsten und Herren eine Gedächtnisfeier im Augsburger Dom veranstaltet[60].

Wesentlich mehr aber brachte dem König ein anderer Erbfall ein: Mitte Juli 1500 eröffnete der Tod des Erbprinzen Miguel[61] Erzherzog Philipp und Juana die Erbfolge in Spanien. Die Geburt eines Enkels[62] im Februar des gleichen Jahres schien die spanische Erbfolge sicherzustellen. Man hatte es nicht gewagt, ihn Maximilian zu taufen; so sehr haßten die Niederländer diesen Namen. Der Großvater war aber auch mit dem Namen Karls (des Kühnen) zufrieden. Eine neue Aussicht, die dem phantasiereichen König die Düsternis dieses Augsburger Tages etwas erhellen mochte! Um die gleiche Zeit war auch die verwitwete Margarethe aus Spanien zurückgekehrt, deren Ausheiratung den König nicht minder beschäftigte. Ahnte er, daß er mit politischen Heiraten mehr Glück haben würde als mit Kriegen?

Am 13. Juli wohnte der König der Weihe des Langhauses und der Grundsteinlegung des neuen Chores von St. Ulrich und Afra in Augsburg[63] bei. Der alte Erzkanzler Berthold, der ihm so übel mitspielte, humpelte in Pontifikalgewändern, seiner Krankheit wegen an einem Stock, hinter dem König her. In dieser Kirche sollte ein lebensgroßes marmornes Reiterdenkmal[64] — ähnlich wie es sich Moro von Meister Leonardo hatte entwerfen lassen — für den König errichtet werden, während man im Reichstag gerade daran war, ihm auch die Kriegführung zu entziehen. Maximilian hätte wohl gewünscht, die große Zeremonie unter glücklicheren Umständen feiern zu dürfen. So niedergeschlagen war er, daß er Ende Juli für einige Zeit Augsburg verließ[65], weil er sich, wie Wolfgang von Fürstenberg schrieb, in der Stadt von lauter Feinden umgeben glaubte[66]. Niemand anderer als Berthold, so meinte der König sicher zu wissen und machte sich später sogar erbötig, dies dem Reichstag zu beweisen[67], soll Schmähartikel gegen ihn in der Stadt in Umlauf gesetzt haben.

Auch den auswärtigen Mächten konnte nicht verborgen bleiben, daß der König von den Reichsständen völlig überfahren worden war. Die Venezianer wollten wissen, er sei schwer erkrankt. Um solchen Gerüchten entgegenzuwirken, kehrte der König wieder in die Stadt zurück. Bei der feierlichen Investitur des jungen Kurfürsten Joachim von Brandenburg[68] zeigte er sich dem Volk auf hohem Schaugerüst in der strahlenden Herrlichkeit seines Kaisertums mit der Krone und den Gewändern Karls des Großen. Durch glänzende Turniere und Festlichkeiten[69] versuchte er wohl, die breite Öffentlichkeit über seine Niederlage hinwegzutäuschen.

In der Tat vollendete sich in den Ausschußverhandlungen über die neue Kriegsordnung die völlige Niederlage des Königs. Die Venezianer glaubten bereits Ende Juli zu wissen[70], daß man dem König auch die Kriegführung entwunden habe, was allerdings erst im Verlauf des August geschehen sein dürfte.

Am 13. August erschien der König noch einmal persönlich vor den Ständen[71]. Nachdem Eitelfritz von Zollern die Versammlung namens des Königs ermahnt hatte, wenigstens die neue Steuer- und Hilfsordnung einzuhalten, ergriff Maximilian selber das Wort, um den Ständen ins Gewissen zu reden: sie sollten sich an ihm ein Beispiel nehmen; er habe als König viele Reichstage gehalten, sei den Ständen stets entgegengekommen, insbesondere hier in Augsburg, und fordere nun auch von den Ständen die Einhaltung der beschlossenen Ordnungen; dann sei auch er, der König, bereit, für das Reich Leib und Gut hinzugeben. Indem er die Stände an ihre Eide und Gelübde erinnerte, fügte er drohend hinzu, wenn sie sich auch diesmal ihrer Steuer- und Hilfspflicht entzögen, so werde er nicht warten, bis ihm seine Feinde die Krone raubten, sondern er werde sie selbst zu Boden schleudern und nach ihren Stücken „werfen“; wer die Stücke an sich bringe, möge sie behalten[72]. Dies stieß er in aufwallendem Zorn, in dunklen Andeutungen hervor, die Böses erwarten ließen. Wollte er androhen, daß er sich das Seinige nehmen und den Rest des Reiches dem Machtkampf der Fürsten überlassen werde? Er wurde offenbar den Verdacht nicht los, er sei genarrt worden und habe sich seiner Rechte vergeblich entäußert.

Deswegen erließ er nun ein Mandat gegen die widerspenstigen Reichsstände, das so scharfe Worte und harte Strafen enthielt, daß ihn Kurfürsten und Fürsten baten, das Mandat abzumildern. Maximilian ließ den gemilderten Text in der Reichsversammlung bei offenen Türen verlesen und allen Reichsständen bei Verlust der Regalien gebieten, den Augsburger Gesetzen zu gehorchen[73]. Eine Garantie für die Abwesenden wurde allerdings auch diesmal nicht übernommen.

Der König mochte auf Regiments- und Steuerordnung immer noch gewisse, wenn auch bescheidene Hoffnungen setzen, hatte er doch das Regiment selber vorgeschlagen und es schließlich auch angenommen. Vielleicht würde man ihm wenigstens gestatten, das Regiment an seinen Hof zu ziehen? Obwohl er sich gegen gewisse Härten der Regimentsordnung auflehnte, so war er doch nicht grundsätzlich dagegen, denn es kam ihm vor allem darauf an, die Reichsstände aus ihrer Opposition herauszuführen und für die Mitarbeit an seiner Wiederherstellungspolitik zu gewinnen. So ist es zu verstehen, daß Maximilian auch auf späteren Reichstagen grundsätzlich immer wieder auf das Augsburger Regiment und auf die ständische Mitwirkung zurückkam[74], wenn er auch gewisse Änderungen anstrebte.

Seit Mitte August drängte alles zum Abschluß: jetzt wurde die in manchen Punkten ergänzte Regiments- und Hilfsordnung vom 2. Juli besiegelt[75], nachdem so gut wie alle Stände zugestimmt hatten. Sie hatten sich auch über den dringenden Wunsch des Königs hinweggesetzt und dem Regiment, um es jeder königlichen Einflußnahme zu entziehen, in Nürnberg einen festen Sitz angewiesen. Nicht das Regiment hatte dem König zu folgen, sondern der König dem Regiment und den Ständen. Auch darin mußte sich der König bitter enttäuscht fühlen, konnte aber nun, da die Verhandlungen so gut wie abgeschlossen waren, offenbar nicht mehr zurück[76].

Auch die Kriegsordnung, die erst im Abschied niedergelegt werden sollte, muß um diese Zeit fertig geworden sein, denn am 17. August wurde Herzog Albrecht von Bayern zum Reichshauptmann eingesetzt[77]. Daß dem König auch die Kriegshoheit völlig entzogen wurde, mag ihm den Rest gegeben haben. Nur ihretwegen hatte er so große Zugeständnisse gemacht; da auch sie mißraten war, war die Niederlage vollendet. Einzig die Person des Schwagers als Reichshauptmann sollte ihm dies alles erträglicher machen. Den Kurfürsten Friedrich von Sachsen, den er wohl immer noch für einen Freund hielt, bestellte er zu seinem Statthalter im Regiment[78].

Der Ausgang des Augsburger Tages war für den König mehr als enttäuschend gewesen. Der lange Aufenthalt mit seinen Festlichkeiten, Investituren, Hochzeiten und Turnieren hatte viel Geld gekostet und dem König praktisch nichts eingebracht. Als er die Stadt verließ, hatte er sich 12.000 Gulden an Schulden aufgeladen, deren Bezahlung er von den Fuggern erbitten mußte[79]. Dazu hatte er seine königliche Macht in Augsburg zurücklassen müssen.

Maximilian fühlte sich von den Ständen überrumpelt, betrogen und gab dem Erzkanzler Berthold die Hauptschuld, worin er sich wohl kaum täuschte. Der Erzkanzler habe „subtilitet" gebraucht, um dem König Ehre und Macht zu nehmen; aber er, der König, sei nicht „billichen" sein Knecht geworden[80]. Den schwäbischen Städten schrieb er 1502, der französische König habe listig darauf hingearbeitet, daß ihm die Reichsstände auf dem Augsburger Tag die Macht entzogen, damit er als Römischer König künftig nichts mehr zu sagen habe und in deutschen und welschen Landen mißachtet und „verkleinert" werde[81].

Am 22. August wurde der Reichstag auf dem Rathaus feierlich geschlossen[82], und wenige Tage später verließ der König verdrossen die sonst so geliebte Stadt, um sich bei der Jagd im Gebirge zu erholen. Noch auf dem Kölner Tag von 1505 erinnerte sich Maximilian voll Bitterkeit[83] an die 22 verleumderischen Artikel, die Berthold gegen ihn verbreitet habe; beim Aufbruch aus Augsburg habe er, der König, davon erfahren, habe aber geschwiegen, um die Reichstagsbeschlüsse nicht zu gefährden.

Auch mit der Königin hatte es Verdruß gegeben; vielleicht weil sie im festfrohen Augsburg zu viel Geld verbrauchte; vielleicht hatte ihre Mailänder Politik des Königs Kreise gestört, vielleicht hatte es persönlichen Klatsch gegeben. Sie wurde jedenfalls nach Donauwörth geschickt und ihr ganzes italienisches Gefolge — bei Androhung der Todesstrafe! — des Hofes verwiesen. Wider Willen, „mit wainetten augen", verließ Bianca die schöne Stadt.

Auf einem Donauschiff wurde ihr ein Aufenthaltsraum angewiesen, bis man sie stromabwärts nach Österreich führte. Was der eigentliche Grund dieses Ärgers war, hat man niemals erfahren.

Berthold vollendete am 6. September die Landfriedens- und Kammergerichtsordnung[84] und ließ sich die Schlußredaktion des Abschiedes angelegen sein, der die Regiments- und Steuerordnung ergänzen und alle weiteren Beschlüsse des Reichstages enthalten sollte. Der König hatte keine Lust mehr, diesen Beurkundungen seiner Niederlage persönlich beizuwohnen. Er scheint dem Abschied schließlich sein Siegel verweigert zu haben[85] und blieb auch der Einsetzung des Regimentes in Nürnberg fern.

Der Augsburger Abschied[86] vom 10. September 1500 enthielt die gesamte Reformarbeit, soweit sie nicht in der Regiments- und Hilfsordnung vom 2. Juli niedergelegt war; alle früheren Ordnungen, zumal die Freiburger Beschlüsse, wurden in aller Form aufgehoben[87]. Man versuchte, Regiment, Landfrieden und Kammergericht den neuen Verhältnissen anzupassen und deren Durchführung nach Möglichkeit zu verbessern. Erst jetzt erhielt der Reichsrat endgültig den Namen eines „Reichsregiments", um seine volle Regierungsgewalt darzutun. Der König selber hatte diese Umbenennung gefordert[88], wohl um seine Entmachtung kundzutun und die Verantwortung für alles Folgende abzulehnen. Die Rechte des jährlichen Reichstags nach der alten Wormser Ordnung sollten nun auf das Regiment übergehen, die Vollversammlung des Reichstages nur mehr selten berufen werden[89].

Außerdem prunkte der Abschied mit einigen papierenen Forderungen: an den Papst sollten Briefe gerichtet und die Überlassung der Annaten und die Abstellung von Beschwerden der Deutschen Nation, vor allem die Achtung der Fürstenkonkordate, gefordert werden[90]. Außerdem wollte man den König von Polen auffordern, den Deutschen Orden aus seiner Lehenshoheit zu entlassen; der Hochmeister sollte seine Regalien wieder von Kaiser und Reich empfangen[91]. Aber was nützte solches Gerede und Geschreibe, wenn dahinter niemals die einmütige Macht des Reiches stand, die Berthold noch viel weniger herzustellen vermochte als König Maximilian.

Manche Verbesserungen erfuhr das Kammergericht: es hatte beim Nürnberger Regiment zu bleiben[92], was für seine freiere Entwicklung gewiß ein Vorteil war. Es wurde dem König nicht mehr gestattet, das Gericht an seinen Hof zu ziehen, wie man es ihm zu Worms und zuletzt noch in Freiburg versprochen hatte[93]. Fortschrittlich gedacht war auch die Strafrechtsreform[94], die neuerlich in Aussicht genommen, aber freilich erst in den Zeiten Karls V. vollendet wurde. Auch diese Anregung war wohl vorzüglich dem König zu danken, der eine solche Strafrechtsreform in seinen Erbländern bereits durchgeführt hatte.

Die Hauptpunkte des Abschiedes betrafen die neue Kriegsordnung[95]: auch hier hatte der König größte Zugeständnisse machen müssen. Krieg durfte nur mehr über Beschluß des Regimentes begonnen und vom Reichshauptmann nach Weisungen des Regiments geführt werden. Selbst wenn der König persönlich im Felde erschien, erhielt er nur den nominellen Oberbefehl. Damit wurde ihm auch die Führung des Reichsheeres völlig aus der Hand genommen, was ihn in seiner Ehre zutiefst verletzte, hielt er sich doch für den größten Kriegsmann seiner Zeit. Als Maximilian 1512 den Ständen die Gründe für das Scheitern der Augsburger Ordnung darlegte, nannte er an zweiter Stelle die Ernennung eines Reichshauptmanns, der sich mit ihm nicht zu verständigen und ihm nicht zu gehorchen brauchte[96].

Hatte der König anfangs fest gehofft, gegen Zugeständnisse in der Regimentsfrage wenigstens die Reichssteuer, die Kriegshoheit und ein stehendes Reichsheer einzutauschen, so zerflossen gegen Ende des Reichstages diese Hoffnungen in nichts. Man hatte ihm alles genommen und nichts dafür gegeben.

Damit war einer der entscheidendsten Reichstage der Reformära zu Ende. Fast ein halbes Jahr lang waren drei Kurfürsten, fünf geistliche und fünf weltliche Fürsten, einige Prälaten und Grafen sowie zwölf Städteboten persönlich anwesend, insgesamt 58 Personen; die anderen Kurfürsten, neun geistliche und neun weltliche Fürsten, viele Prälaten, doch wenige Grafen und die beträchtliche Anzahl von 41 Reichsstädten ließen sich vertreten. Es hatte lange und harte Verfassungskämpfe gegeben. Anderseits hatten Festlichkeiten aller Art dem Tag äußeren Glanz verliehen. Für die Reichsstände war es ein erfolgreicher Tag gewesen, denn sie hatten einen völligen Umsturz der Reichsverfassung im ständisch-oligarchischen Sinn, einen entscheidenden Sieg über die Monarchie erringen können[97]. Zweifellos hatte Berthold den Hauptanteil an dieser „sanctissima ordinatio in conventu Augustensi decreta" und ließ es sich gewiß gern gefallen, wenn ihm seine Schmeichler dies auch bestätigten[98]. Des Königs ehemaliger Sekretär und Geschichtsschreiber Grünpeck, der wegen der gallischen Krankheit vom Hof verwiesen worden war und sich bei seinem Leidensgenossen Berthold mehr Verständnis erwarten mochte, lobte ihn überschwenglich als die große Hoffnung der Christenheit.

Die große Frage war, wie sich dieses ständisch-oligarchische Regiment nun bewähren werde. Schon bald versicherte dem König ein niederländischer Freund[99], er werde die bittere Erfahrung machen, daß er von den deutschen Fürsten Taten für das allgemeine Wohl des Reiches nicht erwarten dürfe; denn dies hieße, Trauben von Disteln ernten wollen.

Seit dem Augsburger Tag wurden die Gegensätze zwischen dem König und seinem Erzkanzler noch schärfer[100]. Hatte Berthold als Haupt der Reformpartei auf dem Wormser Tag den Ständen noch zur Mäßigung ihrer Forderungen geraten und dem König manchen guten Dienst geleistet, so trat er in Augsburg als dessen klügster und entschiedenster Gegner auf[101] — nicht ohne Schuld Maximilians, der während der vorhergehenden Jahre den Reichserzkanzler allenthalben auszuschalten versucht hatte. Der Bruch zwischen dem König und dem Erzkanzler war seither unheilbar, was naturgemäß auch die weitere Entwicklung der Reform auf das schädlichste beeinflußte.

Schon im Laufe der nächsten Wochen mußte der König voll Bitterkeit erkennen, daß er um die Gegenleistung für den hohen Preis, den er den Ständen bezahlt hatte, im Grunde geprellt worden war. Die Reichsstände hatten mit dem Regiment wohl die volle Macht an sich gerissen, ohne aber die inneren und äußeren Verpflichtungen des Reiches, wie sie nicht nur vom König, sondern auch von der öffentlichen Meinung verstanden wurden, auf sich zu nehmen. Die neue Regiments- und Kriegsordnung machte es aber auch dem König unmöglich, die Hilfsmittel des Reiches für seine Wiederherstellungspolitik im Sinne seines großen Konzeptes einzusetzen.

Diese Augsburger Gesetze führten den König innen- und außenpolitisch auf den absoluten Tiefpunkt seiner ganzen Regierungszeit. Die Reichsstände, vor allem Kurfürsten und Fürsten, waren als Sieger dieses Tages hervorgegangen; sie hatten den Kampf um die Macht im Reich — und dies war für sie der eigentliche Sinn der Reformen — für sich entscheiden können. Denn über den Landfrieden hatte es ja niemals wesentliche Gegensätze gegeben.

War damit das Wesen der Reform erfaßt? Mit einer Blindheit

ohnegleichen war zum Beispiel die Hauptmasse der sozialen und herrschaftlichen Mißstände, die zum Himmel schrien und zur Revolution drängten, von den ständischen „Reformern“, aber auch vom König entweder übersehen oder vorsätzlich nicht angerührt worden. Man suchte der Putzsucht reicher bürgerlicher Damen durch Kleiderordnungen Schranken zu setzen, damit der verarmte Kleinadel wenigstens in der Tracht seinen Vorrang behaupten konnte. Dazu gab es einige Verbote gegen Spielleute, Zigeuner und Zutrinker. Dies alles geschah zu einem Zeitpunkt, da der Bundschuh im Schwarzwald und im Elsaß die ersten verzweifelten Bauern gegen die geistlichen und weltlichen Herrschaften zu sammeln begann.

Der Reformstreit jener Jahre beschränkte sich einerseits auf die Reichssteuer in Geld und Truppen gegen Türken und Franzosen, von den Ständen beharrlich verweigert, weil sie dadurch die königliche Macht zu verstärken fürchteten; anderseits verbiß man sich in die Regimentsfrage, in die Führung der äußeren und inneren Politik und des Reichsheeres.

Hatte der König in Worms den ständischen Zugriff auf die verbliebenen Königsrechte noch zurückweisen können, hatten ihn die Stände von Lindau aus durch Steuerverweigerung zur Preisgabe des Romzuges und seiner Italienpolitik gezwungen, schien es auf dem Freiburger Tag dagegen, als ob der König an Boden gewinnen würde, so erzwangen die Stände in Augsburg endlich unter dem Eindruck der von ihnen selber geförderten auswärtigen Niederlagen des Königs und des Reiches den völligen Umsturz der bisherigen Verfassung, die Entmachtung des Königs und die Übernahme aller Gewalt durch das Reichsregiment in Nürnberg[102], das einen immerwährenden Reichstagsausschuß darstellte. Hatten die Stände dem König ursprünglich eine Steuerhilfe gegen Zugeständnisse in der Regimentsfrage gewähren wollen, so hatten sie in Augsburg alles an sich genommen, die Steuer, das Reichsheer und das alleinige Regiment, ohne indes mit den geringsten Schwierigkeiten fertig zu werden.

Das Königtum, das einst dem ganzen Reich gebot, dann in gleichrangige Stellung *neben* das Reich (Kaiser und Reich) zurückweichen mußte, schien jetzt von den Ständen zu völliger Macht- und Bedeutungslosigkeit verurteilt. Eine solche Verfassung wäre für keinen König auf die Dauer annehmbar gewesen, urteilte sogar Heinrich Ulmann[103].

Daß die öffentliche Meinung, nicht nur die älteren Reformschriften, wie die Reformatio Sigismundi, sondern auch Männer wie Reuchlin, Brant, Hutten, Wimpfeling und Bebel fast einhellig gegen den reichsfürstlichen Separatismus Stellung bezogen, wird gewiß nicht ganz gering einzuschätzen sein. Selbst wenn man annimmt, daß einige von ihnen die Feder im Dienste des Königs führten, hat sich doch meines Wissens keine bedeutende Stimme zugunsten des fürstlichen Reichsregiments gemeldet; das gibt zu denken. Bebel fühlte sich, ähnlich wie Hans von Hermansgrün im Traum, von Mutter Germania angesprochen: sie mahnte ihn, Maximilian aufzusuchen und ihm von der trostlosen Lage des Reiches zu berichten. Der König solle den Mut nicht verlieren, auf ihn setze das Reich seine Hoffnung; durch seine Mannhaftigkeit und Kraft könne er das Reich noch heilen. Weil die Fäulnis zu weit um sich gegriffen, solle er unnachsichtig das Messer gebrauchen. Gefährlich sei die Sonderbündelei einiger Großer und die Lockerung des Gehorsams; im Eigennutz der einzelnen, in der inneren Zwietracht liege die Ursache des Unterganges mächtiger Reiche, wie des Persischen, Makedonischen, Griechischen und Römischen[104].

VI. Kapitel

DIE ERBLÄNDER, DAS REICH UND EUROPA UM 1500. IDEE UND WIRKLICHKEIT DER KÖNIGLICHEN POLITIK. WANDEL DER PERSÖNLICHKEIT UND DES HERRSCHAFTSSTILES

1. Maximilians außenpolitische Mißerfolge. Österreich, das Reich und Europa 1493 bis 1500

Nach der Niederlage im Schweizerkrieg und dem Einmarsch der Franzosen in Mailand, als die türkische Flotte in die Adria einlief, Streifscharen des Sultans den Isonzo überschritten und Friaul verwüsteten, mochte der Römische König inmitten des Zusammenbruchs seiner großen Pläne die Ereignisse seit 1493 überdenken. Unter Schwierigkeiten zwar, aber mit großen Hoffnungen war er angetreten. Die Wiederherstellung des Reiches Karls, Ottos und Friedrichs I. hatte er sich zum Ziele gesetzt, Romfahrt und Kaiserkrönung als seine nächsten Aufgaben betrachtet, weiters die Königswahl des Sohnes, die Sicherung der Kaiserkrone für seine Dynastie und den Türkenkrieg ins Auge gefaßt. Das Kaisertum hatte für ihn den ideellen und realen Vorrang unter den christlichen Mächten; in der Deutschen Nation sah er die von Gott begnadete Trägerin des weltumfassenden Heiligen Römischen Reiches. Nicht in einem deutschen Nationalstaat erblickte er sein oberstes Ziel, auch nicht in seinen Erbländern, sondern in der Erneuerung des Kaisertums; die Kaiserkrone bedeutete ihm „der Deutschen Nation höchste Ehre und Würde“, die sie sich im Kampf für den Glauben durch Hingabe von Gut und Blut verdient habe. Der Kaiser war für ihn Haupt und Beschirmer der Christenheit, oberster Vogt des Papstes und der Kirche, ja Herr der Welt[1]. Auf diese hohen Ziele war sein ganzes Streben gerichtet; dafür zögerte er nicht, als das Reich sich versagte, die Mittel seiner Erbländer hinzuopfern.

Rom, Kaiserkrone, Kreuzzug, Ehre und Würde der Deutschen Nation, das waren Worte, die in zahllosen Aufrufen[2] immer wiederkehren, an denen sich der König berauschte. Diese Ideen behielten zeitlebens Macht über ihn, um so mehr, je weniger diese hochfliegenden Ziele erreicht werden konnten. Sie belebten seine Staatspropaganda, waren aber keineswegs unaufrichtig, denn sie spiegelten sein Denken wider, das eben schwungvoll und pathetisch war. Maximilian war ein ritterlicher „Held“[3] (wie fremd das dem gegenwärtigen Leser auch klingen mag), der mit unseren Vorstellungen von Königen und Staatsmännern nur wenig zu tun hat.

Der König erkannte in Rom und Italien die Ansatzpunkte für die Wiederherstellung des universalen Kaisertums. Diese Ziele hatte schon die Heirat mit Bianca Maria verfolgt; ihr Geld und die weit überschätzte Machtstellung des Hauses Sforza hatte Maximilian über die Bedenken der Reichsfürsten gegen eine derartige Mißheirat hinwegsehen lassen. Der Sicherung der Kaiserkrone und Reichsitaliens gegen französische Ansprüche galten auch sein Beitritt zur Heiligen Liga und die spanischen Heirats- und Bündnisverträge, die angesichts des Überfalls Karls VIII. abgeschlossen wurden. In Mailand sieht er noch 1500 die Säule, auf die sein Kaisertum sich stütze. „Non volo, Italia que mea est, deveniat ad manus alienas“, so fertigt er einen französischen Gesandten ab.

Nach Jahren schwerster Auseinandersetzungen mit den eigenen Reichsständen, vor allem aber mit Frankreich um die Erhaltung Italiens, war sogar Mailand dahin, Spanien bereit, sich mit Frankreich zur Unterwerfung Neapels zu verbinden, der Papst und Venedig im Lager der Franzosen, die Jagellonen in Ungarn und Polen in Bündnisverhandlungen mit Ludwig XII., Italien und die Kaiserkrone vielleicht endgültig verloren. „Unfallo“, der böse Geist[4] seines Lebens, schien Sieger zu bleiben. In düsterem Pessimismus malte sich der König Bilder des Untergangs seiner Erbländer und des Reiches. Würde er der letzte Kaiser aus seinem Hause[5] sein? Sorgenvoll hatte er den Augsburger Reichstag erwartet, von dem er kaum hoffen durfte, daß er ihm Hilfe gewähren werde.

Die Rückschau auf die letzten zehn Jahre äußerer Politik war wenig ermutigend. Die Furcht vor der aufsteigenden Macht Frankreichs und das burgundische Kriegserlebnis hatten seit den Erbfolgekriegen das politische Denken des jungen Königs beherrscht. Der Verlustfriede von Arras (1482) und vollends der bretonische „Brautraub“ wandelten die Furcht allmählich in Haß:

jedes Mittel zur Vernichtung Frankreichs schien ihm recht, zumal als der Vertrag von Senlis (1493) nicht jenen langen Frieden brachte, dessen der Römische König zum Krieg gegen die Türken bedurft hätte. Als Karl VIII. aus diesem Frieden Rechte auf Unteritalien ableitete, die ihm Maximilian nie ernsthaft zugestanden haben würde, wurden alle Pläne in Ungarn und im Osten augenblicklich zurückgestellt und mit der Pforte Frieden geschlossen; denn zuerst mußte Frankreich überwunden, Italien behauptet und die Einheit der christlichen Fürsten hergestellt werden, ehe man gegen die Türken ziehen könne. Es war und blieb ein Axiom der kaiserlichen Außenpolitik, daß die großen Entscheidungen im Westen fallen mußten. Gegenüber dem Kampf um die Kaiserkrone und um Italien traten alle Türkenpläne, obwohl sie eine Konstante im politischen Denken Maximilians darstellten, doch in den Hintergrund.

Der Überfall Karls VIII. auf Italien, ausgeführt unter dem Vorwand des Kreuzzuges und damit unter dem Schutz des Gottesfriedens, bestätigte dem Römischen König alle Sorgen, die er wegen eines möglichen Verlustes Reichsitaliens und der Kaiserkrone hegte. Italien trat damit in den Vordergrund aller politischen Überlegungen. Man ahnte, daß sich dort die Vorherrschaft Europas für Jahrhunderte entscheiden werde. Alle Mächte erkannten in Italien das zentrale Problem der europäischen Staatenwelt. Konnte es für den Römischen König einen Verzicht auf Italien geben? Die Franzosen in Mailand, Rom und Neapel wären für den „künftigen Kaiser" unerträglich gewesen; hätten auch für das Reich unerträglich sein müssen, das immer noch vorgab, die erste Macht der Christenheit zu sein.

Fürsten und Stände beschäftigten indes ganz andere Sorgen: sie rüsteten sich für den ersten Wormser Reformreichstag, der ihnen die Entmachtung des Königs und die Übernahme des Regiments bringen sollte. Fragen des inneren Verfassungskampfes waren ihnen wichtiger als äußere Machtkämpfe um die Behauptung Italiens, der Kaiserkrone und der Schutzherrschaft über Kirche und Papst.

Gerne würde Maximilian dem französischen Überfall auf Italien mit der Macht des Reiches und seiner Erbländer allein entgegengetreten sein; aber ein Römischer König war der Kriegsmacht eines Königs von Frankreich längst nicht mehr gewachsen. Ein bitterer Entschluß für den „künftigen Kaiser", die Italienfrage durch ein Gefüge von Allianzen und politischen Heiraten zu lösen, sich dem Gleichgewichtsdenken unterwerfen zu müssen, das in der Kleinstaatenwelt Italiens entstanden war und nun Europa zu beherrschen begann. Es war gewiß eine Demütigung, sich der Heiligen Liga von Venedig einzufügen[6], sollte doch ein universaler Kaiser keine Verträge mit Teilfürsten abschließen. Aber was blieb übrig? Daß er auf wirksame Hilfe des Reiches nicht würde zählen können, zeigte bereits der Wormser Tag auf eindrucksvolle Weise.

Die Stände ließen sich nicht überzeugen, daß eine Reichsreform auch die europäische Machtstellung Deutschlands — mindestens im Sinne des neuen Gleichgewichtsdenkens — wieder zur Geltung bringen müsse. Der König stand in Worms einer fast geschlossenen Front des Widerstandes gegenüber. Man tadelte zwar den fortschreitenden Verfall des Reiches, war aber nicht bereit, die Heilige Liga zu unterstützen, die sich ja auch die Erhaltung der Reichsrechte in Italien zum Ziel gesetzt hatte. Man gewährte dem König zwar eine eilende Hilfe und eine Geldanleihe zur Verteidigung Italiens[7], weigerte sich aber schließlich, sie auszubezahlen. Ja, man behauptete alsbald, der König sei ohne Erlaubnis der Stände nach Italien gezogen[8], als ob der Romzug nicht zu den ursprünglichsten Verpflichtungen des Reiches gegenüber seinem König gehört hätte. Aber die Zeiten hatten sich eben geändert. Seit Jahrhunderten war kein Reichsstand mehr zum Romzug erschienen; diese Verpflichtung schien vergessen. Schon Friedrich III. hatte auf ein Reichsaufgebot verzichten und, von den italienischen Lehensträgern Geschenke heischend, wie ein Bettler durch Italien ziehen müssen.

Was die politische Lage erforderte, das Reich aber verweigerte, wozu die Kraft der österreichischen Länder allein nicht hinreichte, sollte durch ein Schutz- und Trutzbündnis der europäischen Mächte, durch die Heilige Liga von Venedig, ersetzt werden. Der König mußte sich bereitfinden, Italien mit den Bundesgenossen zu teilen, wenn er selber wenigstens Oberitalien für das Reich behaupten, Frankreich aber, den gefährlichsten Rivalen, ausschließen wollte.

Würden ihm die Venezianer Oberitalien überlassen? Von allen Bundesgenossen erschienen sie ihm als die unzuverlässigsten. Schon die fremde oligarchisch-republikanische Verfassung dieser Stadt, die weder König noch Schwertadel kannte, war ihm widerwärtig, zumal es die kecken Republikaner öfter wagten, sich über die Geldknappheit und die Schwierigkeiten des Römischen Königs öffentlich lustig zu machen. Sie waren ihm verhaßt wie die flandrischen Handelsstädte oder die Eidgenossen. Außerdem hatte die Stadt eine Reihe echter und strittiger Reichslehen im Besitz (Friaul, Verona, Padua) und dachte nicht daran, sie herauszugeben; ja, sie schien willens, noch weitere Reichslehen, wie die Grafschaft Görz, in Besitz zu nehmen. Die Signorie wäre an sich der natürliche Bundesgenosse Maximilians gegen die Türken gewesen, aber wegen der Handelsinteressen in der Levante niemals zu entschiedener und klarer Parteinahme bereit. Gleichwohl ließ sich Maximilian zunächst nicht bewegen, französische Angebote venezianischen Gebietes anzunehmen[9] und als Gegenleistung Karls VIII. Italienzug zu unterstützen.

Mehr Verlaß war gewiß auf Ludovico Moro und auf das Herzogtum Mailand, dessen Reichszugehörigkeit eben durch feierliche Investitur erneuert worden war. Mailand war durch Lage und Wirtschaftskraft geeignet, einerseits den Franzosen den Eintritt in die Lombardei zu sperren, anderseits dem Reich die Basis für die Verteidigung Italiens zu gewähren. Durch seine Steuerkraft und seine industrielle Produktion schien der Mailänder Staat stark genug, Rüst- und Schatzkammer des Reiches zugleich zu sein. Auch die übrigen reichslehenbaren Fürsten und Städte Mittel- und Oberitaliens, Mantua, Ferrara, Bologna, Savoyen, Montferrat, Genua, Florenz, Pisa, Livorno und Siena, wurden wieder an ihre Reichsverpflichtungen erinnert, was sie sich allerdings nur ungern gefallen ließen.

Eines war klar: wenn Maximilian und die Liga Italien preisgaben, wurde es eine leichte Beute der Franzosen. Das sollte sich später, als die Franzosen Mailand besetzten und sich mit Spanien zur Eroberung Neapels einigten, nur allzu deutlich erweisen. Aus der Rückschau konnte sich der Römische König sagen, daß er machtpolitisch richtig gehandelt hatte, als er sich 1495 zum Eintritt in die Heilige Liga entschloß. Der Papst, Venedig, vor allem Spanien und Mailand, hatten ihn zum Eingreifen aufgefordert. Auch den Spaniern, die den ersten Anstoß zur Liga gegeben hatten, schien es unmöglich, Italien und das Papsttum der französischen Vorherrschaft zu überlassen. Die spanischen Pläne, die sich mit denen des Römischen Königs deckten, führten alsbald zum engsten politischen Zusammenschluß der beiden Mächte, der durch eine schicksalhafte Doppelheirat[10] besiegelt werden sollte, deren politische Folgen über die kurzlebige Liga von Venedig weit hinausführten. Hatten die Katholischen Könige gehofft, Maximilian durch diese Heirat unter spanischen Einfluß zu bringen, so trat das Umgekehrte ein: Spanien sollte österreichisch werden.

Anderseits war es Maximilian, der dieses umfassende Sicherheitsbündnis gegen Frankreich weit über seinen ursprünglichen Sinn hinaus zum „großen Plan“ der Einkreisung und Vernichtung des französischen Staates[11] erweiterte, der nicht nur Italien befreien, das alte Groß-Burgund wiederherstellen, sondern Frankreich unter den „Siegern“ aufteilen, seine Dynastie absetzen und England auf den Kontinent zurückführen wollte.

Hier lag ein entscheidender Fehler seiner Planungen. An dieser Maßlosigkeit mußten sie scheitern. Die Mächte, die im Interesse des Gleichgewichtes sich mit dem „künftigen Kaiser“ gegen die französische Vorherrschaft verbündet hatten, konnten nicht bereit sein, für einen Universaldominat Habsburgs oder des Reiches ihre Waffen einzusetzen. Es mußte als die gefährlichste Störung des Gleichgewichtes erscheinen, dieses Frankreich vernichten zu wollen, das nach seinem glänzenden Wiederaufstieg mehr denn je ein wesentliches Glied der europäischen Staatenfamilie bildete. Die Hoffnung des Königs, die junge französische Großmacht vernichten zu können, war eine jener Maßlosigkeiten, wie man sie bei kriegerischen Naturen, die gerne in Extremen denken, öfter findet. Später ahnte es der König und hielt sich gern — wenn auch vergeblich — die Devise „halt Maß“ vor Augen.

Von dieser Einsicht war der König im Jahre 1496 noch weit entfernt. Damals wollte er die letzten Franzosen aus Neapel und Florenz vertreiben, die Halbinsel gegen ihre Wiederkehr sichern, die Reichsrechte in Italien wiederherstellen, vor allem aber den „großen Plan“[12] zur Vernichtung Frankreichs auslösen. Die Kaiserkrönung in Rom sollte das Unternehmen abschließen und den Weg freimachen für die Wahl und Krönung seines Sohnes. War es nicht ermutigend, daß die meisten Verbündeten zu raschem Angriff drängten und das Blaue vom Himmel versprachen?

Eigene Truppen und Geldmittel hatte der König freilich nicht in ausreichendem Maß aufbringen können, obwohl die Innsbrucker Schatzkammer mit kurzfristigen Finanzierungsplänen das Letzte aus den Erbländern herauszupressen versuchte. Was ihm das Reich versagte, hoffte er durch die Liga der Mächte zu ersetzen. Als Bundesfeldherr plante er durch seinen Vormarsch in Italien einen umfassenden Angriff aller Bundesstaaten gegen Frankreich auszulösen. Aber sein haßerfüllter Plan, der weit über die Grenzen des natürlichen Sicherheitsbedürfnisses hinausging, mußte scheitern, ehe das Nächstliegende, Rom und die Kaiserkrone, erreicht werden konnte.

Sicherlich hätte der Romzug eine andere Wendung genommen, wenn die in Lindau versammelten Reichsstände nicht alles immer Mögliche getan hätten, das Unternehmen zu Fall zu bringen. Wie konnte man von den Bundesgenossen Hilfe erwarten, wenn sie sehen mußten, wie das Reich nicht das geringste zur gemeinsamen Sache beitrug. Der Romzug 1496 ist erst zum Abenteuer geworden, als die Reichsstände[13] nicht nur die für einen Krönungszug pflichtige Lehensfolge, sondern auch die längst beschlossene, ohnehin geringe Anleihe zur Verteidigung Italiens verweigerten. Nicht die Sorge, den König von nutzlosen „Abenteuern" abzuhalten, bewegte die Stände, sondern einzig die hintergründige Absicht, ihn um jeden militärischen Erfolg zu bringen, der seine Stellung im Verfassungskampf hätte stärken können.

Zweifellos hatte Maximilian den Kampfwillen der Bundesgenossen, zumal Venedigs, aber auch des Papstes und Spaniens, weit überschätzt. Angesichts dieser Schwierigkeiten genügten der Fehlschlag vor Livorno und die drohenden Bewegungen der französischen Flotte und des Heeres, den Romzug in Mittelitalien aufzuhalten. Der Verrat der Venezianer, Soldschwierigkeiten und Herbststürme haben dem Römischen König den Rest gegeben. Dies erst bewog die Bundesgenossen, ihn vollends im Stiche zu lassen und ihre eigenen Wege zu gehen. In späteren Jahren noch kam dem König das „Erbrechen"[14], wenn er sich der Vorgänge des Sommers und Herbstes 1496 erinnerte.

Es war der Anfang des Endes der Heiligen Liga gewesen, die ohne klare Festlegung der Führung, des Kriegsfalles und der Kriegsziele völlig versagt hatte und fortan kraftlos dahinsiechte. Maximilian wollte sich offenbar nicht eingestehen, daß er die Grenzen des Zumutbaren weit überschritten und die Hilfsbereitschaft der Liga überfordert hatte.

Auch sonst hatte er manche bedrohlichen Pläne zu erkennen gegeben und selbst die neue englische Dynastie der Tudors durch den falschen York wieder beseitigen wollen. Perkin Warbeck sollte eine Lieblingsidee Maximilians und Karls des Kühnen wieder aufnehmen, mit den Engländern auf dem Kontinent landen und den Hundertjährigen Krieg aufs neue entfachen[15]. Auch Schottland hatte er gegen die Engländer aufgehetzt, man wußte, daß der Römische König in den schwedischen Thronkämpfen[16], ebenso in Dänemark seine Hand im Spiele hatte. Über seine Großmutter Czimbarka erhob er Ansprüche auf Masovien[17], über seine Mutter Eleonore auf Portugal[18]. Auch die spanische Doppelheirat konnte zu unabsehbaren Neuerungen führen. Dieses umfassende System von Anwartschaften, die zwar größtenteils nur in genealogischen Klitterungen vertreten wurden, schufen doch allenthalben Unruhe. Es entsprach dem Gesetz des Gleichgewichtes, daß die Ligamächte den Römischen König angesichts der vielen drohenden Veränderungen verließen und sich wieder auf die Seite des scheinbar mäßigeren Frankreich schlugen, das mehr zu bieten hatte, zumal die Unzuverlässigkeit der deutschen Fürsten von Reichstag zu Reichstag offenkundiger wurde.

Auch die Politik der Niederlande war für Maximilian während jener Jahre wenig ermutigend[19] gewesen. Philipp war, lange in den Händen der Rebellen, gegen seinen Vater und dessen Politik eingenommen worden. Wenn Maximilian 1494 anläßlich der Übergabe der Niederlande an den Sohn gehofft hatte, sich entsprechend dem Recht des Eroberers eine Art Oberherrschaft zu sichern, so sollte er sich gründlich täuschen. Der junge Herzog, eher lässig und lebenslustig, überließ sich ganz der Leitung seines Rates, der eine enge niederländische Interessenpolitik vertrat. Philipps Frauengeschichten drohten schon frühzeitig das Einvernehmen mit der ohnehin schwierigen Juana und damit das spanische Bündnis zu gefährden, wogegen auch die Vermittlung Maximilians und der spanischen Könige nicht viel auszurichten vermochte.

In der Tat konnte sich niemand, der burgundisch dachte, der Einsicht verschließen, daß die durch einen langen Erbfolgekrieg zerstörten und ausgeplünderten Niederlande[20] der Ruhe und des Friedens, vor allem mit Frankreich, bedurften. Es war allbekannt, daß der Sohn für die universalkaiserliche Politik des Vaters kein Verständnis aufbrachte. In Italien hatte ihn Philipp völlig im Stich gelassen, aber auch das Landungsunternehmen des „York" in England nicht wirksam unterstützt. Ebensowenig leistete er dem Vater im burgundischen Feldzug von 1498 Hilfe, ja er hatte gegen dessen Willen den Sonderfrieden von Paris geschlossen und dem König von Frankreich sogar den Lehenseid für Flandern und Artois geschworen. Nicht einmal den Feldzug gegen Geldern (1499) hatte Philipp unterstützt, noch viel weniger den Krieg gegen die Eidgenossen, so daß man im Reich munkelte, Vater und Sohn seien völlig zerstritten. Öfter klagte der König, daß alles anders stünde, wenn Herzog Karl der Kühne noch am Leben wäre[21]. Er soll sogar daran gedacht haben, den Kurfürsten Friedrich von Sachsen mit der verwitweten Erzherzogin Margarethe zu verheiraten und anstatt Philipps zum Römischen König zu machen.

Die Heilige Liga ging seit 1497/98 raschem Verfall entgegen. Das einzige, was davon übrigblieb, war die spanische Doppelheirat[22] von 1496/97, jene schicksalhafte Verbindung, von der sich Maximilian in ahnungsvoller Schau die Vereinigung der habsburgisch-spanischen Länder erwartete[23], noch bevor die bekannten Todesfälle den Erbgang freigemacht hatten. Waren es zunächst die Spanier gewesen, die durch List und Zähigkeit alle Hindernisse dieser Heirat überwunden hatten, so begann sich nun Maximilian krampfhaft an das spanische Bündnis zu klammern, während Ferdinand später von einer engeren Bindung Spaniens an Habsburg-Burgund nichts mehr wissen wollte. Maximilian, der ihm sogar Hilfe zum Kampf gegen die Ungläubigen in Nordafrika anbot[24], erschien ihm phantastisch und unzuverlässig zugleich, konnte er doch niemals jene Machtmittel einsetzen, die er versprach und die eine gemeinsame spanisch-österreichische Politik erfordert hätte. Was kümmerten den spanischen König die Schwierigkeiten Maximilians mit den Reichstagen, Fürsten und Ständen? Er wies daher jede Unterstützung des Römischen Königs im burgundischen Feldzug (1498) weit von sich, verließ die Heilige Liga, die seither jede Bedeutung verlor, und suchte dafür engeren Anschluß an England; er schloß auch Frieden mit Frankreich, um sich mit Ludwig XII. über die Aufteilung Unteritaliens zu verständigen. Hatte er sich 1496 noch mit Maximilian zur Vorherrschaft über Italien verbündet, so tat er es nun mit Frankreich. So tief war das Ansehen des Römischen Königs und des Reiches durch die Ereignisse seit 1495, vor allem durch die beharrliche Hilfs- und Steuerverweigerung der Reichsstände, gesunken. Als die Franzosen Mailand besetzten und sich mit Spaniern und Venezianern Italien teilten, antwortete der Reichstag auf die Hilfsbitten des Königs, man dürfe nicht an auswärtige Kriege denken, solange nicht daheim redliches und gutes Regiment, Gericht, Recht und Handhabung eingerichtet wären.

Der Rückschlag war um so größer, als der Römische König im Hinblick auf Italien auch seine aussichtsreicheren Unternehmungen im Osten, in Ungarn und gegen die Türken, eingestellt und das russische Bündnis völlig vernachlässigt hatte. Das östliche Bündnissystem[25], das Maximilian mit Rußland, Schweden und dem Deutschen Orden gegen die jagiellonische Großmacht mühsam aufgebaut hatte, schien angesichts der völlig veränderten Weltlage wertlos geworden; eine wirksame Ostpolitik derzeit aussichtslos, da Italien und der Westen so eindrucksvoll in den Mittelpunkt der europäischen Politik getreten waren. Es war nicht einfach, die Spannungen zwischen Ost- und Westpolitik, die den habsburgischen Ländern durch Natur und Schicksal auferlegt waren, auszugleichen und durch wechselnde Schwerpunktbildungen sich da wie dort zu behaupten.

Gern benützte Maximilian daher die Gelegenheit, im Juli 1497 im Kloster Stams eine Friedensgesandtschaft des Sultans Bajezid zu empfangen[26], die erste übrigens, die im Reich erschien und daher besonders feierlich empfangen wurde. Die Gäste aus dem Osten sollten des Königs stark geschmälertes Ansehen wieder etwas aufputzen und den Schein erwecken, als ob sich am Kaiserhof Krieg und Frieden zwischen Orient und Okzident entschieden.

Je schlechter sich die Beziehungen zu Frankreich, Venedig und Ungarn entwickelten, desto wichtiger erschien ein Friede mit der Hohen Pforte. Maximilian war bei aller politischen Phantasie Realpolitiker genug, angesichts der gegenwärtigen Spannungen und Feindschaften unter den europäischen Mächten den Kreuzzug einstweilen zurückzustellen und an der seit 1496/97 eingeleiteten Politk des Waffenstillstandes mit den Türken festzuhalten, die sich durch mehr als zwei Jahrzehnte bestens bewähren und jene Rückenfreiheit im Osten sicherstellen sollte, deren der König so dringend bedurfte.

Gleichwohl suchte Maximilian den Kreuzzugseifer durch immer neue Manifeste[27] wachzuhalten, um jederzeit zur großen „Kirchfahrt“ aufbrechen zu können, wenn sich eine günstige Gelegenheit bieten sollte. Kaiserkrönung und Kreuzzug bildeten in seinen politischen Aufrufen fortan eine Einheit. Nach einem sehr handfesten Plan, den er zeitlebens nicht mehr änderte, wünschte der

König zunächst nach Rom, dann über die Adria und den Balkan hinweg gegen die Türken zu ziehen. Die Kreuzfahrt sollte auch den Romzug und die Kaiserkrönung unter den Schutz des „Gottesfriedens“ stellen und gegen alle Störungen der Mächte sichern. Gleichwohl setzten Papst Alexander und sein neuer französischer Bundesgenosse solchen Plänen den entschiedensten Widerstand entgegen.

Vorzüglich den Aufgaben des Westens hingegeben, suchte Maximilian im Osten doch wenigstens den Status quo zu sichern und die Bahn für künftige Unternehmungen freizuhalten. Es war eine seltsame Fügung des Schicksals, daß gerade der viel weniger geschätzten Ostpolitik die nachhaltigeren geschichtlichen Erfolge beschieden sein sollten.

Der überraschende Tod Karls VIII. brachte neue Bewegung in die europäische Politik[28], die dem Römischen König vorübergehend neue Aussichten zu eröffnen schien: Hoffnungen auf eine Nachfolgekrise in Frankreich, auf die Loslösung der Bretagne, auf die Rückgewinnung des Herzogtums Burgund und der Verluste von Arras (1482). Nochmals möchte Maximilian „Frankreich vernichten“, diesmal vom Elsaß, Lothringen und Burgund her. Welch verhängnisvolle Überschätzung seiner politischen Möglichkeiten! War Karl VIII. eher ein naiver Schwärmer gewesen, so gab sich Ludwig XII. sofort als gewiegter, zielbewußter Realpolitiker zu erkennen, der seine Stellung als König rasch zu festigen vermochte und noch entschiedener als sein Vorgänger Italien ins Auge faßte: und zwar Mailand, worauf die Franzosen seit den Tagen der Visconti Ansprüche erhoben. Auch Maximilians burgundischer Feldzug (1498) vermochte die Liga gegen Frankreich nicht in Bewegung zu setzen. Vielmehr verstand es König Ludwig, die Zügel der großen Politik an sich zu reißen, den Zusammenbruch der Liga, den allgemeinen politischen Frontwechsel, den Übertritt des Papstes, Venedigs und Spaniens auf Seiten Frankreichs zu beschleunigen. Was nützte es, daß Maximilian in heftigen Zornesausbrüchen, Folgen seiner steigenden Gereiztheit, über den Abfall Alexanders VI. tobte und ihm ein Schisma an den Hals wünschte, ihm die Annaten entziehen und den Besuch des Jubiläums in Rom verbieten wollte. Seit eine türkische Flotte Italien bedrohte, verließen sich die Mächte eher auf Frankreich als auf das Reich, das sein Ansehen als Großmacht verspielt hatte. Nur der Herzog von Mailand, dem Ludwig XII. seinen Staat wegzunehmen drohte, verblieb als Bundesgenosse an der Seite des Römischen Königs.

Mit dem auswärtigen Kredit sank auch der innere: die Geldhäuser begannen ihre Darlehen zurückzuhalten. Die Finanzlage war so fatal, daß selbst der König seine Ausgaben der Kontrolle der Innsbrucker Schatzkammer unterwerfen mußte. Ende 1498 verließ der kluge Kurfürst Friedrich von Sachsen das königliche Hoflager[29] und seine Stellung als Statthalter des Hofrates, um geheime Verbindung mit Berthold von Mainz und der Opposition aufzunehmen. Sah er sich in seinen Hoffnungen auf das Römische Königtum schließlich doch enttäuscht? Fürchtete er den Anschluß an den Kurverein zu verlieren? Der Freiburger Tag hatte dem König empfohlen, seine „Herrschaft zu moderieren". Auf dem folgenden Kölner Tag mußte Maximilian bereits vor heimlichen Umtrieben warnen. Die äußere und innere Lage zeigte auf Sturm.

Fürsten und Reichsstände hatten sich seit Jahren ganz auf den innerdeutschen Verfassungskampf eingestellt. Nicht nur in äußeren Fragen hatten sie versagt; noch krasser war ihr Eigensinn im Schweizerkrieg hervorgetreten: einerseits hatten sie die Unterwerfung der Eidgenossen unter die Wormser Reformgesetze gefordert, anderseits den Reichskrieg so wenig unterstützt, daß der König, der damals völlig unvorbereitet und ohne Bundesgenossen dastand, nach einer Reihe von Niederlagen die Schweizer im Baseler Frieden (1499) aus der engeren Reichsgemeinschaft praktisch entlassen mußte. Ähnlich war es mit den rebellischen Friesen[30], die Maximilian, selbst gegen die Wünsche seines Sohnes, unmittelbar beim Reich zu erhalten wünschte. Als sie den Reichsstatthalter vertrieben hatten, meinte ein Städtevertreter, was gehe die Städte denn Friesland an. Ähnlich erging es den krainischen Ständen; nicht anders den Polen und Ungarn, die um Türkenhilfe baten; ebenso dem Deutschen Orden in Preußen und Livland und allen anderen Randgebieten, die auf den Schutz des Reiches hofften.

Wenn die Stände klagten, wie das Reich an allen Enden abnehme, wie man auch die Italiener zur Pfennigsteuer heranziehen müsse, damit das innere Reich entlastet werde, daß wohl die Auswärtigen für das Reich, nicht aber das Reich für die Auswärtigen einzutreten hätten, daß man der Heiligen Liga nur beitreten solle, wenn sich die Italiener für das Reich verpflichteten, nicht aber umgekehrt, so gewinnt man fallweise das Bild eines politischen Fastnachtspieles, das des Jämmerlichen nicht entbehrt. Wie hätte mit solcher Gesinnung europäische Politik gemacht werden können, wie sie zum Wesen eines „Reiches" gehörte?

Der Niederlage gegen die Schweizer folgte zwangsläufig der Verlust des Mailänder Staates und damit Reichsitaliens an Frankreich. Prophetisch hatte Herzog Ludovico vor seiner Flucht aus Mailand die Signorie von Venedig gewarnt: „Meine Herren Venezianer, ihr schickt mir den König von Frankreich zum Frühstück ins Haus; ich versichere euch, ihr werdet ihn zum Abendtisch bei euch haben!" Es traf ein. Völlig ohnmächtig mußte Maximilian zusehen, wie Herzog Ludovico Moro, sein naher Verwandter, der ihm innerhalb eines Jahrzehntes nahezu eine Million Gulden an Subsidien beigesteuert hatte, in französische Gefangenschaft abgeführt wurde, weil die Reichsstände jede Hilfeleistung verweigerten. Der Kampf um die Vorherrschaft schien zugunsten Frankreichs entschieden, zumal sich gleichzeitig auch die Spanier mit den Franzosen über die Aufteilung Unteritaliens verständigten. Der Papst sah bereits in Ludwig XII. das eigentliche Oberhaupt der Christenheit[31]. Vom „künftigen Kaiser" dagegen hielt er nichts und bedachte ihn öffentlich mit keineswegs feinen Übernamen.

Angesichts einer Niederlage solchen Ausmaßes gab sich der König gewiß Rechenschaft über Fehler und Versäumnisse. Mancher seiner Pläne war zu fein gesponnen, mancher maßlos gewesen. Er wurde fortan vorsichtiger. Hatte er den Doppelkrieg gegen Franzosen und Türken klug vermieden, so war er wider Willen in den ebenso schwierigen wie gefährlichen Verfassungskampf gegen seine eigenen Reichsstände hineingeraten, die den Franzosen bewußt oder unbewußt wirksame Hilfe leisteten und seine auswärtige Politik zum Scheitern brachten. Als „strategischer Kopf", der er war, betrachtete er die große Politik recht einseitig vom Standpunkt der äußeren Macht und des Krieges, war aber für innerstaatliche Reformen keineswegs ohne Verständnis und suchte das eine mit dem anderen zu verbinden. Kaiserpolitik, Romzug, Kaiserkrönung und Verteidigung Reichsitaliens als nutzlose Kraftverschwendung und politisches Abenteuer abzutun, wird angesichts der damaligen Weltlage und der ganzen späteren Entwicklung kaum vertretbar sein. Ebensowenig wird man im Zeitalter der Neuverteilung der Welt die reichsständische Steuer- und Hilfsverweigerung als höhere politische Einsicht preisen können. Zeitgenössische Beobachter berichteten erregt über die Gefährdung Italiens und der ganzen Christenheit[32]. Was gebildete und einfache Leute klar erkennen konnten, übersahen die Reichsfürsten, weil sie die Lage nur aus der Sicht des innerdeutschen Verfassungskampfes beurteilten.

Die Zeichen der Zeit standen in der Tat auf Sturm: Türken an den innerösterreichischen Grenzen und in der Adria, Franzosen in Mailand, Spanier in Unteritalien! Schwarzseher erwarteten bereits den Untergang der Christenheit. Die Angst der Massen ging über das rational Faßbare weit hinaus. In den Niederlanden und am Rhein gab es wunderliche Himmelszeichen. Die gallische Krankheit, als sichtbare Gottesstrafe angesehen, verbreitete Angst und Schrecken. Kometen schienen neues Unheil zu verkünden. Ein Blitz aus heiterem Himmel soll den sündhaften Papst am Peter- und Paulstag gewarnt haben. Zutiefst empfand man die eigene Lasterhaftigkeit und fürchtete, daß die allgemeine Reformation, die kommen müsse, nach dem Willen Gottes von einem ungläubigen Volk vollzogen werde, als Strafe für die Sünden dieses Geschlechtes[33]. Auch der König, der damals die tiefsten Niederungen seines Lebens durchschritt, litt unter drückenden Reichsuntergangsgesichten, sah sich selber von bösen Geistern bedroht und peinigte sich mit der Frage, warum der barmherzige Gott Dämonen und Hexen wider die Menschheit entfesselt habe. Dürer entwarf unter dem Eindruck solcher Stimmungen seine Apokalypse.

2. Verfassungskämpfe und Fehlschlag der Reichsreform

Den äußeren Niederlagen sollte die innere Entmachtung des Königs durch den Augsburger Reichstag folgen. Unter dem Titel der „Reichsreform" hatten die Verfassungskämpfe zwischen König und Reichsständen 1495 zu Worms begonnen. Anders als sein Vater, der jede Reform zeitlebens von sich gewiesen hatte, wünschte Maximilian eine gründliche Erneuerung des Reiches, damit es sich als Großmacht behaupten könne. Wie alle Nachbarn einer kraftvollen Einheit zustrebten, sollte auch das Reich durch Stärkung der königlichen Gewalt, durch Sicherung von Frieden und Recht zu neuer Kraft gelangen. In diesem Sinn war der König überzeugter Vertreter der Reichsreform.

Reformfreunde des 15. Jahrhunderts, Gelehrte wie Rebellen, hatten in ihrer überwiegenden Mehrheit eine mäßige Verstärkung der königlichen Gewalt und eine Zurückdrängung des landesfürstlichen Separatismus als Grundanliegen der Reichsreform gefordert. Aber in Worms (1495) und vollends in Augsburg (1500) war das gerade Gegenteil versucht worden. Der König wurde seiner Macht entkleidet, welche ein ständisches Regiment übernahm, das schon innerhalb Jahresfrist völlig abwirtschaften sollte. In der Tat war das Scheitern der Regimentsreform eine der Hauptursachen für den Fehlschlag des Ganzen.

Einzig über Landfrieden und Fehdeverbot herrschte eine gewisse Übereinstimmung. Fast alle Reformschriften hatten dies gefordert. Bereits zwischen 1486 und 1494 waren zeitlich begrenzte Landfriedensgesetze erlassen worden, so daß in Worms und nachher darüber keine wesentlichen Gegensätze bestanden. Freilich suchten Kurfürsten und Fürsten der Vollstreckung des Landfriedens große Hindernisse zu bereiten, weil ihnen die Wahrung ihrer landesfürstlichen Sonderstellung und ihrer hochfürstlichen Privilegien als das Wichtigste erschien. Vor allem weigerten sie sich, die Friedensgewalt dem König zu übertragen, was selbst ein so reichsständisch gesinnter Mann wie Nikolaus von Kues für den König gefordert hatte, der den Landfrieden durch eine ritterliche Miliz, durch Reichsvikare und Friedensgerichte schützen sollte. So kam es, daß trotz diesem Landfriedensgesetz, das vielleicht die beste Leistung des Wormser Tages darstellte, die Fehden noch durch Jahrzehnte weitergingen.

Eine halbe Sache blieb auch die Gerichtsreform: man schuf zwar ein von höfischen Einflüssen fast freies, ortsansässiges Kammergericht, das königlich-ständisch zusammengesetzt war; man suchte die Parteien gegen ungebührliche Forderungen und Praktiken der Advokaten zu sichern und schaffte die Sporteln ab; man rückte den heimlichen westfälischen Gerichten zu Leibe und nahm eine allgemeine große Strafrechtsreform in Aussicht. Dabei waren sicher fortschrittliche, humanistisch denkende Juristen mit am Werk gewesen. Aber die Kurfürsten und Fürsten höhlten das Kammergericht durch ihre alten Gerichtsprivilegien[1] — etwa durch den „Suppenesserartikel“ — derart aus, daß von Rechtssicherheit oder Gleichheit keine Rede sein konnte. Die Großen dachten nicht daran, innerhalb des Reiches mehrere gemischt besetzte oberste Reichsgerichtshöfe einzusetzen, wie es Cusanus oder die Reformatio Sigismundi vorgeschlagen hatten, die eine rasche, unparteiliche Rechtsprechung in allen Teilen des Reiches gewährleistet hätten.

Kurfürsten, Fürsten und Herrschaften wünschten nichts von ihren Gerichtsprivilegien preiszugeben und sicherten sich Vorteile, über die man damals schon den Kopf schüttelte. Für besonders schwierige Fälle wurde der Reichstag als Oberster Gerichtshof eingesetzt, weil die Großen hoffen mochten, solche Streitfälle durch die Vielfalt der Meinungen eher verwirren und dann nach eigener Willkür behandeln zu können. Der ganze Jammer aber offenbarte sich darin, daß die Stände nicht fähig waren, ihr eigenes Kammergericht durch eine gemeinsame Steuer zu unterhalten. Wiederholt mußte der König das Gericht besolden, obwohl die Stände auch dies nicht wünschten, weil sie fürchteten, er könne es dadurch wieder in seine Gewalt bringen.

Kein Wunder, daß die Fehdehändel aus dem Boden schossen, als ob es weder ewigen Landfrieden noch Kammergericht gäbe. Der Pfälzer bedrängte die Reichsabtei Weißenburg[2]; die Wormser wie die Kölner Bürger erhoben sich[3] gegen ihre bischöflichen Stadtherren; der Kurfürst von Trier führte seine Truppen gegen das reichsfreie Boppard[4]; der Markgraf von Brandenburg führte Krieg gegen die Stadt Nürnberg[5], ohne sich um Kammergericht oder Landfrieden zu kümmern. In solchen Fällen wieder forderten die Stände vom König, daß er den Landfrieden schütze, obwohl sie ihm alle Möglichkeiten dazu entzogen hatten. Die Leidtragenden waren stets die schwächeren Reichsstände, die kleinen Prälaten und Städte, die sich der Angriffe ihrer mächtigen Nachbarn kaum zu erwehren vermochten.

Schon die Reformschriften der älteren Zeit hatten eine regelmäßige Reichssteuer als Grundlage jeglicher Reform gefordert, denn kein Staat kann ohne Steuer leben. Fast alle hatten sich für eine regelmäßige Abgabe zur Wahrung des Friedens und für die Wiederherstellung der Reichseinnahmen aus Münze, Zoll, Märkten, Juden usw. ausgesprochen; selbst die Reformatio Sigismundi, die sich sonst lebhaft gegen jede Belastung des „armen Mannes“ wandte.

In den Reformhandlungen von Worms bis Augsburg aber machten die Stände die Reichssteuer zu einem Mittel der Erpressung: Steuerhilfe sollte nur geleistet werden, wenn der König sich bereitfand, ständische Bedingungen zu erfüllen, vor allem königliche Regierungsrechte preiszugeben. Mit einer bemerkenswerten Erfindungsgabe, die des Traurig-Lustigen nicht entbehrt, vermochten die Stände immer neue Vorwände zu entdecken, um die bereits in Worms beschlossene Steuer nicht einzuheben. Als Maximilian seine Regierungsrechte in Augsburg (1500) preisgab, um in schwierigster außenpolitischer Lage wenigstens das Steuergesetz und damit die Kriegsordnung zu retten, wurde die Reichshilfe gleichwohl nicht geleistet, so daß Regiment und Kammergericht schließlich an der eigenen ständischen Steuerverweigerung verhungerten und die europäische Staatenwelt sich schließlich ohne Rücksicht auf das Reich neu ordnete.

Bürge innerer und äußerer Sicherheit wäre ein stehendes Reichsheer gewesen, wie es die großen Nachbarn, etwa Frankreich, längst besaßen, das notfalls auch die Urteile des Kammergerichtes und des Reichstages hätte vollstrecken können. Schon die älteren Reformschriften hatten die Aufstellung eines solchen Reichsheeres aus dem Ritterstand empfohlen. Gerne hätte Maximilian die großen Ritterorden, die Deutschherren, Johanniter und den St. Georgsorden, zu einer Einheit und einer Art Reichskriegsmacht zusammengeschlossen[6]; ähnlich wünschte er die eidgenössischen Söldner durch eine Erbeinigung ausschließlich dem Reich zu verpflichten. Die Mittel für ein stehendes Heer und eine Kriegsordnung hätte nur der Reichstag schaffen können, aber die Stände lehnten eine derartige Kriegsmacht unter dem Oberbefehl des Königs grundsätzlich ab. Als man in Augsburg (1500) die Aufstellung eines Heeres unter dem Oberbefehl des Regimentes beschloß, wurde dies von den Ständen ebenso hintertrieben. Die schwäbischen und fränkischen Ritterschaften redeten zwar auf ihren Versammlungen zu Schweinfurt und Nördlingen großartig, wie sie den Kaisern jederzeit mit Gut und Blut dienten und bei den Kriegszügen Zelt, Krone und Zepter bewachten, weswegen sie vom Gemeinen Pfennig befreit sein wollten. Aber auch sie blieben dem Reichsdienst meistens fern, wenn ihnen nicht guter Sold sicher war. Was die Stände dem König verweigerten, versagten sie auch ihrem eigenen Regiment. Dies nicht erkannt zu haben, war Bertholds entscheidender Irrtum. Er künstelte die Entmachtung des Königs, zerstörte damit die Zusammenarbeit zwischen König und Ständen, ohne die ständische Alleinherrschaft wirksam gestalten zu können.

Die Reichsreform entartete von Anfang an zum Verfassungskampf zwischen König und Fürsten. Die offensichtlichen Mißstände wurden von Reichstag zu Reichstag fortgeschleppt, denn es ging im Wesen nur um das Reichsregiment. Schon der Wormser Tag (1495) hatte dem König manche Demütigung bereitet. Von den Sonderverhandlungen der Kurien ausgeschlossen, hatte er „vor der Türe stehen müssen". So stürmisch waren die Auseinandersetzungen zeitweise gewesen, daß man gewisse Streitfragen kaum mehr an den König persönlich heranzubringen wagte, weil man seine leidenschaftliche Erregung[7] scheute. Aber gegen alle Versuche, „ihn an Händen und Füßen zu binden", hatte er seine Herrscherrechte in Worms eben noch behaupten können.

Der Lindauer Tag (1496/97) ließ den König entgegen allen Wormser Beschlüssen ohne einen Pfennig Reichshilfe und zwang ihn zur vorzeitigen Rückkehr ins Reich. Er hätte ohne die Reichsversammlung keinen Krieg führen dürfen, warf man ihm vor, als ob ihm der Wormser Reichstag nicht eilende Hilfe und Anleihe für den Italienkrieg gewährt hätte. In Scheltbriefen hatte der König seinem Unmut Luft gemacht und einen Aufruhr der Stände ausgelöst, dem sich Kanzler Stürtzel nicht mehr gewachsen zeigte. In krankhafter Gereiztheit, die mit den Mißerfolgen wuchs, sagte der König all seinen Widersachern den Kampf an. Die Stände hatten sich dagegen zu einem Kampfbund zusammengeschlossen und eine Art Nebenregierung gebildet.

Der schlecht besuchte zweite Wormser Tag (1497) schleppte sich ohne Ergebnis hin, daß selbst Berthold klagte, es sei kein Ernst in den Ständen von oben bis unten und ein wahrer Jammer; es müsse ein fremder Zwingherr mit eisernem Besen kommen. Entschieden weigerte sich der König, noch einen Reichstag zu besuchen, wenn nicht vorher die bewilligte Reichssteuer endlich eingehoben würde.

Auch der Freiburger Tag (1498) brachte die Reform kaum einen Schritt weiter. Maximilian hatte inzwischen vollendete Tatsachen geschaffen, seinen eigenen Hofrat, die Hofkanzlei und Kammer als oberste Regierungs-, Gerichts- und Finanzbehörden des Reiches eingerichtet, um einem rein ständischen Regiment vorzubeugen. Die Pläne und Hoffnungen des Mainzers schienen damit durchkreuzt; ein verhängnisvoller Mißgriff, der das Verhältnis zwischen König und Erzkanzler zum Schaden der Reform und des Reiches unheilbar machte.

Auch in Freiburg kam es zu stürmischen Auftritten zwischen dem König und den Kurfürsten über die Auszahlung des Pfennigs, der Anleihe und über die Aufstellung eines Reichsheeres gegen Franzosen und Türken. Der Mainzer wagte es, dem König ins Angesicht zu spotten, daß er wie der Herr Jesus in Gleichnissen zu den Fürsten rede. Maximilian drohte, „die Krone vor die Füße zu setzen". Die Verhandlungen wurden immer schärfer und härter. Die Stände wagten es, dem König „Torheiten" vorzuwerfen. Maximilian redete zu den Gesandten bereits von Bertholds Tod; er werde ihn durch einen besseren Mann ersetzen. Der Mainzer dagegen sprach geheimnisvoll von einem „anderen König". Die Hilfsbitten gegen Franzosen und Türken wurden abgelehnt, im Abschied alle Beschlüsse von der Zustimmung der Abwesenden abhängig gemacht und damit eigentlich aufgehoben. Offen empfahl man dem König, „seine Autorität zu moderieren". Den Kölner Tag ließ der König bereits vor Konspirationen warnen. Alles strebte offenbar dem Endkampf zu.

Der Reichstag von Augsburg aber brachte unter dem Eindruck der von den Ständen geförderten äußeren Niederlagen den völligen Zusammenbruch der königlichen Regierungsgewalt. Hofkanzler Stürtzel, der sich mit den neuen Verhältnissen nicht mehr zurechtfand, erhielt den Abschied und wurde durch den jüngeren Serntein ersetzt, der zusammen mit Lang die neue Lage meistern sollte.

Der König hatte sich in Augsburg bereitgefunden, den Ständen das Regiment zu überlassen, weil er hoffte, sie würden dafür nun endlich die Reichssteuer einbringen, ein Heer aufstellen, Mailand und Italien dem Reich erhalten. Wenn man ihn auch diesmal im Stiche lasse, werde er die Krone niederlegen, sagte er.

Berthold und seine Anhänger hatten mit dem neuen Regiment den Höhepunkt ihrer Macht erreicht; aber die Stände sprachen auf ihr eigenes Regiment ebensowenig an wie auf das königliche, denn sie wünschten keine Zentralgewalt im Reich. Die Reichssteuer blieb auf dem Papier, und ein Reichsheer wurde auch jetzt nicht aufgestellt. Gerne hätte der König mit dem Regiment zur Errettung Mailands und Reichsitaliens zusammengearbeitet, wofür er ja auf seine Regierungsgewalt verzichtet hatte. Aber mit der Preisgabe Italiens konnte er sich nicht abfinden und lehnte fortan jede Unterstützung des Regimentes ab. Nicht einmal den Übertritt der Reichsstädte Basel und Schaffhausen zur Schweizer Eidgenossenschaft (1501) konnte das Regiment verhindern. Hätten Schwäche und Ohnmacht der neuen Regierung deutlicher in Erscheinung treten können?

Als Maximilian dieses sogenannte Nürnberger Regiment nach zwei Jahren fortgesetzter Mißerfolge wieder auflöste[8] und dem

Erzkanzler das Siegel abforderte, konnte die ständische Reichsreform als gescheitert gelten. Maximilian nahm das Regiment wieder an sich und seinen Hofrat, ohne jedoch die reichsständischen Mitbestimmungsrechte zu beseitigen, die im Reichstag, im Kurverein und im Kammergericht fest verankert waren. Er stellte jene Form der Reichsregierung wieder her, wie sie nach 1495 bestanden hatte, und suchte königliches Regiment und ständische Mitbestimmung miteinander zu vereinigen. Voll Bitterkeit erinnerte sich der König auch später noch Erzkanzler Bertholds[9], der in Augsburg Schmähartikel wider ihn verbreitet haben soll, hinterlistig gegen ihn vorgegangen sei, ihn seiner Macht entkleiden wollte, Romfahrt und Kreuzzug verhindert habe.

Die Reichsreform war gescheitert. Die echten Reformfreunde, die ihren Anhang hauptsächlich unter den kleineren Reichsständen, den Humanisten, gebildeten Beamten und Räten hatten, waren zu schwach, sich auf den Reichstagen gegen die Großen durchzusetzen; meist waren sie in den Kurien nicht einmal vertreten. Niemand kümmerte sich um die echten Reformwünsche des „armen Mannes“. Während man auf den Versammlungen nur über Regiment, Landfrieden, Kammergericht und Reichssteuer verhandelte, blieb die ganze große Masse der sozialen Mißstände, wie sie die Reformatio Sigismundi oder der Oberrheinische Revolutionär aufwarfen, völlig unberührt: die Abschaffung der Leibeigenschaft, der Frondienste, der übertriebenen Zinse und Steuern; Freiung von Haus, Hof, Acker, Wald, Wild, Weide und Wasser; die Beendigung der herrschaftlichen Ausbeutung, die Rechtsunsicherheit des kleinen Mannes, die Abschaffung des unerträglichen Wuchers der Handelsgesellschaften und Großkaufleute. Die Abschaffung der Sporteln und die Beschränkung der Advokatengebühren am Kammergericht waren alles, was im Zuge der Reichsreform für den „armen Mann“ geschah. Gewiß war die Zeit noch nicht reif, etwa die Grundherrschaft zu beseitigen; aber eine Milderung der Lasten wäre möglich gewesen. Anstatt dessen konzentrierte man den Reformeifer auf Kleiderordnungen, Weingemächt, auf Gesetze gegen Fraß und Völlerei, gegen Zigeuner und Spielleute, auf lächerliche Polizeivorschriften, welche die lokalen Behörden gewiß besser hätten ordnen können.

Auch den kirchlichen Mißständen wagte niemand näherzutreten, obwohl Kirchen- und Reichsreform damals noch als Einheit empfunden wurden. Daß man die extreme Forderung nach Säkularisierung des Kirchengutes, wie sie von einzelnen Eiferern erhoben wurde, als keineswegs zeitgemäß ansah, wird man begreifen. Daß man aber die lauten Klagen über kirchliche Mißbräuche völlig mißachtete, ist nur zu verstehen, wenn man bedenkt, wie stark die Stellung der geistlichen Fürsten und Prälaten auf den Reichstagen immer noch gewesen ist. Weder wollten die weltlichen Fürsten ihre geistlichen Kollegen abstoßen, noch wollte der König die wenigen Parteigänger verlieren, die er gerade in geistlichen Kreisen besaß. So beschränkte man sich in der „Kirchenreform" auf einige zwar harte, aber doch nebensächliche Bestimmungen gegen Gotteslästerer[10], Flucher und Schwörer. Außerdem wurde ein jährlicher, feierlicher Gottesdienst für Kaiser und Reich angeordnet. Das war alles. Wie oft der König auch mit der Kirchenreform, besonders dem Papst, gedroht hatte, wie laut die Reichstage ihre Gravamina vortrugen, es geschah tatsächlich nichts.

Es ist interessant zu hören, wie der Oberrheinische Revolutionär während der Wormser Verhandlungen (1495) versuchte, seine sozialen und kirchlichen Ideen an Erzbischof Berthold und an den König heranzubringen, die ihn aber glatt abweisen ließen. Kein Wunder, daß nach dem Versagen der Reformreichstage und des ständischen Regimentes die einfachen Leute auch am Kaiser verzweifelten, auf den sie in schlichtem Glauben alle ihre Hoffnungen gesetzt hatten. Erst als sich Bauernunruhen im Schwarzwald meldeten, als der Pfeifer von Niklashausen die Scharen sammelte, um sie gegen Pfaffen und Herren zu führen, begannen König und Fürsten die Forderungen des „armen Mannes" auf die Tagesordnung ihrer Versammlungen zu setzen; allerdings nur um zu beraten, wie man die Rotten der Bauern niederschlagen könne.

Kein einziges der großen Probleme war ganz gelöst. — Wo liegt die Schuld? Die zeitgenössischen Kritiker — vielleicht waren manche vom König bezahlt — warfen fast einhellig die ganze Last auf die Stände[11], vor allem auf die Fürsten. Wie könnte man hier von „Schuld" reden, wo es sich um das Ringen zweier Prinzipien, des kaiserlichen Universalismus gegen den reichsständischen Territorialismus, handelt, von denen jedes seine Zeit und seine Aufgabe hatte. Die Fürsten verfochten eben die Entfaltung ihrer selbständigen Länderstaaten, freilich auf Kosten des Reiches, aber auch kleinerer Reichsstände. Es gab da mustergültige Landesväter, die ihre Länder zu blühenden Staaten ausbauten. Gerade kulturgeschichtliche Betrachtungsweise wird sich den Leistungen dieser Länderstaaten für die Ausbildung moderner, fortschrittlicher Staatsverwaltung, für die Förderung von Wohlstand, Bildung und Kultur niemals verschließen können. Die zahlreichen Residenzen, heute noch geistige und wirtschaftliche Mittelpunkte, die eine gleichmäßige Verteilung von Kultur und Wohlstand über den gesamten deutschen Raum bewirkten, das war das Werk dieser zahlreichen Länderstaaten. Machtgeschichtliche Betrachtungsweise freilich wird nicht übersehen können, daß diese Mittel- und Kleinstaaten für das Reich als Ganzes, für dessen europäische Aufgabe kaum das nötige Verständnis aufbrachten, weil dies ihrem Entwicklungsgesetz zu widerstreiten schien. Daraus sind dem Reich innerhalb der europäischen Staatenwelt nicht zu übersehende Nachteile erwachsen, indem es allmählich zum Tummelplatz wurde, auf dem die Völker Europas ihre Kriege austragen konnten, weil die Regierung weder handlungsfähig noch stark genug war, es ihnen zu verwehren. Eine mäßig verstärkte königliche Zentralgewalt hätte vielleicht gemeinsam mit Kurverein und Reichsständen eine wirksamere Reichsregierung herstellen können. Dies hätte das eigentliche Ziel jeder Regimentsreform sein müssen, das zu erreichen weder der König, aber noch viel weniger der Erzkanzler die Kraft und die nötige Einsicht besaßen.

So wie sich die Reichsverfassung seit Jahrhunderten entwickelt hatte, brauchten die Stände keine kaiserliche Gewaltherrschaft zu fürchten. Auch Maximilian war im Grunde kein Gewalttäter oder Rechtsbrecher. Er dachte nicht daran, an die Fürstenrechte zu rühren, die in der Verfassungstradition fest verwurzelt und vielfach abgesichert waren. Wenn ein „Verfassungsbruch" drohte, dann eher von seiten der fürstlichen Oligarchen, welche die gemäßigt monarchische Staatsform des Reiches in eine kurfürstlich-fürstliche Oligarchie umzuwandeln versuchten und dabei vorzüglich ihre territorialen Sonderrechte im Auge hatten, ohne Rücksicht, ob das Reich als Ganzes nach innen und außen handlungsfähig bleibe. Das Reich hätte inmitten der unruhigen Staatenwelt einer starken Regierung bedurft, welche auf die Dynamik des europäischen Machtkampfes ebenso rasch und wirksam zu antworten vermochte wie auf die inneren Fehden. Bei den damaligen politischen und gesellschaftlichen Verhältnissen wäre wohl nur die kaiserliche Autorität imstande gewesen, zusammen mit den Ständen eine solche Regierung zu bilden. Wenn dagegen Berthold im Eifer des Verfassungskampfes glaubte, nicht nur die immer noch geheiligte

Majestät des Kaisers, sondern auch die gewiß nicht schwache österreichisch-burgundische Hausmacht dem Mainzer Krummstab unterwerfen zu können, so bewies er damit etwas wenig politisches Augenmaß. Sein tragischer Sturz sollte dies bestätigen. Aber auch dem König fehlte letztlich jene Durchschlagskraft, die ein Durchbruchsmensch rücksichtslos eingesetzt haben würde, um die königliche Regierungsgewalt gegen jeden Widerstand durchzusetzen. Als sich nach dem bayerischen Krieg die Gelegenheit geboten hätte, scheute er vor allzu hartem Zugriff doch zurück. Einem „konservativem" Staatsdenker wie ihm erschien fürstenstaatliche Gewalt ebenso von Gottes Gnaden wie seine eigene kaiserliche Autorität.

3. Die Bedeutung der Erbländer

Die Rückschläge der letzten Jahre hatten wiederholt längere Ruhepausen für Reformen nötig gemacht. Schon seit der Erwerbung Tirols (1490) und der Regierungsübernahme im Reich (1493), insbesondere nach dem Mißerfolg des Italienzuges, hatte Maximilian während der Jahre 1497/98 tiefgreifende Reformen eingeleitet, die vor allem die schwierige Finanzlage in Ordnung bringen sollten; denn als Hauptergebnis der großen Politik waren die Schulden ins Unermeßliche[1] angestiegen. Der König war selbst bei den eigenen Dienern verschuldet und sah sich öfter gezwungen, persönliche Dinge, Schmuckstücke und Prunkwaffen, als Pfand hinzugeben. Seine Diplomaten und Beamten mußten ihre Pferde versetzen, weil sie ihr Herr nicht selten ohne Geld ließ. Der Hofzug der Königin lag oft monatelang als Schuldpfand in den Reichsstädten fest. Der größte Teil des erbländischen Kammergutes war bereits verpfändet. Vergeblich ließ der König in den Gewölben der Wiener Burg nach sagenhaften Schätzen graben. Aber den väterlichen Hausschatz rührte er nicht an. Hatte er gehofft, sein geheimer Zauberring[2], „der Teufel", würde ihm in seiner Geldnot helfen? Er griff mitunter zu den schäbigsten Mitteln: zu Ämterverkauf, Simonie, sogar zu Kuppelei; aus mancher reichen Heirat, die er vermittelte, verstand er es, Kapital zu schlagen. Er griff nach Kirchengeldern, wo immer er sie fand. Hier ließ er die Juden[3] gegen hohes Entgelt austreiben, um sie dort für hohe Schutzgelder wieder anzusiedeln. Da vom Reiche so gut wie nichts zu erwarten war, mußte alles aus den österreichischen Erbländern genommen werden, obwohl sie finanziell seit Jahren überfordert waren.

Auch aus den Niederlanden war nichts herauszuholen. Kaum 20.000 Gulden habe er aus Burgund während der letzten zehn Jahre erhalten, behauptete der König 1499. Die Hauptlast hatte Tirol zu tragen; aber auch die reichen Bergwerke von Schwaz und Taufers waren nicht unerschöpflich. In einem Anflug von Humor sagte Maximilian den Reichsständen, es wäre ein Glück, daß seine Schätze größtenteils in den Bergen verborgen lägen und schwer zu fördern seien[4], denn sonst würde er sie sämtlich für das Reich hingegeben haben. Für Krieg, große Politik und Nachruhm pflegte er das Geld mit beiden Händen hinauszuwerfen, wie bescheiden er auch sonst persönlich auftrat und lebte. Die Herren von Österreich hätten allzeit mehr durch Freigebigkeit gewonnen als andere mit Sparen[5], sagte der König öfter. Gäste, Gesandte, Freunde pflegte er auf das reichste zu beschenken: was mit den Augen begehrt wurde, war auch schon verschenkt. Anderseits freilich behandelte er den Besitz seiner Freunde wie seinen eigenen, nahm ihnen immer wieder Anleihen ab und gab sie, wenn überhaupt, dann nur zögernd zurück. An diesem Hof, an dem niemand zur rechten Zeit bezahlt wurde, gehörte es zum System, sich selber bezahlt zu machen.

Mit seinen Verwaltungsreformen versuchte der König gerade der Finanznot zu steuern: zunächst mit einem Generalschatzmeister für alle Erbländer und das Reich, später mit der allgemeinen Schatzkammer in Innsbruck (1496), die nicht nur Österreich und das Reich, sondern auch die burgundischen Länder verwalten sollte. Als die neue Behörde der gewaltigen Schuldenlast nicht gewachsen war, verpfändete der König alle Einnahmen aus den Erbländern dem Augsburger Großkaufmann Jörg Gossembrot[6], der die Finanzen nach kaufmännischen Grundsätzen und Praktiken sanieren sollte, ein Plan, den der vorzeitige Tod Gossembrots durchkreuzte.

Unermüdlich suchte der König nach neuen und besseren Formen der Verwaltung; und zwar gegen den beständigen Widerstand der Landschaften, die sich durch die „unerhörten Neuerungen“ völlig an die Wand gedrückt fühlten. Gewiß nahmen die Reformen von erbländischen, vor allem Tiroler Verhältnissen ihren Ausgang, zeigten sich aber allenthalben auch von burgundischen Vorbildern[7] sehr stark beeinflußt. Der König stellte der Verwaltung ganz neue, größere Aufgaben, welche die Finanzierung eines Großreiches zum Ziele hatten; er entwickelte neue Arbeitsmethoden, verschärfte vor allem die Kontrollen und führte die doppelte Buchhaltung ein; er verordnete ein völlig neues, allerdings viel härteres Steuersystem; er bevorzugte „Ausländer“ in den führenden Stellungen, was ständischen Überlieferungen völlig widersprach. Der Einfluß der Länder und ihrer Stände wurde immer mehr zurückgedrängt, wogegen man den einfachen Untertan als Hauptsteuerträger zu fördern wünschte. In allen Spitzenstellungen saßen persönliche Vertrauensleute des Königs, nicht selten Finanzfachleute, teils Burgunder, die nur von ihm ihre Weisungen empfingen.

Der König verstand es, seine Räte glücklich auszuwählen. Gewiß gab es Mißgriffe, was bei den zahlreichen Berufungen nicht überraschen kann. Schon in den Niederlanden hatte er in Albrecht von Sachsen einen tüchtigen Feldherrn gewonnen[8], der ihm den Endsieg im Erbfolgekrieg erfocht. Eine Anzahl treuer Weggefährten, wie Florian Waldauf[9], der aus dem Bauernstand aufgestiegen war, sein Jugendgespiele Wolfgang Polheim[10], Jörg Rottal[11], aber auch die Burgunder Jean Bontemps und Casius Hacquenay waren ihm seit den burgundischen Jahren teilweise sogar freundschaftlich verbunden.

Nach der Übernahme Tirols zog der König den Tiroler Kanzler Stürtzel[12] als seinen Hof- und Reichskanzler und dessen tüchtigen Gehilfen Zyprian Serntein[13] in seine Nähe. Beide hatten sich offenbar um die Erwerbung des Landes verdient gemacht. Serntein, ein Mann mit sagenhafter Arbeitskraft und größter Verschwiegenheit, wurde die eigentliche Seele der Hofkanzlei, während Jörg Gossembrot[14] und Paul Liechtenstein[15] allmählich die Hauptverantwortung für die Kammer übernahmen.

Gewiß nicht ohne selbstsüchtige Hintergedanken hatte Erzbischof Berthold von Mainz dem König 1493 ein unbekanntes Augsburger Schreiberlein, Matthäus Lang[16], empfohlen. Dieser Mann sollte des Erzkanzlers gefährlichster Widersacher werden. Der Bürgersohn wurde alsbald des Königs persönlicher Sekretär und sollte schließlich zum Kardinalminister und zum Erzbischof von Salzburg aufsteigen; ein Beispiel dafür, wie der König Eifer und Talent entgegen allen Standesvorurteilen zu fördern verstand. Als persönlicher Sekretär spielte Lang zunächst nur die Rolle des unentbehrlichen kleinen Tausendkünstlers, der zusammen mit Serntein alle geheimen Wünsche und Pläne des

Königs, von der Politik über das Geld bis zur Liebe, zu unterstützen hatte. Da seine Schwester Apollonia dem Frauenzimmer der Königin angehörte und mit Herzog Georg dem Reichen von Bayern befreundet war, mochte Lang eingehend und umfassend über vieles unterrichtet sein, was hochgestellte Herren in angeregten Stunden den Hofdamen ausplauderten. Der Geheimsekretär wurde dem König immer unentbehrlicher. Bereits 1498 erhob er Lang samt dessen Sippe in den erblichen Adelsstand und wandte ihm 1500 gegen den heftigsten Widerstand des adeligen Kapitels die Augsburger Dompropstei[17] zu, um ihm eine große Laufbahn zu eröffnen.

Die „Schwaben" Lang, Stürtzel und auch dessen Gehilfe Serntein, obwohl er kein Schwabe war, die Grafen von Werdenberg, Fürstenberg und Zollern, höchste Hofwürdenträger, außerdem der finanzgewaltige Hans von Landau wurden bald zum geflügelten Begriff[18]. Sie beherrschten den Hof, soweit dies hinter dem Rücken des selbstherrlichen Königs möglich war. Zumindest den Zutritt zum König vermochten sie zu überwachen. Der lebenslustige Serntein, „der Prokurator[19] aller schönen Frauen und Jungfrauen beim Kaiser", mag zusammen mit dem nicht minder galanten Lang dem vereinsamten König jene Damen zugeführt haben, die ihm die fehlende Familie ersetzten.

Von Serntein sagt man, daß er die großen Hofrats- und Kammerordnungen von 1497/98 entworfen habe, die Erzbischof Berthold aus dem Regiment verdrängen sollten, womit der Sache des Königs und der Reichsreform gewiß schlecht gedient war. Nicht einmal Kurfürst Friedrich von Sachsen und Herzog Georg von Bayern, die Häupter des neuen Hofrates, vermochten sich gegen die allmächtigen „Schwaben" durchzusetzen und verließen schließlich verärgert den Hof. Die Machenschaften der Höflinge gegen Berthold und die Fürsten haben den Verfassungskampf zweifellos verschärft.

Märchenhafte Gerüchte waren über die Bestechlichkeit der Hofbeamten im Umlauf, weswegen sogar ein biederer Mönch aus Admont den König glaubte warnen zu müssen[20]. Maximilian wußte, daß seine Räte mangels regelmäßiger Besoldung genötigt waren, sich durch „Geschenke" schadlos zu halten; aber ebenso wußte er, daß an seinem Hof niemand reich werden konnte. Dafür sorgte er selber, indem er seinen Beamten immer wieder größere Anleihen abnahm und ihnen aufwandreiche Dienstleistungen, nicht selten auf eigene Kosten, zumutete, wodurch sie mitunter fast in den finanziellen Ruin gerieten. Er gestattete den führenden Höflingen, geheime Verbindungen zu pflegen, Provisionen anzunehmen, dafür höchst fragliche „Geheimnisse" zu verkaufen, um den Gegner auszuhorchen und irrezuführen, denn dies gehörte damals wie heute zu den üblichen Formen der Spionage. So gab es bei Hofe „gute Mailänder, Spanier, Kuriale und sogar gute Franzosen", die regelmäßige Provisionen empfingen, was keineswegs als ehrenrührig galt. Freunde, wie den Spanier Fuensalida, hat der König mitunter vor solchen „nutzlosen" Umwegen und Ausgaben gewarnt. Wo sich echte Käuflichkeit offenbarte, zögerte der König nicht, hart zuzuschlagen. So verschwand der langjährige Kanzleisekretär Praitswert[21] im tiefsten Verlies, weil er Urkunden und Rechtstitel gegen Geld verkauft hatte, unter anderem auch einem Herrn von Stubenberg[22], dessen Beschwerde über die höfische Korruption stets als Kronzeugnis herangezogen wurde. Gewiß war man an diesem Hof in Finanzdingen nicht zimperlich, aber man wird die Klagen auch nicht überbewerten dürfen, denn das meiste fraß in jenen Jahrzehnten die große Politik und der Krieg, keineswegs die Korruption; den Beamten, ja selbst dem König ist das wenigste geblieben.

Es gehörte zu Maximilians Gewohnheiten, an seinen Mitarbeitern treu und zähe festzuhalten. Völlig ferne lag es ihm, für politische Fehlschläge seine Räte haftbar zu machen. An diesem Hofe gab es kein „Köpferollen". Selbst die voreiligen Beschlüsse des Innsbrucker Regiments, die zum Schweizerkrieg (1499) führten, hat der König persönlich gedeckt. Stürtzel, der schon in Lindau (1496) versagt hatte, schied in Augsburg mit allen Ehren aus dem aktiven Dienst und behielt den Titel eines Hofkanzlers bis an sein Lebensende. Selbstverständlich war dem König seine persönliche höchste Verantwortung für alles und jedes. Zwar legte er Wert auf gute Ratschläge, gestattete fallweise sogar kühnen Widerspruch, aber keinen Ungehorsam gegen gegebene Befehle. In großen Sachen pflegte er die Meinung seines Hofrates anzuhören, dabei seine eigene zurückzuhalten. Unbekümmert um Majoritäten, entschied er, wie es ihm richtig erschien, ohne seine Entschlüsse vorzeitig mitzuteilen. Um Späher und Spitzel zu täuschen, ließ er vielmehr die verschiedensten Pläne verlauten, was zum ganz falschen Urteil führte, der König wechsle von Stunde zu Stunde seine Meinung. Peinlich hatten sich die Diplomaten an seine Weisungen zu halten und jede Sonderpolitik zu vermeiden. Eigenmächtigkeiten wurden streng bestraft. Alles wünschte der König selber durchzusehen und zu entscheiden[23]. Er konnte es nicht leiden, wenn man ihm „dreinredete". Selbst von den Vertretern auswärtiger Mächte erwartete er, daß sie auf seine Vorschläge eingingen. Zwar verkehrte er mit ihnen auf das liebenswürdigste und verstand es, die hochpolitischen Gespräche mit Scherz und Heiterkeit zu würzen, aber nicht selten versuchte er die Gesandten „niederzureden".

Nachdem der Versuch seines ersten Hofrates von 1498, den er mit Kurfürst Friedrich von Sachsen und mit den Herzogen Albrecht und Georg von Bayern besetzt hatte, fehlgeschlagen war, bestellte der König seinen neuen Hofrat meist mit Leuten nichtfürstlichen Standes, vor allem mit juridisch gebildeten Beamten, die ihm unmittelbar verpflichtet, weisungsgebunden und treu ergeben waren. Der König brachte jene neue Schicht von Doktoren und Räten zu Ansehen und Einfluß, deren man sich bisher im allgemeinen nur bedient hatte, ohne ihnen den verdienten Aufstieg zu eröffnen. Er zeichnete sie durch den Lorbeer aus, verlieh ihnen hohe und höchste Stellungen bei Hof und in der Diplomatie, beschäftigte sie vor allem in der Staatspropaganda und versuchte ihre Dienste zu belohnen, soweit er dies vermochte. Er brachte diesem neuen Stand die größte Hochachtung entgegen: kluge Köpfe hätten ihren Adel von Gott[24], pflegte er zu sagen.

Die großen wirtschaftlichen und administrativen Leistungen der österreichischen Länder in Krieg und Frieden gaben ihnen eine stets wachsende Bedeutung. Wenn sich der König vom Reich verlassen fühlte, konnte er sehr nachdrücklich auf die Sonderleistungen seiner Länder hinweisen: sie hätten ihm all ihr Gut und Blut dargestreckt und seien am Ende ihrer Kraft; er sei auch seinen österreichischen Ländern verpflichtet. Wenn Maximilian auch die rhetorische Übertreibung liebte, so war es doch richtig, daß seine große Politik fast ausschließlich von den Mitteln seiner Erbländer lebte.

Auch die Kirche[25] versuchte sich der König finanziell dienstbar zu machen. Er übte das vollkommenste „Staatskirchentum", das sich zu seiner Zeit denken läßt. Sein Einfall dürfte es gewesen sein, die Eintreibung der Reichssteuer nach der Wormser Ordnung den Pfarrern zu übertragen, da sich die Stände weigerten und es einen reichseigenen Steuerapparat nicht gab. Kirchenpfründen wurden am Königshof fast wie weltliche Lehen behandelt und die Kurie regelmäßig mit königlichen Pfründenbitten heimgesucht. Was Maximilian an solchen Geschäften verdiente, ist schwer zu sagen. Jedenfalls lebte ein ansehnlicher Teil seines Kanzleipersonals und seiner Diplomaten vom Kirchengut. Später waren es auch die Einnahmen aus dem Kreuzzugsablaß, die der König für sich in Anspruch nahm. Während im Bereich der Reichskirche der königlichen Einflußnahme in der Besetzung von Bistümern, Domkapiteln, Abteien und kleineren Pfründen doch gewisse Grenzen gesetzt waren, konnte er in seinen österreichischen Erbländern die umfassenden Privilegien nutzen, die sein Vater von den Päpsten erhalten hatte. Er übte eine unbeschränkte landesfürstliche Kirchenhoheit, besetzte die Bistümer, Kapitel, Abteien und Pfarren fast nach Belieben; schaltete und waltete mit dem Kirchengut wie mit seinem eigenen; beanspruchte das volle Visitationsrecht, beschränkte die geistlichen Gerichtsrechte und Appellationen nach Rom und kümmerte sich um den Papst[26] wenig oder gar nicht, zumal ihn von Alexander VI., besonders seit dem Italienzug, schroffe Gegensätze trennten. Mit Recht durfte er sich vom Papst, der seit 1498 auf die Seite Frankreichs übergetreten war, verraten fühlen. Während Alexander andere Nationen, Franzosen und Spanier, mit Zugeständnissen überhäufte, erhielt der Römische König nur, was er sich selber zu nehmen vermochte. Kein einziges Kardinalat hatte die Deutsche Nation von Alexander VI. bis 1503 erhalten. Über den päpstlichen Zeremonienmeister Burchard, den berüchtigten Diaristen, einen geborenen Straßburger, hatte man offenbar unmittelbare Kunde über das skandalöse Treiben des Borgia-Papstes[27]. Auch gebildete Italiener, wie Pico de Mirandola, baten den künftigen Kaiser, die Christenheit von diesem unwürdigen Hirten zu befreien, der sie ins Verderben stürze. Alexander VI. sei ein Kerl, der Prügel verdiene[28]; Cesare ein Schlächter redlicher Leute[29], ließ sich der König hören. Wiederholt drohte er dem Papst mit Konzil, Schisma und mit Verselbständigung der deutschen Kirche, wobei den König die Hoffnung bestimmen mochte, über die reichen Kircheneinkünfte verfügen zu können.

Zweifellos lag im Geldmangel die größte Schwäche der kaiserlichen Kriegs- und Friedenspolitik. Deswegen waren die meisten großen Unternehmungen dieser Jahre mißglückt. Zu groß war das Mißverhältnis der ökonomischen Entwicklung der österreichischen Länder und ihrer Leistungsfähigkeit gegenüber den Anforderungen einer Großmachtpolitik, die weder vom Reich noch von Burgund her wesentlich unterstützt wurde. Hier lag das Geheimnis der beständigen schweren Finanzkrisen, denen auch die tüchtigsten Beamten auf die Dauer nicht gewachsen waren, wenn es ihnen auch zeitweilig gelang, „den Wagen aus der lackhn zu ziehen", wie Liechtenstein so anschaulich schreibt[30]. An der ständigen Geldnot lag sein geringer Kredit unter den Mächten, da man sich bei seiner Armut auf seine Versprechungen nie verlassen konnte. Einem Adler gleich, von hochfliegenden politischen Phantasien getragen, fehlte ihm nicht selten die nötige Erdenschwere.

Klar erkannte Maximilian, wie sehr die große Politik auf das große Kapital angewiesen war, und verbündete sich daher immer enger mit den süddeutschen Bankhäusern und Handelsgesellschaften[31]. Gossembrot[32] sollte ihm die Finanzverbindungen zu den Fuggern, Hochstettern und Welsern vermitteln. Die Firmen gewährten ihm Anleihen, der König aber überlieferte ihnen dafür die Bergwerke und den Großhandel mit Lebensmitteln. Wie schwer auch der „arme Mann" unter der hemmungslosen Preistreiberei der „Fürkäufer" leiden mochte, dem Kaiser war die Kreditverbindung mit den großen Gesellschaften wichtiger.

Weit weniger ins Gewicht fielen dagegen die Geldgeschäfte mit den Juden[33], denen Maximilian unfreundlicher begegnete als sein Vater. Sie bedeuteten ihm genauso viel, wie viel er an ihnen verdienen konnte. Einerseits war er freidenkend genug, um die Vorurteile gegen sie nicht völlig zu teilen und mit einzelnen jüdischen Geldleuten, Gelehrten und Ärzten gute Beziehungen zu pflegen. Anderseits zögerte er nicht, die antijüdische Welle, die damals von Spanien aus über Europa hinwegging, für sich fiskalisch zu nutzen. An den Judenaustreibungen und Neuansiedlungen der Jahre 1494—1498, die der König in seinen Ländern fast durchaus unterstützte, mag er wohl über die 60.000 Gulden verdient haben. In Geldfragen war er gewissenlos, und nicht zu Unrecht stand er bei aller Freigebigkeit auch im Geruch der Geldgier. Denn so großzügig er gab, ebenso rücksichtslos pflegte er zu nehmen. In bemerkenswerter dichterischer und historischer Einfühlung macht ihn Goethe im Faust zusammen mit dem Teufel zum Schöpfer des Papiergeldes[34]. Aber trotz aller Anstrengungen vermochte er die Spannung zwischen der wirtschaftlichen Rückständigkeit seiner Länder und den hohen Anforderungen seiner Politik niemals zu überwinden.

4. Der König in den Jahren der Rückschläge

Die Zeiten des ungebrochenen jugendlichen Optimismus waren vorbei. Der König hatte unter den Rückschlägen der letzten Jahre persönlich schwer gelitten. Manche Reichsfürsten widerstanden ihm ins Angesicht, tadelten offen seine „Torheiten", und wenn er sie schärfer anließ, was mitunter vorkam, erhielt er wohl spöttische Antworten. Sie hatten es verstanden, die meisten Unternehmungen so wirksam zu behindern, daß sie fehlschlagen mußten, um sie nachher als sinnlose Abenteuer hinzustellen; sie hatten den König von allen Bundesgenossen getrennt, ihm die auswärtigen Möglichkeiten allmählich aus der Hand geschlagen und schließlich auch das innere Regiment erobert. Die auswärtigen Gegner gossen Spott und Verachtung über ihn aus. Er fühlte sich von seinem „spiritus adversus"[1] verfolgt, von Todfeinden allenthalben umstellt und fürchtete den Verlust des Kaisertums, den Untergang des Reiches und seines Hauses. Hatte er bisher stets sprühenden Tatendrang, tollkühnen Wagemut gezeigt, so bemerkt man nun eine wachsende Scheu vor großen Entschlüssen, einen gewissen Hang zum vorsichtigen Hinausschieben, ein nicht ganz unberechtigtes, stets wachsendes Mißtrauen gegen seine nähere und fernere Umgebung: er hatte, wie man sagte, lange Ohren, aber kurzen Glauben; hörte sich alles an, aber glaubte nur, wo sich die Wahrheit greifen ließ; verhüllte seine wahren Absichten, indem er die Vertreter der Mächte durch verschiedenste Mitteilungen zum besten hielt. Humor und Phantasie überboten sich, wenn es galt, der neugierigen Umgebung einen Bären aufzubinden. Den Glauben an seine politische und militärische Meisterschaft, seine innere Sicherheit hat er selbst in diesen Jahren nicht verloren. Wenn auch Anflüge von Pessimismus ihn öfter überkamen, der Kampf gegen seinen „Unstern"[2] reizte ihn. Sein eigentliches Wesen blieb durch die Niederlagen von 1500 ungebrochen. Die Gewißheit des Berufenseins hat ihn auch im tiefsten Unglück aufrecht gehalten.

Freilich zeigten sich immer häufiger Spuren einer krankhaften Überreizung. Berthold erfuhr 1497 aus Innsbruck, „wie Konigliche Majestät ains wilden wesens sey"[3]. Was Hofbiographen wie Cuspinian oder Grünpeck nur zart andeuten und beschönigen[4], trat öfter in peinlicher Weise an die Öffentlichkeit: der König war nicht nur, wie man heute zu sagen pflegt, „nervös"; er ließ sich zu maßlosen Wutausbrüchen hinreißen, besonders dann, wenn er sich in seinem persönlichen Ehrgeiz verletzt fühlte. Man weiß, wie er den Papst und den König von Frankreich schmähte, Berthold und die Reichsstände anfuhr oder auswärtige Gesandte ungnädig von seinem Hofe jagte. Die Umgebung bemühte sich, ihm widerwärtige Angelegenheiten fernzuhalten[5], weil man seine Reizbarkeit kannte und fürchtete. Ein leidenschaftliches Majestäts- und Reichsbewußtsein, ein leicht verletzbares Ehrgefühl, Haß und Rache blieben stets mächtige Antriebskräfte seiner persönlichen und politischen Haltung.

Ein schwungvoller, dynamischer Herrscher, eher nach seiner portugiesischen Mutter als nach seinem Vater geraten, liebte Maximilian äußere Wirkungsmittel, große Gesten, Pathos, Rhetorik und neigte fallweise zu Übertreibungen. Viele seiner Aussprüche haben sich dem Gedächtnis erhalten: er lasse sich nicht an Händen und Füßen binden und an den Nagel hängen[6]; er habe gut regiert[7] und alles für das Reich hingegeben; die „deutschen Hammel" würden noch sehen[8], wohin sie kämen; er werde weiterkämpfen, und wenn er den Teufel aus der Hölle holen[9] müsse; er bekenne sich zu seinen „Torheiten"[10]; er werde den Franzosen einen Bakkenstreich geben, dessen man in hundert Jahren noch gedenke[11]; er werde ihnen auf die Gurgel steigen, ihnen die Flügel stutzen; und wenn er nur über vier Knechte verfüge[12], werde er den Krieg gegen Frankreich führen; wenn man ihm jetzt nicht helfe, wolle er vom Reich zu Tisch und Bett geschieden sein[13]; er habe nicht nur dem Reich, sondern auch dem Hause Österreich geschworen; er werde die Krone zu Boden treten und nach den Stücken greifen[14]. Auch aus den hinterlassenen Diktaten, die er in Eile hinwarf, wissen wir, wie er sprach: bald stockend, in halben oder gebrochenen Sätzen, dunkel und andeutungsweise, bald in rhetorischer Fülle sich überstürzend, wie es eben seiner Seelenlage entsprach. Wir werden es glauben dürfen, wenn auswärtige Beobachter verschiedentlich berichten, er habe seine Zuhörer mitunter zu Tränen gerührt.

Des Königs Denken war, bei aller Natürlichkeit in Dingen des täglichen Lebens, doch überspannt und stets höchsten Zielen zugewandt. Magnanimus = Theuerdank, ein Kaiser, der Großes im Sinne hat, wünschte er zu sein. Kaisertum, Rom, Italien, Kreuzzug, Reich, Deutsche Nation und die Größe seines Hauses waren die politischen Leitlinien seines Lebens, die über enges territoriales Hausmachtdenken weit hinausführten. Da vermochte er manchmal aus seiner hohen Schau Entwicklungen zu ahnen, die dem gemeinen politischen Hausverstand verborgen blieben. Ein neues Kaisertum der Zukunft schien ihm, allen Widerwärtigkeiten zum Trotz, stets vor Augen zu stehen.

Je härter das Schicksal auf ihn einschlug, desto mehr mochten ihn die hohen Ziele seines Lebens reizen. „Per tot discrimina rerum" lautete eine seiner Devisen[15]. Das dazugehörige Bild zeigt ihn von verschiedensten Gefahren bedroht, über ein Glücks- oder ein Unglücksrad scharfer Schwerter hinwegschreiten. Der König brauchte Schwierigkeiten und Widerstände und steigerte sich in ein militärisches Draufgängertum, das zwar zum Lebensgefühl der damaligen fürstlichen Gesellschaft gehörte, aber bei ihm zweifellos übertrieben hervortrat. Der Krieg erschien ihm als die normale Lösung aller anstehenden politischen Probleme.

Den Stürmen und Rückschlägen der letzten Zeit folgten Monate und Jahre der Machtlosigkeit und erzwungener Ruhe, wenn nicht Ermattung: die Gesandten beobachteten an ihm bereits Zeichen körperlicher und seelischer Überspannung. Zwar hört man in diesen Jahren noch nichts von ernsten Krankheiten, es sei denn, daß ihn eine Turnierverletzung, wie im Frühjahr 1498, für Wochen in Innsbruck festhielt. In unverwüstlicher Arbeitskraft sucht er immer noch alle möglichen großen und kleinen Geschäfte persönlich zu entscheiden. Immer noch jagt er die Gemse, den Hirsch, den Bären und den Eber, um sich körperlich tüchtig zu erhalten — für den Krieg —, wie er in seiner Biographie ausdrücklich betont[16]. Während der Fastnachtzeiten rannte er immer noch seine scharfen Turniere und feierte dabei seine großen Siege, ohne je von Damen eine ungebührliche Belohnung zu fordern, wie er in seiner Biographie beteuert. Doch gab es schon immer Freundinnen in seinem Leben, besonders seit die Beziehungen zu Königin Bianca, die selten bei Hofe weilte, völlig erkaltet waren. Offenbar waren es adelige Damen, die gut ausgestattet und versorgt wurden, aber ohne jeden Einfluß blieben und in keiner Weise auffallen durften. Nur der gerade Wolkenstein wagte einmal zu schelten, daß die Beamten bei schlechtem Sold gehalten würden, während eine Dame ein Liefergeld von 2400 Gulden beziehe[17]. Man warf dem König auch die höfischen Feste, Mummereien, musikalischen Darbietungen und Tanzvergnügungen vor, die in diesen Jahren der Ruhe wieder mehr gepflegt wurden als früher. Der König war ein Mann; hätte er auf jedes Vergnügen verzichten sollen? entschuldigte ihn Cuspinian[18].

Mehr als bisher besann sich der König nun seines „Gedächtnisses“, des Bildes seiner Person und seiner Taten, wie er es unter das Volk bringen wollte. Das Übermaß an gestaltender Phantasie entlud sich nun auf Kunst und Propaganda, auf die Vorbereitung autobiographischer, literarischer wie graphischer Ehrenwerke zur Verherrlichung des Kaisertums, seines Hauses und seiner Politik. Nachdem er die lateinische Autobiographie aufgegeben, faßte er Theuerdank, Weißkunig und Freydal, deutsche Bilderchroniken seines Lebens nach burgundischem Vorbild, ins Auge. Ein Zeichen seines ungebrochenen Humors: er plante auch eine Neuausgabe der Schwänke des Pfaffen von Kahlenberg und des Neidhard. Er bestellte Sunthaym zu seinem Chronikmeister und befahl ihm die Sammlung der Quellen zur Genealogie und Geschichte seines Hauses. Ebenso begann er mit Entwürfen zum Triumphzug, zur Ehrenpforte und für sein eigenes Grabmal, wobei er stets selber der erhöhte Mittelpunkt seiner Vorgänger im Reich, der altrömischen wie der deutschen Kaiser, zu sein wünschte. Daneben entstanden die zahlreichen bekannten Porträts, vorzüglich von der Hand Bernhard Strigels. Zu kostspieligerem freilich reichte es in diesen Jahren nicht: das geplante Reiterstandbild[19] kam nicht zustande. Nur die Innsbrucker Residenz wurde trotz der drückenden Finanzlage ausgebaut, der herrliche Wappenturm und das Goldene Dachl errichtet, wogegen in Wien so gut wie nichts geschah. Im übrigen nützte der König die folgenden Jahre der Ruhe, um seinen Wiedereintritt in die große Politik vorzubereiten.

5. Die Lage um 1500. Vorbereitung eines außenpolitischen Systemwechsels. Annäherung an Frankreich

Seit 1499 erlebte Maximilian seine schwersten Rückschläge, die Jahre seiner tiefsten Demütigung. Mailands beraubt, aus Italien verdrängt, von den Spaniern verlassen, durch ein jagiellonisch-französisches Bündnis auch vom Osten her gefesselt, im Innern durch die Reichsstände seiner Regierungsrechte beraubt, zum Waffenstillstand mit den Türken gezwungen, vom Papst und den Mächten nicht einmal des Ehrenvorrangs in der Führung des Türkenkrieges für wert gehalten, so war er an den Rand des europäischen Geschehens abgedrängt. Es bedurfte besonderer Standhaftigkeit, diese Niederlagen zu überstehen.

Ganz ohne Trost waren auch diese Jahre der Erniedrigung nicht geblieben. Im Jahre 1500/01 hat Maximilian seine Tochter Margarethe, die Witwe des Infanten von Spanien, mit dem jungen Herzog Philibert von Savoyen verlobt[1], der sich, anders als sein Vater, ganz auf die Seite des Reiches stellte. Im April 1500 vermochte der König nach dem Hinscheiden des Grafen Leonhard, des letzten seines Hauses, gegen venezianische Ansprüche die Grafschaft Görz am Isonzo, in Friaul, Oberkärnten und im Pustertal erblich zu erwerben[2] und damit den Gebietszusammenhang zwischen den östlichen und westlichen habsburgischen Ländergruppen endlich herzustellen.

Noch bedeutender als dies, ein geradezu säkularer Erfolg, war in Spanien zu erwarten. Was die wenigsten erhofft hatten, war eingetreten: die spanische Heirat eröffnete den Habsburgern die Erbfolge in den spanischen Ländern, zumal seit Juana am 24. Februar 1500 einen Sohn (Karl V.) geboren hatte. Der hoffnungsvolle Erbe schien berufen, die Besitzungen Österreich-Burgunds und Spaniens in der Alten und Neuen Welt zu vereinigen. Erzherzog Philipp dachte bereits daran, seinen Sohn Karl mit der Erbin Frankreichs zu verheiraten[3] und schien sich mit Ludwig XII. einig. Kehrte das universal-christliche Imperium Karls des Großen wieder?

So boten sich manche Aussichten, die traurige Lage zu ändern. Vor allem empfahl sich dem Römischen König ein außenpolitischer Systemwechsel. Unter dem beständigen Drängen seines Sohnes begann sich Maximilian — zunächst freilich nur widerwillig — dem Gedanken eines Ausgleiches und Bündnisses mit Frankreich zu nähern. Sollte er sich nicht mit Ludwig XII. gegen die Türken verbünden, die eben in der Adria erschienen, und unter dem Titel eines Kreuzzuges mit Hilfe der Erbländer, des Reiches, der christlichen Mächte, vor allem Frankreichs und des Papstes, zunächst Rom und die Kaiserkrone gewinnen? War es nicht der einzige Ausweg, Frankreich durch Zugeständnisse zu gewinnen und Italien mit ihm zu teilen? Der König zögerte jetzt länger als in früheren Jahren, ehe er sich entschloß.

Erzherzog Philipp vermochte den Vater schließlich in die neue Richtung zu drängen. Der junge Fürst, inzwischen erwachsen, zu dynastischem Selbstbewußtsein erwacht und zu weiterem politischen Horizont gereift, trat nun als mächtiger Partner neben den Römischen König[4]. Er fühlte allmählich die Verpflichtung, der großburgundischen Tradition entsprechend in das internationale Machtspiel einzugreifen. Des Vaters Kaiserkrönung, die Gewinnung eines Kurfürstentums, die eigene Wahl zum Römischen König begannen für den eher lässigen Prinzen an Reiz zu gewinnen. Seine politischen Seitensprünge, die den Vater mitunter verzweifeln ließen, so daß der Kurfürst von Sachsen bereits auf die Nachfolge im Reich hoffen konnte, waren rasch verziehen. Maximilian dachte vielmehr daran, den Sohn noch enger auf die Politik des Reiches und der Erbländer zu verpflichten, indem er ihm und Juana auch den Titel eines Königs und einer Königin von Böhmen verleihen wollte[5]. So bereitete sich von dieser Seite her eine Wende der habsburgischen Politik, eine engere politische, militärische und finanzielle Zusammenarbeit des Hauses Burgund-Österreich, ein Ausgleich mit Frankreich und damit ein neuer politischer Anfang vor. Würde ein Friede mit dem Hause Valois nicht den gefährlichsten Gegner zum Bundesgenossen machen und die Weltherrschaft der vereinigten Häuser Habsburg-Burgund-Valois vorbereiten?

ANMERKUNGEN

Die im folgenden kurz zitierten Autoren und Werke sind im angeschlossenen Quellen- und Literaturverzeichnis mit vollem Titel angeführt. Eine knappe kritische Bibliographie der Quellen und Literatur ist jedem Hauptkapitel vorangestellt. Die Ziffern am Rande verweisen auf die zugehörigen Seiten.

VORWORT

3

[1] B. *Haller* (Wien) urteilt, ich hätte nicht „im weitesten Sinn unparteiisch den letzten Stand der gesamten (einschließlich der anderorts betriebenen) Maximilianforschung wiedergegeben“, und erwähnt in diesem Zusammenhang die Reichstagsakten (MÖSTA 26 (1973), 538 ff.). Diese Behauptung möchte ich den gelehrten Benützern zur gerechten Überprüfung ausdrücklich empfehlen.

4

[2] Auch im Kreis der Reichstagsakten wurden ähnliche Urteile ausgesprochen. Vgl. die Ausführungen von *Angermeier* (Reichsregimenter und ihre Staatsidee) 312 f.: „Als der dritte, sehr problematische Punkt ... ist schließlich die Tatsache anzusprechen, daß sich die Reformer nach dem Text der Regimentsordnungen zwar konfrontiert sahen mit den politischen Interessen der anderen Staaten Europas und bedroht von der Türkenflut, daß sie aber selbst nicht zur politischen Folgerung bereit waren, das Reich in einer entsprechenden Weise zur Macht unter Mächten zu machen ..., daß die Reformer von Anfang an die Umbildung des Reiches zu einem Machtfaktor mit aller Entschiedenheit ablehnten ..., die Verständnislosigkeit der Reformer für den Zusammenhang von innerer Organisation und äußerer Position eines Staatswesens konnte nicht drastischer ans Tageslicht treten ..., im Verzicht auf den neuzeitlichen Machtstaat kann man das wichtigste Charakteristikum, aber wohl auch die eigentliche Schwäche in der Staatskonzeption der Reichsreform sehen.“

I. WIEDERHERSTELLUNG DES REICHES? MAXIMILIANS ITALIENZUG 1496

1. Italien, das Reich und Europa

9

[1] *Löwe* 517 ff.
[2] *Dante*, Purgatorio 6, Vers 76 ff.; *Löwe* 532, 539 f., 551.
[3] *Dante*, Purgatorio 6, Vers 97.
[4] *Dante*, Purgatorio 33, Vers 43.

[5] *Dante,* Inferno 1, Vers 101 ff.; vgl. *Davis* Charles T., Dante and the Idea of Rome. Oxford 1957; *Seidlmayer,* Dantes Reichs- und Staatsidee *passim.*

10 [6] *Lavisse* V/1, 1 ff.

[7] Zur allgemeinen Information vgl. *Valeri* (L'Italia nell' etá dei principati) 807 f. (dort eine Zusammenfassung der grundlegenden Literatur); desgl. *Pontieri,* Le lotte (dort Literatur); außerdem die Werke von *Fueter,* Staatensystem; *Windelband; Kienast* (Anfänge des europäischen Staatensystems); *Seidlmayer* (Geschichte Italiens) 283 f., 499 ff., 506 ff. (dort Literaturübersichten); *Wiesflecker,* Maximilian, I, 396 ff., 541.

11 [8] Einschlägige Literatur bei *Valeri* 832; *Seidlmayer,* Italien 97 ff.

12 [9] *Valeri* 544 ff., 587 ff., 815 ff. (dort Literatur); *Seidlmayer,* Italien 500 f. (Literaturhinweise); *Burckhardt* 33 ff.

[10] *Kienast* 270 ff.

13 [11] Grundlegend *Pastor* (Geschichte der Päpste III/1—2); *Gregorovius* (Geschichte Stadt Rom VII); *Seidlmayer,* Italien 289 f., 500 f. (Literaturhinweise); *Valeri* 531 ff., 817 ff. (dort Literatur); *Burckhardt* 94 ff.

[12] *Gregorovius* VII, 342, Anm. 2; diese Schätzung scheint mir zu niedrig.

[13] Vgl. S. 160, 162.

14 [14] Dazu das grundlegende Werk von *Strnad,* Pio II e sino nipote F. Todeschini-Piccolomini.

15 [15] *Valeri* 727 f.; *Pastor* III/1, 339 ff.

[16] *Valeri* 577 ff., 629 ff., 637 ff., 719 ff., 820 ff. (dort Literatur); *Burckhardt* 70 ff.

[17] *Seidlmayer,* Italien 283 f.

16 [18] *Valeri* 423 ff., 520 ff., 825 ff. (dort Literatur); *Kretschmayr* II, *passim*; *Seidlmayer,* Italien 500 (Literaturhinweise); *Burckhardt* 58 ff.

17 [19] *Valeri* 425.

[20] *Diarium Ferrarense* 365, 380 (nach *Ranke,* Geschichten der roman. und germ. Völker 228).

[21] *Andreas,* Staatskunst *passim*; *Höflechner,* Beiträge zur Diplomatie I, 195 ff.; *Mattingly,* Renaissance diplomacy 77 f., 93 ff., 101 ff., 112 ff.

18 [22] *Maffei,* Donazione 346.

[23] Darüber im III. Bd.

[24] Vgl. S. 5 f. Über Venedigs Drang zum Ligurischen Meer vgl. *Lanz,* Einleitung 35 ff., 37 ff.

[25] Vgl. Anm. 23.

19 [26] Vgl. S. 147, 161.

[27] Vgl. S. 70, 291.

[28] *Valeri* 515 ff., 571 ff., 604 ff., 666 ff., 823 ff. (dort Literatur); *Seidlmayer,* Italien 293 f., 500 (Literaturhinweise); *Burckhardt* 36 ff.

20 [29] Vgl. S. 142, 256, 311.

[30] *Lavisse* V/1, 5 f.

[31] Vgl. S. 69.

[32] *Commynes* (ed. Aschner) 485 f.

[33] Vgl. S. 47.

21 [34] *Wiesflecker,* Maximilian, I, 363 ff.

22 [35] *Malipiero* 482; *Sanuto* I, 496; *Machiavelli* (ed. 1925) V, 66 f.

[36] *Sanuto* I, 446 f.; *Wiesflecker,* Italienzug 616.
[37] Vgl. S. 142. Vgl. auch Berichte des Fuensalida von 1498 Juli 7 Freiburg (ed. *Berwick-Alba*) 64 f.
[38] *Valeri* 753 ff.
[39] *Valeri* 517 f., 827 f.
[40] Vgl. S. 100. 23
[41] *Valeri* 556 f., 577 ff., 590 ff.; *Seidlmayer,* Italien 283.
[42] Vgl. S. 151 ff.
[43] *Wiesflecker,* Maximilian, I, 357.
[44] Siehe S. 129, 147, 155, 158 f. 24
[45] *Wiesflecker,* Maximilian, I, 345 ff. (dort weitere Literatur).
[46] *Wiesflecker,* Maximilian, I, 369, 374 f.; vgl. S. 44 f. 25
[47] *Köhler* 51.
[48] *Neroutsos-Hartinger* 69 f.
[49] Brief des Heinrich Grünebeck von 1500 Oktober bei *Janssen,* Geschichte des deutschen Volkes 500; *Sanuto* II, 1172, 1181 ff.: „Italia que mea est . . .". 26
[50] *Valeri* 713 ff.

2. Die spanischen Heirats- und Bündnisverträge

[1] Das weltgeschichtlich hochwichtige Ereignis ist von der österreichischen wie von der spanischen Geschichtsforschung langehin völlig übersehen worden. Die folgende Darstellung beruht hauptsächlich auf primären Quellen aus dem spanischen Generalarchiv zu *Simancas* und den Hauptbeständen (Urkunden, Akten, Registerbücher der krl. Kanzlei) in den Archiven zu *Wien* und *Innsbruck.* An Darstellungen, die fast den Wert einer Quellenparaphrase haben, und an Quellendrucken sind immer noch ergiebig *Zurita, La Torre* (Documentos), *Petrus Martyr, Chmel, Sanuto, Molinet* und *Berwick-Alba.* Auf Grund dieses größtenteils in den Maximilian-Regesten zusammengefaßten Quellenbestandes beruht die Darstellung von *Wiesflecker* (Habsburgisch-spanische Heirats- und Bündnisverträge). *Krendl* konnte die Kenntnisse durch eingehende Archiv- und Literaturstudien in Spanien (Simancas und Madrid) erweitern. *D'Hulst* und *Mayer* (Maximilian und Philipp) behandeln die Heirat vorzüglich aus burgundischer Sicht. Die einschlägigen deutschen, spanischen und französischen Literaturen sind an ihrem Ort angezogen. Wertvolle Hinweise verdanke ich der Sammlung *Probszt.* 27
[2] Diese sehr treffende Bezeichnung bei *Lhotsky,* Zeitalter (Titel! 12).
[3] Vgl. *Wiesflecker,* Maximilian, I, 229, 393.
[4] *Zurita* IV, 280^{v}—281.
[5] *Vicens Vives* 475 f.; *Fernández Suarez* I, 153 f.; *Krendl,* Diss. 2.
[6] *La Torre* II, 38 f., Nr. 35, 39 f., Nr. 37.
[7] Vgl. *Wiesflecker,* Maximilian, I, 201, 319. 28
[8] *Wiesflecker,* Heiratsverträge 3; *Krendl,* Diss. 5 f.
[9] *Zurita* IV, 356^{v}; *Wiesflecker,* Heiratsverträge 3; *Schirrmacher* VII, 74.
[10] *Wiesflecker,* Heiratsverträge 3 f.
[11] Vgl. *Wiesflecker,* Maximilian, I, 200, 318 ff., 323; *Wiesflecker,* Heiratsverträge 5 f. 29

[12] *Zurita* IV, 357.
[13] Vgl. *Wiesflecker*, Maximilian, I, 214 f.
[14] Vgl. *Wiesflecker*, Maximilian, I, 221, 320.
[15] *Krendl*, Diss. 6.
[16] *Krendl*, Diss. 6 f.
[17] *Krendl*, Diss. 7.
[18] Vgl. *Wiesflecker*, Maximilian, I, 322 f.; *Krendl*, Diss. 8 f.
30 [19] *Wiesflecker*, Maximilian, I, 165.
[20] *Wiesflecker*, Heiratsverträge 6 ff.
[21] *La Torre* III, 326, Nr. 67; *Höflechner*, Beiträge zur Diplomatie I, 52; *Ulmann* I, 118; *Krendl*, Diss. 9 f.
[22] *Zurita* V, 3 f.
[23] Vgl. *Wiesflecker*, Maximilian, I, 325 f.
31 [24] Über die Heirats- und Vertragshandlungen von 1490 sehr ausführlich *Krendl*, Diss. 11 ff.
[25] Vgl. *Wiesflecker*, Maximilian, I, 287 ff.
[26] Vgl. *Wiesflecker*, Maximilian, I, 330 ff.
[27] Siehe S. 82 ff., 85 f., 97 f.
[28] *Zurita* V, 10^{v} f.; *Krendl*, Diss. 16 f.; *Wiesflecker*, Heiratsverträge 9 f.; *Höflechner*, Beiträge zur Diplomatie I, 52; *Rodriguez Villa*, Juana 11; *Rodriguez Villa*, Rojas, Bd. XXVIII, 183; *Schirrmacher* VII, 86.
[29] *Rom* VatA, Reg. Vat. 869, fol. 84^{v}—85^{v}. Dies geht auch aus der Heiratsurkunde von 1496 Oktober 20 Lierre hervor (vgl. *Wiesflecker*, Heiratsverträge 10, 35 f.); *Krendl*, Diss. 18, Anm. 13.
[30] Vgl. *Wiesflecker*, Maximilian, I, 338 ff.
[31] Geheime Instruktion KMs an den Bischof von Erlau von 1493 Juli 25 Linz (*Wien* HHSA, MaxAkt 1 b, fol. 119 f.); *Wiesflecker*, Heiratsverträge 11; *Wiesflecker*, Türkenzug 158; *Leipold*, Ostpolitik 55; *Krendl*, Diss. 20.
32 [32] *Zurita* V, 25^{v}; *La Torre* IV, (1493) Nr. 411, 412; *Krendl*, Diss. 20 (dort Einzelheiten).
[33] *Wiesflecker*, Heiratsverträge 11 f.
[34] *Zurita* V, 59; *Krendl*, Diss. 21 f. (dort Einzelheiten und Quellen).
[35] Über Rojas vgl. *Höflechner*, Gesandte 348 f.
[36] *Berwick-Alba* 57 (Bericht von 1498 Juli 7 Freiburg).
[37] Vgl. *La Torre* IV, (1494), Nr. 98, 99, 153; *Zurita* V, 38^{v}; *Krendl*, Diss. 23. Der Entschluß zur Heirat dürfte spanischerseits Ende Juni 1494 gefallen sein.
[38] *Zurita* V, 38^{v} ff.; *Krendl*, Diss. 23 ff. (dort weitere Literatur); *Schirrmacher* VII, 113 ff.; *Wiesflecker*, Heiratsverträge 12; *Ulmann* I, 274; *Höflechner*, Beiträge zur Diplomatie I, 76.
[39] Vgl. *Wiesflecker*, Maximilian, I, 382 ff.; *Krendl*, Diss. 25.
[40] *Petrus Martyr* 78, Nr. 142; *Wiesflecker*, Heiratsverträge 13, Anm. 67; *Krendl*, Diss. 25.
33 [41] *Krendl*, Diss. 33 f. (dort Einzelheiten).
[42] *Zurita* V, 59; *Krendl*, Diss. 21 f.
[43] *Krendl*, Diss. 25 f.; *Höflechner*, Beiträge zur Diplomatie I, 76 f.
[44] Editionen: *Wiesflecker*, Heiratsverträge 15 f. (ausführliches Regest des Vertrages), S. 42—46, Nr. 1 (Volltext des Vertrages); *Santifaller*,

Urkunden des Haus-, Hof- und Staatsarchivs 45 ff., Nr. 30 (Volltext); vgl. auch *D'Hulst* 9 ff., Nr. 1 (Regest). — Eine Abschrift der spanischen Verhandlungsgrundlagen in *Madrid* RAH, CS N 6, S. 354—358; ediert bei *Krendl*, Diss. 229—233, Anhang I; vgl. *Krendl*, Diss. 26 ff. Einschlägige Literatur: *Krendl*, Diss. 30 ff.; *Aguado Bleye* II, 35 f.; *Ballesteros* V, 249 f.; *Baumstark* 158 f.; *Höflechner*, Beiträge zur Diplomatie 54 f.; *Prescott* II, 81; *Ulmann* I, 242; *Mayer*, Maximilian und Philipp 41 f.; *Spausta* II, 182 ff.

45 *Wiesflecker*, Heiratsverträge 17.

46 *Wiesflecker*, Heiratsverträge 17 f., 45: „... propter omnes bonos respectus convenit intelligere et intromittere de rebus Ytalie, tam propter bonum publicum et pacem Christianitatis quam ut catholici Reges et principes conservare et augere tenemur et ex corde cupimus." *Höflechner*, Beiträge zur Diplomatie I, 54. 34

47 Wird von *Krendl*, Diss. 33, Anm. 1 bezweifelt.

48 *Wiesflecker*, Heiratsverträge 18 f.

49 *Wiesflecker*, Heiratsverträge 18; *Wiesflecker*, Türkenzug 174; *Krendl*, Diss. 34 f.

50 *Wien* HHSA, Ukd, unter dem Jahr 1494; die Instruktion ist sicher unrichtig auf 1494 datiert; sie muß im Frühjahr 1495 ausgestellt worden sein, als die Heilige Liga von Venedig abgeschlossen wurde, worauf unverkennbar Bezug genommen ist.

51 *Krendl*, Diss. 35 (dort Einzelheiten); *Höflechner*, Beiträge zur Diplomatie I, 56; *Wiesflecker*, Heiratsverträge 19. 35

52 Über Fonseca vgl. *Höflechner*, Gesandte 336.

53 Über Albion vgl. *Höflechner*, Gesandte 327 ff.

54 So bei *Zurita* V, 63.

55 Vollmachten von 1495 Jänner 25/26 in *Wien* HHSA, FamArch Nr. 841—843; *D'Hulst* 11 f., Nr. 2, 3, 4, 5; *Krendl*, Diss. 34.

56 *Wiesflecker*, Heiratsverträge 20; Brief KMs von 1495 März 11 Bonn (*Wien* HHSA, RRBü JJ, fol. 46); *Krendl*, Diss. 35; *Höflechner*, Beiträge zur Diplomatie I, 55 f.

57 Ein Original dieser Urkunde ist mir nicht bekannt: eine vidimierte Kopie befindet sich in *Wien* HHSA, FamArch Nr. 846 (nach französischem Stil mit 1494 März 22 datiert); *Wiesflecker*, Heiratsverträge 20 f.; *Krendl*, Diss. 35 f.; *Höflechner*, Beiträge zur Diplomatie I, 90; *Spausta* II, 187 f.

58 *Wiesflecker*, Heiratsverträge 21; *Krendl*, Diss. 36; dieser wichtige Vertrag wurde von *Turba*, Thronfolgerecht, nicht beachtet. 36

59 Über die Auszahlung der Pensionen an Engelbert von Nassau, Joannes von Groninghen, Philipp (Bastard von Burgund), Joannes de Berghes und Franz von Busleyden vgl. *La Torre* V, 436 ff., Nr. 85 (1497 April 5); über eine Belohnung Florian Waldaufs vgl. *La Torre* V, 205—209, Nr. 37; vgl. auch die Instruktion der Katholischen Könige an Fuensalida bei *Berwick-Alba* 1 ff.

60 Insert in einem notariellen Vidimus von 1495 November 9 Mecheln in *Wien* HHSA, FamArch Nr. 847; Insert in *Simancas* AG, PatRe, Legajo 56, fol. 2; *D'Hulst* 13, Nr. 6; *Wiesflecker*, Heiratsverträge 21; *Krendl*, Diss. 37; *Spausta* II, 188.

[61] *Wiesflecker,* Heiratsverträge 21 f.
[62] Heftige Vorwürfe gegen Spanien im lateinischen Konzept von 1495 Juni Anfang Worms (*Wien* HHSA, RRBü KK, fol. 82); *Wiesflecker,* Heiratsverträge 22; *Krendl,* Diss. 37 ff.
[63] *Wien* HHSA, RRBü KK, fol. 82: „Super hoc videtur nobis contrarium: quia quando littera in verbis sacramentalibus aperte et manifeste peccat ac in conclusionem vel prolongationem omnino clarissime monstrat, hoc unum datum unius littere minime auffere potest. Nam dicta data solummodo monstrant conclusiones et determinationes litterarum et non dispositiones vel substantias materiarum quia iste numerus annorum Christi non facit vel potest generare dispositiones predictas. Hoc tamen detis pro responso prenominatis de consilio nostro."
37 [64] *Wiesflecker,* Heiratsverträge 23; *Krendl,* Diss. 39 f.
[65] *Wiesflecker,* Reichsreform 20 f.; *Wiesflecker,* Heiratsverträge 23 f.; *Krendl,* Diss. 40.
[66] KMs Anweisung von 1495 Juni 17 in *Wien* HHSA, MaxAkt 3 a, fol. 229 ff.: „a besougnie du mariaige da Madame avec le Roy et la Royne d'Espaigne"; *Chmel,* Urkunden 531 ff., Nr. 371; *Wiesflecker,* Heiratsverträge 24; *Höflechner,* Beiträge zur Diplomatie I, 56; *Krendl,* Diss. 40.
[67] *Wiesflecker,* Heiratsverträge 24 f. (dort Einzelnachweise).
[68] *Wien* HHSA, RRBü GG, fol. 250; *Krendl,* Diss. 40; *Wiesflecker,* Heiratsverträge 24; *Höflechner,* Beiträge zur Diplomatie I, 56.
[69] *Wien* HHSA, RRBü GG, fol. 251; *Wiesflecker,* Heiratsverträge 24.
[70] Vgl. den Volltext des Vertrages bei *Wiesflecker,* Heiratsverträge 47, Nr. 2; ein ausführliches Regest bei *Wiesflecker,* a. a. O. 25 f.; *Krendl,* Diss. 41 f. (Regest); *Höflechner,* Beiträge zur Diplomatie I, 57; *Mayer,* Maximilian und Philipp 42.
38 [71] *Lhotsky,* Zeitalter 111 ff.; *Brandi* I, 116 ff. und II, 115 f.
[72] *Wien* HHSA, RRBü JJ, fol. 264; *Wiesflecker,* Heiratsverträge 26; *Krendl,* Diss. 43.
[73] Volltext bei *Wiesflecker,* Heiratsverträge, S. 48—52, Nr. 3 (dort auch die Überlieferungen); ausführliches Regest ebenda 27 f.; *Krendl,* Diss. 44 f. (Regest); *D'Hulst* 16, Nr. 9 (Regest); Literatur: *Schirrmacher* VII, 152; *Rodriguez Villa,* Juana 13; *Rodriguez Villa,* Rojas, Bd. XXVIII, 184; *Höfler,* Juana 297 ff.; *Ulmann* I, 243; *Mayer,* Maximilian und Philipp 42; *Höflechner,* Beiträge zur Diplomatie I, 58; *Krendl,* Diss. 43 ff.; *Spausta* II, 193 ff.
[74] *Molinet* (ed. Doutrepont) II, 424; *Molinet* (ed. Buchon) V, 54 f.; *Kooperberg* 97; *Mayer,* a. a. O. 42 f.
[75] *Carton* 51.
[76] 1495 November 8 Insert in *Wien* HHSA, FamArch Nr. 848 (inseriert im Libell von 1495 November 28 Brüssel); Insert in *Simancas* AG, PatRe, Legajo 56, fol. 2; vgl. *Krendl,* Diss. 46; *D'Hulst* 19 f., Nr. 10, 11, 12.
39 [77] Vgl. *Wiesflecker,* Heiratsverträge 28 f. (dort Einzelnachweise).
[78] Vgl. *Plöchl,* Kirchenrecht II, 267 ff.
[79] *D'Hulst* 22 f., Nr. 15; *Krendl,* Diss. 47 ff. (ausführliches Regest der Ratifikationsurkunde); *Wiesflecker,* Heiratsverträge 29 ff.

[80] *Rodriguez Villa,* Rojas, Bd. XXVIII, 185 und Bd. XXIX, 5 ff.; dazu ausführlich *Krendl,* Diss. 52, Anm. 2.

[81] Vgl. *Verdroß* 45; desgl. *La Torre* V, 205—209, Nr. 37.

[82] *Wiesflecker,* Heiratsverträge, 32 f.; *Zurita* V, fol. 88: „de que se temia no naciesse alguna mudanca perjudicial en lo de los matrimonios"; *Carton* 52 ff.

[83] Über Salazar vgl. *Höflechner,* Gesandte 78.

[84] *Krendl,* Diss. 51 (dort Quellen).

[85] Dazu ausführlich *Krendl,* Diss. 50 f.; *Documentos inéditos* VIII, 548 ff.

[86] Vgl. S. 97 f. 40

[87] Instruktion Maximilians für seinen Gesandten Lupian nach Spanien von 1496 September 13 in *Wien* HHSA, Geheimes Hausarchiv, gedr. bei *Chmel,* Urkunden 127 ff., Nr. 131; *Wiesflecker,* Heiratsverträge 33; *Krendl,* Diss. 53; *Höflechner,* Beiträge zur Diplomatie I, 60; *Ulmann* I, 243; *Höfler,* Juana 299 ff.

[88] Vgl. *Sanuto* I, 448 (venezianischer Bericht aus Rom vom Jänner 1497); *Wiesflecker,* Heiratsverträge 33.

[89] *Wiesflecker,* Heiratsverträge 34 f. (dort Einzelheiten); *Krendl,* Diss. 54 f.

[90] Die Angaben über Schiffe und Begleitmannschaften gehen stark auseinander; dazu *Krendl,* Diss. 54, Anm. 5. 41

[91] Vgl. *Molinet* (ed. Doutrepont) II, 428 ff.; *Petrus Martyr* 98, Nr. 172; *Krendl,* Diss. 54; *Mayer,* Maximilian und Philipp 43 f.; *Kooperberg* 100; *Prims* VII, 72 f.; *Höfler,* Juana 301 f.

[92] *D'Hulst* 43 f.; *Kooperberg* 101; *Mayer,* Maximilian und Philipp 44; *Krendl,* Diss. 55.

[93] Regest bei *Wiesflecker,* Heiratsverträge 35 (vgl. auch Anm. 21); *D'Hulst* 56, 58 f., Nr. 23; *Fugger-Birken* 1102; *Zurita* V, 100; *Krendl,* Diss. 55 (dort weitere Literatur und Quellen); *Kooperberg* 102; *Höfler,* Juana 302.

[94] *Wiesflecker,* Heiratsverträge 35; *Krendl,* Diss. 56; *Mayer,* Maximilian und Philipp 44; *Lambauer* 155.

[95] Brief KMs an Erzherzog Philipp von 1496 Oktober 6—8 Genua in *Wien* HHSA, MaxAkt 3 c, fol. 13; *Mayer,* a. a. O. 47.

[96] *Chmel,* Urkunden 126 f., Nr. 130; die Antwort der Könige von Spanien berichtet Lupian 1497 Jänner 9 Burgos, bei *Chmel,* Urkunden 166 ff., Nr. 150; *Krendl,* Diss. 52. 42

[97] *Molinet* (ed. Doutrepont) II, 432 ff.; *Zurita* V, 100^{v}; *Carton* 56 ff.; *Le Glay,* Négociations II, 426; *Wiesflecker,* Heiratsverträge 36; *Krendl,* Diss. 56 f. (dort Quellen und Literaturangaben); *Ulmann* I, 243; *Höfler,* Juana 301 f.; *Schirrmacher* VII, 155; *D'Hulst* 60; *Prescott* II, 85 f.

[98] „Cy-gist Margot, la gente damoiselle, Qu'enst deux maris et si morut pucelle." *Altmeyer* 9; *Ulmann* I, 243; *Le Glay,* a. a. O.

[99] *Zurita* V, 118; *Schirrmacher* VII, 155; *Wiesflecker,* Heiratsverträge 36; *Krendl,* Diss. 57 (dort weitere Literatur und Kritik der unterschiedlichen Datierungen); *D'Hulst* 60; *Mayer,* Maximilian und Philipp 44; *Plöbst* 83; *Prescott* II, 86; *Ballesteros* V, 250; *Camon Aznar* 68; *Kooperberg* 103 ff.

[100] *Sanuto* I, 615 ff. (sehr eingehender kulturgeschichtlich interessanter Bericht); *Schirrmacher* VII, 155; *Carton* 61 ff.; *Höfler,* Juana 304.
[101] Zunächst optimistische Berichte des Lupian an KM von 1497 August 20 Medina del Campo bei *Chmel,* Urkunden 195 ff., Nr. 169: „... a cause que les Francois pillent Dieu et le monde...“; *Wiesflecker,* Heiratsverträge 36 ff.
[102] *Kooperberg* 110 ff.; vgl. die Instruktion der Katholischen Könige für den Gesandten Fuensalida von 1497 Dezember 8 Alcalá bei *Berwick-Alba* 6 ff.
[103] Vgl. *La Torre* V, 446, Nr. 102; *Maura Gamazo* passim; *Krendl,* Diss. 57, 90 (dort weitere Literatur).
43 [104] „Senty en aquella habla que el secretario me hizo de parte del rey, que se piensa donde podran colocar a la princesa por aver generacion, porque dizen que esta casa de Austria y de Borgonia esta a mucho peligro, porque estan syn esperanca de aver hijos desta reyna...“ (Bericht Fuensalidas von 1498 März 23 Innsbruck).
[105] *Höfler,* Juana 307 ff.
[106] *Zurita* V, 128v; *Krendl,* Diss. 108 f.; *Höfler,* Juana 309.
[107] So *Brandi* I, 33.
[108] *Huizinga,* Bann 299; *Pirenne* III, 82.

3. Karls VIII. Italienzug und die Heilige Liga von Venedig

[1] Zur Quellenlage: Über den Zug Karls VIII. unterrichtet hervorragend *Delaborde,* der die französischen Archive ausschöpft. Folgende Darstellung der Heiligen Liga beruht im Wesen auf der Sammlung der gedruckten und ungedruckten Quellen der Maximilian-Regesten, insbesondere auf den Beständen der Archive zu *Wien, Innsbruck, Venedig, Mailand* und *Rom* (Vatikan). An Quelleneditionen sind immer noch sehr wertvoll *Sanuto, Zurita, Desjardins, Chmel, Du Mont* und *Lünig;* daneben die Chroniken von *Commynes, Guicciardini, Burchard, Landucci* und *Corio.* Eine Zusammenfassung auf Grund dieser Materialien bietet *Wiesflecker,* Heilige Liga; außerdem die Dissertationen von *S. Simon* und *Spausta.* Dazu die Handbücher der nationalen Geschichten und die Spezialwerke von *Pastor, Schirrmacher, Aguado Bleye, Cherrier, Lavisse, Ulmann, Romanin* und *Kretschmayr.*
[2] *Fueter,* Staatensystem 1 f., 45 f., 254 ff.; *Windelband* 19 ff., 35, 63.
44 [3] *Foscari* 759 ff., Nr. 16; *Zurita* V, 98; *Wiesflecker,* Italienzug 589.
[4] Volltext des Vertrages von 1493 Mai 23 Senlis bei *Du Mont,* Corps diplomatique III/2, 307, Nr. 34; vgl. die Darstellung des Falles durch KM in der Instruktion an Florenz von 1496 Juli 27 Bormio bei *Foscari* 787; *Wiesflecker,* Heilige Liga 180. — Zum päpstlichen Handel mit Bajezid vgl. die Instruktion Alexanders VI. für seinen Gesandten an den Sultan bei *Burchard* (ed. Thuasne) II, 202 ff.
[5] Vgl. *Wiesflecker,* Maximilian, I, 361, 363, 369, 374, 396.
[6] In Italien wurde der gekrönte Römische König stets als Kaiser (Imperator, Caesar, Augustus) bezeichnet.

[7] Bericht des Della Casa an Piero Medici von 1493 November 9 Tours (*Desjardins*, Négociations I, 260 ff., Nr. 14); *S. Simon* 126; *Wiesflecker*, Heilige Liga 179 f.; *Romanin* V, 24; *Wiesflecker*, Maximilian, I, 364 f., 369. 45

[8] *Wiesflecker*, Maximilian, I, 342.

[9] Bericht des P. Alemani an Piero Medici von 1494 März 13 Mailand bei *Buser* 545, Nr. 25; *S. Simon* 126; *Wiesflecker*, Heilige Liga 180 f. (dort Einzelheiten und Quellen).

[10] Ein diesbezüglicher Vertragsentwurf von 1494 Jänner 31, inseriert in einer Urkunde von 1494 April 9 (*Wien* HHSA, Ukd) wurde nie ausgefertigt. Über das Hin und Her dieser deutsch-französischen Handlungen gibt es zahlreiche Quellen bei *Desjardins* (Négociations I).

[11] Florentinischer Bericht von 1494 Mai 22 Lyon bei *Desjardins*, Négociations I, 394 ff., Nr. 1.

[12] Vgl. das Itinerar bei *S. Simon* 188 ff.

[13] *Lavisse* V/1, 5 ff.; *S. Simon* 125; *Szyszkowitz* 53.

[14] Florentinischer Bericht von 1494 Juni 8 Lyon bei *Desjardins*, Negociations I, 400 ff., Nr. 13: „Karl ist ganz besessen vom Italienzug ...“; *Delaborde* 214; *S. Simon* 132. 46

[15] Bericht der florentinischen Gesandten aus Frankreich von 1494 Jänner 24 Tours bei *Desjardins*, Negociations I, 272 ff., Nr. 9; *S. Simon* 127.

[16] *S. Simon* 130 f. (dort Quellen und Einzelheiten).

[17] Über den Zug Karls VIII. vgl. *Delaborde* 325 ff.; *Ulmann* I, 266 ff.; *S. Simon* 128 ff., 133 ff.; *Havemann* I, 77 ff.; *Pastor* III/1, 391 ff.; *Kretschmayr* II, 398 f.; *Wiesflecker*, Heilige Liga 180 ff.; *Szyszkowitz* 47 ff.

[18] Volltext bei *Müller*, Reichstags-Theatrum unter Maximilian, I, 272 bis 277; *Lünig*, Codex Italiae, I, Sp. 483 ff., Nr. 37; *Wiesflecker*, Heilige Liga 181; *S. Simon* 98; *Corio* 929 ff.; *Ulmann* I, 225 ff.

[19] *Commynes* (ed. Aschner) 496 f.; *Wiesflecker*, Heilige Liga 181.

[20] *Wiesflecker*, Maximilian, I, 382 ff.

[21] *Aguado Bleye* II, 77; *Schirrmacher* VII, 120 (aus Petrus Martyr); *Wiesflecker*, Heilige Liga 183. 47

[22] 1494 Oktober 28 Antwerpen (*Wien* HHSA, MaxAkt 2 b [1494], fol. 271 ff.); Aufruf KMs an alle Könige etc. von 1494 November 15 Antwerpen (*Wien* HHSA, Ukd); *S. Simon* 135, 137; vgl. den sehr interessanten Bericht des bayerischen Gesandten Sigmund von Rohrbach an Herzog Albrecht (?) von Bayern ddo 1494 November 6 Antwerpen (*München* HSA, Geheimes SA, Kasten schwarz 4191, fol. 207 ff.).

[23] *Guicciardini* (ed. Costéro) 52; *Commynes* (ed. Aschner) 499; *S. Simon* 134 f.; *Wiesflecker*, Heilige Liga 182.

[24] *Delaborde* 483; *Cherrier* II, 34; *Wiesflecker*, Heilige Liga 182.

[25] *S. Simon* 136 f.; *Pastor* III/1, 317.

[26] *Jovius* (ed. 1559—1561) 123; *Pastor* III/1, 402. 48

[27] *Wiesflecker*, Heilige Liga 183; *S. Simon* 138 ff., 143 ff. (dort Einzelheiten).

[28] *Wiesflecker*, Heilige Liga 183; *S. Simon* 143 f.

[29] *Trenkler* 94 ff. (dort Einzelheiten und englische Quellen); *Krendl*, Diss. 66 f.

[30] *Aguado Bleye* II, 77 f.; *Schirrmacher* VII, 114; *Krendl,* Diss. 25 f., 59 ff.
49 [31] *Wiesflecker,* Heilige Liga 183.
[32] *Calvi* 118.
[33] *S. Simon* 140 f. (dort Einzelheiten und Quellen); *Delaborde* 507 ff.; *Pastor* III/1, 324 ff.
[34] Instruktion KMs von 1495 (ohne Tagesdatum) bei *Chmel,* Urkunden 82 ff., Nr. 89; *Wiesflecker,* Heilige Liga 183; *Ulmann* I, 277 f.; *S. Simon* 144.
[35] *Pélicier,* Lettres IV, 163; dazu *Ulmann* I, 282.
[36] *Wiesflecker,* Heilige Liga 183; *Krendl,* Diss. 60; *Prescott* II, 29 f.; *Schirrmacher* VII, 120; *S. Simon* 143.
50 [37] *S. Simon* 142; *Ulmann* I, 267 ff., 272; *Pastor* III/1, 331.
[38] *Malipiero* 329; *Wiesflecker,* Heilige Liga 184.
[39] *Burchard* (ed. Celani) II, 580; *Burchard* (ed. Thuasne) II, 246; *Wiesflecker,* Heilige Liga 184; *S. Simon* 145.
[40] *Commynes* (ed. Calmette) III, 117.
[41] *Wiesflecker,* Heilige Liga 187; *S. Simon* 142 ff., 146.
51 [42] Zur Heiligen Liga vgl. *Wiesflecker,* Heilige Liga 184 ff.; *Delaborde* 580 ff., 592 ff.; *Cherrier* II, 200; *Ulmann* I, 279 ff., 284 ff.; *Pastor* III/1, 420 ff.; *S. Simon* 146 ff.; *Kretschmayr* II, 400 ff.; *Romanin* V, 65 ff.; *Commynes* (ed. Aschner) 548; *Malipiero* 333 ff.; *Gagliardi,* Anteil 168 ff., 176 ff.; *Szyszkowitz* 59 ff., 79 ff.; *Trenkler* 93 ff.
[43] *Romanin* V, 66; *S. Simon* 144.
[44] Org. in *Wien* HHSA, Ukd; Volltext bei *Lünig,* Codex Italiae I, Sp. 111 ff., Nr. 24; *Bergenroth* I, 55, Nr. 96; ein sehr ausführliches Regest bei *Wiesflecker,* Heilige Liga 185 ff.; Beurteilung bei *Fueter,* Staatensystem 255 f.; *Ulmann* I, 284.
[45] *Guicciardini* (ed. Costéro) II, 121; *Sanuto,* Spedicione 284, 663; *Ulmann* I, 285 ff.; *Schirrmacher* VII, 125, Anm. 1; *Wiesflecker,* Heilige Liga 187 f.; *Leipold,* Venedig 10 f.; *Krendl,* Diss. 63 f.; *S. Simon* 148 f.
52 [46] *Ulmann* I, 285 f.
[47] Dazu *Wiesflecker,* Heilige Liga 187.
[48] *Sanuto,* Spedicione 284, 663.
[49] Vgl. S. 69, 82 f., 85 f., 92, 95 ff., 120 f.
[50] *Commynes* (ed. Aschner) 548; *Bembo* (ed. 1747) 102; *Wiesflecker,* Heilige Liga 188.
[51] Vgl. S. 222 f., 228 f., 233 f., 236 f.
[52] *Delaborde* 576, 594 f.; *Pastor* III/1, 419 f.; *Wiesflecker,* Heilige Liga 188.
53 [53] Siehe S. 220 ff.; *Wiesflecker,* Heilige Liga 188.
[54] Vgl. *Hartung,* Reichsreform 44 f.; *Wiesflecker,* Heilige Liga 189.
[55] *Segré,* Ritirata, Bd. XXXIII, 351.
54 [56] *Wiesflecker,* Heilige Liga 189; vgl. die Briefe KMs an Moro bei *Calvi* 119 ff.
[57] *Commynes* (ed. Aschner) 562; *Landucci* 157.
[58] *Commynes* (ed. Aschner) 562.
[59] *Wiesflecker,* Heilige Liga 189 f.
[60] *Wiesflecker,* Heilige Liga 190; *Delaborde* 610; *Ulmann* I, 289; *Gagliardi,* Anteil 205; *Szyszkowitz* 88 ff.

[61] *Wiesflecker,* Heilige Liga 190; *Delaborde* 634 ff.; *Havemann* I, 199 ff. bringt eine anschauliche Darstellung; *Gagliardi,* Anteil 187 ff.; *Pastor* III/1, 426 ff.; *Kretschmayr* II, 402; *Schirrmacher* VII, 128 ff.; *Szyszkowitz* 94 ff.

[62] So *Commynes* (ed. Aschner) 566. — Den Ausgang der Schlacht beurteilte ganz unrichtig Reuchlin in einem Brief an Hermansgrün ddo 1495 Juli 25 Tübingen bei *Geiger,* Reuchlins Briefwechsel 44 ff., Nr. 50: „... de strage Gallorum et eius regis difficili salute ... Sola recordatio Germani nominis, una illa regis nostri (= Maximilian) confoederatio (= Heilige Liga) vel minimus iste rumor armorum Teutonicique apparatus tantis ictibus regem Galliae pulsavit ..." 55

[63] *Du Mont,* Corps diplomatique, Suppl. I/2, 491 ff., Nr. 302; *Corio* 940; *Segrè,* Ritirata, Bd. XXXIV, 385 ff., Nr. 10, 11; *Wiesflecker,* Heilige Liga 189.

[64] Notiz von „1495" in den brandenburgischen Reichstagsakten (*Merseburg* DZA, Geheimes SA, Rep. X, Nr. ZY, Fasc. 1 C, fol. 31).

[65] Volltext bei *Du Mont,* Corps diplomatique III/2, 331 ff., Nr. 176; *Delaborde* 669 ff.; *Gagliardi,* Anteil 233 f.; *Wiesflecker,* Italienzug 584; *Wiesflecker,* Heilige Liga 191; *Ulmann* I, 392, 405.

[66] *Fueter,* Staatensystem 257; *Wolff* 14 ff. 56

[67] *Bembo* (ed. 1747) 125 f.; *Malipiero* 394 ff.

[68] *Foscari* 844; *Wiesflecker,* Heilige Liga 191.

[69] Das wissen wir aus einer Äußerung Ludovicos in seiner Instruktion an seinen Gesandten Paulus Bilia zu Verhandlungen mit KM von 1499 August 15 Mailand (*Mailand* SA, ArchSforz, PotEst, Alemagna, Cart. 591).

[70] *Wiesflecker,* Heilige Liga 191.

[71] *Lambauer* 92 (dort Einzelheiten und Quellen); *Ulmann* I, 407 f., 424; *Wiesflecker,* Heilige Liga 191.

[72] *Rubinstein,* Firenze 5 ff.

[73] *Sanuto* I, 148: „quasi febre terzana era".

[74] *Wiesflecker,* Heilige Liga 192; *Pastor* III/1, 435. 57

[75] Siehe S. 63 f.

[76] *Sanuto* I, 21; *Wiesflecker,* Heilige Liga 192; *Ulmann* I, 409.

[77] *Landucci* 171 f., Anm. 3; *Jovius* (ed. 1559—1561) 238.

[78] *Wiesflecker,* Heilige Liga 192; *Trenkler* 96 ff., 101 f. (dort Einzelheiten und Quellen).

[79] *Lambauer* 95 f. (dort Einzelheiten und Quellen). 58

[80] Vgl. *Wiesflecker,* Italienzug 585 f.

[81] Siehe S. 22.

4. Vergebliche Bemühungen um England

[1] Die Quellen für dieses Kapitel finden sich hauptsächlich in den Urkunden und Akteneditionen von *Brown* (venezianische Berichte); *Bergenroth* und *Berwick-Alba* (beide bieten spanische Berichte); von *Madden* (Documents relating to Perkin Warbeck); weiters in den Editionen von

Gairdner, von *Přibram* (Österreichische Staatsverträge mit England); *Du Mont*, *Rymer* und aus den in den Maximilian-Regesten gesammelten einschlägigen Quellen der kaiserlichen Kanzlei. An erzählenden Quellen sind heranzuziehen Polydor *Vergil*, *Molinet*, *Zurita* und die Editionen von *Hall* und *Pollard* (Edition erzählender Quellen zu Heinrich VII.); auch eine Aussage des *Weißkunig* ist zu berücksichtigen. Dies alles wurde erstmals von den Dissertationen *Trenkler*, *Höflechner* und *R. Mayer*, besonders auch von den Jahrbuchdissertationen *Schmidt*, *Spausta*, *Lambauer* und *Gröblacher* herangezogen. Außer den bekannten deutschen und englischen Handbüchern ist an Literatur noch immer zu benützen *Busch* (Heinrich VII.), *Mackie*, *Gairdner*, *Williamson*, *Přibram* (Einleitung), *Benedikt* und *Ulmann;* für die spanischen und niederländischen Zusammenhänge sind *Schirrmacher*, *Krendl* und *R. Mayer* zu benützen. *R. Philpot* (London) bereitet eine Untersuchung über die englisch-habsburgischen Beziehungen dieser Zeit vor, welche die englischen Quellen gewiß noch vollkommener zur Geltung bringen wird.

59 [2] *Wiesflecker*, Maximilian, I, 93, 123 ff.

[3] *Přibram* 4.

[4] *Wiesflecker*, Maximilian, I, 167, 178 f.

[5] *Wiesflecker*, Maximilian, I, 320 ff., 324 f.

[6] *Wiesflecker*, Maximilian, I, 295.

[7] *Wiesflecker*, Maximilian, I, 338 ff.

[8] KMs gedr. Ausschreiben an alle Reichsuntertanen und Zugehörige ddo 1493 März 25 Kolmar (*Janssen*, Reichscorrespondenz II, 568 ff., Nr. 719); dazu ein Brief KMs an Albrecht von Sachsen von 1492 Dezember 12 (bei *Ulmann* I, 164); *Trenkler* 82; *Schmidt*, Maximilian 1490—93, 91 ff., 97; *Lambauer* 135.

[9] *Trenkler* 83 ff. bietet eine eingehende Zusammenfassung; *Přibram* 10; *Mackie* 112 ff.; *Pauli* V, 564 ff.; *Busch* I, 86 ff.; *Ulmann* I, 410 ff.; *Höflechner*, Beiträge zur Diplomatie 3 f.; *Spausta* II, 197 ff.; *Lambauer* 135.

60 [10] *Schillers* sämtliche Werke (Säkular-Ausgabe) VIII, 112 ff.; *Behr* Hilda, Warbeck in deutscher Dichtung. Diss. Wien 1933.

[11] Siehe *Wiesflecker* I, 339 f.; *Mackie* 109 ff.; *Pauli* V, 561 ff.

[12] *Molinet* (ed. Buchon) V, 49; *Hall* 489 ff.; *Busch* I, 347 f.; *Kervyn* V, 496; *Trenkler* 84; *Ulmann* I, 261 f.; *Pauli* V, 565.

[13] Nach *Zurita* V, 170 sollen Margarethe und Maximilian von der Echtheit Perkins überzeugt gewesen sein; dazu *Ulmann* I, 261.

[14] *Hall* 463.

[15] *Vergil*, Anglica Historia 69 ff.; *Trenkler* 85; *Mackie* 124.

[16] *Přibram* 11; *Busch* I, 91 f.; *Pirenne* III, 76 f.; *Mayer*, Maximilian und Philipp 30; *Lambauer* 136.

[17] *Schmid*, Selbstbiographie 21; *Wiesflecker*, Maximilian, I, 134—136, 139 f., 153, 156 f.

[18] Zeitgenössischer Bericht bei *Unrest* (ed. Großmann) 222; *Busch* I, 96; *Mackie* 121; *Höflechner*, Beiträge zur Diplomatie 3; *Spausta* II, 198; *Wiesflecker*, Maximilian, I, 361.

[19] *Molinet* (ed. Buchon) V, 15; *Mackie* 120; *Busch* I, 97; *Ulmann* I, 261 f.; *Mayer*, Maximilian und Philipp 29.

[20] *Ulmann* I, 263; *Trenkler* 86.

[21] Sie kommen zum Ausdruck in den autobiographischen Berichten des *Weißkunig* (ed. Schultz) 126, 249 und (ed. Musper) S. 455, Anhang 48.
[22] Brief des Innsbrucker Regiments an KM von 1494 November 14—17 (*Innsbruck* LRA, MaxAkt I/38, fol. 161 ff.); desgl. *Zurita* V, 59 f. 61
[23] KMs Befehl und Instruktion an Erzherzog Philipp von 1495 Juni 17 Worms (in *Wien* HHSA, MaxAkt 3 a, fol. 229 ff.).
[24] Berichte des venezianischen Gesandten von 1495 Juli 19 und 1496 Februar 19 bei *Brown* I, 221, 232, Nr. 650, 677.
[25] Das Innsbrucker Regiment an KM ddo 1494 November 14—17 (*Innsbruck* LRA, MaxAkt I/38, fol. 161 ff.); *Trenkler* 87.
[26] KM an die Statthalter zu Innsbruck ddo 1494 November 20 (in *Wien* HHSA, MaxAkt 3 b, fol. 313).
[27] KM an die Reichsfürsten ddo 1495 (Anfang März) Aachen (in *Wien* HHSA, Ukd).
[28] Urkunde von 1495 Jänner 24 Mecheln (Org. in *Wien* HHSA, Ukd; Kopie ebenda RRBü KK, fol. 31 a); *Gudenus,* Codex diplomaticus IV, 602 ff.; *Přibram* 11; *Mackie* 121; *Trenkler* 87; *Spausta* II, 199; *Schröcker,* Unio 137; *Ulmann* I, 264. 62
[29] *Gairdner,* History of Richard III. 357; *Mackie* 121.
[30] Brief von 1495 Mai 8 bei *Gairdner,* Memorials 393 ff.; *Busch* I, 97.
[31] KMs Befehl an Erzherzog Philipp von 1495 Juni 17 Worms (in *Wien* HHSA, MaxAkt 3 a, fol. 229 ff.); andere Briefe und Befehle KMs in dieser Sache an Hzg Albrecht v. Sachsen ddo 1495 April 3, 7, 21 Worms (*Dresden* HSA, Loc. 8497).
[32] Brief KMs an Hzg Albrecht von 1495 März 26 Worms (in *Dresden* HSA, Loc. 8497).
[33] KM nennt im *Weißkunig* (ed. Musper) 455, Anhang 48 eine Streitmacht von 6000 Mann. In dieser Autobiographie hatte er ja keinen Grund zu übertreiben. Die italienischen Berichterstatter nennen vereinzelt 10.000 Mann.
[34] Brief des Königs von England an Erzherzog Philipp von 1495 Juli 9 Worcester (*Wien* HHSA, MaxAkt 3 a, fol. 267 f.); zeitgenössische Instruktion an Fuensalida (ed. *Berwick-Alba*) 1 ff.; *Brown* I, 219 ff., Nr. 642, 643, 644, 648, 649; *Bergenroth* I, 59, Nr. 98; *Vergil,* Anglica Historia 79 f.; *Hall* 472; *Busch* I, 99 f.; *Mackie* 125; *Williamson* 45; *Trenkler* 88; *Höflechner,* Beiträge zur Diplomatie 4 f.; *Mayer,* Maximilian und Philipp 30; *Spausta* II, 199 f.; *Lambauer* 136; *Benedikt* 9; *Ulmann* I, 264 f.; *Pauli* V, 577.
[35] Brief des Königs von England von 1495 Juli 9 Worcester (*Wien* HHSA, MaxAkt 3 a, fol. 267 f.).
[36] Bericht des Casius Haquenay von 1495 Oktober 15 Antwerpen (*Wien* HHSA, MaxAkt 3 b, fol. 50 ff.); *Mayer,* Maximilian und Philipp 30. 63
[37] *Trenkler* 89 (dort Quellen und Einzelheiten); *Pauli* V, 278 f., 582 f.; *Hall* 473 ff.; *Mackie* 137; *Busch* I, 108; *Spausta* II, 204.
[38] Siehe S. 50 f.
[39] Spanische Berichte über diese Verhandlungen bei *Bergenroth* I, Nr. 99, 103, 107, 113; *Busch* I, 96; *Mackie* 148; *Trenkler* 96 f. (dort Einzelheiten); *Spausta* II, 202 f.; *Přibram* 11 f.; *Lambauer* 137; *Schirrmacher* VII, 142; *Krendl,* Diss. 67 ff.

[40] Dazu KMs Schreiben an Rojas von 1495 September 22 Worms (in *Wien* HHSA, RRBü JJ, fol. 208); Urkunde KMs von 1495 September 21 Worms (*Wien* HHSA, RRBü GG, fol. 1 a); *Brown* I, 223 f., Nr. 567; *Trenkler* 97 f.; *Höflechner*, Beiträge zur Diplomatie I, 5; *Krendl*, Diss. 67; *Spausta* II, 203.

[41] Venezianischer Bericht von 1495 Dezember 31 Nördlingen bei *Brown* I, 226, Nr. 663; *Trenkler* 98 f. (dort Einzelheiten); *Ulmann* I, 409 ff.; *Schirrmacher* VII, 143 f.; *Busch* I, 130 f.; *Lambauer* 137 f.; *Spausta* II, 204 f.; *Höflechner*, Beiträge zur Diplomatie 5, 102.

64 [42] Über die weiteren Verhandlungen in Nördlingen vgl. *Brown* I, 226 ff., Nr. 663, 665.

[43] Instruktion KMs an Erzherzog Philipp von 1496 Jänner 25 Augsburg (in *Wien* HHSA, MaxAkt 3 b, fol. 18 ff.); *Trenkler* 99; *Mayer*, Maximilian und Philipp 31; *Lambauer* 140.

[44] Bericht der Gesandten KMs von 1496 Februar 24 London (*Wien* HHSA, MaxAkt 3 a, fol. 88 f.); vgl. auch *Brown* I, Nr. 671, 672; *Lambauer* 139.

[45] Über die Verhandlungen in Augsburg vgl. die venezianischen Berichte von 1496 April 30 Augsburg bei *Brown* I, 239 ff., Nr. 698, 699, 700, 702, 704; *Schirrmacher* VII, 144; *Busch* I, 131 ff.; *Trenkler* 100 (dort Einzelheiten); *Höflechner*, Beiträge zur Diplomatie 6; *Ulmann* I, 413; *Lambauer* 141; vgl. die Verhandlungen über England ddo 1496 Juli 3 Innsbruck bei *Foscari* 743 ff.

[46] Text bei *Du Mont*, Corps diplomatique III/2, 364 ff., Nr. 186; *Přibram* 39 ff., Nr. 6; *Ulmann* I, 414 f.; *Pastor* III/1, 436; *Busch* I, 133; *Mackie* 115; *Höflechner*, Beiträge zur Diplomatie 7, 107; *Lambauer* 143; *Gröblacher*, Diss. 205.

[47] Heinrich VII. an den Papst ddo 1496 Oktober 29 bei *Brown* I, 250, Nr. 725; *Trenkler* 102.

65 [48] *Du Mont*, Corps diplomatique III/2, 336 ff.; Nr. 178; *Schanz* I, 18 ff.; *Pauli* V, 580; *Mackie* 139; *Ulmann* I, 413; *Busch* I, 154; *Trenkler* 90 ff. (dort Einzelheiten); *Höflechner*, Beiträge zur Diplomatie 6; *Lambauer* 136; *Wenzelburger* I, 391; *Přibram* 12.

[49] Siehe S. 97 ff.

[50] Siehe S. 82 f.; *Wiesflecker*, Kongreß zu Mals 357 ff.; *Lambauer* 144.

[51] Siehe S. 120 f.; *Lambauer* 144.

[52] *Trenkler* 104 (dort Einzelheiten).

[53] Das 1498 abgelegte Geständnis ist abgedruckt bei *Hall* 488 f.; zur Vorgeschichte Warbecks vgl. *Gairdner*, History of Richard III. 337 ff. und *Busch* I, 87 ff.; *Pauli* V, 566; *Trenkler* 82.

66 [54] Intervention KMs von 1497 Oktober Innsbruck (*Wien* HHSA, MaxAkt 4 b, fol. 366).

[55] *Bergenroth* I, 185 f., Nr. 221; *Trenkler* 105.

[56] *Vergil*, Anglica Historia 105 ff.; *Molinet* (ed. Buchon) V, 118 ff.; *Hall* 483 ff.; *Busch* I, 119 ff.; *Trenkler* 104.

[57] *Du Mont*, Corps diplomatique III/2, 409 ff., Nr. 212.

[58] *Molinet* (ed. Buchon) V, 130 ff.; Berichte des Fuensalida bei *Berwick-Alba* 116 ff., 136; Einzelheiten bei *Trenkler* 92 f.

[59] *Gröblacher*, Diss. 205 f. (dort Einzelheiten).

60 Berichte des spanischen Gesandten von 1498 Juli 17—18 bei *Bergenroth* I, Nr. 203, 204; *Gröblacher,* Diss. 207.
61 Vgl. *Gröblacher,* Diss. 206, *Lex* 10.
62 Darüber im nächsten Band.

5. Vorbereitung des Italienzuges

1 Prognostikon Grünpecks auf das Jahr 1496 bei *Czerny* 333. 67
2 *Berwick-Alba* 49 f.
3 *Wiesflecker,* Hermansgrün 28 ff.; vgl. auch *Rupprich* 168 ff. über KMs Propaganda für die Heilige Liga.
4 Vgl. S. 47 ff. 68
5 *Wiesflecker,* Reichsreform 6 ff.
6 *Wiesflecker,* Hermansgrün 24 ff.
7 *Wiesflecker,* Reichsreform 56 ff.
8 Vgl. S. 229 ff., 240.
9 *Commynes* (ed. Ernst) 375; *Spausta* II, 167 ff. (dort Einzelheiten und Quellen).
10 *Eidgenössische Abschiede* III/1, 481 ff.
11 *JbKunsthistSamml* X (1889), S. XXIX, Nr. 5733. 69
12 *JbKunsthistSamml* I (1883), S. XXXIII, Nr. 197 (1495 April 17 Worms).
13 *JbKunsthistSamml* I (1883), S. XXXIII f., Nr. 198 (1495 Juni 2 Worms).
14 *Sanuto* I, 663.
15 *Wiesflecker,* Heiratsverträge 17, Anm. 8: „propter omnes bonos respectus convenit intelligere et intromittere de rebus Ytalie, tam propter bonum publicum et pacem Christianitatis quam ut catholici Reges et principes conservare et augere tenemur et ex corde cupimus"; vgl. S. 33 f.
16 *Wiesflecker,* Italienzug 584; *Lambauer* 92; *Ulmann* I, 405; *Spausta* II, 177 ff.
17 1496 Jänner 21 bei *Sanuto* I, 21; *Malipiero* 419 ff.; *Ulmann* I, 409; *Lambauer* 92; *Spausta* II, 162. — Bericht über den Vortrag des Nuntius vor KM ddo 1496 Januar 10 Augsburg bei *Sanuto* I, 23 ff.: Der KF werde, falls KM nicht einschreite „... reliqui orbis monarchiam et imperium sibi comparabit".
18 Vgl. den Bericht von 1496 Juni 4 Lyon bei *Desjardins,* Négociations I, 677 f.; Nr. 11.
19 *Sanuto* I, 137, 147 ff.; *Malipiero* 433 f.; *Bembo* (ed. 1747) 166; 70
Ulmann I, 425; *Wiesflecker,* Italienzug 588; *Lambauer* 95 f.
20 *Wolff* 17 ff.
21 Berichte des B. Polheim von 1496 Mai 29 und Juni 9 Venedig; desgl. von 1496 Juni 23 Ferrara (*Innsbruck* LRA, MaxAkt I/40, fol. 39 ff.); *Wolff* 20 ff.
22 Vgl. *Halper* 58 (zitiert aus Luthers Tischreden); *Ulmann* I, 427 (seine Ausführungen über den „Condottiere" sind übertrieben bis unrichtig).
23 Vgl. *Lambauer* 94, 135 ff.; desgl. *Mackie* 117 ff., 121 ff., 132 ff.; desgl. *Pauli* V, 564 ff., 577 ff., 590 ff.

[24] *Wiesflecker,* Kongreß zu Mals 362, Anm. 67, 68.
[25] Text bei *Du Mont,* Corps diplomatique III/2, 364 ff., Nr. 186; *Mackie* 115 f.; *Wiesflecker,* Heilige Liga 192.
[26] Über die Notlage Erzherzog Philipps vgl. *Mayer,* Maximilian und Philipp 36.
71 [27] *Mayer,* Maximilian und Philipp 33 f.; ausführlich bei *Lambauer* 94 f., 207 ff.
[28] Siehe S. 232 ff., 240.
[29] Brandenburger Protokoll von 1495 August 6 (*Merseburg* DZA, Geheimes SA, Rep. X, Nr. ZY, Fasc. 1 C, fol. 6v f.): „das Reich jn solch puntnus nicht soll getzogen werden auß vrsach was die Walhen zuthun hetten muuste jn das reich helffen vnd wern jrer hilff widerumb wenig gebessert".
[30] So der Pfalzgraf Philipp bei Rhein (*Pélicier,* Lettres V, 141 f., Anm. 1; *Ludewig* VI, 98 ff.).
[31] Siehe S. 240; *Lambauer* 96; *Spausta* I, 127 ff.
[32] Vgl. Deichslers Chronik (*Chroniken d. deutschen Städte* XI, 583 f.); dazu *Chmel,* Regesta Friderici, II, 749, Nr. 8191; *Ulmann* I, 845.
72 [33] Siehe S. 255 f.; vgl. *Lambauer* 97, 246 ff., 254 ff. (dort Einzelheiten und Quellen); *Spausta* II, 272 ff.
[34] *Lambauer* 253; *Spausta* II, 257 f.; *Tschech* 64 ff.
[35] Siehe S. 249 ff.
[36] *Lambauer* 3 ff., 7 ff.
[37] Herzog Georg von Bayern an KM von 1496 Jänner 3 Heidelberg (*Wien* HHSA, MaxAkt 3 b/2, fol. 4) gedr. bei *Chmel,* Urkunden 88 f., Nr. 91.
[38] Bericht von 1496 August 17 Bormio bei *Foscari* 806, Nr. 30; Einzelheiten über die Eintreibung in den Erbländern bei *Lambauer* 13 ff.
[39] Siehe S. 252 ff., 292 f.
[40] *Lambauer* 246 ff. (dort Einzelheiten und Quellen).
[41] Vgl. *Lambauer* 247 f.; desgl. *Hochrinner* 62 ff. (dort Einzelheiten und Quellen).
[42] 1494 November 30 Antwerpen (*Wien* HHSA, RRBü GG, fol. 317); *Groß,* Urkunden Nr. 36; *Ulmann* I, 246; *S. Simon* 121 f.; *Spausta* II, 274 f.
73 [43] Siehe S. 73, 76 f., 189 f., 255 f.
[44] Bericht des Grafen Philipp von Nassau an KM von 1496 März 3 Köln (*Wien* HHSA, MaxAkt 3 b/2, fol. 56 f.); gedr. bei *Chmel,* Urkunden 95 ff., Nr. 100.
[45] *Lambauer* 8.
[46] Vgl. S. 249 ff., 256 ff., 484 f., Anm. 2.
[47] Mandat KMs an alle Kurfürsten, Fürsten etc. von 1496 April 18 Augsburg (*Wien* HHSA, MaxAkt 3 b/2, fol. 125): KM teilt mit, daß er Peter Volsch zum Kammerprokurator und Fiskal eingesetzt habe; er weist ihm am 20. April seinen Sprengel für die fiskalischen Unternehmungen an (*Wien* HHSA, MaxAkt 3 b/2, fol. 127); über Volschs Vorgehen gegen die Steuerverweigerer vgl. S. 253, 260 f.; desgl. *Lambauer* 5 ff.; über die Haltung der schwäbischen Bundesstädte vgl. *Klüpfel,* Urkunden I, 187 f., 195.

[48] Vgl. S. 250; *Lambauer* 3 ff.; *Spausta* I, 135; Instruktion KMs an seine Anwälte ddo 1496 (Februar/März) bei *Sanuto* I, 152 ff.; KM äußerte, er hege die Furcht, „si nos ... ultra montes pertransire praesumeremus, quod nobis ex Regno auxilium ne subsidium fieret et nos praeter adeptionem Imperialis coronae cum verecundia et scandalo iterum exire compellaremur".

74

[49] Die Ausschreiben sind gedruckt bei *Du Mont,* Corps diplomatique III/2, 361 ff.; *Datt* 546 ff.; *Lünig,* Reichs-Archiv, Pars general. Continuatio I, 166 ff.; *Müller,* Reichstags-Theatrum unter Maximilian, II, 16 ff.; *Sanuto* I, 159 ff.; dazu *Wiesflecker,* Italienzug 586; *Wiesflecker,* Kongreß zu Mals 352 f.; *Lambauer* 98; *Ulmann* I, 403, 428.

[50] *Sanuto* I, 137, 147 ff.; *Malipiero* 433; *Bembo* (ed. 1747) 166; *Wiesflecker,* Italienzug 588; *Lambauer* 95 f.; *Ulmann* I, 392, 425; Ulmanns Auffassung, daß die Wormser Ordnung KM dieses Bündnis verbot, ist unrichtig; denn der Reichstag hatte die Italienhilfe in aller Form beschlossen.

[51] *Foscari* 736, Nr. 5; *Wiesflecker,* Kongreß zu Mals 353; *Lambauer* 97.

[52] KM sagte zum venezianischen Gesandten Foscari: „poi temono che noi ci facciamo benevoli ed obbligati i principi d'Italia; sicché per l'avvenire, ad bisogno nostro ci prestassero danari aiuto e favore contra di loro" (*Foscari* 736); dazu auch *Schröcker,* Auffassung vom Königtum 191.

75

[53] Siehe S. 56 f., 79 f., 83 f.

[54] *Lambauer* 124 ff.; *Mayer,* Maximilian und Philipp 35 ff.

[55] Bericht des venezianischen Gesandten Contarini von 1496 Juni 27 Zirl (*Foscari* 736 ff., Nr. 5); *Wiesflecker,* Kongreß zu Mals 353. Bericht des *Molinet* (ed. Buchon) V, 37 f. bietet wenig; vgl. den Bericht der Augsburger Chronik (Chroniken d. deutschen Städte XXIII, 67 f.) über Erzherzog Philipps Aufenthalt; dazu *Brunner,* Augsburg 22 ff.

[56] Das genaue Itinerar vgl. bei *Lambauer* 265 ff., 270.

[57] Bericht des Contarini von 1496 Juni 27 a. a. O.

[58] *Foscari* 737; *Lambauer* 247 ff.; *Lotz* 30, 49, 113 f.

[59] Siehe S. 190 ff.

76

[60] Bericht von 1496 August 15 Wien (*Wien* HHSA, MaxAkt 3 c, fol. 152 f.).

[61] Zahlreiche Urkunden und Akten darüber bei *Lambauer* 247 f.; desgl. bei *Hochrinner* 62 ff.; *Gatt* 149 ff.

[62] Schreiben der Statthalter an KM von 1496 Mai 19 Innsbruck (*Innsbruck* LRA, KopBu = BekBü 1496/S/19, S. 305 ff.); dazu *Lambauer* 248 ff.

[63] *Innsbruck* LRA, BekBü 1496/S/19, S. 329 f.; dazu *Lambauer* 251.

[64] Brief von 1496 Juli 11 Imst bei *Müller,* Reichstags-Theatrum unter Maximilian, II, 174 ff.

[65] *Foscari* 746, Anm. 1 (Bericht von 1496 Juli 3 Innsbruck) bei *Foscari* 740 ff. findet sich der Bericht über die Besichtigung der Artillerie im Innsbrucker Zeughaus.

77

[66] *Lambauer* 221 (dort Einzelheiten und Quellen).

[67] Bericht des venezianischen Gesandten Contarini von 1496 Juni bei *Sanuto* I, 230 f.

[1] Bericht des *Foscari* 748; *Wiesflecker,* Kongreß zu Mals 354 ff. (diese Abhandlung bietet das Verzeichnis der einschlägigen Quellen, Literaturen und alle Einzelnachweise); *Lambauer* 98 ff.; weniger genau ist *Ulmann* I, 440 ff.; Bericht des Serntein von 1496 Juli 13 Landeck bei *Kraus,* Briefwechsel 109 ff.

78 [2] Bericht von 1496 Juli 17 Marienberg bei *Foscari* 752 ff.; *Ghilinus* 94; *Kraus,* Briefwechsel 108 ff.; *Jäger,* Landständische Verfassung II/2, 401 ff. (nach Ghilinus).

[3] *Wiesflecker,* Kongreß zu Mals 355 (dort Einzelheiten).

[4] *Lambauer* 98 f.

[5] Das einzelne bei *Wiesflecker,* Kongreß zu Mals 355.

79 [6] *Foscari* 756.

[7] *Wiesflecker,* Kongreß zu Mals 356 f.; *Ulmann* I, 442 f.

80 [8] *Ghilinus* 94 f.; *Wiesflecker,* Kongreß zu Mals 357 (dort Einzelheiten); *Ulmann* I, 442 f.

[9] Bericht Ludovico Moros von 1496 Juli 20 Mals bei *Chmel,* Briefe und Aktenstücke 488 ff.; Bericht des *Foscari* 763 ff., Nr. 14; venezianischer Bericht bei *Sanuto* I, 242 f.; *Ghilinus* 95 f.; *Wolff* 25.

[10] *Foscari* 763 ff., Nr. 14; *Wiesflecker,* Kongreß zu Mals 357.

81 [11] Bericht des *Foscari* 767 ff., Nr. 15; *Ghilinus* 97; *Wiesflecker,* Kongreß zu Mals 358 ff. (dort Einzelheiten); *Lambauer* 100; *Ulmann* I, 444 ff.

[12] Text bei *Foscari* 773 ff., Nr. 16. Der Abdruck im Archivio Storico Italiano stellt die „formula pro bello et pace" irrtümlich voraus; tatsächlich war die „forma capitulorum" die eigentliche und erste Verhandlungsgrundlage; dazu vgl. auch *Ulmann* I, 444 f.

[13] *Foscari* 774, Nr. 16: „Quia moris antiqui non fuit, serenissimos Romanorum Imperatores vel Reges cum aliquo particulari principe confoederationem inire, Regia Majestas inivit praefatam Sanctissimam Ligam tamquam Archidux Austriae etc. et particularis princeps et dominus . . ."; *Zurita* V, 98; *Wiesflecker,* Italienzug 589.

82 [14] Text bei *Foscari* 770 ff., Nr. 16; dazu *Wiesflecker,* Kongreß zu Mals 360 f.; *Lambauer* 101; *Ulmann* I, 445 f.

83 [15] Dazu *Wiesflecker,* Kongreß zu Mals 365, Anm. 76; KM entwickelt diesen Kriegsplan bereits im Traum des Hermansgrün (*Wiesflecker,* Hermansgrün 25 f., 28); dazu KMs eigene Aussagen im *Weißkunig* (ed. Schultz) 492 und in der lateinischen *Autobiographie* (ed. Schultz) 444; *Brosch,* Julius II. 74 ff.

[16] KM zu Foscari über die Franzosen: er wolle ihnen „porgli il piede sopra le gole" (*Foscari* 756); „è il tempo di abbassargli le ali" (*Foscari* 819); „. . . prima . . . gli daremo sul capo" (*Foscari* 796); „. . . il re di Francia . . . nostro capitalissimo inimico . . ." (*Foscari* 758).

[17] *Wiesflecker,* Kongreß zu Mals 363.

[18] Bericht von 1496 Juli 19 Marienberg bei *Foscari* 755, Nr. 13; vgl. auch den venezianischen Bericht bei *Sanuto* I, 239 ff., 247 ff.

[19] Bericht des *Foscari* 769; *Ghilinus* 97; *Wiesflecker,* Kongreß zu Mals 363 f.

84 [20] *Wiesflecker,* Kongreß zu Mals 364 f.

[21] *Wiesflecker,* Hermansgrün 15 f.
[22] KM zu Foscari: „ci corre prima l'onore e la fede nostra, la quale apprezziamo più che la vita" (*Foscari* 737).
[23] *Wiesflecker,* Kongreß zu Mals 364 f. 85
[24] So bei *Jovius* (ed. 1559—1561) 326; KM selber sagt zu Brascha (bei *Foscari* 738 ff.): „... potius in modum venatoris ... come siamo noi al presente."
[25] Über diesen Kriegsplan, der vielfach bezeugt ist, vgl. S. 97 f., 120 f., 257; *Wiesflecker,* Hermansgrün 25 f., 28; *Krendl,* Diss. 71 ff., 78 ff.
[26] Siehe S. 28 ff., 31.
[27] Text bei *Ulmann,* Hermansgrün a. a. O. 86
[28] *Ghilinus* 97 ff.; *Wiesflecker,* Kongreß zu Mals 366 f.
[29] Bericht des *Ghilinus* 97: „unde aliis spectando caligo oculis offundebatur".
[30] *Kraus,* Briefwechsel 102. 87
[31] *Wiesflecker,* Kongreß zu Mals 367 f.; *Lambauer* 103; *Ulmann* I, 446 f.
[32] 1496 Juli 25 Bormio bei *Foscari* 778, 781 ff. und *Sanuto* I, 249 ff.
[33] *Foscari* 778 ff., Nr. 20; *Wiesflecker,* Kongreß zu Mals 367.
[34] *Foscari* 780, 786.
[35] *Wiesflecker,* Kongreß zu Mals 368; *Lambauer* 102 f.
[36] Bericht von 1496 Juli 26 Bormio bei *Foscari* 781 ff., Nr. 21.
[37] Bericht von 1496 Juli 26 Bormio bei *Foscari* 778 ff., Nr. 20; *Wiesflecker,* Kongreß zu Mals 368; *Lambauer* 103.
[38] Über die Truppenaushebungen vgl. *Lambauer* 104 (dort Einzelheiten und Quellen); vgl. KMs Mandate an verschiedene Mitglieder des Schwäschen Bundes bei *Klüpfel,* Urkunden I, 202 f.; *Wolff* 25 ff.; *Ulmann* I, 420 ff. 88
[39] Bericht von 1496 August 4 Imst bei *Foscari* 790 f., Nr. 23; *Wiesflecker,* Kongreß zu Mals 368; *Mayer,* Maximilian und Philipp 36; *Wiesflecker,* Italienzug 593; *Lambauer* 104; *Höfler,* Juana 297 ff.; *Ulmann* I, 447 ff.
[40] Brief EPhs an KM von 1496 August 24 Hall bei *Chmel,* Urkunden 116 f., 520 ff., Nr. 119, 363; *Foscari* 800 f.; *Wiesflecker,* Kongreß zu Mals 368, Anm. 97.
[41] Vgl. *Foscari* 792 f., 795 f. (dort eine Liste des Kriegsvolkes).
[42] Brief des KF an Ebf Berthold von 1496 August 11 Amboise bei *Pélicier,* Lettres V, 78 ff.; *Sanuto* I, 285 ff.; *Wiesflecker,* Kongreß zu Mals 369 f.; *Lambauer* 105. 89
[43] Siehe S. 267.
[44] Bericht von 1496 August 8 Nauders und 18 Tirano bei *Foscari* 797, 809: „queste bestie di Alemanni"; daraus eine besondere Verachtung des Königs für die Deutschen abzuleiten, wie dies *Ulmann* I, 451 tut, ist wohl übertrieben; vgl. auch „questi cervelli ... (di Alemagnia)" bei *Foscari* 779, 787 (dort die Warnungen vor Moro); *Wiesflecker,* Kongreß zu Mals 369; *Ziehen,* Mittelrhein II, 518; *Lambauer* 104. 90
[45] Brief von 1496 August 11 Pfunds in *Innsbruck* LRA, MaxAkt I, 40, fol. 47—50; dazu *Wiesflecker,* Kongreß zu Mals 369 f.; *Ulmann* I, 484; *Lambauer* 19, 105.

[46] Brief KMs an Genua von 1496 August 9 Pfunds (*Mailand* SA ArchSforz, PotEst, Alemagna, Cart. 582, fol. 55); dazu *Lambauer* 106.
[47] Brief des KF von 1496 August 11 Amboise (*Malipiero* 441—443, Nr. 34).
[48] Bericht des florentinischen Gesandten Soderini nach Florenz von 1496 August 13 Lyon bei *Desjardins,* Négociations I, 687 f., Nr. 15. Ein ähnlicher Bericht von 1496 August 16 Lyon bei *Desjardins,* Négociations I, 687 f., Nr. 16.
91 [49] Vgl. einen guten venezianischen Bericht bei *Sanuto* I, 237 f.; *Malipiero* 464 f.; *Foscari* 801 ff., 807 ff., 810 ff., 815; *Ulmann* I, 453 f.

7. Aufbruch nach Italien

[1] *Kaser,* Deutsche Geschichte II, 70 urteilt: „Es ist Maximilians großer Fehler, es ist sein Verhängnis gewesen, daß er nicht warten konnte, mangelhaft gerüstet sich an die gewaltigsten Unternehmungen wagte." Allerdings hätte er damals und während der nächsten Jahre nichts Besseres zu „erwarten" gehabt.
[2] Brief KMs an Kurfürst Friedrich von Sachsen von 1496 August 21 Como bei *Müller,* Reichstags-Theatrum unter Maximilian, II, 175; *Lambauer* 107 f.
[3] Dieses Wortspiel kehrt in leicht veränderter Form immer wieder. Besonders deutlich in der Instruktion KMs an die Stände zu Worms ddo 1497 Mai 2 Füssen (*Wien* HHSA, MaxAkt 4 a, fol. 191 f., Jänner—Juni).
[4] *Wiesflecker,* Italienzug 595; *Lambauer* 106 ff. (dort viele Einzelnachweise); *Ulmann* I, 452.
[5] *Sanuto* I, 242: „... si fusse stato el minimo castelanuzo di Elemagna."
92 [6] Bericht von 1496 August 17 Bormio bei *Foscari* 806, Nr. 30.
[7] Anweisung der Signorie von Venedig von 1496 August 13 Venedig bei *Foscari* 807 ff., Nr. 31.
[8] KM sagte zu *Foscari* (Dispacci 809): „Ego veni in Italiam tamquam angelus ... revertar tamquam diabolus"; dazu *Wiesflecker,* Italienzug 596; *Lambauer* 107; *Ulmann* I, 454.
[9] Die Auffassung *Ulmanns* (I, 467 ff.) über Maximilians Kriegspläne widerspricht der geschlossenen Reihe der zeitgenössischen Quellenaussagen, desgl. der *Autobiographie* KMs (ed. Schultz 443 f.), die Ulmann nicht herangezogen hat; vgl. *Wiesflecker,* Italienzug 596 f., Anm. 67.
93 [10] Bericht von 1496 August 28 Como bei *Foscari* 820, Nr. 40; über eine Pisaner Gesandtschaft bei Maximilian vgl. *Sanuto* I, 211, 283 f.; *Ulmann* I, 462; *Wiesflecker,* Italienzug 597.
[11] Brief Maximilians an die Reichsstände von 1496 August 29 Carimate bei *Müller,* Reichstags-Theatrum unter Maximilian, II, 30 ff.; *Fels* 11 ff.; *Lambauer* 108 f.; *Ulmann* I, 532 ff.
[12] Bericht von 1496 August 31 Meda bei *Foscari* 823 ff., Nr. 43; *Ghilinus* 99; *Wiesflecker,* Italienzug 597; *Lambauer* 109 f.; *Ulmann* I, 465 ff.; *Pastor* III/1, 436.
[13] Die folgende Krönungsverhandlung ist in der älteren Literatur durchaus übersehen, auch bei *Ulmann* I, 465; *Wiesflecker,* Italienzug 597 ff.; *Lambauer* 110; *Eidgenössische Abschiede* III/1, Nr. 542; *Soranzo* 223 ff.

[14] Papst Alexander VI. an den Dogen von Venedig (*Sanuto* I, 298): „Neque laudamus quod quidam vulgo loquuntur, bonum esse ut publicetur regem Romanorum Italiam venisse ut Romam se conferat coronam imperialem suscepturus."

[15] In Ferrara wußte man bereits am 13. August 1496, daß man Maximilian in Mailand zur Krönung erwarte; vgl. *Diario Ferrarese,* Bd. 1—4, 186; *Burchard* (ed. Thuasne) II, 317 f., 321 f., 326 f. 94

[16] Brief Maximilians an Ludovico Moro von 1496 September 1 Carimate in *Mailand* SA, ArchSforz, PotEst, Alemagna, Cart. 582, fol. 62 f.; *Lambauer* 110.

[17] Bericht von 1496 August 31 Meda bei *Foscari* 823 ff., Nr. 43; *Wiesflecker,* Italienzug 597 ff.; *Lambauer* 110.

8. Die Verhandlungen zu Vigevano

[1] Bericht von 1496 September 2—5 Vigevano bei *Foscari* 829 ff., Nr. 44; *Burchard* (ed. Thuasne) II, 329 f., 834 ff.; *Wiesflecker,* Italienzug 599 f.; *Ulmann* I, 466; *Lambauer* 110 f., 272 f. (dort genaues Itinerar). 95

[2] Bericht von 1496 September 5 Vigevano bei *Foscari* 836 ff., Nr. 48; *Wiesflecker,* Italienzug 600 f. (dort Einzelnachweise); *Lambauer* 111; *Ulmann* I, 467 ff. 96

[3] Bericht von 1496 September 6 und 7 Vigevano bei *Foscari* 839 ff., Nr. 49 und 842 f., Nr. 50; über die Haltung Venedigs vgl. auch die Berichte bei *Sanuto* I, 267, 276, 283 ff.

[4] 1496 September 4 Rom (*Sanuto* I, 295—299); *Ulmann* I, 468, 480 f.; *Pastor* III/1, 436 f.

[5] Text bei *Foscari* 855, Anm. 1; *Wiesflecker,* Italienzug 600 f.; *Ulmann* I, 471 f.; *Lambauer* 111 f.; über die Verhandlungen des September 1496 vgl. *Foscari* 842 ff., 849 ff., 857 ff., 862 ff., 867 ff.

[6] Brief KMs von 1496 September 9 Vigevano (bei *Sanuto* I, 310—314); *Wiesflecker,* Italienzug 601 f.; *Lambauer* 112. 97

[7] *Leipold,* Ostpolitik 101 f.; *Gröblacher,* KMs erste Gesandtschaft zum Sultan 74 ff.

[8] Foscari hatte erfahren, daß die Spanier angeblich mit 18.000 Mann die Stadt Carcassonne angriffen (*Foscari* 867).

[9] Bericht von 1496 September 11—12 Vigevano (bei *Foscari* 867 ff., 870 ff., 874 ff.; dazu *Sanuto* I, 335; ein Brief KMs an den Dogen von 1496 September 13 Vigevano bei *Sanuto* I, 340 f.: „... quantum nomini et auctoritati nostrae turpe et indecorum est ..."; *Lambauer* 111.

[10] Volltext der ersten Version dieses Planes bei *Chmel,* Urkunden 127 ff., Nr. 131; dazu *Ulmann* I, 474; *Ziehen,* Mittelrhein II, 524 f.; *Wiesflecker,* Italienzug 602; *Lambauer* 113; *Krendl,* Diss. 74 ff.

[11] *Chmel,* Urkunden 135, Nr. 132: „pour acompaignier la royne a son couronnement, qui se fera a Romme"; *Wiesflecker,* Italienzug 602. 98

[12] *Wiesflecker,* Hermansgrün 27 ff.

[13] Diese andere Fassung der Landungspläne, die für die Ligapartner bestimmt war, ist abgedruckt bei *Foscari* 878 ff., Anm. 1; *Wiesflecker,* Italienzug 602; *Lambauer* 113.

[14] Bericht bei *Sanuto* I, 316 ff.; *Wiesflecker,* Italienzug 603 f., insbesondere Anm. 93; *Lambauer* 114; *Wolff* 30 f.

99 [15] Dies läßt die geschlossene Reihe der Gesandtschaftsberichte bei *Foscari, Sanuto* etc. leicht erkennen.

[16] Anders bei *Ulmann* I, 470 f.; Ulmann folgt in der Darstellung der Ereignisse von Vigevano ausschließlich Ghilinus und vermag daher die Vorgänge meines Erachtens nicht völlig zu erfassen; auch *Guicciardini* (ed. Costéro) 86 ff. berichtet, daß vor allem Ludovico das Unternehmen gegen Pisa, Livorno und Florenz unterstützt habe: „... con discorso pieno di fallacie, chè i Fiorentini impotenti a resistere a Lui (= KM) et alle forze dei collegati ..."

[17] Berichte bei *Sanuto* I, 406; *Ghilinus* 100 ff.; *Ulmann* I, 470 f., 482 ff.; *Wiesflecker,* Italienzug 603 f.; *Lambauer* 114; Sanuto hebt die Sorge Moros hervor, die Venezianer könnten sich der Stadt Pisa bemächtigen.

100 [18] Volltext bei *Sanuto* I, 314 f.

[19] Befehl Maximilians an Zeckl betreffend die Seerüstungen von 1496 September 18 Vigevano (*Chmel,* Urkunden 121, Nr. 124).

[20] Text bei *Du Mont,* Corps diplomatique III/2, 364, Nr. 185; dazu *Wiesflecker,* Italienzug 604 f.; *Ulmann* I, 485 ff.; *Lambauer* 115.

[21] *Theuerdank* (ed. Laschitzer) 233 (Bild 51), 574.

9. Rüstungen in Genua und Seefahrt nach Pisa

[1] *Wiesflecker,* Italienzug 605 f. (dort Einzelnachweise); *Lambauer* 115 f.; *Ulmann* I, 486. — Bericht über KMs persönliche Begleitung auf dem Feldzug bei *Foscari* 886 ff.; *Sanuto* I, 318 f.; *Burchard* (ed. Thuasne) II, 331.

[2] Vgl. die Berichte von 1496 September 24 bis 27 St. Peter bei Genua bei *Sanuto* I, 335 f. und bei *Foscari* 891 f., Nr. 61; *Wolff* 33; *Lambauer* 116.

[3] Vgl. *Sanuto* I, 360.

101 [4] Vgl. Brief KMs an Moro von 1496 Oktober 4 und 6 Genua (*Mailand* SA, ArchSforz, PotEst, Alemagna, Cart. 583, fol. 78, 117).

[5] Vgl. Brief Stangas an Lang von 1496 Oktober 28 Vigevano (*Wien* HHSA, MaxAkt 3 c/2, fol. 37); desgl. ein Brief Stangas an KM von 1496 September 30 Tortona bei *Chmel,* Urkunden 122 f., Nr. 126: „... tanto ponderi vires sufficere non possent sue, si solus (= Ludovico Moro) totam impensam sustinere cogeretur ...".

[6] Siehe S. 260.

[7] Das Antwortschreiben der Stände datiert vom 16. September 1496 traf aber erst gegen Ende September beim König ein.

[8] Siehe S. 260 f.

[9] Siehe S. 262 f.

[10] Vgl. Bericht des *Foscari* 891 f., Nr. 61.

[11] Die Vorgänge sind am besten aus den Dispacci des venez. Gesandten *Foscari* (895 ff.—909 ff.) zu verfolgen; vgl. *Wiesflecker,* Italienzug 606; *Lambauer* 116 f.

102 [12] Rücklösungsauftrag KMs von 1499 Februar 2 Antwerpen (*Mailand* SA, ArchSforz, PotEst, Alemagna, Cart. 1190).

[13] KM an Gossembrot 1496 September 22 Innsbruck (*Wien* HHSA, MaxAkt 3 c/1, fol. 206).
[14] KM an die Reichsstände 1496 Oktober 1 Genua (*Fels* 55).
[15] *Foscari* 897 ff., Nr. 64: „... e un'ora pargli (KM) mille anni di trovarsi sopra il mare" (a. a. O. S. 902).
[16] *Foscari* 908 f., Nr. 68: „... impresa facilissima".
[17] Bericht von 1496 Oktober 5 Genua bei *Foscari* 909 ff., Nr. 69; Bericht des *Guicciardini* (ed. Costéro) 146 f.; Bericht des *Machiavelli* (ed. 1925) V, 40 ff. *Wiesflecker*, Italienzug 606; *Lambauer* 117.
[18] *Foscari* 913 f., Nr. 71; *Sanuto* I, 337; *Ulmann* I, 490. — *Burchard* (ed. Thuasne) II, 332 berichtet, daß Albrecht von Sachsen dem König 600 deutsche Reiter zugeführt habe; dort auch ein Bericht über den „Sacro Catino" (= Abendmahlskelch) im Dom. 103
[19] Am 23. September 1496 ratifizierte Heinrich VII. von England den Ligavertrag; Text bei *Du Mont*, Corps diplomatique III/2, 364 ff., Nr. 186.
[20] Bericht von 1496 Oktober 6 Genua bei *Foscari* 912 f., Nr. 70 und 917 f., Nr. 76; *Jovius* (ed. 1559—1561) 322 f.; *Guicciardini* (ed. Costéro) 214; *Wiesflecker*, Italienzug 607 (dort Einzelheiten); *Lambauer* 117.
[21] Bericht von 1496 Oktober 6—8 Genua bei *Foscari* 910 ff., 914 f., Nr. 72; *Lambauer* 118; *Ulmann* I, 490 ff.
[22] Siehe S. 258 ff.
[23] Bericht KMs an die Reichsstände von 1496 November 25 Serzana bei *Fels* 99 ff.; *Wiesflecker*, Livorno 295 (dort Einzelnachweise); *Wiesflecker*, Italienzug 607; *Ulmann* I, 490 ff.; *Lambauer* 118.
[24] *Foscari* 918 ff., Nr. 77; *Zurita* V, 103v.
[25] *Sanuto* I, 390; *Lambauer* 273 f. bietet das Itinerar.
[26] *Jovius* (ed. 1559—1561) 322; Bericht von 1496 Oktober 22 Pisa bei *Foscari* 922 ff., Nr. 80; *Wolff* 35; *Ulmann* I, 491 f.; *Wiesflecker*, Italienzug 607; *Lambauer* 119. 104
[27] *Landucci* 192.
[28] Der Volltext der Begrüßungsrede bei *Sanuto* I, 412 f.
[29] *Lhotsky*, Geschichte Österreichs II/1, 163 f.
[30] *Lambauer* 119 (dort Einzelnachweise).
[31] *Wiesflecker*, Italienzug 607 f.; *Wiesflecker*, Livorno 296 ff.; *Lambauer* 119.
[32] *Jovius* (ed. 1559—1561) 322 f.; *Landucci* 192.
[33] KM zu Foscari: „... essendo sotto l'Imperio: come è seguíto di molte altre città d'Italia imperiali, che sono capitate con diversi mezzi in mano di altri principi; come Brescia e Bergamo, che sono nostre, come dicessimo altre volte in Vienna alli vostri Oratori, e tuttavia voi non vi curate di tórre la investitura" (*Foscari* 925 f.).
[34] *Zurita* V, 103: „no querian que el Rey de Romanos estuviesse en Italia muy poderoso ...". 105
[35] *Fugger-Jäger* II, fol. 153v enthält die völlig haltlose Nachricht, daß Maximilian in Pisa zehn Tage lang mit Papst Alexander VI. verhandelt habe; dieser Irrtum ist bei *Fugger-Birken* 1104 ausgebessert.
[36] *Wiesflecker*, Livorno 297 f. (dort Einzelnachweise).
[37] Siehe S. 258 ff.

10. Die Belagerung von Livorno

[1] Eine Übersicht über Quellen und Literatur mit Einzeldokumentation bietet *Wiesflecker*, Livorno *passim;* im Anschluß daran *Lambauer* 120 ff.; auch *Ulmann* I, 494 ff. bringt eine recht eingehende Untersuchung der folgenden Ereignisse.

106 [2] Siehe *Wiesflecker*, Maximilian, I, 168 ff.

[3] Bericht von 1496 Oktober 23 Pisa bei *Foscari* 926 ff., Nr. 82; *Jovius* (ed. 1559—1561) 324; *Machiavelli* (ed. 1925) V, 43 ff.; *Wiesflecker*, Livorno 298; *Wiesflecker*, Italienzug 608; *Lambauer* 120; *Ulmann* I, 494 ff.; *Wolff* 34 ff.

[4] *Wiesflecker*, Livorno 298.

[5] Bericht des *Foscari* 929 ff., Nr. 84; *Machiavelli* (ed. 1925) V, 47; *Wiesflecker*, Livorno 298 (dort Einzelnachweise); *Wiesflecker*, Italienzug 608; *Lambauer* 120, Anm. 176.

[6] Näheres über die Truppenstärken vgl. *Foscari* 926 ff., Nr. 82; *Sanuto* I, 363; *Guicciardini* (ed. Forberger) 214 ff.; *Bembo* (ed. 1747) 169 f.

[7] *Wiesflecker*, Livorno 299 (dort Einzelheiten); *Lambauer* 121.

107 [8] Die wichtigsten topographischen Angaben bei *Wiesflecker*, Livorno 299, Anm. 40; vgl. auch *Ulmann* I, 498 ff.; ein alter Stadtplan von Livorno (Ende 15. Jahrhundert) bei *Vivoli* II (Kartenbeilage); weitere Literatur und eine Beschreibung der Befestigungen Livornos bei *Ebhardt* VI, 31.

[9] Ein Holzschnitt im *Weißkunig* (ed. Schultz) 297 und (ed. Musper) II, Bl. 161 zeigt deutlich die dreitürmige Festung; *Bembo* (ed. 1747) 118 erwähnt die „arx tri turrita"; vgl. dazu *Vivoli* II, 27, 491; dazu *Wiesflecker*, Livorno 299 f.

[10] Vgl. *Landucci* 192, Anm. 2; Bericht von 1496 Oktober 25 Pisa bei *Sanuto* I, 364; das Ereignis ist auch von Maximilian selber im *Theuerdank* (ed. Laschitzer) 341 ff. mit Text und Bild festgehalten; *Lambauer* 121; *Wiesflecker*, Livorno 300, Anm. 48.

108 [11] Bericht bei *Foscari* 929 ff., Nr. 84; *Jovius* (ed. 1559—1561) 301; *Wiesflecker*, Livorno 301 (dort Einzelnachweise).

[12] *Landucci* 171 ff.

[13] So *Desjardins*, Négociations I, 698; *Ulmann* I, 494.

[14] *Wiesflecker*, Livorno 301; *Villari* 442 ff.; venezianischer Bericht über die Lage in Florenz bei *Sanuto* I, 237 f., 284 f.

109 [15] *Wiesflecker*, Livorno 302; *Lambauer* 121 f.

[16] Über diese grausamen Beutezüge vgl. auch KMs lateinische *Autobiographie* (ed. Schultz) 443 f. und *Machiavelli* (ed. 1925) V, 47 f.; dazu *Wiesflecker*, Livorno 302, 304.

[17] Bericht von 1496 Oktober 27 bei *Foscari* 934 f., Nr. 86; *Wiesflecker*, Italienzug 609; *Wiesflecker*, Livorno 302; *Lambauer* 122; *Ulmann* I, 492 f.

[18] Siehe S. 260 ff.

[19] Chieregati an Kardinal Carvajal 1496 Oktober 21 Lindau (*Wien* HHSA, MaxAkt 3 c/2, fol. 30): eine Reichshilfe sei erst nach Durchführung der Wormser Beschlüsse zu erwarten.

110 [20] *Wiesflecker*, Livorno 302; *Wiesflecker*, Italienzug 608; *Ulmann* I, 492 f.; *Lambauer* 121 f.

[21] *Pastor* III/1, 439.
[22] Der Mailänder Sekretär Stanga an Lang (*Wien* HHSA, MaxAkt 3 c/2, fol. 37); *Wiesflecker,* Livorno 302.
[23] *Wiesflecker,* Livorno 303 (mit Einzelnachweisen); *Lambauer* 122 ff.
[24] Bericht des *Foscari* 932 f., Nr. 85; *Wiesflecker,* Livorno 303; *Lambauer* 123.
[25] Bericht des venezianischen Flottenführers Maripetro von 1496 Oktober 25 (*Innsbruck* LRA, MaxAkt I/40, fol. 80).
[26] *Weißkunig* (ed. Schultz) 443 f.; *Wiesflecker,* Livorno 303.
[27] So sinngemäß im Traum des Hermansgrün (*Wiesflecker,* Hermansgrün 28). 111
[28] *Jovius* (ed. 1559—1561) 323; *Foscari* 924 ff., Nr. 82—84; *Wiesflecker,* Livorno 304; *Lambauer* 122 f.
[29] Reichsständische Äußerung von 1496 September 22 Lindau (gedr. bei *Fels* 21 f.).
[30] Venezianischer Bericht bei *Sanuto* I, 390.
[31] *Jovius* (ed. 1559—1561) 323 f.; *Wiesflecker,* Livorno 305 (mit Einzelnachweisen); *Lambauer* 123 f.; *Ulmann* I, 501.
[32] Venezianischer Bericht von 1496 Oktober 29 Pisa bei *Foscari* 938, Nr. 88 und bei *Sanuto* I, 373; Bericht KMs im *Weißkunig* (ed. Schultz) 228 und in der lateinischen *Autobiographie* (ed. Schultz) 443 f.; Bericht des Mailänder Gesandten vor dem Lindauer Tag von 1496 November 19 Lindau (*Merseburg* DZA, Geheimes SA, Rep. X, Nr. ZY, Fasc. 1 E, fol. 50 f.); *Jovius* (ed. 1559—1561) 324 f.; *Bembo* (ed. 1652) 119 f.; *Ghilinus* 103; *Guicciardini* (ed. Costéro) 214 f.; *Machiavelli* (ed. 1925) V, 48; *Landucci* 192; Quellennachweise über diese Vorgänge bei *Wiesflecker,* Livorno 305, Anm. 85; *Lambauer* 124; *Ulmann* I, 501 ff.
[33] *Bembo* (ed. 1652) 119, der viel später schreibt, versucht die Schuld auf Maximilian abzuwälzen; dazu *Ulmann* I, 502. 112
[34] *Lambauer* 124 (dort Einzelheiten und Quellen).
[35] Bericht von 1496 Oktober 29 Pisa bei *Foscari* 938, Nr. 88; *Wiesflecker,* Livorno 306 (mit Einzelnachweisen); *Wiesflecker,* Italienzug 609; *Ulmann* I, 501 f.; *Lambauer* 124.
[36] *Desjardins,* Négociations I, 698.
[37] Bericht von 1496 November 2 Pisa bei *Foscari* 939 ff., Nr. 90 und 942 f., Nr. 92; *Wiesflecker,* Livorno 306 f.; *Lambauer* 124 f., 274 (dort Itinerar).
[38] Bericht des *Foscari* 939 ff., Nr. 90; *Wiesflecker,* Livorno 307 (mit Einzelnachweisen); *Ulmann* I, 506 f. 113
[39] *Machiavelli* (ed. 1925) V, 48.
[40] Vgl. *Weißkunig* (ed. Schultz) 228, 299; *Wiesflecker,* Livorno 307 f.; *Lambauer* 125.
[41] Dies ist einzig der lateinischen *Autobiographie* KMs (ed. Schultz) 444 zu entnehmen, welche „Elya" nennt, was wohl mit „Elba" zu deuten ist; vgl. *Wiesflecker,* Italienzug 610; desgl. *Wiesflecker,* Livorno 308. 114
[42] Venezianische Berichte bei *Foscari* 941 f., Nr. 91 und bei *Sanuto* I, 375; *Wiesflecker,* Livorno 308 (dort Einzelheiten); *Lambauer* 125.
[43] *Sanuto* I, 390; zur Datierung vgl. *Lambauer* 125, Anm. 207.
[44] *Weißkunig* (ed. Schultz) 298 f.; *Guicciardini* (ed. Costéro) 87 ff.

[45] *Landucci* 193; vgl. damit den *Weißkunig* (ed. Schultz) 298 f.; dazu *Wiesflecker,* Livorno 308.
[46] Vgl. *Weißkunig* (ed. Schultz) 228, 298; eindrucksvolles zeitgenössisches Bild von der Seeschlacht findet sich im *Weißkunig* (ed. Schultz) 297, das nach Angaben KMs entworfen wurde.
[47] Vgl. die Berichte aus Frankreich von 1496 November 10 Lyon bei *Sanuto* I, 395.
[48] Venezianische Berichte bei *Sanuto* I, 381, 386; lateinische *Autobiographie* KMs (ed. Schultz) 444; *Ghilinus* 104 f.; *Wiesflecker,* Livorno 309 (mit Einzelnachweisen); *Lambauer* 126.
115 [49] Venezianische Berichte von 1496 November 12 bei *Sanuto* I, 381; dazu Bericht KMs an die Reichsstände von 1496 November 16 Serzana, gedr. bei *Fels* 99 ff.
[50] Bericht KMs an die Reichsstände von 1496 November 16 Serzana bei *Fels* 99 ff.
[51] *Machiavelli* (ed. 1925) V, 48.
[52] *Weißkunig* (ed. Schultz) 297 (dort Bild) 513 f.
[53] Venezianischer Bericht bei *Sanuto* I, 386.
[54] Vgl. *Ghilinus* 103; *Corio* 962. Der Verrat der Venezianer im offenen Feld ist nicht nur von den feindlichen Mailändern, sondern von allen Bundesgenossen, zumal vom König selber, angenommen worden; er muß als höchstwahrscheinlich gelten; vgl. dagegen die Ausführungen von *Ulmann* I, 505.
[55] *Jovius* (ed. 1559—1561) 325: „... Caesar saepe dictitans, se Diis atque hominibus infensis bellum non esse gesturum."
116 [56] *Wiesflecker,* Italienzug 612; *Lambauer* 126. — *Guicciardini* (ed. Costéro) 87 ff.: „... ne consentende i Provveditori Veneti, che la maggior parte delle genti loro uscisse più di Pisa ..."
[57] *Wiesflecker,* Livorno 310; *Wiesflecker,* Italienzug 613 (mit Einzelnachweisen); *Lambauer* 127. — KM an seine Räte in Pisa ddo 1496 November 15 Vico Pisano bei *Chmel,* Urkunden 154 f., Nr. 141.
[58] Siehe S. 26, 353.

11. Der Rückzug

[1] *Wiesflecker,* Livorno 311 (dort Einzelnachweise); *Lambauer* 128.
[2] Lateinische *Autobiographie* im *Weißkunig* (ed. Schultz) 444.
[3] *Sanuto* I, 381; Bericht Moros über die Haltung der Spanier von 1496 November 6 Vigevano bei *Chmel,* Urkunden 150, Nr. 137.
117 [4] Brief Moros an KM von 1496 November 19 Vigevano (*Wien* HHSA, MaxAkt 3 c/2, fol. 59).
[5] Itinerar bei *Lambauer* 274 ff.
[6] Vgl. den Bericht aus dem Tagebuch des Wormser Stadtschreibers Reinhardt Noltz (*Noltz,* Tagebuch 398), der KM auf dem Rückzug zeitweilig begleitete; vgl. auch den Bericht des Foscari bei *Sanuto* I, 419; *Lambauer* 127.
[7] Bericht KMs über den Zusammenbruch des Italienunternehmens von 1496 November 16 Saerzana bei *Fels* 102; *Ulmann* I, 510; siehe S. 266.
[8] Bericht von 1496 Dezember 2 bei *Sanuto* I, 420; *Zurita* V, 108^{v}.

[9] *Sanuto* I, 386: „a nostri parse gran cossa questa cussi subita partita."
[10] *Sanuto* I, 440.
[11] Venezianischer Bericht bei *Sanuto* I, 416 ff.
[12] Venezianische Berichte bei *Sanuto* I, 396, 420 ff., 441; lateinische *Autobiographie* KMs (ed. Schultz) 444; *Ulmann* I, 512 f.; *Wolff* 38; *Wiesflecker*, Italienzug 614; *Lambauer* 128.
[13] Venezianischer Bericht bei *Sanuto* I, 422, 441: „l'pontefice non invitava Maximiniano a la corona, per la importantia de la spexa ..." 118
[14] Darüber etwas ausführlicher *Wiesflecker*, Italienzug 615.
[15] So *Ulmann* I, 473 ff.
[16] Instruktion KMs von 1496 September 13 an Gaspar de Lupian bei *Chmel*, Urkunden 127—132, Nr. 131.
[17] *Sanuto* I, 448 (Nachrichten aus Rom über entsprechende Intervention des spanischen Gesandten).
[18] Venezianisches Urteil von 1496 Dezember 12 Lyon bei *Sanuto* I, 431 ff.: die Reichsstände werden die Rückkehr Maximilians aus Italien erzwingen.
[19] Vgl. Urkunde von 1496 November 18 Lindau (*Wien* HHSA, Ukd). 119
[20] Bericht von 1496 Dezember 23 Morbegno (*Sanuto* I, 448).
[21] Venezianische Berichte bei *Sanuto* I, 381, 422, 426, 440, 444 f.
[22] *Sanuto* I, 446; dieser Ausspruch ist bei *Ulmann* I, 519 nur halb wiedergegeben und daher mißdeutet worden; *Guicciardini* (ed. Costéro) 87 ff.: „... onde lodandosi (= Max.) molto del Moro; si lamentava gravemente di loro (= Venezianer)."
[23] Berichte von 1496 Dezember 4, 5 Rom und Isola (*Sanuto* I, 422, 441).
[24] *Sanuto* I, 424.
[25] *Sanuto* I, 646; *Pastor* III/1, 344 ff. ist diese Wahlanleihe Alexanders VI. unbekannt: Pastors Meinung, daß Alexander VI. seine Wahl vorzüglich der Familie Sforza verdanke, erfährt durch diese Quelle größte Wahrscheinlichkeit.
[26] *Sanuto* I, 446, 452 f.
[27] KMs lateinische *Autobiographie* (ed. Schultz) 444: „... nimis expensis parcere nitebantur, quod magnam suspicionem et nauseam M. regi attulit ..."
[28] *Wiesflecker*, Livorno 311 f.; *Wiesflecker*, Italienzug 616 f. 120
[29] Siehe S. 259 ff., 266 ff.
[30] *Wiesflecker*, Italienzug 616; das Itinerar bei *Lambauer* 274 ff.
[31] Die Absage des Reichstages erreichte Maximilian erst in Bellagio; dazu *Lambauer* 129, Anm. 233.
[32] *Chmel*, Urkunden 159 ff., Nr. 146, 147.
[33] Volltext bei *Sanuto* I, 414 ff.; bei Ulmann völlig übersehen. Eine Kopie befindet sich in *Mailand* SA, ArchSforz, PotEst, Alemagna, Cart. 587. (Diese Fassung weicht von Sanuto ab und enthält einen Plan zur Eroberung Frankreichs, woraus man sieht, daß KM am „großen Plan" weiterhin festhielt); *Wiesflecker*, Italienzug 617; *Lambauer* 130 ff.
[34] Daß Maximilian damals die Kaiserkrönung anstrebte (was Ulmann leugnet), ist unter anderem auch dadurch bewiesen. 121
[35] *Wiesflecker*, Italienzug 619.

[36] Venezianische Berichte bei *Sanuto* I, 438, 439, 446 f., 452, 458, 469, 476; *Lambauer* 133, 275 f. (bietet das genaue Itinerar).
[37] *Sanuto* I, 448; *Wiesflecker,* Italienzug 618 (mit Einzelnachweisen).
122 [38] Vgl. S. 257 ff.
[39] Volltext bei *Sanuto* I, 584 ff.; daß KM schon in Pavia von der Nachricht eines französisch-spanischen Waffenstillstandes überrascht worden sei, ist unwahrscheinlich; es kann wohl nur von Gerüchten über einschlägige Verhandlungen die Rede gewesen sein; dazu *Lambauer* 129; vgl. den Bericht des Lupian an KM über die Haltung Spaniens von 1497 Januar 12 Burgos bei *Chmel,* Urkunden 169 ff., Nr. 151; *Lanz,* Einleitung 40 ff.
[40] *Sanuto* I, 609; *Wiesflecker,* Italienzug 618; *Plöbst* 80.
[41] Vgl. venezianische Berichte aus Frankreich von 1496 Dezember 12 Lyon bei *Sanuto* I, 431—433; *Guicciardini* (ed. Costéro) 91: „... se me andò in Germania havendo con pochissima dignità del nome Imperiale, dimonstrata la sua debolezza a Italia, che gia longo tempo non haveva veduti Imperatori armati."
[42] *Wiesflecker,* Italienzug 618.
[43] *Wiesflecker,* Italienzug 618.
[44] *Malipiero* 485: „Vien scritto da tutte le Corte del mondo, che in questi moti la Signoria s'ha aquistá gran fama, perché no é stá descoverto nessun Principe piú potente e de mior consiglio e governo da essa."

II. AUFLÖSUNG DER HEILIGEN LIGA. MAXIMILIANS ERSCHÜTTERTE MACHTSTELLUNG IM WESTEN. VERLUST REICHSITALIENS. AUFSTIEG FRANKREICHS UND SPANIENS. GEFAHREN IM OSTEN

1. Maximilians Beziehungen zu Italien, Spanien und Frankreich seit 1496. Krise der Heiligen Liga

123 [1] Die eingehendste Darstellung und Dokumentation über die Frankreichpolitik und den Burgunderkrieg der Jahre 1497/98 enthalten die Jahrbuchdissertationen von *Plöbst* und *Gröblacher,* die unter anderem auch die ungedruckten Materialien der Maximilian-Regesten (Regesta Imperii XIV) in eingehender Weise verwerten und der wissenschaftlichen Benützung erschließen. Die spanische Politik ist besonders ausführlich bei eingehender Benützung spanischer Quellen bei *Krendl* enthalten; die venezianische Politik bei H. *Leipold.* Eine gute Übersicht im Rahmen des gesamten Staatssystems bietet *Höflechner.* Wesentlich weniger enthalten *Ulmann* und *Ziehen.* An gedruckten Quellensammlungen sind wichtig die Berichte des Mailänder Gesandten Brascha und des päpstlichen Gesandten Chieregati bei *Pélissier* und die venezianischen Berichte bei *Sanuto;* außerdem die spanischen Berichte des *Fuensalida.*

Den Wert einer primären Quelle hat weithin *Zurita*. Wertvolle Hinweise bot auch die Sammlung *Probszt*. Das *Freiburger Reichstagsprotokoll* befindet sich in Freiburg i. Breisgau, Stadtarchiv.

[2] *Plöbst* 76.

[3] Lateinische *Autobiographie* KMs im *Weißkunig* (ed. Schultz) 444: „... se retraxit citra Alpes (et) cogitans de remedio, qualiter (novam) secure Italiam perpetuo salvare posset ..."

[4] *Krendl*, Diss. 84 (dort Einzelheiten); *Wiesflecker*, Italienzug 617.

[5] *Plöbst* 79 f.

[6] *Höflechner*, Beiträge zur Diplomatie I, 26; *Plöbst* 96 ff.; *Ulmann* I, 547, 576 ff. hat die Friedensverhandlungen dieser Zeit zweifellos überschätzt. Vgl. das Fragment einer Verhandlungspunktation von 1497 März/April in *Wien* HHSA, MaxAkt 34/3, fol. 24 f.

[7] *Zurita* V, 121; Text des Vertrages bei *Sanuto* I, 584 ff.; über die Verhandlungen mit Spanien vgl. die sehr eingehende Darstellung bei *Krendl*, Diss. 85 f.; *Höflechner*, Beiträge zur Diplomatie I, 61, 111 f.; *Lavisse* V/1, 38; *Schirrmacher* VII, 150 ff.; *Plöbst* 80 f.; *Ulmann* I, 571 f. 124

[8] *Leipold*, Venedig 40; *Plöbst* 83 f.

[9] Siehe S. 42; *Wiesflecker*, Heiratsverträge 36 f.; *Plöbst* 83.

[10] *Krendl*, Diss. 87, 90.

[11] *Plöbst* 88 f.; *Redik*, Diss. 9 f.

[12] *Plöbst* 86, 136 ff.; *Wiesflecker*, Görz 378; *Gröblacher*, Diss. 233 ff.; *Leipold*, Venedig 61 ff.

[13] *Plöbst* 84 f. (dort Einzelheiten); *Wiesflecker*, Heilige Liga 182; *Leo* 116 f.; *Malipiero* 506; *Lanz*, Einleitung 35 ff.

[14] *Plöbst* 89 f. (dort Einzelheiten); *Pélissier*, L'ambassade 337 ff.

[15] 1498 April 9 Innsbruck bei *Pélissier*, L'ambassade, Appendice II, 442—444, Nr. 3.

[16] Vorschlag KMs an die Gesandten Spaniens und Mailands 1497 August 27 Innsbruck bei *Pélissier*, L'ambassade, Appendice I, 384 f., Nr. 1; *Plöbst* 98 f. 125

[17] Bericht von 1497 August 27 Innsbruck bei *Pélissier*, L'ambassade, Appendice I, 384 f., Nr. 1; *Krendl*, Diss. 88; *Plöbst* 98 f.; *Höflechner*, Beiträge zur Diplomatie I, 61.

[18] *Plöbst* 93 f.; *Gröblacher*, Diss. 134.

[19] Dazu ein Bericht Herzog Erichs von Braunschweig an KM von 1497 Mai 6 Rom (*Wien* HHSA, MaxAkt 4 a, fol. 197); desgl. ein Bericht des Gesandten Niklas Cesare an KM von 1497 Dezember 1 Brescia (*Innsbruck* LRA, MaxAkt I/41, fol. 46); *Plöbst* 92 f.

[20] Bericht des *Malipiero* 517; desgl. *Sanuto* II, 284 f., 297; vgl. *Leipold*, Venedig 59 f.; *Gröblacher*, Diss. 182, 191; *Wolff* 41.

[21] Vgl. den spanischen Bericht bei *Berwick-Alba* 17 und bei *Zurita* V, 138; Mailänder Bericht von 1498 März 2 in *Mailand* SA, ArchSforz, PotEst, Alemagna, Cart. 586; *Krendl*, Diss. 94 f.; *Gröblacher*, Diss. 136.

[22] So äußert sich KM zum spanischen Gesandten Fuensalida bei *Berwick-Alba* 50: „... y juntandose a la potencia de Francia Italia o parte della, ninguna cosa quedaria segura, ni Çecilia, ni España, ni Borgoña, ni Avstria, ni el ynperio, porque luego tentaria de tomar la corona del, y por esto es mejor perder lo del Archiduque, mi hijo, quel el rey de

Francia le tyene, que en renta es poco, que ponello todo en aventura." *Krendl,* Diss. 110.

126 [23] *Gröblacher* 138 f. (dort Einzelheiten, Quellen und Literatur); *Lavisse* V/1, 39; *Höflechner,* Beiträge zur Diplomatie I, 27; *Trithemius,* Annales Hirsaug. 563 bezeichnen den Tod als Gottesstrafe für den „Brautraub".

[24] Vgl. *Pélissier,* L'ambassade 339 f.

[25] *Krendl,* Diss. 100 ff. (sehr ausführlich nach den Berichten Fuensalidas bei *Berwick-Alba*); dazu auch *Pélissier,* L'ambassade 342; desgl. Fuensalida (ed. *Berwick-Alba)* 26 ff. (dort der spanische Standpunkt); *Gröblacher,* Diss. 138 ff. (dort Quellen und Literatur); *Ulmann* I, 584.

127 [26] *Gröblacher,* Diss. 138 (dort Einzelheiten, Quellen und Literatur); *Höflechner,* Beiträge zur Diplomatie I, 27 ff.; *Wolff* 42.

[27] *Gröblacher,* Diss. 140 f.; *Mayer,* Maximilian und Philipp 50 f.

[28] Der spanische Bericht bei Fuensalida (ed. *Berwick-Alba*) 28 ff., 34 ff.; *Krendl,* Diss. 102 ff.

[29] *Malipiero* 502; *Sanuto* I, 986; dazu *Gröblacher,* Diss. 141, 180 (dort Einzelheiten).

[30] Das Mailänder Mißtrauen gegen Chieregati war nicht begründet (vgl. *Pélissier,* L'ambassade 340 f.).

[31] *Zurita* V, 143; *Pélissier,* L'ambassade, Appendice I, 391 ff., Nr. 10 und 344 f.: der Einfluß des Mailänder Gesandten Brascha auf Maximilian ist da wohl etwas überschätzt; über die Haltung Spaniens vgl. den Bericht des Gesandten Fuensalida von 1498 Mai 1 Ulm bei *Berwick-Alba* 25 ff., 29 ff., 34 ff.; *Krendl,* Diss. 105. Zu den Verhandlungen in Ulm vgl. *Gröblacher,* Diss. 139 ff.

[32] Vgl. *Gröblacher,* Diss. 151, Anm. 70.

128 [33] Dazu *Gröblacher,* Diss. 208 ff. (dort Einzelheiten); siehe S. 171.

[34] Bericht des Fuensalida (ed. *Berwick-Alba*) 35 f., 38 f.; *Zurita* V, 142^{v} f.; *Pélissier,* L'ambassade, Appendice I, 387 ff., Nr. 6 und 394 ff., Nr. 13; desgl. Appendice II, 457 ff.; *Gröblacher,* Diss. 139; *Ulmann* I, 585 f.; *Krendl,* Diss. 105 f.

[35] *Zurita* V, 142^{v} f.; *Pélissier,* L'ambassade, Appendice I, 391 ff., Nr. 10, 13; *Gröblacher,* Diss. 140, 143.

[36] Vgl. dazu die geschlossene Reihe der Berichte Fuensalidas bei *Berwick-Alba; Pélissier,* L'ambassade 349 ff.; über die Beziehungen zu England vgl. *Gröblacher,* Diss. 205 ff. (dort Einzelheiten); *Krendl,* Diss. 92 ff., 111 ff. (dort Einzelheiten).

[37] *Malipiero* 502; *Leipold,* Venedig 44 f.

129 [38] Siehe S. 147 ff.

[39] Vgl. den Bericht des Fuensalida (ed. *Berwick-Alba*) 28 ff., 49 ff.; *Krendl,* Diss. 90 ff.

[40] *Höflechner,* Beiträge zur Diplomatie I, 29; Fuensalida (ed. *Berwick-Alba*) 53 ff., 60 f.

[41] Vgl. den Bericht des Fuensalida (ed. *Berwick-Alba*) 43 ff., 72; desgl. den Bericht Chieregatis an den Papst bei *Pélissier,* L'ambassade, Appendice I, 411 ff., Nr. 38; *Mayer,* Maximilian und Philipp 50 f.

[42] *Gröblacher,* Diss. 144 f. (dort Einzelheiten); *Redik,* Diss. 10 ff.

[43] Über die Beziehungen Maximilians zu Moro, besonders ausführliche Berichte bei *Pélissier,* L'ambassade 337 ff., 347 f.; Bericht ddo 1498 Juni 8

bei *Malipiero* 505: Ludovico habe gedroht, die Signorie von Venedig solle sich nicht einbilden, Pisa besetzen zu können: „... io farò quello che potrò che la (= Signorie von Venedig) non l'habbi; e condurro per Ongharia tanti Turchi all' incontro dei vostri Stradioti, che li distruzerà."

[44] Bericht des Fuensalida von 1498 Februar 22 Innsbruck bei *Berwick-Alba* 18 ff.

2. Krieg mit Frankreich 1498. Der Feldzug gegen Hochburgund

[1] Das folgende Kapitel beruht auf dem ungedruckten Material der Maximilian-Regesten, auf den Quelleneditionen von *Pélissier* (Berichte der Gesandten Mailands und des Papstes), auf *Berwick-Alba* (Berichte des spanischen Gesandten Fuensalida), auf den venezianischen Berichten bei *Sanuto*, den *Eidgenössischen Abschieden*, *Gachard* und *Du Mont;* desgl. wurden die Chroniken von *Molinet, Zurita*, der *Weißkunig* und *Fugger-Jäger* herangezogen. Die eingehendste Darstellung und Dokumentation bietet *Gröblacher*, für die spanischen Zusammenhänge *Krendl. Ulmann* dagegen läßt weithin aus. Vgl. auch die Quellenkritik zum Freiburger Reichstag (1498) S. 279, Anm. 1, 493, Anm. 1. 130

[2] Bericht des Fuensalida von 1498 Mai 29 Reutlingen (*Berwick-Alba* 46 ff.): „... no creo quel podra conplir lo que dize, porque yo veo tanta pobreza en su casa ... no puedo juzgar, que la esperanca ... desta ayuda del ymperio ... sera cierta."

[3] Siehe S. 284; vgl. *Gröblacher*, Diss. 97 ff. (dort Einzelheiten und Quellen).

[4] 1498 Juni 9 Rattenberg in *Wien* HHSA, Ukd; vgl. *Gröblacher*, Diss. 100.

[5] *Gröblacher*, Diss. 100, Anm. 18.

[6] Siehe S. 284.

[7] Siehe S. 285 f.; *Gröblacher*, Diss. 25 ff., 146; *Ulmann* I, 591; *Höflechner*, Beiträge zur Diplomatie I, 29. 131

[8] *Pélissier*, L'ambassade 353 ff.

[9] Bericht Chieregatis an Alexander VI. von 1498 Juni 30 Freiburg (*Pélissier*, L'ambassade, Appendice I, 401 ff., Nr. 22); *Ulmann* I, 586.

[10] *Pélissier*, L'ambassade 354 ff.

[11] Siehe S. 288. 132

[12] Siehe S. 289.

[13] Siehe S. 289 f.

[14] *Pélissier*, L'ambassade 356 f.; vgl. Fuensalida (ed. *Berwick-Alba*) 61 ff. 133

[15] Berichte des Fuensalida (ed. *Berwick-Alba*) 53 ff., 58 ff., 63 ff.; *Krendl*, Diss. 113 ff.

[16] Mandat von 1498 Juli 5 und 26 bei *Müller*, Reichstags-Theatrum unter Maximilian, II, 527 ff.; *Gröblacher*, Diss. 130 f.; *Tschech* 36 f.

[17] Vgl. den Bericht des Fuensalida (ed. *Berwick-Alba*) 71 ff.; *Krendl*, Diss. 119 f.

[18] *Gröblacher,* Diss. 150 ff. (dort Einzelheiten, Quellen und Literatur).

134 [19] *Pélissier,* L'ambassade 358 ff. und 413, Nr. 39; spanischer Bericht bei Fuensalida (ed. *Berwick-Alba*) 77 ff.; Bericht des Götz von *Berlichingen* (ed. Wolff) 19 ff., der diesen Feldzug mitmachte; *Ulmann* I, 586 f.; *Gröblacher,* Diss. 151 ff.

[20] *Weißkunig* (ed. Schultz) 296, 299 f., 311 und (ed. Musper) 430, Kap. 133 und lateinische *Autobiographie* KMs (ed. Schultz) 444 f.; dazu *Schweiger* 100; *Gröblacher,* Diss. 151 ff.

[21] *Berlichingen* (ed. 1882) 10, 113 f.

[22] Volltext bei *Du Mont,* Corps diplomatique III/2, 386, Nr. 201 und bei *Molinet* (ed. Buchon) V, 90 ff.; *Gachard,* Lettres II, 76; *Fueter,* Staatensystem 261.

[23] Bericht des Fuensalida (ed. *Berwick-Alba*) 49 f., 72 f.

[24] *Gröblacher,* Diss. 202 (dort Einzelheiten).

[25] Bericht des Fuensalida (ed. *Berwick-Alba*) 86 f.; *Gröblacher,* Diss. 154; *Krendl,* Diss. 128 ff.

135 [26] Siehe S. 296 f.; *Gröblacher,* Diss. 156 f.

[27] Frieden von Marcoussis bei *Du Mont,* Corps diplomatique III/2, 397 ff., Nr. 202; vgl. *Höflechner,* Beiträge zur Diplomatie I, 61 f., 113; *Gröblacher,* Diss. 153; *Lavisse* V/1, 47; *Schirrmacher* VII, 128 f.; *Krendl,* Diss. 130.

[28] Bericht des Fuensalida (ed. *Berwick-Alba* 77 f.): „... el Rey tenia pensamiento ... de obrar todo quanto pudiese para romper esta paz."

[29] *Gröblacher,* Diss. 160.

[30] Bericht des Fuensalida (ed. *Berwick-Alba* 82); *Krendl,* Diss. 126.

136 [31] Siehe S. 29 f.

[32] *Gröblacher,* Diss. 181.

[33] *Müller,* Reichstags-Theatrum unter Maximilian, II, 645 f.; *Gröblacher,* Diss. 181, 237 (dort Einzelheiten).

137 [34] Siehe S. 298 f.

[35] Bericht des Fuensalida (ed. *Berwick-Alba* 98 f., 103 ff.); zahlreiche Berichte des päpstlichen Gesandten Chieregati und des Mailänder Gesandten Brascha bei *Pélissier,* L'ambassade, Appendice I, 420, Nr. 50 und Appendice II, 471 f., Nr. 30; *Gröblacher,* Diss. 161; *Krendl,* Diss. 130, 132; *Ulmann* I, 603 ff.

[36] Spanische Berichte des Fuensalida (ed. *Berwick-Alba* 104 ff.); Bericht von 1498 September 1 Breisach bei *Pélissier,* L'ambassade, Appendice II, 471 f., Nr. 39 und *Pélissier,* Documents 88 f., Nr. 41.

[37] Vgl. *Ulmann* I, 603 f. (dort Quellen).

[38] *Gröblacher,* Diss. 162.

138 [39] *Pélissier,* L'ambassade, Appendice II, 471 f., Nr. 39 und 474 f., Nr. 41; spanische Berichte des Fuensalida (ed. *Berwick-Alba* 100 ff.); dazu *Gröblacher,* Diss. 162 ff. (dort alle Einzelheiten); *Ulmann,* Grenzsicherheit 480; *Ulmann* I, 604 ff.

[40] KMs Bericht und Befehl von 1498 August 28 Breisach (*Weimar* SA, Reg. E, Nr. 45); *Klüpfel,* Urkunden I, 259 f. und 264 ff.

[41] Vgl. den Bericht KMs an Kurfürst Friedrich und die Hofräte von 1498 August 28 Breisach (a. a. O.).

[42] Bericht des Fuensalida (ed. *Berwick-Alba* 92 ff.).

[43] Bericht des Fuensalida (ed. *Berwick-Alba* 94 ff., 99 ff.); *Krendl*, Diss. 138.

[44] Vgl. auch *Eidgenössische Abschiede* III/1, 577; dazu *Gröblacher*, Diss. 163 f. (dort Einzelheiten).

139

[45] Bericht des Fuensalida (ed. *Berwick-Alba* 86 f., 94 f.); dazu *Gröblacher*, Diss. 164.

[46] *Pélissier*, L'ambassade 371 ff. und Appendice II, 481, Nr. 48.

[47] *Gröblacher*, Diss. 165 f. (dort Einzelheiten).

[48] *Pélissier*, L'ambassade 375 ff.; *Spalatins Nachlaß* 130 ff.; dazu *Gröblacher*, Diss. 168 ff. (dort Einzelheiten); *Ulmann* I, 606 f.; *Höflechner*, Beiträge zur Diplomatie I, 34 f. (sehr eingehend über die Verhandlungen).

[49] Spanischer Bericht des Fuensalida (ed. *Berwick-Alba* 100 ff.); *Krendl*, Diss. 134 f., 141.

140

[50] Über die Aktionen gegen Robert de la Marche vgl. *Weißkunig* (ed. Schultz) 300, 514; desgl. das Erlebnis Götz von *Berlichingens* (ed. Wolff) 22 f.; dazu *Gröblacher*, Diss. 170 ff.

[51] *Höflechner*, Beiträge zur Diplomatie I, 36; *Gröblacher*, Diss. 171 f.

3. Erzherzog Philipps französische Politik. Maximilians Feldzug gegen Geldern (1498/99)

[1] Das folgende Kapitel beruht auf den fast gleichen Fundamenten wie das vorhergehende; unter der Literatur sei besonders hervorgehoben *Mayer*, die zur Ergänzung der Maximilian-Regesten reiche niederländische Quellen und Forschungen benützen konnte, außerdem die sehr eingehende Jahrbuchdissertation von *Gröblacher*. Wertvolle Hinweise verdanke ich auch hier der Sammlung *Probszt*.

[2] Spanischer Bericht bei Fuensalida (ed. *Berwick-Alba* 80 ff., 103 ff.); *Mayer*, Maximilian und Philipp 63 ff.; *Gröblacher*, Diss. 172, 174 ff.

141

[3] *Pélissier*, L'ambassade 379 ff.; *Mayer*, Maximilian und Philipp 64; *Krendl*, Diss. 143 f.; *Schirrmacher* VII, 255.

[4] Bericht des Fuensalida (ed. *Berwick-Alba* 106): „Muy buen casamentero fue Dios en dar tal muger a tal marido ...“; *Krendl*, Diss. 143.

[5] *Molinet* (ed. Buchon) V, 94 ff.; *Zurita* V, 159; *Gröblacher*, Diss. 171; *Mayer*, Maximilian und Philipp 65; *Höfler*, Juana 307.

[6] *Gröblacher*, Diss. 170 f. (dort Einzelheiten); *Mayer*, Maximilian und Philipp 64 (dort Einzelheiten). — Über das Friedens- und Heiratsangebot vgl. den Bericht des Fuensalida (ed. *Berwick-Alba)* 61 ff.: „... esto es cosa tan contra su (= KM) voluntad y tan contra su honor, que por ninguna cosa non lo ha de consentyr ...“

[7] *Gröblacher*, Diss. 172 (Quellen und Literatur); über die Heiratspläne Friedrichs von Sachsen vgl. den Bericht des Fuensalida von 1498 August 25 bei *Berwick-Alba* 91 f.

[8] Vgl. den schwer leserlichen lateinischen Bericht des sächsischen Gesandten Bünau an Kurfürsten Friedrich von 1498 Dezember 5 Mainz (*Weimar* SA, Reg. E, Nr. 45, fol. 9 ff.); dazu *Ulmann* I, 610; *Hyden* 66 f. (dort weitere Quellen und Literatur).

[9] KMs Forderungen bei *Le Glay,* Négociations I, 19 ff., Nr. 2, 3; dazu *Gröblacher,* Diss. 172 f.; *Mayer,* Maximilian und Philipp 65 f.

142 [10] Siehe S. 147 ff.

[11] *Müller,* Reichstags-Theatrum unter Maximilian, II, 184 f.; *Mayer,* Maximilian und Philipp 64.

[12] *Pélissier,* L'ambassade 354 f., 375 f., 380 ff.

[13] Siehe S. 303; *Mayer,* Maximilian und Philipp 59, 65.

143 [14] *Gröblacher,* Diss. 172 ff. (dort Einzelheiten).

[15] Vgl. das Mandat KMs von 1499 März 4 Antwerpen (*Wien* HHSA, MaxAkt 5 a/1, fol. 49).

[16] *Gachard,* Lettres II, 289 f.; *Mayer,* Maximilian und Philipp 66 f.; *Ulmann* I, 611.

[17] *Gachard,* Lettres II, 291; *Mayer,* Maximilian und Philipp 68.

[18] Eingehende und gut dokumentierte Darstellungen des Geldernkrieges enthalten *Mayer* 7 ff., 25 ff., 57 ff. und *Gröblacher,* Diss. 174 ff.; desgl. *Lex,* 37 ff. *Mayer* bringt vor allem die belgische und niederländische Literatur sehr stark zur Geltung.

[19] *Mayer,* Maximilian und Philipp 26 (dort Einzelheiten); *Ulmann* I, 238, 248.

[20] *Mayer,* Maximilian und Philipp 55 ff. (dort Einzelheiten und Quellen).

[21] Vgl. die Klagen von Maßmünster und Ley über ihre Ohnmacht gegenüber den burgundischen Räten von 1497 Dezember 13 Brüssel bei *Kraus,* Briefwechsel 111 ff.; *Mayer,* Maximilian und Philipp 56.

[22] *Gachard,* Lettres II, 116.

[23] *Mayer,* Maximilian und Philipp 56 (dort Einzelheiten); *Ulmann* I, 582.

144 [24] Volltext bei *Müller,* Reichstags-Theatrum unter Maximilian, II, 192 ff. und bei *Lünig,* Reichs-Archiv, Pars spec. I, 108 ff.; dazu *Gröblacher,* Diss. 175 (dort Quellen und Literatur); *Struick* 47 ff. bietet viele Einzelheiten; *Ulmann* I, 615; *Mayer,* Maximilian und Philipp 57 (dort belgische und niederländische Quellen).

[25] Bericht von 1498 Juli 22 Freiburg bei *Pélissier,* L'ambassade 401 ff. Appendice I, Nr. 22. Vgl. S. 284.

[26] *Struick* 49; dagegen *Mayer,* Maximilian und Philipp 57, Anm. 9.

[27] Siehe S. 133 ff.; *Ulmann* I, 614 bezeichnet die Erneuerung des Krieges gegen Geldern als KMs „Kapitalfehler".

[28] *Gröblacher,* Diss. 176; *Mayer,* Maximilian und Philipp 58 (sehr eingehend mit vielen niederländischen Quellen); *Ulmann* I, 615.

[29] *Mayer,* Maximilian und Philipp 58; *Struick* 50; *Ulmann* I, 617.

[30] Vgl. KMs Itinerar bei *Gröblacher,* Diss. 291 f.; *Lex* 251 und *Mayer,* Maximilian und Philipp 59 f.

[31] *Gröblacher,* Diss. 177; *Struick* 51; *Mayer,* Maximilian und Philipp 59 f.; *Ulmann* I, 619; über die Berichte des Weißkunig vgl. *Schweiger* 101.

[32] *Mayer,* Maximilian und Philipp 60 (dort Einzelheiten); *Schilfgaarde, passim.*

145 [33] *Mayer,* Maximilian und Philipp 60.

[34] Vgl. einen Mailänder Bericht von 1499 Februar 26 Antwerpen

(*Mailand* SA, ArchSforz, PotEst, Alemagna, Cart. 1190). Vgl. den interessanten Bericht des Bamberger Gesandten über Vorgänge in den Niederlanden und Geldern an seinen Bischof von 1499 Februar 19 Antwerpen und 1499 März 8 Köln (*Bamberg* SA, Reichstagsakten, Bamberger Serie, Rep. B 33/I, Nr. 4, fol. 86 f., 88 ff.).

[35] *Struick* 51; *Mayer*, Maximilian und Philipp 60.

[36] Brief KMs an die Generalstaaten von 1499 Januar 26 Grave bei *Gachard*, Lettres II, 291; *Gachard*, Analectes Historiques V, 292 ff.; *Mayer*, Maximilian und Philipp 68 f.

[37] Bericht der Anwälte KMs von 1499 Mai 16, 23 und 27 Brüssel (in *Innsbruck* LRA, MaxAkt I/41, fol. 177 ff., 191 f. und in *Wien* HHSA, MaxAkt 5 a, fol. 141 f.); *Mayer*, Maximilian und Philipp 71 f.

[38] Brief von 1499 März 4 Antwerpen (*Wien* HHSA, MaxAkt 5 a, fol. 49); *Mayer*, Maximilian und Philipp 70.

[39] *Mayer*, Maximilian und Philipp 73. **146**

4. Auflösung der Heiligen Liga. Bündnis Frankreichs mit Venedig

[1] Dazu vgl. den Quellen- und Literaturbericht auf S. 446, Anm. 1. Besonders hervorzuheben sind die einschlägigen Quelleneditionen von *Pélissier;* eine gute Übersicht über die Vorgänge des Jahres 1499 bietet *Lex;* über die Haltung Papst Alexanders VI. berichtet noch eingehender als *Pastor* die Dissertation von *Redik*. Die Haltung Venedigs behandelt eingehend *H. Leipold*.

[2] Über das Verhältnis KMs zu Mailand vgl. *Gröblacher*, Diss. 185 ff.

[3] *Gröblacher*, Diss. 187 f.

[4] Über das Verhältnis KMs zu Venedig sehr eingehend *Gröblacher*, Diss. 178 ff. und *Leipold*, Venedig 39 ff.

[5] *Sanuto* I, 448; *Leipold*, Venedig 39 f.

[6] Urkunde von 1497 Februar 27 Innsbruck (*Wien* HHSA, Ukd); *Plöbst* 136 f. 147

[7] Über die Görzer Frage ausführlich *Gröblacher*, Diss. 234 ff. und *Wiesflecker*, Görz 377 ff.

[8] *Leipold*, Venedig 98.

[9] Die Phrase wurde von der Mailänder Staatspropaganda nach Bedarf variiert; vgl. *Machiavelli* (ed. 1925) V, 66 f.; *Sanuto* I, 496; *Malipiero* 482.

[10] *Malipiero* 505.

[11] Eine kundige Übersicht über die italienischen Verhältnisse jener Jahre hauptsächlich vom Mailänder Standpunkt aus bietet *Pélissier*, L'ambassade 335 ff.; Bericht des venezianischen Gesandten Stella von 1498 Oktober aus Frankreich bei *Sanuto* II, 30; *Gröblacher*, Diss. 183; *Lanz*, Einleitung 42 ff.; *Wolff* 44 f.

[12] Text bei *Gachard*, Lettres II, 99; *Molinet* (ed. Buchon) V, 90 ff.; spanischer Bericht des Fuensalida bei *Berwick-Alba* 77 ff.; *Ulmann* I, 588; *Ziehen*, Mittelrhein II, 570 f.; *Krendl*, Diss. 119 f. 148

[13] *Gröblacher*, Diss. 153; *Prescott* II, 219; *Schirrmacher* VII, 210 f.; *Ulmann* I, 590; *Lavisse* V/1, 47 (mit falschem Datum); *Krendl*, Diss. 130.

[14] *Gröblacher,* Diss. 153, 206 f. (dort Einzelheiten); *Fueter,* Staatensystem 260 (mit falschem Datum).
[15] *Lex* 4 ff., 6 f. (dort Einzelheiten und Quellen).
[16] *Eidgenössische Abschiede* III/1, 795 ff.; *Gagliardi,* Mailänder II, 220 ff.; *Gagliardi,* Anteil 281 ff.
149 [17] *Leipold,* Venedig 49.
[18] Text des Vertrages bei *Du Mont,* Corps diplomatique III/2, 406 ff., Nr. 210 und *Sanuto* II, 522 ff.; *Leipold,* Venedig 38 ff., 49 ff., 52 ff. (dort Einzelheiten); *Lex* 14 f. (dort Einzelheiten); *Ulmann* I, 613 f., 751 f., 773 f.; *Wolff* 44; *Pastor* III/1, 528; *Kretschmayr* II, 407; *Romanin* V, 108; *Lavisse* V/1, 50; *Fueter,* Staatensystem 207, 261; *Gagliardi,* Anteil 287 ff.; *Lanz,* Einleitung 45 ff., 51 ff. — Über die aus dem Vertrag ausgeschlossenen Mächte vgl. *Sanuto* II, 1141.
150 [19] *Pastor* III/1, 519 f.; *Gröblacher,* Diss. 198 ff. (dort ausführlich über die Beziehungen KMs zur Römischen Kurie).
[20] *Pastor* III/1, 526 ff.; *Redik,* Diss. 11 f.
[21] Siehe S. 127, 287. Vgl. den Brief Alexanders VI. an seinen Nuntius Chieregati von 1498 Juli 6 Rom bei *Müller,* Mitteilungen, Jg. 7, 5 ff. (dort wohl unrichtig auf 1499 datiert). Damals suchte der Papst noch vorsichtig zwischen Liga und KF zu lavieren.
[22] *Redik,* Diss. 11; *Pastor* III/1, 521; *Gröblacher,* Diss. 199 ff.
[23] *Pélissier,* L'ambassade, Appendice II, 469 f., Nr. 37 und 475 f., Nr. 42; *Redik,* Diss. 12.
[24] So äußert sich der KF; vgl. *Sanuto* II, 47 f., 250; *Redik,* Diss. 12.
[25] *Redik,* Diss. 13.
151 [26] *Pastor* III/1, 530.
[27] Bericht Stangas über seine Verhandlungen mit KM bei *Pélissier,* Documents relations Maximilian, Bd. XLV, 78 ff., Nr. 17; *Redik,* Diss. 14.
[28] *Pastor* III/1, 533; nach einem venezianischen Bericht bei *Albèri,* Relazioni II/3, 8 f. soll der Papst wegen der Eroberung Mailands öffentlich auf den KF gescholten haben; er redete eben, wie er es brauchte.
[29] Siehe S. 167 f. Vgl. den venezianischen Bericht von 1500 September 28 Rom bei *Albèri,* Relazioni II/3, 9 f.
[30] Siehe S. 160 ff. Vgl. auch *Guicciardini* (ed. Costéro): „dimostrava il pericolo, chè il rè di Francia ... insuperbito per tanto favore della fortuna non indirazze l'animo a procurar ... che la corona Imperiale ritornasse ... ne! Re di Francia ... qual cosa avrebbe il consentimento del Pontefice ..." Diese Sorge bzw. Meinung war damals in informierten Kreisen Italiens und des Reiches ganz allgemein.

5. Gefahren im Osten: die Türkenfrage 1493—1503

[1] Zur Literatur- und Quellenfrage: Nach Auskunft eines so hervorragenden Kenners wie Babinger sind türkische Quellen für uns — wenn auch vielleicht vorhanden — jedenfalls nicht zugänglich. Babinger selber hatte seinen „Mehmed" fast ausschließlich auf Grund italienischer (venezianischer) Quellen schreiben müssen. Wir stützten uns im folgenden auf die Dokumente der kaiserlichen und der Reichskanzlei; allerdings sind

auch da nach Aussage der Zimmerschen Chronik die geheimen, daher besonders wertvollen Bestände nach dem Tode Maximilians von Erzherzog Ferdinand vernichtet worden. Aber es ist doch so viel an verstreuten Urkunden und Akten erhalten geblieben, daß sich ein gutes Bild der Beziehungen Maximilians zur Pforte ergibt. Wertvoll waren auch für uns die venezianischen Berichte bei *Sanuto* und jene des Legaten *Chieregati.* Diese Materialien, die sich größtenteils in den Maximilian-Regesten finden, konnten bereits von den Dissertationen *Leipold* (Ostpolitik), *Höflechner* (Beiträge zur Diplomatie), *Heinrich* (Türkenzugsbestrebungen) und von den einschlägigen Jahrbuchdissertationen verarbeitet werden. An gut dokumentierten Untersuchungen sind insbesondere hervorzuheben *Babinger, Fisher* (beruht etwas einseitig auf Sanuto), *Jorga, Gröblacher* (KMs erste Gesandtschaft zum Sultan); für die päpstliche Türkenpolitik sind heranzuziehen *Pastor, Redik, Schneider* (Peraudi) und *Mehring.* Vgl. auch die Quellen- und Literaturhinweise zur Türkenfrage bei *Wiesflecker,* Maximilian, I, 525 f., Anm. 1 ff. und 541 f.; desgl. *Pitcher* 7 ff., 63 ff., 75 ff., 91 f., ebenso Karten Nr. XVI, XVIII, XIX.

2 *Fueter,* Staatensystem 153, 188 f.

3 *Wiesflecker,* Maximilian, I, 345 ff., 355 ff., 398 ff. **152**

4 *Wiesflecker,* Maximilian, I, 347 ff.

5 *Gröblacher,* KMs erste Gesandtschaft zum Sultan 75.

6 *Wiesflecker,* Maximilian, I, 400 (dort Quellenangabe). **153**

7 *Le Glay,* Négociations I, 9.

8 *Wiesflecker,* Maximilian, I, 346 f. (dort Einzelheiten).

9 Siehe S. 44 ff.; *Wiesflecker,* Maximilian, I, 374 ff., 385 ff., 396 ff.

10 *Wiesflecker,* Maximilian, I, 355 ff. (dort Einzelheiten); *Spausta* II, 230 f.

11 Vgl. dazu den bisher unbekannten Bericht des Sigmund von Rorbach an den Hzg von Bayern von 1494 November 6 Antwerpen (*München,* Geheimes SA, Kasten schwarz 4191, fol. 207 ff.); *Wiesflecker,* Maximilian, I, 386 (dort Einzelheiten); dazu *Winkelbauer* 533 und *Plösch* 50 ff.; *Spausta* II, 232.

12 Vgl. den Bericht des Bischofs von Vesprém an Dr. Fuchsmagen von 1495 April 10 Vesprém (*Wien* HHSA, MaxAkt 3 a, fol. 151); *Bonfinius* 531; *Gröblacher,* KMs erste Gesandtschaft zum Sultan 74; *Wiesflecker,* Türkenzug 174; *Lambauer* 171; *Höflechner,* Beiträge zur Diplomatie 145 f.; *Fessler,* Geschichte von Ungarn III, 259; *Szalay* III/2, 71 ff.; *Zinkeisen* II, 506; *Spausta* II, 231 f.

13 *Pastor* III/1, 265 ff.; *Höflechner,* Beiträge zur Diplomatie 140; *Wiesflecker,* Maximilian, I, 346. **154**

14 *Lambauer* 173 f.; *Babinger,* Bajezid Osman *passim.*

15 *Pastor* III/1, 388; *Höflechner,* Beiträge zur Diplomatie 143 f.

16 *Heidenheimer,* Correspondenz 570; *Fisher* 49; *Zinkeisen* II, 492 f.; *Höflechner,* Beiträge zur Diplomatie 144 f.

17 *Gröblacher,* KMs erste Gesandtschaft zum Sultan 73; *Wiesflecker,* Hermansgrün 20.

18 Siehe S. 217.

19 Siehe S. 153, 240; *Lambauer* 171; *Gröblacher,* Diss. 219, 221 f.; *Wiesflecker,* Reichsreform 54.

[20] *Wiesflecker,* Maximilian, I, 358, 401 f.

155 [21] *Leipold,* Ostpolitik 72; *Höflechner,* Beiträge zur Diplomatie 145 f.

[22] Venezianischer Bericht bei *Sanuto* I, 371; Instruktion KMs von 1497 April 21 Füssen (*Innsbruck* LRA, MaxAkt I/41, fol. 24 ff.); KM an die Reichsstände in Worms 1497 Juni 27 Füssen bei *Janssen,* Reichscorrespondenz II, 620 ff., Nr. 774; *Gröblacher,* Diss. 213; *Plöbst* 101 f.; *Lambauer* 172 f.; *Höflechner,* Beiträge zur Diplomatie 146 f.; *Leipold,* Ostpolitik 102; *Babinger,* Diplomatische Zwischenspiele 315 ff., 319 ff.; *Ziehen,* Mittelrhein II, 546 f.; *Ulmann* I, 572 f.; *Heinrich* 27 f.

[23] Das Nähere bei *Gröblacher,* KMs erste Gesandtschaft zum Sultan 74 f.

156 [24] Bedeutet wohl am ehesten ein durch Regeln geordnetes Turnier (vermessen = geregelt); dazu *Gröblacher,* KMs erste Gesandtschaft zum Sultan 75 f., Anm. 8, 12. — Vgl. KMs Einladung an Hzg Albrecht von Bayern und Mgf Friedrich von Brandenburg von 1497 Juni 26 Füssen zum Empfang der Türken (*München* HSA, Geheimes SA, Kasten schwarz 4192, fol. 139 und *Merseburg* DZA, Geheimes SA, Rep. X, Nr. ZY, Fasc. 2 B, fol. 5 f.).

[25] Ausführlicher Bericht des päpstlichen Gesandten Chieregati an den Papst von 1497 Juli 25 Telfs (*Venedig,* Bibl. Nacionale Marciana, Manuscr. Latina, XIV, Nr. 29 [4278], fol. 50 ff.); venez. Bericht von 1497 Juli 24 Stams bei *Sanuto* I, 700; desgl. bei *Burgklehner* II, 420; ein Gedicht zum Ereignis von Daniel Lebersorg bei *Brandis,* Landeshauptleute von Tirol 345 f.; *Babinger,* Diplomatische Zwischenspiele 322 ff.; *Gröblacher,* KMs erste Gesandtschaft zum Sultan 77 (wertet erstmals den Chieregati-Bericht aus); *Ulmann* I, 572 ff.; *Höflechner,* Beiträge zur Diplomatie 148 f.; *Plöbst* 103 f.; *Gröblacher,* Diss. 220; *Schneider,* Peraudi 50; *Badstüber* 172 f.; *Hann* 154; *Leipold,* Ostpolitik 104 f.

[26] Bericht des Chieregati von 1497 Juli 25 Telfs a. a. O.; dazu *Gröblacher,* KMs erste Gesandtschaft zum Sultan 78.

[27] Die Bilder über die Jagd- und Fischereivergnügungen mit den türkischen Gästen in den Ausgaben des Jagd- und Fischereibuches von *Hohenleiter, Niederwolfsgruber* und *Mayr.*

[28] Bericht des Legaten Chieregati von 1497 November 3 Hall (*Venedig,* Bibl. Marciana a. a. O., fol. 113 f.) und andere Quellen bei *Gröblacher,* KMs erste Gesandtschaft zum Sultan 79.

[29] *Gröblacher,* KMs erste Gesandtschaft zum Sultan 78 (dort die einschlägigen Berichte des Chieregati).

[30] Kopie eines Briefes von Sultan Bajezid an KM von 1498 Juli 9 Konstantinopel (*Mailand* SA, ArchSforz, PotEst, Alemagna, Cart. 586); *Gröblacher,* Diss. 231 f. und Beil. 3; *Gröblacher,* KMs erste Gesandtschaft zum Sultan 79.

157 [31] Brief KMs an die Reichsstände von 1497 August 7 bei *Janssen,* Reichscorrespondenz II, 626 ff., Nr. 778; *Plöbst* 104 (dort Einzelheiten).

[32] Dies weist neuerdings *Gröblacher,* KMs erste Gesandtschaft zum Sultan 80 nach; eine andere Auffassung vertreten *Babinger,* Diplomatische Zwischenspiele 322, *Plöbst* 104, *Höflechner,* Beiträge zur Diplomatie 149 und *Leipold,* Ostpolitik 105.

[33] Vgl. oben Nr. 27.

[34] 1497 November 21 Innsbruck (*Innsbruck* LRA, MaxAkt I/36, fol. 73).
[35] 1497 Dezember 15 Innsbruck (*Wien* HHSA, MaxAkt 4 b, fol. 101); dazu *Leipold*, Ostpolitik 107.
[36] Punktation KMs von 1500 Dezember an seine österreichischen Landstände in Linz (gleichz. Druck in *Wien* HHSA, RTA C/1, fol. 83 f.; desgl. *Weimar* SA, Reg. E, fol. 24b, Nr. 47, fol. 75 f.).
[37] *Gröblacher*, Diss. 220 ff. (dort Einzelheiten); *Höflechner*, Beiträge zur Diplomatie 150; *Fessler*, Geschichte von Ungarn III, 267; *Zinkeisen* II, 512 f.
[38] Über die Türkenfrage auf dem Freiburger Reichstag vgl. S. 294, 297 ff.; *Gröblacher*, Diss. 222 f.
[39] *Freiburger Reichstagsprotokoll*, fol. 57 f.; *Braun* 101 ff.; *Leipold*, Ostpolitik 83; *Gröblacher*, Diss. 224 ff. (dort Einzelheiten).
[40] Siehe S. 136, 146 ff.; *Gröblacher*, Diss. 226.
[41] *Gröblacher*, Diss. 228. 158
[42] *Gröblacher*, Diss. 231.
[43] Siehe S. 294.
[44] *Gröblacher*, Diss. 231 (dort Einzelheiten); *Gröblacher*, KMs erste Gesandtschaft zum Sultan 79 f.
[45] Brief KMs an Berthold von 1499 März 4 Antwerpen (*Wien* HHSA, MaxAkt 5 a/1, fol. 49); *Gröblacher*, Diss. 232.
[46] *Höflechner*, Beiträge zur Diplomatie 151; *Lex* 33; *Fisher* 52; vgl. den Brief des Kard. Ascanio Sforza an Ludovico Moro von 1499 April 18 Rom bei *Müller*, Mitteilungen, Jg. 6, 591: der Kardinal empfiehlt dem Bruder gute Beziehungen zum Türken zwecks Schutz gegen den KF; „come la Cesarea Maestà desidera stabilire bona intelligentia cum epso Grande Turco ...“; ein Bericht des Erzbischofs von Lepanto ddo 1499 Oktober bei *Sanuto* III, 12.
[47] Bericht von 1499 bei *Sanuto* II, 124, 964; in einer Instruktion an seine Reg. E, fol. 24b, Nr. 47, fol. 68 ff.) weist KM diesen Vorwurf zurück; *Pélissier*, Nouvelles 138 f.
[48] *Fisher* 66; *Jorga* II, 290; *Zinkeisen* II, 537; *Höflechner*, Beiträge zur Diplomatie 153; *Lex* 33. 159
[49] Bericht des Stanga an Herzog Ludovico von 1499 Juni 10 Meran (*Mailand* SA, ArchSforz, PotEst, Alemagna, Cart. 1192); *Lex* 31.
[50] *Leipold*, Ostpolitik 129.
[51] *Leipold*, Ostpolitik 97.
[52] *Leipold*, Ostpolitik 186.
[53] Berichte über türkische Gesandte bei KM im Jahre 1499 Juni—Juli bei *Sanuto* II, 834, 910; *Lex* 33.
[54] *Leipold*, Ostpolitik 91.
[55] *Höflechner*, Beiträge zur Diplomatie 154; *Lex* 34 (dort Einzelheiten); *Jorga* II, 292 ff.; *Zinkeisen* II, 531 f.; *Cusin*, Confine orientale II, 292 f. (dort italienische Literatur).
[56] Bericht des Stanga an den Herzog von Mailand von 1499 Juni 10 Meran (*Mailand* SA, ArchSforz, PotEst, Alemagna, Cart. 585 und 1192); dazu *Lex* 32.
[57] Siehe S. 161 ff.; *Redik*, Diss. 49 ff.; *Pastor* III/1, 548 ff.; *Lex* 35; *Friedhuber*, Diss. 146.

160 [58] *Lex* 35 (dort Einzelheiten); *Friedhuber,* Diss. 145 f.

[59] *Leipold,* Ostpolitik 123.

[60] Von einer „Hinwendung KMs zu Venedig und einem wachen Interesse für die Türkenabwehr" kann in diesem Zeitpunkt wohl nicht die Rede sein (*Lex* 36); *Friedhuber,* Diss. 147.

[61] Text bei *Sanuto* III, 345 ff.; dazu *Leipold,* Ostpolitik 124; *Friedhuber,* Diss. 148.

[62] Text bei *Burchard* (ed. Thuasne) III, 46 ff.; *Pastor* III/1, 550 ff.; *Redik,* Diss. 52 f.; *Friedhuber,* Diss. 147.

[63] *Leipold,* Ostpolitik 124.

161 [64] Siehe S. 374.

[65] *Jorga* II, 295 ff.

[66] Brief des Dogen von Venedig an KM von 1500 September 5 Venedig (*Wien* HHSA, Ukd); *Sanuto* III, 750 f.; *Friedhuber,* Diss. 150.

[67] Zwei Briefe KMs von 1500 September 19 Steinach und von 1500 Oktober 10 Donauwörth bei *Sanuto* III, 826 f., 942; *Friedhuber,* Diss. 150; *Leipold,* Ostpolitik 116, 127 f.

[68] *Sanuto* III, 953 f.

[69] *Pastor* III/1, 553 f.; *Redik,* Diss. 54; *Leipold,* Ostpolitik 130.

[70] Beglaubigte Kopie der Jubiläumsbulle von 1500 Oktober 5 Rom (*Innsbruck* LRA, MaxAkt I/12, fol. 11 ff. und *Wien* HHSA, Ukd); Ernennungsbulle für Peraudi bei *Datt* 379 f.; *Friedhuber,* Diss. 151.

162 [71] Vgl. die undatierte Instruktion an Kardinal Peraudi bei *Kapp* IV, 399 f.; *Leipold,* Ostpolitik 131; *Friedhuber,* Diss. 153.

[72] Der Feldzugsplan ist in der obgenannten Instruktion enthalten, aber auch bei *Sanuto* III, 953 f.; *Friedhuber,* Diss. 154.

[73] Bericht bei *Sanuto* III, 1091; *Friedhuber,* Diss. 155 (dort Einzelheiten). — Vgl. den Bericht eines venezianischen Gesandten von 1500 Oktober 24 Rom bei *Burchard* (ed. Thuasne) III, 439 ff.: KF und Papst „con suo danno e vergogna grande si vogliono dividere intra loro tutta Italia ... gia a lui (= KM) hanno tolto Milano ... Vuole lo Imperadore verrà alla volta de Italia".

163 [74] Siehe S. 168; *Leipold,* Ostpolitik 94 ff.

[75] Vgl. die Werbungen KMs an seine österreichischen Landstände in Linz aus den Jahren 1500/01 (*Weimar* SA, Reg. E, fol. 24b, Nr. 47, fol. 68 ff., 73 f., 83 f.).

[76] *Leipold,* Venedig 96 f., 110; *Schäffer,* Diss. 135.

164 [77] *Leipold,* Venedig 98.

[78] *Leipold,* Venedig 99.

[79] Siehe *Wiesflecker,* Maximilian, III. Bd.

6. Ungarn sucht Anlehnung an Frankreich und Venedig (1493—1500)

165 [1] Von den bekannten Handbüchern abgesehen, beruht das Folgende, soweit es neu ist, vorzüglich auf den im Rahmen der Maximilian-Regesten gesammelten Dokumenten, welche in den Dissertationen von *Leipold* (Ostpolitik), *Höflechner* (Beiträge zur Diplomatie), ebenso in den einschlägigen Jahrbuchdissertationen erstmals ausgewertet werden konnten. Dort und im folgenden finden sich auch die noch immer heran-

zuziehenden Quelleneditionen. Der Ehescheidungshandel zwischen Wladislaw und Beatrix an der Römischen Kurie wird ausführlich behandelt bei *Redik*. Zur Quellen- und Literaturfrage im ganzen vgl. auch *Wiesflecker*, Maximilian, I, 503 f., Anm. 1, S. 541 f.

[2] *Wiesflecker*, Türkenzug *passim; Höflechner*, Beiträge zur Diplomatie 173.

[3] Vgl. *Pray*, Annales IV, 256 f.; *Höflechner*, Beiträge zur Diplomatie 175.

[4] Vgl. die anmaßenden Vorschläge KMs an Wladislaw von 1493 Juli 25 Linz (*Wien* HHSA, MaxAkt 1 b, fol. 119 f.); dazu *Wiesflecker*, Maximilian, I, 350 f. (dort Einzelheiten); *Ulmann* I, 209 ff.; *Höflechner*, Beiträge zur Diplomatie 173 f.

[5] *Wiesflecker*, Türkenzug 174; *Höflechner*, Beiträge zur Diplomatie 145 f., 176; *Fessler*, Geschichte von Ungarn III, 259.

[6] Bericht des Foscari von 1496 August 4 (*Foscari* 747 ff., Nr. 7, 770 ff., Nr. 16, 790 ff., Nr. 23); *Leipold*, Ostpolitik 84 f.; *Lambauer* 167; *Wiesflecker*, Kongreß zu Mals 361.

[7] Bericht des Foscari von 1496 Juli 3 Innsbruck (*Foscari* 740 ff.; Nr. 6, 7).

[8] *Leipold*, Venedig 104; *Lex* 30.

[9] *Höflechner*, Beiträge zur Diplomatie 177; *Lambauer* 168 f.; *Fessler*, Geschichte von Ungarn III, 260 f.; *Szalay* III/2, 77 ff. **166**

[10] *Höflechner*, Beiträge zur Diplomatie 176.

[11] Vgl. den Bericht des Reinprecht von Reichenburg an KM von 1496 März 3 Laibach (*Innsbruck* LRA, MaxAkt I/40, fol. 35); desgl. Bericht von 1496 April 4 Innsbruck (*Chmel*, Urkunden 105, Nr. 108); dazu *Höflechner*, Beiträge zur Diplomatie 177; *Lambauer* 170.

[12] *Gröblacher*, Diss. 214.

[13] Vgl. KMs Instruktion an seinen Gesandten Fuchsmagen nach Ungarn von 1497 April 21 Füssen (*Innsbruck* LRA, MaxAkt I/41, fol. 24 ff.); *Höflechner*, Beiträge zur Diplomatie 178; *Plöbst* 102 f.

[14] *Gröblacher*, Diss. 213.

[15] *Gröblacher*, Diss. 214 (dort Einzelheiten).

[16] Brief KMs an Graf Heinrich von Hardegg von 1499 Juli 28 (*Innsbruck* LRA, MaxAkt XIV, fol. 59 f.); *Leipold*, Ostpolitik 93; *Leipold*, Venedig 105.

[17] *Leipold*, Ostpolitik 82 ff. (dort Einzelheiten und Quellen); *Redik*, Diss. 18 ff.; *Gröblacher*, Diss. 217. **167**

[18] *Wiesflecker*, Maximilian, I, 306 f.

[19] Instruktion KMs für seine Gesandten an den Papst von 1496 April 8 Füssen, in: *MonHung*, Diplomataria, Bd. XXXIX, 338 f., Nr. 229; dazu *Leipold*, Ostpolitik 83, 89 (dort Einzelheiten); *Lambauer* 168; *Redik*, Diss. 19; *Fessler*, Geschichte von Ungarn III, 222 ff.; *Szalay* III/2, 3 ff., 22.

[20] *Wiesflecker*, Maximilian, I, 364.

[21] Mailänder Berichte von 1498 Jänner 6 und 1498 April 7 Innsbruck an Herzog Ludovico (bei *Pélissier*, L'ambassade, Appendice II, 440 ff., Nr. 1, 2); venezianischer Bericht von 1500 April 2 und 3 Rom bei *Sanuto* III, 198; dazu *Leipold*, Ostpolitik 89.

[22] *Leipold,* Venedig 108.
[23] Venezianischer Bericht von 1500 Februar 26 bei *Sanuto* III, 132; dazu *Leipold,* Ostpolitik 94 f.

168 [24] *Caro* V/2, 805 f.; *Szalay* III/2, 101; *Karge,* Ungarische Politik 280; *Leipold,* Ostpolitik 95, 186; *Friedhuber,* Diss. 140.
[25] *Redik,* Diss. 20 f.
[26] Dazu die venezianischen Berichte bei *Sanuto* III, 356, 381 f., 400; *Friedhuber,* Diss. 140; *Leipold,* Ostpolitik 95.
[27] *Leipold,* Ostpolitik 186 f.; *Caro* V/2, 806 f.; *Leipold,* Venedig 110; *Schäffer,* Diss. 97, 100.
[28] KM an die österreichischen Landstände 1501 Jänner 24 (*Wien* HHSA, Ukd); *Kraus,* Reichsregiment 225 f.; *Leipold,* Ostpolitik 187.

7. Bemühungen um den Deutschen Orden in Preußen und Livland. Beziehungen zu Polen und Rußland

[1] *Höflechner,* Beiträge zur Diplomatie 121. — Zur Quellen- und Literaturfrage: Neben den primären Quellen der Maximilian-Regesten standen vornehmlich die Quelleneditionen von *Arbusow, Gorski-Biskup* und die russischen *Denkmäler* zur Verfügung. Eine Zusammenfassung der Nordostfragen bieten *Leipold* (Ostpolitik), *Höflechner* (Beiträge zur Diplomatie) und die Jahrbuchdissertationen von *Spausta, Lambauer, Plöbst, Gröblacher, Lex, Friedhuber* und *Schäffer,* die alle ein großes primäres Quellenmaterial verwerten. Außer den einschlägigen Handbüchern und Staatengeschichten waren heranzuziehen die Werke von *Schiemann, Forstreuter, Oberländer, Ulmann, Übersberger, Karge* und *Voigt.* Eine kurze Übersicht bietet *Wiesflecker* (Ostpolitik). Vgl. dazu *M. Biskup,* Acta Poloniae Historica 29 (1974), 209 ff. und Kwartalnik Historýczny (1973), 433 ff.

169 [2] Vgl. die Instruktion KMs von 1501 April 10 Nürnberg für Verhandlungen mit den österreichischen Landständen (*Weimar* SA, Reg. E, fol. 24 b, Nr. 47, fol. 68 ff.); *Müller,* Reichstagsstaat 92 ff. enthält nur Bruchstücke dieser wichtigen Instruktion.
[3] *Wiesflecker,* Maximilian, I, 308 ff.
[4] *Leipold,* Ostpolitik 24 f., 138; *Forstreuter,* Ordensstaat 9, 11; *Übersberger* I, 26; *Oberländer* 13 ff.
[5] Siehe S. 34 f.; *Oberländer* 56; *Leipold,* Ostpolitik 146. Über die Beziehungen zu Masovien vgl. *Biskup,* Materialy 272 ff., 276 (dort Quellen).
[6] *Lambauer* 157 (dort zahlreiche Quellen); *Arbusow* 9 ff.; *Seraphim* 158 ff.; *Schiemann* II, 156 ff.

170 [7] *Lambauer* 159 ff. (dort Einzelheiten); *Ulmann* II, 504 f.
[8] *Denkmäler* des alten Rußland I/1, 73 ff.; *Leipold,* Ostpolitik 28; *Übersberger* I, 26; *Wiesflecker,* Maximilian, I, 314 ff.; *Karge,* Ungarische Politik 273 f.; *Ulmann* I, 109; *Kurulien,* Maximilian I. . . . och Sten Sturz.
[9] *Denkmäler* des alten Rußland I/1, 74 f.; *Karge,* Ungarische Politik 275 f.; *Leipold,* Ostpolitik 29 ff.; *Übersberger* I, 30; *Strahl,* Rußlands Gesandtschaften 538.

[10] *Höflechner,* Beiträge zur Diplomatie 122; *Ulmann* I, 108.

[11] *Wiesflecker,* Maximilian, I, 316; *Übersberger* I, 39; *Leipold,* Ostpolitik 31; *Höflechner,* Beiträge zur Diplomatie 123.

[12] *Leipold,* Ostpolitik 137 f.

[13] *Fels* 92 ff.; *Müller,* Reichstags-Theatrum unter Maximilian, II, 111 f.; *Leipold,* Ostpolitik 138; *Ziehen,* Mittelrhein II, 531; *Forstreuter,* Preußen 61, 66; *Lambauer* 161.

[14] Vgl. den Lindauer Abschied von 1497 Februar 9 (*Wien* HHSA, Ukd) gedr. bei *Fels* 168; dazu *Ulmann* I, 552; *Plöbst* 40 ff.; *Leipold,* Ostpolitik 139. Eine Übersicht über die polnischen Forschungen zur Geschichte des Ordensstaates bei *Biskup,* Polish research 89 ff.

[15] *Höflechner,* Beiträge zur Diplomatie 124; *Caro* V/2, 714. 171

[16] Besonders eingehende Darstellung bei *Gröblacher,* Diss. 208 ff. (dort zahlreiche Quellen); *Leipold,* Ostpolitik 139 f.; *Forstreuter,* Preußen 39; *Schütz* 400; *Jorga* II, 272 ff.; *Höflechner,* Beiträge zur Diplomatie 125.

[17] *Gröblacher,* Diss. 210.

[18] *Leipold,* Ostpolitik 142 (dort Einzelheiten); *Schäffer,* Diss. 140; *Forstreuter,* Ordensstaat 12 ff., 16 ff.

[19] *Schütz* 381 ff.; *Leipold,* Ostpolitik 24 f., 143; *Voigt* III, 376 f.; *Forstreuter,* Preußen 67; *Caro* V/2, 826 f.; *Oberländer* 32 f.; *Hubatsch,* Albrecht von Brandenburg 31; *Übersberger* 69; *Ulmann* II, 512.

[20] *Leipold,* Ostpolitik 144 f.

[21] *Oberländer* 44; *Leipold,* Ostpolitik 144. 172

[22] *Oberländer* 51; *Leipold,* Ostpolitik 145.

[23] *Arbusow* II/1, 770; *Gröblacher,* Diss. 211.

[24] Siehe S. 294, 297 ff.; *Freiburger Reichstagsprotokoll,* fol. 54 ff.; dazu *Müller,* Reichstags-Theatrum unter Maximilian, II, 219; *Gröblacher,* Diss. 211 f.

[25] *Freiburger Reichstagsprotokoll,* fol. 55 ff.; *Höflechner,* Beiträge zur Diplomatie 125.

[26] Siehe S. 163; *Leipold,* Ostpolitik 146 f., 218; *Schäffer,* Diss. 135; *Caro* V/2, 805 f.; *Lavisse* V/1, 55 f.; *Szalay* III/2, 101; *Oberländer* 71.

[27] Augsburger Reichsabschied von 1500 September 10 (*Schmauss-Senckenberg* II, 83); *Leipold,* Ostpolitik 147; *Friedhuber,* Diss. 142 f.; *Oberländer* 73 ff.; *Ulmann* II, 513 f.

[28] *Leipold,* Ostpolitik 149 f.; *Oberländer* 88. 173

[29] *Oberländer* 89 f. dagegen meint: „Beide (= Deutscher Orden und Masovien) waren für Maximilian nur Mittel seiner dynastischen Politik ... wir brauchen bei Maximilian keine besondere Anteilnahme für den Deutschen Ritterorden annehmen"; dazu *Leipold,* Ostpolitik 150 f. Vgl. KMs Anspielung auf die Ostpolitik der Ottonen bei *Biskup,* Materialy 276, Nr. 1.

[30] *Voigt* III, 381 f.

[31] *Leipold,* Ostpolitik 219 f.; *Schäffer,* Diss. 141.

[32] *Leipold,* Ostpolitik 220 f.; *Oberländer* 95 ff. 174

[33] *Denkmäler* des alten Rußland I/1, 116 f.; *Leipold,* Ostpolitik 222 f.; *Übersberger* I, 59.

III. MAXIMILIANS REFORMEN IN DEN ÖSTERREICHISCHEN LÄNDERN. VERFASSUNGSKÄMPFE IM REICH. FEHLSCHLAG DER REICHSREFORM

1. Die erbländischen Verwaltungsreformen von 1490 bis 1500. Die Frage nach den Burgunder und Tiroler Einflüssen

175 [1] Vorliegende Zusammenfassung beruht auf den schon bisher aus der Literatur bekannten Materialien und auf neuen Quellen aus den Maximilian-Regesten. Die Frage nach den burgundischen oder Tiroler Einflüssen auf Maximilians österreichische Verwaltungsreformen hat eine reiche Kontroversliteratur ausgelöst. Eine Einführung in diese wissenschaftlichen Auseinandersetzungen bietet *Mayer* (Verwaltungsorganisationen 5 ff.). Über *Rachfahl, Rosenthal, Fellner-Kretschmayr, Bachmann* und *Luschin* siehe unten S. 177. Die beste Übersicht über die erbländische Verwaltungsreform unter Maximilian bietet immer noch *Adler* (Zentralverwaltung). *Adler* und *Fellner-Kretschmayr* enthalten auch die wichtigsten Quellentexte. Die Darstellung bei *Fellner-Kretschmayr* ist allzu summarisch. Eine Zusammenfassung unter Benützung der Maximilian-Regesten versuchte erstmals *Kreuzwirth*. Die Jahrbuchdissertationen, insbesondere *Lambauer, Plöbst* und *Gröblacher,* erfassen die Funktion der erbländischen Verwaltung innerhalb des Jahresgeschehens. Über die Tiroler Reformen bringt manches Neue die Innsbrucker Diss. von *Borger*. Die gleichzeitigen niederländischen Verwaltungsreformen finden sich bei *Mayer* (Maximilian und Philipp). Dazu kommen die Spezialuntersuchungen von *Hyden* und *Stollenmayer* (über Serntein), von *Mader* (über Liechtenstein), von *Kernbichler* (über Polheim) und von *Rannacher* (über Stürtzel).

[2] Siehe *Wiesflecker*, Maximilian, I, 259 ff.

[3] Siehe *Wiesflecker*, Maximilian, I, 228 ff., 389 ff.

176 [4] *Adler* 5 ff.; *Fellner-Kretschmayr,* Zentralverwaltung I/1, 33 (diese Aussage bezieht sich noch mehr auf Maximilian als auf Ferdinand I.).

[5] *Ulmann* I, 371 („... KM stand den technischen Fragen der Steuerpolitik naiv und unwissend gegenüber ...“); ähnlich *Gothein,* Gemeiner Pfennig 13 f.; *Buchner*, Maximilian 58 ff., 91.

177 [6] *Rachfahl,* Behördenrecht; ders., Niederländische Verwaltung; ders., Ursprung; ders., Verwaltungsgeschichte.

[7] *Walther,* Ursprünge; *Walther,* Zentralbehörden; vgl. *Kreuzwirth* 150 ff.

[8] *Mayer,* Verwaltungsorganisationen 58, *passim.*

[9] *Hartung*, Verfassungsgeschichte 47 ff.

[10] *Adler* 5 ff., 21 ff.

[11] *Fellner-Kretschmayr,* Zentralverwaltung I/1, 7.

[12] *Rosenthal,* Zentralbehörden *passim.*

[13] *Bachmann*, Behördenorganisation 364, 370 f.

[14] *Luschin,* Grundriß der österreichischen Reichsgeschichte 124.

[15] *Bachmann*, Behördenorganisation 370 f., 374 ff., 379 f., 451 ff.

178 [16] *Wiesflecker,* Maximilian, I, 250 f., 253.

[17] *Wopfner,* Lage Tirols 42, 44, 47.
[18] *Wiesflecker,* Meinhard 148, 157 f., 183 ff., 204 ff., 303 ff.; über den älteren Verwaltungszustand Tirols vgl. *Adler* 313 ff.
[19] *Ortwein* 157: „Im Genuß beinahe gänzlicher Steuerfreiheit ...“; *Sartori,* Steuerwesen 9, 16 ff.

179

[20] *Ortwein* 157; *Wiesflecker,* Maximilian, I, 249, Anm. 7.
[21] *Ortwein* 19 f., 34 ff., 87 ff., 90 ff., 97, 104 ff., 108 ff., 112 ff.; *Adler* 315 f.
[22] *Adler* 319 f.
[23] Über die Tiroler Verwaltung unter Sigmund vgl. *Ortwein* 12 ff.; *Adler* 316 ff.
[24] *Ortwein* 84 ff., 87 ff., 90 ff.
[25] *Ortwein* 41 f.

180

[26] *Ortwein* 35.
[27] Mandat KMs von 1491 Februar 24 (*Innsbruck* LRA, Cod. 124, fol. 150 ff.); gedr. bei *Adler* 506 f.; dazu *Adler* 332 ff.; *Mayer,* Verwaltungsorganisationen 42 f.; *Kreuzwirth* 12 f.
[28] *Wiesflecker,* Maximilian, I, 261, 263.
[29] *Ortwein* 172 ff.
[30] *Wiesflecker,* Maximilian, I, 253.
[31] Vgl. die Auszüge aus den Tiroler Kammerbüchern bei *Ortwein* 46 ff., 172 ff. (die Summen sind in Mark-Silber angegeben und in Gulden umzurechnen).

181

[32] Siehe S. 193 f.
[33] Vgl. *Adler* 316 ff. (die einschlägigen Dokumente in *Innsbruck* LRA, Sigmundiana-Akten); *Mayer,* Verwaltungsorganisationen 19 ff.
[34] Vgl. die Abrechnung 1483/84 bei *Ortwein* 47; *Wopfner,* Lage Tirols 65 f.
[35] Vgl. *Ortwein* 46.
[36] Vgl. *Wopfner,* Lage Tirols 128 ff.
[37] *Wiesflecker,* Meinhard 232; *Wopfner,* Lage Tirols 35 f.
[38] *Adler* 194 f., 198 f., 217 f.; *Kreuzwirth* 79 f., 85 ff., 144 (dort Einzelheiten und Quellen).
[39] Vgl. die Auszüge aus den Tiroler Kammerbüchern bei *Ortwein* 172 ff.; *Wopfner,* Lage Tirols 39 meint, daß die Belastung durch außerordentliche Steuern schon unter Sigmund groß gewesen sei, was wohl nicht zutrifft.
[40] *Ortwein* 157.

182

[41] *Wiesflecker,* Maximilian, I, 228, 390.
[42] Vgl. S. 181, Anm. 40; *Wopfner,* Lage Tirols 49 f., 135.
[43] *Mayer,* Verwaltungsorganisationen 32 f.

183

[44] Siehe S. 179 f.; *Wiesflecker,* Maximilian, I, 254 f., 259 ff.; *Mayer,* Verwaltungsorganisationen 13; *Wopfner,* Lage Tirols 119 f., 121; *Adler* 315 f., 322 f.
[45] *Ortwein* 173 ff.
[46] *Wiesflecker,* Maximilian, I, 263.

184

[47] *Wiesflecker,* Maximilian, I, 285.
[48] Das ergeben die Auszüge aus den Tiroler Kammerbüchern bei *Ortwein* 174.

[49] Das Einsetzungsdekret ist nicht bekannt; die Statthalter sind bezeugt 1490 Oktober 16 (*Wien* HHSA, MaxAkt 1 a, fol. 49 f. und später fol. 61 ff.); eine Liste der Statthalter findet sich auch bei *Kreuzwirth* 9 f., *Mayer,* Verwaltungsorganisationen 34 ff. und *Adler* 331 f., 334; *Jäger,* Übergang Tirols 417; *Brandis,* Landeshauptleute von Tirol 321 ff.

[50] *Mayer,* Verwaltungsorganisationen 38.

[51] Dies meint irrtümlich *Fellner-Kretschmayr,* Zentralverwaltung I/1, 10.

[52] *Mayer,* Verwaltungsorganisationen 36 f.

[53] *Mayer,* Verwaltungsorganisationen 42 f.

[54] Das Mandat ist gedruckt bei *Adler* 506 f. (*Innsbruck* LRA, Cod. 124, fol. 150 ff.); dazu *Adler* 332; *Mayer,* Verwaltungsorganisationen 33 ff., 41; *Rachfahl,* Ursprung 455.

[55] Vgl. das Mandat KMs an seine vier geordneten Räte, die sein „obrist amt verwesen", von 1492 Juli 29 Konstanz (*Innsbruck* LRA, MaxAkt I/38, fol. 126); *Kreuzwirth* 13.

185 [56] Nach *Mayer,* Verwaltungsorganisationen 41 und *Walther,* Ursprünge 23 soll es dieses Amt in Burgund gar nicht gegeben haben?

[57] Eine dienstliche Instruktion für das neue Amt bei *Adler* 335 f., 506 f. (dort Volltext).

[58] *Mayer,* Verwaltungsorganisationen 41, 44 sind diese Zusammenhänge völlig unbekannt.

[59] Vgl. die Angaben bei *Adler* 341.

[60] Die Bestellungsurkunde von 1491 August 11 Nürnberg (*Wien* HHSA, RRBü FF, fol. 37 ff.); dazu *Adler* 74 f., 182, 507 (dort Volltext); *Mayer,* Verwaltungsorganisationen 45; *Kreuzwirth* 16.

[61] Statthalter in Wien werden erwähnt 1491 März 18 Graz (*Wien* HHSA, MaxAkt 1 a, fol. 14); dazu *Adler* 134 f.; *Kreuzwirth* 63; *Mayer,* Verwaltungsorganisationen 46 (mit unrichtigen Angaben); Nachweise für die Tätigkeit der Statthalter während der Jahre 1490/93 bei *Chmel,* Materialien II, 367 ff.

186 [62] Bestellungsbrief KMs von 1491 August 11 Nürnberg (*Wien* HHSA, RRBü FF, fol. 37 ff.); gedr. bei *Fellner-Kretschmayr,* Zentralverwaltung I/2, 1 f., Nr. 1 und bei *Adler* 507 ff.; *Kreuzwirth* 65; *Wiesflecker,* Maximilian, I, 301 f.

[63] Brief Hungersbachs an KM von 1492 Oktober 26 Linz (*Wien* HHSA, MaxAkt 1 a, fol. 87 f.); *Kreuzwirth* 66 f.

[64] Mandat KMs an Hungersbach von 1493 April 4 Freiburg (*Wien* HHSA, MaxAkt 1 b, fol. 44).

[65] *Adler* 185 ff.; *Kreuzwirth* 69 f., 71 (dort die wechselnden Bezeichnungen für das Wiener Regiment); *Wiesflecker,* Maximilian, I, 359 f.; *Geyer,* Niederösterr. Raitkammer 450; die Mitglieder des niederösterreichischen Regimentes bei *Lichnowsky* VIII, S. DCCXXIV, Nr. 2000; *Starzer,* Beiträge 4 f.; S. *Simon,* 10 ff.

187 [66] Das Wiener Regiment wird das erste Mal erwähnt 1494 Jänner 7 Wien (*Wien* HHSA, MaxAkt 2 a, fol. 16); *Kreuzwirth* 71.

[67] *Wiesflecker,* Maximilian, I, 363.

[68] *Kraus,* Briefwechsel 99; *Adler* 187, 500; *Ulmann* I, 816; *Hyden* 8.

[69] 1494 März 2 (*Innsbruck* LRA, MaxAkt XIV/1494, fol. 14); nach *Geyer,* Niederösterr. Raitkammer 450, Anm. 3; *Kreuzwirth* 64 f.

[70] Vgl. die Klage W. Polheims an KM von 1496 August 15 Wien (*Wien* HHSA, MaxAkt 3 c, fol. 152 f.). 188
[71] Beschwerde des Regimentes von 1494 März 11 Wien (*Wien* HHSA, MaxAkt 2 a, fol. 220); *Kreuzwirth* 71.
[72] Text bei *Chmel*, Urkunden 537 ff., Nr. 373; dazu kurz *Ulmann* I, 240, 244 und *Mayer*, Maximilian und Philipp 13 ff. (dort Einzelheiten).
[73] *Mayer*, Maximilian und Philipp 22 ff. 189
[74] Der Text dieses Entwurfes bei *Adler* 509 ff. (dort auf 1497 datiert); dazu *Gröblacher*, Diss. 244.
[75] Ein beredtes Zeugnis dafür bietet der Brief der Innsbrucker Regenten von 1496 Mai Innsbruck (*Innsbruck* LRA, BekBü 1496/F/19, S. 305 ff.); vgl. dazu *Lambauer* 221, 247 ff., 259.
[76] Brief Sernteins von 1496 Jänner 28 (*Wien* HHSA, MaxAkt 3 b/2, fol. 29); dazu *Lambauer* 222.
[77] Brief von 1496 Juli 11 Imst bei *Müller*, Reichstags-Theatrum unter Maximilian, II, 174 f.; dazu *Lambauer* 220.
[78] Bestellungsurkunde KMs von 1496 Februar 6 Augsburg (*Wien* HHSA, MaxAkt 3 b/2, fol. 39); *Adler* 350; *Kreuzwirth* 18. 190
[79] Darüber eingehend *Lambauer* 241 ff.; *Kreuzwirth* 22.
[80] Vgl. die Berichte von 1496 August 14 und 15 (*Wien* HHSA, MaxAkt 3 c, fol. 144 f., 152 f.).
[81] Siehe S. 75 f.; dazu *Adler* 348 f.
[82] *Lambauer* 220 f., 227 ff. (dort Einzelheiten); *Adler* 77, 193 ff., 342 ff., 349 ff.; *Fellner-Kretschmayr*, Zentralverwaltung I/1, 9 ff., 11 (setzt die Einrichtung der Schatzkammer irrtümlich auf Weihnachten 1496 an); *Mayer*, Verwaltungsorganisationen 51 ff.; *Plöbst* 157 f.; *Gröblacher*, Diss. 249 f.; *Kreuzwirth* 22 ff.; *Hyden* 42 ff., 49 ff.; *Stollenmayer* 73 ff.
[83] Siehe S. 186; *Plöbst* 150 f.
[84] *Gröblacher*, Diss. 249; *Kreuzwirth* 30.
[85] Brief Sernteins (?) an KM von 1496 September 5 (*Innsbruck* LRA, MaxAkt XIV/1496, fol. 144 ff.); dazu *Lambauer* 252; *Hyden* 55.
[86] *Kreuzwirth* 167.
[87] Mandat KMs von 1497 Juli 17 Füssen (*Wien* HKA, Gedenkbuch III a, fol. 376); dazu *Kreuzwirth* 26 ff.; *Adler* 357. 191
[88] KMs Anweisung von 1496 Oktober 28 Innsbruck (*Wien* HHSA, Ukd); dazu *Lambauer* 256, Anm. 36.
[89] Vgl. den „stat" der Schatzkammer über die Verwendung von 101.556 Gulden von 1496 September 2 (*Wien* HHSA, MaxAkt 3 c, fol. 173—177); dazu *Kreuzwirth* 32 f.; desgl. *Plöbst* 159 (dort Einzelheiten); *Hyden* 53 ff.; *Lambauer* 228 f., 251 ff.
[90] Die Tatsache der doppelten Buchführung ergibt sich klar aus einem Vergleich der alten Kammerraitbücher aus der Zeit Erzherzog Siegmunds bzw. aus den ersten Jahren KMs mit den 1494 erstmals auftauchenden „Journalen" (= tageweise geführten Abrechnungen). Vgl. dazu das oberösterreichische Kammerraitbuch 1494/95 (Bd. 38) in *Innsbruck* LRA: dies ist das erste nach Tagen und Monaten als Journal geführte Kammerbuch. Dagegen sind das oberösterreichische Kammerbuch 1494 (Bd. 37) und 1495 (Bd. 39) nach der alten Art nach Budgetposten, geführt. Für

das Jahr 1501 sind die neuen Journale und die alten Raitbücher nach Budgetposten nebeneinander erhalten (Bd. 43 und 45); für 1518 ist nur das Journal erhalten (Bd. 65). Dazwischen sind viele Bände verloren. Soweit ich sehe, ist diese doppelte Buchführung bisher niemandem aufgefallen, was eigentlich überrascht.

192 [91] *Mayer*, Maximilian und Philipp 24.

193 [92] Siehe S. 306 f.; Volltext der Hofratsordnung bei *Seeliger*, Erzkanzler 193 ff.; desgl. bei *Fellner-Kretschmayr*, Zentralverwaltung I/2, S. 6 ff.; dazu *Adler* 43 ff.; *Plöbst* 139 ff. (dort Einzelheiten); *Gröblacher*, Diss. 240 ff.; *Hyden* 59 ff.; *Ulmann* I, 825.

[93] Siehe S. 311; Volltext der Hofkammerordnung bei *Fellner-Kretschmayr*, Zentralverwaltung I/2, S. 17 ff., Nr. 5; desgl. bei *Adler* 515 ff.; dazu *Gröblacher*, Diss. 240 ff., 244 ff.; *Adler* 81 ff., 358 ff.; *Fellner-Kretschmayr*, Zentralverwaltung I/1, 13 f.; *Hyden* 58 ff., 72 ff.; *Bachmann*, Behördenorganisation 362 ff., 444 ff.

[94] Darüber ausführlich *Gröblacher*, Diss. 249 ff.; Volltext der Innsbrucker Schatzkammerordnung von 1498 Februar 13 bei *Fellner-Kretschmayr*, Zentralverwaltung I/2, 27 ff.; ausführliches Regest bei *Gröblacher*, Diss. Beilage Nr. 5; *Kreuzwirth* 35 ff.; *Lex* 238 f.; *Hyden* 71 ff., 76 ff.

[95] Vgl. *Fellner-Kretschmayr*, Zentralverwaltung I/1, 12; *Gröblacher*, Diss. 245, Anm. 4.

[96] KM nannte die Kammer geradezu seine „Reformierer“; *Gröblacher*, Diss. 251 ff.; *Hyden* 78 ff.

[97] Ausführlich bei *Gröblacher*, Diss. 271 ff.; *Adler* 366 ff.

[98] *Plöbst* 151 f.

194 [99] Vgl. die Instruktion KMs von 1497 August 3 Pitztal; dazu auch die Berichte von 1497 Juni 7, 16 (*Wien* HHSA, MaxAkt 4 b, fol. 122 ff.); *Adler* 194 f., 356 f.; *Plöbst* 151.

[100] *Adler* 375 ff.; *Gröblacher*, Diss. 254; *Kreuzwirth* 139.

[101] Bericht über die Bergrechte der Äbte von Admont und St. Lambrecht von 1497 August 2 Innsbruck (*Wien* HHSA, Ukd); dazu *Plöbst* 160.

[102] *Pölnitz*, Jakob Fugger II, 77.

[103] *Jungwirth*, Münzen *passim*.

[104] Vgl. die Abrechnung in *Wien* HKA, Gedenkbuch IV, fol. 200; ein Regest bei *Gröblacher*, Diss. Beilage Nr. 6 (dort Einzelheiten der Abrechnung).

[105] Vgl. *Gröblacher*, Diss. 276 ff.

[106] Vgl. *Gröblacher*, Diss. 278 (dort Einzelnachweise).

[107] Siehe S. 292 f.

195 [108] Siehe S. 305 ff., 309 ff.

[109] Instruktion KMs für das Wiener Regiment von 1498 Jänner 19 Innsbruck (*Wien* HHSA, MaxAkt 4 c, fol. 65); *Gröblacher*, Diss. 256 ff., 262 ff.; *Adler* 200 ff.

[110] Zu erschließen aus dem Schreiben von 1498 Februar 24 (*Wien* HHSA, MaxAkt 4 c, fol. 150 f.); dazu *Adler* 214 und *Gröblacher*, Diss. 262 f.; vgl. auch die Auseinandersetzungen KMs und der nö. Stände im „Mainzer Libell“ (*Wien* NÖLA, Schönkirchnerbuch AA 71/7305).

[111] Brief KMs an Kanzler Waldner von 1498 Juli 6 Freiburg (*Wien* HHSA, MaxAkt 4 d/2, fol. 3); dazu *Gröblacher*, Diss. 164.

[112] Kopie in *Marburg* SA 3/361, fol. 62 ff.; dazu *Lex* 231 ff.; *Hyden* 82 ff. (dort Einzelheiten); *Stollenmayer* 84 f.; *Adler* 283 f. 196
[113] *Gröblacher,* Diss. 262 ff.; *Luschin,* Geschichte des Gerichtswesens 278 ff.
[114] Siehe S. 309 ff., 381, 401.
[115] Siehe S. 280. Brief KMs an Berthold ddo 1498 Jänner 19 Innsbruck bei *Harpprecht* II, 328; *Plöbst* 142.
[116] Einzelnachweise bei *Gröblacher,* Diss. 257, Anm. 8 a. 197
[117] *Gröblacher,* Diss. 246.
[118] *Mayer,* Verwaltungsorganisationen 76; dagegen die fundierte Meinung von *Wopfner,* Lage Tirols 125 („... in der Hauptsache ohne Mitwirkung der Stände, ja, zum Teil gegen dieselben ...").
[119] *Adler* 366 ff. 199
[120] *Adler* 339 ff.
[121] *Sartori,* Steuerwesen 1 ff.
[122] Ein Kriegsknecht wurde für die Dauer eines Monats mit vier Gulden berechnet.
[123] *Sartori,* Steuerwesen 3 ff.; *Wopfner,* Lage Tirols 38 ff.
[124] *Wopfner,* Lage Tirols 119 ff.
[125] Brief Sernteins an Paul von Liechtenstein ddo 1509 April 3 bei *Kraus,* Briefwechsel 121; vgl. *Ulmann* I, 809 f. 200
[126] Liechtensteins Bedingungen an KM für den Eintritt in das Regiment 1498 März 22 Trient (*Innsbruck* LRA, MaxAkt XIV/1498, fol. 92); *Gröblacher,* Diss. 258, Anm. 15.
[127] Vgl. die Biographie Waldaufs von *Verdroß* a. a. O.
[128] Vgl. die Biographie Bischof Melchiors von Meckau bei *Sparber,* Brixner Fürstbischöfe 164 ff.
[129] Eine Biographie Pauls von Liechtenstein von *Mader.*
[130] Über Stürtzel vgl. die Arbeiten von *Bücking, Buchwald* und *Rannacher.*
[131] Über Wolfgang von Polheim vgl. die Arbeiten von *Salzmann* und *Kernbichler.*
[132] Über Rottal findet sich einiges bei *Mezler-Andelberg,* Barbara von Rottal.
[133] Über Fuchsmagen findet sich einiges bei *Lhotsky,* Quellenkunde zur mittelalterlichen Geschichte Österreichs 434 ff.
[134] *Hyden* 43, 58, 71, 75, 81 f.

2. Reichsreformbestrebungen bis 1495. Eine Einleitung

[1] Über die Reformbestrebungen vor 1495 bieten die allgemeinen Handbücher sehr wenig: vgl. dazu *Gebhardt,* Handbuch I⁹, 833 ff.; *Oestreich,* Verfassungsgeschichte 12 ff., 16 ff., 21 ff., 83 ff.; *Skalweit* 7 ff.; *Bühler,* Deutsche Geschichte III, 190 ff.; *Below,* Reichsreform. Die eingehendste Gesamtübersicht bietet *Molitor* (Reichsreformbestrebungen). Er behandelt neben den allgemeinen Reformbestrebungen auch die Reichstagsgeschichte bis 1495. Zur Reichstagsgeschichte im besonderen vgl. *Hartung* (Reichsreform), *Bemmann* (Zur Geschichte des Reichstages), *Schröcker* (Unio), *Ulmann* und *Ziehen;* daneben *Angermaier* (Begriff 201

und Inhalt der Reichsreform). Für den Frankfurter Tag (1489) liegt nunmehr die moderne Edition der *Reichstagsakten unter Maximilian I.*, Mittlere Reihe III/1, 2 von E. Bock vor, die das Quellenmaterial in reicher Menge darbietet und in der Einleitung auch Übersichtsdarstellungen der Hauptprobleme enthält. Für die anderen Reichstage sind immer noch die älteren Editionen von *Müller*, *Janssen*, *Minutoli*, *Zeumer* und *Schmauss-Senckenberg* zu benützen. Für diese Einleitung wurden ungedruckte Bestände nur in geringem Maß herangezogen.

202 [2] *Angermaier*, Begriff und Inhalt 181 ff.

[3] Den festen Text bietet nunmehr die moderne Edition von *G. Kallen:* Nicolai de Cusa, De Concordantia Catholica, in Opera omnia XIV/1—3 (1959—1965); aus der kaum überschaubaren Cusanus-Literatur bietet eine für unsere Zwecke angemessene Auswahl *N. Grass*, Cusanus als Rechtshistoriker 101 ff., 113 ff.; weiters seien hervorgehoben *Kallen*, Nikolaus von Cues als politischer Erzieher 8 ff., 29 ff. (dort Literatur); *Posch*, Concordantia Catholica 180 ff., 194 ff. (dort reiche Literatur); *Molitor*, Reichsreformbestrebungen 52 ff.; *Bärmann*, Cusanus und die Reichsreform 74 ff., 96 ff.; *Meuthen*, Cues *passim.*

[4] *Molitor*, Reichsreformbestrebungen 67.

[5] *Posch*, Concordantia Catholica 61 f.

[6] *Posch*, Concordantia Catholica 23.

203 [7] *Cusanus*, Concordantia Catholica (ed. Kallen) III, cap. 33; *Kallen*, Reichsgedanke 71.

[8] *Cusanus*, Concordantia Catholica (ed. Kallen) III, cap. 35.

[9] *Cusanus*, Concordantia Catholica (ed. Kallen) III, cap. 33; *Bärmann*, Cusanus und die Reichsreform 97.

[10] *Cusanus*, Concordantia Catholica (ed. Kallen) III, cap. 34; *Liermann*, Nikolaus Cusanus und das Deutsche Recht 215 ff.; *Grass*, Cusanus als Rechtshistoriker 115; *Posch*, Concordantia Catholica 201 f.

[11] *Cusanus*, Concordantia Catholica (ed. Kallen) III, cap. 29, 30; *Posch*, Concordantia Catholica 195; *Kallen*, Reichsgedanke 70 f.; *Bärmann*, Cusanus und die Reichsreform 96.

[12] *Cusanus*, Concordantia Catholica (ed. Kallen) III, cap. 30; *Posch*, Concordantia Catholica 196; *Kallen*, Reichsgedanke 71.

[13] *Cusanus*, Concordantia Catholica (ed. Kallen) III, cap. 39.

[14] *Posch*, Concordantia Catholica 190; *Pernthaler*, Repräsentationslehre 45 ff., *passim.*

[15] *Cusanus*, Concordantia Catholica (ed. Kallen) III, cap. 30; *Posch*, Concordantia Catholica 196; *Kallen*, Nikolaus von Cues als politischer Erzieher 1 f.

[16] Ein von mir durchgeführter Vergleich der Reformideen des Cusaners mit den Reformhandlungen seit 1495 ergab, daß höchstwahrscheinlich alle Parteien das Cusanische Reformmodell gekannt haben müssen. Der Traum des Hermansgrün, der auf dem Wormser Tag verteilt wurde, zeigt wörtliche Anklänge an die Concordantia Catholica.

204 [17] Die besten Redaktionen des Textes bieten nebeneinander die modernen Editionen von *H. Koller* und *K. Beer.*

[18] Zum Inhalt vgl. die Arbeiten von *Dohna* (Reformatio Sigismundi); *Hühns* (Theorie und Praxis in der Reichsreformbewegung des 15. Jahr-

hunderts); *Straube* (Die Reformatio Sigismundi als Ausdruck der revolutionären Bewegungen im 15. Jahrhundert) und *H. Werner* (Über den Verfasser und den Geist der sogenannten Reformatio Sigismundi).

[19] *Sigmund Kaiser Reformation* (ed. Beer) 2, Zeile 15 und (ed. Koller) 52, Zeile 12 ff.

[20] *Sigmund Kaiser Reformation* (ed. Beer) 106, Zeile 35.

[21] *Sigmund Kaiser Reformation* (ed. Koller) 238 f., 240 ff.

[22] *Sigmund Kaiser Reformation* (ed. Koller) 250.

[23] Die Aufgaben des Ritterstandes werden sehr ausführlich behandelt. Vgl. *Sigmund Kaiser Reformation* (ed. Koller) 246 ff.

[24] Dazu *Straube*, Reformatio Sigismundi *passim*.

[25] *Sigmund Kaiser Reformation* (ed. Koller) 86, 276 ff.

[26] *Sigmund Kaiser Reformation* (ed. Beer) 107: „Will ein kunig nit in diß ordnung tretten ... so soll man ihn nicht halten für ain kunig." 205

[27] *Sigmund Kaiser Reformation* (ed. Koller) 328 ff., 332 ff.

[28] *Wiesflecker*, Kaiser-Papst-Plan 322; *Wiesflecker*, Hermansgrün. Das Traummotiv findet sich sowohl bei Hermansgrün (vgl. *Wiesflecker*, Hermansgrün 18 f.) als auch in der Reformation Kaiser Sigmunds (vgl. *Sigmund Kaiser Reformation* ed. Koller 4 f.).

[29] *Sigmund Kaiser Reformation* (ed. Koller) 21 ff.; *Molitor*, Reichsreformbestrebungen 175.

[30] *Molitor*, Reichsreformbestrebungen 173 ff.; *Posch*, Aeneas Silvius 194 ff., *passim* (dort Einzelheiten).

[31] *Molitor*, Reichsreformbestrebungen 172 f. (dort Einzelheiten).

[32] Vgl. dazu *Kisch*, Nikolaus Cusanus 35 ff., *passim*.

[33] Gedr. bei *Ranke*, Deutsche Geschichte VI, 9 ff.; Auszüge bei *Zeumer* 269; *Molitor*, Reichsreformbestrebungen 120 ff. 206

[34] *Ranke*, a. a. O. 15.

[35] *Ranke*, a. a. O. 10.

[36] Gedr. bei *Höfler*, Reformbewegung 37 ff. und in: *FRA*, Abt. II, Bd. 20, 313 ff.; *Molitor*, Reichsreformbestrebungen 127 ff., 132 ff., 193 ff. (dort Einzelheiten); *Ulmann* I, 330 f.

[37] *Höfler*, Reformbewegung 40: hier wird der Vorschlag einer Kopfsteuer ausgesprochen; die Fürsten sollten Handhaber der Steuer sein.

[38] *Molitor*, Reichsreformbestrebungen 193; *Schröcker*, Unio 396, 399 f.

[39] Text bei *Haupt* 85 ff.; *Franke*, Das Buch der hundert Kapitel; dazu *Eckstein*, Die Reformschrift des sog. Oberrheinischen Revolutionärs.

[40] *Haupt* 100, 205 f. 207

[41] *Haupt* 101 f., 204.

[42] *Haupt* 114 ff.

[43] *Haupt* 156 ff.

[44] *Haupt* 162 f.

[45] *Haupt* 115 ff., 177 ff., 182 ff.

[46] *Haupt* 171 f.

[47] *Haupt* 128 ff.

[48] *Haupt* 193 ff., 200 ff., 205 f.

[49] *Haupt* 208.

[50] *Haupt* 212; die Annahme von *Bücking*, der Oberrheinische Revolutionär heißt Conrad Stürtzel, a. a. O. 177 ff., vermochte mich in keiner

Weise zu überzeugen; die angeführten Indizien können nur eine gewisse entfernte Bekanntschaft des „Oberrheinischen Revolutionärs" mit den Hofverhältnissen beweisen, aber keineswegs *mehr;* der Schluß auf Stürtzel scheint mir ganz unbegründet.

[51] *Angermaier,* Begriff und Inhalt 186 f., 193 ff.

208 [52] *Molitor,* Reichsreformbestrebungen 179 f.; *Hartung,* Reichsreform 25; *Schröcker,* Unio 14 ff., 18 ff.

[53] *Hartung,* Reichsreform 26 f. (dort auch über die Quellenlage); *Schröcker,* Unio 31 f.; *Wiesflecker,* Maximilian, I, 192 f.

[54] *Schröcker,* Unio 19 ff., 26 ff.

[55] Ähnlich urteilt *Schröcker,* Unio 23.

209 [56] *Hartung,* Reichsreform 29 f.; *Molitor,* Reichsreformbestrebungen 182 ff.

[57] Die gleiche Auffassung vertritt *Hartung,* a. a. O. 29; ob dies „dem politisch unzulänglichen Geist Bertholds" anzulasten sei oder mehr dem kurfürstlichen Machtwillen bleibe dahingestellt.

[58] *Hartung,* Reichsreform 31; anderer Meinung ist *Molitor,* Reichsreformbestrebungen 189, Anm. 1; *Ulmann* I, 308 ff.

[59] Org. in *Wien* HHSA, Ukd; gedr. bei *Zeumer,* 273 ff., Nr. 171; *Hartung,* Reichsreform 29; *Schröcker,* Unio 20.

[60] *Hartung,* Reichsreform 33 ff., 39 ff. (dort Einzelheiten und Quellenhinweise); *Molitor,* Reichsreformbestrebungen 191 ff.; *Schröcker,* Unio 40 ff. (dort Einzelheiten und Quellenhinweise).

[61] *Kaser,* Deutsche Geschichte 41 nimmt unverständlicherweise das Gegenteil an; *Schröcker,* Unio 55 ff.

[62] *Hartung,* Reichsreform 35; *Schröcker,* Unio 49 f.

[63] *Hartung,* Reichsreform 37 f.; *Molitor,* Reichsreformbestrebungen 192; *Schröcker,* Unio 47.

[64] Siehe S. 268.

210 [65] *Reichstagsakten* (Mittlere Reihe) III/1, 72 ff. (Einleitung); *Wiesflecker,* Maximilian, I, 215 f., 218 ff.; *Schröcker,* Unio 61 ff. (aufschlußreich über die Haltung Bertholds); *Ulmann* I, 22 ff.

[66] *Reichstagsakten* (Mittlere Reihe) III/1, 74.

[67] *Schröcker,* Unio 61 ff., 64 ff., 67 ff. (dort Einzelheiten); *Hartung,* Reichsreform 44 f.

[68] Vgl. das Urteil bei *Molitor,* Reichsreformbestrebungen 221.

211 [69] *Schröcker,* Unio 74 ff.

[70] *Wiesflecker,* Maximilian, I, 214 ff.

[71] Vgl. das Urteil von Bock, in: *Reichstagsakten* (Mittlere Reihe) III/1, 78: „Ein denkbar schlechtes Beispiel gab in dieser Beziehung der vornehmste Fürst des Reiches und Führer der Reichsreform, Berthold von Mainz."

[72] Das gesamte Quellenmaterial ist neuerdings ediert von Bock, in: *Reichstagsakten* (Mittlere Reihe) III/2; dazu die ausführliche Einleitung a. a. O. 987 ff.

[73] *Reichstagsakten* (Mittlere Reihe) III/2 (Einleitung), 1001, 1011 ff.

[74] *Molitor,* Reichsreformbestrebungen 205 ff.; *Hartung,* Reichsreform 44 f.

[75] *Schröcker,* Unio 84 f. (dort Quellen).

[76] *Hartung*, Reichsreform 44 f.; *Ulmann* I, 314; *Ziehen*, Mittelrhein I, 282. 212

[77] *Reichstagsakten* (Mittlere Reihe) III/2, 1205 ff., Nr. 305 c; dazu die Einleitung a. a. O. 1013 f.; *Schröcker*, Unio 86 f., 94 f.

[78] *Schröcker*, Unio 74 (dort das wörtliche Zitat).

[79] *Reichstagsakten* (Mittlere Reihe) III/2, 1094, Nr. 281 c und 1155, Nr. 295 b; *Schröcker*, Unio 92; *Hartung*, Reichsreform 45; *Ziehen*, Mittelrhein I, 285; *Bemmann*, Zur Geschichte des deutschen Reichstages 56.

[80] *Hartung*, Reichsreform 45 (dort Hinweise auf die Quellenlage); *Molitor*, Reichsreformbestrebungen 208 ff.; *Ulmann* I, 315 ff.; *Schröcker*, Unio 101 f.; *Wiesflecker*, Maximilian, I, 297 ff., 327 ff.; *Schmidt*, Maximilian 1490—93, 116 ff., 131 ff.

[81] *Schmidt*, Maximilian 1490—93, 132 ff.

[82] *Hartung*, Reichsreform 39, 47 ff. (meint, daß KMs Vorschlag nicht im Sinne der Stände war, was jedoch unwahrscheinlich ist); *Molitor*, Reichsreformbestrebungen 214 f.; *Schröcker*, Unio 102 ff., 105 f.; *Schmidt*, Maximilian 1490—93, 140 ff.

[83] Vgl. *Wiesflecker*, Maximilian, I, 299, Anm. 16.

[84] *Janssen*, Reichscorrespondenz II, 551, Nr. 694; *Ulmann* I, 318; *Schröcker*, Unio 107 f.; *Schmidt*, Maximilian 1490—93, 146.

[85] *Schröcker*, Unio 108. 213

[86] *Wiesflecker*, Maximilian, I, 326 ff.

[87] *Janssen*, Reichscorrespondenz II, 553 ff., Nr. 701; *Wiesflecker*, Maximilian, I, 337 f.; *Schröcker*, Unio 110 f.; *Schmidt*, Maximilian 1490—93, 145 ff., 149 ff., 155 ff.; *Ulmann* I, 159 ff.

[88] *Janssen*, Reichscorrespondenz II, 557, Nr. 704; *Hartung*, Reichsreform 49 ff.; *Molitor*, Reichsreformbestrebungen 217 f.; *Schröcker*, Unio 112 ff., 116 ff.; *Ziehen*, Mittelrhein II, 422; *Schmidt*, Maximilian 1490 bis 1493, 158 ff.

[89] *Schröcker*, Unio 115 (dort Quellenangaben); *Ulmann* I, 159 f.

[90] *Wiesflecker*, Maximilian, I, 336 ff., 339 ff.

[91] *Schröcker*, Unio 116 meint dagegen: „Es galt (für Berthold), einen echten Erfolg zu gewährleisten", was aber allen bekannten Tatsachen völlig widerspricht.

[92] *Reichstagsakten* (Mittlere Reihe) III/1 (Einleitung), 74.

[93] Vgl. das Urteil bei *Molitor*, Reichsreformbestrebungen 221. 214

[94] *Hartung*, Reichsreform 49 f.

[95] *Schröcker*, Unio 116 f.

[96] *Wiesflecker*, Maximilian, I, 337, Anm. 9.

[97] *Wiesflecker*, Maximilian, I, 372 f., Anm. 8 (dort Quellen); *Ulmann* I, 340 deutet auch den Landfrieden als Reformfeindschaft, gibt aber anderseits (S. 332) zu, daß KM „bereits seit 1489 für den ewigen Landfrieden und das ständige Reichsgericht engagiert war". 215

[98] Siehe das Itinerar bei *S. Simon* 194.

[99] *Schröcker*, Unio 128 ff., 131 ff.; *Wiesflecker*, Maximilian, I, 377, Anm. 40; *S. Simon* 80 ff.; *Ziehen*, Mittelrhein II, 461 f.

[100] *Schröcker*, Unio 136 f.

[101] *Ziehen*, Mittelrhein II, 465 f., meint in der Präambel geradezu „den Reichserzkanzler zu vernehmen".

[102] *Schröcker,* Unio 83 ff., 104, 123 ff.

216 [103] *Wiesflecker,* Hermansgrün 13 ff., *passim,* 31 f. (dort die einschlägige Literatur); neben der bekannten Edition von *Ulmann,* a. a. O. noch eine weniger bekannte Edition von *Döllinger* (unrichtig auf 1497 datiert).

[104] *Wiesflecker,* Hermansgrün 17 ff.

[105] *Ulmann,* Hermansgrün 90: „... neque de finibus imperii neque quam magnum aut magnificum, sed ne omnino habeatis imperium."

[106] *Wiesflecker,* Hermansgrün 21 ff.; *Ziehen,* Mittelrhein II, 77 erblickt im „Traum" ohne jede nähere Begründung einen Ausdruck des „kurfürstlichen Reformgedankens", was aus dem Inhalt in keiner Weise hervorgeht.

217 [107] Vgl. *Ranke,* Deutsche Geschichte I, 81: „Man muß sich wundern, daß man den Ruhm, die Reichsverfassung begründet zu haben, so lange und allgemein dem König beigemessen hat, dem die Entwürfe derselben aufgedrungen werden mußten ... und der deren Ausführung bei weitem mehr verhinderte als begünstigte ..."; *Schröcker,* Unio 178.

[108] Der Auffassung von *Angermaier,* Begriff und Inhalt 190, daß „die Reform im wesentlichen nicht als politischer Kampf zu charakterisieren sei", vermag ich nicht zu folgen.

3. Maximilian und der Wormser Reformreichstag von 1495

[1] Das folgende Kapitel beruht vorzüglich auf den primären Dokumenten der Reichstagsakten (Brandenburger Protokoll, Sächsische Protokolle in *Weimar* und *Dresden,* Würzburger Protokoll, Bayrische Reichstagsakten), Urkunden, Gesandtschaftsberichten etc., wie sie im Rahmen der Maximilian-Regesten gesammelt wurden. An Quelleneditionen sind immer noch unentbehrlich *Datt, Müller* (vorzüglich sächsische Reichstagsakten), *Lünig, Schmauss-Senckenberg, Zeumer* etc. Für die äußeren Ereignisse in Worms war besonders ergiebig *Noltz,* Tagebuch (ed. Boos). Ich folge im Wesen meiner eigenen Spezialuntersuchung (Reichsreform), die aber weithin ergänzt wurde. Eine Übersicht über Quellendrucke und Literatur bieten außer *Wiesflecker,* a. a. O. 65 f. vor allem *Schubert* (Reichstage in der Staatengeschichte); eine gute Zusammenfassung auf Grund der Maximilian-Regesten bietet *Spausta.* Wertvolle Hinweise verdanke ich auch hier der Sammlung *Probszt-Ohsdorff.* Das Bild des großen Wormser Reformreichstags ist noch immer geprägt von der zwar maßvollen, aber antikaiserlichen Darstellung *Rankes.* Wesentlich schärfer zeichnete bereits *Klüpfel.* Vorwiegend negativ beurteilte die Reformhaltung KMs *Ulmann,* dessen partienweise sehr scharfer Tendenz der größte Teil der älteren Literatur und der Handbücher folgt — oft ohne eigene primäre Quellenforschungen anzustellen. Selbständige Spezialuntersuchungen bieten *Smend* und *Gothein.* Fast durchaus negativ beurteilt die Reformhaltung KMs auch *Ziehen.* Eigene Forschungen und Ansichten vertritt *Hartung,* der seit Ulmann als erster das gesamte Wormser Reichstagsgeschehen durcharbeitet. Grundlegendes in der Frage der Reichsreform ist von den Forschungen der *Reichstagsakten* (Mittlere Reihe) zu

erwarten. *Schröcker* berücksichtigt nicht das gesamte Reichstagsgeschehen, sondern sucht vorzüglich die Rolle Bertholds aufzuklären; ihm ergibt sich vom Standpunkt Bertholds her ein starkes Urteil gegen KM. *Scheerer* 103 ff. nimmt alle Leistungen für Berthold in Anspruch. — Das *Brandenburgische Reichstagsprotokoll* befindet sich in *Merseburg* DZA, Geheimes SA, Rep. X, Nr. ZY, Fasc. 1 A-1 C; auch die *Nürnberger Reichstagsakten* (*Nürnberg* SA) Nr. 3, fol. 1—132 enthalten ein Protokoll für den Wormser Reichstag samt Kopien der erlassenen Ordnungen; als reichsstädtisches Protokoll ist es wohl dem Abdruck bei *Datt* ähnlich. Die *Ansbacher Reichstagsakten* (in *Nürnberg* SA) Nr. 6, fol. X—XVI und 1—81 enthalten ein kurzes markgräflich Ansbach-Brandenburgisches Reichstagsprotokoll; außerdem wertvolle Nachrichten über die Verhandlungen KMs mit der Ritterschaft auf dem Tag zu Schweinfurt.

[2] Kopie des Ladungsschreibens in *Wien* HHSA, RRBü JJ, fol. 85; Drucke bei *Datt* 495 ff.; *Müller,* Reichstags-Theatrum unter Maximilian, I, 199 f. und *Janssen,* Reichscorrespondenz II, 584, Nr. 719; *Hartung,* Reichsreform 182; *Ulmann* I, 339; *Ziehen,* Mittelrhein II, 465 f.; *Wiesflecker,* Reichsreform 5; *Spausta* I, 29 (dort weitere Einzelheiten).

[3] *Wiesflecker,* Hermansgrün 21 f.

[4] Siehe S. 217, Anm. 107; *Ranke,* Deutsche Geschichte 72 ff.; *Klüpfel,* Maximilian 199 f.; *Gothein,* Gemeiner Pfennig 2 und *passim; Ulmann* I, 308 ff., 337 ff.; *Smend* 23; *Ziehen,* Mittelrhein II, 514, 761 ff.

[5] Siehe S. 202 f. 219

[6] Siehe S. 50 ff.

[7] Dazu *Schröcker,* Unio 126, 392 f.

[8] Siehe S. 49 ff.

[9] Bericht des Pfalzgrafen Philipp an Hzg Albrecht von Bayern ddo 1495 März 21 Heidelberg (*München* HSA, Geheimes SA, Kasten schwarz 4991, fol. 245); *Noltz,* Tagebuch 395; *Datt* 515; *Müller,* Reichstags-Theatrum unter Maximilian, I, 202; *Zorn,* Wormser Chronik 201; *Ziehen,* Mittelrhein II, 471; *Spausta* I, 30; *Wiesflecker,* Reichsreform 6 f.; das Itinerar KMs aus den Niederlanden nach Worms siehe bei *Spausta* II, 288 ff., 290. 220

[10] *Kraus,* Briefwechsel 101 ff.

[11] *Wiesflecker,* Reichsreform 6.

[12] *Noltz,* Tagebuch 53; *Spausta* I, 31.

[13] Text bei *Datt* 825 f.; *Müller,* Reichstags-Theatrum unter Maximilian, I, 204 ff.; dazu *Wiesflecker,* Reichsreform 7 f.; *Ulmann* I, 339; *Hartung,* Reichsreform 182 f.; *Ziehen,* Mittelrhein II, 475; *Spausta* I, 31, 41 f. 221

[14] *Datt* 826, Nr. 8—9; *Müller,* Reichstags-Theatrum unter Maximilian, I, 206; *Wiesflecker,* Reichsreform 8; *Gothein,* Gemeiner Pfennig 3 ff.

[15] Siehe S. 50 ff.

[16] Siehe S. 55.

[17] In *Würzburg* SA, Mainzer Ingrossaturbücher 47, fol. 153 ff.: dort ein Briefwechsel zwischen den Kurfürsten und dem Herzog von Mailand über die Zahlung der versprochenen Handgelder.

[18] *Schröcker,* Unio 187 unterstellt mir irrtümlich, daß ich gegenüber den königlichen Italienplänen dessen „Reformabsichten in den Vordergrund gestellt hätte"; ich habe sie nur als existent erwähnt.

222 [19] *Wiesflecker,* Reichsreform 8; *Spausta* I, 42 f.

[20] *Datt* 828, Nr. 14; *Müller,* Reichstags-Theatrum unter Maximilian, I, 299 f., 309 ff.; *Gothein,* Gemeiner Pfennig 4 ff.; *Wiesflecker,* Reichsreform 9.

[21] Brandenburgisches Reichstagsprotokoll (*Merseburg* DZA, Geheimes SA, Rep. X, Nr. ZY, Fasc. 1 A, fol. 6^v f.).

[22] *Wiesflecker,* Reichsreform 10; *Spausta* I, 43.

223 [23] *Würzburg* SA, Reichstagsakten 2 a—e, fol. 9 f.; vgl. auch eine Präsenzliste in *Dresden* HSA, Loc. 10.180.

[24] KMs Instruktion an Ernst von Welden ddo 1497 Jänner 2 bei *Höfler,* Reformbewegung 44 ff., Nr. 1.

[25] Siehe S. 53 ff.

[26] *Wiesflecker,* Hermansgrün 13 ff., 17 ff., 21 ff., 27 ff.

[27] Die gehobenen Reformansichten sind nachzulesen bei Nikolaus *Cusanus,* Concordantia Catholica *passim;* die populären Reformpläne vertrat der *Oberrheinische Revolutionär;* vgl. *Haupt* 79 ff. und *passim.*

224 [28] Siehe S. 216 f.; vgl. *Wiesflecker,* Hermansgrün *passim;* Text des Hermansgrün bei *Ulmann,* Hermansgrün 78—92.

225 [29] Siehe S. 245, 300.

[30] Vgl. die undatierte Instruktion Hzg Albrechts von Bayern (von 1495 Februar) für seine Anwälte auf dem Wormser Tag (*München* HSA, Geheimes SA, Kasten schwarz 4191, fol. 258—265); sie enthält Hzg Albrechts Entschuldigung, der „ein plater an einem pain gehebt" und andere interessante Punkte; *Riezler* III, 567 f.

[31] Siehe S. 291.

226 [32] *Schröcker,* Unio 194 ff. vertritt mit Recht die Auffassung, daß man nicht alles, was im Laufe der Reichstagshandlungen geschah, auf Berthold zurückführen dürfe.

[33] Siehe S. 272, 377, 402.

[34] *Hölbling* 13 ff.; *Wiesflecker,* Reichsreform 14; *Andreas,* Reformation 215 ff., 357 ff.; *Spausta* I, 113 f.

227 [35] *Müller,* Reichstags-Theatrum unter Maximilian, I, 688 ff.

[36] *Haupt* 100.

[37] *Wiesflecker,* Zur Reichsreform Kaiser Maximilians I., 90.

228 [38] Vgl. *Müller,* Reichstags-Theatrum unter Maximilian, I, 202 ff.

[39] *Zorn,* Wormser Chronik 200 ff.

[40] *Geiger,* Reuchlins Briefwechsel 43 f., Nr. 49.

[41] Siehe S. 273.

[42] Siehe S. 61 ff.; Schreiben KMs von 1495 April 3 und 7 (*Dresden* HSA, Loc. 8497).

[43] Würzburger Reichstagsprotokoll in *Würzburg* SA, Reichstagsakten 2 a—e, fol. 3 ff.; Druck bei *Datt* 829, Nr. 22; *Müller,* Reichstags-Theatrum unter Maximilian, I, 308; *Wiesflecker,* Reichsreform 11; *Ziehen,* Mittelrhein II, 477.

229 [44] *Datt* 830, Nr. 25; *Müller,* Reichstags-Theatrum unter Maximilian, I, 313, 371 f., 380 f., 429 f.; *Wiesflecker,* Reichsreform 11 f.; *Ulmann* I, 346 f.; *Hartung,* Reichsreform 187; *Ziehen,* Mittelrhein II, 478; *Spausta* I, 44 f.

[45] Würzburger Reichstagsprotokoll von 1495 April 27/28 (*Würzburg* SA, Reichstagsakten 2 a—e, fol. 7 f.); vgl. den Bericht von KMs Räten an Hzg Georg von Bayern ddo 1495 April 30 Worms (*München* HSA, Geheimes SA, Kasten schwarz 4191, fol. 294 ff.); desgl. ein anderer Bericht des Dr. Baumgartner an Hzg Georg ddo 1495 April 30 Worms (*München,* a. a. O., Kasten blau 270/1, fol. 129 ff.); *Datt* 830, Nr. 26; *Wiesflecker,* Reichsreform 12; *Scheerer* 103 ff.

[46] Siehe S. 54 f.; *Wiesflecker,* Heilige Liga 189 ff.

[47] *Datt* 832, Nr. 28; *Müller,* Reichstags-Theatrum unter Maximilian, I, 314; *Wiesflecker,* Reichsreform 14; *Ulmann* I, 355; *Spausta* I, 45.

[48] Bericht des brandenburgischen Gesandten (*Merseburg* DZA, a. a. O., fol. 192 f.); desgl. ein Bericht des Dr. Baumgartner an Hzg Georg ddo 1495 Juni 2 Worms (*München* HSA, a. a. O., Kasten blau 270/1, fol. 162 ff.).

[49] Hilferuf des Herzogs von Mailand von 1495 Mai 19 Mailand (*Würzburg* SA, Reichstagsakten, a. a. O., fol. 64 f.): es gehe nicht nur um ganz Italien, sondern auch „de summa rerum Imperatoris sedis".

[50] *Datt* 832, Nr. 30; *Müller,* Reichstags-Theatrum unter Maximilian, I, 314; *Wiesflecker,* Reichsreform 14 f.; *Ulmann* I, 355 f.; *Ziehen,* Mittelrhein II, 479; *Gothein,* Gemeiner Pfennig 9 ff.; *Spausta* I, 45 f.

[51] *Datt* 836 ff., Nr. 40; *Müller,* Reichstags-Theatrum unter Maximilian, I, 381 ff.; *Wiesflecker,* Reichsreform 15; *Ulmann* I, 347; *Hartung,* Reichsreform 183 ff.; *Ziehen,* Mittelrhein II, 480 ff.; *Spausta* I, 47.

[52] Ähnlich urteilt *Gothein,* Gemeiner Pfennig 7. 230

[53] Vgl. die politische Korrespondenz des Herzogs von Bayern auf dem Wormser Tag (*München* HSA, Geheimes SA, Kasten schwarz 4191, fol. 285 ff., 294 ff., 330 ff.; desgl. *München,* a. a. O., Kasten blau 270/1, fol. 127 ff., 145 ff., 158 ff.).

[54] Siehe S. 52 ff., 229.

[55] Siehe S. 170 ff.

[56] Bericht des Brandenburger Gesandten von 1495 August 8 Worms (Brandenburger Reichstagsprotokoll in *Merseburg* DZA, Geheimes SA, Rep. X, Nr. ZY, Fasc. 1 C, fol. 7v ff.).

[57] Dazu *Huber,* Geschichte Österreichs III, 333.

[58] *Datt* 602 ff., 836 ff.; Angaben über Drucke und ein ausführliches Regest dieses kurfürstlichen Regimentsplanes bei *Wiesflecker,* Reichsreform 15 f., 36 ff.; *Ulmann* I, 348 ff.; *Ziehen,* Mittelrhein II, 480 ff.; *Hartung,* Reichsreform 183 ff., 200 ff.; *Gothein,* Gemeiner Pfennig 18 ff. (entschiedene Verurteilung des ständischen Regimentsentwurfes). 231

[59] Vgl. das schroffe Urteil von *Klüpfel,* Maximilian 94: „Wer möchte zweifeln, daß mehr herausgekommen wäre, wenn ein verständiger Kurfürst auch die äußere Politik hätte leiten helfen und statt abenteuerlicher Coalitionskriege in Italien zu fordern, z. B. auf die thatkräftige Unterstützung des Deutschritterordens in Polen gedrungen hätte?" — Aber Kurfürsten und Fürsten hatten nicht nur für Italien, sondern auch für den Deutschen Orden in Polen oder die Eidgenossenschaft im Reich nicht das geringste Interesse, wie sich noch zeigen wird. Vgl. dazu S. 168 ff., 172 ff., 333 f., 338 f.

[60] Siehe S. 246.

232 [61] Weisung Albrechts von Bayern an seine Räte in Worms ddo 1495 Mai 18 München (*München* HSA, Geheimes SA, Kasten schwarz 4191, fol. 395 f.).

[62] *Wiesflecker,* Reichsreform 15, Anm. 69.

[63] *Datt* 841, Nr. 41 und 516; *Müller,* Reichstags-Theatrum unter Maximilian, I, 321 f.; *Wiesflecker,* Reichsreform 16; *Ulmann* I, 357 f.; *Spausta* I, 47 f.; *Gothein,* Gemeiner Pfennig 11 ff.

[64] Eine ganze Reihe von Reformvorschlägen wurde vom König ausdrücklich gelobt und eigentlich nur bemängelt, daß sich die Kurfürsten „vil obrigkeit und macht zugeaignet"; vgl. dazu den Brief an Hzg Georg von Bayern ddo 1495 April 30 Worms (*München* HSA, Geheimes SA, Kasten schwarz 4191, fol. 294 ff.).

[65] *Wiesflecker,* Reichsreform 16 f.

[66] Ratifikationsurkunde von 1495 Mai 28 Worms (*Venedig* SA, Miscell. Atti dipl. e priv. Busta 47, pag. 1505 und *Wien* HHSA, RRBü GG, fol. 71); *Spausta* I, 34.

[67] Brandenburgisches Reichstagsprotokoll (*Merseburg* DZA, Geheimes SA, Rep. X, Nr. ZY, Fasc. 1 A, fol. 184 ff.); *Datt* 844 ff., Nr. 43; *Müller,* Reichstags-Theatrum unter Maximilian, I, 334 ff.; *Ulmann* I, 358; *Kaser,* Deutsche Geschichte 59; *Wiesflecker,* Reichsreform 17; *Spausta* I, 49 f. — Vgl. auch den bayrischen Bericht an Hzg Albrecht von 1495 Juni 8 Worms (*München* HSA, Geheimes SA, Kasten schwarz 4191, fol. 343 ff.).

233 [68] Berthold nannte es „den König mit der Hilfe pfänden", vgl. *Wiesflecker,* Reichsreform 16, Anm. 69; *Gothein,* Gemeiner Pfennig 17 ff.; *Spausta* I, 50; über Landfrieden und Kammergericht vgl. den Bericht an Hzg Georg von Bayern ddo 1495 Juni 10 Worms (*München* HSA, Geheimes SA, Kasten blau 270/1, fol. 166 ff.).

[69] Der kurfürstliche Willebrief in *Würzburg* SA, Mainzer Ingrossaturbücher 47, fol. 153 ff. (dort ein Briefwechsel zwischen den Kurfürsten und dem Herzog von Mailand über die Zahlung der versprochenen Taxen).

[70] Siehe S. 55; Notariatsinstrument (Org. Perg.) von 1495 Mai 22 Mailand und Pavia in *Wien* HHSA, Ukd; dazu *Brandenburger Protokoll,* a. a. O.; Druck bei *Du Mont,* Corps diplomatique II/2, 491 ff., Nr. 302; *Wiesflecker,* Reichsreform 18; über die Mailänder Belehnung und den Streit Moros mit den deutschen Kurfürsten wegen der versprochenen Gratifikationen vgl. *Gröblacher,* Diss. 193 ff.

[71] Siehe S. 318; *Spausta* I, 133 f.

[72] 1495 Juni 3, ed. bei *Kink,* Universität Wien II, 302 f.; vgl. *Baltl* 12 f.

[73] *Bauch,* Anfänge 2; vgl. *Baltl* 35. Die Zweifel *Ulmanns* II, 732 werden durch Baltl entkräftet; *Kaufmann,* Universitätsprivilegien 161.

[74] Siehe S. 54 f.; *Spausta* I, 50 f.

[75] *Datt* 848 ff., Nr. 47; *Müller,* Reichstags-Theatrum unter Maximilian, I, 348 ff.; *Ziehen,* Mittelrhein II, 484 f.; *Wiesflecker,* Reichsreform 18; *Spausta* I, 51 f.

234 [76] Brandenburgischer Bericht von 1495 Juni 19 (*Brandenburgisches Protokoll,* a. a. O., Fasc. 1 C, fol. 16).

[77] Bericht der bayrischen Räte an Hzg Albrecht ddo 1495 Juni 16 Worms (*München* HSA, Geheimes SA, Kasten schwarz 4191, fol. 351 f.); *Müller,* Reichstags-Theatrum unter Maximilian, I, 389; *Wiesflecker,* Reichsreform 19.

[78] Brandenburgisches Reichstagsprotokoll von 1495 Juni 19 (*Merseburg* DZA, Geheimes SA, Rep. X, Nr. ZY, Fasc. 1 C, fol. 16).

[79] Text bei *Datt* 853 ff., Nr. 51; *Müller,* Reichstags-Theatrum unter Maximilian, I, 386 ff.; *Ulmann* I, 362; *Hartung,* Reichsreform 188 ff.; *Wiesflecker,* Reichsreform 19 ff., 40; *Spausta* I, 52 f.; *Angermeier,* Reichsregimenter 271 f., 302: „... seit 1495 (ist) bei den Habsburgern eine beständige Bereitschaft zur Einrichtung eines Regimentes und auch zur Verstärkung des ständischen Einflusses zu erkennen. Gerade Maximilian hat sich der Notwendigkeit eines ständigen und funktionstüchtigen Regierungsrates nicht verschlossen, sondern selbst ... einen solchen gefordert. Die Schwierigkeit dabei lag allein in der Frage, mit welchen Rechten er ausgestattet werden sollte."

[80] Wie *Schröcker,* Unio 186 sagen kann „diesen Aspekt übergeht Wiesflecker", ist mir unerfindlich; vgl. *Wiesflecker,* Reichsreform 40; *Spausta* I, 86 ff.

[81] *Wiesflecker,* Reichsreform 20, 24, 30.

[82] Siehe S. 202 f.; Näheres im III. Bd. 235

[83] Brief des Markgrafen Johann von Brandenburg von 1495 Juni 23 (*Merseburg* DZA, a. a. O., Fasc. 1 A, fol. 188 ff.): äußert sein allgemeines Einverständnis mit den Reformgesetzen, ausgenommen das Kammergericht; *Wiesflecker,* Reichsreform 21. 236

[84] In diesem Punkte stimme ich mit *Schröcker,* Unio 210 überein, während fast alle Autoren anders urteilen; vgl. *Ranke,* Deutsche Geschichte 65: „... die Wormser Entwürfe waren größtenteils sein [Bertholds] Werk ..."

[85] *Schröcker,* Unio 187 behauptet irrtümlich „eine eilende Hilfe im herkömmlichen Sinn wurde nicht gewährt".

[86] Siehe S. 54; nach einem brandenburgischen Bericht (*Merseburg* DZA, a. a. O., Fasc. 1 C, fol. 5 f.) befanden sich im August 1495 etwa 9000 deutsche Reiter in Italien; vgl. den Bericht der bayrischen Räte an Hzg Albrecht ddo 1495 Juni 28 Worms (*München* HSA, Geheimes SA, Kasten schwarz 4191, fol. 356 f.); eingehender Bericht an Hzg Georg von Bayern ddo 1495 Juni 29 Worms (*München,* a. a. O., Kasten blau 270/1, fol. 170 ff.).

[87] *Datt* 859 f., Nr. 56; *Müller,* Reichstags-Theatrum unter Maximilian, I, 358 ff.; *Spausta* I, 53; *Gothein,* Gemeiner Pfennig 17. 237

[88] Brandenburgisches Reichstagsprotokoll (*Merseburg* DZA, Geheimes SA, Rep. X, Nr. ZY, Fasc. 1 C, fol. 22 ff.).

[89] Siehe S. 54 f. Ein bisher unbekannter Bericht des KF an den Kurfürsten von Brandenburg (und wahrscheinlich an alle Kurfürsten) von 1495 September 4 (*Merseburg* DZA, Geheimes SA, Rep. XI, 93 a, fol. 1 f., 3 f.) über die Schlacht von Fornuovo.

[90] *Wiesflecker,* Heilige Liga 190.

[91] *Hegewisch* I, 124.

[92] Siehe S. 62 f.; *Trenkler* 88 f.

[93] Vgl. den Bericht an Hzg Georg von Bayern ddo 1495 Juli 7 Worms (*München* HSA, Geheimes SA, Kasten blau 270/1, fol. 184 f.) über die Ausschußverhandlungen vom 6. Juli; *Wiesflecker,* Reichsreform 21 f.

[94] Vgl. den Bericht der bayrischen Räte an Hzg Albrecht ddo 1495 Juli 16 Worms (*München* HSA, Geheimes SA, Kasten schwarz 4191, fol. 365 f.; desgl. *München,* a. a. O., Kasten blau 270/1, fol. 175 f.); der ständische Entwurf der Handhabung vom 14. Juli 1495 bei *Datt* 861 ff.; *Müller,* Reichstags-Theatrum unter Maximilian, I, 395 f.; *Ziehen,* Mittelrhein II, 487; *Wiesflecker,* Reichsreform 22; *Spausta* I, 53 ff.

[95] *Spausta* I, 33; *Hochrinner* 57 f.

238 [96] Ein Bericht über die Vermählungen ddo 1495 Juli 16 (*München* HSA, Geheimes SA, Kasten blau 270/1, fol. 175 ff.); *Schottenloher,* Belehnungen auf dem Reichstag zu Worms *passim; Müller,* Reichstags-Theatrum unter Maximilian, I, 511 ff., 513 ff., 524 ff., 528 ff., 533 ff., 539 ff., 554 ff.; *Molinet* (ed. Doutrepont) II, 423; *Wiesflecker,* Reichsreform 22; *Spausta* I, 35 f. (dort Einzelheiten).

[97] *Du Mont,* Corps diplomatique III/1, 325; *Fugger-Jäger* II, 150v; *Müller,* Reichstags-Theatrum unter Maximilian, I, 542 ff.; *Ulmann* I, 369; *Ziehen,* Mittelrhein II, 488 ff.

[98] *Wilwolt* 156 ff.; *Noltz,* Tagebuch 396 f.; *Fugger-Birken* 1376 f.; *Molinet* (ed. Buchon) V, 17 ff.; *Soldan,* Zweikampf 667; *Wiesflecker,* Reichsreform 22; *Spausta* I, 38 f. (dort Einzelheiten).

[99] *Wilwolt* 157 ff.

[100] Bericht der bayrischen Räte an Hzg Albrecht ddo 1495 Juli 30 Worms (*München* HSA, Geheimes SA, Kasten schwarz 4191, fol. 372 f.); *Datt* 869, Nr. 66; *Müller,* Reichstags-Theatrum unter Maximilian, I, 433 ff.; *Ulmann* I, 370 ff.; *Gothein,* Gemeiner Pfennig 32; *Ziehen,* Mittelrhein II, 489; *Spausta* I, 54 f.

239 [101] Bericht der bayrischen Räte ddo 1495 Juli 30 Worms (*München* HSA, a. a. O.): KM hat „vast alls beswärt"; *Datt* 869; *Wiesflecker,* Reichsreform 23.

[102] *Datt* 871, Nr. 68; *Wiesflecker,* Reichsreform 23 f.; *Ulmann* I, 375 dreht diese Tatsache um.

[103] *Ulmann* I, 333 ff., 361; *Wiesflecker,* Reichsreform 26.

[104] Siehe oben Anm. 102; *Spausta* I, 56 f. (dort Einzelheiten); diese Tatsache wurde bisher völlig übersehen.

[105] *Wiesflecker,* Reichsreform 24.

[106] *Datt* 873, Nr. 69; *Ulmann* I, 374; *Wiesflecker,* Reichsreform 24.

240 [107] Brandenburgischer Bericht von 1495 August 8 Worms (*Brandenburgisches Reichstagsprotokoll,* a. a. O., Fasc. 1 C, fol. 7 ff.): „... etlich wern, die nehmen ein genesch von Frankreich vnd ließen deßhalb das reich vntergeen."

[108] Bericht des brandenburgischen Gesandten von 1495 August 6 Worms (Brandenburgisches Reichstagsprotokoll in *Merseburg* DZA, Geheimes SA, Rep. X, Nr. ZY, Fasc. 1 C, fol. 3 ff., 5 ff.).

[109] Kopie in *Wien* HHSA, RRBü KK, fol. 194; Druck bei *Müller,* Reichstags-Theatrum unter Maximilian, I, 496 f.; *Schmauss-Senckenberg* II, 28 f., Nr. 10; *Ziehen,* Mittelrhein II, 496; *Wiesflecker,* Reichsreform 25; *Spausta* I, 57.

[110] Kopie in *Wien* HHSA, RRBü NN, fol. 38v; Druck bei *Datt* 882 f.; *Müller*, Reichstags-Theatrum unter Maximilian, I, 370; *Ziehen*, Mittelrhein II, 494; *Gothein*, Gemeiner Pfennig 35; *Ulmann* I, 374; *Wiesflecker*, Reichsreform 25; *Spausta* I, 57 f.

[111] *Schröcker*, Unio 188 meint irrtümlich, ein Italienzug sei KM vom Reichstag nicht bewilligt worden; *Ziehen*, Mittelrhein II, 494 findet diese Summe „gewaltig". Während diese eher bescheidene Reichssteuer, die nicht einmal die Höhe eines Jahresertrages aus den österreichischen Erbländern erreichte, niemals bezahlt wurde, erhielt KM vom Mailänder Herzog an Zuwendungen etwa 1 Million Gulden Rheinisch (siehe S. 142, 256).

[112] Siehe S. 263.

[113] *Datt* 883, Nr. 73; *Müller*, Reichstags-Theatrum unter Maximilian, I, 370 ff.; *Wiesflecker*, Reichsreform 25; *Spausta* I, 58.

[114] Org. Libell von 1495 August 7 Worms (*Wien* HHSA, Ukd; desgl. RRBü NN, fol. 40 ff., 45); Volltext bei *Müller*, Reichstags-Theatrum unter Maximilian, I, 459 ff.; *Datt* 884 ff.; *Schmauss-Senckenberg* II, 24 ff., Nr. 8; ein ausführliches Regest bei *Wiesflecker*, Reichsreform 52 ff. (dort Einzelheiten und Quellenangaben). Die verbreitete und auch von *Ulmann* I, 375 übernommene Ansicht, daß es keinen ausgefertigten Wormser Abschied gebe, ist unrichtig. — *Hartung*, Reichsreform 196; *Ulmann* I, 383; *Ziehen*, Mittelrhein II, 495 f.; *Spausta* I, 58 f., 102 ff., 105 ff.

241

[115] *Datt* 884; *Wiesflecker*, Reichsreform 26.

[116] *Wiesflecker*, Reichsreform 53 ff., Artikel 3, 4, 6 und 28.

[117] *Müller*, Reichstags-Theatrum unter Maximilian, I, 497 f.; *Wiesflecker*, Reichsreform 26.

[118] Siehe S. 318 ff.

[119] Siehe S. 321 f.

[120] Bericht des Brandenburger Gesandten (*Merseburg* DZA, Geheimes SA, Rep. X, Nr. ZY, Fasc. 1 C, fol. 15); Berichte an Hzg Georg von Bayern ddo 1495 August 29 und 31 Worms (*München* HSA, Geheimes SA, Kasten blau 270/1, fol. 127 f., 186 ff.).

[121] Eine Sammlung von zeitgenössischen Urteilen bei *Datt* 493 ff.; *Wiesflecker*, Reichsreform 27 f.

[122] *Geiger*, Reuchlins Briefwechsel 47 f., Nr. 53.

[123] Kopie in *Wien* HHSA, RRBü NN, fol. 11 ff.; Volltext bei *Datt* 873 ff., Nr. 70; *Lünig*, Reichs-Archiv, Pars generalis, Continuatio I, 146 ff., Nr. 56; *Müller*, Reichstags-Theatrum unter Maximilian, I, 397 ff.; *Wiesflecker*, Reichsreform 28 ff. (dort Einzelheiten, Quellenangaben und ein ausführliches Regest); *Spausta* I, 60 ff.; *Ulmann* I, 375; *Hartung*, Reichsreform 197 ff.; *Angermeier*, Königtum und Landfriede 34 (seiner Beurteilung des ewigen Landfriedens vermag ich nicht zu folgen); *Scheerer* 107 f.

242

[124] *Wiesflecker*, Reichsreform 29 f.

[125] OrgPgt von 1495 August 7 Worms (*Wien* HHSA, Ukd); Volltext bei *Datt* 876 ff.; *Lünig*, Reichs-Archiv, Pars generalis, Continuatio I, 150 ff., Nr. 57; *Müller*, Reichstags-Theatrum unter Maximilian, I, 421 ff.; *Zeumer* 284 ff., Nr. 174; *Schmauss-Senckenberg* II, 6 ff., Nr. 2; *Wiesflecker*, Reichsreform 31 ff. (dort Einzelheiten, Editionen und ein aus-

führliches Regest); *Spausta* I, 65 ff., 69 ff.; *Ranke*, Deutsche Geschichte 61 nennt die Errichtung des Kammergerichtes „eines der größten Ereignisse der Reichsgeschichte"; *Ulmann* I, 375 ff.; *Hartung*, Reichsreform 192 ff.; *Ziehen*, Mittelrhein II, 493; *Smend* 46 ff.; *Scheerer* 108 ff.; *Poetsch* 36 ff.; *Angermeier*, Reichsregimenter 283 f., 309 f.

[126] *Datt* 856, Nr. 52; *Müller*, Reichstags-Theatrum unter Maximilian, I, 420 f.; *Wiesflecker*, Reichsreform 34 f.

243 [127] Originalurkunde von 1495 August 13 Worms (*Wien* HHSA, Ukd); *Spausta* I, 68.

[128] *Smend* 73.

[129] Brandenburgisches Reichstagsprotokoll von 1495 Juni 6 Worms (*Merseburg* DZA, a. a. O., Fasc. 1 C, fol. 22 ff.); vgl. den Bericht an den Hzg von Bayern ddo 1495 Juni 10 Worms (*München* HSA, Geheimes SA, Kasten blau 270/1, fol. 166 ff.) betreffend Differenzen zwischen Kurfürsten und Fürsten über das Kammergericht.

[130] *Wiesflecker*, Reichsreform 34 f., Artikel 30; *Ulmann* I, 377.

[131] *Datt* 843; *Wiesflecker*, Reichsreform 36, Anm. 147.

[132] Siehe S. 229 ff.; *Wiesflecker*, Reichsreform 36 ff. (dort ausführliches Regest und Angabe der Editionen); *Spausta* I, 82 ff.; *Angermeier*, Reichsregimenter 271 f., 273 f.; über die spätere Entwicklung des Reichsregimentes = Hofrates vgl. das grundlegende Werk von *Gschließer*, Reichshofrat 1 ff.

[133] OrgPgt von 1495 August 7 Worms (*Wien* HHSA, Ukd); Kopie in *Wien* HHSA, RRBü NN, fol. 13 ff.; Volltextdruck bei *Datt* 889 ff., Nr. 78; *Müller*, Reichstags-Theatrum unter Maximilian, I, 454 ff.; *Lünig*, Reichs-Archiv, Pars generalis, Continuatio I, 158 ff., Nr. 59; *Lünig*, Reichs-Archiv, Pars specialis, Continuatio I, 103 ff., Nr. 49; *Schmauss-Senckenberg* II, 11 ff.; *Zeumer* 291 ff., Nr. 175; *Wiesflecker*, Reichsreform 42 ff. (dort Einzelheiten, Editionen und ein ausführliches Regest); *Spausta* I, 89 ff.; *Hartung*, Reichsreform 196, 200 ff., 205 ff.; *Angermeier*, Königtum und Landfriede 554; *Ulmann* I, 379; *Ziehen*, Mittelrhein II, 493.

244 [134] Org. von 1495 August 7 Worms (*Wien* HHSA, Ukd); *Wiesflecker*, Reichsreform 45 ff., 50 ff. (dort Editionen und ein ausführliches Regest); Volltext bei *Datt* 881, Nr. 72; desgl. 534 ff. (dort Erläuterungen); *Müller*, Reichstags-Theatrum unter Maximilian, I, 437 ff.; *Schmauss-Senckenberg* II, 14 ff., Nr. 5; *Zeumer* 294 ff., Nr. 176; *Spausta* I, 73 ff.; *Gothein*, Gemeiner Pfennig 35 ff.; *Hartung*, Reichsreform 193 ff.; *Ulmann* I, 380 ff.; *Below* 134; *Scheerer* 116 ff.; *Degler-Spengler*, 237 ff., 245: es ist sicher richtig, daß der Fehlschlag des Gemeinen Pfennigs „primär nicht in der Konzeption (der Pfennigordnung), sondern in den politischen Kämpfen der Zeit gesucht werden muß", wie die ganze folgende Darstellung zeigt.

[135] *Ulmann* I, 369, 392; *Smend* 23; *Bader* 85.

[136] Ganz unrichtig meint *Gothein* (Gemeiner Pfennig 13 f.): „... Der König hatte auch nicht entfernt eine Ahnung von den Schwierigkeiten, welche die Einbringung einer Reichssteuer machen mußte ..."; ähnlich urteilt *Ulmann* I, 371: „... daß Maximilian den technischen Fragen der Steuerpolitik naiv und unwissend gegenüberstand"; dies widerspricht allen bekannten Tatsachen. Das kann nur behaupten, wer vom österreichischen Verwaltungsreformwerk Maximilians keine Kenntnis nahm.

[137] *Wiesflecker,* Reichsreform 48 f., 50 f., Artikel 5, 7, 14; *Spausta* I, 75 f. — 245
[138] Vgl. die Pfennigordnung bei *Wiesflecker,* Reichsreform 50, Artikel 4.
[139] *Datt* 883; *Müller,* Reichstags-Theatrum unter Maximilian, I, 371; *Wiesflecker,* Reichsreform 52.
[140] Siehe S. 251.
[141] Siehe S. 241, Anm. 114; *Wiesflecker,* Reichsreform 52 ff. (dort Angabe der Editionen und ein ausführliches Regest).
[142] Im Reichsabschied bei *Wiesflecker,* Reichsreform 55, Artikel 41.
[143] Siehe S. 263.
[144] Vgl. die Urteile bei *Hartung,* Reichsreform 206 ff.; *Below* 156 ff.; *Hartung,* Verfassungsgeschichte 27 ff.; *Schröder-Künßberg* 863, 907; *Wiesflecker,* Reichsreform 56 ff. — 246
[145] *Wiesflecker,* Reichsreform 58 f.
[146] Dazu Brandenburgisches Protokoll (*Merseburg* DZA, Geheimes SA, Rep. X, Nr. ZY, Fasc. 1 B, fol. 3 ff.); Auszug aus dem Sächsischen Reichstagsprotokoll bei *Müller,* Reichstags-Theatrum unter Maximilian, I, 341 ff.; *Spausta* I, 96 ff., 100 f.
[147] Von einer „monarchischen Tendenz der Reichsreform" (*Smend* 45) kann keine Rede sein; vgl. dagegen *Hartung,* Reichsreform 205 und *Angermeier,* Königtum und Landfriede 543 f.
[148] Ediert von *Koller,* a. a. O.
[149] Ediert von *Haupt,* a. a. O.; desgl. *Franke,* Das Buch der hundert Kapitel, a. a. O.
[150] Ediert von *Koller,* a. a. O.
[151] *Spausta* I, 93 f.
[152] Brief KMs und der Reichsstände an den Papst und die Kardinäle von 1495 August 16 Worms (*Wien* HHSA, RRBü GG, fol. 53); *Spausta* I, 93 f.; *Redik,* Diss. 101 ff.; *Angermeier,* Reichsregimenter 297 f. — 247
[153] Siehe S. 37 ff.; *Wiesflecker,* Reichsreform 27.
[154] Siehe S. 72, 119, 191.
[155] Brandenburger Bericht von 1495 August 26 Worms (*Brandenburger Reichstagsprotokoll,* a. a. O., Fasc. 1 C, fol. 12 f.: es handelt sich um die Summe von 300.823 Gulden Rheinisch); *Spausta* II, 275.
[156] Vgl. *Brant,* Conclusio Wormaciensis 126 f.: „Theutona terra igitur capiti pacienter obedi : Mandatis parce : et fer sacra iussa libens. Sic tua stare diu poterint foelitia sceptra : Sic virtute tua vincere cuncta potes. Quod si verba dei contemnis : subiiceris. Qui tete oderunt : hisque tributa dabis."
[157] *Spausta* I, 124 ff. (dort Einzelheiten); *Wiesflecker,* Reichsreform 26. — 248
[158] Bericht des Peter Ungspeck an Hzg Albrecht ddo 1495 November 3 Worms (*München* HSA, Geheimes SA, Kasten schwarz 4192, fol. 1 ff.).
[159] Vgl. einen Mailänder Bericht von 1495 Mai 27 Worms bei *Schröcker,* Unio 198 f.; über die Rolle Bertholds auf dem Wormser Tag vgl. *Schröcker,* Unio 203 ff.; außerdem die Urteile von *Ranke,* Deutsche Geschichte 82; *Ziehen,* Mittelrhein II, 478; *Ulmann* I, 342; *Hartung,* Reichsreform 183; *Gothein,* Gemeiner Pfennig 6, 17 ff.; *Angermeier,* Königtum und Landfriede 543 ff.; *Spausta* I, 108 ff.; *Wiesflecker,* Reichsreform 60 ff.

[160] 1495 Dezember 7 Worms (*Kraus,* Briefwechsel 107 f.); *Schröcker,* Unio 191 f.

249 [161] *Pélissier,* L'ambassade, Appendice II, 446 ff., Nr. 5; *Wiesflecker,* Reichsreform 60, Anm. 218.

4. Vom Wormser zum Lindauer Tag; das Schicksal des Gemeinen Pfennigs

[1] Die Einhebung der eilenden Hilfe (100.000 Gulden) der Anleihe auf den Gemeinen Pfennig (150.000 Gulden) und des Gemeinen Pfennigs selber ist auf Grund der Materialien der Maximilian-Regesten erstmals zusammengefaßt bei *Lambauer. Ulmann* und *Ziehen* treten daneben zurück. Eine wertvolle Spezialuntersuchung von *Engel* behandelt die Kaiserbederegister für Pommern. Unter den primären Quellen sind aufschlußreich die Berichte der königlichen Anwälte, Anleiheagenten und Steuereintreiber sowie die vorhandenen Einzahlungslisten, die sich vorzüglich auf die eilende Hilfe beziehen; viele wichtige Einzelstücke finden sich zerstreut in den Korrespondenzen der königlichen Kanzlei. Quellen zum Frankfurter Tag sind sehr spärlich; am besten unterrichten darüber die Instruktionen KMs an seine Anwälte und die Berichte bei *Janssen* (Reichscorrespondenz). An Quellendrucken sind derzeit noch immer unentbehrlich *Müller* (Reichstags-Theatrum), *Janssen* (Reichscorrespondenz), *Chmel* (Urkunden) und *Jung,* Akten über die Erhebung des Gemeinen Pfennigs 1495 ff.

[2] Siehe S. 68, 236.

[3] Siehe S. 240, 244; *Wiesflecker,* Reichsreform 50 f. enthält ein ausfürliches Regest der Pfennigordnung; *Lambauer* 2 f.; *Degler-Spengler,* Pfennig 239, 257 weist darauf hin, daß in Basel der Gemeine Pfennig nicht von den Pfarrern, wohl aber in der Kirche eingehoben und vom Pfarrer nur verkündigt wurde; das wurde offenbar örtlich verschieden durchgeführt.

250 [4] *Wiesflecker,* Reichsreform 43; *Ulmann* I, 390 f.; *Lambauer* 3.

[5] Konzept der Instruktion KMs an Cornille de Berghes ddo 1496 Jänner 25 Augsburg (*Wien* HHSA, MaxAkt 3 b, fol. 18 ff.).

[6] *Janssen,* Reichscorrespondenz II, 589 f., Nr. 748, 749, 754; *Lambauer* 3 (dort weitere Quellen und Einzelheiten); *Ulmann* I, 397 ff.; *Ziehen,* Mittelrhein II, 509 ff.; *Ranke,* Deutsche Geschichte 81.

[7] Vgl. KMs Instruktion an seine Räte in Frankfurt von 1496 (Februar) in *München* HSA, Geheimes SA, Kasten schwarz 4192, fol. 33; *Diederichs* 39, Nr. 13; *Sanuto* I, 152 ff., 158.

251 [8] Bericht des P. Ungspeck an Hzg Albrecht von Bayern von 1495 November 3 Worms (*München* HSA, Geheimes SA, Kasten schwarz 4192, fol. 1 ff.).

[9] *Wiesflecker,* Wormser Reichsreform 26, 48 ff.; *Engel,* Kaiserbederegister S. X; *Lambauer* 3.

[10] *Moser,* Nachrichten 650 ff.; *Müller,* Reichstags-Theatrum unter Maximilian, I, 498 ff., 680 ff.; *Datt* 541 ff.; *Fellner,* Ritterschaft 114 ff., 118; *Ulmann* I, 394 ff.; *Lambauer* 4 (dort Korrespondenzen KMs in dieser Sache). Vgl. die interessante Instruktion KMs von 1495 Dezember 11

Nördlingen für Graf Heinrich von Fürstenberg und Dr. Berlin für die Verhandlungen mit der Ritterschaft auf dem Tag zu Schweinfurt (*Nürnberg* SA, Ansbacher Reichstagsakten, Nr. 6, fol. 75—79).

[11] Vgl. den Brief des Herzogs Georg von Bayern an KM von 1496 Jänner 3 Heidelberg (*Chmel,* Urkunden 88 f., Nr. 91).

[12] Vgl. *Fellner,* Ritterschaft 120, 123.

[13] *Lambauer* 4 f.

[14] *Fels* 137 f.; *Ulmann* I, 527; *Lambauer* 47 (dort Einzelheiten).

[15] Siehe S. 318 f., 327 f., 356.

252

[16] *Hölbling* 15 ff., 139 ff. (dort Einzelheiten und Quellen); eine Tabelle der Steuerleistung der Städte bei *Hölbling* 295 ff.

[17] Bericht des Nassau von 1496 März 3 Köln (*Wien* HHSA, MaxAkt 3 b/2, fol. 56 f.); gedr. bei *Chmel,* Urkunden 95 ff., Nr. 100; über die Haltung der schwäbischen Bundesstädte vgl. *Klüpfel,* Urkunden I, 187 f., 195, 255 f.: keine Stadt soll einzeln Geld hergeben! Man werde sich verhalten wie die anderen Reichsstände.

[18] Vgl. die Berichte der königlichen Anwälte von 1496 September 26 und 1496 November 30 (*Wien* HHSA, MaxAkt 3 c/1, fol. 214 f. und 3 c/2, fol. 70 f.); *Lambauer* 7 f.; dazu auch *Ulmann* I, 353 f.; *Riezler* III, 567 ff.

[19] *Lambauer* 7 (dort Einzelheiten).

[20] Brief des Pfalzgrafen an KM von 1496 Juli 30 Heidelberg (*Chmel,* Urkunden 112 ff., Nr. 117); vgl. auch *Ulmann* I, 555; *Lambauer* 8. — Über Verhandlungen KMs mit dem Pfalzgrafen wegen des Gemeinen Pfennigs vgl. eine undatierte Instruktion und andere Korrespondenzen in *München* HSA, Geheimes SA, Kasten blau 90/12, fol. X/1—4; desgl. a. a. O. Kasten blau 103/2 b, fol. 283 f., 289, 290, 295.

[21] Bericht des Nassau an KM von 1496 November 30 (*Wien* HHSA, MaxAkt 3 c, fol. 69); *Lambauer* 6.

[22] *Engel,* Kaiserbederegister S. VII ff.

[23] Brief KMs an Herzog Bogislaw von 1496 April 30 Augsburg (*Innsbruck* LRA, MaxAkt I/40, fol. 38); *Lambauer* 80.

[24] *Engel,* Kaiserbederegister S. VII f., XI f.

[25] *Ulmann* I, 557, Anm. 2.

253

[26] Würzburger Protokoll von 1499 Jänner 27 (*Würzburg* SA, Reichstagsakten 3, fol. 97).

[27] Konzept (mit Expeditionsvermerk) von 1496 April 20 Augsburg (*Wien* HHSA, MaxAkt 3 b/2, fol. 127); das Konzept (exp.) des Dienstbriefs von 1496 April 20 (*Wien* HHSA, a. a. O., fol. 128).

[28] *Lambauer* 9, 26 f., 57 f. (dort Einzelheiten).

[29] Siehe S. 72, 263 f., 268 f.; *Lambauer* 10, 23 ff., 28 ff., 59 ff., 63 ff.

[30] *Lambauer* 11.

[31] Brief KMs an Kanzler Waldner von 1496 April 2 Füssen (*Wien* HHSA, MaxAkt 3 b/2, fol. 94); *Lambauer* 14 f. (dort Einzelheiten).

[32] Siehe S. 91 f., 288; Bericht des Foscari von 1496 August 17 Bormio (*Foscari* 806, Nr. 30); *Lambauer* 13 ff. (dort Einzelheiten).

[33] Siehe S. 75 ff., 189 f.

254

[34] Vgl. den Brief Erzherzog Philipps an KM von 1496 März 15 Brüssel bei *Chmel,* Urkunden 98 f., Nr. 102.

[35] Vgl. die Bestätigungen KMs von 1495 September 9 Worms (*Wien* HHSA, Ukd); 1495 Oktober 7 Worms (*Innsbruck* LRA, MaxAkt I/40, fol. 29); 1495 Oktober 22 Frankfurt (*Wien* HHSA, MaxAkt 3 b, fol. 65); 1495 November 7 Worms (*Wien* HHSA, MaxAkt 3 b [1495], fol. 88); 1496 März 3 Donauwörth (*Wien* HHSA, MaxAkt 3 b/2, fol. 55).

[36] Siehe S. 74, 256.

255 [37] Siehe S. 264; *Lambauer* 60 ff.

[38] *Lotz* 49; *Lambauer* 247.

[39] *Lambauer* 241 ff., 251 (dort zahlreiche Quellen und Einzelheiten).

[40] *Lambauer* 247 (dort zahlreiche Einzelnachweise); *Hochrinner* 62 ff.; *Gatt* 149 ff.

[41] Siehe S. 76, 189 f.; vgl. den sehr aufschlußreichen Brief der Innsbrucker Regierung an KM von 1496 Mai (*Innsbruck* LRA, Bekbü 1496/S/19, fol. 305 ff.); wiedergegeben bei *Lambauer* 248 ff.

[42] Vgl. den „stat" von 1496 September 2 (*Wien* HHSA, MaxAkt 3 c, fol. 173 ff., 177 ff., 184 f.); *Lambauer* 251 f. (dort Einzelheiten).

[43] Vgl. den Brief Sernteins (?) an KM von 1496 September 5 (*Innsbruck* LRA, MaxAkt XIV/1496, fol. 144 ff.).

[44] *Lambauer* 200 ff., 203 f., 220, 253 (dort Einzelheiten); *Tschech* 63 ff.; *Mayer*, Wiener Neustadt II/1, 80.

256 [45] *Lambauer* 254 (dort Einzelnachweise).

[46] Vgl. die Zusammenstellung bei *Lambauer* 256 f.; *Pölnitz*, Jakob Fugger II, 33, 58 f., 68 f.

[47] Schlußbericht des Foscari von 1496 Dezember 26 Venedig (*Sanuto* I, 405 ff., 438 ff.).

[48] *Lambauer* 255; eine Aufstellung der Mailänder Subsidien an KM für die Jahre 1493 bis 1498 in *Mailand* SA, ArchSforz, PotSovr, Cart. 1467.

[49] Siehe S. 142.

[50] Siehe S. 76, 101, 118 f.

[51] Siehe S. 54, 236.

5. Der Reichstag zu Lindau 1496/97

[1] Die Quellengrundlagen bieten das Kurbrandenburgische Reichstagsprotokoll im DZA *Merseburg* (bei Ranke und Ulmann „Berliner Archiv"), das Kursächsische Reichstagsprotokoll, teilweise gedruckt bei *Müller*, und das Lindauer Protokoll (gedruckt bei *Fels*) und einschlägige Bestände aus dem Geheimen SA *München;* weiters die zahlreichen einschlägigen Urkunden, Akten und Berichte der königlichen Kanzlei aus der Sammlung der Maximilian-Regesten. Die eingehendste Darstellung und Dokumentation des Lindauer Tages enthalten derzeit *Lambauer* 17 ff. und *Plöbst* 4 ff., die unter anderem auch die ungedruckten Materialien der Maximilian-Regesten heranziehen konnten. *Schröcker,* Unio 210 ff. befaßt sich vor allem mit der Rolle Bertholds. *Ulmann* und *Ziehen* bieten dagegen weniger und vertreten eine stark antikönigliche Auffassung. An gedruckten Quellensammlungen sind immer noch *Fels, Höfler, Klüpfel, Harpprecht* und *Müller* heranzuziehen. Wertvolle Hinweise bot mir auch die Sammlung *Probszt.* Vorliegende Darstellung mußte sich naturgemäß

auf die Grundlinien beschränken. Eine Erfassung aller Einzelheiten wird Aufgabe der Edition der *Reichstagsakten* (Mittlere Reihe) sein. — Das Mainzer Erzkanzlerarchiv in *Wien* HHSA, MainzArch, RTAkt 1 b, fol. 239—388 entspricht fast ganz dem von Fels publizierten Lindauer Protokoll, das wohl ein allgemeines bzw. städtisches ist. Weniger ergiebig sind die Ansbacher Reichstagsakten in *Nürnberg* SA, Nr. 6, fol. 95 ff.

[2] KMs Romzugsaufgebot in *Wien* HHSA, RRBü GG, fol. 265; Druckexemplare in *Wien* HHSA, RRBü KK, fol. 189, 191, 195; gedr. bei *Du Mont,* Corps diplomatique III/2, 361 ff., Nr. 183; *Datt* 546 ff.; weitere Quellenangaben bei *Lambauer* 17; *Wiesflecker,* Italienzug 586; *Schröcker,* Unio 210 f.; *Ulmann* I, 403, 428.

[3] *Feger,* Geschichte des Bodenseeraumes III, 328 ff.; vgl. auch *Reinwald,* Reichstag in Lindau 3, 16. 257

[4] Siehe S. 89, 259.

[5] Dazu *Schröcker,* Unio 224 f.; *Lambauer* 19.

[6] Siehe S. 91 f.

[7] Siehe S. 97 f.

[8] Bericht des Brandenburger Gesandten von 1495 August 5 Worms (*Merseburg* DZA, Geheimes SA, Rep. X, Nr. ZY, Fasc. 1 C, fol. 5^v).

[9] Siehe S. 236 f., 240. 258

[10] Ladungsschreiben von 1496 August 11 Pfunds (*Innsbruck* LRA, MaxAkt I/40, fol. 47 ff.); *Lambauer* 19.

[11] Siehe S. 236, 240; es ist ganz unrichtig, wenn *Ulmann* I, 528 darauf hinweist, der König habe ohne Erlaubnis der Reichsstände den Italienkrieg begonnen.

[12] Brief des KF an Berthold von Mainz von 1496 August 11 Amboise (*Wien* HHSA, RRBü KK, fol. 13); desgl. bei *Malipiero* 441 ff.; *Pélicier,* Lettres V, 78 ff.; *Sanuto* I, 285 ff.; ein gleichlautendes Schreiben an den Pfalzgrafen Philipp bei Rhein (*Ludewig* VI, 100 ff.); dazu *Schröcker,* Unio 225 ff.

[13] Briefe des Pfalzgrafen an KM von 1496 Juli 30 Heidelberg und von 1496 August 8 Heidelberg (*Wien* HHSA, MaxAkt 3 c/1, fol. 130, 136); gedr. bei *Chmel,* Urkunden 112 ff., Nr. 117; Antwortbriefe KMs bei *Müller,* Reichstags-Theatrum unter Maximilian, II, 7; desgl. bei *Harprecht* IV/1, 114 f., Nr. 254; *Lambauer* 26, 34 f. (dort Einzelheiten); *Plöbst* 5 (dort Einzelheiten); *Ulmann* I, 523; *Ziehen,* Mittelrhein II, 528 ff.

[14] Vgl. *Ulmann* I, 514.

[15] *Lambauer* 19; *Mayer,* Maximilian und Philipp 36 f.; *Wiesflecker,* Italienzug 594; *Ulmann* I, 522, 532; *Schröcker,* Unio 211 ff. 259

[16] *Fels* 9 f.; *Lambauer* 20, Anm. 16; *Plöbst* 4 f.

[17] Siehe S. 82 f.

[18] Reichstagsprotokoll von 1496 September 10 gedr. bei *Fels* 10 f.; *Lambauer* 20; *Ulmann* I, 532 (mit Fehlern); *Plöbst* 4 f.; *Ziehen,* Mittelrhein II, 524.

[19] Siehe S. 91 ff.

[20] Aufforderung von 1496 August 11 Pfunds (*Innsbruck* LRA, MaxAkt I/40, fol. 47 ff.). 260

[21] Lindauer Reichstagsprotokoll gedr. bei *Fels* 10 ff.; Text des Mahnschreibens bei *Fels* 11 ff.; *Müller,* Reichstags-Theatrum unter Maximilian, II, 30 ff.; *Klüpfel,* Urkunden I, 210 ff.; *Lünig,* Reichs-Archiv, Pars generalis, Continuatio I/1, 172 f., Nr. 64; *Lambauer* 23, Anm. 1 (dort Einzelheiten, Literatur und Quellenhinweise); desgl. bei *Plöbst* 7; *Ulmann* I, 532; *Ziehen,* Mittelrhein II, 524; *Schröcker,* Unio 227.

[22] Antwort der Stände bei *Fels* 14 ff. und *Müller,* Reichstags-Theatrum unter Maximilian, II, 32 ff.; desgl. *Lünig,* Reichs-Archiv, Pars generalis, Continuatio I/1, 173 ff., Nr. 64; desgl. *Fels* 14; *Datt* 554; *Lambauer* 23 f. (dort Einzelheiten); desgl. bei *Plöbst* 7 f.; *Ulmann* I, 532 f.; *Ziehen,* Mittelrhein II, 526.

[23] Bittbrief KMs von 1496 September 11 Vigevano gedr. bei *Fels* 20 f.; *Klüpfel,* Urkunden I, 214; *Lambauer* 24 f.

[24] *Lambauer* 26, 35 f.

[25] Vgl. den Vorschlag des Grafen Philipp von Nassau an KM von 1496 November 30 (*Wien* HHSA, MaxAkt 3 c/2, fol. 69); Lindauer Protokoll bei *Fels* 26 ff., 31; Darstellungen bei *Lambauer* 26 f., 57, Anm. 8; *Plöbst* 28 f.

261 [26] KM an das Kammergericht ddo 1496 August 13 Glurns bei *Harpprecht* II, 251 und *Fels* 31; *Ziehen,* Mittelrhein II, 527 sagt unrichtig, „der Fiskal dürfe in keinem Prozeß verurteilt werden".

[27] Lindauer Protokoll von 1496 Oktober 6 Lindau gedr. bei *Fels* 34 ff.; *Harpprecht* II, 254 ff.; *Lambauer* 57 f.; *Plöbst* 28.

[28] Siehe S. 244 f., 250 f., 269.

[29] Siehe S. 109.

[30] Lindauer Protokoll von 1496 Oktober 10 Lindau gedr. bei *Fels* 40 f.; *Ziehen,* Mittelrhein II, 527; *Ulmann* I, 526, 533 (unrichtig ist die Meinung, daß der „Reichstag erst am 10. Oktober in forma begonnen habe"); *Lambauer* 27 f.; *Plöbst* 8; *Hyden* 45, Anm. 19; *Stollenmayer* 77 f.; *Bücking,* Stürtzel 244.

[31] Lindauer Protokoll von 1496 Oktober 10 Lindau gedr. bei *Fels* 43 ff.; ein zweites Mal waren die italienischen Gesandten am 22. November, und zwar vor dem Ausschuß erschienen (*Merseburg* DZA, Geheimes SA, Rep. X, Nr. ZY, Fasc. 1 E, fol. 51v f. und Fasc. 1 G, fol. 43v ff.); kürzer bei *Fels* 89 f.; *Plöbst* 13 f.

262 [32] *Fels* 43 ff., 57 ff.; *Lambauer* 28; *Plöbst* 8 f., 13 f.

[33] Bericht Chieregatis von 1496 Oktober 21 Lindau (*Wien* HHSA, MaxAkt 3 c/2, fol. 30 f.); *Wolff* 120 f.

[34] Zwei Briefe KMs ddo 1496 September 30 und 1496 Oktober 1 Genua gedr. bei *Fels* 46 ff., 52 ff.; *Lambauer* 28 f.; *Plöbst* 8 f.; *Ulmann* I, 534 f.; *Ziehen,* Mittelrhein II, 527.

[35] Lindauer Protokoll bei *Fels* 57 ff.; Brandenburgisches Protokoll (*Merseburg* DZA, Geheimes SA, Rep. X, Nr. ZY, Fasc. 1 E, fol. 20 f.); *Ulmann* I, 535; *Ziehen,* Mittelrhein II, 529; *Lambauer* 29 f. (dort Quellen und Einzelheiten); *Plöbst* 9 f.

263 [36] Brandenburgisches Protokoll (*Merseburg* DZA, Geheimes SA, Rep. X, Nr. ZY, Fasc. 1 E, fol. 21v); Lindauer Protokoll gedr. bei *Fels* 59 ff.; *Lambauer* 30; *Plöbst* 11 f.; *Ulmann* I, 524, 536; *Hyden* 45, Anm. 19; *Stollenmayer* 77 f.; *Buchwald,* Stürtzel 120.

[37] Original und Konzept dieser Punktation (*Wien* HHSA, MaxAkt, 3 b/1, fol. 1 f.); Lindauer Protokoll bei *Fels* 65 ff.; *Ulmann* I, 537 und *Ziehen,* Mittelrhein II, 529 enthalten Irrtümer im Tatsächlichen und stark antikaiserliche Tendenz; *Lambauer* 30 ff., 33; *Plöbst* 12 f.; *Schröcker,* Unio 241; über die langwierigen Beschwerdeverhandlungen, vor allem im ständischen Ausschuß; vgl. das Brandenburgische Protokoll (*Merseburg* DZA, Geheimes SA, Rep. X, Nr. ZY, Fasc. 1 E, fol. 20 ff. und Fasc. 1 G, fol. 2 ff.).

[38] *Ulmann* I, 525 ff. behauptet geradezu, es sei die Stellung der Erblande zum Reich für die Stände die zentrale Frage gewesen, was zweifellos ganz unrichtig ist, wie die weiteren Verhandlungen zeigen. Die zentrale Frage war die vorsätzliche Steuerverweigerung zwecks Eroberung des Reichsregimentes.

[39] Siehe S. 236, 240.

[40] *Fels* 70 f.; *Plöbst* 12 f. **264**

[41] Brandenburgisches Protokoll von 1496 Oktober 24 (*Merseburg* DZA, Geheimes SA, Rep. X, Nr. ZY, Fasc. 1 E, fol. 27v und Fasc. 1 G, fol. 9); Lindauer Protokoll bei *Fels* 70 f.; *Lambauer* 33 f.; *Plöbst* 13.

[42] Darüber wurden seit 26. Oktober 1496 sehr ausführliche Verhandlungen abgehalten; dazu das Brandenburgische Protokoll (*Merseburg* DZA, Geheimes SA, Rep. X, Nr. ZY, Fasc. 1 E, fol. 30 ff. und Fasc. 1 G, fol. 13 ff.); außerdem das Lindauer Protokoll bei *Fels* 73 f.; *Lambauer* 34 ff.

[43] *Fels* 91; *Plöbst* 14.

[44] Vgl. unten S. 267, Anm. 68, 70.

[45] Lindauer Protokoll bei *Fels* 26 ff., 65 ff.; *Lambauer* 55 ff. (dort Einzelheiten); *Plöbst* 29 ff. (dort Einzelheiten); *Ziehen,* Mittelrhein II, 526 f.; *Smend* 75.

[46] Lindauer Protokoll von 1496 November 10 bei *Fels* 82 ff.; Brandenburger Protokoll (*Merseburg* DZA, Geheimes SA, Rep. X, Nr. ZY, Fasc. 1 E, fol. 40 ff., 43 f. und Fasc. 1 G, fol. 26 ff. und 30 ff.); *Harpprecht* II, 266 ff., Nr. 97; *Lambauer* 63 f.; *Plöbst* 32; *Smend* 75; *Ziehen,* Mittelrhein II, 530.

[47] Lindauer Protokoll von 1496 November 23 bei *Fels* 89 ff.; Brandenburger Protokoll (*Merseburg* DZA, Geheimes SA, Rep. X, Nr. ZY, Fasc. 1 E, fol. 52v ff. und Fasc. 1 G, fol. 45 ff.); *Lambauer* 64 (dort Einzelheiten); *Plöbst* 33; *Gröblacher,* Diss. 72; *Smend* 76.

[48] Siehe S. 260 f.; *Lambauer* 57 f. 265

[49] *Lambauer* 67 ff. (dort Einzelheiten); *Plöbst* 36 ff., 58 ff. (dort Quellen und Literatur); *Gollwitzer,* Capitaneus 255 ff.

[50] *Lambauer* 71 ff.; *Hölbling* 205 ff.

[51] *Lambauer* 67 ff.; *Krause passim; Hölbling* 244.

[52] *Lambauer* 73 ff.; *Hölbling* 232 ff.; *Plöbst* 63 f.

[53] Nur im Brandenburgischen Protokoll enthalten (*Merseburg* DZA, Geheimes SA, Rep. X, Nr. ZY, Fasc. 1 E, fol. 55 ff. und Fasc. 1 G, fol. 48v ff.); *Lambauer* 82 ff.; *Ulmann* I, 674; *Öchsli* 562.

[54] Brief von 1496 August 11 Wenden bei *Fels* 92 ff.; *Müller,* Reichstags-Theatrum unter Maximilian, II, 111 ff.; *Arbusow* Nr. 489 (Reichsabschied); Brandenburgisches Protokoll (*Merseburg* DZA, Geheimes SA,

Rep. X, Nr. ZY, Fasc. 1 E, fol. 64 und Fasc. 1 G, fol. 60); *Fels* 168 (Reichsabschied); *Lambauer* 81; *Plöbst* 35; *Ziehen*, Mittelrhein II, 531.

[55] Die königlichen Räte an KM 1496 November 12 Lindau (*Innsbruck* LRA, MaxAkt XIV/1496, fol. 162 f.); dazu Brandenburgisches Protokoll (*Merseburg* DZA, Geheimes SA, Rep. X, Nr. ZY, Fasc. 1 E, fol. 43 und Fasc. 1 G, fol. 30 ff.); Lindauer Protokoll bei *Fels* 84; *Lambauer* 35 f.

[56] Brandenburgisches Protokoll von 1496 November 27 (*Merseburg* DZA, Geheimes SA, Rep. X, Nr. ZY, Fasc. 1 E, fol. 58v ff. und Fasc. 1 G, fol. 53 ff.); *Ranke*, Deutsche Geschichte 83 (nach einem Protokoll im „Berliner Archiv") vermischt drei verschiedene Reden Bertholds aus den Jahren 1496/97 zu einer einzigen; dazu *Lambauer* 38 f. (insbesondere Anm. 56); Rankes Fehler wird von *Janssen*, Geschichte des deutschen Volkes I, 557 und *Ziehen*, Mittelrhein II, 531 übernommen; *Schröcker*, Unio 247 f.

[57] Rede Bertholds von 1496 November 22 im Brandenburgischen Protokoll (*Merseburg* DZA, Geheimes SA, Rep. X, Nr. ZY, Fasc. 1 E, fol. 51 f. und Fasc. 1 G, fol. 43 ff.); *Lambauer* 37 f.; *Schröcker*, Unio 216; *Ulmann* I, 538.

[58] *Sanuto* I, 409, 432, 435 berichtet: „... ché 'l re di Franza faria con li electori de l'Imperio, maxime l'archiepiscopo Maguntino, che 'l (= KM) torneria in Alemagna."

266 [59] Bericht von 1496 November 19 im Brandenburgischen Protokoll (*Merseburg* DZA, Geheimes SA, Rep. X, Nr. ZY, Fasc. 1 E, fol. 50 f.); *Lambauer* 37.

[60] Rede des Legaten von 1496 November 22 im Brandenburgischen Protokoll (*Merseburg* DZA, Geheimes SA, Rep. X, Nr. ZY, Fasc. 1 E, fol. 51v f. und 1 G, fol. 43 ff.); Lindauer Protokoll bei *Fels* 89 f.; *Lambauer* 37; *Plöbst* 13 f.

[61] Brandenburgisches Protokoll (*Merseburg* DZA, Geheimes SA, Rep. X, Nr. ZY, Fasc. 1 E, fol. 52v ff. und Fasc. 1 G, fol. 45 ff.); Lindauer Protokoll bei *Fels* 81 ff.; *Lambauer* 38; *Plöbst* 13 f.

[62] Das Lindauer Protokoll bei *Fels* 99 ff. datiert den Brief auf 1496 November 25; das Brandenburger Protokoll (*Merseburg* DZA, Geheimes SA, Rep. X, Nr. ZY, Fasc. 1 E, fol. 69 f. und Fasc. 1 G, fol. 66 f.) datiert den Brief auf 22. November; dazu *Lambauer* 40; *Plöbst* 14 f.; *Ulmann* I, 501, 510, 536 ff.; *Ziehen*, Mittelrhein II, 532.

[63] Brandenburgisches Protokoll (*Merseburg* DZA, Geheimes SA, Rep. X, Nr. ZY, Fasc. 1 E, fol. 66v ff. und Fasc. 1 G, fol. 63 f.); Lindauer Protokoll bei *Fels* 99 ff., 105; *Lambauer* 40 f.; *Plöbst* 15 f.; *Ulmann* I, 538 f.; *Ziehen*, Mittelrhein II, 532; *Schröcker*, Unio 232 ff.

[64] Lindauer Protokoll von 1496 Dezember 17 bei *Fels* 107 f.; Brandenburger Protokoll (*Merseburg* DZA, Geheimes SA, Rep. X, Nr. ZY, Fasc. 1 E, fol. 69 und Fasc. 1 G, fol. 66); *Lambauer* 41, Anm. 63; *Schröcker*, Unio 232 f.

[65] Brandenburgisches Protokoll von 1496 Dezember 20 (*Merseburg* DZA, Geheimes SA, Rep. X, Nr. ZY, Fasc. 1 E, fol. 70 f. und Fasc. 1 G, fol. 68 f.); Lindauer Protokoll bei *Fels* 109 f.; *Müller*, Reichstags-Theatrum unter Maximilian, II, 28; *Lambauer* 41 f.; *Plöbst* 16 f.; *Ulmann* I, 439 f.; *Ziehen*, Mittelrhein II, 532.

[66] *Schröcker,* Unio 250 betrachtet dies als ein Verdienst Bertholds, das der König hätte anerkennen müssen; *Lambauer* 41 f. (dort Einzelheiten); *Plöbst* 16 f.; *Ulmann* I, 539 f.

[67] *Lambauer* 43 ff. (dort Einzelheiten).

[68] Brandenburgisches Reichstagsprotokoll von 1497 Jänner 4, 5, 7 (*Merseburg* DZA, Geheimes SA, Rep. X, Nr. ZY, Fasc. 1 E, fol. 77 f. und Fasc. 1 G, fol. 77 f.); Lindauer Protokoll von 1497 Jänner 7 gedr. bei *Fels* 118 ff.; *Lambauer* 75 ff.; *Plöbst* 35 f.; *Schröcker,* Unio 250; *Ulmann* I, 544; *Ziehen,* Mittelrhein II, 533. 267

[69] Brandenburgisches Reichstagsprotokoll von 1497 Jänner 4, 5, 7 (*Merseburg* DZA, Geheimes SA, Rep. X, Nr. ZY, Fasc. 1 E, fol. 52 ff., 58 ff., 61 ff. und Fasc. 1 G, fol. 45 ff., 57 ff.); Lindauer Protokoll bei *Fels* 89 ff.; *Lambauer* 22, 37 f., 74 f.; *Schröcker,* Unio 246 f.

[70] Dieses Faktum — einerseits neuerlicher Beschluß der Reichssteuer, andererseits die systematische Verhinderung ihrer Einhebung — ist von *Schröcker* übersehen worden; *Lambauer* 75 f.

[71] Siehe S. 121.

[72] Dazu die Meldungen bei *Sanuto* I, 479 und 448 (Berthold sei kein „bonus vir"); außerdem Bericht an Herzog Ludovico von 1497 Jänner 1 Imst (*Mailand* SA, ArchSforz, PotEst, Alemagna, Cart. 587); *Schröcker,* Unio 226 ff., 235 ff. Für die „Sonderpolitik" Bertholds (*Wiesflecker,* Italienzug 594), welche *Schröcker,* Unio 226 f. entschieden in Abrede stellt, gibt es manche Beispiele, die an ihrem Ort jeweils dokumentiert werden sollen. Es ist meines Erachtens keine „schwarz-weiß-Beurteilung", wenn Bertholds Oppositionshaltung gegen den König im Verfassungskampf, aber auch in der Außenpolitik aufgezeigt wird.

[73] Brandenburgisches Protokoll von 1497 Jänner 10 und 11 (*Merseburg* DZA, Geheimes SA, Rep. X, Nr. ZY, Fasc. 1 E, fol. 80v ff. und Fasc. 1 G, fol. 82); die Instruktion KMs von 1497 Jänner 2 wurde dem Reichstag am 9. Jänner vorgetragen; vgl. *Fels* 122 ff. und *Höfler,* Reformbewegung 44 ff.; *Lambauer* 45 f.; *Plöbst* 18 f.; *Schröcker,* Unio 238 f.; *Ulmann* I, 542 ff.; *Ziehen,* Mittelrhein II, 534.

[74] Brandenburgisches Protokoll (*Merseburg* DZA, Geheimes SA, Rep. X, Nr. ZY, Fasc. 1 E, fol. 87 und Fasc. 1 G, fol. 91 ff.); Lindauer Protokoll bei *Fels* 137 f.; *Lambauer* 47; *Ulmann* I, 527; *Ziehen,* Mittelrhein II, 535. 268

[75] Neben dem Brandenburgischen Protokoll a. a. O. bietet für die Ereignisse des Jänner/Februar 1497 auch *München* HSA, Geheimes SA, Kasten schwarz 4192, fol. 86 ff., 89 ff., 91 ff., 112 f. einiges Brauchbares; eine Instruktion KMs von 1497 Februar 4 Innsbruck für Berthold von Mainz (*Innsbruck* LRA, MaxAkt VI/I [Reichssachen], fol. 28 ff.) enthält eine Rechtfertigung gegen den Vorwurf, die Wormser Ordnung nicht eingehalten zu haben; *Lambauer* 47 f.

[76] *Fels* 127 ff.; *Höfler,* Reformbewegung 48 ff., Nr. 2; *Lambauer* 46; *Plöbst* 19; *Schröcker,* Unio 238; *Ulmann* I, 545; *Ziehen,* Mittelrhein II, 534.

[77] Brandenburgisches Protokoll von 1497 Februar 8 (*Merseburg* DZA, Geheimes SA, Rep. X, Nr. ZY, Fasc. 1 E, fol. 99v f., Fasc. 1 G, fol. 104v f.); Lindauer Protokoll von 1497 Februar 1 bei *Fels* 143 f. und bei

Höfler, Reformbewegung 50 ff., Nr. 3; *Lambauer* 49 ff.; *Plöbst* 22 ff.; *Ulmann* I, 549 ff.; *Ziehen*, Mittelrhein II, 536.

269 [78] Brandenburgisches Protokoll von 1497 Februar 8 (*Merseburg* DZA, a. a. O.); Lindauer Protokoll bei *Fels* 149 f.; *Lambauer* 52 f.; *Ulmann* I, 551 f.

[79] Originalpgt in *Wien* HHSA, Ukd; daneben zahlreiche Überlieferungen in verschiedenen deutschen Archiven. Drucke: *Datt* 892 ff.; *Lünig*, Reichs-Archiv, Pars generalis, Continuatio I/1, 181 ff.; *Müller*, Reichstags-Theatrum unter Maximilian, II, 113 ff.; *Schmauss-Senckenberg* II, 29 ff.; *Fels* 159 ff.; ein Literaturvergleich bei *Müller*, Reichstags-Theatrum unter Maximilian, II, 23 ff.; *Lambauer* 85 ff. (dort Einzelheiten); *Plöbst* 40 ff. (dort Einzelheiten); *Ulmann* I, 552; *Ziehen*, Mittelrhein II, 537.

[80] *Müller*, Reichstags-Theatrum unter Maximilian, II, 115, Nr. 8; *Datt* 893, Nr. 7.

[81] *Lambauer* 78 ff. (dort Einzelheiten und Quellen).

270 [82] *Lambauer* 78 f.

[83] *Weimar* SA, Reg. E, Nr. 44, fol. 23a: Lindauer Artikel betreffend das Kammergericht.

[84] Brandenburgisches Protokoll (*Merseburg* DZA, Geheimes SA, Rep. X, Nr. ZY, Fasc. 1 E, fol. 102 f.); fehlt bei *Fels*, soweit ich sehe; *Lambauer* 54; *Plöbst* 40; *Schröcker*, Unio 252.

[85] *Lambauer* 54.

[86] Vgl. Brandenburger Protokoll von 1496 Dezember 15 (*Merseburg* DZA, Geheimes SA, Rep. X, Nr. ZY, Fasc. 1 E, fol. 64 f. und Fasc. 1 G, fol. 60 f.); *Schröcker* scheint mir Bertholds Führerstellung unter den Ständen, ebenso dessen von Reichstag zu Reichstag wachsenden geheimen und offenen Widerstand gegen KM zu unterschätzen; vgl. die Urteile und die wertvollen Zusammenstellungen bei *Schröcker*, Unio 194 ff., 198 ff., 201, 205 f., 213 f., 221 f.

271 [87] Siehe S. 252; vgl. *Ulmann* I, 555.

6. Der zweite Wormser Reichstag 1497

[1] Folgende Darstellung beruht vorzüglich auf den Frankfurter Berichten (bei *Janssen*), auf den Würzburger Reichstagsakten, den Sächsischen Reichstagsakten (bei *Müller*) und auf den Korrespondenzen der königlichen Kanzlei aus österreichischen Archiven; Einzelheiten ergaben sich auch aus dem Geheimen SA des HSA *München*. Unter den gedruckten Quellensammlungen sind immer noch zu benützen *Janssen*, *Müller*, *Schmauss-Senckenberg*, *Harpprecht* und *Klüpfel*. Die eingehendste Darstellung und Dokumentation des zweiten Wormser Tages enthält derzeit *Plöbst*, die vor allem die Materialien der Maximilian-Regesten benützen konnte, die damals allerdings noch nicht so vollständig waren. *Ulmann* verzichtet, „den Leser durch alle Langweiligkeiten des Reichstages zu schleppen"; *Ziehen* ist offenbar stark von *Ulmann* abhängig. *Schröcker* behandelt mehr die Rolle Bertholds als den Gang der Reichstagshandlungen. Wertvolle Hinweise verdanke ich der Sammlung *Probszt*.

272 [2] KMs Instruktion an seine Reichstagsgesandten von 1497 Mai 2 Füssen (*Wien* HHSA, MaxAkt 4 a, fol. 190 ff.); Vorbringen der königlichen

Räte vor dem Reichstag 1497 Mai 5/6 (*Janssen*, Reichscorrespondenz II, 603 ff., Nr. 767).

[3] Siehe S. 238 ff., 266, 269.

[4] *Ulmann* I, 556 f.; *Ziehen*, Mittelrhein II, 539; bei *Schröcker* ist dieses nicht unwichtige Moment übersehen.

[5] Siehe S. 290.

[6] *Janssen*, Reichscorrespondenz II, 592 ff., Nr. 766; *Ziehen*, Mittelrhein II, 540 f.; *Plöbst* 45; *Schröcker*, Unio 258 f. 273

[7] Vgl. den Bericht des H. von Liechtenstein an den Bischof von Würzburg ddo 1497 Juni 3 Worms (*Würzburg* SA, Reichstagsakten 2 a—e, fol. 128 f.): dort auch eine Aufzählung der anwesenden Reichstagsgesandten; *Müller*, Reichstags-Theatrum unter Maximilian, II, 142; *Ulmann* I, 558; *Plöbst* 43.

[8] *Harpprecht* II, 114 ff., 274 ff.; *Janssen*, Reichscorrespondenz II, 595 ff., Nr. 766; *Smend* 78; *Plöbst* 46 f. (sehr ausführlich); *Ulmann* I, 558; *Ziehen*, Mittelrhein II, 530, 543.

[9] Bericht des Landau an KM von 1497 Mai 3 und 6 (*Wien* HHSA, MaxAkt 3 a, fol. 109 f.); vgl. auch *Chmel*, Urkunden 63 ff., Nr. 59; *Schröcker*, Unio 262.

[10] Würzburger Bericht von 1497 August 4 Worms (*Würzburg* SA, Reichstagsakten 2 a—e, fol. 149^{v} f.).

[11] Sächsisches Reichstagsprotokoll von 1497 Mai 5/6 bei *Müller*, Reichstags-Theatrum unter Maximilian, II, 144 f.; Frankfurter Bericht von 1497 Mai 6 bei *Janssen*, Reichscorrespondenz II, 603 ff., Nr. 767; vgl. dazu *Ulmann* I, 560 f., 564 f.; *Janssen*, Geschichte des deutschen Volkes I, 559 f.; *Ziehen*, Mittelrhein II, 541; *Plöbst* 50 f.; *Schröcker*, Unio 260 ff.; *Kaser*, Auswärtige Politik 621.

[12] Siehe S. 370.

[13] Siehe S. 202 f. 274

[14] Siehe oben Anm. 11.

[15] Kurfürstlicher Willebrief von 1495 April 5 Worms (gleichzeitige Kopie in *Würzburg* SA, Mainzer Ingrossaturbücher 47, fol. 153 f.).

[16] Vgl. auch *Gröblacher*, Diss. 193.

[17] *Schröcker*, Unio 185, 203 ff., 205 führt aus, daß Berthold zwar „nicht ein Regiment ohne den König" wünschte ..., aber „eine Aktivierung des Reiches durch die Stände ... in die sich der König einordnen, nicht überordnen sollte". „Der König sollte ein Stand unter Ständen sein ..." Das bedeutete zweifellos einen Bruch der Verfassungstraditionen des Reiches. 275

[18] Vgl. *Plöbst* 35.

[19] Siehe S. 157 f.

[20] Frankfurter Bericht bei *Janssen*, Reichscorrespondenz II, 618 f., Nr. 773; Bericht des Dr. Ilsung und des H. von Liechtenstein an den Bischof von Würzburg ddo 1496 Juli 16 und 26 Worms (*Würzburg* SA, Reichstagsakten 2 a—e, fol. 133 ff.); eingehend bei *Plöbst* 63 ff.; *Gollwitzer*, Capitaneus 260 ff.; *Ziehen*, Mittelrhein II, 543 ff.; *Holtz* 28 ff.

[21] Frankfurter Bericht bei *Janssen*, Reichscorrespondenz II, 606 ff., Nr. 769, 773, 776; Bericht des Würzburger Gesandten an seinen Bischof von 1497 August 4 (*Würzburg* SA, Reichstagsakten 2 a—e, fol. 149^{v} f.);

Harpprecht II, 285 ff.; *Plöbst* 58 ff. (dort Quellen und Literatur); *Krause* 32 ff.; *Ziehen,* Mittelrhein II, 544 ff.

[22] 1497 Mai 26 Kaufbeuren (*Wien* HHSA, MaxAkt 4 a [Jänner—Mai], fol. 231 f.); 1497 Juni 3 Innsbruck (*Wien* HHSA, MaxAkt 4 a [Juni—Juli], fol. 3); Bericht des Hans von Liebenfels an KM von 1497 Juli 7 Zürich (*Innsbruck* LRA, MaxAkt I/41, fol. 37 f.); *Plöbst* 69; *Klüpfel,* Urkunden I, 230 ff.; *Ulmann* I, 678.

[23] Frankfurter Bericht bei *Janssen,* Reichscorrespondenz II, 617 ff., Nr. 773; *Noltz,* Tagebuch 404 ff.; *Boos,* Geschichte IV, 55 ff.; *Ziehen,* Mittelrhein II, 573; *Plöbst* 61 ff. (dort Quellen und Literatur).

[24] Siehe S. 71, 252, 258; *Wiesflecker,* Italienzug 594; *Schröcker,* Unio 225 ff. sucht die französischen Beziehungen, insbesondere Bertholds von Henneberg, in Abrede zu stellen, für die es allerdings zahlreiche Hinweise gibt. Dem Pfalzgrafen versichert der KF 1497 Juli Moulins seine Verbundenheit und daß er KM niemals enthüllt habe „les secrètes intelligences què les unirent" (*Pélicier,* Lettres V, 139 ff.).

276 [25] Vgl. mehrere Ausschreiben der Reichsversammlung an Hzg Albrecht von Bayern ddo 1497 Juni—August (*München* HSA, Geheimes SA, Kasten schwarz 4192, fol. 137, 142, 155 f.).

[26] Bericht des H. von Liechtenstein ddo 1497 Juli 13 Worms (*Würzburg* SA, Reichstagsakten 2 a—e, fol. 143v ff.); Schreiben des Bischofs von Würzburg an H. von Liechtenstein ddo 1497 Juli 22 (*Würzburg* SA, a. a. O., fol. 145v f.).

[27] KM an die Reichsversammlung ddo 1497 Juni 9 Füssen (*Würzburg* SA, Reichstagsakten 2 a—e, fol. 132v); desgl. bei *Janssen,* Reichscorrespondenz II, 613 f., Nr. 770; Bericht KMs an die Reichsstände von 1497 Juni 27 (bei *Janssen,* Reichscorrespondenz II, 620 ff., Nr. 774); KM an die Reichsstände ddo 1497 Juni 28 (*Wien* HHSA, MaxAkt 4 a, fol. 35 f.); desgl. bei *Janssen,* Reichscorrespondenz II, 632 ff., Nr. 775; Bericht von 1497 August 7 Worms bei *Janssen,* Reichscorrespondenz II, 626 ff., Nr. 778; Brief Bertholds an KM von 1497 August 16 Worms (*Wien* HHSA, MaxAkt 4 b, fol. 149). [28] Siehe S. 156.

[29] Bericht KMs an die Reichsstände von 1497 Juni 27 bei *Janssen,* Reichscorrespondenz II, 620, Nr. 774; *Plöbst* 52.

[30] Botschaft KMs an die Reichsstände von 1497 August 7 Worms bei *Janssen,* Reichscorrespondenz II, 626 ff., Nr. 778; *Ulmann* I, 569; *Ziehen,* Mittelrhein II, 549; *Ziehen,* Frankfurt 60 f.; *Janssen,* Geschichte des deutschen Volkes I, 559; *Plöbst* 53 ff., 55 f. (sehr ausführlich).

[31] Antwort der Reichsstände von 1497 August 7 Worms bei *Janssen,* Reichscorrespondenz II, 630 f., Nr. 779; Berichte des Würzburger Gesandten an seinen Bischof ddo 1497 August 10 und 13 Worms (*Würzburg* SA, Reichstagsakten 2 a—e, fol. 157v f., 159v f.).

277 [32] Ukd KMs von 1497 August 18 Worms (*Wien* HHSA, RRBü X/2, fol. 646); *Groß,* Urkunden I, 30 f.; *Müller,* Reichstags-Theatrum unter Maximilian, II, 148 f.; vgl. dazu *Ulmann* I, 570; *Ziehen,* Mittelrhein II, 550; *Janssen,* Geschichte des deutschen Volkes I, 560.

[33] Briefe des Würzburger Gesandten an seinen Bischof von 1497 Mai 31, Juni 14, Juli 13 und August 4 Worms (*Würzburg* SA, Reichstagsakten 2 a—e, fol. 126v, 129 f., 143 ff., 152v ff.); *Ulmann* I, 562 f.

[34] Siehe S. 72, 253.

[35] *Ziehen,* Frankfurt 60 findet dieses Entgegenkommen ganz unverständlich.

[36] Berichte des Würzburger Gesandten an seinen Bischof von 1497 Juli 8 Worms (*Würzburg* SA, Reichstagsakten 2 a—e, fol. 142^{v} f.).

[37] Berichte des Würzburger Gesandten von 1497 August 4—19 Worms (*Würzburg* SA, Reichstagsakten 2 a—e, fol. 152^{v} ff., 161^{v} ff.); *Ulmann* I, 566 f.; *Ziehen,* Mittelrhein II, 548 f.; *Plöbst* 56 f.

[38] Bericht des Würzburger Gesandten an seinen Bischof von 1497 Juli 13 (*Würzburg* SA, Reichstagsakten 2 a—e, fol. 143^{v} ff.); Briefe der Reichsversammlung an die bayrischen Herzoge finden sich in *München* HSA, Geheimes SA, Kasten schwarz 4192, fol. 137 ff.

[39] Brief Bertholds an KM von 1497 August 16 (*Wien* HHSA, MaxAkt 4 b, fol. 149).

[40] Erwähnt bei *Janssen,* Reichscorrespondenz II, 634, Nr. 779; Org. in *Wien* HHSA, MaxAkt 4 b, fol. 156 f., 158 ff.; *Plöbst* 70 (dort weitere Quellen und Literatur).

278

[41] Original in *Wien* HHSA, Ukd; Druck bei *Datt* 897 ff.; *Müller,* Reichstags-Theatrum unter Maximilian, II, 151 ff.; *Schmauss-Senckenberg* II, 35 ff.; *Ulmann* I, 568 ff.; *Ziehen,* Mittelrhein II, 550 f.; *Plöbst* 70 ff. (dort weitere Literatur und Quellen). Daß KM das „Überwiegen der Jagdleidenschaft" am Besuch des zweiten Wormser Tages gehindert habe (*Ulmann* I, 571), ist ganz haltlos. Der König hat die Gründe für sein Ausbleiben immer wieder ganz klar ausgesprochen.

[42] Vgl. *Schröcker,* Unio 264.

[43] *Pélissier,* L'ambassade, Appendice I, 384 f., Nr. 1.

[44] Brief Ehg Philipps an seinen Gesandten bei KM von 1497 Oktober 16 Brüssel (*Wien* HHSA, MaxAkt 4 b, fol. 302); *Trenkler* 104 f.

279

[45] *Dürr,* Ausscheiden der Schweiz 492; *Klüpfel,* Urkunden I, 244; *Ulmann* I, 680 ff.).

[46] Siehe S. 306 ff.

7. Der Freiburger Reichstag 1497/98

[1] Bittschreiben der Stände an KM von 1497 Oktober 24 Freiburg bei *Harpprecht* II, 305 f.; *Braun* 23; *Ziehen,* Mittelrhein II, 555 ff.; *Ulmann* I, 582 f.; *Plöbst* 72 ff.; *Gröblacher,* Diss. 3 f. (dort Quellen und Literatur. Die eingehendste Darstellung und Dokumentation des Freiburger Tages enthält derzeit *Gröblacher,* Diss. 1—91, der unter anderem die ungedruckten Materialien der Maximilian-Regesten heranziehen konnte; darunter das Freiburger Reichstagsprotokoll (*Freiburg* i. Br., Stadtarchiv) und das Brandenburger Reichstagsprotokoll (*Merseburg* DZA, Geheimes SA, Rep. X, Nr. unleserlich, Fasc. 2 G); außerdem die einschlägigen Korrespondenzen der königlichen Kanzlei aus österreichischen Archiven. *Braun* wertet vor allem das Freiburger Protokoll aus. *Schröcker* sucht die Rolle Bertholds darzustellen. *Ulmann* und *Ziehen* bleiben dagegen stark zurück. An gedruckten Quellensammlungen sind immer noch unentbehrlich *Braun, Harpprecht* (Bruchstücke

eines unbekannten Reichstagsprotokolls); *Höfler* (Reformbewegung), *Datt, Müller* (Reichstags-Theatrum unter Maximilian) enthält Bruchstücke des Sächsischen Reichstagsprotokolls; *Lünig* (Reichs-Archiv), *Schmauss-Senckenberg* (Neue Sammlung der Reichsabschiede); für die auswärtigen Beziehungen sind wichtig die gedruckten Berichte bei *Pélissier, Berwick-Alba* und *Sanuto.* — Den Briefwechsel KMs mit der Reichsversammlung und Bruchstücke eines Protokolls bieten auch die Ansbacher Reichstagsakten in *Nürnberg* SA, Nr. 6, fol. 182—259.

[2] Brief von 1497 November 24 bei *Harpprecht* II, 312 ff. und *Höfler,* Reformbewegung 56 ff., Nr. 7; *Braun* 25; ausführlich bei *Gröblacher,* Diss. 5 f.

[3] Brief von 1497 Dezember 12 bei *Höfler,* Reformbewegung 59 ff., Nr. 9; dazu *Plöbst* 74; *Ziehen,* Mittelrhein II, 556; *Braun* 26; *Gröblacher,* Diss. 7 (dort Quellen und Literatur).

280 [4] Schreiben von 1498 Jänner 2 Freiburg bei *Harpprecht* II, 320 ff.; dazu *Braun* 26 f.; sehr ausführlich *Gröblacher,* Diss. 8 f.

[5] Brief von 1498 Jänner 19 Innsbruck bei *Harpprecht* II, 326 ff. und *Höfler,* Reformbewegung 64 f., Nr. 11; *Braun* 27; *Ziehen,* Mittelrhein II, 557; *Gröblacher,* Diss. 10.

[6] *Gröblacher,* Diss. 16 ff.

[7] Brief von 1498 Jänner 19 auszugsweise bei *Harpprecht* II, 328; dazu *Ulmann* I, 582 f.; *Gröblacher,* Diss. 10: die erbländischen Reformen allein dürfte KM mit diesen Mitteilungen kaum gemeint haben.

[8] Verhandlungsprotokoll von 1498 Jänner 31 Freiburg bei *Harpprecht* II, 328 f.; *Gröblacher,* Diss. 10 f.; *Braun* 28.

281 [9] *Schröcker,* Unio 266.

[10] 1498 Februar 3 Freiburg bei *Harpprecht* II, 329; *Gröblacher,* Diss. 11.

[11] Protokoll von 1498 Jänner 31 Freiburg bei *Harpprecht* II, 328 f.; dazu *Gröblacher,* Diss. 10 f.; *Braun* 28.

[12] Brief von 1498 Jänner 2 bei *Harpprecht* II, 320 ff.

[13] Vgl. *Harpprecht* II, 330 f., 337 ff., 339 f., 340, 344 ff.; *Höfler,* Reformbewegung 67, Nr. 13.

[14] Der bayr. Agent Mathes Schmidl an Hzg Albrecht ddo 1498 März 2 Innsbruck (*München* HSA, Geheimes SA, Kasten schwarz 4192, fol. 169): Bericht über Turniere etc.; venezianischer Bericht bei *Sanuto* I, 860; *Gröblacher,* Diss. 10.

[15] Brief KMs an Hzg Albrecht von Bayern ddo 1498 März 29 Innsbruck (*München* HSA, Geheimes SA, Kasten schwarz, 4192, fol. 178; dazu auch fol. 172); Brief KMs bei *Harpprecht* II, 342 f.; Bericht des Fuensalida von 1498 März 23 bei *Berwick-Alba* 23 f.; *Gröblacher,* Diss. 13.

[16] Siehe S. 306 ff.; *Ulmann* I, 825 f.; *Schröcker,* Unio 267 ff. Darüber ein Bericht des bayr. Agenten Mathes Schmidl an Hzg Albrecht, *München* HSA, a. a. O., fol. 170 f.; dort auch eine Liste der führenden Männer.

282 [17] Siehe S. 126; ein Bericht des Mailänder Gesandten Brascha bei *Calvi* 125 f.; *Gröblacher,* Diss. 22 f.; *Ulmann* I, 583; *Höfler,* Juana 308; *Schröcker,* Diss. 270 ff.

[18] Die einschlägigen Briefe KMs finden sich bei *Gröblacher,* Diss. 11 f., 13 und 14, Anm. 48.

[19] Brief KMs von 1498 April 23 Füssen (*Wien* HHSA, MaxAkt 4 c [1498 März/April], fol. 169); Brief KMs an Hzg Albrecht von Bayern ddo 1498 April 19 Imst (*München* HSA, Geheimes SA, Kasten schwarz 4192, fol. 180).

[20] Bericht von 1498 Mai 12 Ulm bei *Pélissier,* L'ambassade, Appendice II, 451 ff., Nr. 8; über die Haltung Mailands vgl. die ausgezeichnete Arbeit von *Pélissier,* L'ambassade 339 ff. 283

[21] Vgl. *Gröblacher,* Diss. 11 ff.

[22] Brief von 1498 Mai 9 Freiburg (*Innsbruck* LRA, MaxAkt I/41, fol. 53); *Gröblacher,* Diss. 18; *Ulmann* I, 585.

[23] Vgl. *Wiesflecker,* Hermansgrün 20 ff.

[24] Siehe S. 307.

[25] Siehe S. 307; das Mandat KMs von 1497 Oktober 14 Innsbruck in *Wien* HHSA, MaxAkt 4 b, fol. 300; vgl. *Plöbst* 143.

[26] Urkunde von 1498 Juni 6 (*Wien* HHSA, RRBü X/2, fol. 655 f.); Regest bei *Groß,* Urkunden I, 34 f., Nr. 72; *Gröblacher,* Diss. 58 ff.; *Ulmann* I, 640; *Sperling,* Herzog Albrecht *passim.*

[27] Vgl. *Ulmann* I, 634 ff.; *Wiesflecker,* Maximilian, I, 381 f. 284

[28] Bericht des Fuensalida bei *Berwick-Alba* 43 ff.

[29] KMs Schiedsspruch von 1498 Juni 10 Horb bei *Müller,* Reichstags-Theatrum unter Maximilian, II, 428 ff.; weitere Drucke sind angeführt bei *Gröblacher,* Diss. 100, Anm. 14; *Gröblacher,* Diss. 97 ff. (dort Einzelheiten, Quellen und Literatur).

[30] Bericht des Brascha von 1498 April 23 Füssen bei *Pélissier,* L'ambassade, Appendice II, 446 ff., Nr. 5.

[31] *Schröcker,* Unio 267 ff.

[32] Vgl. KMs Äußerungen über Berthold gegenüber dem Mailänder Gesandten Brascha von 1498 Mai 18 Ulm bei *Pélissier,* L'ambassade, Appendice II, 457 f., Nr. 15; desgl. *Schröcker,* Unio 273.

[33] *Gröblacher,* Diss. 16, 21 (dort Quellen und Literatur); *Braun* 36; *Ulmann* I, 591; *Ranke,* Deutsche Geschichte 86 f.; *Kaser,* Deutsche Geschichte 76 ff.; *Ziehen,* Mittelrhein II, 561; *Schröcker,* Unio 273 ff.; vgl. auch *Harpprecht* II, 376.

[34] *Freiburger Protokoll,* fol. 21; vgl. *Gröblacher,* Diss. 16 f., 21, Anm. 2 (dort ein kritischer Exkurs über die vorhandenen Reichstagsprotokolle und deren Aussagewert).

[35] Urkunde von 1498 Juni 19 (Überlieferungen bei *Gröblacher,* Diss. 175, Anm. 6); Druck bei *Müller,* Reichstags-Theatrum unter Maximilian, II, 192 ff.; *Ulmann* I, 615.

[36] *Freiburger Protokoll,* fol. 22 f.; *Brandenburger Protokoll,* fol. 35; *Gröblacher,* Diss. 23 f. (dort Quellen und Literatur); *Braun* 38 ff.; *Ulmann* I, 591; *Ziehen,* Mittelrhein II, 563 f.

[37] *Gröblacher,* Diss. 24 f.; *Braun* 43 ff.

[38] *Schröcker,* Unio 275. 285

[39] Vgl. *Harpprecht* III, 70 f.; über die Nürnberger bzw. Koblenzer Verhandlungen vgl. *Schmidt,* Maximilian 1490—93, 131 ff., 158 ff.

[40] *Datt* 919 f.; *Müller,* Reichstags-Theatrum unter Maximilian, II, 158 f.; *Gröblacher,* Diss. 25 f.; *Braun* 46 ff.; *Ulmann* I, 594; *Ziehen,* Mittelrhein II, 564; *Schröcker,* Unio 266 ff., 275 f.

[41] Die Ansprache KMs ist im *Brandenburger Protokoll,* fol. 35^{v} ff. enthalten, während sie das *Freiburger Protokoll* nicht enthält. Zweifellos wurde die Rede gehalten. *Brauns* kritische Einwendungen dagegen (S. 48) sind hinfällig; *Gröblacher,* Diss. 25 ff.; *Ranke,* Deutsche Geschichte 87 datiert die Rede irrtümlich auf den 28. Juli; desgl. *Ziehen,* Mittelrhein II, 565 und *Ulmann* I, 592 f., der das Ereignis in seiner Bedeutung weit überschätzt; vgl. auch *Janssen,* Geschichte des deutschen Volkes I, 524; *Kaser,* Deutsche Geschichte 76 ff.

[42] *Schröcker,* Unio 266 ff. und 275 ff. erwähnt diesen Vorgang, an dem Berthold hervorragend beteiligt war, merkwürdigerweise mit keinem Wort; *Gröblacher,* Diss. 27.

286 [43] *Ranke,* Deutsche Geschichte 87; *Ulmann* I, 592.

[44] *Ziehen,* Mittelrhein II, 565; *Kaser,* Deutsche Geschichte 76 f.

[45] *Freiburger Reichstagsprotokoll,* fol. 25^{v} ff. und *Brandenburger Reichstagsprotokoll,* fol. 39 f.; *Gröblacher,* Diss. 28 ff. (dort die Quellen); *Datt* 920; *Müller,* Reichstags-Theatrum unter Maximilian, II, 159 f.; *Braun* 49 f.; *Ulmann* I, 594 f.; *Ziehen,* Mittelrhein II, 564 f.; *Schröcker,* Unio 275 f.; dem spanischen Gesandten Fuensalida teilt KM als Ergebnis dieses Tages nur mit, daß die deutschen Fürsten gegen die Italiener, die keine Hilfe leisteten, sehr erbittert seien und rieten, sie im Stiche zu lassen (Bericht des Fuensalida bei *Berwick-Alba* 64 ff.).

[46] *Gröblacher,* Diss. 29 f. (dort Einzelheiten).

287 [47] Bericht des päpstlichen Gesandten Chieregati von 1498 Juni 30 Freiburg bei *Pélissier,* L'ambassade, Appendice I, 401 f., Nr. 22; *Freiburger Reichstagsprotokoll,* fol. 28^{v} ff. und *Brandenburger Reichstagsprotokoll,* fol. 42^{v} ff.; *Datt* 921 f.; *Müller,* Reichstags-Theatrum unter Maximilian, II, 161 f.; *Gröblacher,* Diss. 30, Anm. 15; *Schröcker,* Unio 276; *Braun* 50 ff.

[48] Vgl. den Bericht des Chieregati von 1498 Juni 30 bei *Pélissier,* L'ambassade, Appendice I, 401 f., Nr. 22; *Gröblacher,* Diss. 28.

[49] Bericht von 1498 Juni 30 Freiburg bei *Pélissier,* a. a. O.

[50] Bericht des Brascha von 1498 Juli 4 Freiburg bei *Pélissier,* L'ambassade, Appendice I, 404, Nr. 25.

[51] Siehe S. 128 f., 146 ff.

[52] Siehe S. 146, 150 f.

[53] *Freiburger Reichstagsprotokoll,* fol. 30 f. und *Brandenburger Reichstagsprotokoll,* fol. 44 ff.; *Müller,* Reichstags-Theatrum unter Maximilian, II, 162 ff.; *Datt* 594 ff.; *Gröblacher,* Diss. 32 ff.; *Ulmann* I, 595; *Braun* 54.

288 [54] *Gröblacher,* Diss. 34; über Stürtzls Rolle auf dem Freiburger Tag vgl. *Hyden* 60 ff., 71.

[55] Das persönliche Wort des Kaisers gilt als „geheiligt" (sacramentale); vgl. *Appelt,* Kaiseridee *passim,* bes. S. 16; *Gröblacher,* Diss. 34 ff.

[56] *Brandenburger Reichstagsprotokoll,* fol. 35^{v} ff., 44^{v} ff.; vgl. *Gröblacher,* Diss. 82.

[57] *Freiburger Reichstagsprotokoll,* fol. 31 f. und *Brandenburger Reichstagsprotokoll,* fol. 46 ff.; dazu *Gröblacher,* Diss. 36; *Braun* 55 ff.; *Ulmann* I, 596; *Ranke,* Deutsche Geschichte 88 f.; *Ziehen,* Mittelrhein II, 567.

[58] *Freiburger Reichstagsprotokoll,* fol. 32v ff. und *Brandenburger Reichstagsprotokoll,* fol. 48v ; *Gröblacher,* Diss. 37 (dort die Quellen); *Braun* 57 f.

[59] *Gröblacher,* Diss. 38 ff.; *Braun* 57 f.; *Ulmann* I, 598. 289

[60] *Brandenburger Reichstagsprotokoll,* fol. 48v f.; *Gröblacher,* Diss. 38; *Braun* 58; *Ulmann* I, 598.

[61] *Freiburger Reichstagsprotokoll,* fol. 34 ff., *Brandenburger Reichstagsprotokoll,* fol. 49v ff.; *Gröblacher,* Diss. 38 f., 84; *Braun* 59 ff.; *Ulmann* I, 600 f.; *Ranke,* Deutsche Geschichte 4, 89 f.; *Ziehen,* Mittelrhein II, 567 f.; *Kaser,* Deutsche Geschichte II, 78; *Smend* 80 ff.

[62] *Gröblacher,* Diss. 38 ff., 84.

[63] *Gröblacher,* Diss. 40. 290

[64] *Gröblacher,* Diss. 76 f.

[65] Über dieses Angebot vgl. *Pélissier,* L'ambassade 338 ff., 355 f.; *Pélissier,* Documents 65 f., Nr. 18; desgl. der spanische Bericht des Fuensalida bei *Berwick-Alba* 73 f.; dazu *Gröblacher,* Diss. 148 f., 201 f.; *Ulmann* I, 600 ff.; *Ziehen,* Mittelrhein II, 567; *Kaser,* Auswärtige Politik 621; *Braun* 63 ff., 68 ff.

[66] Bericht des Brascha an Moro von 1498 September 11 Mühlhausen (bei *Pélissier,* L'ambassade, Appendice II, 482, Nr. 50); *Ziehen,* Mittelrhein II, 575; *Gröblacher,* Diss. 68, Anm. 103; ein zutreffendes Bild Bertholds, wenn auch nur in großen Linien, bietet *Hartung,* Berthold *passim.*

[67] Bericht des Chieregati von 1498 September 15 Freiburg bei *Pélissier,* L'ambassade 367, Anm. 4: „... et omnes obierunt praeter R. D. Maguntinum qui gallico ut appellatur morbo egrotat ..." (*Pélissier* ediert dieses Stück nicht im Volltext und nennt keine Archivlokation).

[68] *Freiburger Reichstagsprotokoll,* fol. 34 ff., 36v ff. und *Brandenburger Reichstagsprotokoll,* fol. 49 ff., 52 ff.; *Gröblacher,* Diss. 41 f., 84 f.; *Braun* 63 ff.; *Ulmann* I, 601 f.; *Ranke,* Deutsche Geschichte 90; *Kaser,* Deutsche Geschichte 78 f.; *Ziehen,* Mittelrhein II, 567 f.; *Schröcker,* Unio 277 f.

[69] *Gröblacher,* Diss. 43 ff.; *Schröcker,* Unio 277 f. 291

[70] *Gröblacher,* Diss. 210.

[71] Bericht des spanischen Gesandten Fuensalida bei *Berwick-Alba* 74 f.; desgl. *Zurita* V, fol. 149 f.; *Gröblacher,* Diss. 43 f.; *Ulmann* I, 601.

[72] Enea Silvio Piccolomini bemängelt die intellektuelle und politische Selbstgenügsamkeit der Deutschen und läßt Friedrich III. über sie sagen: „Sed nihil eis studuisse contigit culpa parentum, qui orbem totum intra Teutoniam contineri putarunt, non curantes plus sapere"; bei Bernhard *Pez,* Thesaurus anecdotorum (ed. 1723) IV/3, Sp. 660.

[73] *Zurita* V, 149: „... porque no se desuelauan aquellos Principes en otra cosa, sino en pensar, como apartarian al Rey de Romanos, de todas las amistades que tenia, sin dexarle ninguna: por poderle tener a su voluntad ..." Zurita wertet hier einen Fuensalidabericht von 1498 Juli 16 Freiburg aus (bei *Berwick-Alba* 71—77).

[74] *Sanuto* I, 1020 f.

[75] *Brandenburger Reichstagsprotokoll,* fol. 53v und *Freiburger Reichstagsprotokoll,* fol. 39 ff.; *Gröblacher,* Diss. 45 f.; *Braun* 69 ff.; *Ulmann* I, 601 f. (mit Irrtümern).

292 [76] *Freiburger Reichstagsprotokoll,* fol. 40 ff. (... die Reichsversammlung wundert sich, daß ihr durch die Räte KMs bisweilen „zweyffelhaftig und vnernstlich" Meinungen vorgetragen werden, deswegen würden auch manchmal Antworten beschlossen, die nicht KMs Gefallen finden).

[77] *Gröblacher,* Diss. 47, 78.

[78] Siehe S. 270 f., 276 f., 303.

[79] *Gröblacher,* Diss. 46.

[80] *Freiburger Reichstagsprotokoll,* fol. 42 f.; *Gröblacher,* Diss. 46 f.; *Braun* 75 f.; *Ulmann* I, 598; *Ziehen,* Mittelrhein II, 568.

293 [81] *Gröblacher,* Diss. 47 f. (dort die Quellen); *Braun* 77 ff.; *Ulmann* I, 598 f. (anderes Datum); *Ziehen,* Mittelrhein II, 568 f.

[82] *Freiburger Reichstagsprotokoll,* fol. 43v f. und *Brandenburger Reichstagsprotokoll,* fol. 55; *Harpprecht* II, 381; *Gröblacher,* Diss. 47 f., 78; *Smend* 83.

[83] *Harpprecht* II, 387; *Gröblacher,* Diss. 50 f.

[84] Siehe S. 241, 318; *Gröblacher,* Diss. 51 ff. (dort Quellen und Literatur).

[85] Siehe S. 319 f., 324.; *Anshelm* II, 289.

[86] *Öchsli* 574 f.; *Ulmann* I, 683 f.

294 [87] Bericht des Mailänder Gesandten di Cesare von 1498 Juni 23 (*Mailand* SA, ArchSforz, PotEst, Alemagna, Cart. 586).

[88] Über die Lage Polens und des Deutschen Ordens vgl. die ausführliche Darstellung bei *Gröblacher,* Diss. 101 ff., 208 ff. (dort Einzelheiten, Quellen und Literatur).

[89] *Freiburger Reichstagsprotokoll,* fol. 47 und *Brandenburger Reichstagsprotokoll,* fol. 56; *Gröblacher,* Diss. 55 ff., 210 f. (dort Einzelheiten); die lateinische Rede des Gesandten bei *Freher-Struve* II, 485 ff.; desgl. bei *Müller,* Reichstags-Theatrum unter Maximilian, II, 216 ff.; dazu *Braun* 86 f.; *Ulmann* I, 603; *Müller,* a. a. O. 208 ff.; *Ziehen,* Mittelrhein II, 567.

[90] *Gröblacher,* Diss. 56, 64, 221 ff.; *Müller,* Reichstags-Theatrum unter Maximilian, II, 534 ff., 538; *Braun* 86 f.

[91] *Freiburger Reichstagsprotokoll,* fol. 54v f.; *Gröblacher,* Diss. 65 f.; *Braun* 95 f.; *Ulmann* I, 602 ff.

[92] Dazu *Gröblacher,* Diss. 222 f.

[93] Darüber zusammenfassend *Gröblacher,* Diss. 57, 101 ff., 112 ff., 114 ff. (dort Einzelheiten, Quellen und Literatur).

295 [94] *Freiburger Reichstagsprotokoll,* fol. 52v ff.; vgl. den Bericht des Fuensalida bei *Berwick-Alba* 71 f.; *Gröblacher,* Diss. 61 ff.; *Braun* 89 ff.

[95] Siehe S. 134; Bericht des Fuensalida bei *Berwick-Alba* 71 f.; *Gröblacher,* Diss. 61 ff.

[96] Bericht von 1498 Juli 21 bei *Pélissier,* L'ambassade, Appendice I, 407 f., Nr. 32.

[97] *Freiburger Reichstagsprotokoll,* fol. 50v f.; *Harpprecht* II, 385 f.; *Gröblacher,* Diss. 50; *Braun* 85; *Ulmann* I, 602; *Ziehen,* Mittelrhein II, 569.

[98] *Gröblacher,* Diss. 50 f., 85 ff.; *Braun* 86.

296 [99] *Müller,* Reichstags-Theatrum unter Maximilian, II, 461; *Gröblacher,* Diss. 79; *Braun* 113; *Ziehen,* Mittelrhein II, 570. — Als „Übersiebnen"

bezeichnet man ein Todesurteil im Schnellverfahren, wobei sieben Zeugen mit Eidesleistung beigezogen wurden.

[100] *Harpprecht* II, 347 ff.; *Gröblacher,* Diss. 74 ff.

[101] Dazu *Güterbock,* Entstehungsgeschichte *passim.*

[102] *Freiburger Reichstagsprotokoll,* fol. 52v; *Gröblacher,* Diss. 62; *Braun* 89.

[103] Siehe S. 133 f., 148.

[104] Siehe S. 133 f.

[105] Vgl. *Gröblacher,* Diss. 154; *Schröcker,* Unio 279 f.; *Ulmann* I, 585 f.

[106] *Freiburger Reichstagsprotokoll,* fol. 53v f. von 1498 August 3; dazu *Gröblacher,* Diss. 62 f.; *Braun* 91 ff.; *Schröcker,* Unio 281. 297

[107] Siehe S. 133 f.; *Freiburger Reichstagsprotokoll,* fol. 54 von 1498 August 4; dazu *Gröblacher,* Diss. 63, 156 f.; *Braun* 93 f.; *Ziehen,* Mittelrhein II, 571.

[108] Siehe S. 157.

[109] *Gröblacher,* Diss. 64 f., 222 f. (dort Einzelheiten); *Schröcker,* Unio 282; *Braun* 95.

[110] *Freiburger Reichstagsprotokoll,* fol. 55 f.; dazu *Gröblacher,* Diss. 65, 222 f.; *Braun* 96 ff.; *Ziehen,* Mittelrhein II, 572. 298

[111] 1498 August 11 Freiburg in *Wien* HHSA, MaxAkt 4 d (1498 Juli—Dezember), fol. 46 und 1498 August 24 Freiburg in *Wien* HHSA, a. a. O., fol. 73 ff. Die gedruckte Überlieferung bei *Gröblacher,* Diss. 89, Anm. 11 a.

[112] 1498 August 11 Freiburg in *Wien* HHSA, MaxAkt 4 d (1498 Juli—Dezember), fol. 48 ff. Ein gedrucktes Patent in *Wien* HHSA, Einblattdrucke.

[113] 1498 August 11 Freiburg in *Wien* HHSA, MaxAkt 4 d (1498 Juli—Dezember), fol. 46.

[114] *Braun* 99.

[115] *Freiburger Reichstagsprotokoll,* fol. 57 f. von 1498 August 15; *Gröblacher,* Diss. 65 ff., 223 ff.; *Braun* 101 ff.; *Ulmann* I, 603.

[116] *Gröblacher,* Diss. 67. 299

[117] Vgl. den Brief KMs von 1498 Dezember 26 Köln (ausführliches Regest bei *Voigt* IX, 253 f.); dazu *Gröblacher,* Diss. 101 ff., 109 ff., 210 f. (dort Einzelheiten).

[118] Siehe S. 137 f.

[119] *Wien* HHSA, Hs. 178 (blau), fol. 129; gedruckt bei *Datt* 918.

[120] Bericht des Mailänder Gesandten Brascha von 1498 August 20 Freiburg bei *Pélissier,* L'ambassade, Appendice II, 469 f., Nr. 37.

[121] Original in *Wien* HHSA, Ukd; eine Kopie ebenda in MaxAkt 4 d/2, fol. 182 ff.; Drucke: *Schmauss-Senckenberg* II, 38 ff.; *Datt* 901 ff.; *Müller,* Reichstags-Theatrum unter Maximilian, II, 665 ff.; *Lünig,* Reichs-Archiv, Pars generalis, Continuatio I/1, 194 ff., Nr. 70; dazu vor allem *Gröblacher,* Diss. 81 ff., 86 ff. (dort Einzelheiten); *Braun* 106 ff. (falsch auf 6. September datiert); *Smend* 81 f.; *Ziehen,* Mittelrhein II, 574; *Scheerer* 131 ff. 300

[122] *Datt* 917; *Müller,* Reichstags-Theatrum unter Maximilian, II, 686 f.; dazu *Gröblacher,* Diss. 68 f. (dort Einzelheiten); *Braun* 104 f.; *Ulmann* I, 604; *Ziehen,* Mittelrhein II, 574.

301 [123] Undatierte Antwort der Reichsversammlung (wahrscheinlich von Anfang September 1498) in *Wien* HHSA, Hs. 178 (blau), fol. 130v ff. und *Datt* 916; dazu *Gröblacher*, Diss. 67, 69 f.

8. Vom Freiburger zum Augsburger Reichstag 1498—1500. Die Tage zu Worms, Köln und Überlingen

[1] Ausschreiben von 1498 August 11 Freiburg (*Wien* HHSA, MaxAkt 4 d [1498 Juli—Dezember], fol. 46); *Gröblacher*, Diss. 92 f. (dort Einzelheiten); *Lex* 197 ff.; *Schröcker*, Unio 286. — Die folgende Darstellung beruht hauptsächlich auf den Würzburger, Bamberger und Ansbacher Reichstagsakten und auf den Akten der königlichen Kanzlei. Die besten Zusammenfassungen bieten die Jahrbuchdissertationen von *Gröblacher* und *Lex*, welche die seinerzeit vorhandenen Materialien der Maximilian-Regesten verwerten konnten. *Schröcker* behandelt die Rolle Bertholds. An älterer Literatur sind immer noch zu verwenden *Ulmann* und *Ziehen*.

[2] Bericht des Würzburger Gesandten Peter von Auffseß an seinen Bischof ddo 1499 Jänner 6 Worms (*Würzburg* SA, Reichstagsakten 2 a—e, fol. 242 ff.): dort eine Liste der Teilnehmer; *Ulmann* I, 623.

302 [3] Der päpstliche Gesandte Chieregati berichtet nach Rom, daß Berthold an der „gallischen Krankheit" leide (*Pélissier*, L'ambassade 367); *Schröcker*, Unio 287 f.; *Ulmann* I, 623.

[4] Bericht des Würzburger Gesandten Peter von Auffseß an seinen Bischof ddo 1499 Jänner 27 Mainz (*Würzburg* SA, Reichstagsakten 2 a—e, fol. 252v); Würzburger Protokoll von 1499 Jänner 27 Mainz (*Würzburg* SA, Reichstagsakten 3, fol. 97); *Schröcker*, Unio 288.

[5] Vgl. den ausführlichen Bericht des Bünau an Kurfürsten Friedrich ddo 1498 Dezember 5 Mainz (*Weimar* SA, Reg. E, Nr. 45, fol. 9 ff.); kurz erwähnt bei *Ulmann* I, 610; vgl. S. 308.

[6] Bericht des Würzburger Gesandten Peter von Auffseß an seinen Bischof ddo 1499 Jänner 6 Worms (*Würzburg* SA, Reichstagsakten 2 a—e, fol. 242 ff.); *Gröblacher*, Diss. 92.

303 [7] Würzburger Reichstagsprotokoll von 1499 Jänner 7 (*Würzburg* SA, Reichstagsakten 3, fol. 88 f.); Bericht des Würzburger Gesandten Peter von Auffseß ddo 1499 Jänner 8 Worms (*Würzburg* SA, Reichstagsakten 2 a—e, fol. 247 f.); *Gröblacher*, Diss. 92 a; *Lex* 197; *Ulmann* I, 623 weist diesen Verdacht des Königs wohl zu Unrecht zurück; *Ziehen*, Mittelrhein II, 581 f.; *Schröcker*, Unio 287; auch von Schröcker wird die kurfürstliche Konspiration gegen den König unterschätzt.

[8] Siehe das Itinerar bei *Gröblacher*, Diss. 292 f. und bei *Lex* 251 f.

[9] Würzburger Protokoll ddo 1499 Jänner 14 (*Würzburg* SA, Reichstagsakten 3, fol. 91 ff.); *Lex* 198. — Interessante Korrespondenzen und Berichte der markgräflich ansbachischen Gesandten über Vorgänge in den Niederlanden, Köln etc. finden sich in Ansbacher Reichstagsakten (*Nürnberg* SA, Ansbacher Reichstagsakten, Nr. 6, fol. 263—272); vgl. auch

die Korrespondenzen und Berichte des Bamberger Gesandten an seinen Bischof in *Bamberg* SA, Reichstagsakten, Bamberger Serie, Rep. B 33/I, Nr. 4, fol. 75—97, betreffend die Vorgänge in den Niederlanden, in Geldern, in Köln, Mainz und über das Aufgebot gegen die Schweizer.

[10] Würzburger Bericht von 1499 Jänner 28 Köln (*Würzburg* SA, Reichstagsakten 2 a—e, fol. 257 ff.).

[11] *Schröcker*, Unio 289 (nach einem Bericht des Peter Auffseß von 1499 Jänner 27 Mainz in *Würzburg* SA, Reichstagsakten 4, fol. 10).

[12] Würzburger Protokoll von 1499 Jänner 27 (*Würzburg* SA, Reichstagsakten 3, fol. 97).

[13] Würzburger Bericht von 1499 März 7 Köln (*Würzburg* SA, Reichstagsakten 2 a—e, fol. 264 ff.).

[14] Würzburger Berichte von 1499 Februar 15 und 24 (*Würzburg* SA, Reichstagsakten 2 a—e, fol. 257 ff., 261v ff.); *Ulmann* I, 624.

[15] Würzburger Berichte von 1499 Jänner 6—8 (*Würzburg* SA, Reichstagsakten 2 a—e, fol. 242 ff., 247); vgl. auch Reichstagsprotokoll 1499 Jänner 7 (*Würzburg* SA, Reichstagsakten 3, fol. 88 f.); vgl. dazu den Brief Bertholds an Brascha ddo 1499 Jänner 3 Köln (*Mailand* SA, Arch Sforz, PotEst, Alemagna, Cart. 1199) und den Bericht des Peter von Triest an Moro von 1499 Jänner 26 Grave (*Pélissier*, L'ambassade, Appendice I, 436 f., Nr. 79); *Lex* 198.

[16] Bericht des Würzburger Gesandten an seinen Bischof von 1499 Februar 24 Köln (*Würzburg* SA, Reichstagsakten 2 a—e, fol. 261v f.); *Gröblacher*, Diss. 215 f.

[17] Siehe S. 158, 171 f.

[18] Bericht des Würzburger Gesandten Peter von Auffseß ddo 1499 Februar 25 Köln (*Würzburg* SA, Reichstagsakten 2 a—e, fol. 262v f.); *Ulmann* I, 625; *Lex* 199. 304

[19] Bericht des Würzburger Gesandten Peter von Auffseß an seinen Bischof von 1499 März 11 Köln (*Würzburg* SA, Reichstagsakten 2 a—e, fol. 269 ff.); dazu KMs Aufgebote gegen die Eidgenossen von 1499 Februar 12 Mecheln (*Würzburg* SA, Reichstagsakten 3, fol. 102 f.); Protokoll von 1499 März 5 (*Würzburg* SA, Reichstagsakten 3, fol. 106 f.); *Ulmann* I, 626 urteilt meines Erachtens ungerecht: „Schuld an so beschämenden Ereignissen ... trifft hauptsächlich Maximilian, der durch sein willkürliches Wegbleiben, dynastischer Interessen halber, es veranlaßt hatte, daß kein Kurfürst, kein Fürst sich die Mühe genommen hatte, seinen Sitz in Person einzunehmen ...“

[20] Briefe der fürstlichen und städtischen Gesandten an Berthold ddo 1499 März 6 Köln (*Würzburg* SA, Reichstagsakten 2 a—e, fol. 269v f.).

[21] *Schröcker*, Unio 290 f.

[22] Protokoll von 1499 März 30 (*Würzburg* SA, Reichstagsakten 3, fol. 110 f.).

[23] Vgl. den Bericht des Ansbacher Gesandten in *Nürnberg* SA, Ansbacher Reichstagsakten, Nr. 6, fol. 272 f.; desgl. Bamberger Bericht von 1499 April 6 Mainz in Bamberg SA, Reichstagsakten, Bamberger Serie, Rep. B 33/I, Nr. 4, fol. 95—97; *Schröcker*, Unio 291.

[24] *Schröcker*, Unio 291 erwähnt den Erzkanzler Berthold als anwesend, der Würzburger Bericht (Anm. 22) dagegen nicht.

[25] Siehe S. 323 f.; *Anshelm* II, 289.
[26] Vgl. dazu *Schröcker*, Unio 292: „Falls ... ist Bertholds Kriegseifer nicht sehr hoch einzuschätzen."
[27] Protokoll von 1499 April 8 Mainz (*Würzburg* SA, Reichstagsakten 3, fol. 112); Bericht an den Kurfürsten von Brandenburg ddo 1499 August 17 Freiburg (*Merseburg* DZA, Geheimes SA, Rep. X, Nr. ZY, Fasc. 23).

305 [28] *Schröcker*, Unio 295; die Argumentation a. a. O. 293 ff. ist mir im Hinblick auf die tatsächlichen Vorgänge unverständlich.
[29] *Lex* 199; *Ulmann* I, 625.
[30] Ladungsschreiben von 1499 Dezember 2 Innsbruck bei *Janssen*, Reichscorrespondenz II, 637, Nr. 793 und bei *Klüpfel*, Urkunden I, 399 f.; *Lex* 200.

9. Reform der Hof- und Reichsbehörden 1493—1500

[1] Zur Quellenlage gilt das gleiche wie S. 175, 462, Anm. 1.
[2] *Stollenmayer* 45, 106; *Hyden* 8, Anm. 19.
[3] Siehe S. 215.
[4] *Hyden* 6 ff. *passim; Adler* 187.
[5] Siehe S. 215; *Ulmann* I, 294; *Seeliger*, Erzkanzler 75; *Stollenmayer* 71; *Hyden* 37 ff. (dort Einzelheiten).
[6] Auseinandersetzungen KMs mit Berthold über die Kompetenzen des Erzkanzlers während der Jahre 1494—1498 (*Würzburg* SA, Mainzer Ingrossatur-Bücher 81, fol. 4—10; a. a. O. 41, fol. 60); die wiederholte Umgehung der römischen Kanzlei des Erzkanzlers ist deutlich zu ersehen aus einem Brief Albrechts von Bayern von 1495 Mai 29 München (*München* HSA, Geheimes SA, Kasten schwarz, 4191, fol. 330 ff.) und aus bayrischen Berichten von 1495 Juni 8 und 16 Worms (*München* HSA, Geheimes SA, Kasten schwarz 4191, fol. 343 ff., 351 f.); *Schröcker*, Unio 123 ff., 128 ff., 131 ff., 191 ff.

306 [7] *Hyden* 38 ff.; *Stollenmayer* 71.
[8] *Kraus*, Briefwechsel 127; *Legers*, Lang 471; *Hyden* 40 f.
[9] Siehe S. 229 ff.
[10] Siehe S. 258 ff., 270 ff., 300 f., 369 ff., 372 f., 379 ff., 396 ff.
[11] Siehe S. 193, 271 f., 280.
[12] *Seeliger*, Erzkanzler 79; *Hyden* 59 ff.
[13] Siehe S. 280.
[14] Originalurkunde in *Wien* HHSA, Ukd; ed. bei *Seeliger*, Erzkanzler 193 ff.; *Lünig*, Codex Germaniae diplomaticus I, 474 ff.; *Fellner-Kretschmayr*, Zentralverwaltung I/2, 6 ff.; *Plöbst* 139 ff. (dort genaue Angaben über die Überlieferungen und weitere Einzelheiten); *Gröblacher*, Diss. 240 ff.; *Hyden* 52 ff., 58 ff.; *Adler* 43 ff., 81 ff.; *Ulmann* I, 825 f.; *Fellner-Kretschmayr*, Zentralverwaltung I/1, 23 ff.; *Seeliger*, Erzkanzler 74 ff.; *Bauer*, Register- und Konzeptwesen 249, 270 f.; *Bidermann* 330 ff.; *Walther*, Kanzleiordnungen 359 f.; *Kreuzwirth* 113 ff.; *Bachmann*, Behördenorganisation 451 ff.; *Luschin*, Geschichte des Gerichtswesens 8, 278; *Ulmann* I, 825; für die weitere Ent-

wicklung des Reichshofrates ist grundlegend das Werk von *Gschließer*, Reichshofrat 1 ff.

307

[15] Siehe S. 193; *Plöbst* 150 ff., 155 ff.; *Gröblacher*, Diss. 244 ff., 249 ff.; *Hyden* 68 ff., 72 ff.; *Adler* 79 ff., 311 ff.; *Bachmann*, Behördenorganisation 362 ff., 444 ff.

[16] Vgl. das diesbezügliche Intimat KMs an die steirischen Untertanen von 1498 Februar 13 Innsbruck (*Innsbruck* LRA, KopBu „Bevelch“ 1498), gedr. bei *Fellner-Kretschmayr*, Zentralverwaltung I/2, 3 ff., Nr. 3; vgl. den Bericht des bayrischen Agenten Mathes Schmidl an Hzg Albrecht ddo 1498 März 2 Innsbruck (*München* HSA, Geheimes SA, Kasten schwarz 4192, fol. 169 ff.); *Gröblacher*, Diss. 244 ff.

[17] Darüber ist eine größere Arbeit von Irmgard *Rannacher* zu erwarten.

[18] Darüber die eingehende Arbeit von *Hyden*.

[19] *Fellner-Kretschmayr*, Zentralverwaltung I/1, 24 und *Mayer*, Verwaltungsorganisationen 55 meinen irrtümlich, der Hofrat sei in erster Linie gegen das Kammergericht geschaffen worden.

308

[20] Siehe S. 229 ff.

[21] Bericht des Gesandten Brascha von 1498 April 23 Füssen (*Pélissier*, L'ambassade, Appendice II, 446 ff., Nr. 5); *Gröblacher*, Diss. 241; *Hyden* 65 f. Über die Adelserhebung Langs vgl. *Legers*, Lang 474, und *Ziehen*, Mittelrhein II, 573.

[22] Vgl. das Rätselraten über den Abschied des Sachsen vom Hofrat bei *Hyden* 66 ff. (dort Einzelheiten); desgl. bei *Gröblacher*, Diss. 243; *Spalatins* Nachlaß 130 ff.; *Ulmann* I, 610.

[23] Bericht des sächsischen Gesandten Bünau an Kurfürst Friedrich von 1498 Dezember 5 Mainz (*Weimar* SA, Reg. E, Nr. 45, fol. 10 f.); dazu *Ulmann* I, 610.

309

[24] Schriftliche Überlieferungen dieser Ordnung finden sich in *Wien* HHSA, MainzArch, Reichskanzlei und Taxamt, Fasc. 1. Editionen bei *Fellner-Kretschmayr*, Zentralverwaltung I/2, 48 ff., Nr. 7; bei *Seeliger*, Erzkanzler 208 ff.; bei *Adler*, Anhang II, 511 ff., Nr. 4; dazu *Adler* 42, 51; *Gröblacher*, Diss. 241 f.; *Kreuzwirth* 115; *Stollenmayer* 82; *Hyden* 62 ff.; *Kaser*, Deutsche Geschichte 226.

[25] Bericht des Mailänder Gesandten Brascha an Moro ddo 1498 April 23 bei *Pélissier*, L'ambassade, Appendice II, 446 ff., Nr. 5.

[26] Brief des Wiener Regiments an KM von 1498 Februar 24 (*Wien* HHSA, MaxAkt 4 c, fol. 150 f.); dazu *Adler* 214; *Gröblacher*, Diss. 262 ff.

[27] Vgl. das Schreiben W. Polheims von 1498 Februar 4 Salzburg (*Innsbruck* LRA, MaxAkt XIII/256/III, fol. 34); *Gröblacher*, Diss. 262.

[28] Siehe S. 378 ff.

[29] *Hyden* 71; *Bücking*, Stürtzel 245.

310

[30] Vgl. *Jankovits* 108 ff.

[31] Siehe S. 185 f.; Bestellungsurkunde von 1491 August 11 (*Wien* HHSA, RRBü FF, fol. 37 ff.); *Adler* 74 ff.; *Kreuzwirth* 119 ff.

[32] 1496 Jänner 25 Augsburg in *Wien* HHSA, MaxAkt 3 b, fol. 18 ff.

[33] Siehe S. 75 f., 190 ff.; *Hyden* 42 ff.; *Stollenmayer* 73; *Adler* 347 ff.; *Mayer*, Verwaltungsorganisationen 51; *Kreuzwirth* 29.

[34] Text bei *Adler*, Anhang III, 509 ff., Nr. 3; dazu *Adler* 78 ff., 311 ff.; *Plöbst* 155 ff.; *Hyden* 68 ff.; *Gröblacher*, Diss. 244 (vertritt die Ansicht, daß der Entwurf aus dem Jahre 1494 stammen müsse).

311 [35] *Wien* HHSA, Ukd; ed. bei *Fellner-Kretschmayr*, Zentralverwaltung I/2, 17 ff., Nr. 5; bei *Müller*, Reichstags-Theatrum unter Maximilian, II, 530; bei *Lünig*, Codex Germaniae diplomaticus I, 473 ff.; bei *Seeliger*, Erzkanzler 192 ff.; dazu *Hyden* 68 ff., 72 ff.; *Adler* 81 ff.; *Gröblacher*, Diss. 244 ff. (dort Einzelheiten); *Bachmann*, Behördenorganisation 362 ff., 444 ff.; *Rachfahl*, Behördenrecht 209 ff.; *Rachfahl*, Niederländische Verwaltung 1 ff.

[36] *Hyden* 68 ff.; *Adler* 83.

[37] Siehe S. 193; *Adler* 358 ff.; *Fellner-Kretschmayr*, Zentralverwaltung I/1, 15 ff.; *Gröblacher*, Diss. 249 ff.

[38] *Gröblacher*, Diss. 46 ff.

[39] Siehe S. 194 f.

312 [40] *Wien* HKA, Österreichisches Gedenkbuch IV, fol. 14; *Kreuzwirth* 126 f.

[41] Siehe S. 142, 359.

313 [42] Siehe S. 200, 412.

IV. DIE EIDGENOSSEN, ÖSTERREICH UND DAS REICH. MAXIMILIANS NIEDERLAGE IM SCHWEIZERKRIEG UND DER BASELER FRIEDE

1. Die Eidgenossen, Österreich und das Reich seit der Ewigen Richtung von 1474. Die Vorgeschichte des Schweizerkrieges

314 [1] Folgende Vorgeschichte des Schweizerkrieges hatte vor allem die Rolle KMs ins Auge zu fassen. Außer den bekannten Editionen erzählender und administrativer Quellen (*Eidgenössische Abschiede*, *Thommen*, *Büchi*, *Bütler*, *Klüpfel*, *Pirkheimer*, *Stumpf*, *Brennwald* etc.) konnten zur schärferen Erfassung der Rolle KMs neue Quellen, vor allem Berichte der österreichischen Agenten in der Schweiz (vorzüglich aus den Archiven in *Wien* und *Innsbruck*) herangezogen werden. Darüber ist eine Dissertation von *Maitz* (Maximilian und die Eidgenossenschaft von seinem Regierungsantritt bis zum Ende des Schweizerkrieges) in Ausarbeitung begriffen, deren Entwurf mir zur Verfügung stand. Die einschlägigen Jahresdissertationen behandeln auch die Schweizer Geschichte im einzelnen wie im großen europäischen Zusammenhang. Auch *Ulmann* hat gerade das Kapitel „Losreißung der Schweiz vom Reich" (I. Bd., S. 649—803) sehr eingehend und kenntnisreich bearbeitet; obwohl inzwischen stark veraltet, hat *Ulmann*, von der fallweise starken Tendenz abgesehen, noch immer viel zu bieten. Die einschlägige neuere Literatur ist aus den folgenden Einzelnachweisen zu entnehmen. Vgl.

auch die kritische Übersicht über Quellen und Literatur zu Beginn des nächsten Kapitels „Ausbruch des Schweizerkrieges"; *Bilgeri*, Geschichte Vorarlbergs II, 255 ff., 497 ff.

[2] *Tschudi* 30 ff.

[3] *Janeschitz-Kriegel passim; Ulmann* I, 655; *Bluntschli* I, 157 ff. 315

[4] *Wiesflecker*, Maximilian, I, 104.

[5] *Solleder* 338; *Wiesflecker*, Maximilian, I, 164, 172.

[6] *Ulmann* I, 852 (dort Nachweise aus *Molinet*); *Molinet* (ed. Buchon) III, 122: „allemanz lanzquenez"; *Wiesflecker*, Maximilian, I, 176.

[7] *Probst*, Beziehungen 83; *Hegi*, Die geächteten Räte 150.

[8] *Probst*, Beziehungen 86.

[9] *Ulmann* I, 657; *Dierauer* II, 351.

[10] Vgl. den Bannerbrief KMs für Nidwalden von 1487 September 28; dazu *Katalog der Ausstellung Maximilian* (Innsbruck) S. 37, Nr. 133; *Bruckner*, Schweizer Fahnenbuch 126, Tafel 30.

[11] *Wiesflecker*, Maximilian, I, 250 ff. 316

[12] *Hegi*, Die geächteten Räte 96; *Probst*, Beziehungen 106; *Jäger*, Engadeiner Krieg 60, 70.

[13] *Hegi*, Die geächteten Räte 131 f.

[14] *Wiesflecker*, Maximilian, I, 258 ff.; *Brandis*, Landeshauptleute von Tirol 318 f.; *Hegi*, Die geächteten Räte 356 ff.; *Probst*, Beziehungen 105; *Maitz* 16 ff. 317

[15] *Hegi*, Die geächteten Räte 370 ff.

[16] Vgl. *Öchsli* 533.

[17] *Bock*, Der Schwäbische Bund 88; *Plöbst* 88 f.; *Maitz* 26 ff.

[18] *Anshelm* II, 82; *Klüpfel*, Der Schwäbische Bund, Folge 6, Jg. 3, S. 98; *Probst*, Beziehungen 90 ff., 101.

[19] *Wiesflecker*, Maximilian, I, 256 f., 264 ff.

[20] *Wiesflecker*, Maximilian, I, 268; *Hegi*, Die geächteten Räte 423 f.; *Öchsli* 517; *Dierauer* II, 379.

[21] *Probst*, Beziehungen 110 f.; *Öchsli* 516. 318

[22] *Eidgenössische Abschiede* III/1, 387, 392; *Anshelm* I, 77 ff.; *Probst*, Beziehungen 111 f.; *Öchsli* 518 f.

[23] *Wiesflecker*, Maximilian, I, 339 ff.; *Öchsli* 522 f.; *Probst*, Beziehungen 114.

[24] *Öchsli* 541; *Probst*, Beziehungen 117; *Spausta* II, 212 ff.; *Lambauer* 188 ff. (dort Einzelheiten); *Plöbst* 106 ff.; *Gröblacher*, Diss. 117 f.; *Maitz* 30 ff.

[25] Siehe S. 241; *Eidgenössische Abschiede* III/1, 481, Nr. 505; *Hegi*, Die geächteten Räte 510; *Probst*, Beziehungen 118.

[26] Instruktion KMs von 1495 Juni 14 (*Wien* HHSA, MaxAkt 3 a, fol. 227); Reichstagsprotokoll von 1495 Juni 16 (*Datt* 850, Nr. 47); *Müller*, Reichstags-Theatrum unter Maximilian, I, 350; *Hegi*, Die geächteten Räte 511; *Probst*, Beziehungen 118.

[27] *Eidgenössische Abschiede* III/1, 485; *Anshelm* II, 5; *Hegi*, Die geächteten Räte 511; *Probst*, Beziehungen 121; *Öchsli* 538.

[28] *Spausta* II, 216 f.

[29] *Eidgenössische Abschiede* III/1, 493, Nr. 519 d; *Datt* 847; *Hegi*, Die geächteten Räte 512; *Dierauer* II, 382. 319

[30] *Eidgenössische Abschiede* III/1, 739; *Anshelm* II, 17; *Spausta* II, 215.
[31] *Eidgenössische Abschiede* III/1, 497, Nr. 527 f.; *Ulmann* I, 418; *Probst*, Beziehungen 131; *Öchsli* 554.
[32] *Öchsli* 546 f.; *Sigrist*, Reichsreform und Schwabenkrieg 121 f.; *Probst*, Beziehungen 127 ff.
[33] *Wiesflecker*, Reichsreform 34.
[34] Siehe S. 249 ff.
320 [35] Siehe S. 252.
[36] *Öchsli* 550 f.; *Sigrist*, Reichsreform und Schwabenkrieg 122; eine andere Auffassung vertritt dagegen *Schollenberger* I, 293 ff.
[37] *Sigrist*, Reichsreform und Schwabenkrieg 126.
[38] *Sigrist*, Reichsreform und Schwabenkrieg 123.
321 [39] Siehe S. 43 ff.
[40] *Lambauer* 177 (dort Einzelheiten).
[41] Zunächst optimistische Berichte von 1495 Juli 26 und von 1495 August 2 (*Wien* HHSA, MaxAkt 3 a, fol. 321 f., 323 f.); dagegen den Bericht des königlichen Gesandten Liebenfels von 1495 August 31 (*Wien* HHSA, MaxAkt 3 a, fol. 390).
[42] Dazu *Hegi*, Die geächteten Räte 399; *Öchsli* 514 ff.; *Probst*, Beziehungen 104.
[43] *Eidgenössische Abschiede* III/1, 495, Nr. 522; *Ulmann* I, 417; *Dierauer* II, 383; *Öchsli* 522; *Probst*, Beziehungen 130; *Gagliardi*, Anteil 168; *Spausta* II, 210 f.; *Plöbst* 107; *Bilgeri* II, 262.
[44] *Dierauer* II, 384; *Gagliardi*, Anteil 168; *Öchsli* 522; *Lambauer* 181; *Plöbst* 107.
[45] *Eidgenössische Abschiede* III/1, 503 ff., Nr. 530 e, 533 f.; *Anshelm* II, 31 f.; *Öchsli* 555; *Ulmann* I, 419; *Probst*, Beziehungen 136; *Maitz* 44 ff.
[46] *Eidgenössische Abschiede* III/1 507, Nr. 536 g; *Anshelm* II, 33.
[47] *Eidgenössische Abschiede* III/1, 520 ff., Nr. 551 d, 552 h, 554 b; *Gagliardi*, Mailänder I, 151 ff.; *Probst*, Beziehungen 143; *Lambauer* 177 f.
322 [48] *Eidgenössische Abschiede* III/1, 530, Nr. 564 b; *Probst*, Beziehungen 145; *Lambauer* 179.
[49] Venezianisches Urteil bei *Sanuto* I, 310 f.; *Lambauer* 91, 177.
[50] *Gagliardi*, Mailänder I, 38 ff.; *Lambauer* 182; *Maitz* 48 f.
[51] *Maitz* 48 f. (dort weitere Quellen).
[52] Vgl. einen Bericht Diesbachs von 1496 August 15 (*Innsbruck* LRA, MaxAkt XIV, fol. 105 f.); *Ulmann* I, 421 f.; *Lambauer* 183; *Maitz* 51.
[53] Vgl. die Berichte kaiserlicher Agenten von 1496 September 15 Feldkirch (*Wien* HHSA, MaxAkt 3 c, fol. 198); desgl. einen Bericht von 1496 September 12 (*Innsbruck* LRA, MaxAkt I/40, fol. 63); desgl. einen Bericht von 1496 sine dato (*Innsbruck* LRA, MaxAkt XIV, fol. 169 f.); *Lambauer* 182 f. (dort Einzelheiten).
[54] Siehe S. 109; *Gagliardi*, Anteil 269 f.; *Maitz* 53 ff.
323 [55] Siehe S. 91 ff.; Einzelheiten bei *Lambauer* 185 f.
[56] Siehe S. 111 ff.
[57] Siehe S. 116 ff.; *Anshelm* II, 45 f.; *Lambauer* 187; *Maitz* 58.
[58] *Hegi*, Die geächteten Räte 484 ff.; *Maitz* 60 ff.; über Gaudenz von Matsch vgl. die Arbeiten von *Ladurner* und von *Muoth*.

[59] *Hegi,* Die geächteten Räte 395 ff., 462, 505 f., 520 ff., 536 f.; *Lambauer* 192; *Maitz* 74 f., 88, 117, 121.
[60] *Ulmann* I, 672 ff.; *Dierauer* II, 385 ff.; *Probst,* Beziehungen 146 ff.; *Spausta* II, 217 f.; *Lambauer* 189; *Plöbst* 108 f.; *Maitz* 65 ff.; *Häne* passim.
[61] *Dierauer* II, 386; *Ulmann* I, 674; *Öchsli* 555, 561; *Lambauer* 190 f.; *Plöbst* 109; *Bilgeri* II, 256 ff., 262.
[62] *Eidgenössische Abschiede* III/1, 498, Nr. 525 f.; Warnungen und Berichte des Hans von Liebenfels von 1496 November 1 (*Wien* HHSA, MaxAkt 3 c/2, fol. 40); *Anshelm* II, 56, Nr. 55; *Plöbst* 109 ff.
[63] *Bütler* 79 ff., Nr. 73; *Janssen,* Reichscorrespondenz II, 602 f.; *Ulmann* I, 676 f.; *Öchsli* 565; *Plöbst* 111 f.; *Dürr,* Ausscheiden der Schweiz 461: „Berthold, Führer der Intransingenz ... KMs realpolitische Einstellung zu den Eidgenossen ...“; *Roth von Schreckenstein* 343. 324
[64] *Brennwald* 334; Protokoll der Ausschußverhandlungen von 1496 November 26 (*Merseburg* DZA, Geheimes SA, Rep. X, Nr. ZY, Fasc. 1 E, fol. 55 ff., Fasc. 1 G, 48 ff.); *Lambauer* 82, 190.
[65] *Maitz* 72 ff., 89 f. (dort Quellen und Literatur); *Bütler* 74 ff.; *Probst,* Beziehungen 151 f.; *Dierauer* II, 386 f.; *Lambauer* 191 f.; *Plöbst* 118 ff. — Über die schwankende Haltung der Stadt vgl. *Gasser,* Territoriale Entwicklung 154 f.
[66] *Maitz* 66 ff., 77 ff., 117 ff.
[67] Vgl. die Berichte der Schweizer Agenten KMs von 1497 Jänner/Februar (*Innsbruck* LRA, MaxAkt I/44, fol. 28, 30); desgl. Bericht von 1497 Februar 15 (*Innsbruck* LRA, MaxAkt I/41, fol. 23); desgl. Bericht von 1497 Mai 13 (*Wien* HHSA, MaxAkt 4 a, fol. 204 f.); *Ulmann* I, 678; *Dürr,* Ausscheiden der Schweiz 493.
[68] *Anshelm* II, 54; *Öchsli* 562; *Plöbst* 110; *Gagliardi,* Mailänder I, 167 f.
[69] Vgl. die Agentenberichte aus der Schweiz von 1497 Mai 13 (a. a. O.) und von 1497 Juni 8 (*Innsbruck* LRA, MaxAkt I/41, fol. 32).
[70] Abschied des Schwäbischen Bundes zu Ulm von 1497 März 5 (*Klüpfel,* Urkunden I, 221 f., 223 f., 226); *Maitz* 82 f., 88; über die Kriegslieder vgl. *Liliencron* II, 369 ff., Nr. 196, 197.
[71] *Plöbst* 111 f.; *Klüpfel,* Der Schwäbische Bund, Folge 6, Jg. 3, S. 105. 325
[72] *Wien* HHSA, MaxAkt 4 a, fol. 231 f.; *Ulmann* I, 678, Anm. 2; *Hegi,* Die geächteten Räte 540; *Plöbst* 113.
[73] *Bock,* Der Schwäbische Bund 71; *Plöbst* 128 f.
[74] *Gagliardi,* Mailänder I, 5 f., 53 f.; *Dierauer* II, 312 ff.
[75] *Lambauer* 195; *Gröblacher,* Diss. 124 (dort Einzelheiten).
[76] Siehe S. 275.
[77] *Ulmann* I, 664 ff., 691 f.; *Plöbst* 113 ff. (dort Einzelheiten); *Gröblacher,* Diss. 118 f. 326
[78] *Ulmann* II, 692 ff.; *Dierauer* II, 393 ff.; *Öchsli* 582 f.; *Gasser,* Territoriale Entwicklung 133 ff.; *Plöbst* 113 ff.; *Gröblacher,* Diss. 118 f., 125; *Maitz* 125 ff.
[79] Bericht des Mailänder Gesandten Brascha an Moro von 1498 April 9 Innsbruck (*Pélissier,* L'ambassade, Appendice II, 442 ff., Nr. 3); *Gröblacher,* Diss. 126 (dort Quellen und Einzelheiten).

[80] Über die gespannte Lage vgl. die Berichte der königlichen Agenten aus der Schweiz von 1497 August 9, 10 (*Wien* HHSA, MaxAkt 4 b, fol. 128 f., 130, 131 f.).
[81] Brief des Landvogts im Elsaß an KM von 1497 Juli 9 (*Innsbruck* LRA, MaxAkt XIV/1497, fol. 152); *Eidgenössische Abschiede* III/1, 546, Nr. 579 b; *Ulmann* I, 679; *Probst,* Beziehungen 155; *Öchsli* 569; *Plöbst* 121 f.; *Maitz* 88 ff.
[82] *Plöbst* 122.
[83] *Eidgenössische Abschiede* III/1, 546 f., Nr. 579 e, 580.
[84] *Dürr,* Ausscheiden der Schweiz 492.
327 [85] Brief des Hans von Liebenfels an KM von 1497 Juli 7 (*Innsbruck* LRA, MaxAkt I/41, fol. 37 f.); *Klüpfel,* Urkunden I, 241; *Ulmann* I, 679 ff.; *Dierauer* II, 388; *Probst,* Beziehungen 155; *Öchsli* 569 ff.; *Plöbst* 122.
[86] *Eidgenössische Abschiede* III/1, 553, Nr. 586 e.
[87] Abschied von 1497 September 9 (*Innsbruck* LRA, MaxAkt I/41, fol. 43); *Klüpfel,* Urkunden I, 245 f.; *Anshelm* II, 59 ff.; *Ulmann* I, 680 ff.; *Dierauer* II, 388; *Hegi,* Die geächteten Räte 544 f.; *Plöbst* 122 ff.
[88] *Ulmann* I, 679 f. macht dem König wegen dieser Friedensaktion die üblichen Vorwürfe: nach *Ulmann* hätte KM damals in günstigerer Lage den Krieg gegen die Schweizer führen müssen — wäre denn die Haltung der Reichsstände, welche die Niederlage eigentlich verschuldeten, je eine andere gewesen? Mit Recht arbeitete der König, der seine Feinde lieber außerhalb des Reiches zu suchen pflegte, auf einen friedlichen Ausgleich hin und suchte sogar das Kammergericht in seinen Forderungen zu mäßigen.
[89] *Eidgenössische Abschiede* III/1, 550, Nr. 584 i, k; *Plöbst* 127.
[90] *Eidgenössische Abschiede* III/1, 553 ff., Nr. 586 d, 589 d; *Ulmann* I, 682 f.; *Dierauer* II, 389; *Öchsli* 573; *Plöbst* 127 f.; *Gröblacher,* Diss. 119; *Maitz* 88 ff.
[91] Siehe S. 293 f.; *Eidgenössische Abschiede* III/1, 550, 553, 555, 565; *Ulmann* I, 682 f.; *Dierauer* II, 387 ff.; *Plöbst* 127 f.; *Gröblacher,* Diss. 51 f.
328 [92] Über die Reichstagshandlungen mit den Eidgenossen vgl. S. 293; *Bütler* 123 ff., Nr. 129; *Öchsli* 574 f.; *Gröblacher,* Diss. 119 f.
[93] *Freiburger Reichstagsprotokoll,* fol. 45 f. und *Harpprecht* II, 381 f.; *Gröblacher,* Diss. 53.
[94] Die Auffassung von *Mommsen,* Eidgenossen 285 ff., daß „die Reformbeschlüsse von 1495 nicht die tiefere Kriegsursache" gewesen seien und daß KM die Forderung der Eidgenossen „betreffend Kammergericht und Gemeinen Pfennig in Freiburg ohne längere Verhandlungen akzeptierte", bezeichnet *Gröblacher,* Diss. 120 mit Recht als den Tatsachen nicht entsprechend.
[95] *Eidgenössische Abschiede* III/1, 574 ff., Nr. 608 e, 613 i, 615 d; *Anshelm* II, 73; *Gagliardi,* Mailänder II, 193 f.; *Probst,* Beziehungen 167.
[96] Siehe S. 131.
329 [97] *Öchsli* 582.
[98] *Gröblacher,* Diss. 124 (dort Einzelheiten); *Bilgeri* II, 264.

[99] *Gröblacher,* Diss. 126 ff.

[100] *Eidgenössische Abschiede* III/1, 566, 587; *Anshelm* II, 125; *Öchsli* 580; *Probst,* Beziehungen 171.

2. Der Ausbruch des Schweizerkrieges von 1499

[1] Folgende Darstellung des Schweizerkrieges war bemüht, außer dem edierten Quellenmaterial neue Dokumente heranzuziehen und natürlich auch die neueren Darstellungen zu berücksichtigen. Naturgemäß gilt das Hauptaugenmerk der Rolle Maximilians in diesem Krieg, die in der vorhandenen Literatur erstmals von *Lex* näher beleuchtet wurde. — Unter den erzählenden Quellen ist eine der besten die Chronik von *Stumpf* (mit Schweizer Tendenz), der viele Zeitgenossen und auch spätere Darsteller weithin folgen. *Pirkheimers* „Historia belli Suitensis" ist stark subjektiv und vom Nürnberger Gesichtskreis aus geschrieben; aber sachkundig, mit Verständnis für das Kriegswesen, nicht ohne Tendenz gegen den Adel und von reichsständischen Rivalitäten beeinflußt; nicht ohne Bewunderung für die Eidgenossen; nach klassisch-antikem Vorbild bietet *Pirkheimer* keinerlei Daten. *Anshelm* bietet vielerlei, darunter eindrucksvolle Stimmungsbilder; sehr dürftig, verworren und unverläßlich ist *Fugger-Jäger.* Nicht zu unterschätzen ist dagegen *Birkens* „Ehrenspiegel", eine gelehrte Bearbeitung des *Fugger-Jäger* (stark österreichisch-dynastische Tendenz. Vgl. die Untersuchung von *Friedhuber,* Ehrenspiegel). *Roo* ist stark von *Stumpf* abhängig und allzu knapp geschrieben. Maximilians lateinische *Autobiographie* (Gesta) und sein *Weißkunig* sind als persönliche Äußerungen des Kaisers von Interesse, bieten aber zur allgemeinen Geschichte des Krieges wenig. — An Quellenpublikationen sind noch immer unentbehrlich *Büchi* (Aktenstücke), *Segesser* (Eidgenössische Abschiede), *Gagliardis* Geschichte der schweizerischen Eidgenossenschaft (ein kurzes Quellenlesebuch), *Horner, Jecklin, Roder, Witte* (sie bieten Kriegsberichte, Mandate, Gesandtenberichte, Instruktionen, Abschiede etc.) und *Klüpfel* (Urkunden zur Geschichte des Schwäbischen Bundes). Unter den Zusammenfassungen sind noch immer heranzuziehen besonders und vor allem *Dierauer, Ulmann, Dändliker* (enthält militärische Lagepläne), *Nabholz* (enthält Quellen- und Literaturverzeichnis und bietet eine gute Gesamtübersicht), *Dürr* und *Fischer.* — *Lex* verarbeitet die teilweise ganz neuen Materialien der Maximilian-Regesten, darunter wertvolle Briefe, Kriegsberichte etc. an Maximilian, das Innsbrucker Regiment und Herzog Ludovico aus den Archiven in *Innsbruck, Wien* und *Mailand* (eingehende Dokumentation). — An Spezialuntersuchungen sind vor allem *Jägers* Engadeiner Krieg (eine alte, aber quellenreiche Arbeit; sehr kaiserfreundlich) und *Kramers* Kriegsgeschichte des Vintschgaus heranzuziehen (dort genaue Schilderung der Calvenschlacht, Gesamtübersicht über den Krieg und eingehende Bibliographie); *Bilgeri* II, 259 ff. 330

[2] *Pirkheimer* (ed. 1717) 66; *Fugger-Birken* 1109; *Lex* 39.

[3] Ein Bericht über den Kriegsausbruch aus der Sicht des Schwäbischen Bundes bei *Klüpfel,* Urkunden I, 272 ff.; *Fugger-Birken* 1110; *Jäger,* Engadeiner Krieg 76 ff.; *Mader* 9; *Ulmann* I, 704.

[4] *Kramer,* Kriegsgeschichte des Vintschgaus 156.

[5] *Ulmann* I, 701 ff., 707 ff.; *Lex* 47 f. (dort Einzelheiten).

[6] *Roo-Dietz* (ed. 1621) 407; *Jäger,* Engadeiner Krieg 83 f.; *Kramer,* Kriegsgeschichte des Vintschgaus 161 f.; über den Kriegsausbruch vgl. auch *Padrutt* 116 ff., 124 ff.; *Willi* 24 ff.; *Fischer,* Feldzüge 205 ff.

331 [7] *Thommen,* Urkunden V, 321 ff., Nr. 326; *Fugger-Jäger* II, 162; *Jäger,* Engadeiner Krieg 83; *Willi* 26; *Lex* 48.

[8] *Sinnacher* VII, 62.

[9] *Lex* 50 (dort Einzelheiten); vgl. *Mader* 7 f.; *Roth von Schreckenstein* 348; *Bilgeri* II, 264 f.

[10] *Anshelm* II, 106 f., 112 ff.; *Dierauer* II, 399; *Ulmann* I, 720; *Lex* 49.

[11] *Stumpf* (ed. 1548) 443.

[12] KMs lateinische *Autobiographie* (*Grünpeck,* Gesta, cap. 16—18, fol. 114v); Bericht von 1499 Februar 7 bei *Klüpfel,* Urkunden I, 283. Mailänder Bericht von 1499 Februar 13 (*Mailand* SA, Cart. 585).

[13] Bericht des Regimentes an KM von 1499 Februar 24 Innsbruck (*Chmel,* Urkunden 207 ff., Nr. 177); *Stumpf* (ed. 1548) 321 f., 444; *Roo-Dietz* (ed. 1621) 408; *Fugger-Birken* 1110 (unsichere Chronologie); *Lex* 49; *Bilgeri* II, 265.

[14] „Sine iusta causa" hätten die Schweizer den Krieg begonnen, urteilt KM in seiner lateinischen *Autobiographie* (*Grünpeck,* Gesta, cap. 5, fol. 114v).

332 [15] *Stumpf* (ed. 1548) 335; KMs lateinische *Autobiographie* (*Grünpeck,* Gesta, cap. 19, fol. 114v); *Pirkheimer* (ed. 1717) 68; *Fugger-Jäger* II, 167; *Fugger-Birken* 1111 (nach Pirkheimer); *Dierauer* II, 402; *Ulmann* I, 725 f.; *Lex* 53; *Gagliardi,* Anteil 299; *Bilgeri* II, 267, 507 ff.

[16] Berichte von 1499 Februar 21 (*Innsbruck* LRA, MaxAkt I/41, fol. 89) und von 1499 Februar 24 Innsbruck (*Wien* HHSA, MaxAkt 5 a, fol. 43); *Lex* 53; dazu *Bilgeri* II, 502, Anm. 30.

[17] Drohbrief der eidgenössischen Hauptleute, desgl. Berichte von 1499 Februar 16, 17, 19, 20 und 25 bei *Klüpfel,* Urkunden I, 288 ff.

[18] *Mader* 10 f. (dort Einzelheiten); *Jäger,* Engadeiner Krieg 86.

[19] *Pirkheimer* (ed. 1717) 66; *Lex* 50 f. (dort Einzelheiten); *Mader* 7; diese Auffassung vertritt sogar *Ulmann* I, 650.

333 [20] KM an Erzbischof Berthold von Mainz 1499 Februar 10 Mecheln (*Wien* HHSA, MaxAkt 5 a, fol. 31 ff.); dazu vgl. auch einen venezianischen Bericht bei *Sanuto* II, 516 f.; *Anshelm* II, 174; *Pirkheimer* (ed. 1717) 70; *Lex* 117; *Mader* 9 f.

[21] *Eidgenössische Abschiede* III/1, 597, 604 f., 607, 609, 611, 795 ff.; *Anshelm* II, 141 ff.; vgl. dazu KMs Äußerung im *Weißkunig* (ed. Schultz) 178, 310; *Gagliardi,* Mailänder II, 220 ff.; *Lavisse* V/1, 49; *Lex* 6 f.

[22] *Ulmann* I, 683 f.

[23] *Klüpfel,* Urkunden I, 279 f.; *Lex* 51; *Öchsli* 587 f.

[24] Achtbrief KMs von 1499 Februar 15 Köln (gleichzeitiger Einblattdruck in *Wien* HHSA, Ukd); Volltext bei *Fugger-Jäger* II, 160v f.; *Jäger,* Engadeiner Krieg 210, Nr. 18; *Ulmann* I, 697; *Kramer,* Kriegsgeschichte des Vintschgaus 158; *Lex* 52 f. (dort Einzelheiten); *Ziehen,* Mittelrhein II, 583.

[25] *Klüpfel,* Urkunden I, 297 ff.; *Brandis,* Landeshauptleute von Tirol 360 ff.; *Lex* 60.

[26] Vgl. den Bericht des P. v. Liechtenstein, des Vorsitzenden im Kriegsrat an Serntein von 1499 März 7 Überlingen (*Innsbruck* LRA, MaxAkt I/41, fol. 103); *Mader* 10; *Lex* 53 (dort zahlreiche Quellen).

[27] *Stumpf* (ed. 1548) 444 f.; *Fugger-Birken* 1111; *Ulmann* I, 726 f.; *Dierauer* II, 403. 334

[28] Bericht des P. v. Liechtenstein an KM von 1499 März 7 Überlingen (*Innsbruck* LRA, MaxAkt I/41, fol. 102); ähnlich düster urteilt W. Besserer in einem Brief von 1499 Februar 19 an Eßlingen (*Klüpfel,* Urkunden I, 289); *Lex* 54, Anm. 3 (mit zahlreichen einschlägigen Quellen); *Hyden* 110 ff. (dort mehrere einschlägige Schreiben).

[29] *Chmel,* Urkunden 207 ff., Nr. 177; *Lex* 53 f. (dort Einzelheiten und Quellen).

[30] Itinerar bei *Lex* 251 f.; *Hyden* 110 f.

[31] *Würdinger,* Kriegsgeschichte von Bayern 164 ff.; *Schick* 102; *Lex* 54 (dort Einzelheiten); *Riezler* III, 564 ff.

[32] *Lex* 54.

[33] Bericht des Ungelter an Eßlingen von 1499 April 7 (*Klüpfel,* Urkunden I, 312); *Jäger,* Engadeiner Krieg 111 f.; *Öchsli* 589 ff.; *Ulmann* I, 747 f.; *Dierauer* II, 412; *Lex* 55 ff. (dort Einzelheiten).

[34] *Lex* 58. 335

[35] *Lex* 61, 117.

[36] *Ulmann* I, 749; vielleicht sollte damit die Möglichkeit angedeutet werden, mit den Bauern gemeinsame Sache gegen die Fürsten zu machen.

[37] *Pirkheimer* (ed. 1717) 69; *Stumpf* (ed. 1548) 388 (datiert auf 25. März); *Fugger-Birken* 1112; *Ulmann* I, 734 f.; *Dierauer* II, 406 f.

[38] *Pirkheimer* (ed. 1717) 70; *Stumpf* (ed. 1548) 446; *Fugger-Birken* 1112 f.; *Ulmann* I, 738 ff.; *Dierauer* II, 408; *Gagliardi,* Anteil 299; *Lex* 59 (dort Einzelheiten und Quellen).

[39] KMs autobiographischer Bericht (*Grünpeck,* Gesta, fol. 114, cap. 9 bis 15); schwäbischer Bericht bei *Klüpfel,* Urkunden I, 314 f.

[40] Vgl. KMs autobiographische Notizen (*Grünpeck,* Gesta, cap. 15, fol. 114); auch KMs *Weißkunig* (ed. Schultz 309, ed. Buchner 141) sucht die schwere Niederlage am Schwaderloch zu verharmlosen. Dazu *Riedl,* Diss. 40; *Riedl,* Quellenwert des Weißkunig 109 ff.

[41] KMs autobiographischer Bericht bei *Grünpeck,* Gesta, cap. 23/24, fol. 115.

[42] Siehe S. 149. 336

[43] *Büchi,* Aktenstücke 120 f., Nr. 173, 287 f., Nr. 400; *Willi* 27 f.; ein etwas anderer Bericht bei *Klüpfel,* Urkunden I, 307.

[44] Ausführliche Darstellung bei *Pirkheimer* (ed. 1717) 71 f.; *Stumpf* (ed. 1548) 331, 446; *Fugger-Birken* 1113; *Ulmann* I, 744 ff. (dort weitere Quellen); *Lex* 59; *Kramer,* Kriegsgeschichte des Vintschgaus 161; *Dierauer* II, 409 f.; *Bilgeri* II, 268, 512 ff.; *Meyer,* Frastanz 88 f.

[45] *Pirkheimer* (ed. 1717) 73.

[46] Bericht *Pirkheimers* (ed. 1717) 88 über die Niederwerfung eines Bauernaufstandes im Schwarzwald.

[47] *Roth von Schreckenstein* 380 f.

3. Maximilian übernimmt die Kriegführung

[1] Itinerar bei *Lex* 251 f.; *Hyden* 112; *Lex* 59; *Jäger,* Engadeiner Krieg 112; Lagebericht bei *Klüpfel,* Urkunden I, 323 ff.

337 [2] Volltext bei *Fugger-Jäger* II, 164 ff.; *Stumpf* (ed. 1548) 445; *Fugger-Birken* 1116.

[3] *Anshelm* II, 175 ff.; *Lex* 59 f.

[4] *Anshelm* II, 175 ff. (dort auch der Wortlaut des Freiburger Manifestes von 1499 April 22).

[5] *Pirkheimer* (ed. 1717) 74; vgl. außerdem den Bericht des Schwäbischen Bundes an W. Besserer von 1499 April 26 Überlingen (*Klüpfel,* Urkunden I, 326); *Hyden* 112.

[6] Bericht des Somenza an Moro von 1499 April 29 Überlingen (*Mailand* SA, ArchSforz, PotEst, Alemagna, Cart. 585); *Ulmann* I, 755; *Ziehen,* Mittelrhein II, 587; *Öchsli* 592; *Büchi,* Aktenstücke 166 f., Nr. 230.

[7] Bericht des Somenza an Moro von 1499 April 29 Überlingen (*Mailand* SA, ArchSforz, PotEst, Alemagna, Cart. 585); *Pélissier,* Documents relations Maximilien, Bd. XLIV, 354 ff., 356 ff., 362 ff.; *Lex* 60 f. (dort weitere Quellen).

[8] *Fugger-Jäger* II, 164: KM ließ dem Pfalzgrafen sagen, wenn ihm am Frieden so sehr gelegen sei, soll er persönlich oder sein Sohn im Feldlager erscheinen.

[9] Bischof Matthias von Seckau an KM 1499 April 4 Seggau (*Wien* HHSA, MaxAkt 5 a, fol. 95): der Bischof wolle, wenn es ihm von Rom befohlen werde, die Schweizer bannen; *Ulmann* I, 755, Anm. 3; *Lex* 60.

[10] *Lex* 60 f.; *Hyden* 113 f. (dort zahlreiche einschlägige Quellen); *Dierauer* II, 413; *Öchsli* 597; *Ulmann* I, 757: was über „die Unbeständigkeit der Entwürfe, welche alle Tage wechselten", gesagt wird, dürfte bei näherem Zusehen nicht überzeugen.

338 [11] *Lex* 61 f. (dort Einzelheiten und Quellen); *Öchsli* 592.

[12] *Riezler* III, 564 ff.; *Lex* 65.

[13] *Pirkheimer* (ed. 1717) 74; dazu *Reicke,* W. Pirkheimer und die Reichsstadt Nürnberg *passim.*

[14] Siehe S. 265, 273; ähnlich urteilt der Schweizer *Öchsli* 592.

[15] *Lex* 62; *Ulmann* I, 748.

[16] *Lex* 62, 106 ff., 111 ff. (dort viele Einzelheiten und Quellen).

339 [17] Bericht des Gesandten Stanga an Moro von 1499 Mai 21 Lindau (*Mailand* SA, ArchSforz, PotEst, Alemagna, Cart. 1192); Bericht des Kardinals Ascanio Sforza an Moro von 1499 Mai 1 Rom bei *Müller,* Mitteilungen, Jg. VI, 392; *Ulmann* I, 752 ff.; *Lex* 166.

[18] *Lex* 109 f. (dort Einzelheiten und Quellen).

[19] *Lex* 62 f., 104.

[20] Bericht Ungelters an Eßlingen von 1499 April 18 (*Klüpfel,* Urkunden I, 319 f.): der größere Teil des Adels habe vom Bund genug.

[21] Bericht des Ungelter an Eßlingen von 1499 April 13 (*Klüpfel,* Urkunden I, 314 f.).

[22] Bericht des Besserer an Nördlingen von 1499 Mai 5 (*Klüpfel*, Urkunden I, 331); Bericht des Somenza an Moro von 1499 Mai 8 Ravensburg (*Mailand* SA, ArchSforz, PotEst, Alemagna, Cart. 1192); *Lex* 63.

[23] *Lex* 104.

[24] *Lex* 64.

[25] Das Itinerar bei *Lex* 252; *Hyden* 113 f.; *Lex* 66 ff. (dort Einzelheiten und Quellen); *Ulmann* I, 757 ff. 340

[26] *Stumpf* (ed. 1548), 301, 448; *Fugger-Jäger* II, 165.

[27] Brief Liechtensteins an KM von 1499 April 21 Überlingen (*Innsbruck* LRA, MaxAkt I/41, fol. 138); desgl. an Serntein von 1499 April 24 Überlingen (bei *Hyden* 112); *Lex* 67 f. (dort Einzelheiten und weitere Quellen).

[28] Der allerdings optimistische Bericht des Gesandten Stanga an Moro von 1499 Mai 19 Lindau (*Mailand* SA, ArchSforz, PotEst, Alemagna, Cart. 585); Aufgebot KMs von 1499 Mai 10 (*Wien* HHSA, MaxAkt 5 a, fol. 123); *Pirkheimer* (ed. 1717) 74 f.; *Lex* 69 (dort weitere Quellen).

[29] Fälschlich wird mitunter von der Schlacht auf der „Malser Heide" geredet; vgl. die eingehende Darstellung der Schlacht bei *Kramer*, Kriegsgeschichte des Vintschgaus 164 ff., 190 ff. (dort eine Bibliographie des sehr zahlreichen einschlägigen Schrifttums); *Willi* 31 ff., 50 ff., 54 ff., 244 ff. (dort eine eingehende Bibliographie); *Sprecher* 29 ff.; *Gagliardi*, Geschichte der Eidgenossenschaft 165; *Jecklin*, Anteil Graubündens 66 ff., 77 ff.; *Jäger*, Engadeiner Krieg 122 ff.; *Lex* 70; *Bilgeri* II, 272. 341

[30] *Ulmann* I, 763 ff.; *Dierauer* II, 416 f.; *Nabholz*, Geschichte der Schweiz I, 296; *Havemann* II, 32; vgl. auch die Volkslieder über den Sieg der Graubündner bei *Liliencron* II, 395, Nr. 205, 206: Das Lied preist den Sieg des Steinbockes (= Bündnerwappen) über die Tiroler „Krähe" (= Tiroler Adler); dazu *Willi* 66 ff.

[31] An zeitgenössischen Berichten sind zu erwähnen *Pirkheimer* (ed. 1717) 75 f.; *Stumpf* (ed. 1548) 301 f., 447 f.; *Fugger-Birken* 1115; die einschlägige Stelle im *Weißkunig* (ed. Schultz) 171, 303 bietet wenig; dazu *Riedl*, Diss. 41; in KMs lateinischen Gesta wird die Niederlage überhaupt nicht erwähnt; *Büchi*, Aktenstücke 223 f., Nr. 317, 236 f., Nr. 328; schwäbischer Bericht bei *Klüpfel*, Urkunden I, 327 f., 340 f.

[32] *Moor* I, 462; *Willi passim; Fischer*, Feldzüge 249 ff.

[33] Dazu die ausgezeichnete kritische Untersuchung von *Willi passim* 9 ff., 141 ff., 180 ff.; diesen wichtigen Hinweis verdanke ich vor allem Herrn Dr. Conradin Bonorand, Chur.

[34] Dazu *Willi* 186.

[35] *Kramer*, Kriegsgeschichte des Vintschgaus 164 ff.; *Ulmann* I, 761 f., 766 f.

[36] Der Kampf an der Brücke wird von der übrigens sehr verworrenen Darstellung der lateinischen *Autobiographie* (ed. Schultz 446) als die Hauptaktion dieser Schlacht hingestellt.

[37] So *Pirkheimer* (ed. 1717) 76; *Lex* 71; *Kramer*, Kriegsgeschichte des Vintschgaus 167.

[38] *Brandis*, Landeshauptleute von Tirol 366 ff.; *Ulmann* I, 765; *Kramer*, Kriegsgeschichte des Vintschgaus 168. 342

[39] Über die Bündner Kriegsfahnen, die an der Calven mitgetragen wurden, vgl. *Katalog der Ausstellung Maximilian* (Innsbruck) 36, Nr. 127.

[40] *Willi* 66 f.

[41] Über die sehr verschieden angegebenen Verluste vgl. *Willi* 35 ff. und *Lex* 70; *Pirkheimer* (ed. 1717) 76 nennt 1000 gefallene Bündner; *Kramer,* Kriegsgeschichte des Vintschgaus 169; *Jäger,* Engadeiner Krieg 129.

[42] *Padrutt* 177; *Willi* 34 f.; *Kramer,* Kriegsgeschichte des Vintschgaus 159.

[43] *Willi* 97.

[44] *Pirkheimer* (ed. 1717) 76: „equites ... turpissime aufugerunt"; KMs lateinische *Autobiographie* (ed. Schultz 446) versucht die Calvenschlacht und ihre Verluste zu verniedlichen; *Lex* 71 (dort Einzelheiten und Quellen).

[45] Gossembrot an KM 1499 Mai 27 Lindau (*Wien* HHSA, MaxAkt 5 a, fol. 143).

343 [46] Vgl. den Bericht an die Stadt Nördlingen von 1499 Mai 30 ca. (*Klüpfel,* Urkunden I, 340); auch den Bericht des Somenza von 1499 Juni 2 Marienberg (*Mailand* SA, ArchSforz, PotEst, Alemagna, Cart. 1192); *Lex* 72.

[47] Der Bericht im *Weißkunig* (ed. Schultz) 172 f., 306 bringt nicht viel. Dazu *Riedl,* Diss. 42; die lateinische *Autobiographie, Grünpecks* Vita sowie die Gesta schweigen über das Engadiner Unternehmen völlig; besonders ausführliche Darstellung bei *Pirkheimer* (ed. 1717) 77 ff.; *Stumpf* (ed. 1548) 301 (bietet genaues Datum der Expedition); *Fugger-Birken* 1117 ff. (nach Pirkheimer); *Klüpfel,* Urkunden I, 340 f.; *Büchi,* Aktenstücke 283 f., Nr. 393; *Jäger,* Engadeiner Krieg 126, 133; *Kramer,* Kriegsgeschichte des Vintschgaus 161, 170; *Lex* 72 f.; *Ulmann* I, 768 ff.

[48] *Lex* 73, 252 f. (dort Itinerar); *Ulmann* I, 767 f.

[49] Das Regiment an KM 1499 April 22 Innsbruck (*Wien* HHSA, MaxAkt 5 a, fol. 99 f.); *Lex* 72 f. (dort Quellen).

[50] KM an die Landschaft an der Etsch 1499 Mai 8 Tettnang (*Innsbruck* LRA, MaxAkt I/41, fol. 165).

[51] Bericht des Gesandten Stanga an Moro von 1499 Juni 10/11 Meran (*Mailand* SA, ArchSforz, PotEst, Alemagna, Cart. 1192); *Ulmann* I, 767; *Lex* 73.

[52] *Lex* 74.

[53] Siehe oben Anm. 47; *Lex* 75 ff. (dort zahlreiche Berichte mailändischer Gesandter).

344 [54] *Lex* 107 ff.

[55] Ausführliche Darstellung bei *Pirkheimer* (ed. 1717) 77 f., 80.

[56] *Lex* 74 f.; *Havemann* II, 33 ff.

[57] *Pirkheimer* (ed. 1717) 76 f.

[58] Bericht des Stanga an Moro von 1499 Juni 14 Meran (*Mailand* SA, ArchSforz, PotEst, Alemagna, Cart. 1192); *Lex* 75, Anm. 2; vgl. auch den sehr interessanten Bericht des Stanga von 1499 Juni 10 Meran bei *Pélissier,* Documents relations Maximilien, Bd. XLVI, 300 ff., 310 ff.

[59] *Lex* 76.
[60] *Lex* 120 f. (dort Einzelheiten).
[61] Bericht des Ungelter an Eßlingen von 1499 Mai 29 (*Klüpfel*, Urkunden I, 339); Bericht an Nördlingen von 1499 Mai 23 (*Klüpfel*, Urkunden I, 336); Hilferuf des Schwäbischen Bundes an KM von 1499 Mai 20 Überlingen (*Wien* HHSA, MaxAkt 5 a, fol. 134); *Stumpf* (ed. 1548) 447 ff.; *Fugger-Jäger* II, 165 f.; *Fugger-Birken* 1115; *Lex* 77 f. (dort weitere Quellen).
[62] Bericht des Ungelter an Eßlingen von 1499 Juni 2 (*Klüpfel*, Urkunden I, 343).
[63] *Lex* 78. 345
[64] Bericht des Reichenburger an KM von 1499 Mai 30 Überlingen (*Innsbruck* LRA, MaxAkt I/41, fol. 213); *Lex* 78.
[65] *Lex* 78 ff. (dort auch Berichte der Unterfeldherren KMs in Schwaben und der Mailänder Gesandten).
[66] Dazu *Lex* 81, 102; *Fischer*, Feldzüge 203 f.
[67] Das Itinerar bei *Lex* 253; vgl. die Berichte des Somenza von 1499 Juni 24, 27, 28, 29 (*Mailand* SA, ArchSforz, PotEst, Alemagna, Cart. 1192); *Lex* 83.
[68] Bericht Rösslins an Celtis von 1499 Juli 12 über das Tiroler Aufgebot (*Rupprich* 364); *Lex* 109.
[69] *Lex* 84 f. (dort Einzelheiten). 346
[70] Das Itinerar bei *Lex* 253; *Hyden* 115 f. (dort einschlägige Korrespondenzen); *Lex* 85 f.; *Ulmann* I, 772. — Bericht über den Bundestag bei *Klüpfel*, Urkunden I, 347 ff. (dort Untersuchungen über Ursachen, Ausbruch und Führung des Krieges), 350 ff., 359 f., 364; *Klüpfel*, Maximilian 123; *Ziehen*, Mittelrhein II, 590.
[71] Bericht an die Stadt Nördlingen von 1499 Juni 28 (*Klüpfel*, Urkunden I, 358); *Lex* 83.
[72] Lebensbeschreibung des Götz von *Berlichingen* (ed. 1882) 16; *Havemann* II, 37.
[73] Bericht von 1499 Juli 15 Überlingen (*Mailand* SA, ArchSforz, PotEst, Alemagna, Cart. 1192).
[74] Vgl. den Bericht des Ungelter an Eßlingen von 1499 Juli 16 (*Klüpfel*, Urkunden I, 365 f.); Lebensbeschreibung des Götz von *Berlichingen* (ed. 1882) 16 f.; *Pirkheimer* (ed. 1717) 81 f.; *Stumpf* (ed. 1548) 449 f.; *Fugger-Jäger* II, 167; *Fugger-Birken* 1120; *Ulmann* I, 774 f. (vertritt eine andere Auffassung); *Dierauer* II, 420; *Havemann* II, 37 f.; *Lex* 86 f. — Guter Bericht des Heinrich Hug in seiner Villinger Chronik: „(KM) beklagt sich vor den fürsten vnd for den herren ... das man im so ungehorsam wer und wolt selbs mit dem selbigen huffen an die Schwitzer gezogen sin ... aber die heren wolten kurtz nit an sy ... es was kain hertz da" (*Hug*, Villinger Chronik 14).
[75] *Anshelm* II, 221; *Brennwald* 446. 347
[76] *Anshelm* II, 220; *Lex* 86 f., 103; *Roth von Schreckenstein* 389; *Kraus*, Reichsregiment 1 ff.; über KMs dauernde Aufregungen vgl. den Bericht von Somenza bei *Pélissier*, Documents relations Maximilien, Bd. XLVII, 460 f.: „... in continue agitationi col corpo e col animo per le occorentie di questa guerra ..."

[77] Bericht von 1499 Juli 24 (*Klüpfel,* Urkunden I, 366); *Lex* 87; *Ulmann* I, 776.
[78] *Berlichingen* (ed. 1882) 17; *Havemann* II, 38.
[79] *Lex* 102.
[80] *Weißkunig* (ed. Schultz) S. IX f.
348 [81] *Weißkunig* (ed. Schultz) 443, Zeile 3; vgl. *Wiesflecker,* Joseph Grünpecks Commentaria und Gesta 12.
[82] *Roth von Schreckenstein* 412, Nr. 13.
[83] *Lex* 88 ff. (dort zahlreiche Einzelheiten und Quellen über die schwierige Lage der Vorlande).
[84] Bericht an die Stadt Nördlingen von 1499 Juli 30 (*Fürstenbergisches Urkundenbuch* IV, 275, Nr. 289 g); KMs autobiographische Darstellung im *Weißkunig* (ed. Schultz) 174, 176, 306, 309 ist viel zu allgemein; dazu *Riedl,* Diss. 45; der *Weißkunig* enthält ein Bild des Ereignisses (ed. Schultz) 305; *Stumpf* (ed. 1548) 386 f., 449 (dort ein Bild); *Klüpfel,* Urkunden I, 367; *Fugger-Birken* 1120 f.; *Büchi,* Aktenstücke 380 ff., Nr. 529, 530; *Gagliardi,* Geschichte der Eidgenossenschaft 173 f.; *Ulmann* I, 778 ff. (ausführliche Darstellung); *Dierauer* II, 422 ff.; *Lex* 93 f. (dort weitere Quellen); *Gagliardi,* Anteil 299; *Havemann* II, 39 ff.; *Klüpfel,* Maximilian 125. Bildnachweis: Im *Katalog der Ausstellung Maximilian* (Innsbruck) 37, Nr. 131.
[85] Diese Zahl bietet *Fugger-Jäger* II, fol. 167v; *Pirkheimer* (ed. 1717) 83 nennt 14.000 Mann, was höchst unwahrscheinlich ist; *Ulmann* I, 778 übernimmt diese zweifellos übertriebene Zahlenangabe Pirkheimers.
349 [86] Wahrscheinlich auch die Fahne der burgundischen Garde; vgl. *Katalog der Ausstellung Maximilian* (Innsbruck) 36, Nr. 128.
[87] *Brandis,* Landeshauptleute von Tirol 373; *Ulmann* I, 781 f.
[88] Bericht von 1499 Juli 30 (*Fürstenbergisches Urkundenbuch* IV, 275, Nr. 289 g).
[89] *Lex* 97 (dort Einzelheiten und Quellen); *Ulmann* I, 782.
[90] Maßmünster an Firmian 1499 Juli 26 Waldshut (*Wien* HHSA, MaxAkt 5 a, fol. 59); *Lex* 98.
[91] Über die Lage in den Vorlanden vgl. *Hyden* 116 f. (dort zeitgenössische Berichte).
[92] *Pirkheimer* (ed. 1717) 84; Bericht des Somenza an Moro von 1499 Juli 25 Lindau (*Mailand* SA, ArchSforz, PotEst, Alemagna, Cart. 1192).
[93] Bericht des Fuensalida (*Berwick-Alba* 109 f.).
350 [94] Bericht an Eßlingen von 1499 Juli 24 und von 1499 August 13 (*Klüpfel,* Urkunden I, 366, 372 ff.); *Roth von Schreckenstein* 395.
[95] *Pirkheimer* (ed. 1717) 85; *Fugger-Birken* 1124; *Roth von Schreckenstein* 394 f.
[96] Ludovico Moro an seinen Gesandten bei KM 1499 August 23 Mailand (*Mailand* SA, ArchSforz, PotEst, Alemagna, Cart. 591).
351 [97] Vgl. die genaue Aufstellung bei *Lex* 116.
[98] Bericht der Hauptleute von Solothurn bei *Witte,* Bd. 22, S. 40 f.
[99] Bericht an Eßlingen von 1499 August 3 (*Klüpfel,* Urkunden I, 369); *Lex* 97.
[100] Weisung KMs an die Stadt Freiburg von 1499 August 14 Freiburg (*Schreiber* II, 672); *Lex* 99.

[101] *Kraus,* Reichsregiment 3 ff.; die Artikel betreffend das Verhältnis des Bundes zum Herzog von Mailand bei *Klüpfel,* Urkunden I, 370, 374, 376, 387.

4. Der Friede von Basel

[1] Siehe S. 333, 335; *Lex* 117 ff. (dort Einzelheiten und Quellen). 352

[2] *Eidgenössische Abschiede* III/1, 616, 621 f., 624 f.; *Lex* 119; *Gagliardi,* Anteil 63 f.

[3] Instruktion Moros an seinen Gesandten Visconti von 1499 Juni 27 Mailand bei *Pélissier,* Documents relations Maximilien, Bd. XLV, 474 ff.; *Lex* 122.

[4] *Gagliardi,* Anteil 100 ff.; *Lex* 123 ff. (dort Einzelheiten und Quellen); *Ulmann* I, 773 f.

[5] Siehe S. 344 ff., 350; *Lex* 124 f., 131. 353

[6] *Gagliardi,* Mailänder II, 150 f.; *Lex* 126 f.

[7] Bericht des spanischen Gesandten Fuensalida von 1499 Juli 28 Lindau über die französische Gesandtschaft bei *Berwick-Alba* 107 ff.; dazu *Sanuto* II, 1172, 1181 ff.; *Ulmann* I, 784 ff.

[8] *Lex* 127.

[9] *Lex* 128 ff.

[10] Siehe S. 358 f.; Die Franzosen begannen den Krieg schon Mitte Juli 1499, nicht erst Mitte August, wie *Ulmann* I, 790 meint; *Gagliardi,* Mailänder II, 167 f.; *Gagliardi,* Anteil 300, 315, 322; *Szyszkowitz* 161.

[11] Berichte Ungelters an Eßlingen 1499 August 2 und 13 (*Klüpfel,* Urkunden I, 367 f., 372 ff.); *Lex* 134 f. (dort Einzelheiten); *Gagliardi,* Mailänder II, 169 ff.; *Ulmann* I, 788 f. 354

[12] Bericht Viscontis an Moro von 1499 August 10 Villingen (*Mailand* SA, ArchSforz, PotEst, Alemagna, Cart. 590); *Lex* 135.

[13] *Hyden* 117 ff., 122; *Jäger,* Engadeiner Krieg 160 ff.

[14] *Lex* 135 f.; *Öchsli* 602; *Gagliardi,* Mailänder II, 175; *Ulmann* I, 789: meines Erachtens zu Unrecht zieht Ulmann in diesem Zeitpunkt „den Ernst der Friedensabsicht KMs in Zweifel".

[15] Abschied von 1499 August (*Eidgenössische Abschiede* III/1, 628 ff., 658); ähnlich äußerten sich die Schwaben (*Klüpfel,* Urkunden I, 373 f.); *Lex* 135.

[16] *Lex* 136 ff. (dort Einzelheiten); *Brandis,* Landeshauptleute von Tirol 375; *Ulmann* I, 791 f.

[17] KM an Markgrafen Kasimir von Brandenburg 1499 August 23 Straßburg (*Wien* HHSA, Ukd liegt unter 1499 September 22 Basel); *Lex* 139. 355

[18] Friedensartikel von 1499 August 25 Basel (*Wien* HHSA, Ukd liegen unter 1499 September 22); gedr. bei *Klüpfel,* Urkunden I, 377 ff.; auch *Fugger-Jäger* II, 168v f. bietet die Friedensartikel; *Gagliardi,* Mailänder II, 184 f.; *Hyden* 118; *Öchsli* 607 f.; *Dierauer* II, 429 ff.; *Ulmann* I, 791 f.; *Jäger,* Engadeiner Krieg 161; *Lex* 140.

[19] Bericht des *Pirkheimer* (ed. 1717) 89.

[20] Mandat KMs von 1499 August 28 (*Klüpfel,* Urkunden I, 380 f.); *Lex* 141 f.

[21] Weisung KMs an seine Unterhändler in Basel von 1499 September 3 Rothenburg am Neckar (*Wien* HHSA, Ukd liegt unter 1499 September 22); dagegen Weisung der Statthalter zu Freiburg an die Unterhändler in Basel von 1499 September 4 Freiburg (*Innsbruck* LRA, MaxAkt I/41, fol. 294); *Lex* 143; *Hyden* 119; *Ulmann* I, 793 f., 795 (die Zeitangabe 17. September für KMs Einwilligung zum Friedensschluß ist zu spät); *Bilgeri* II, 273 ff.

[22] *Lex* 147.

[23] *Klüpfel*, Urkunden I, 383; *Hyden* 119 f. (dort Quellen); *Lex* 145; *Ulmann* I, 789 f.

[24] *Lex* 148, Anm. 5.

[25] Vgl. den Brief Zieglers an Serntein von 1499 September 7 Reutlingen (*Innsbruck* LRA, MaxAkt I/41, fol. 293).

[26] Brief KMs an seine Unterhändler von 1499 September 18 Augsburg (*Wien* HHSA, Ukd liegt unter 1499 September 22); *Lex* 149; *Hyden* 121.

356 [27] *Hyden* 118, 122.

[28] Friedensurkunde von 1499 September 22 Basel (*Wien* HHSA, Ukd); gedr. bei *Jäger*, Engadeiner Krieg 161 ff., 224 ff., Nr. 22; *Eidgenössische Abschiede* III/1, 758 ff., Nr. 35; Volltext auch bei *Fugger-Jäger* II, 169v ff.; *Fugger-Birken* 1125; *Stumpf* (ed. 1548) 450, 456; *Lex* 149 ff.; *Ulmann* I, 795 ff.; *Hyden* 121; *Klüpfel*, Maximilian 127; *Öchsli* 614 ff.; *Gagliardi*, Anteil 317, 339 f.; *Gagliardi*, Mailänder II, 260; *Dierauer* II, 429 ff., 432 ff.; *Schäffer*, Diss. 72; *Szyszkowitz* 160; *Nabholz*, Geschichte der Schweiz I, 297.

[29] *Eidgenössische Abschiede* III/1, 650.

[30] *Lex* 152.

[31] *Gagliardi*, Mailänder II, 260; *Willi* 46; *Sigrist*, Reichsreform und Schwabenkrieg 114 ff.; *Sigrist*, Interpretation Basler Frieden 153 ff.; *Mommsen*, Eidgenossen 284 ff.; *Bilgeri* II, 517 ff.

357 [32] *Eidgenössische Abschiede* III/1, 670; *Lex* 153.

[33] Brief KMs an die Eidgenossen von 1499 Dezember 17 (*Eidgenössische Abschiede* III/1, 673); *Lex* 154.

[34] KM an den Schwäbischen Bund 1499 Oktober 8 Innsbruck (*Klüpfel*, Urkunden I, 396 f.).

[35] Siehe S. 359 f.

[36] Venezianischer Bericht von 1500 April bei *Sanuto* III, 243.

[37] Vgl. die wiederholten französischen Interventionen bei Mgf Friedrich von Brandenburg und bei Kfst Joachim von Brandenburg im Sommer und Herbst 1499 (*Merseburg* DZA, Geheimes SA, Rep. XI, 93 a, fol. 4 ff.).

V. DER VERLUST MAILANDS UND REICHSITALIENS. DER AUGSBURGER TAG: ZUSAMMENBRUCH DES KÖNIGLICHEN REGIMENTS IM REICH

1. Frankreich unterwirft den Mailänder Staat

[1] Quellen- und Literaturbericht: Das Folgende beruht hauptsächlich auf den zahlreichen Mailänder Gesandtschaftsberichten (*Mailand* SA) und auf den Dokumenten der kaiserlichen Kanzlei aus den Archiven zu *Innsbruck* und *Wien.* An Quellendrucken sind immer noch unentbehrlich *Pélissier,* die *Eidgenössischen Abschiede,* die Berichte *Sanutos* und *Fuensalidas;* die wichtigsten erzählenden Berichte finden sich bei *Corio, Guicciardini, Zurita* und *Priuli.* An Darstellungen sind außer den einschlägigen Staatengeschichten besonders hervorzuheben: *Kindt* (Katastrophe Ludovicos), *Escher* (Verrat von Novara), *Gagliardi* (Anteil der Schweizer), *Wolff* (Beziehungen) und *Leipold* (Venedig). Gute Zusammenfassungen auf Grund der Materialien der Maximilian-Regesten bieten vor allem *Lex* und *Friedhuber.* 358

[2] Über Moros Angebot an Frankreich vgl. den venezianischen Bericht von 1498 November 7 Blois bei *Sanuto* II, 150 f.; ein interessanter Bericht des Kardinals Ascanio Sforza bei *Pélissier,* Documents relations Maximilien, Bd. XLV, 481 f.; *Gagliardi,* Anteil 298, Anm. 26.

[3] Vgl. den Bericht des Fuensalida bei *Berwick-Alba* 30: „... porque o yo morire, o sere señor de Milan"; vgl. *Fueter,* Staatensystem 260 f.; *Lex* 157, Anm. 1.

[4] *Lex* 162; *Lanz,* Einleitung 57 ff. 359

[5] *Lex* 157 ff. (dort Einzelheiten und Quellen).

[6] *Lex* 111 ff. (dort Einzelheiten und zahlreiche Quellen).

[7] *Lex* 188 ff. (dort Einzelheiten und Mailänder Quellen); vgl. den Bericht des Mailänder Gesandten Stanga von 1499 Mai 17 Lindau bei *Pélissier,* Documents relations Maximilien, Bd. XLV, 78 ff.

[8] *Lex* 175 ff., 180; *Ziehen,* Mittelrhein II, 591; *Ulmann* I, 643; *Pastor* III/1, 532; *Kretschmayr* II, 407; *Gagliardi,* Mailänder II, 215; *Wolff* 48.

[9] Vgl. die Berichte des Gesandten Somenza an Herzog Ludovico von 1499 Mai 1 Überlingen; ebenso den Bericht des Gesandten Stanga von 1499 Mai 17 Lindau (beide *Mailand* SA, ArchSforz, PotEst, Alemagna, Cart. 1192); desgl. Bericht des Stanga von 1499 Juni 10 Meran (*Mailand* SA, ArchSforz, PotEst, Alemagna, Cart. 585); dazu *Lex* 162 ff., 167; über KMs Protest gegen den Überfall vgl. *Sanuto* II, 1183; Berichte bei *Pélissier,* a. a. O. Bd. LXV, 482 ff., Bd. XLVII, 464 ff., Bd. XLVIII, 159 f., 162 f., 164 f., 170 f.

[10] *Lex* 181 f.; *Gagliardi,* Anteil 300, 320 ff., 334; *Fueter,* Staatensystem 262; *Wolff* 53.

[11] *Burchard* (ed. Thuasne) II, 562 ff.; *Molinet* (ed. Buchon) III, 107 ff.; *Lex* 181; *Havemann* II, 54 ff.; *Wolff* 52 f. 360

[12] *Corio* 977; *Friedhuber,* Diss. 7; *Lex* 181, Anm. 6; *Ulmann* I, 799; *Havemann* II, 67; *Gagliardi,* Anteil 334 ff.

[13] *Kindt* 1 ff.; *Gagliardi,* Anteil 344 ff.; *Friedhuber,* Diss. 7; *Lex* 183.

[14] *Leipold,* Venedig 84; *Romanin* V, 109; *Lex* 172, Anm. 5; *Gagliardi,* Anteil 292.

[15] *Lex* 186; *Friedhuber,* Diss. 8; *Ulmann* I, 800; *Wolff* 56 ff.

[16] Bericht Moros an Kardinal (Ascanio?) von 1500 Jänner 20 Innsbruck (*Mailand* SA, ArchSforz, PotEst, Alemagna, Cart. 587); dazu *Kindt* 4 f.; *Ulmann* II, 2; *Friedhuber,* Diss. 9.

[17] Bericht des Kardinals Ascanio an Moro von 1500 Jänner 22 Feldkirch (*Mailand* SA, ArchSforz, PotEst, Alemagna, Cart. 587); *Lex* 186 f.; *Magenta* I, 558; *Kindt* 5; *Friedhuber,* Diss. 9.

[18] *Friedhuber,* Diss. 8 f.

[19] *Lex* 187 (dort Einzelheiten und Quellen).

361 [20] *Zurita* V, 180; *Friedhuber,* Diss. 9 f.

[21] *Friedhuber,* Diss. 10; *Gagliardi,* Anteil 388; *Ulmann* I, 801.

[22] *Eidgenössische Abschiede* III/2, 24, Nr. 9 a; *Friedhuber,* Diss. 10 f.

[23] *Sanuto* III, 176, 286; *Priuli* 309.

[24] *Havemann* II, 94; *Ulmann* II, 2; *Gagliardi,* Anteil 471; dazu *Friedhuber,* Diss. 14.

[25] *Gagliardi,* Anteil 398 ff.; *Friedhuber,* Diss. 11 f.

362 [26] *Escher* 170 f.; *Kindt* 10 f., 22 ff., 30 ff.; *Ulmann* II, 30; *Friedhuber,* Diss. 12.

[27] Dazu *Dierauer* II, 646; *Dändliker* II, 302; *Gagliardi,* Anteil 456 (Anm. 354), 485 ff. und Anhang 845 ff.; *Friedhuber,* Diss. 13.

[28] *Zurita* V, 180 f.; *Anshelm* II, 300; *Friedhuber,* Diss. 14.

[29] Die Redewendung wird verschieden überliefert: vgl. *Sanuto* I, 496 und *Malipiero* 482.

363 [30] *Friedhuber,* Diss. 14 (dort Einzelheiten).

[31] *Priuli* 309; *Friedhuber,* Diss. 14.

[32] *Sanuto* VII, 492.

[33] Siehe S. 142.

[34] *Zurita* V, 180ᵛ; *Friedhuber,* Diss. 15.

2. Hoffnungen und Enttäuschungen des Augsburger Reichstages 1500. Die politische Entmachtung des Königs

364 [1] Die Quellenlage zum Augsburger Tag ist wegen der beschlossenen Geheimhaltung aller Verhandlungen sehr ungünstig. Wenig bieten die Brandenburger Reichstagsakten (*Merseburg* DZA), die Würzburger Reichstagsakten (*Würzburg* SA) und einige Berichte aus dem *Geheimen Staatsarchiv München;* einiges mehr die Berichte des Frankfurter Gesandten (bei *Janssen*); zusätzliches die Straßburger Akten (bei *Schröcker*). Die sonst wertvollen venezianischen Berichte enthalten über die inneren Reformhandlungen wenig Verläßliches. Die eingehendste Darstellung und Dokumentation des Augsburger Tages bietet derzeit *I. Friedhuber,* die neben allen gedruckten auch die vielen ungedruckten Materialien der Maximilian-Regesten (Regesta Imperii XIV) heranziehen konnte, soweit sie damals vorhanden waren. *Ranke, Ulmann, Ziehen* und *Kraus* halten sich dagegen kürzer. Zu beachten ist immer noch die kenntnisreiche Darstellung bei *Janssen,* Geschichte des deutschen Volkes I, 525 ff. Die Darstellung bei *Schröcker* ist, verglichen mit der Bedeutung des

Tages, etwas kurz. An gedruckten Quellensammlungen sind noch immer unentbehrlich *Janssen,* Reichscorrespondenz; *Müller,* Reichstagsstaat; *Höfler, Harpprecht* und *Klüpfel.* Eine noch bessere Quellengrundlage dürfen wir uns von den *Reichstagsakten* (Mittlere Reihe) erwarten. Eine „Kulturgeschichte" der äußeren Vorgänge des Reichstages bietet Senders Augsburger Chronik (*Chroniken der deutschen Städte* XXIII) und *Fuggers (Jäger)* Ehrenspiegel; über die zeitgenössische Berichterstattung zu KMs Reichstagshandlungen vgl. *Schubert,* Deutsche Reichstage 186, 190 ff.; der beste Behelf für die Kenntnis des Geschäftsganges der Reichstage ist noch immer *J. J. Moser,* Teutsche Reichstaege, und *J. J. Moser,* Teutsches Staatsrecht, Bd. 43, 47. Wertvolle Hinweise verdanke ich der Sammlung *Probszt.*

[2] Von 1499 Dezember 2 Innsbruck bei *Janssen,* Reichscorrespondenz II, 637, Nr. 793 und bei *Klüpfel,* Urkunden I, 399 f.; dazu *Friedhuber,* Diss. 17, 36; *Ulmann* II, 1; *Kraus,* Reichsregiment 10; *Schröcker,* Unio 297.

[3] *Chroniken d. deutschen Städte* XXIII (Augsburger Chronik) 73; *Fugger-Jäger* 172v; dazu *Friedhuber,* Diss. 17; *Kraus,* Reichsregiment 11 (mit falschem Datum); *Brunner,* Augsburg 24 f. (bietet ausführliche Beschreibungen des Einzuges, des Aufenthaltes und der Festlichkeiten).

[4] Gedruckt bei *Janssen,* Reichscorrespondenz II, 637, Nr. 795; vgl. auch das Schreiben KMs an den Kurfürsten Joachim von Brandenburg von 1500 März 17 Augsburg (*Merseburg* DZA, Geheimes SA, Rep. X, Nr. ZY, Fasc. 2 K, fol. 4 ff.); *Friedhuber,* Diss. 17; *Kraus,* Reichsregiment 12; *Koch,* Beiträge 97. 365

[5] Vgl. den brandenburgischen Bericht von 1500 März 21 Ansbach (*Merseburg* DZA, Geheimes SA, Rep. X, Nr. ZY, Fasc. 2 K, fol. 7 ff.). Auch KM hatte zwischendurch die Stadt wieder verlassen und war zu einem großen Turnier nach München geritten und erst am 26. März nach Augsburg zurückgekehrt; vgl. den brandenburgischen Bericht von 1500 März 29 Augsburg (*Merseburg* DZA, a. a. O., fol. 12 f.).

[6] *Chroniken d. deutschen Städte* XXIII (Augsburger Chronik) 74; *Ziehen,* Mittelrhein II, 597; *Friedhuber,* Diss. 17; *Schröcker,* Unio 297 f.

[7] *Friedhuber,* Diss. 18 f. (dort Einzelheiten und Quellen); vgl. die ersten undatierten brandenburgischen Berichte an Kurfürsten Joachim über Quartierfragen, Besuch, Verpflegung, geheime Verhandlungen wegen Mailand, Vorrangs- und Sessionsstreitigkeiten vor allem zwischen Brandenburg und Sachsen (*Merseburg* DZA, Geheimes SA, Rep. X, Nr. ZY, Fasc. 2 K, fol. 1 ff., 18 f.).

[8] Text bei *Janssen,* Reichscorrespondenz II, 638 ff., Nr. 798; dazu *Friedhuber,* Diss. 18, 36; *Ulmann* II, 4; *Kraus,* Reichsregiment 13 f.; *Ziehen,* Mittelrhein II, 598; *Schröcker,* Unio 298.

[9] Aus einem Bericht von 1500 Juli 19 Augsburg (*München* HSA, Geheimes SA, Kasten blau 103/4 a, fol. 3 ff.) geht hervor, daß wahrscheinlich auch Kurpfalz für einen jüngeren Prinzen sich um die Augsburger Propstei bemühte; *Friedhuber,* Diss. 19 (dort Einzelheiten); *Legers,* Lang 486 f.; *Ulmann* I, 811.

[10] *Friedhuber,* Diss. 19. 366

[11] *Priuli* 309; dazu *Friedhuber,* Diss. 19.

[12] Bericht des Frankfurter Gesandten von 1500 April 20 bei *Janssen,* Reichscorrespondenz II, 642 f., Nr. 798; dazu *Friedhuber,* Diss. 19 f.; *Ulmann* II, 16; *Kraus,* Reichsregiment 14 f.; *Ziehen,* Mittelrhein II, 598.

[13] *Kraus,* Reichsregiment 15 f.; die Haltung der Reichsstände gegenüber Frankreich bei *Schröcker,* Unio 299 ist doch stark beschönigt.

[14] *Janssen,* Reichscorrespondenz II, 643 f., Nr. 798; *Friedhuber,* Diss. 20 f.; *Ulmann* II, 17.

[14a] Instruktion KMs an Freisleben von 1500 Mai 29 Augsburg bei *Schönherr,* Urkunden und Regesten, S. IX ff., Nr. 616.

[15] Bericht des Frankfurter Gesandten von 1500 Mai 5 Augsburg bei *Janssen,* Reichscorrespondenz II, 646 f., Nr. 801, 802; *Friedhuber,* Diss. 22, 37 ff.; *Kraus,* Reichsregiment 18 ff.; *Ziehen,* Mittelrhein II, 599; *Ulmann* II, 4 f.; *Schröcker,* Unio 300.

[16] Vgl. die Nürnberger Geheimberichte von 1500 Mai 2 und 1500 April 25 Augsburg bei *Wagner,* Nürnbergische Geheimschriften 16 f.; diese nicht ganz unwesentlichen Zeugnisse für Bertholds Charakter blieben, soweit ich sehe, Schröcker unbekannt.

[17] *Sanuto* III, 528 hebt die strenge Geheimhaltung hervor.

368 [18] *Friedhuber,* Diss. 37 f.; *Ranke,* Deutsche Geschichte 94; *Kraus,* Reichsregiment 29; *Below* 142; *Ulmann* II, 13.

[19] Bericht des Frankfurter Gesandten bei *Janssen,* Reichscorrespondenz II, 647 f., Nr. 802; Bericht des Bamberger Gesandten betreffend Verhandlungen über Eidgenossen und Konstanz an seinen Bischof von 1500 Mai 12 (Augsburg) in *Bamberg* SA, Reichstagsakten, Bamberger Serie, Rep. B 33/I, Nr. 1, fol. 7 ff.; *Friedhuber,* Diss. 22 f.; *Kraus,* Reichsregiment 19 f.

[20] Die Würzburger Reichstagsakten nennen ohne Datum einen ganz anders zusammengesetzten 14köpfigen Ausschuß der Kurfürsten, geistlichen und weltlichen Fürsten (*Würzburg* SA, Reichstagsakten 3, fol. 113^{v}) für die Beratung der Regimentsordnung und des Anschlages. Über Vermittlungsversuche vgl. Briefe des Bischofs von Würzburg von 1500 April 7 und Dezember 12 (*Würzburg* SA, Reichssachen 956 und 954, fol. 9).

[21] *Schröcker,* Unio 301 (aus dem Straßburger Protokoll).

[22] Bericht des Frankfurter Gesandten von 1500 Mai 14 Augsburg bei *Janssen,* Reichscorrespondenz II, 652, Nr. 804; dazu *Friedhuber,* Diss. 23, 39 f.; *Kraus,* Reichsregiment 21; *Schröcker,* Unio 301, Anm. 4 nennt auf Grund der Straßburger Akten den 12. Mai.

369 [23] Die drei Schreiben des Königs von Frankreich von 1500 Mai 17 Lyon bei *Janssen,* Reichscorrespondenz II, 652 f., Nr. 805, 806, 807; dazu *Friedhuber,* Diss. 23; *Kraus,* Reichsregiment 53.

[24] *Ulmann* II, 17 meint, daß dieser Brief des KF glaubhaft nachweise, daß KMs Behauptung betreffend die Feindschaft des KF grundlos gewesen sei, was den kritischen Betrachter doch etwas überraschen dürfte; ebenso urteilt *Ziehen,* Mittelrhein II, 620 etwas gutgläubig, der König von Frankreich sei bereit gewesen, mit der Bitte um die Mailänder Belehnung sich der Reichsverfassung zu fügen, Maximilian aber hätte dies nicht anerkannt.

[25] *Friedhuber,* Diss. 24 f.; *Ulmann* I, 446.
[26] Bericht des Frankfurter Gesandten bei *Janssen,* Reichscorrespondenz II, 653, Nr. 808; *Wilwolt* 181 f.; *Chroniken d. deutschen Städte* XXIII (Augsburger Chronik) 83 f.
[27] *Friedhuber,* Diss. 24, 161 f. (dort Einzelheiten und Quellen).
[28] *Janssen,* Reichscorrespondenz II, 658 f., Nr. 812.
[29] *Friedhuber,* Diss. 29, 167 f. (dort Einzelheiten, Quellen und Literatur). 370
[30] *Friedhuber,* Diss. 29.
[31] *Friedhuber,* Diss. 29, 163 ff.
[32] *Friedhuber,* Diss. 29, 168 ff.
[33] Berichte des Nürnberger Gesandten von 1500 Mai 2 und 1500 Juni 22 aus Augsburg bei *Wagner,* Nürnbergische Geheimschriften 16 f., 19. Die Nürnberger sind über KM erbittert, weil er, beeinflußt vom Brandenburger, ihre Streitsache lässig behandelt; vgl. *Chroniken d. deutschen Städte* XI (Nürnberger Chronik) 618.
[34] *Janssen,* Reichscorrespondenz II, 659 ff., Nr. 813.
[35] Bericht des Frankfurter Gesandten von 1500 Juni 3 Augsburg bei *Janssen,* Reichscorrespondenz II, 655 f., Nr. 808; die Entwürfe selber sind nicht überliefert; dazu *Friedhuber,* Diss. 25, 40 f.
[36] *Friedhuber,* Diss. 40 f. (dort Einzelheiten und Quellen).
[37] *Chroniken d. deutschen Städte* XXIII (Augsburger Chronik) 82 f.; dazu *Friedhuber,* Diss. 25.
[38] *Chroniken d. deutschen Städte* XXIII (Augsburger Chronik) 83. 371
[39] Bericht des Frankfurter Gesandten von 1500 Juni 25 bei *Janssen,* Reichscorrespondenz II, 656, Nr. 810; dazu *Friedhuber,* Diss. 25; *Ziehen,* Mittelrhein II, 601.
[40] *Sanuto* III, 377, 511, 528.
[41] *Sanuto* III, 286, 349, 426, 431, 452, 456, 482, 528.
[42] *Sanuto* III, 482: „... li 7 deputati al governo hanno privato il rè Massimiliano di ogni governo e lhoro fanno il tutto ..." (venez. Bericht von Anfang Juli 1500).
[43] Pfälzer Bericht von 1500 Juli 19 Augsburg (*München* HSA, Geheimes SA, Kasten blau 103/4 a, fol. 3 ff.).
[44] *Friedhuber,* Diss. 42.
[45] *Friedhuber,* Diss. 40.
[46] *Sanuto* III, 377. 372
[47] *Sanuto* III, 431, 452.
[48] Originalpergament von 1500 Juli 2 Augsburg in *Wien* HHSA, Ukd (Pergamentlibell mit zehn Blättern, KMs persönlicher Unterschrift und 16 Hängesiegeln); Kopie in *Würzburg* SA, Reichstagsakten 3, fol. 124—134; Drucke: *Zeumer* 297 ff., Nr. 177; *Müller,* Reichstagsstaat 28 ff.; *Schmauss-Senckenberg* II, 56 ff.; dazu *Friedhuber,* Diss. 42 ff., 51 ff.; *Kraus,* Reichsregiment 24; *Ulmann* II, 4 ff.; *Schröcker,* Unio 302.
[49] Über die Entwicklung der so wichtigen Reichskreise vgl. *Schröder-Künßberg* 909 und *Hartung,* Verfassungsgeschichte 44; über die Haltung des Königs zur Kreiseinteilung vgl. *Friedhuber,* Diss. 53 f.
[50] *Friedhuber,* Diss. 57 ff.; *Kraus,* Reichsregiment 34 ff.
[51] *Friedhuber,* Diss. 57. 373

[52] Daß die rechtliche Stellung des Königs weiterhin nicht unbedeutend gewesen sei, wie *Ulmann* II, 9 urteilt, trifft wohl nicht zu.
[53] Vgl. auch den durchaus „reichsständisch" gesinnten *Kraus*, Reichsregiment 21: „Nicht nur legislative, sondern auch exekutive Befugnisse in bedenklicher Fülle ..." wurden dem Regiment zugeteilt; über die Kompetenzen des Reichsregimentes und die totale Entmachtung Maximilians vgl. vor allem *Kraus*, Reichsregiment 32 ff.; *Sternaux* (Festgabe der Maximilian-Gesellschaft!) bietet ein Beispiel, zu welchen Fehlurteilen völliger Mangel an Kenntnissen führen kann: er führt (S. 30 f.) aus, auf dem Augsburger Tag seien für Maximilian die Vergnügungen viel unterhaltsamer gewesen, als das ganze lächerliche Gerede über die Kreise!
[54] *Friedhuber*, Diss. 60 ff.; *Ranke*, Deutsche Geschichte 94; *Janssen*, Geschichte des deutschen Volkes I, 563 f.; *Ulmann* II, 5 ff.; *Ziehen*, Mittelrhein II, 604; *Kraus*, Reichsregiment 22 f.
[55] Kurfürsten, Fürsten, Grafen und freie Herren hatten nach der Wormser Ordnung Selbsteinschätzung, also praktisch weitestgehende Steuerermäßigung erhalten. In dieser Hinsicht war die Augsburger Steuerordnung besser. Der Augsburger Anschlag auf Kurfürsten, geistliche und weltliche Fürsten, Prälaten, Grafen, Freiherrn und Städte findet sich in *Würzburg* SA, Reichstagsakten 3, fol. 186—197.
[56] *Schröcker*, Unio 303.
[57] Vgl. den Bericht der (Pfälzer?) Räte an den Pfalzgrafen Philipp von 1500 Juli 19 Augsburg (*München* HSA, Geheimes SA, Kasten blau 103/4 a, fol. 3—6).
374 [58] Vgl. Liste der anwesenden Gesandtschaften und Vertretungen von 1500 Mai 31 (*München* HSA, Geheimes SA, Kasten blau 103/4 b, fol. 5).
[59] Dazu *Friedhuber*, Diss. 21; *Kretschmayr* II, 269; *Wiesflecker*, Görz 380.
[60] *Chroniken d. deutschen Städte* XXIII (Augsburger Chronik) 79 f.; *Leipold*, Venedig 66 f.
[61] *Krendl*, Diss. 150; *Friedhuber*, Diss. 115; *Schäffer*, Diss. 29; *Turba*, Thronfolgerecht 364; *Höfler*, Juana 310.
[62] *Molinet* (ed. Buchon) V, 122 ff.; *Schäffer*, Diss. 16; *Krendl*, Diss. 148; *Höfler*, Juana 304; *Ulmann* II, 99.
[63] *Chroniken d. deutschen Städte* XXIII (Augsburger Chronik) 86 f.; dazu *Friedhuber*, Diss. 26 f.; *Brunner*, Augsburg 25.
[64] *Baldass*, Künstlerkreis 11.
375 [65] *Friedhuber*, Diss. 27, 45 f. (dort Quellen).
[66] *Fürstenbergisches Urkundenbuch* IV, 289 f., Nr. 307.
[67] Näheres im III. Bd.
[68] *Chroniken d. deutschen Städte* XXIII (Augsburger Chronik) 89 f.; *Ziehen*, Mittelrhein II, 607; *Brunner*, Augsburg 26 ff.; dazu *Friedhuber*, Diss. 28.
[69] *Chroniken d. deutschen Städte* XXIII (Augsburger Chronik) 90 ff.; *Ziehen*, Mittelrhein II, 607.
[70] *Friedhuber*, Diss. 44 ff., 73 ff.
[71] Bericht des Frankfurter Gesandten von 1500 August 17 bei *Janssen*, Reichscorrespondenz II, 661, Nr. 813; Bericht des Wormser Gesandten

bei *Noltz,* Tagebuch 443; *Friedhuber,* Diss. 28, 46 f.; *Kraus,* Reichsregiment 25 f.; *Ulmann* II, 15 f.

[72] Der Wortlaut bei *Janssen,* Reichscorrespondenz II, 659 ff., Nr. 813; dazu die Reflexionen von *Ulmann* II, 15; *Kraus,* Reichsregiment 25 f.; *Ranke,* Deutsche Geschichte 96.

[73] Kopie in *Würzburg* SA, Reichstagsakten 3, fol. 183 f.; Bericht des Frankfurter Gesandten bei *Janssen,* Reichscorrespondenz II, 659 ff., Nr. 813; dazu *Friedhuber,* Diss. 47 f. (dort Quellen und Einzelheiten). 376

[74] *Friedhuber,* Diss. 59; dort auch die anderen Auffassungen von *Ranke,* Deutsche Geschichte 96; *Janssen,* Geschichte des deutschen Volkes I, 563; *Kraus,* Reichsregiment 50; *Ulmann* II, 11.

[75] Bericht des Frankfurter Gesandten von 1500 August 17 Augsburg bei *Janssen,* Reichscorrespondenz II, 659 ff., Nr. 813; *Angermeier,* Reichsregimenter 272 f., 291 f.

[76] Diese sehr einleuchtende Interpretation, die durch Quellen naturgemäß nicht belegt werden kann, bietet *Ulmann* II, 8 ff., 11 ff.

[77] Vgl. den Bericht des Ulrich von Winterstätten an Hzg Albrecht von Bayern ddo 1500 August 16 (*München* HSA, Geheimes SA, Kasten schwarz 4193, fol. 13); erwähnt die Aushandlung der Artikel über die Reichshauptmannschaft. Bestimmungen betreffend den Reichshauptmann finden sich auch in *Würzburg* SA, Reichstagsakten 3, fol. 134 f.; Bericht des Frankfurter Gesandten von 1500 August 17 Augsburg bei *Janssen,* Reichscorrespondenz II, 657 ff., Nr. 811, 813; dazu *Friedhuber,* Diss. 29, 44 f. 377

[78] *Müller,* Reichstagsstaat 12 f.; *Friedhuber,* Diss. 48.

[79] *Chroniken d. deutschen Städte* XXIII (Augsburger Chronik) 93; *Pölnitz,* Jakob Fugger I, 116 und II, 85; dazu *Friedhuber,* Diss. 28; *Brunner,* Augsburg 28 f.

[80] Bei *Janssen,* Reichscorrespondenz II, 684 f., Nr. 878; *Höfler,* Reformbewegung 71 ff., Nr. 15; dazu *Friedhuber,* Diss. 49; *Ulmann* II, 11; *Ziehen,* Mittelrhein II, 611.

[81] Brief KMs von 1502 Juni 24 bei *Klüpfel,* Urkunden I, 469 ff.

[82] *Chroniken d. deutschen Städte* XXIII (Augsburger Chronik) 92 f.; dazu *Friedhuber,* Diss. 30.

[83] Siehe S. 375; *Janssen,* Reichscorrespondenz II, 684 f., Nr. 878; *Höfler,* Reformbewegung 71 ff., Nr. 15; dazu *Friedhuber,* Diss. 46; *Ulmann* II, 13 ff.; *Ziehen,* Mittelrhein II, 611. Etwas zu harmlos wird meines Erachtens Bertholds Rolle in Augsburg bei *Schröcker,* Unio 303 f. hingestellt. — Über die Affäre der Königin und ihres Hofstaates vgl. *Chroniken d. deutschen Städte* XXIII (Augsburger Chronik) 90 ff., 94: „Regina invita madidis oculis de Augsburg recessit in curru aureo ... mandavit Max. ut sine omni remedio omnes Itali ..., qui erant in curia Regine, sub pena capitis de curia illius abirent ...“

[84] Vgl. *Friedhuber,* Diss. 30, 48. 378

[85] Das Wiener Original (?) trägt kein königliches Siegel; dazu *Friedhuber,* Diss. 49; *Ulmann* II, 14 spricht von einer Besiegelung des Abschiedes ohne Angabe der Quelle.

[86] Original (?) von 1500 September 10 Augsburg in *Wien* HHSA, Ukd, Pergamentlibell mit 24 Blättern; Kopie des Abschiedes in *Würzburg*

SA, Reichstagsakten 3, fol. 139—181; Drucke: *Schmauss-Senckenberg* II, 63 ff.; dazu *Friedhuber*, Diss. 48 ff., 65 ff.; *Ziehen*, Mittelrhein II, 611 f.; *Kraus*, Reichsregiment 34, 37, 51 ff.; *Ziehen*, Mittelrhein II, 619: Das Regiment ist für ihn die „Magna Charta des kurfürstlich-ständischen Reiches"; man habe verhindern wollen, „daß die Kraft des Reiches zum bloßen Vorteil des Hauses Habsburg eingesetzt werde".

[87] Der Band NN der Reichsregisterbücher in *Wien* HHSA, ein Pergamentcodex mit der Aufschrift: „Ordnung des Heiligen Römischen Reiches, so Graf Adolff von Nassaw Sechs schreiben lassen und zusammenziehen ab anno 1495 usque 1500. Maximilianus Romanorum Rex etc.", enthält eine Zusammenfassung der Reichsreformgesetze von 1495 bis 1500 und ist vielleicht als Verhandlungsunterlage für den Augsburger Tag zusammengeschrieben worden. Der Codex enthält auf fol. 57^{v} und 69 zweimal die Notiz, daß die Freiburger Gesetze durch die Augsburger Ordnungen aufgehoben sind.

[88] *Friedhuber*, Diss. 42.

[89] Die Reichstage wurden durch das Regiment nicht abgeschafft, nur deren *jährliche* Einberufung; vgl. dazu *Müller*, Reichstagsstaat 17 ff. und *Datt* 603 ff.

[90] *Ulmann* II, 40 f.

[91] *Ulmann* II, 514.

[92] *Kraus*, Reichsregiment 37 ff.; *Friedhuber*, Diss. 45.

379 [93] *Harpprecht* II, 150 f.; *Smend* 85 f.; *Friedhuber*, Diss. 70 f.

[94] *Friedhuber*, Diss. 72 f.

[95] *Friedhuber*, Diss. 73 ff.; dazu *Ulmann* II, 5, 8; dagegen *Ranke*, Deutsche Geschichte 97.

[96] Vgl. *Janssen*, Reichscorrespondenz II, 850, Nr. 1073.

[97] *Ranke*, Deutsche Geschichte 75: „Das Regiment (wäre besser) eine kurfürstliche Oligarchie zu nennen"; *Janssen*, Geschichte des deutschen Volkes I, 526 ff.; *Kraus*, Reichsregiment 32 ff., 37 ff.

[98] Brief des Grünpeck an Berthold von 1500 (s. d.) bei *Czerny* 359 f. Grünpeck, der wegen Syphilis das königliche Hoflager hatte verlassen müssen und sich nun bei Berthold anbiederte, schrieb ihm alle Verdienste dieses Augsburger Tages zu.

380 [99] Nach *Janssen*, Geschichte des deutschen Volkes I, 528 f., 564 (ohne näheres Zitat); dazu *Friedhuber*, Diss. 50; *Kraus*, Reichsregiment 53 ff.

[100] Vgl. *Friedhuber*, Diss. 81.

[101] Darüber stimmen fast alle späteren Beurteiler überein, wenn auch Bertholds Rolle im einzelnen aktenmäßig nicht nachgewiesen werden kann, so ist Bertholds führender Anteil an der Augsburger Ordnung und an der Niederlage des Römischen Königs doch höchst wahrscheinlich. *Schröcker*, Unio 303 f. sieht Bertholds Rolle etwas harmloser.

381 [102] Über die Kompetenzen des Reichsregimentes vgl. *Kraus*, Reichsregiment 32 ff.

[103] Vgl. *Ulmann* II, 8 ff.; vgl. auch das Urteil von *Ziehen*, Mittelrhein 601 f.: „... triumphaler Erfolg ... die königliche Willkür sollte beschränkt werden."

382 [104] *Janssen*, Geschichte des deutschen Volkes I, 529.

VI. DIE ERBLÄNDER, DAS REICH UND EUROPA UM 1500. IDEE UND WIRKLICHKEIT DER KÖNIGLICHEN POLITIK. WANDEL DER PERSÖNLICHKEIT UND DES HERRSCHAFTSSTILES

1. Maximilians außenpolitische Mißerfolge. Österreich, das Reich und Europa 1493 bis 1500

1 Über KMs Auffassung des Kaisertums und der deutschen Nation bei *Neroutsos-Hartinger, passim.* 383

2 Vgl. *Hönig* 88 ff., 117 ff., 157 ff.; *Diederichs* 36 ff., 43 ff., 76 ff., 85 ff.

3 Vgl. die ähnliche Argumentation bei *Heimpel,* Deutsches Mittelalter 22; dazu *Smidt,* Königtum und Staat 84. 384

4 Vgl. *Engels,* Theuerdank als autobiographische Dichtung 8 ff.

5 Sanuto VI, 452 f.

6 Siehe S. 44 f., 50 ff. 386

7 Siehe S. 68 f., 232 ff.

8 Siehe S. 263.

9 Siehe S. 45. 387

10 Siehe S. 33 ff. 388

11 Siehe S. 82 ff., 97 ff.

12 Siehe S. 82 ff., 97 ff.

13 Ein ähnliches Urteil bei *Molitor,* Reichsreformbestrebungen 221; dagegen *Ulmann* II, 17 ff.: „seine (= KMs) Kräfte nutzlos verschwendende Kriegführung . . .“. 389

14 KMs lateinische *Autobiographie* (ed. Schultz) 444.

15 Siehe S. 58 ff.; *Wiesflecker,* Maximilian, I, 393 f. 390

16 *Wiesflecker,* Maximilian, I, 315, 398.

17 Siehe S. 34 f.; *Wiesflecker,* Maximilian, I, 315 (dort Quellen und Literatur).

18 Siehe S. 35, 133.

19 Siehe S. 140 ff., 148; vgl. *Mayer,* Maximilian und Philipp *passim.*

20 *Wiesflecker,* Maximilian, I, 227 f.

21 Siehe S. 139. 391

22 Siehe S. 33 ff., 41 ff.

23 Siehe S. 43, 374.

24 So in einem Gespräch mit Fuensalida (*Berwick-Alba* 21).

25 Siehe S. 171 ff.; *Wiesflecker,* Maximilian, I, 345 ff., 398 ff. 392

26 Siehe S. 156 f.

27 *Hönig* 89 ff., 100 ff.

28 Siehe S. 126 ff. 393

29 Siehe S. 141, 302, 309. 394

30 Siehe S. 369.

31 Bericht des Mailänder Gesandten von 1499 Mai 3 bei *Pélissier,* Documents relations Maximilien, Bd. XLIV, 365 f.: der Gesandte erfährt von KM selber „. . . papa con quanti ne sono a Roma tengono poco conto de Massimiliano e disse ridendo d’uno molto strano sopranome che gli danno . . .“. 395

396 [32] Brief des Sebald Schreyer an Celtis von 1500 August 11 Nürnberg bei *Rupprich* 413: „... universam Italiam illi Christiani nominis inimico tributa pensuram esse facile coniectari potest ... res Italiae ob Galliorum regem non modicis turbationum procellis quassantur ... Totius denique Europae Christianus orbis concitatus comotusque cernitur."

[33] Vgl. den Brief des Sebastian Schreyer an Celtis von 1500 Oktober 18 Nürnberg bei *Rupprich* 425 ff.

2. Verfassungskämpfe und Fehlschlag der Reichsreform

397 [1] Siehe S. 243.

398 [2] *Krause, passim; Spausta* I, 88 ff.; *Lambauer* 67 ff.; *Plöbst* 58 ff.; *Gröblacher,* Diss. 16 f., 85; *Lex* 214 f.; *Friedhuber,* Diss. 168 ff.

[3] Zum Wormser Streit vgl. *Spausta* I, 10 ff.; *Lambauer* 71 ff.; *Plöbst* 61 ff.; *Gröblacher,* Diss. 85, Anm. 17; *Lex* 207 ff.; *Friedhuber,* Diss. 163 ff. Zum Kölner Streit: *Spausta* I, 15 f.; *Gröblacher,* Diss. 16, 50, 85, Anm. 17; *Friedhuber,* Diss. 163, Anm. 7.

[4] Vgl. *Spausta* I, 13 f.; *Lambauer* 73; *Plöbst* 63 ff.

[5] *Lex* 212 ff.; *Friedhuber,* Diss. 29.

399 [6] Siehe S. 172.

400 [7] Siehe S. 262 f., 268 f., 285 f., 375 f., 413.

401 [8] *Filek* 3 ff.; vgl. auch *Wolgarten* 51—103.

402 [9] *Wurm* 47 ff., 54 ff.

403 [10] Siehe S. 240, 246.

[11] Siehe S. 241 f.

3. Die Bedeutung der Erbländer

405 [1] Einblick in die Finanzlage KMs in den Jahren 1495—98 vermitteln *Spausta* II, 272—279; *Lambauer* 246—258; *Plöbst* 150—159; *Gröblacher,* Diss. 275—279.

[2] Über die Existenz des Ringes vgl. einen Brief Sernteins an Liechtenstein von 1498 Dezember 20 Innsbruck (*Innsbruck* LRA, MaxAkt XIII/256/III, fol. 64 f.); dazu *Hyden* 87; über die Verpfändung persönlicher Gebrauchsgegenstände vgl. JbKunsthistSamml XIII (1892), S. XXVI, Nr. 8644.

[3] *Tschech* 16 ff., 28 ff., 63 ff., 76 ff., 86 ff.

406 [4] Ähnlich *Zurita* V, 121^{v}: „... era necessario ... que las *minas* que tenia de plata en Tirol, fuessen de oro ..."

[5] *Fugger-Birken* 1369; *Kraus,* Maximilian I. 129 ff.; dazu *Wiesflecker,* Maximilian, I, 24.

[6] *Jankovits* 8 ff.; *Adler* 99 ff.

[7] Siehe S. 196 ff.

407 [8] *Wiesflecker,* Maximilian, I, 221 ff., 336 f., 344, 379 ff., 386.

[9] Vgl. *Verdroß, passim.*

[10] *Kernbichler, passim.*

[11] Vgl. *Starzer,* Beiträge 133 ff.

[12] Vgl. *Bücking*, Stürtzel *passim; Buchwald*, Stürtzel *passim;* eine Dissertation über den Tiroler Kanzler wird derzeit von I. Rannacher bearbeitet.

[13] Über Serntein vgl. *Hyden, passim.*

[14] Über Gossembrots Wirken in den Behörden vgl. *Geiersberger* 5 ff.

[15] Vgl. *Mader, passim.*

[16] *Legers*, Lang *passim; Wagner*, Lang *passim; Stückler*, Lang *passim.*

[17] Siehe S. 365 f.; *Legers*, Lang 474; *Ziehen*, Mittelrhein II, 573. 408

[18] Bericht des sächsischen Gesandten Bünau an Kurfürst Friedrich ddo 1498 Dezember 5 (*Weimar* SA, Reg. E, Nr. 45, fol. 9 ff.); eine Übersicht der Hofämter und Dienste in *Wien* HKA, Gedenkbuch XII, fol. 207v bis 212v; dazu auch *Ulmann* I, 806 ff.

[19] *Hyden* 20.

[20] *Wiesflecker*, Maximilian, I, 412 ff.

[21] Vgl. den Fascikel von sieben Stücken in Causa Praitswert, der sich in *Wien* HHSA, Ukd unter 1515 Jänner 13 findet; über das höfische Pensions- und Spionageunwesen vgl. KMs Äußerungen zu Fuensalida von 1498 Juli 7 Freiburg bei *Berwick-Alba* 57: ... sy a uno diese pynsyon, no se podria hazer tan secreto que no lo supiesen otros, y sabiendolo, avian de demandar pynsyones ... todos estan aqui hechos quadrillas ... y serian sus demandas ynfinitas ... Rojas ... andava corronpyendo mis porteros y camareros para saber las cosas ... quando yo (= KM) lo senty, determine de no dezille nada y de dezir aquellos de mi camara cosas que le dixesen que no heran las que hazian, syno al contrario." 409

[22] Eine Anweisung Stubenbergs an Praitswert über 50 Gulden Bestechungsgeld ddo 1512 November 6 findet sich in dem obgenannten Fascikel in *Wien* HHSA, Ukd; *Wiesflecker*, Maximilian, I, 413.

[23] *Ulmann* I, 809 f.; über KMs Beratungsgepflogenheiten vgl. den Bericht des spanischen Gesandten Fuensalida von 1498 August 16 Freiburg bei *Berwick-Alba* 80: „... los mas de mi consejo ... son de opynion que devo guardar la paz. Verdad es que ay algunos que son contra esta opynion, pero son los menos, y como esta dyvysion sea entre los de mi consejo, yo no muestro qual de aquellas opiniones me plaze, pero estoy determinado en no guardar la paz ..."; *Klüpfel*, Urkunden I, 333: „KM läßt sich nicht dreinreden ..."; Bericht des Fuensalida von 1498 August 20 Freiburg bei *Berwick-Alba* 87: „... como pone (=KM) en platica una cosa, luego la tyene por hecha, syn mas esperar respuesta." Vgl. auch *Wiesflecker*, Maximilian, I, 409. 410

[24] *Fugger-Birken* 1371.

[25] Vgl. *Wiesflecker*, Kirche 143 ff.

[26] Über KMs Beziehungen zu den Päpsten vgl. die Dissertationen von *Redik* (Alexander VI.), *Stelzer* (Pius III., Julius II. bis 1508) und *Frieß* (Julius II. bis 1513). Eine Untersuchung der Beziehungen zu Leo X. ist in Arbeit. 411

[27] Vgl. den Bericht des Mathes (Schmidl?) ddo 1497 Juli 7 Füssen über die Ermordung des Herzogs von Gandia, eines Sohnes Papst Alexanders (*Weimar* SA, Reg. C, 485, fol. 1); vgl. *Wiesflecker*, Lang *passim;* der Brief des Pico de Mirandola von 1500 Oktober 1 bei *Burchard* (ed. Thuasne) III, 112.

[28] *Wiesflecker,* Kaiser-Papst-Plan 315 f.
[29] Venezianischer Bericht ddo 1503 Dezember 6 Augsburg bei *Sanuto* V, 570 f.
412 [30] Siehe S. 190.
[31] *Pölnitz,* Jakob Fugger I, 40 ff., 59 ff., 82 ff., 102 ff.
[32] Vgl. *Geiersberger* 17 ff.
[33] *Tschech* 80 ff., 86 ff.
[34] Faust II, Verse 5906 ff., 6066 ff., 6119 ff., 6197 ff.

4. Der König in den Jahren der Rückschläge

413 [1] KMs lateinische *Autobiographie* (ed. Schultz) 423.
[2] KMs lateinische *Autobiographie* (ed. Schultz) 427, Zeile 18 f.: „... non obstante sua *prava constellatione* arma militaria cepit ...".
[3] Brandenburgischer Bericht von 1497 April 9 (*Merseburg* DZA, Geheimes SA, Rep. X, Nr. ZY, Fasc. 2 B, fol. 23 ff.).
[4] *Grünbeck,* Historia (ed. Chmel) 89; *Grünpeck,* Geschichte (ed. Ilgen) 53 f.; *Ulmann* I, 197.
414 [5] Er lehnt 1495 Verhandlungen mit Albrecht von Sachsen der Schulden wegen ab: „wo solchs aber gescheech, mocht (KM) hitzig werden und mer unrats geberen ..." (brandenburgischer Bericht von 1495 November 1 Worms in *Merseburg* DZA, Geheimes SA, Rep. X, Nr. ZY, Fasc. 1 C, fol. 13v f.).
[6] Siehe S. 286.
[7] Siehe S. 262.
[8] Siehe S. 89 f.
[9] Siehe S. 269.
[10] Siehe S. 285.
[11] Siehe S. 285.
[12] Siehe S. 83, 138.
[13] Siehe S. 285, 372, 375 f.
[14] Siehe S. 285, 375. Vgl. die interessanten Ausführungen von *Schröcker,* Auffassung vom Königtum 181 ff. (Beobachtungen aus ungedruckten italienischen Quellen); desgl. *Fichtenau,* Maximilian und die Sprache 32 ff., 43 ff.
415 [15] Die Devise bei *Fugger-Birken* 1383; dort auch ein Bild, dessen Motiv sich zuerst im *Theuerdank* (ed. Laschitzer) 101, dann bei *Fugger-Jäger,* fol. 294r findet. Über das Motiv des Glücksrades vgl. die Arbeiten von A. *Doren,* Fortuna im Mittelalter und in der Renaissance (in: VortrrBiblWarburg II., Vorträge 1922—1923, I. T., S. 71—144), und Gottfried *Kirchner,* Fortuna in Dichtung und Emblematik des Barock. Tradition und Bedeutungswandel eines Motivs. Stuttgart 1970.
[16] KMs lateinische *Autobiographie* (ed. Schultz) 427, Zeile 50 ff.
[17] Schreiben des Michel von Wolkenstein an Zyprian von Serntein ddo 1498 September 7 Freiburg (*Innsbruck* LRA, MaxAkt XIII/256/III, fol. 41); vgl. *Gröblacher,* Diss. 260.
[18] *Cuspinian,* De Caesaribus (ed. 1601) 495.
416 [19] *Baltl* 99 ff.

5. Die Lage um 1500. Vorbereitung eines außenpolitischen Systemwechsels. Annäherung an Frankreich

[1] *Schäffer*, Diss. 67 ff. 417

[2] Vgl. dazu einschlägige Befehle und Anordnungen KMs von 1500 April 17, 21 Augsburg und Mai 2, 5 Augsburg und Sept. 26 Innsbruck (*Wien* HKA, Gedenkbuch V, fol. 208, 258—260; *Wien* HHSA, MaxAkt 33 [1515 März/April], fol. 124 f.). Vgl. *Wiesflecker*, Görz *passim*.

[3] *Schäffer*, Diss. 16 ff.

[4] *Mayer*, Maximilian und Philipp 118 ff.; *Wolff* 60 f.

[5] Mitteilung des Fuensalida bei *Berwick-Alba* 167 f.: „Asymismo esta de pensamiento de hazer al Principe (= EPh) y a V. als. (= Juana) tytulo de Rey y Reyna de Bohemia, porque dize que agora halla escrituras que le perteneçe ...“ 418

VERZEICHNIS DER ABKÜRZUNGEN UND SIGEL

Angeführt werden jene Abkürzungen und Sigel, die sich nicht aus Dahlmann-Waitz, Quellenkunde, 10. Aufl. (1965), Verzeichnis der allgemeinen Kürzungen und Sigel, bzw. aus dem allgemeinen wissenschaftlichen Gebrauch ergeben.

AllgStaatenG	Allgemeine Staatengeschichte
ArchSchweizG	Archiv für Schweizerische Geschichte
ArchivalZ	Archivalische Zeitschrift
cap.	Kapitel
Cart.	Carteggio
JbKunsthistSamml	Jahrbuch der Kunsthistorischen Sammlungen des Allerhöchsten Kaiserhauses. Wien
KF	König von Frankreich
KM	König Maximilian
MonHabs	Monumenta Habsburgica
MonHung	Monumenta Hungariae Historica
ÖsterrGLit	Österreich in Geschichte und Literatur. Wien

QUELLEN- UND LITERATURVERZEICHNIS

1. Archivalische Quellen

Angeführt sind nur jene Archivbestände, die für den II. Band benutzt wurden. Summarisch angesprochene Archivalien, wie *„Brandenburgisches Reichstagsprotokoll"* oder *„Freiburger Reichstagsprotokoll"*, werden jeweils im Quellen- und Literaturbericht jedes Kapitels (Anmerkung 1) näher spezifiziert.

Bamberg
Staatsarchiv — Bamberg SA
Reichstagsakten
Bamberger Serie

Dresden
Hauptstaatsarchiv — Dresden HSA
Locat — Loc.

Freiburg im Breisgau
Stadtarchiv — Freiburg Stadtarchiv
Freiburger Reichstagsprotokoll

Graz
Universität, Historisches Institut
Maximilian-Regesten 1486—1519
(Regesta Imperii XIV), Maschinogramm — MaxReg
Arbeitsapparat der Maximilian-Regesten:
Sammlung G. *Probszt* (Regesten und Exzerpte aus gedruckten Quellen und Literaturen über Maximilian 1473—1519)
Bibliographie zur Geschichte der Erbländer, des Reiches und Europas zur Zeit Maximilians I.
Itinerar Maximilians I. 1477—1519
Maschinogramme einschlägiger Arbeiten, die im Literaturverzeichnis näher ausgewiesen werden.
Größere photokopische und xerokopische Bestände historiographischer und urkundlicher Quellen.

Innsbruck
Tiroler Landesregierungsarchiv — Innsbruck LRA
(heute: Tiroler Landesarchiv)
Sigmundiana-Akten — SigAkt
Maximiliana-Akten — MaxAkt

Codices	Cod.
Bekennenbücher	BekBü
Kopialbücher	KopBü
Kammerraitbücher	

Karlsruhe
Generallandesarchiv
Kaiserselekt
Reichstagsachen
Stadtarchiv Überlingen

Linz

Oberösterreichisches Landesarchiv — Linz LA

Starhembergisches Archiv, Codex 33: *(Streun von Schwarzenau)* „Zur Geschichte K. Maximilians I." (enthält den Text von Grünpecks Commentaria und Gesta)

Schlüsselberger Archiv, Hs. 9: *Streun von Schwarzenau*, Maximiliani I. vita et gesta (enthält den Text von Grünpecks Commentaria und Gesta)

Madrid

Real Academia de la Historia	Madrid RAH
Colección Salazar y Castro	CS

Mailand

Staatsarchiv	Mailand SA
Archivio Sforzesco	ArchSforz
Potenze Estere	PotEst
Potenze Sovrane	PotSovr

Marburg

Staatsarchiv	Marburg SA
Bestand 3	

Merseburg

Deutsches Zentralarchiv	Merseburg DZA
Geheimes Staatsarchiv	Geheimes SA
Rep. X und XI, Nr.	(Planetenzeichen, als Nr. ZY zitiert)

München

Hauptstaatsarchiv	München HSA
Geheimes Staatsarchiv	Geheimes SA
Kasten schwarz	
Kasten blau	

Nürnberg	Nürnberg SA
Staatsarchiv	
Ansbacher Reichstagsakten	
Nürnberger Reichstagsakten	

Rom	
Vatikanisches Geheimarchiv	Rom VatA
Registrum Vaticanum	Reg. Vat
Simancas	
Archivo General	Simancas AG
Patronato Real	PatRe
Stuttgart	Stuttgart HSA
Hauptstaatsarchiv	
Venedig	
Staatsarchiv	Venedig SA
Miscellanea Atti diplomatici e privati	
Biblioteca Nacionale Marciana	
Manuscripta Latina	
Weimar	
Staatsarchiv	Weimar SA
Registrande E	Reg. E
Wien	
Haus-, Hof- und Staatsarchiv	Wien HHSA
Urkundenreihe	Ukd
Reichsregisterbücher	RRBü
Maximiliana-Akten (alte Nummerierung)	MaxAkt
Akten des Familienarchivs	FamArch
Geheimes Hausarchiv	
Handschriften	Hs.
Mainzer Erzkanzlerarchiv	MainzArch
Reichstagsakten	RTAkt
Reichstagsakten	RTA
Einblattdrucke	
Hofkammerarchiv	Wien HKA
Gedenkbücher	
Nationalbibliothek	Wien NB

Cvp. 8613 und 8614: *Fugger* Hans Jakob (— *Jäger* Clemens), Wahrhaftige Beschreibung Zwaier in ainem Der aller Edlesten ... Geschlechten der Christenhait, deß Habspurgischen vnnd Österreichischen gebluets ... biß auf ... Carolum den Fünfften vnnd Ferdinandum den Ersten. 1555. (Zitiert: *Fugger-Jäger*)

Cvp. 3302 und 9721: *Grünpeck* Joseph, Vita Maximiliani Romanorum Regis atque Archiducis Austrie et Burgundie.

Cvp. Ser. n. 2626, 2645, 2900, 8237: *Gedenkbücher Maximilians I.*

Niederösterreichisches Landesarchiv	Wien NÖLA

Hs. 4: Streun von Schwarzenau Reichart, Kaiserhistorie, Band 1 u. 2 (enthält den Text von *Grünpecks Commentaria* und *Gesta*)

Würzburg
Staatsarchiv — Würzburg SA
  Mainzer Ingrossaturbücher
  Reichstagsakten
  Reichssachen

2. Gedruckte Quellen und Literatur

Die Abkürzungen und Sigel für Zeitschriften, Sammelwerke etc. entsprechen im allgemeinen Dahlmann - Waitz, Quellenkunde, 10. Aufl. (1965), Verzeichnis der allgemeinen Kürzungen und Sigel. Einige Zusätze bzw. Ausnahmen gegenüber Dahlmann - Waitz sind im Verzeichnis der Abkürzungen und Sigel ausgewiesen.

Unsere Bibliographie bietet jeweils nur die für den laufenden Band anfallenden Literaturen und Quellendrucke. Im Zuge des Erscheinens des gesamten Werkes soll nach Möglichkeit bibliographische Vollständigkeit wenigstens hinsichtlich der Maximilian-Forschungen im engeren Sinn angestrebt werden. Spezialliteratur wird in den Anmerkungen fallweise zusätzlich angegeben. Von den bereits im ersten Band zitierten Werken sind nur jene auch in dieses Verzeichnis aufgenommen, die für die behandelten Kapitel von primärem Wert sind.

Adler, Sigmund: Die Organisation der Centralverwaltung unter Kaiser Maximilian I. Leipzig 1886.

Aguado Bleye, Pedro: Manual de Historia de Espana. 3 Bde. Madrid 1954—1956. 2. Bd: Reyes católicos — Casa de Austria, 1474—1700. Madrid 1954.

Albéri, Eugenio de (Hg.): Relazioni degli ambasciatori veneti al Senato. Raccolte, annotate ed edite da Eugenio Albéri. 3. Ser., 15 Bde, Firenze 1839—1863.

Altmeyer, J(ean) J(acques): Marguerite d'Autriche, sa vie, sa politique et sa cour. Liege 1840.

Andreas, Willy: Deutschland vor der Reformation. 5. Aufl. Stuttgart 1948.

Andreas, Willy: Staatskunst und Diplomatie der Venetianer im Spiegel ihrer Gesandtenberichte. Leipzig 1943.

Angermeier, Heinz: Begriff und Inhalt der Reichsreform. In: ZSRG GermAbt 75 (1958), 181—205.

Angermeier, Heinz: Die Reichsregimenter und ihre Staatsidee. In: HZ 211 (1970), 265—315.

Angermeier, Heinz: Königtum und Landfriede im deutschen Spätmittelalter. München 1966.

Anshelm, Valerius: Die Berner Chronik. Hg. v. Hist. Verein des Kantons Bern. Bd 1—4. Bern 1884—1893.

Appelt, Heinrich: Die Kaiseridee Friedrich Barbarossas. In: SbbAkad. Wien, phil.-hist. Kl., 252 (1967). 4. Abh.

Arbusow, Leonid (Hg.): Liv-, est- und kurländisches Urkundenbuch. Bd II/1. Riga-Moskau 1900.

Aufsess, Hans Max von: Willibald Pirkheimer / Feldobrist und Humanist. In: Willibald Pirkheimer 1470/1970. Dokumente, Studien, Perspektiven hg. vom Willibald-Pirkheimer-Kuratorium. Nürnberg 1970, S. 47—54.

Autobiographie KMs lat.: Siehe: Maximilian I. Fragmente einer lateinischen Autobiographie.

Babinger, Franz: „Bajezid Osman“ (Calixtus Ottomanus), ein Vorläufer und Gegenspieler Dschem-Sultans. In: NouvClio 3 (1951), 349—388.

Babinger, Franz: Zwei diplomatische Zwischenspiele im deutsch-osmanischen Staatenverkehr unter Bâjezîd II. (1497 und 1504). In: Westöstliche Abhandlungen, Rudolf Tschudi zum 70. Geburtstag. Hg. v. Fritz Meier. Wiesbaden 1954. S. 315—330.

Babinger, Franz: Das Ende der Arianiten. In: SbbAkadMünchen Jg. 1960, H. 4.

Bachmann, Adolf: Die Behördenorganisation Kaiser Maximilians I. In: NJbbKlassAlt 3. Jg. (1900). S. 362—381, 444—464.

Bader, Karl Siegfried: Ein Staatsmann vom Mittelrhein. Gestalt und Werk des Mainzer Kurfürsten und Erzbischofs Berthold von Henneberg. Mainz o. J. (1955).

Bader, Karl Siegfried: Kaiserliche und ständische Reformgedanken in der deutschen Reichsreform. In: HJb Bd 73 (1954). S. 74—94.

Badstüber, H.: Maximilians Aufenthalt in Steinach und die Pest in Innsbruck 1497. In: TirolHeimatbll 5 (1927). S. 172.

Bärmann, Johannes: Cusanus und die Reichsreform. In: Mitteilungen und Forschungsbeiträge der Cusanus-Gesellschaft 4 (1964). S. 74—103.

Baldass, Ludwig von: Der Künstlerkreis Kaiser Maximilians. Wien 1923.

Ballesteros y Beretta, Antonio: Historia de España y su influencia en la historia universal. 12 Bde, 2. Aufl. Barcelona-Madrid 1941—1963.

Baltl, Andrea: Maximilians I. Beziehungen zu Wissenschaft und Kunst. Ungedr. phil. Diss. Graz 1967.

Bauch, Gustav: Die Anfänge der Universität Frankfurt a. d. Oder und die Entwicklung des wissenschaftlichen Lebens an der Hochschule (1506—1540). In: Texte und Forschungen zur Geschichte der Erziehung und des Unterrichts in den Ländern deutscher Zunge 3. Berlin 1900.

Bauer, Wilhelm: Das Register- und Konzeptwesen in der Reichskanzlei Maximilians I. bis 1502. In: MIÖG 26 (1905), 247—279.

Baumstark, R.: Isabelle von Castilien und Ferdinand von Aragonien. Freiburg 1894.

Beer, Karl (Hg.): Siehe: Sigmund Kaiser Reformation.

Below, Georg von: Die Reichsreform. In: Im Morgenrot der Reformation. Hg. v. Julius von Pflugk-Hartung. Hersfeld 1915. S. 121 bis 162.

Bembo, Pietro: Cardinalis Petri Bembi Patricii Veneti omnia quaecunque usquam in lucem prodierunt opera, in unum corpus collecta cum optimis exemplaribus collata et diligentissime castigata... Argentorati 1652.

Bembo, Pietro: Degl'Istorici delle Cose Veneziane, I quali hanno scritto per Pubblico Decreto. (Historiae Venetae libri XII ital.) 3. Bd: Che comprende le Istorie Veneziane. Venezia 1747.

Bemmann, Rudolf: Zur Geschichte des deutschen Reichstages im 15. Jahrhundert. (LeipzHistAbhh 7.) Leipzig 1907.

Benedikt, Heinrich: Vom Inselstaat zum Weltreich. Geschichte Englands 1485—1815. Innsbruck-Wien 1950.

Benesch, Otto, und *Auer*, Erwin M.: Die Historia Friderici et Maximiliani. Berlin 1957.

Bergenroth, G. A. (Hg.): Calendar of Letters, Despatches and State Papers relating to the Negotiations between England and Spain preserved in the archives at Simancas and elsewhere. Bd 1: Henry VII. 1485—1509. London 1862.

Berlichingen, Götz von: Lebensbeschreibung des Ritters Götz von Berlichingen. Ins Neuhochdeutsche übertragen von Karl Müller. (Reclams Universalbibliothek 1556.) Leipzig 1882.

Berlichingen, Götz von: Lebens-Beschreibung des Ritters Götz von Berlichingen. Hg. v. Karl Wolff. München 1911.

Berwick y de Alba, Duque de: Siehe: *Fuensalida* Gutierre Gomez de.

Berzeviczy, Albert (Hg.): Acta vitam Beatricis reginae Hungariae illustrantia. Aragoniai Beatrix magyar királyné életére vonatkozó okiratok. (MonHungHist Dipl. 39. Magyar Történelmi Emlekék.) Budapest 1914.

Bidermann, Hermann Ignaz: Geschichte der landesfürstlichen Behörden in und für Tirol von 1490 bis 1749. In: ArchGAltertumskdeTirol Jg. 3 (1866), 323—352. Sonderdruck: Innsbruck 1867.

Bilgeri, Benedikt: Geschichte Vorarlbergs. Bd 2: Bayern, Habsburg, Schweiz-Selbstbehauptung. Wien-Köln-Graz 1974.

Biskup, Marian: Badania nad reforma Rzeszy i polityka zagraniczna Habsburgów w drugiej polowie XV — poczatkach XVI wieku. In: Przeglad Historyczny 54 (1965), 651—665.

Biskup, Marian: Der Kreuzritterorden in der Geschichte Polens. In: Österreichische Osthefte 5 (1963), 283—297.

Biskup, Marian: Materialy do stosunków habsbursko — mazowieckich na przelomie XV—XVI w. w. archiwach austriackich. In: Przeglad Historyczny 59 (1968), 272—279.

Biskup, Marian: Polish research work on the history of the Teutonic Order state organization in Prussia (1945—1959). In: Acta Poloniae Historica III (1960), 89—113.

Bluntschli, Johann Caspar: Geschichte des Schweizerischen Bundesrechtes von den ersten ewigen Bünden bis auf die Gegenwart. 2 Bde. 2. Aufl. Stuttgart 1875.

Bock, Ernst: Der Schwäbische Bund und seine Verfassungen (1488 bis 1534). Ein Beitrag zur Geschichte der Zeit der Reichsreform. (UntersDtStaatsRG H. 137.) Breslau 1927.

Boos, Heinrich: Geschichte der rheinischen Städtekultur von ihren Anfängen bis zur Gegenwart mit besonderer Berücksichtigung der Stadt Worms. Teil 4, 2. Aufl. Berlin 1901.

Boos, Heinrich (Hg.): Quellen zur Geschichte der Stadt Worms. T. 3: Chroniken (Tagebuch des Reinhart Noltz, Bürgermeisters der Stadt Worms 1493—1509, mit Berücksichtigung der offiziellen Acta Wormatiensia 1487—1501). Berlin 1893.

Borger, Karin: Innere Geschichte Tirols von 1490 bis zum Reichstag von Köln 1505. Ungedr. phil. Diss. Innsbruck 1966.

Brandis, Jakob Andrä von: Die Geschichte der Landeshauptleute von Tirol. Hg. v. Clemens von Brandis. Innsbruck 1850.

Brant, Sebastian: Conclusio wormaciēsis. (Palinodia. Commendatur principum et ciuitatum imperii obedientia.) In: Sebastian Brants Narrenschiff. Hg. v. Friedrich Zarncke. S. 126—127. Leipzig 1854.

Braun, Anton: Die Verhandlungen zwischen Maximilian I. und den Reichsständen auf dem Reichstag zu Freiburg i. B. 1498. Phil. Diss. Freiburg i. Br. 1898.

Brennwald, Heinrich: Heinrich Brennwalds Schweizerchronik. Hg. v. Rudolf Luginbühl. In: QSchweizG N. F. Abteilung 1, Bd. 2. Basel 1910.

Brosch, Moritz: Papst Julius II. und die Gründung des Kirchenstaates. Gotha 1878.

Brown, Rawdon: Calendar of State Papers and Manuscripts, relating to English affairs, existing in the Archives and Collections of Venice, and in other libraries of Northern Italy. Bd 1: 1202—1509; London 1864. Bd 2: 1509—1519; London 1867.

Bruckner, Albert u. Berty: Schweizer Fahnenbuch. St. Gallen 1942.

Brunner, Luitpold: Kaiser Maximilian I. und die Reichsstadt Augsburg. In: Progr. Studienanstalt St. Stephan/Augsburg 1877.

Buchner, Rudolf: Maximilian I. Kaiser an der Zeitenwende. (Persönlichkeit und Geschichte 14.) Göttingen-Berlin-Frankfurt 1959.

Buchwald, Georg: Konrad Stürtzel von Buchheim aus Kitzingen, Doktor des kanonischen Rechts, Kanzler Kaiser Maximilian I., Erbschenk der Landgrafschaft Elsaß. Leipzig 1900.

Büchi, Albert (Hg.): Aktenstücke zur Geschichte des Schwabenkrieges, nebst einer Freiburger Chronik über die Ereignisse von 1499. In: QSchweizG 20 (1901).

Bücking, Jürgen: Das Geschlecht Stürtzel von Buchheim (1491—1790). Ein Versuch zur Sozial- und Wirtschaftsgeschichte des Breisgauer Adels in der frühen Neuzeit. In: ZGORh N. F. 79 (1970). S. 239 bis 278.

Bücking, Jürgen: Der „Oberrheinische Revolutionär" heißt Conrad Stürtzel, seines Zeichens kgl. Hofkanzler. In: ArchKulturg 56 (1974) H. 1. S. 177—197.

Bütler, Placid (Hg.): Geschichte und Akten des Varnbüler-Prozesses. Wiler Chronik des Schwabenkriegs. In: MittVaterländGSt. Gallen 4. Folge IV, 34 (1914).

Burchard, Johannes: Diarium sive rerum urbanorum comentarii (1483 bis 1506). Hg. v. L. Thuasne. 3 Bde. Paris 1883—1885.

Burchard, Johannes: Liber notarum ab anno MCCCCLXXXIII ad annum MDVI. 2 Bde. Hg. v. Enrico Celani. (L. A. Muratori, Rerum Italicarum Scriptores N. Ed. 32, 1—2.) Cittá di Castello 1906 bis 1910.

Burckhardt, Jakob: Die Kultur der Renaissance in Italien. Ein Versuch. (Kröners Taschenausgabe 53.) Stuttgart 1966.

Burgklehner, Matthias: Thesaurus historiarum. Bd 2, (Innsbruck) 1604.

Busch, Wilhelm: England unter den Tudors. Bd 1: König Heinrich VII. 1485—1509. Stuttgart 1892.

Buser, B.: Die Beziehungen der Mediceer zu Frankreich während der Jahre 1434—1494 in ihrem Zusammenhange mit den allgemeinen Verhältnissen Italiens. Leipzig 1879.

Calvi, Felice: Bianca Maria Sforza-Visconti, Regina dei Romani, Imperatrice Germanica, e gli ambasciatori di Lodovico il Moro alla corte Cesarea, secondo nuovi documenti. Milano 1888.

Camón Aznar, José: Sobre la muerte del Principe Don Juan. Madrid 1963.

Caro, Jacob: Geschichte Polens. Bd 5 (T. 1—2): 1455—1506. In: Allg StaatenG I/16. Gotha 1886—1888.

Carton de Wiart, Henry: Marguérite d'Autriche, une princesse belge de la Renaissance. Paris (1935).

Cherrier, Claude Joseph de: Histoire de Charles VIII, roi de France. 2 Bde. Paris 1868.

Chmel, Joseph (Hg.): Urkunden, Briefe und Aktenstücke zur Geschichte Maximilians I. und seiner Zeit. BiblLitV 10. Stuttgart 1845.

Chroniken der deutschen Städte vom 14. bis ins 16. Jahrhundert. Hg. durch die Historische Commission bei der Königlichen Academie der Wissenschaften. 23 Bde. Leipzig 1862—1894.

Corio, Bernardino: L'Historia di Milano. Padua 1646.

Cusanus, Nikolaus: Nicolai de Cusa. Opera omnia. Iussu et auctoritate Academiae litterarum Heidelbergensis ad Codicum fidem edita. Vol. XIV. De concordantia catholica. Edidit atque emendavit Gerhardus Kallen. Hamburgi 1959—1965.

Cusin, Fabio: Il confine orientale d'Italia nella politica europea del XIV e XV secolo. 2. Bd. Milano 1937.

Czerny, Albin: Der Humanist und Historiograph Maximilians I. Joseph Grünpeck. In: AÖG 73 (1888). S. 315—364.

Dändliker, Karl: Geschichte der Schweiz mit besonderer Rücksicht auf die Entwicklung des Verfassungs- und Kulturlebens von den ältesten Zeiten bis zur Gegenwart. 2. Bd: Zürich 1885.

Dante, Alighieri: Die göttliche Komödie (La divina commedia). Aus dem Italienischen übertragen von G. Hertz, mit einem Nachwort von H. Rheinfelder. München 1961.

Datt, J(ohannes) Ph(ilippus): Volumen rerum germanicarum novum, sive de pace imperii publica libri V. Ulm 1698.

Degler-Spengler, Brigitte: Der gemeine Pfennig und seine Erhebung in Basel. In: BaslerZG 74, Nr. 1 (1974). S. 237—258.

Delaborde, Henri-François: L'expedition de Charles VIII en Italie. Histoire diplomatique et militaire. Paris 1888.

(*Denkmäler* der diplomatischen Beziehungen des alten Rußland mit den auswärtigen Mächten.) *Pamjatniki* diplomatičeskich snošenij drevnej Rosii s deržavami inostrannymi. Bd 1. Petersburg 1851.

Desjardins, Abel: Négociations diplomatiques de la France avec la Toscane. Documents recueillis par Giuseppe Canestrini. 2 Bde. (Coll. de documents inédits sur l'histoire de France. Ser. 1: Histoire politique.) Paris 1859, 1861.

D'Hulst, Henri: Le Mariage de Philippe le Beau avec Jeanne de Castille á Lierre le 20 Octobre 1496. Antwerpen 1958.

Diario Ferrarese dall'anno 1409 al 1502 di Autori incerti. A cura di Giuseppe Pardi. (L. A. Muratori, Rerum Italicarum Scriptores N. Ed. 24, 7.) Bologna o. J.

Dierauer, Johannes: Geschichte der Schweizerischen Eidgenossenschaft. Bd 2 (Allg. Staatengesch. Abt. 1, 26. Werk). 3. Aufl. Gotha 1920.

Documentos inéditos para la Historia de España. Publicados por los Señores Duque de Alba, Duque de Maura, Conde de Gamazo etc. Bde VII, VIII: Tratados internacionales des los Reyes Católicos con algunos textos complementarios, ordenados y traducidos por José Lopez de Toro. Madrid 1952—1953.

Döllinger, Joh. Jos. Jgn. von (Hg.): Johannis ex Lupis Hermansgrün de consiliis pro imperii germanici salute cupiendis somnium. Anno 1497. In: Beiträge zur politischen kirchlichen und Cultur-Geschichte der sechs letzten Jahrhunderte 3 (1882) Abt. II/2. S. 91—104.

Dohna, Lothar zu: Reformatio Sigismundi. Beiträge zum Verständnis einer Reformschrift des fünfzehnten Jahrhunderts. (Veröffentlichungen des Max-Planck-Instituts für Geschichte 4.) Göttingen 1960.

Doussinague, José M.: La política internacional de Fernando el Católico. Madrid 1944.

Dürr, Emil: Das Ausscheiden der Eidgenossenschaft aus dem Deutschen Reich. Die jüngeren Bünde und Zugewandten. (Schweizer Kriegsgeschichte H. 4) Bern 1933. S. 453—517.

Du Mont, J(ean): Corps universel diplomatique du droit des gens contenant un recueuil des traitez d'alliance, de paix, de treve ... depuis le regne de l'empereur Charle-Magne jusques à présent. Bd 3, T. 1 u. 2. Amsterdam-La Haye 1726.

Ebhardt, Bodo: Die Burgen Italiens. 6 Bde. Berlin 1910—1927.

Eckstein, Otto: Die Reformschrift des sogenannten Oberrheinischen Revolutionärs. Versuch einer geschichtlichen und politischen Würdigung. Phil. Diss. Leipzig 1939. Gedruckt Bleicherode 1939.

Eidgenössische Abschiede aus dem Zeitraume von 1478 bis 1499. (Amtliche Sammlung der älteren Eidgenössischen Abschiede hg. von Anton Philipp Segesser 3, Abt. 1.) Zürich 1858. Aus dem Zeitraume von 1500 bis 1520 (a. a. O. 3, Abt. 2). Luzern 1869.

Engel, Franz (Hg.): Die mecklenburgischen Kaiserbederegister von 1496. Mit einer Einleitung von Roderich Schmidt. Mitteldeutsche Forschungen 56. Köln-Graz 1968.

Engels, Heinz: Der Theuerdank als autobiographische Dichtung. In: Kaiser Maximilians Theuerdank. Kommentarband. Plochingen-Stuttgart 1968. S. 5—11.

Escher, Hermann: Der Verrat von Novara 1500. In: JbSchweizG 21 (1896). S. 71—194.
Feger, Otto: Geschichte des Bodenseeraumes. 3. Bd: Zwischen alten und neuen Ordnungen (Bodensee-Bibliothek IV). Konstanz, Lindau 1963.
Fellner, Robert: Die fränkische Ritterschaft von 1495—1524. (HistStud Ebering 50.) Berlin 1905.
Fellner, Thomas: Die österreichische Zentralverwaltung. Abt. 1: Von Maximilian I. bis zur Vereinigung der österreichischen und böhmischen Hofkanzlei (1749). Bd 1: Geschichtlicher Überblick. Bd 2: Aktenstücke 1491—1681. Bearb. v. Heinrich Kretschmayr. (VeröffKommNeuerG Österr 5, 6.) Wien 1907.
Fels, Jacob: Erster Beytrag zu der deutschen Reichstags-Geschichte bestehend in den Handlungen und Abschied des Anno 1496/97 zu Lindau fürgewesenen Reichstages und in Auszügen solcher Reichs- und Deputations-Tägen von Anno 1400—1578, welche nicht in denen gedruckten Sammlungen derer Reichs-Abschiede vorkommen. Samt Vorrede und Register. Lindau 1767.
Fernández Suarez, Luis: Política internacional de Isabel la Católica. Estudio y documentos. 2 Bde. Valladolid 1965.
Fichtenau, Heinrich: Maximilian I. und die Sprache. In: Beiträge zur neueren Geschichte Österreichs. Hg. v. Heinrich Fichtenau und Erich Zöllner (Festschrift Wandruszka). Wien 1974. S. 32—45.
Filek-Wittinghausen, Wolfried von: König Maximilian I., das Reich, die Erbländer und Europa im Jahre 1502. Ungedr. phil. Diss. Graz 1961.
Fischer, R. von: Die Feldzüge der Eidgenossen diesseits der Alpen vom Laupenstreit bis zum Schwabenkrieg. Abschnitt 15: Der Schwabenkrieg (1499). In: Schweizer Kriegsgeschichte, bearb. von M. Feldmann und H. G. Wirz; IV. Bd, 1. Teil, Heft 2. Bern 1933. S. 203—276.
Fisher, Sydney Nettleton: The Foreign Relations of Turkey, 1481—1512. Illinois Studies in Social Sciences 30, Nr. 1.) Urbana (Illinois) 1948.
Fontes Rerum Austriacarum. Österreichische Geschichtsquellen. Hg. v. der Historischen Kommission der kaiserlichen Akademie der Wissenschaften in Wien. 1. Abt.: Scriptores: 9 Bde, 1855—1904. 2. Abt.: Diplomataria et acta: 79 Bde, 1849—1971. 3. Abt.: Fontes iuris: 3 Bde, 1953—1973.
Forstreuter, Kurt: Preußen und Rußland von den Anfängen des Deutschen Ordens bis zu Peter dem Großen. Göttingen 1955.
Forstreuter, Kurt: Vom Ordensstaat zum Fürstentum. Geistige und politische Wandlungen im Deutschordenstaate Preussen unter den Hochmeistern Friedrich und Albrecht (1498—1525). Kitzingen/Main (1951).
Foscari, Francesco: Dispacci al senato Veneto di Francesco Foscari e di altri oratori presso l'imperatore Massimiliano I nel 1496. In: Arch StorItal 7/2 (1844). S. 721—948.
Franke, Annelore (Hg.): Das Buch der hundert Kapitel und der vierzig Statuten des sogenannten oberrheinischen Revolutionärs. In: Leipziger Übersetzungen und Abhandlungen zum Mittelalter. Hg. v. Prof. Dr. Max Steinmetz. Reihe A. Bd 4. Berlin 1964.

Friedhuber, Ingeborg: König Maximilian I., die Erbländer, das Reich und Europa im Jahre 1500. Ungedr. phil. Diss. Graz 1963.

Friedhuber, Ingeborg: Der „Fuggerische Ehrenspiegel" als Quelle zur Geschichte Maximilians I. Ein Beitrag zur Kritik der Geschichtswerke Clemens Jägers und Sigmund von Birkens. In: MIÖG 81 (1973). S. 101—138.

Frieß, Christa: Die Beziehungen Kaiser Maximilians I. zur Römischen Kurie und zur deutschen Kirche unter dem Pontifikat Papst Julius' II. (1508—1513). Ungedr. phil. Diss. Graz 1974.

Fuensalida, Gutierre Gomez de: Correspondencia de Gutierre Gomez de Fuensalida, embajador en Alemania, Flandes e Inglaterra (1496 bis 1509). Hg. v. Duque de Berwick y Alba, Conde de Siruela. Madrid 1907.

Fürstenbergisches Urkundenbuch. Siehe: Urkundenbuch Fürstenbergisches.

Fueter, Eduard: Geschichte des europäischen Staatensystems von 1492 bis 1559. In: HbMittlNeuerG. Hg. v. Georg von Below und Friedrich Meinecke, Abt. II. Berlin-München 1919.

Fugger-Jäger: Siehe: Archivalische Quellen, Wien Nationalbibliothek.

Fugger, Johann Jacob: Spiegel der Ehren des Hochlöblichsten Kayser- und Königlichen Erzhauses Oesterreich ... erstlich vor mehr als hundert Jahren verfasset durch ... Johann Jacob Fugger ... nunmehr aber aus dem Original neuüblicher umgesetzet ... und in Sechs Bücher eingeteilet durch Sigmund von Birken. Nürnberg 1668.

Gachard, Louis Prosper: Analectes Historiques. 5 Bde. Brüssel 1856 bis 1871.

Gachard, Louis Prosper (Hg.): Lettres inédites de Maximilien, duc d'Autriche, roi des Romains et empereur, sur les affaires des Pays-Bas. T. 1: 1478—1488; T. 2: 1489—1508. Brüssel-Gent-Leipzig 1851 bis 1852.

Gagliardi, Ernst (Hg.): Geschichte der schweizerischen Eidgenossenschaft bis zum Abschluß der mailändischen Kriege (1516). Darstellungen und Quellenberichte. (Voigtländers Quellenbuch 67.) Leipzig 1914.

Gagliardi, Ernst: Mailänder und Franzosen in der Schweiz, 1495—1499. Eidgenössische Zustände im Zeitalter des Schwabenkrieges. I. Teil in JbSchweizG 39 (1914). S. 1—283. II. Teil in JbSchweizG 40 (1915). S. 1—278.

Gagliardi, Ernst: Der Anteil der Schweizer an den italienischen Kriegen 1494—1516. Bd 1: Von Karls VIII. Zug nach Neapel bis zur Liga von Cambrai 1494—1509. Zürich 1919.

Gairdner, James: Memorials of King Henry the Seventh. In: Memorials of Great Britain and Ireland during the Middle Ages. London 1858.

Gairdner, James: History of the life and reign of Richard the Third. To which is added the Story of Perkin Warbeck. From original documents. 2. Aufl. London 1879.

Gasser, Adolf: Die territoriale Entwicklung der Schweizerischen Eidgenossenschaft 1291—1797. Aarau (1932).

Gatt, Anneliese: Der Innsbrucker Hof zur Zeit Maximilians I. 1493 bis 1519. Ungedr. phil. Diss. Innsbruck 1943.

Gebhardt, Bruno: Handbuch der deutschen Geschichte. 9. neu bearb. Aufl. Hg. v. Herbert Grundmann. 1. Bd. Stuttgart 1970.

Geiersberger, Karin: Georg Gossembrot im Dienste Maximilians I. Ungedr. Lehramtsprüfungshausarbeit. Graz 1973/74.

Geiger, Ludwig (Hg.): Johann Reuchlins Briefwechsel. BiblLitV 126. Tübingen 1875.

Geyer, Rudolf: Die niederösterreichische Raitkammer 1494—1502. In: MIÖG Erg. Bd 1. (Festschr. Oswald Redlich 1929.) S. 450—456.

Ghilinus, Ionannes Jacobus: De Maximiliani Caesaris in Italiam adventu, anno 1497. In: Freher-Struve, RerGermScript 3. S. 91—105. Straßburg 1717.

Gollwitzer, Heinz: Capitaneus imperatorio nomine. Reichshauptleute in Städten und reichsstädtische Schicksale im Zeitalter Maximilians I. In: Aus Reichstagen des 15. und 16. Jahrhunderts. Festg. der Hist. Komm. der Akad. der Wiss. München, Schrr.-Reihe Nr. 5. Göttingen 1958. S. 248—282.

Gorski, Carolus, *Biskup,* Marianus (Hg.): Acta statuum terrarum Prussiae Regalis: Akta stanow Prus Królewskich. Bd I (1479—1488), Bd II (1489—1492), Bd III/1 (1492—1497), Bd III/2 (1498—1501), Bd IV/1 (1501—1504), Bd IV/2 (1504—1506). In: Societas scientiarum Torunensis fontes. Bde 41, 43, 50, 54, 57, 59. Toruń 1955—1967.

Gothein, Eberhard: Der gemeine Pfennig auf dem Reichstag von Worms. Diss. Breslau 1877.

Grass, Nikolaus: Cusanus als Rechtshistoriker, Quellenkritiker und Jurist. Skizzen und Fragmente. In: Cusanus Gedächtnisschrift. Hg. v. N. Grass. S. 101—210. Innsbruck-München 1970.

Gröblacher, Johann: König Maximilian I., das Reich, Europa und die Erbländer im Jahre 1498. Ungedr. phil. Diss. Graz 1969.

Gröblacher, Johann: König Maximilians I. erste Gesandtschaft zum Sultan Baijezid II. In: Festschrift Hermann Wiesflecker zum 60. Geb. Hg. v. A. Novotny und O. Pickl. S. 73—80. Graz 1973.

Gross, Lothar, Die Geschichte der deutschen Reichshofkanzlei von 1559 bis 1806. (Inventare österreichischer staatlicher Archive: V. Inventare des Wiener Haus-, Hof- und Staatsarchivs 1.) Wien 1933.

Grünbeck, Joseph: Historia Friderici III. et Maximiliani I. In: Der österr. Geschichtsforscher. Bd 1. Hg. v. Joseph Chmel. Wien 1838.

Grünpeck, Joseph: Die Geschichte Friedrichs III. und Maximilians I. Dt. Hg. v. Ilgen Theodor. (Die Geschichtsschreiber der deutschen Vorzeit, 15. Jahrhundert. Bd 3.) Leipzig 1891.

Grünpeck Joseph: Commentaria und Gesta. Siehe Streun von Schwarzenau, im Verzeichnis der archivalischen Quellen. Zitiert wurde nach der Starhembergischen Handschrift im Oberösterr. Landesarchiv, Linz.

Gschließer, Oswald von: Der Reichshofrat. Bedeutung und Verfassung, Schicksal und Besetzung einer obersten Reichsbehörde von 1559 bis 1806. VeröffKommNeuerGÖsterr 33. Wien 1942.

Gudenus, Valentin Ferdinand de: Codex diplomaticus exhibens anectoda Moguntiaca jus germanicum et Sancti Romani Imperii historiam illustrantia ... 5 Tle. Göttingen (Frankfurt/M., Leipzig) 1743—1768.

Guicciardini, Franciscus: Gründtliche und warhafftige Beschreibung aller fürnemen Historienn (1493—1533). Übers. v. Georg Forberger, o. O. 1574.

Guicciardini, Francesco: Istoria d'Italia. Hg. v. Francesco Costéro. 4 Bde in 2 Teilen. Milano 1905.

Güterbock, Carl: Die Entstehungsgeschichte der Carolina auf Grund archivalischer Forschungen und neu aufgefundener Entwürfe dargestellt. Würzburg 1876.

Häne, Johannes: Zur Geschichte des Schwabenkrieges. In: SchrrVG Bodensee 27 (1898), 7—19.

Häne, Johannes: Der Klosterbruch in Rorschach und der St. Galler Krieg. In: MittVaterländGSt. Gallen 1895, 1—273.

Hall, Edward: Hall's chronicle; containing the history of England, during the reign of Henry the Fourth, and the succeeding monarchs, to the end of the reign of Henry the Eight, in which are particulary described the manners and customs of those periods. Carefully collated with the editions of 1548 and 1550. London 1809.

Hann, Franz G.: Raimundus Peyraudi, ein Gurker Kirchenfürst. In: Carinthia I, 91 (1901). S. 110—125, 154—160.

Harpprecht, Johannes Heinrich von (Hg.): Staats-Archiv des kayserl. und des H. Röm. Reichs Cammer-Gerichts oder Sammlung von ... actis publicis, archival. Urkunden, ... 5 Tle. Ulm-Frankfurt 1757—69.

Hartung, Fritz: Berthold von Henneberg, Kurfürst von Mainz. In: HZ 103 (1909). S. 527—551.

Hartung, Fritz: Die Reichsreform 1485—1495; ihr Verlauf und ihr Wesen. In: HistVjschr 16 (1913), 24—53.

Hartung, Fritz: Deutsche Verfassungsgeschichte vom 15. Jahrhundert bis zur Gegenwart. 5. Aufl. Stuttgart 1950. (Grundriß der Geschichtswissenschaft. Hg. v. Aloys Meister. Bd II/4.)

Haupt, Hermann: Ein oberrheinischer Revolutionär aus dem Zeitalter Kaiser Maximilians I. Mittheilungen aus einer Kirchlich-politischen Reformschrift des ersten Decenniums des 16. Jahrhunderts. In: WestdtZGKunst Erg. H. 8 (1893). S. 77—228.

Havemann, Wilhelm: Geschichte der italienisch-französischen Kriege von 1494—1515. 2 Bde. Hannover 1833, Göttingen 1835.

Hegi, Friedrich: Die geächteten Räte des Erzherzogs Sigmund von Österreich und ihre Beziehungen zur Schweiz 1487—1499. Beiträge zur Geschichte der Lostrennung der Schweiz vom Deutschen Reiche. Innsbruck 1910.

Heidenheimer, H(einrich): Die Correspondenz Sultan Bajazets II. mit dem Papst Alexander VI. In: ZKG 5 (1882). S. 511—573.

Heimpel, Hermann: Deutschlands Mittelalter. Deutschlands Schicksal. 2 Reden. (Freiburger Universitätsreden 12.) Freiburg i. B. 1935.

Helbig, Herbert: Königtum und Ständeversammlungen in Deutschland am Ende des Mittelalters. In: AncPays 24 (1962), 65—92.

Herbst, Emilie: Der Zug Karls VIII nach Italien im Urteil der italienischen Zeitgenossen. Berlin 1911.

Heuer O.: Zur Heirath der Lucrezia Borgia mit Alfons von Este. In: DtZGWiss 1 (1889), 169—172.

Heyl, Johann A.: Die Haltung der Walgauer im Kriege mit den Bündnern und Eidgenossen 1499. In: Bote für Tirol und Vorarlberg 1886, Nr. 136, 138, 140, 143, 146, 147.

Hochrinner, Heidemarie: Bianca Maria Sforza. Versuch einer Biographie. Ungedr. phil. Diss. Graz 1966.

Höflechner, Walter: Beiträge zur Geschichte der Diplomatie und des Gesandtschaftswesens unter Maximilian I. 1490—1500. 3 Teile. Ungedr. phil. Diss. Graz 1967.

Höflechner, Walter: Die Gesandten der europäischen Mächte vornehmlich des Kaisers und des Reiches 1490—1500. In: AÖG 129 (1972).

Höfler, Constantin von: Ueber die politische Reformbewegung in Deutschland im 15. Jahrhundert und den Antheil Bayerns an derselben. München 1850.

Höfler, Constantin von: Das diplomatische Journal des Andrea del Burgo, kaiserlichen Gesandten zum Congresse von Blois 1504, und des erzherzoglichen Secretärs und Audenciers Philippe Haneton. Denkschrift über die Verhandlungen König Philipps und König Ludwigs XII. 1498—1506. In: SbbAkadWien 108 (1885). S. 411—502.

Höfler, Constantin von: Donna Juana, Königin von Leon, Castilien und Granada, Erzherzogin von Österreich, Herzogin von Burgund, Stammutter der habsburgischen Könige von Spanien und der österreichischen Secundogenitur des Hauses Habsburg 1479—1555. Wien 1885.

Hölbling, Walter: Maximilian I. und sein Verhältnis zu den Reichsstädten. Ungedr. phil. Diss. Graz 1970.

Hönig, Edeltraud: Kaiser Maximilian I. als politischer Publizist. Ungedr. phil. Diss. Graz 1970.

Hohenleiter, Wolfgang (Hg.): Das Tiroler Fischereibuch Maximilians I. Verf. und geschrieben im Jahre 1504 v. Wolfgang Hohenleiter. Mit Bildern v. Jörg Kölderer. Cod. Vind. 7962. Eingel., transkribiert u. übers. v. Franz Unterkircher. Mit einem Geleitwort v. Josef Stummvoll. T. 1: Text (Einleitung, Transkription und Übersetzung). T. 2: Faksimile der Handschrift. (Österr. Nationalbibl. in Wien. Illuminierte Handschriften in Faksimile.) Graz-Wien-Köln 1967.

Holtz, Max: Der Konflikt zwischen dem Erzstift Trier und der Reichsstadt Boppard, insbesondere im Jahre 1497. Diss. Greifswald 1883.

Horner, Karl (Hg.): Regesten und Akten zur Geschichte des Schwabenkriegs. Aus dem Staatsarchiv Basel. In: BaslerZG 3 (1904). S. 89 bis 241.

Hubatsch, Walter: Albrecht von Brandenburg-Ansbach, Deutschordens-Hochmeister und Herzog in Preußen 1490—1568. (StudGPreußens 8.) Heidelberg 1960.

Hubatsch, Walter, *Joachim*, Erich: Regesta historico diplomatica Ordinis S. Mariae Theutonicorum 1198—1525. P. 1 (1. u. 2. Halbb), Göttingen 1948/50. P. 2, Göttingen 1948.

Hühns, Erik: Theorie und Praxis in der Reichsreformbewegung des fünfzehnten Jahrhunderts. Nikolaus von Cues, die RS und Berthold von Henneberg. In: WissZHumboldtUniv 1. Gesellschafts- und sprachwissenschaftliche Reihe 1 (1951/52). S. 17—34.

Hug, Heinrich: Villinger Chronik von 1495 bis 1533. Hg. v. Christian Roder. In: BiblLitV 164 (Tübingen 1883).

Hugenholtz, F(rederik) W(illem) N(icolaas): Filips de Schone en Maximilians tweede regentschap, 1493—1515. In: Algemene geschiedenis der Nederlande, Bd 4: De Bourgondisch-Habsburgse monarchie, 1477—1567. Utrecht-Antwerpen 1952. S. 27—50.

Huizinga, J(an): Im Bann der Geschichte. Betrachtungen und Gestaltungen. Ins Deutsche übertr. von Werner Kaegi und Wolfgang Hirsch. Zürich-Bruxelles (1943).

Hyden, Rotraut: Zyprian von Serntein im Dienste Kaiser Maximilians I. in den Jahren 1490—1508. Ungedr. phil. Diss. Graz 1973.

Jäger, Albert: Der Engadeiner Krieg im Jahre 1499. Mit Urkunden. In: NZFerdinandeum 4 (1838). S. 1—227.

Jäger, Albert: Geschichte der landständischen Verfassung Tirols. 2 Bde. Innsbruck 1881, 1885.

Jahrbuch der kunsthistorischen Sammlungen des Allerhöchsten Kaiserhauses. Bd 1—31. Wien 1883—1914.

Janeschitz-Kriegl, Robert: Geschichte der ewigen Richtung von 1474. In: ZGORh 105 (1957), 150—224, 409—455.

Jankovits, Franz: Maximilian I. und die Verwaltung der österreichischen Erbländer von 1502 bis 1510. Ungedr. phil. Diss. Graz 1968.

Janssen, Johannes (Hg.): Frankfurts Reichscorrespondenz nebst andern verwandten Aktenstücken von 1376—1519. Bd 2: Aus der Zeit Kaiser Friedrichs III. bis zum Tode Kaiser Maximilians I. 1440—1519. Freiburg im Breisgau 1872.

Janssen, Johannes: Geschichte des deutschen Volkes seit dem Ausgang des Mittelalters. Bd 1, 5. Aufl. Freiburg 1897.

Jecklin, Constanz und Fritz: Der Anteil Graubündens am Schwabenkrieg. Festschrift zur Calvenfeier. (Geschichtliche Darstellung von C. Jecklin. Berichte und Urkunden zusammengestellt von F. Jecklin.) Davos 1899.

Jecklin, Fritz: Zur Geschichte des Schwabenkrieges. In: ASG N. F. 34 (1903), 178—180.

Jorga, Nicolas: Geschichte des osmanischen Reiches, nach den Quellen dargestellt. Bd 2: bis 1538. (Allg. Staatengesch. Abt. 1, 37. Werk.) Gotha 1909.

Jovius, Paulus (Giovio Paolo): Historiarum sui temporis libri 45. Basel 1559—1561.

Jung, R.: Die Akten über die Erhebung des Gemeinen Pfennigs 1495 ff. im Stadtarchiv zu Frankfurt a. M. In: KorrBlGesamtvereinDtGV 1909, Sp. 328—335.

Jungwirth, Helmut: Münzen und Medaillen Maximilians I. In: Katalog der Ausstellung Maximilian I. S. 65—72. Innsbruck 1969.

Kallen, Gerhard: Nikolaus von Cues als politischer Erzieher. (Wissenschaft und Zeitgeist 5.) Leipzig 1937.

Kallen, Gerhard: Der Reichsgedanke in der Reformschrift „De concordantia catholica“ des Nikolaus von Cues. In: NHeidelbergJbb Jg. 1940. S. 59—76.

Kallen, Gerhard (Hg.): siehe: Cusanus Nikolaus.

Kapp, Johann Erhard: M. J. E. Kappens ... Kleine Nachlese einiger, größten Theils ungedruckter, und sonderlich zur Erläuterung der Reformations-Geschichte nützlicher Urkunden. Bd 2. Leipzig 1727.

Kaufmann, Georg: Die Universitätsprivilegien der Kaiser. In: DtZGWiss 1 (1889), 118—165.

Kernbichler, Norbert: Die Familie der Herren von Polheim im Dienste Kaiser Maximilians I. Ungedr. phil. Diss. Graz 1974.

Kervyn de Lettenhove (Joseph Bruno Marie Constantin): Histoire de Flandre. Bd 5, 6 (1453—1792). Brüssel 1850.

Kienast, Walter: Die Anfänge des europäischen Staatensystems im späteren Mittelalter. In: HZ 153 (1936). S. 229—271.

Kindt, Benno: Die Katastrophe Ludovico Moros in Novara im April 1500. Eine quellenkritische Untersuchung. Phil. Diss. Greifswald 1890.

Kink, Rudolf: Geschichte der kaiserlichen Universität zu Wien. 2 Teile. Wien 1854.

Kisch, Guido: Nikolaus Cusanus und Aeneas Silvius Piccolomini. In: Cusanus Gedächtnisschrift. Hg. v. N. Grass. S. 35—43. Innsbruck-München 1970.

Klüpfel, Karl: Die Lostrennung der Schweiz von Deutschland. In: HZ 16 (1866). S. 1—45.

Klüpfel, Karl (Hg.): Urkunden zur Geschichte des Schwäbischen Bundes (1488—1533). T. 1: 1488—1506. BiblLitV 14. Stuttgart 1846.

Klüpfel, Karl: Der Schwäbische Bund. In: K. von Raumers HistTaschb F. 6, Jg. 2 (1883), 91—135, und Jg. 3 (1884), 73—119.

Köhler, Walther: Die deutsche Kaiseridee am Anfang des 16. Jahrhunderts. In: HZ 149 (1933). S. 35—56.

Koller, Heinrich: Reformation Kaiser Siegmunds. (MGH, Staatsschriften des späteren Mittelalters 6.) Stuttgart 1964.

Kooperberg, Leo Maurits Gerard: Margaretha van Ostenrijk, landvoogdes der Nederlanden (tot den vrede van Kameriik). Phil. Diss. Leiden 1908. Gedr. Amsterdam 1908.

Kramer, Hans: Kriegsgeschichte des Vintschgaus vom späteren Mittelalter bis in die neuste Zeit. In: Der Obere Weg von Landeck über den Reschen nach Meran. Jb. des Südtiroler Kulturinstitutes V/VI/VII (1965/66/67). S. 153—193.

Kraus, Viktor von: Das Nürnberger Reichsregiment 1500—1502. Ein Stück deutscher Verfassungsgeschichte aus dem Zeitalter Maximilians I. nach archivalischen Quellen dargestellt. Innsbruck 1883. Nachdruck: Aalen 1969.

Krause, Eduard: Der Weißenburger Handel 1480—1505. Phil. Diss. Greifswald 1889.

Krendl, Peter: König Maximilian I. und Spanien. 1477—1504. Ungedr. phil. Diss. Graz 1970.

Kretschmayr, Heinrich: Geschichte von Venedig. Bd 2, 3. In: Allg. StaatenG I/35. Gotha 1920, Stuttgart 1934. Neudruck Aalen 1964.

Kreuzwirth, Sieglinde: König Maximilian I. und die Verwaltung der österreichischen Erblande in den Jahren 1490—1502. Ungedr. phil. Diss. Graz 1964.

Kumlien, K.: Maximilian I av Habsburg och Sten Sture den äldre. In: Historiska Studier tillägnade Folke Lindberg, 34—48. Stockholm 1963.
Lambauer, Johannes W.: König Maximilian I., das Reich, die Erbländer und Europa im Jahre 1496. Ungedr. phil. Diss. Graz 1971.
Landucci, Luca: Ein florentinisches Tagebuch, 1450—1516, nebst einer anonymen Fortsetzung, 1516—1542. Übers., eingel. u. erkl. v. Maria Herzfeld. 2 Bde. Jena 1912—1913. (Herzfeld, Das Zeitalter der Renaissance, Ser. 1, 5, 6.)
Lanz, Karl: Geschichtliche Einleitung zur zweiten Abtheilung der Monumenta Habsburgica. Das Zeitalter Kaiser Karls V. und seines Sohnes König Philipp II. Monumenta Habsburgica II/1. Wien 1857.
Laschitzer, Simon: *Theuerdank,* Der. Siehe: *Maximilian I.*
La Torre, Antonio de: Documentos sobre relaciones internacionales de los Reyes Católicos. 6 Bde. Barcelona 1951—1966.
Lavisse, Ernest: Histoire de France. Bd 4, T. 2: 1422—1492. Hg. v. Ch. Petit-Dutaillis. Paris 1911. Bd 5, T. 1: 1492—1547. Hg. v. Henry Lemonnier. Paris 1903.
Legers, Paul: Kardinal Matthäus Lang; ein Staatsmann im Dienste Kaiser Maximilians I. In: MittGesSalzbLdKde 46 (1906). S. 437 bis 517.
Le Glay, André Joseph Ghislain (Hg.): Nègociations diplomatiques entre le France et l'Autriche durant les trente premieres années du XVIe siecle. 2 Bde. Paris 1845.
Leipold, Ägidius: Die Ostpolitik König Maximilians I. in den Jahren 1490—1506. Ungedr. phil. Diss. Graz 1966.
Leipold, Herwig: Die politischen Beziehungen König Maximilians I. zu Venedig 1490—1508. Ungedr. phil. Diss. Graz 1967.
Leo, Heinrich: Geschichte der italienischen Staaten. Bd 3: 1268—1492, Bd 4: 1268—1492, Bd 5: 1492—1830. In: AllgStaatenG 1. Abt., 2. Werk. Hamburg 1829—1832.
Lex, Ilse: König Maximilian, das Reich und die europäischen Mächte im Jahre 1499. Ungedr. phil. Diss. Graz 1969.
Lhotsky, Alphons: Das Zeitalter des Hauses Österreich. Die ersten Jahre der Regierung Ferdinands I. in Österreich (1520—1527). Wien 1971. (VeröffKommGÖsterr 4.)
Lichnowsky, E. M.: Geschichte des Hauses Habsburg. 8 Bde. Wien 1836—1844.
Liermann, Hans: Nikolaus von Cues und das deutsche Recht. In: Cusanus Gedächtnisschrift. Hg. v. N. Grass. S. 211—224. Innsbruck-München 1970.
Liliencron, Rochus von (Hg.): Die historischen Volkslieder der Deutschen vom 13. bis zum 16. Jahrhundert. (Hg. v. d. Akad. München, Hist. Komm.) 4 Teile u. Nachtragsband. Leipzig 1865—1869.
Löwe, Heinz: Dante und das Kaisertum. In: HZ 190 (1960). S. 517—52.
Lorentzen, Theodor: Zwei Flugschriften aus der Zeit Maximilians I. In: NHeidelbergJbb 17 (1913), 139—218.
Lotz, Renate: Am Hof Kaiser Maximilians I. Ein Beitrag zur Kulturgeschichte der Wende vom 15. zum 16. Jahrhundert. Ungedr. phil. Diss. Graz 1969.

Ludewig, Johannes Petrus de: Epistolae Galliae Regis Caroli VIII. et Philippi Electoris Archipalatini. In: Ludewig J. P. de, Reliquiae manuscriptorum omnis diplomatum monumentorum ineditorum. Bd 6. Frankfurt und Leipzig 1724. S. 96—123.

Lünig, Johann Christian: Teutsches Reichs-Archiv. 24 Teile. Leipzig 1710—1722.

Lünig, Johann Christian: Codex Germaniae diplomaticus. 2 Bde. Leipzig, Frankfurt 1732—1733.

Lünig, Johann Christian: Codex Italiae diplomaticus. 2 Bde. Frankfurt-Leipzig 1725—1735.

Luschin von Ebengreuth, Arnold: Geschichte des älteren Gerichtswesen in Österreich ob und unter der Enns. Weimar 1879.

Machiavelli, Niccolò: Gesammelte Schriften in 5 Bänden. (Unter Zugrundelegung der Übersetzung von Johann Ziegler und Franz Nicolaus Baur. Hg. v. Hanns Floerke.) 5. Bd: Historische Fragmente/ Komödien/Briefe. München 1925.

Mackie, John Duncan: The Earlier Tudors, 1485—1558. (Oxford History of England. Hg. v. G. N. Clark 7.) Oxford 1952.

Madden, Frederik: Documents relating to Perkin Warbeck, with remarks on his history. In: Archaeologia, or Miscellaneous Tracts relating to Antiquity. Bd XXVII (1838), 153—210.

Mader, Edith: Paul von Liechtenstein, Marschall des Innsbrucker Regiments, im Dienste Kaiser Maximilians I. in den Jahren 1490 bis 1513. Ungedr. phil. Diss. Graz 1973.

Maffei, Domenico: La donazione di Constantino nei giuristi medievali. Milano 1964.

Magenta, Carlo: I Visconti e gli Sforza nel castello di Pavia e loro attinenze con la certosa e la storia cittadina. 2 Bde. Milano 1883.

Maitz, Erika: König Maximilian I. und die Eidgenossenschaft von seinem Regierungsantritt bis zum Ende des Schweizerkrieges. Ungedr. phil. Diss. Graz 1974.

Maleczyńska, E.: Książęce lenno mazowieckie 1351—1526. Lwów 1929.

Malipiero, Domenico: Annali veneti dal 1457 al 1500, ordinati e abbreviati da Francesco Longo. ArchStorItal 7/1 (1843).

Martyr, Petrus (Anglerius): Opus epistolarum ... Cui accesserunt epistolae Ferdinandi de Pulgar, Latinae pariter atque Hispanicae ... Amsterdam 1670.

Mattingly, Garrett: Renaissance diplomacy. Boston 1955.

Maura Gamazo, Gabriel de: El Príncipe que murió de amor. Don Juan, primogénito de los Reyes Católicos. Madrid 1944.

Maximilian I.: Fragmente einer lateinischen Autobiographie Kaiser Maximilians I. Hg. v. Alwin Schultz. In: JbKunsthistSamml 6 (1888). S. 421—446.

Maximilian I.: Kaiser Maximilians Weisskunig. Hg. v. H. Th. Musper in Verbindung mit Rudolf Buchner, Heinz-Otto Burger und Erwin Petermann. 2 Bde. Bd 1: Textband; Bd 2: Tafelband. Stuttgart 1956.

Maximilian I.: Der Weisskunig. Hg. v. Alwin Schultz. In: JbKunsthist Samml 6 (1888). Nachdr.: Graz 1966.

Maximilian I. Theuerdank: Facsimile-Reproduktion nach der ersten Auflage vom Jahre 1517. Hg. v. Simon Laschitzer. In: JbKunsthist Samml 8 (1888).

Maximilian I.: (Theuerdank.) Die geuerlicheiten und einsteils dere geschichten des loblichen streytparen und hochberümbten helds und Ritters herr Tewrdannckhs. (Faks.-Ausg. Nürnberg 1517.) Kommentar. Mit Beitr. v. Heinz Engels. Plochingen-Stuttgart 1968.

Mayer, Rita Maria: Die politischen Beziehungen König Maximilians I. zu Philipp dem Schönen und den Niederlanden 1493—1506. Ungedr. phil. Diss. Graz 1969.

Mayer, Theodor: Die Verwaltungsorganisation Maximilians I. Ihr Ursprung und ihre Bedeutung. (ForschInnerGÖsterr 14.) Innsbruck 1920.

Mayr, Michael (Hg.): Das Fischereibuch Kaiser Maximilians I. Innsbruck 1901.

Mehring, Gebhard: Kardinal Raimund Peraudi als Ablaßkommissar in Deutschland 1500—1504 und sein Verhältnis zu Maximilian I. In: Forschungen und Versuche zur Geschichte des Spätmittelalters und der Neuzeit. Festschr. Dietrich Schäfer zum 70. Geburtstag. Jena 1915. S. 334—409.

Meuthen, Erich: Nikolaus von Kues, 1401—1464. Skizze einer Biographie. 2. Aufl. Münster 1964.

Meyer, Wilhelm: Die Schlacht bei Frastanz im Jahr 1499. In: Arch SchweizG 1864, 24—118.

Minutoli, Julius von: Das Kaiserliche Buch des Markgrafen Albrecht Achilles. Kurfürstliche Periode von 1470—1486. Berlin 1850.

Molinet, Jean: Chroniques. Hg. v. J.-A. Buchon. 5 Bde. (Coll. des chroniques nationales françaises 41, 44—47.) Paris 1828.

Molinet, Jean: Chronique. Hg. v. Georges Doutrepont u. Omer Jodogne. 3 Bde. (Acad. royale de Belgique. Coll. des anciens auteurs belges.) Brüssel 1935, 1937.

Molitor, Erich: Die Reichsreformbestrebungen des 15. Jahrhunderts bis zum Tode Kaiser Friedrichs III. (UntersDtStaatsRG H. 132.) Breslau 1921.

Mommsen, Karl: Eidgenossen, Kaiser und Reich. Studien zur Stellung der Eidgenossenschaft innerhalb des Heiligen Römischen Reiches. (Basler BeitrrGWiss 72.) Basel 1958.

Moor, Conradin von: Geschichte von Currätien und der Republik „gemeiner drei Bünde“ (Graubünden). 1. Von der Urzeit bis zum Schluße des 15. Jahrhunderts. Chur 1870.

Morel-Fatio, A.: Marguerite d'York et Perkin Warbeck. In: Mélanges de'histoire offerts á Charles Bémont. Paris 1913. S. 411—416.

Moser von Filek, Johann Jakob: Vermischte Nachrichten von Reichs-Ritterschaftlichen Sachen. 6 Teile. Nürnberg 1772/73.

Moser von Filek, Johann Jakob: Teutsches Staats-Recht. 53 Bde in 48 geb. Nürnberg-Leipzig 1737—1754.

Moser von Filek, Johann Jakob: ... von denen teutschen Reichstaegen, Nach denen Reichsgesezen und dem Reichsherkommen wie auch aus denen teutschen Staats-Rechtslehrern und eigener Erfahrung. 2 Teile. (Neues deutsches Staatsrecht 6.) Frankfurt-Leipzig 1774.

Müller, Johann Joachim (Hg.): Des Heil. Römischen Reichs, Teutscher Nation, Reichs-Tags-Staat, von anno MD. biß MDIIX. So wohl unter Keysers Maximiliani I selbsteigener höchsten Regierung. Jena 1709.

Müller, Johann Joachim (Hg.): Des Heil. Römischen Reichs, Teutscher Nation, Reichs-Tags-Theatrum, wie selbiges, unter Keyser Maximilians I. allehöchster Regierung gestanden. T. 1: Von Anno MCCCCLXXXVI biß MCCCCXCVI. Jena 1713. T. 2: Von Anno MCCCCXCVI bis MD. Jena 1719.

Müller, Joseph: Mitteilungen aus der diplomatischen Correspondenz der letzten Herzoge von Mailand 1499. Nach den Originalen im Archive San-Fedele in Mailand. In: Notizenblatt. Beilage zum AÖG 7 (1857), 5—11, 21—24, 37—41, 53—56.

Muoth, J. C(aspar): Der Vogt Gaudenz von Matsch, Graf von Kirchberg, der letzte seines Stammes. Mit besonderer Berücksichtigung zu Bünden. In: Jahresbericht d. hist.-antiquarischen Gesellschaft von Graubünden 16 (1886) Beigabe 3.

Musper, H(einrich) Th(eodor) (Hg.): *Maximilian,* Kaiser Maximilians Weisskunig.

Nabholz, Hans: Geschichte der Schweiz. 2 Bde. 1. Bd: Von den ältesten Zeiten bis zum Ausgang des 16. Jahrhunderts. Zürich 1932.

Niederwolfsgruber, Franz: Kaiser Maximilians I. Jagd- und Fischereibücher. Jagd und Fischerei in den Alpenländern im 16. Jahrhundert. Innsbruck 1965.

Noltz, Reinhart: Tagebuch des Reinhart Noltz, Bürgermeisters der Stadt Worms 1493—1509, mit Berücksichtigung der offiziellen Acta Wormatiensia 1487—1501. In: Quellen zur Geschichte der Stadt Worms. Hg. v. Heinrich Boos. T. 3: Chroniken. S. 371—584. Berlin 1893.

Oberländer, Paul: Hochmeister Friedrich von Sachsen (1498—1510). T. 1: Wahl und Politik bis zum Tode König Johann Albrechts von Polen. Ungedr. phil. Diss. Berlin 1914; gedr. Magdeburg 1914.

Oberrheinischer Revolutionär. Siehe: Haupt Dietrich Hermann (Hg.).

Oechsli, Wilhelm: Die Beziehungen der schweizerischen Eidgenossenschaft zum Reiche, bis zum Schwabenkrieg. In: PolitJbSchweizEidgen 5 (1890). S. 302—616.

Oestreich, Gerhard: Verfassungsgeschichte vom Ende des Mittelalters bis zum Ende des alten Reiches. (Gebhardt: Handbuch der deutschen Geschichte. 9. neu bearb. Aufl. Hg. v. Herbert Grundmann dtv. Wissenschaftl. Reihe. Bd 11.) München 1974.

Padrutt, Christian: Staat und Krieg im Alten Bünden. Geist und Werk der Zeiten. Teildruck phil. Diss. Zürich 1965.

Pastor, Ludwig von: Geschichte der Päpste seit dem Ausgang des Mittelalters. Bd 3: Geschichte der Päpste im Zeitalter der Renaissance von der Wahl Innozenz' VIII. bis zum Tode Julius' II. T. 1: Innozenz VIII. und Alexander VI. 11. Aufl. Freiburg-Rom 1955. T. 2: Pius III. und Julius II. 11. Aufl. Freiburg-Rom 1956.

Pauli, Reinhold: Geschichte von England. 3 Bde. (AllgStaatenG Abt. 1, Werk 9, 3.—5.) Gotha 1853—1858.

Pélicier, Paul (Hg.): Lettres de Charles VIII, roi de France. 5 Bde. Paris 1898—1905.

Pélissier, Leon G.: L'alliance milano-allemande á la fin du XVe siécle. L'Ambassade d'Herasmo Brasca á la cour de l'empereur Maximilien (Avril—Décembre 1498). In: MiscStorItal Ser. 3, 34 (1898). (Bd 35 der Gesamtreihe.) S. 333—492.
Pélissier, Leon G. (Hg.): Documents sur la première année du règne de Louis XII tirés des Archives de Milan. In: BullHistPhilolComTravaux Hist Jg. 1890. S. 47—124.
Pélissier, Leon G. (Hg.): Documents sur les relations de Louis XII, Ludovic Sforza et du marquis de Mantoue de 1498 a 1500. Tirés des Archives de Mantoue, Modene, Milan et Venise. In: BullHistPhilol ComTravauxHist Jg. 1893. S. 282—377.
Pélissier, Leon G. (Hg.): Nouvelles et lettres politiques de 1498—1499. In: RevLanguesRomanes 43 (5. Ser. 5) (1900), 128—142.
Pélissier, Leon G. (Hg.): Documents sur les relations de l'empereur Maximilien et de Ludovic Sforza en l'année 1499. In: RevLangues Romanes 44 (1901), 342—369; 45 (1902), 72—85 und 470—487; 46 (1903), 298—316; 47 (1904), 455—469; 48 (1905), 157—173.
Pernthaler, Peter: Die Repräsentationslehre im Staatsdenken der Concordantia Catholica. In: Cusanus Gedächtnisschrift. Hg. v. N. Grass. S. 45—99. Innsbruck-München 1970.
Petry, Ludwig: Schwerpunktbildung am Mittelrhein im 16. Jahrhundert. In: ArchHessG NF. Bd 25 (1956), 3—26.
Pez, Bernhard: Thesaurus anecdotorum novissimus seu veterum monumentorum, praecipue ecclesiasticorum, ex germanicis potissimum bibliothecis adornata collectio recentissima. Bd IV/3. Augsburg-Graz 1723.
Pfeffermann, Hans: Die Zusammenarbeit der Renaissancepäpste mit den Türken. Winterthur 1946.
Pirckheymer, Bilibald: Historia belli Suitensis sive Helvetici; a primo sui origine, usque ad expeditionem a Maximiliano Caes. anno MCCCCXCVIIII susceptam, duobus libris descripta. In: Freher-Struve, RerGermScript 3 (Straßburg 1717). S. 47—90.
Pirckheimer, Willibald: Schweizerkrieg. Hg. v. Karl Rück. München 1895.
Pitcher, Donald Edgar: An historical Geography of the Ottoman Empire from earliest times to the end of the sixteenth century with detailed maps to illustrate the expansion of the Sultanate. Leiden 1972.
Plöbst, Eleonore: König Maximilian I., die Erbländer, das Reich und Europa im Jahre 1497. Ungedr. phil. Diss. Graz 1963.
Plösch, Josef: Der St. Georgsritterorden und Maximilians I. Türkenpläne von 1493/94. In: Festschrift Karl Eder zum siebzigsten Geburtstag. Hg. v. Helmut J. Mezler-Andelberg (Innsbruck 1959). S. 33—56.
Pölnitz, Götz Freiherr von: Jakob Fugger, Kaiser, Kirche und Kapital in der oberdeutschen Renaissance. 2 Bde. Tübingen 1949, 1952.
Poetsch, Josef: Die Reichsjustizreform von 1495, insbesondere ihre Bedeutung für die Rechtsentwicklung. Münster 1912.
Pollard, Albert Frederick: The Reign of Henry VII. from contemporary Sources. 3 Bde. London 1913/14.

Posch, Andreas: Die „Concordantia catholica" des Nikolaus von Cusa. (GörrGes. VeröffRStaatswiss 54. Heft.) Paderborn 1930.
Posch, Andreas: Aeneas Sylvius, De ortu et auctoritate Imperii Romani. In: Festschrift Franz Loidl. Zum 65. Geburtstag. 1. Bd. Hg. v. V. Fiedler. S. 194—203. (Sammlung „Aus Christentum und Kultur" 1.) Wien 1970.
Pray, Georgius: Annales regum Hungariae ab anno Christi CMXCVII. ad annum MDLXIV. T. 2—4. Wien 1764—1767.
Prescott, William H.: Geschichte der Regierung Ferdinands und Isabellas der Katholischen von Spanien. 2 Bde. Leipzig 1842.
Přibram, Alfred Francis (Hg.): Österreichische Staatsverträge. England. Bd 1: 1526—1748. (VeröffKommNeuerGÖsterr 3.) Innsbruck 1907.
Prims, Floris: Geschiedenis van Antwerpen. Bd 7: onder de eerste Habsburgers 1477—1555. Antwerpen 1938.
Priuli, Girolamo: I Diarii di Girolamo Priuli (AA. 1494—1512). Hg. v. Arturo Segrè u. Roberto Cessi. In: RerItalScript Bd 24. T. 3. Città di Castello (Vol. 1), Bologna (Vol. 3 u. Vol. 4) o. J. (1912—1921).
Probst, Traugott: Die Beziehungen der Schweizerischen Eidgenossenschaft zum deutschen Reiche in den Jahren 1486—1499. In: Arch SchweizG 15 (1866). S. 67—181.
Rachfahl, Felix: Zur österreichischen Verwaltungsgeschichte. In: JbGesetzgebungVerwalt N. F. 23, 3. H. (1899). S. 349—359.
Rachfahl, Felix: Die niederländische Verwaltung des 15.—16. Jahrhunderts und ihr Einfluß auf die Verwaltungsreformen Maximilians I. in Österreich und Deutschland. In: HZ 110 (1913). S. 1—66.
Rachfahl, Felix: Der Ursprung der monarchischen Behördenorganisation Deutschlands in der Neuzeit. In: JbbNationalökonStat 105 (1915). S. 433—483.
Rachfahl, Felix: Behördenrecht und Behördenorganisation zum Beginne der Neuzeit. In: JbbNationalökonStat 121 (1923). S. 209—254.
Ranke, Leopold von: Geschichten der romanischen und germanischen Völker von 1494 bis 1514. 3. Aufl. Leipzig 1885.
Ranke, Leopold von: Deutsche Geschichte im Zeitalter der Reformation. Bd 1. Leipzig [4]1867. Neu hg. v. Willy Andreas. Bd 1. Wiesbaden-Berlin (1957).
Redik, Annelies: Das Verhältnis König Maximilians I. zur Kirche während des Pontifikats Alexanders VI. Ungedr. phil. Diss. Graz 1963.
Reichstagsakten: Deutsche Reichstagsakten unter Maximilian I. 3. Bd, 1488—1490. 1. u. 2. Halbband bearbeitet v. Ernst Bock. (Deutsche Reichstagsakten. Mittlere Reihe. 3. Bd.) Göttingen 1972/73.
Reicke, Emil: Willibald Pirckheimer und die Reichsstadt Nürnberg im Schwabenkrieg. In: JbSchweizG 45 (1920). S. 131—189.
Reinwald, (G.): Vom Reichstage in Lindau 1496—1498. (SchrrVGBodensee 12. Heft.) Lindau 1883.
Revolutionär Oberrheinischer. Siehe: Haupt Hermann (Hg.).
Richter, Elisabeth: Die politischen Beziehungen Kaiser Maximilians I. zu Frankreich in den Jahren von 1500 bis 1506. Ungedr. phil. Diss. Graz 1959.

Riedl, Kurt: Der Wert des „Weißkunig“ als Geschichtsquelle. (Untersucht nach dem dritten Teil 1499—1514.) Ungedr. phil. Diss. Graz 1969.
Riedl, Kurt: Der Quellenwert des Weißkunig am Beispiel des Schweizerkrieges 1499. In: Festschrift Hermann Wiesflecker zum 60. Geb. Hg. v. A. Novotny und O. Pickl. S. 107—113. Graz 1973.
Riezler, Sigmund: Geschichte Baierns. Bd 3: Von 1347 bis 1508. Gotha 1889. (AllgStaatenG Abt. 1. 20. Werk.)
Roder, Christian: Regesten und Akten zur Geschichte des Schweizerkriegs 1499. In: SchrrVGBodensee 29 (1900). S. 71—182 und Anhang I—VI.
Rodriguez Villa, Antonio: Estudio historico sobre la Reina Doña Juana la Loca. Madrid 1892.
Rodriguez Villa, Antonio: Don Francisco de Rojas, embajador de los Reyes Católicos. In: BolAcadHistMadrid 28 (1896), 180—202, 295—339, 364—402, 440—474; 29 (1896), 5—69. Sonderdruck Madrid 1896.
Romanin, S(amuele): Storia documentata di Venezia. Bd 5. Venedig 1856.
Rosenthal, Ed(uard): Zur Geschichte der burgundischen Zentralbehörden. In: VjschrSozialWirtschG 9 (1911). S. 406—424.
Roth von Schreckenstein, K(arl) H(einrich): Wolfgang Graf zu Fürstenberg, Landhofmeister des Herzogthums Wirtemberg, als oberster Feldhauptmann des schwäbischen Bundes im Schweizerkriege des Jahres 1499. Mit urkundlichen Beilagen. In: AÖG 36 (1866). S. 335—424.
Rubinstein, Nicolai: Firenze e il problema della politica imperiale in Italia al tempo di Massimiliano I. In: ArchStorItal 116 (1958). S. 5—35, 147—177.
Rupprich, Hans (Hg.): Der Briefwechsel des Conrad Celtis. (Veröff. Komm. zur Erforschung d. Geschichte d. Reformation und Gegenreformation 3.) München 1934.
Rymer, Thomas: Foedera, conventiones, literae, et cujuscunque generis Acta publica, inter Reges Angliae et alios quosvis Imperatores, ... ab anno 1101, ad nostra usque tempora, habita aut tractata, ... 20 Bde, 2. Aufl. London 1704—1732.
Salzmann, Helene: Maximilian I. und die Herren von Polheim. Ungedr. phil. Diss. Wien 1967.
Santifaller, Leo: 1100 Jahre österreichische und europäische Geschichte in Urkunden und Dokumenten des Haus-, Hof- und Staatsarchivs. Publikationen des Österreichischen Staatsarchivs, Faksimile-Werke, Bd 1. Wien 1949.
Sanuto, Marino: La spedicione di Carlo VIII in Italia. Ed. R. Fulin. In: Beilage zum Archivio Veneto 1873—1882.
Sanuto, Marino: I Diarii. 40 Bde. Venezia 1879—1894.
Sartori-Montecroce, Tullius von: Beiträge zur österreichischen Reichs- und Rechtsgeschichte. T. 1: Über die Rezeption der fremden Rechte in Tirol und die Tiroler Landes-Ordnungen. Innsbruck 1895. T. 2: Geschichte des landschaftlichen Steuerwesens in Tirol. Von K. Maximilian I. bis Maria Theresia. Innsbruck 1902.
Schäffer, Roland: König Maximilian I., Europa, das Reich und die Erbländer im Jahre 1501. Ungedr. phil. Diss. Graz 1964.

Schanz, Georg: Englische Handelspolitik gegen Ende des Mittelalters mit besonderer Berücksichtigung des Zeitalters der beiden ersten Tudors Heinrich VII. und Heinrich VIII. 2 Bde. Leipzig 1881.

Scheerer, Hans-Peter: Mainz und die Reichsreform. Jur. Diss. Mainz 1968.

Schick, Ingeborg: König Maximilian I. und seine Beziehungen zu den weltlichen Reichsfürsten in den Jahren 1496—1506. Ungedr. phil. Diss. Graz 1967.

Schiemann, Th(eodor): Rußland, Polen und Livland bis ins 17. Jahrhundert. 2 Bde. Berlin 1886/87.

Schilfgaarde, Anthonie Paul van: De onderwerping van de Gelder'sche bannerheeren van den Roomisch-Koning, 1499. In: Gelre. Bijdragen en mededeelingen Arnhem 32 (1929). S. 129—140.

Schiller, Friedrich von: Schillers Sämtliche Werke. Säkulär-Ausg. In Verb. mit ... Hg. v. Eduard von der Hellen. 8. Bd: Dramatischer Nachlaß. Bearb. v. Gustav Klettner. Stuttgart-Berlin 1905.

Schirrmacher, Friedrich Wilhelm: Geschichte von Spanien. Bd 7. (Allg StaatenG Abt. 1, 5. Werk.) Gotha 1902.

Schmauss, Johann Jacob, *Senckenberg*, Heinrich Christian (Hg.): Neue und vollständigere Sammlung der Reichs-Abschiede, welche von den Zeiten Kayser Conrads des III. bis jetzo auf den Teutschen Reichs-Tägen abgefasst worden. 4 Teile. Frankfurt 1747.

Schmidt, Luise: König Maximilian I., Europa, das Reich und die habsburgischen Erbländer in den Jahren 1490—1493. Ungedr. phil. Diss. Graz 1971.

Schneider, Johannes: Die kirchliche und politische Wirksamkeit des Legaten Raimund Peraudi (1486—1505). Phil. Diss. Halle 1881.

Schneider, Johannes: Der Türkenkongreß in Rom (3. Juni bis 30. Juli 1490). Nach archivalischen Quellen dargestellt. In: ProgrRealgymn. Gumbinnen (1893). S. 1—12.

Schönherr, David (Hg.): Urkunden und Regesten aus dem k. k. Statthalterei-Archiv Innsbruck. In: JbKunsthistSamml 2 (1884), T. 2, 1—123.

Schollenberger, Johann Jakob: Geschichte der schweizerischen Politik. 2 Bde. Bd 1: Die alte Zeit bis 1798. Frauenfeld 1906.

Schottenloher, Otto (Hg.): Drei Frühdrucke zur Reichsgeschichte: Die Erwählung Maximilians zum Römischen König 1486. — Das Begängnis Friedrichs III. 1493. — Die Belehnungen der deutschen Fürsten auf dem Reichstag zu Worms 1495. (Veröff. d. Ges. f. Typenkunde d. 15. Jahrhunderts, Wiegendruckges. Reihe B: Seltene Frühdrucke in Nachbildungen II.) Leipzig 1938.

Schreiber, Heinrich: Urkundenbuch der Stadt Freiburg im Breisgau. Bd 2. Freiburg/Breisgau 1829.

Schröcker, Alfred: Unio atque concordia. Reichspolitik Bertholds von Henneberg 1484—1504. Phil. Diss. Würzburg 1970.

Schröcker, Alfred: Maximilians I. Auffassung vom Königtum und das ständische Reich. Beobachtungen an ungedruckten Quellen italienischer Herkunft. In: QForschItalArchBibl 50 (1971). S. 181—204.

Schröcker, Alfred: Das Itinerar Bertholds von Henneberg zu seiner Reichspolitik 1484 bis 1504. In: ZGORh 120 N. F. 81 (1972). S. 225—245.

Schröder, Richard, *Künßberg*, Eberhard von: Lehrbuch der deutschen Rechtsgeschichte. 7. Aufl. Berlin-Leipzig 1932.
Schubert, Friedrich Hermann: Die deutschen Reichstage in der Staatslehre der frühen Neuzeit. (Schriftenreihe der Historischen Kommission der Bayerischen Akademie der Wissenschaften 7.) Göttingen 1966.
Schuetz, Caspar M.: Historia Rerum Prussicarum, das ist warhaffte vnd eigentliche Beschreibung der Lande Preussen ihrer gelegenheit namen vnd teilungen ... Darinnen auch die ... erbawung der ... Stad Dantzig beschrieben wird ... Zerbst 1592. Leipzig 1599 (foliierter Neudruck).
Schultz, Alwin: Siehe: *Maximilian I.* ..., Der Weisskunig.
Schweiger, Wolfgang: Der Wert des „Weißkunig" als Geschichtsquelle. (Untersucht nach dem 3. Teil 1477—1498.) Ungedr. phil. Diss. Graz 1968.
Seeliger, Gerhard: Erzkanzler und Reichskanzleien. Innsbruck 1889.
Segesser, Anton Philipp (Hg.): Siehe: Die Eidgenössischen Abschiede.
Segrè, Arturo: I prodromi della ritirata di Carlo VIII, re di Francia, da Napoli. In: ArchStorItal Ser. 5, 33 (1904). S. 332—369; 34 (1904). S. 3—27, 350—405.
Seidlmayer, Michael: Geschichte Italiens. Vom Zusammenbruch des Römischen Reiches bis zum 1. Weltkrieg. Mit einem Beitr. v. Theodor Schieder: „Italien vom ersten zum zweiten Weltkrieg." (Kröners Taschenausg. 341.) Stuttgart 1962.
Seidlmayer, Michael: Dantes Reichs- und Staatsidee. Heidelberg 1952.
Seraphim, Ernst: Geschichte von Livland. Bd 1: Das livländische Mittelalter und die Zeit der Reformation bis 1582. (AllgStaatenG Abt. 3, 7. Werk.) Gotha 1906.
Sigmund Kaiser Reformation: Die Reformation Kaiser Sigmunds. Eine Schrift des 15. Jahrhunderts zur Kirchen- und Reichsgeschichte. Hg. v. Karl Beer. (Deutsche Reichstagsakten — Beiheft.) Stuttgart 1933.
Sigmund Kaiser Reformation: Die Reformation Kaiser Sigmunds. Hg. v. Heinrich Koller. (MGH Staatsschriften des späteren Mittelalters 6.) Stuttgart 1964.
Sigrist, Hans: Reichsreform und Schwabenkrieg. Ein Beitrag zur Geschichte der Entwicklung des Gegensatzes zwischen der Eidgenossenschaft und dem Reich. In: SchweizBeitrrAllgG 5 (1947). S. 114—141.
Sigrist, Hans: Zur Interpretation des Basler Friedens von 1499. In: SchweizBeitrrAllgG 7 (1949). S. 153—155.
Simon, Silvio: Maximilian I., die Erbländer, das Reich und Europa im Jahre 1494. Ungedr. phil. Diss. Graz 1970.
Sinnacher, Franz Anton: Beyträge zur Geschichte der bischöflichen Kirche Säben und Brixen in Tyrol. 7. Bd: Die Kirche Brixen im Laufe des 15. und 16. Jahrhunderts. Brixen 1830.
Skalweit, Stephan: Reich und Reformation. (Prophyläen Bibliothek der Geschichte.) Berlin 1967.
Smend, Rudolf: Das Reichskammergericht. T. 1: Geschichte und Verfassung. (QStudVerfGDtReich 4, H. 3.) Weimar 1911.
Smend, R(udolf): Ein Reichsreformprojekt aus dem Schriftenkreise des Basler Konzils. In: NA 32 (1907), 746—749.

Smidt, Wilhelm: Deutsches Königtum und deutscher Staat des Hochmittelalters während und unter dem Einfluß der italienischen Heerfahrten. Ein zweihundertjähriger Gelehrtenstreit im Lichte der historischen Methode zur Erneuerung der abendländischen Kaiserwürde durch Otto I. Wiesbaden 1964.

Soldan, Friedrich: Der berühmte Zweikampf Kaiser Maximilians I. zu Worms. In: IllustrDtMonatshefteWestermann 69 (1891). S. 665—668.

Solleder, Fridolin: Reichsverbote fremden Kriegsdienstes, fremder Werbung und Rüstung unter Maximilian I. In: ZBayerLdG 18 (1955). S. 315—351.

Soranzo, Giovanni: Singolare atteggiamento di Lodovico il Moro, duca di Milano, dinanzi ad un cardinal legato (1496). In: RendicontiIstit LombScienzeClLett 85 (1952) (Ser. 3, Bd 16). S. 223—230.

Spalatin, Georg: Historischer Nachlaß und Briefe. Aus den Originalhandschriften. Hg. v. Chr. Gotth. Neudecker und Ludw. Preller. Bd 1. Jena 1851.

Spangenberg, Hans: Die Entstehung des Reichskammergerichts und die Anfänge der Reichsverwaltung. In: ZRG Germ. Abt. 46 (1926). S. 231—289.

Sparber, Anselm: Die Brixener Fürstbischöfe im Mittelalter. Bozen 1968.

Spausta, Brigitte: König Maximilian I., das Reich, Europa und die habsburgischen Erblande im Jahre 1495. 2 Teile. Ungedr. phil. Diss. Graz 1973.

Sperling, Oskar: Herzog Albrecht der Beherzte von Sachsen als Gubernator Frieslands. In: JberGymnLeipzig 1891/92. S. 14 ff.

Sprecher, Theophil von: Kriegsgeschichtliches aus dem Tiroler Krieg 1499 (Schlacht an der Calven). Bern 1895.

Starzer, Albert: Beiträge zur Geschichte der niederösterreichischen Statthalterei. Die Landeschefs und Räthe dieser Behörde von 1501 bis 1896. Wien 1897.

Stollenmayer, Pankratius: Zyprian von Northeim, genannt Sernteiner. Ungedr. phil. Diss. Innsbruck 1919.

Strahl, Christoph: Rußlands älteste Gesandtschaften in Deutschland, deutsche Gesandtschaften in Rußland und erstes Freundschafts-Bündnis zwischen Rußland und Österreich unter Friedrich III. und Maximilian I. Arch. Ges. f. ältere deutsche Geschichtskunde 6 (1838). S. 523—546.

Straube, Manfred: Eine neue Handschrift der sogenannten Reformatio Sigismundi. In: WissZUnivGreifswald 4. Gesellschafts- und sprachwissenschaftliche Reihe (1954/55). S. 123—138.

Streun von Schwarzenau, Reichart: Siehe: Archivalische Quellen: *Wien*, Niederösterreichisches Landesarchiv.

Strnad, Alfred A.: Pio II e suo nipote Francesco Todeschini — Piccolomini. In: Atti e memorie della deputazione di storia patria per le Marche. Ser. 8, Vol. 4, Fasc. 2 (1964/65). S. 35—84.

Struick, Jules Edouard Anne Louis: Gelre en Habsburg. 1492—1528. Phil. Diss. Nimwegen. In: Werken uitgegeven door „Gelre“ Nr. 30. Arnheim 1960.

Stückler, Karl: Kardinal Matthäus Lang. Ein Staatsmann Kaiser Maximilians I. im Dienste der Wiederherstellung der Reichsrechte in Italien. Ungedr. theol. Diss. Graz 1955.

Stumpf, Johann: Gemeiner loblicher Eydgnoschafft Stetten, Landen und Völckeren Chronick wirdiger thaaten beschreybung ... Zürich 1548.

Szalay, Ladislaus von: Geschichte Ungarns. (Aus dem Ungarischen übersetzt v. Heinrich Wögerer.) Bd 3, T. 1 u. 2. Pest 1873/74.

Szyszkowitz, Ingeborg: König Maximilian I. und seine Politik gegenüber Frankreich vom Reichstag zu Frankfurt 1489 bis 1500. Ungedr. phil. Diss. Graz 1967.

Theuerdank: Facsimile-Reproduktion nach der ersten Auflage vom Jahre 1517. Hg. v. Simon *Laschitzer.* In: JbKunsthistSamml 8 (1888).

Theuerdank: Die geuerlicheiten und einsteils dere geschichten des loblichen streytparen und hochberümbten helds und Ritters herr Tewrdannckhs. (Facs.-Ausg. Nürnberg 1517.) Kommentarband. Mit Beitr. v. Heinz Engels. Plochingen-Stuttgart 1968.

Thommen, Rudolf (Hg.): Urkunden zur Schweizer Geschichte aus österreichischen Archiven. Bd 4: 1440—1479. Basel 1932. Bd 5: 1480—1499. Basel 1935.

Trenkler, Dietlind: Maximilian I. und seine Beziehungen zu England in den Jahren 1477—1509. Ungedr. phil. Diss. Graz 1973.

Trithemius, Joannes: Annales Hirsaugienses. Bd 2. St. Gallen 1690.

Tschech, Erna: Maximilian I. und sein Verhältnis zu den Juden (1490 bis 1519). Ungedr. phil. Diss. Graz 1971.

Tschudi, Ägidius: Des Schweizerchronisten Aegidius Tschudi Bericht über die Befreiung der Waldstätte. Neu hg. v. Paul Meyer. München 1910.

Turba, Gustav: Geschichte des Thronfolgerechtes in allen habsburgischen Ländern bis zur pragmatischen Sanktion Kaiser Karls VI. 1156 bis 1732. Wien 1903.

Übersberger, Hans: Österreich und Rußland seit dem Ende des 15. Jahrhunderts. Bd 1: 1488—1605. Wien-Leipzig 1906.

Ulmann, Heinrich: Der Traum des Hans von Hermansgrün. Eine politische Denkschrift aus d. J. 1495. In: ForschDtG 20 (1880). S. 67—92.

Ulmann, Heinrich: Kaiser Maximilian I. Auf urkundlicher Grundlage dargestellt. 2 Bände. Stuttgart 1884, 1891. Nachdruck Wien 1967.

Ulmann, Heinrich: Deutsche Grenzsicherheit und Maximilians I. Kriege wider Frankreich. In: HZ 107 (1911). S. 473—495.

Unrest, Jakob: Österreichische Chronik (Chronicon Austriacum). Hg. v. Karl Großmann. (MGHSS N. S. 11.) Weimar 1957.

Unterkircher, Franz: Siehe: *Hohenleiter,* Wolfgang.

Urkundenbuch, Fürstenbergisches: Hg. v. Fr. L. Baumann und Siegmund Riezler. Bd 4: Quellen zur Geschichte der Grafen von Fürstenberg, 1480—1509. Tübingen 1879.

Ursprung, Grundtliche Bewegung, anlass und ursach des tödtlichen kriegs zwüschendt Maximiliano Römischen Künig und dem pundt zu Schwaben eins und den gmeinen Eydtgnossen und den Grawpüntern andern Theils gehalten. Hg. v. Conradin von Moor. In: Rätia. Mittheilungen der geschichtsforschenden Gesellschaft von Graubünden 4 (1869), 13—110.

Valeri, Nino: L'Italia nell'età dei principati dal 1343 al 1516. (Storia d'Italia 5.) (Mailand) 1949.

Verdroß-Droßberg, Ernst: Florian Waldauf von Waldenstein. (Schlern Schrr 184 [1958].)

Vergil, Polydor: The Anglica Historia of Polydore Vergil... Edited with a translation by Denis Hays. London 1950.

Vicens Vives, Jaime: Historia critica de la vida y reinado de Fernando II. de Aragón. Zaragoza 1962.

Villari, Pasquale: La Storia di Girolamo Savonarola e de' suoi tempi narrata con l'aiuto di nuovi documenti. 2 Bde. Firenze 1859—1861.

Vivoli, Giuseppe: Annali di Livorno. 4 Bde. Livorno 1842—1846.

Voigt, Johannes: Geschichte Preussens von den ältesten Zeiten bis zum Untergange der Herrschaft des Deutschen Ordens. Bd 9: (1467—1525). Königsberg 1839.

Wagner, Franz: Nürnbergische Geheimschriften im 15. und zu Anfang des 16. Jahrhunderts. In: ArchivalZ 9 (1884). S. 14—62.

Wagner, Hans: Kardinal Matthäus Lang. In: Lebensbilder aus dem bayerischen Schwaben. Bd 5. S. 45—69. München 1956.

Walther, Andreas: Die burgundischen Zentralbehörden unter Maximilian I. und Karl V. Leipzig 1909.

Walther, Andreas: Die Kanzleiordnungen Maximilians I., Karls V. und Ferdinands I. In: AUF 2 (1909). S. 335—406.

Walther, Andreas: Die Ursprünge der deutschen Behördenorganisation im Zeitalter Maximilians I. Stuttgart-Berlin 1913.

Weißkunig: Nach den Dictaten und eigenhändigen Aufzeichnungen Kaiser Maximilians I. zusammengestellt v. Marx Treitzsauerwein von Ehrentreitz. Hg. v. Alwin Schultz. JbKunsthistSamml 6 (1888). Nachdr. Graz 1966.

Weißkunig: Kaiser Maximilians I. Weißkunig. Hg. v. H. Th. Musper in Verbindung mit Rudolf Buchner, Heinz-Otto Burger und Erwin Petermann. 2 Bde. Bd 1: Textbd. Bd 2: Tafelbd. Stuttgart 1956.

Wenzelburger, C(arl) Th(eodor): Geschichte der Niederlande, 2 Bde. In: AllgStaatenG Abt. 1, Werk 6 b. Gotha 1879 und 1886.

Werner, Heinrich: Über den Verfasser und den Geist der sogenannten RS. In: HistVjschr 5 (1902). S. 467—486.

Wiesflecker, Hermann: Die politische Entwicklung der Grafschaft Görz und ihr Erbfall an Österreich. In: MIÖG 56 (1948). S. 329—384.

Wiesflecker, Hermann: Meinhard der Zweite. Tirol, Kärnten und ihre Nachbarländer am Ende des 13. Jahrhunderts. (VeröffInstÖG 16.) Innsbruck 1955.

Wiesflecker, Hermann: Der Italienzug König Maximilians I. im Jahre 1496. In: Carinthia I., 146 (1956). S. 581—619.

Wiesflecker, Hermann: Maximilian I. und die Heilige Liga von Venedig (1495). In: Festschr. W. Sas-Zaloziecky zum 60. Geburtstag. Graz 1956. 178—199.

Wiesflecker, Hermann: Maximilians I. Türkenzug 1493/94. In: Ostdt Wiss 5 (1958). S. 152—178.

Wiesflecker, Hermann: Maximilian I. und die Wormser Reichsreform von 1495. In: ZHistVSteierm 49 (1958). S. 3—66.

Wiesflecker, Hermann: Maximilian I. und die habsburgisch-spanischen Heirats- und Bündnisverträge von 1495/96. In: MIÖG 67 (1959). S. 1—52.
Wiesflecker, Hermann: Der Traum des Hans von Hermansgrün, eine Reformschrift aus dem Lager des Königs Maximilian I. In: Festschrift Karl Eder zum 70. Geburtstag. Hg. v. Helmut J. Mezler-Andelberg. Innsbruck 1959. S. 13—32.
Wiesflecker, Hermann: Der Kongreß zu Mals und Glurns. Ein Beitrag zur deutschen Italienpolitik 1496. In: SchlernSchrr 207 (1959). S. 347—371.
Wiesflecker, Hermann: Die Belagerung von Livorno 1496. Wende der Reichsherrschaft in Italien. In: MIÖG 68 (1960). S. 291—312.
Wiesflecker, Hermann: Matthäus Lang, Johannes Burckard und eine Gurker Besetzungsfrage um 1496. In: Carinthia I 151 (1961). S. 644—654.
Wiesflecker, Hermann: Neue Beiträge zur Frage des Kaiser-Papst-Planes Maximilians I. im Jahre 1511. In: MIÖG 71 (1963). S. 311—332.
Wiesflecker, Hermann: Joseph Grünpecks Commentaria und Gesta Maximiliani Romanorum Regis. Die Entdeckung eines verlorenen Geschichtswerkes. Inaugurationsrede, Karl-Franzens-Universität Graz. Graz 1965.
Wiesflecker, Hermann: Zur Reichsreform Kaiser Maximilians I. seit 1495. In: AnzAkad. Wien 103 (1966). S. 89—92. (Auszug aus dem Vortrag.)
Wiesflecker, Hermann: Kaiser Maximilians I. Ostpolitik. In: ÖsterrGLit 13, F. 1 (Jänner 1969). S. 1—19.
Wiesflecker, Hermann: Joseph Grünpecks Redaktionen der lateinischen Autobiographie Maximilians I. In: MIÖG 78 (1970), 416—431.
Wiesflecker, Hermann: Kaiser Maximilian I. Das Reich, Österreich und Europa an der Wende zur Neuzeit. Bd 1: Jugend, burgundisches Erbe und Römisches Königtum bis zur Alleinherrschaft 1459 bis 1493. Wien 1971.
Wiesflecker, Hermann: Das älteste russische Originaldokument in Österreich? In: MÖSTA 25 (1972), 141—150.
Wiesflecker, Hermann: Kaiser Maximilian I. und die Kirche. In: Kirche und Staat in Idee und Geschichte des Abendlandes. Festschrift zum 70. Geburtstag von Ferdinand Maass SJ. Hg. v. W. Baum. Wien-München 1973. S. 143—165.
Willi, Claudio: Calvenschlacht und Benedikt Fontana. Überlieferung eines Schlachtberichts und Entstehung und Popularisierung eines Heldenliedes. (Historia Raetica 1.) Chur 1973.
Williamson, James Alexander: The Tudor Age. London-New York-Toronto 1953.
Wilwolt: Die Geschichten und Taten Wilwolts von Schaumburg. Hg. v. Adelbert Keller. BiblLitV 50. Stuttgart 1859.
Windelband, Wolfgang: Die auswärtige Politik der Großmächte in der Neuzeit von 1494 bis zur Gegenwart. Hg. v. K. Flügge. 5. Aufl. Essen 1942.
Winkelbauer, Walter: Der St. Georgs-Ritter-Orden Kaiser Friedrichs III. Ungedr. phil. Diss. Wien 1949.

Witte, Heinrich: Urkundenauszüge zur Geschichte des Schwabenkriegs. Personen- und Ortsverzeichnis v. Karl Hölscher. In: MittBadHist Komm 21 (1899). S. 89—144; 22 (1900). S. 3—120.

Wolff, Max von: Die Beziehungen Kaiser Maximilians I. zu Italien 1495—1508. Innsbruck 1909.

Wolgarten, Reiner: Das erste und das zweite Nürnberger Reichsregiment. Jur. Diss. Köln 1957.

Wolkenstein-Rodenegg, Leonhard: Maximilian I. und die Südtiroler Herrschaft Rodenegg. In: Festschrift Nikolaus Grass. Hg. v. L. Carlen und F. Steinegger. I. Bd. Innsbruck-München 1974. S. 575 bis 584.

Wopfner, Hermann: Die Lage Tirols zu Ausgang des Mittelalters und die Ursachen des Bauernkrieges. (AbhhMittlNeuerG 4.) Berlin-Leipzig 1908.

Würdinger, Joseph (Bearb.): Kriegsgeschichte von Bayern, Franken, Pfalz und Schwaben von 1347 bis 1506. 2 Bde. München 1868/69. Bd II: Kriegsgeschichte und Kriegswesen von 1458—1506. München 1868.

Wurm, Gerald: König Maximilian I., das Reich, die Erblande und Europa im Jahre 1505. Ungedr. phil. Diss. Graz 1964.

Zelfel, Hans Peter: Ableben und Begräbnis Friedrichs III. (Dissertationen der Universität Wien 103.) Phil. Diss. Wien 1970. Gedr. Wien 1974.

Zeumer, Karl (Hg.): Quellensammlung zur Geschichte der Deutschen Reichsverfassung in Mittelalter und Neuzeit. (Quellensammlungen zum Staats-, Verwaltungs- und Völkerrecht 2.) 2. Aufl. Tübingen 1913.

Ziehen, Eduard: Mittelrhein und Reich im Zeitalter der Reichsreform. 1356—1504. 2 Bde. Frankfurt 1934, 1937.

Ziehen, Eduard: Frankfurt, Reichsreform und Reichsgedanke 1486—1504. (HistStudEbering H. 37.) Berlin 1940.

Zimmersche Chronik: Hg. v. Karl August Barack. 4 Bde. BiblLitV 91—94. Tübingen 1869.

Zinkeisen, Johann Wilhelm: Geschichte des osmanischen Reiches in Europa. Bd 2: 1453—1574. (AllgStaatenG Abt. 1, 15. Werk.) Hamburg 1854.

Zorn, Friedrich: Wormser Chronik. Mit den Zusätzen Franz Bertholds von Flersheim. Hg. v. Wilhelm Arnold. (BiblLitV 43.) Stuttgart 1857.

Zurita, Gerónimo: Anales de la corona de Aragon. 7 Bde. Zaragoza 1610.

Gebhardt, Bruno: Die gravamina der Deutschen Nation gegen den römischen Hof. Ein Beitrag zur Vorgeschichte der Reformation. 2. Aufl. Breslau 1895.

Nachtrag

Giessmair, Hans: Kaiser Maximilians I. Itinerarium in Südtirol. In: Der Schlern 43 (1969). S. 51—55.

Hugenholtz, Frederik Willem Nicolaas: Crisis en herstel van het Bourgondisch gezag, 1477—1493. In: Algemene geschiedenis der Nederlanden. Bd 4: De Bourgondisch-Habsburgse monarchie, 1477—1567. Utrecht-Antwerpen 1952. S. 1—26.

Hugenholtz, Frederik Willem Nicolaas: Filips de Schone en Maximilians tweede regentschap, 1493—1515. In: Algemene geschiedenis der Nederlanden. Bd 4: De Bourgondisch-Habsburgse monarchie, 1477 bis 1567. Utrecht-Antwerpen 1952. S. 27—50.

Kissling, Hans Joachim: Sultan Bâyezid's II. Beziehungen zu Markgraf Francesco II. von Gonzaga. (Münchner Universitätsschriften, Reihe der Phil. Fak. 1.) München 1965.

Kissling, Hans Joachim: Francesco II Gonzaga ed il Sultan Bâyezid II. In: ArchStorItal 125 (1967). Disp. I. S. 34—68.

Riedl, Franz Hieronymus: Maximilian vereinigt 1500 Pustertal und Lienz (der vorderen Grafschaft Görz) mit Tirol. In: Der Schlern 43 (1969). S. 109—114.

Schröcker, Alfred: Die Festung Incisa. Eine „Praktik" aus der Zeit Maximilians I. In: QForschItalArchBibl 51 (1971). S. 369—389.

Tartarinoff, Eugen: Die Schlacht bei Dornach 1499. Basel 1899.

REGISTER

In das Register nicht aufgenommen wurden wegen zu häufiger Nennungen Maximilian I., Burgund (= burgundische Länder), Deutschland, England, Frankreich, Italien, Mailand (= Herzogtum), Österreich (= österreichische Erbländer), Reich, Spanien, Venedig (= Signorie). Der Anmerkungsapparat wurde nicht berücksichtigt. Der Text wird außerdem durch das ausführliche Inhaltsverzeichnis aufgeschlossen.
Das Register hat freundlicherweise Frau Wiss. Rat Dr. Inge Friedhuber erstellt, wofür ich besonders danke.

Abkürzungen

Bf = Bischof
Btm = Bistum
Ebf = Erzbischof
Ehg = Erzherzog
Fgft = Freigrafschaft
Fst = Fürst
Fstm = Fürstentum
Gf = Graf
Gft = Grafschaft
Gfst = Großfürst
Ghg = Großherzog
Hft = Herrschaft
Hg = Herzog
Hgtm = Herzogtum
Hr = Herr
Kfst = Kurfürst
Kg = König
Kr = Kaiser
Lgf = Landgraf
Mgf = Markgraf
Pfgf = Pfalzgraf
Pz = Prinz

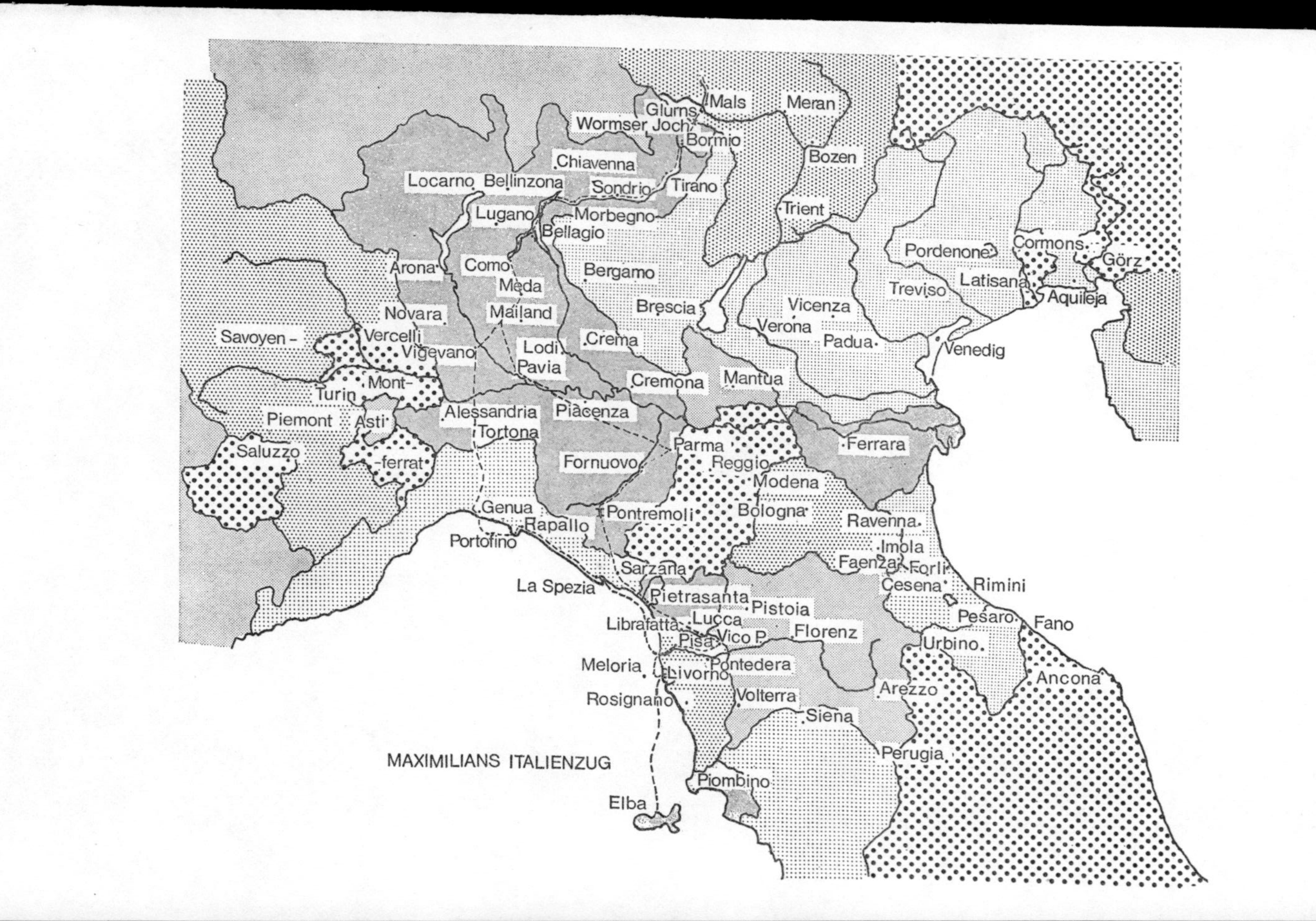
Mals
Meran
Glurns
Wormser Joch
Bormio
Bozen
Chiavenna
Locarno
Bellinzona
Sondrio
Tirano
Trient
Lugano
Morbegno
Bellagio
Pordenone
Cormons
Görz
Arona
Como
Meda
Bergamo
Treviso
Latisana
Aquileja
Novara
Mailand
Brescia
Vicenza
Verona
Padua
Venedig
Savoyen -
Vercelli
Vigevano
Lodi
Pavia
Crema
Cremona
Mantua
Mont-
Turin
Alessandria
Piacenza
Piemont
Asti
Tortona
Parma
Ferrara
Saluzzo
-ferrat
Fornuovo
Reggio
Modena
Genua
Pontremoli
Bologna
Ravenna
Rapallo
Portofino
Imola
Sarzana
Faenza
Forli
Cesena
Rimini
La Spezia
Pietrasanta
Pistoia
Lucca
Librafatta
Vico P.
Florenz
Pesaro
Fano
Pisa
Urbino
Meloria
Pontedera
Livorno
Arezzo
Ancona
Rosignano
Volterra
Siena
Perugia
MAXIMILIANS ITALIENZUG
Piombino
Elba

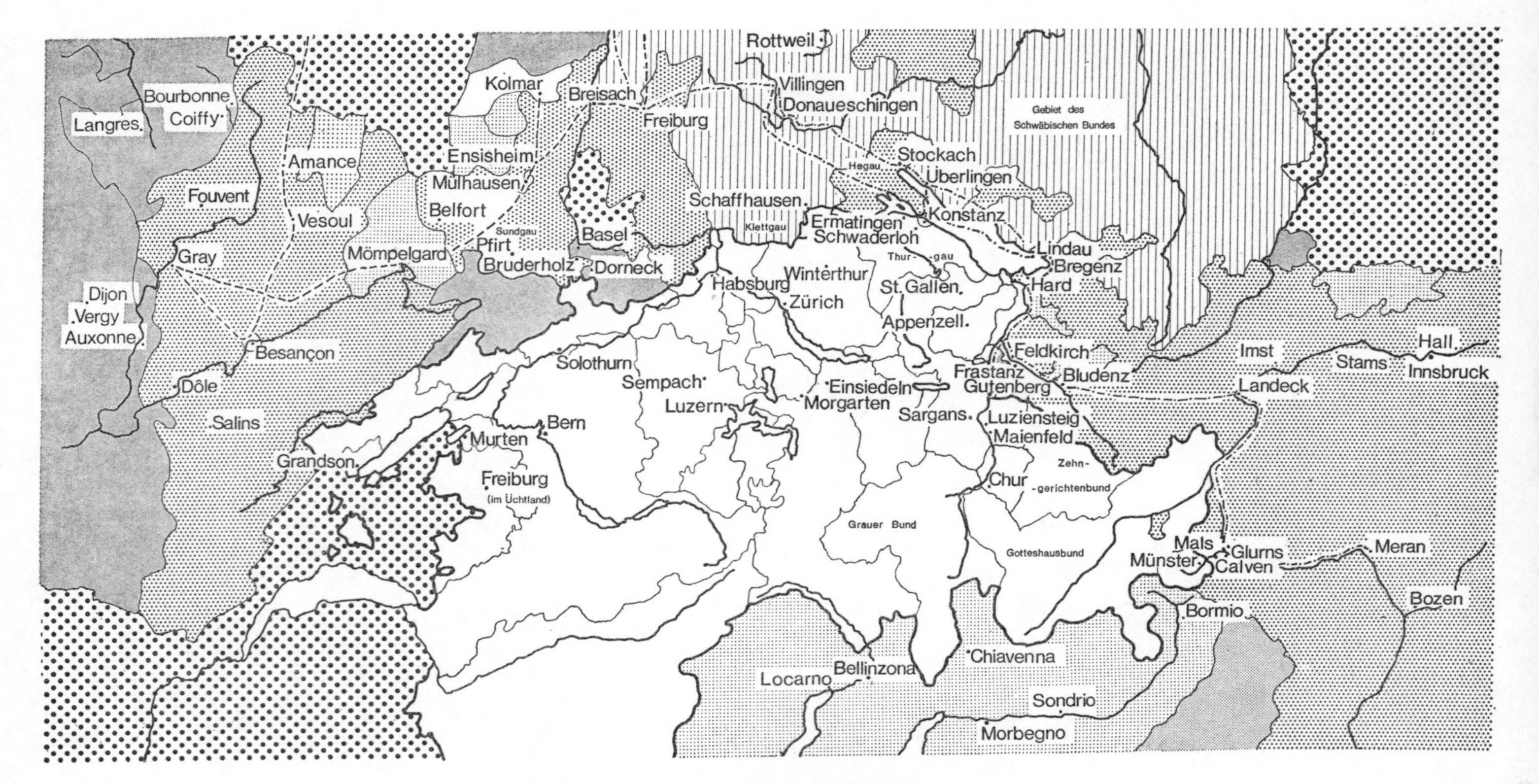

FELDZUG IN HOCHBURGUND UND SCHWEIZERKRIEG